建德年鉴

JIANDE YEARBOOK | 2018

《建德年鉴》编纂委员会 编

方志出版社
Publishing House of Local Records

建德市史志编纂委员会

顾　问：童定干

主　任：朱　欢

副主任：吕　平　何亦星

成　员：杨福泉　赵银松　郑志华
　　　　蒋　华　余小途　鲁　斌
　　　　陈友明　徐　俊　姜建生
　　　　金　革　高建军　洪树华
　　　　周献锦　包海洋　娄樟锡
　　　　倪国芳　吴康福　曹建波
　　　　楼　华

《建德年鉴》编辑部

主　编：吴康福

副主编：张永祥

编　辑：杨忠平　黄建生　喻春明

建德名片

中国气候宜居城市

中国优秀旅游城市

国家卫生城市

全国首批绿化模范城市

国家级生态示范区

国家园林城市

全国生态文明先进市

全国科技进步考核先进市

中国最具影响力旅游名城

中国十佳休闲宜居生态城市

中国最佳旅游休闲胜地

中外优秀旅游胜地

中国优质碳酸钙产业基地

全国首个国家级出口低压电器质量安全示范区

中国草莓之乡

中国有机茶之乡

中国优质柑橘之乡

中国藏红花之乡

◎ 建德新安江全貌（金国华 摄）

◎ 龙游情人谷（许天明 摄）

◎ 日出新安（王建勇 摄）

◎ 白沙奇雾（胡建文 摄）

◎ 新安晚霞（朱永标 摄）

◎ 下涯湿地（朱永标 摄）

◎ 青山绿水间（黄兆钧 摄）

◎ 山河秀丽多灵气（黄琼瑶 摄）

◎2017年2月7日至10日，建德市第十六届人民代表大会第一次会议召开（朱永标　摄）

新当选的市十六届人大常委会主任、副主任合影（朱永标 摄）
左起：徐拥军、吕建月、徐建华、童定干、童文扬、赵志荣、吴岳炎

新当选的市人民政府市长、副市长合影（朱永标 摄）
左起：钱晓华、柯汉根、张早林、朱欢、吕平、何亦星、夏喜生

◎ 2017年2月5日至9日，政协建德市第十四届委员会第一次会议召开（市政协 供稿）

◎ 新当选的政协建德市第十四届委员会主席、副主席、秘书长合影（市政协 供稿）
左起：蒋华、叶志高、吕勇、吴铁民、严凌云、程旭、徐亚娟

◎ 10 月 10 日，省委书记、省人大常委会主任车俊（左三）在建德航空小镇调研（朱永标 摄）

◎ 11 月 2 日，省委常委、杭州市委书记赵一德（左二）在建德检查杭州市小城镇环境综合整治工作（朱永标 摄）

◎ 7 月 19 日，杭州市市长徐立毅（左五）在建德寿昌蹲点调研“美丽乡村”建设工作（朱永标 摄）

◎ 2 月 28 日，市委书记、市人大常委会主任童定干到高新园区和洋溪街道督查市重点项目建设推进情况（朱永标　摄）

◎ 5 月 9 日，市长朱欢测试市行政服务中心“2211”规范化服务工作（市审批服务中心 供稿）

◎ 基层党员志愿者开展“五水共治”相关知识宣传
（市委组织部供稿）

◎中共十九

◎ 3月10日，“美丽建德”党员志愿服务大出征仪式
（市委组织部　供稿）

市委组织部　供稿）

◎ 基层党员积极投身“五水共治”参加护水大行动（市委组织部　供稿）

◎ 2月28日，2017年全市扩大有效投资第一批重大项目集中开工仪式在乌石滩春江开元芳草地乡村酒店项目现场举行（朱永标　摄）

◎ 11月8日，建德市政府与北京北控置业集团在杭州签订高铁新区战略合作协议（朱永标　摄）

◎ 11月28日,2017年全市
仪式（周必奇　摄）

◎ 12月18日，“2017中国·建德通航产业国际论坛”在新安江举行，《通航产业发展中国·建德共识》发布（朱永标 摄）

◎ 11月11日，2017“智汇新安”海外高层次人才走进建德活动开幕（市委组织部 供稿）

◎ 5 月 3 日，江南秘境国际旅游度假区项目举行开工仪式（朱永标　摄）

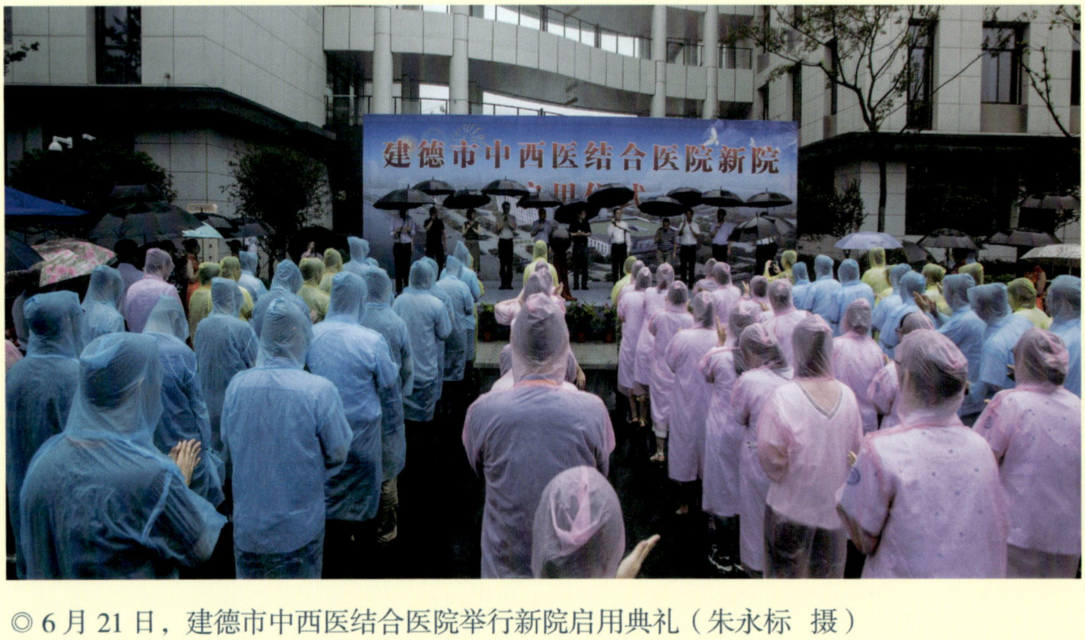

◎ 6 月 21 日，建德市中西医结合医院举行新院启用典礼（朱永标　摄）

要 目

特 载 …… 1
专 记 …… 23
大事记 …… 29
概 貌 …… 42
农业农村 …… 53
工 业 …… 81
商 贸 …… 98
旅 游 …… 107
交通运输 邮政 …… 109
城乡建设与管理 …… 118
环保 国土 …… 127
金 融 …… 133
财政 税务 …… 142
经济管理 …… 147
中共建德市委员会 …… 157
建德市人民代表大会 …… 185
建德市人民政府 …… 190
政协建德市委员会 …… 201
民主党派 …… 207
社会团体 …… 213
法 治 …… 222
军 事 …… 222
人力资源 社会保障 …… 238
教 育 …… 243
科技 信息 …… 249
文化 体育 …… 256
传 媒 …… 263
卫 生 …… 267
社会生活 …… 274
乡镇（街道） …… 282
人 物 …… 319
名 录 …… 321
重要文件选录 …… 338
索 引 …… 362

Main Contests

Special Reports ······································1
Special Record ······································23
Chronicle of Major Events ··························29
General picture ······································42
Agriculture & Countryside ··························53
Industry ··81
Commerce and Trade ································98
Tourism ··107
Transportation & post ······························109
Urban and Rural Construction & Management ·······················118
Environmental Protection & Territory··············127
Banking ··133
Finance & Taxation ··································142
Economic Management ·····························147
Jiande City Committee of the Communist Party of China ··············157
Jiande people's Congress ··························185
Jiande City People's Government·····················190
Jiande City Committee of the Chinese People's Politica Consultative Conference ·······················201
Democratic Parties ································207
People's Organization ······························213
Rule by law ··222
Military ··235
Human Resources and Social Security···············238
Education ··243
Scientific Technology & Information ···············249
Culture & Sports····································256
Media ··263
Public Health ··267
Civil Life ··274
Towns and Community ······························282
People ··319
Lists ··321
Documents Selection ································338
Index ··362

目 录

特 载

拥抱新时代 践行新思想 以十九大精神为引领 加快实现建德新崛起
——在市委十四届三次全体（扩大）会议上的报告 ……童定干 1
政府工作报告
——在建德市十六届人民代表大会第二次会议上 ……朱 欢 11

专 记

建德航空小镇建设 …… 23
概况 …… 23
发展历程 …… 23
资源优势 …… 23
航空小镇建设过程 …… 24
航空小镇建设取得的主要成效 …… 25
航空小镇重要项目简介 …… 26
“最多跑一次”改革 …… 26
概况 …… 26
“最多跑一次，千人来冲‘刺’” …… 27
便民事项双休日开放 …… 27
投资项目承诺制改革试点 …… 27
局长坐班制度 …… 27
不动产登记集成改革 …… 28
商事登记效率领跑杭州 …… 28
全省首创“两证同发”林业审批模式 …… 28

大事记

2017年建德市10件大事 …… 29
建德市入选浙江省两化融合示范区 …… 29
建德市高铁新区管委会成立 …… 29
“最多跑一次”改革 …… 30
实施“美丽建德”建设三年行动 …… 30
学习宣传贯彻党的十九大精神 …… 30
航空小镇获评全国特色小镇 …… 31
乾潭镇被授予“国家卫生乡镇”称号 …… 31
新安江综合保护工程启动 …… 31
开展“建功立德”大讨论 …… 31
“街（路）长制”做法在全省推广 …… 31
2017年建德市大事记 …… 32

概 貌

基本地情 …… 42
地理位置 …… 42
建置沿革 …… 42
市名由来 …… 43
自然环境 …… 43

资源状况 …… 44
气候 …… 44
历史人文 …… 44
浙江人类源头——建德人 …… 44
与伍子胥有关的乡土文化 …… 45
入选小学教材的《宿建德江》 …… 45
唐末诗人李频 …… 45
范仲淹与《严先生祠堂记》 …… 46
陆游与严州刻书业 …… 46
章燮与《唐诗三百首》 …… 46
行政区划与人口 …… 46
村、社区、居民区 …… 46
全市人口 …… 46
人口结构 …… 46
年龄分布 …… 46
表1 全市建制村、社区、居民区名单表 …… 47
人口迁移 …… 48
人口分布 …… 48
国民经济和社会发展概况 …… 48
地区生产总值358.50亿元 …… 48
财政收入42.72亿元 …… 48
规模以上工业增加值92.47亿元 …… 48
农林牧渔业总产值55.10亿元 …… 48
对外贸易下降20.8% …… 48
教育事业 …… 48
科技事业 …… 48
文化体育事业 …… 48
社会保障 …… 49
表 2 2017年建德市国民经济主要指标情况表 …… 49
气 象 …… 51
概况 …… 51
气温比常年偏高 …… 51
降水量和雨日偏多 …… 51
日照偏少 …… 51
连阴雨 …… 51
梅汛期暴雨 …… 52
晴热高温 …… 52
雷击灾害 …… 52

农业 农村

综 述 …… 53
概况 …… 53
特色产业提升 …… 53
表3 建德市2017年重大农业产业项目情况表 53
农民经营主体培育 …… 54
表4 2017年建德市农民经营主体培育情况表 54
表5 建德市2017年新培育7家杭州市级农业龙头企业情况表 …… 54
表6 建德市2017年农业招商引资1000万元以上项目表 …… 55
农业招商引资 …… 55
农业品牌建设 …… 55
表7 2017年建德市农产品获奖情况表 …… 56
新农村建设 …… 57
美丽乡村建设 …… 57
“杭派民居”示范村 …… 57
风情小镇创建 …… 57
“清洁乡村”长效治理 …… 57
农村经营管理 …… 57
农村集体资产管理 …… 57
农村综合改革 …… 57
区市协作 …… 58
表8 第四区市协作组2017年度市级协作项目和资金计划表 …… 58
表9 第四区市协作组2017年度镇街结对项目和资金计划表 …… 59
村级集体经济发展 …… 59
粮油生产 …… 60

概况 …… 60
水稻高产攻关田亩产突破1000千克 …… 60
提前一年建成粮食功能区5333公顷 …… 60
全省耕地质量建设与肥料管理工作座谈会在建德召开 …… 60
表10 2017年新认定建德市粮食生产功能区名单表 …… 61
表11 2017年新认定建德市旱粮生产功能区名单表 …… 62
经济作物 …… 63
概况 …… 63
建德苞茶文化系统入选全国农业生产系统 …… 63
草莓种植技术产研合作 …… 63
开展连续化多批次养蚕模式示范 …… 63
千岛银珍茶入选中欧互认地理标志农产品 …… 63
茅山红芯桃获浙江精品果蔬展销会金奖 …… 63
宫川获“2017浙江省十佳柑橘”称号 …… 63
畜牧生产 …… 64
概况 …… 64
畜禽产品安全监管 …… 64
畜牧业转型升级 …… 64
表12 2017年建德市美丽生态牧场建设情况表 …… 65
建设智慧畜牧业云平台 …… 66
农业科技及政策 …… 66
概况 …… 66
5家单位列入浙江省第一批现代农业科技示范基地 …… 66
种质资源系统调查和抢救性收集 …… 66
华浙优1号获浙江好稻米优质奖 …… 66
第二批浙江省农民田间学校 …… 66
吴东良荣获全国农业劳动模范称号 …… 67
农业行政执法 …… 67
概况 …… 67
开展有害生物监测 …… 67
农产品质量安全检测 …… 67
“三品一标”基地监管 …… 67
“农安建德”智慧监管项目建设 …… 67
农业机械 …… 68
概况 …… 68
农机购置补助 …… 68
省第一批机器换人示范乡镇与示范基地 …… 68
建立农机智慧监管平台 …… 68
开展免费实地检验工作 …… 68
开展“一创一治”联合执法行动 …… 68
引进国内首条最先进油茶籽色选机加工生产线 68
林业生态建设和农村新能源建设 …… 69
概况 …… 69
承办中美森林健康经营合作研讨培训会 …… 69
森林抚育和彩色健康森林建设 …… 69
公益林建设 …… 69
平原绿化 …… 69
太阳能利用 …… 70
沼气和沼液利用 …… 70
可再生能源示范乡镇建设 …… 70
林业产业 …… 70
概况 …… 70
林区道路建设 …… 70
高效经济林基地建设 …… 70
3个品牌获得国际森林产品博览会金奖 …… 70
香榧产业推广 …… 70
珍贵树种种苗培育与基地建设 …… 71
国家林业重点龙头企业格林生物公司 …… 71
林政资源管理 …… 71
概况 …… 71
林木采伐管理 …… 71
占用林地审批 …… 71
湿地保护与管理 …… 72
林地年度变更调查工作 …… 72
森林资源动态监测工作 …… 72

森林资源二类调查工作 …… 72
树木移植管理和严禁移植天然大树进城督查工作 …… 72
木材经营加工行业管理 …… 72
森林消防 …… 73
野生动物保护 …… 73
松材线虫病防控 …… 73
林业有害生物监测防治 …… 73
古树名木资源普查和保护 …… 73
行政执法 …… 73
林权管理 …… 74
建德林业总场 …… 74
概况 …… 74
建德林场 …… 74
新安江林场 …… 74
寿昌林场 …… 75
水产业 …… 75
概况 …… 75
渔业转型 …… 75
渔业“送科技下乡” …… 75
台湾水产专家考察建德渔光互补项目 …… 76
防汛防旱 …… 76
概况 …… 76
防汛准备工作 …… 76
汛情、旱情、灾情 …… 76
抗洪抢险救灾工作 …… 77
水利水电建设 …… 77
概况 …… 77
重点项目实施 …… 77
农田水利建设 …… 77
水利标准化工作 …… 78
清淤工程 …… 78
河湖岸线保护 …… 78
小水电建设 …… 78
千岛湖配水工程 …… 78
水资源管理 …… 78
节水型社会创建 …… 78
取水许可制度 …… 78
气象服务 …… 79
概况 …… 79
气象行政审批制度改革 …… 79
公共气象服务 …… 79
农业气象服务 …… 79
气象现代化建设 …… 80
人工影响天气工作 …… 80
防雷减灾安全管理 …… 80
气象防灾标准化建设工作 …… 80
气象科普宣传 …… 80

工 业

综 述 …… 81
概况 …… 81
启动传统制造业改造提升工程 …… 81
“美丽园（厂）区”建设 …… 81
落实工业“最多跑一次”改革 …… 82
推进节水改造工程和水平衡测试 …… 82
十大工业行业 …… 82
概况 …… 82
生物科技行业 …… 82
纺织服装行业 …… 82
电子电器行业 …… 82
建材水泥行业 …… 82
金属加工行业 …… 82
日用轻工行业 …… 82
机械制造行业 …… 82
新材料行业 …… 83
食品饮料行业 …… 83
新能源行业 …… 83
信息和智慧经济 …… 83
概况 …… 83
“两化融合”活动 …… 83

实施政府投资信息化项目16个 …… 83
推进平台项目 …… 84
完善信息基础设施 …… 84
推进“互联网+” …… 84
企业培育和管理 …… 84
概况 …… 84
开展“三大竞赛” …… 85
企业经营管理人才培训 …… 85
职称评审管理 …… 85
推进“四换三名”工程 …… 85
深化技改审批改革 …… 85
品牌建设 …… 86
概况 …… 86
十大税收贡献企业 …… 86
十大亩均绩效企业 …… 86
“重点工业企业”评选 …… 86
“成长型工业企业”评选 …… 87
节能降耗 …… 87
概况 …… 87
加强能源监察工作 …… 87
淘汰落后产能项目 …… 88
区域能评改革 …… 88
11个项目通过节能审查 …… 88
开展环境保护大排查、大整治专项行动 …… 88
重点工业企业选介 …… 88
新安江水力发电厂 …… 88
浙江新安化工集团股份有限公司 …… 90
杭州奥立达电梯有限公司 …… 91
建德海螺水泥有限责任公司 …… 92
杭州沈氏节能科技股份有限公司 …… 93
中策橡胶（建德）有限公司 …… 93
建德市万家电器电缆有限公司 …… 94
浙江斐凌工具有限公司 …… 94
浙江天石纳米科技股份有限公司 …… 94
浙江宏都寝具有限公司 …… 95
建德市高铁新区 …… 95
概况 …… 95
建德市高铁新区管委会正式揭牌成立 …… 96
“新安硅谷研究院”落户高铁新区 …… 96
高端装备制造项目落户高新园区 …… 96
超细粉末国家工程研究中心浙江分中心落户高铁新区 …… 97
市政府与北控置业集团签订战略合作协议 …… 97
高铁客厅基础设施工程开工 …… 97

商 贸

电子商务 …… 98
概况 …… 98
电子商务公共服务体系建设 …… 98
电商平台建设 …… 98
电商企业发展 …… 99
电商企业招商引资 …… 99
电子商务主题活动 …… 99
农村电子商务 …… 100
智慧城市服务 …… 100
招商引资 …… 100
概况 …… 100
内资招商 …… 100
成品石油营销 …… 101
概况 …… 101
安全管理建设 …… 101
成品油市场拓展与管理 …… 101
营销网络建设 …… 101
粮食购销及储备 …… 101
概况 …… 101
粮食收购 …… 102
储备粮油轮换 …… 102
梅城中心粮站竣工 …… 102
烟草专卖 …… 102
概况 …… 102
业务营销拓展 …… 102

专卖管理 …… 102
供销合作事业…… 103
概况 …… 103
“三位一体”农合联改革 …… 103
农资服务工作 …… 103
农产品流通渠道拓展 …… 103
农村金融服务优化 …… 103
强化供销组织建设 …… 103
出入境检验检疫…… 104
概况 …… 104
推进国家级低压电器示范区建设 …… 104
进出境生物安全管理 …… 104
原产地优惠政策落实 …… 104
表1 3 2017年建德市外资招商总投资1000万美元及以上项目资金表…… 104
表1 4 2017年建德市内资招商投资1亿元及以上项目资金表…… 105

旅 游

综 述…… 107
概况 …… 107
全域旅游氛围凸显 …… 107
乡村旅游迅速发展 …… 107
涉旅重大项目建设 …… 107
产业融合 …… 107
17度新安江品牌影响力增强 …… 108
旅游环境优化 …… 108
建德市新安旅游投资有限公司 …… 108

交通运输 邮政

综 述…… 109
概况 …… 109
项目安全监督管控 …… 10
农村公路改造提升 …… 109
行业监管水平提升 …… 109
美丽公路建设 …… 110
建德市交通发展投资有限公司 …… 110
重点工程建设…… 110
23省道航头至界头改建工程 …… 110
临金高速（建德段）工程 …… 111
十里埠综合作业区 …… 111
320国道至杭黄高铁连接线工程 …… 111
公路养护与管理…… 111
概况 …… 111
国省道路面大中修 …… 112
县道路面大中修 …… 112
县道边坡整治 …… 112
公路安全隐患点整治 …… 112
公路养护试行机械化作业 …… 112
应急抢修 …… 112
桥梁巡更工作 …… 112
路政执法与管理…… 112
概况 …… 112
路政“最多跑一次”改革 …… 112
小城镇环境综合整治 …… 112
“两治一整”“一创一治” …… 113
收费公路管理 …… 113
道路运输管理…… 113
概况 …… 113
客运惠民工作 …… 113
交通治堵 …… 113
危货停车场管理新模式 …… 113
创新智慧监管手段 …… 114
强化市场监管 …… 114
反恐安保提升 …… 114
“品质驾培”服务 …… 114
交通行政审批改革 …… 114
水路运输管理…… 114
概况 …… 114
完善安全管理长效机制 …… 115

增强“三防”应急管理及隐患排查治理能力 115
深化船舶防污染管理 …… 115
港口码头转型升级 …… 115
水路运输“最多跑一次”改革 …… 115
铁路运输 …… 115
概况 …… 114
表15 2017年建德境内火车站基本情况表 …… 116
邮 政 …… 116
概况 …… 116
普惠金融 …… 116
服务民生 …… 117
品质包裹 …… 117
规范机构编制 …… 117

城乡建设与管理

城乡规划 …… 118
概况 …… 118
农居规划建设管理 …… 118
完成天地图·浙江建设 …… 118
“坡地村镇”试点建设 …… 118
农村困难群众救助 …… 118
传统村落保护 …… 119
历史建筑普查及图则编制 …… 119
城乡建设 …… 119
概况 …… 119
小城镇环境综合整治 …… 120
“三改一拆”暨无违建创建 …… 120
深化“五水共治” …… 120
交通治堵 …… 120
建德市城市建设发展投资有限公司 …… 121
行业管理与服务 …… 121
概况 …… 121
规划（测绘）管理 …… 121
建筑业管理 …… 121
房地产业及物业管理 …… 121
市政设施维修管理 …… 122
住房制度改革 …… 122
房屋征收管理 …… 122
供 电 …… 122
概况 …… 122
安全生产 …… 122
电网建设 …… 122
营销服务 …… 123
公司管理 …… 123
企业做强做优 …… 123
供排水 …… 123
概况 …… 123
表16 杭州建德自来水有限公司城市供水到户价格表 …… 124
三都支线并网通水 …… 124
城市管理 …… 124
概况 …… 124
建德市综合行政执法局成立 …… 125
“数字城管” …… 125
城市管理“最多跑一次”改革 …… 125
“渣土新政”规范管理 …… 125
“空中违建”专项整治 …… 125
寿昌垃圾填埋场（三期）工程完工 …… 125
建德市环境能源项目建设 …… 126
第二十一个环卫工人节表彰大会 …… 126
方建平被评为“全国优秀行业管理者” …… 126
住房公积金管理 …… 126
概况 …… 126
公积金管理 …… 126
公积金存贷比创新高 …… 126
公积金管理“最多跑一次”改革 …… 126

环保 国土

生态建设 …… 127
概况 …… 127

生态文明目标责任制和生态文明宣传 ……… 127
美丽建德建设 …………………………………… 127
创建国家有机食品基地示范县（试点） …… 127
划定生态红线规划 ……………………………… 127
打好治水治气治废治土治理战役 …………… 128
农村环境综合整治 ……………………………… 128
环境基础设施建设 ……………………………… 129
水质剿劣提标攻坚 ……………………………… 129
河长制管理 ……………………………………… 129
环境保护……………………………………………… 129
概况 ……………………………………………… 129
中央环保督察和整改 …………………………… 129
人大政协议提案、环保信访案办理 ………… 129
环境法制建设 …………………………………… 130
建设项目环境管理 ……………………………… 130
环境质量状况 …………………………………… 130
“三废”及主要污染物排放 ………………… 130
总量控制与减排 ………………………………… 130
环境管理体系国际标准认证 ………………… 130
环境监督管理 …………………………………… 130
环境保障与监测 ………………………………… 131
国土资源管理………………………………………… 131
概况 ……………………………………………… 131
规划局调和农转用 ……………………………… 131
“双清”工作 …………………………………… 131
“三块地”盘活 ………………………………… 131
水田垦造 ………………………………………… 131
基本农田有偿保护 ……………………………… 131
土地执法 ………………………………………… 132
坡地村镇试点 …………………………………… 132
地质灾害综合治理 ……………………………… 132
矿政管理 ………………………………………… 132
不动产登记“最多跑一次”改革 …………… 132
制砂行业整治 …………………………………… 132
农房确权登记发证 ……………………………… 132

金　融

综　述……………………………………………… 133
概况 ……………………………………………… 133
金融管理 ………………………………………… 133
金融扶持重点 …………………………………… 133
金融环境建设 …………………………………… 133
创建“信用县” ………………………………… 134
外汇管理与服务 ………………………………… 134
现代国库建设 …………………………………… 134
支付结算管理 …………………………………… 134
货币发行与管理 ………………………………… 134
金融消费权益保护 ……………………………… 134
金融“最多跑一次”改革 ……………………… 134
银　行……………………………………………… 134
工行建德支行 …………………………………… 134
农行建德市支行 ………………………………… 135
中行建德支行 …………………………………… 135
建行建德支行 …………………………………… 136
交行杭州建德支行 ……………………………… 136
建德农商银行 …………………………………… 137
中国邮政储蓄银行建德市支行 ……………… 137
农发行建德市支行 ……………………………… 138
杭州银行建德支行 ……………………………… 138
上海浦东发展银行杭州建德支行 …………… 138
浙江民泰商业银行杭州建德支行 …………… 139
建德湖商村镇银行 ……………………………… 139
浙江泰隆银行杭州建德支行 ………………… 139
“党建+金融”共建共享 ……………………… 139
保　险……………………………………………… 140
中国人保财险建德支公司 ……………………… 140
中国人寿保险建德市支公司 ………………… 140
平安产险建德支公司 …………………………… 141
中华联合财产保险股份有限公司建德支公司 141

证 券…… 141
银河证券建德新安路营业部 …… 141

财政 税务

财 政…… 142
概况 …… 142
财政“最多跑一次”改革 …… 142
获3亿元两山（二类）建设财政专项激励资金 142
农村土地综合整治项目入选省农业发展投资基金 …… 143
获批浙江省农业综合开发田园综合体试点项目 143
建德市资产经营投资有限公司 …… 143
地方税务…… 143
概况 …… 143
落实减费降税优惠政策 …… 143
设立地税、社保联办专窗 …… 144
提升纳税人满意度 …… 144
深化金税三期系统应用 …… 144
税收风险管理 …… 144
设立督察内审科 …… 144
国家税务…… 144
概况 …… 144
打造两个党建联系点 …… 145
落实税收优惠政策 …… 145
组团包干大竞赛活动 …… 145
税务“最多跑一次”改革 …… 145
开展便民办税春风行动 …… 146
强化法治税务建设 …… 146
“同行”国税文化建设 …… 146

经济管理

发展规划…… 147
概况 …… 147
规划编制 …… 147
重点项目建设 …… 147
重大课题调研 …… 147
经济运行分析 …… 147
经济体制改革…… 148
概况 …… 148
推进公车改革 …… 148
推进小城市培育 …… 148
改进遗属供养审核机制 …… 148
落实政策性农房保险 …… 148
实现企业发债 …… 148
推动企业对接资本市场 …… 148
优化小贷公司服务 …… 148
金融风险防控 …… 148
物价管理…… 149
概况 …… 149
价格管理 …… 149
表17 2017年建德市居民消费价格指数一览表 149
价格改革 …… 149
降低水费 …… 150
市场价格监管 …… 150
价格认证服务 …… 150
公共资源交易…… 150
概况 …… 150
推进交易平台整合 …… 151
规范项目管理 …… 151
审 计…… 151
概况 …… 151
开展“同级审” …… 151
政府投资审计 …… 151
经济责任审计 …… 152
民生资金和项目审计 …… 152
国有企业审计 …… 152
开展五类专项审计调查 …… 152
审计干部队伍建设 …… 152

统 计…………………………………………………… 152
概况 …………………………………………………… 152
统计调查 ……………………………………………… 153
统计数据质量 ………………………………………… 153
市场监督管理………………………………………… 153
概况 …………………………………………………… 153
商事登记制度改革 …………………………………… 153
首轮“小微企业三年成长计划” …………………… 154
食品安全监管 ………………………………………… 154
药品、保健品和化妆品监管 ………………………… 154
特种设备安全监管 …………………………………… 154
企业信用信息公示 …………………………………… 155
安全生产监督管理…………………………………… 155
概况 …………………………………………………… 155
安全生产“15日工作法” …………………………… 155
安委会“1+X”责任体系 …………………………… 155
护航“十九大”安保 ………………………………… 155
国家安监总局到建德督查 …………………………… 155
安全生产宣传教育 …………………………………… 156
安全生产基础建设 …………………………………… 156
安全生产应急救援 …………………………………… 156
安全生产“最多跑一次”改革 ……………………… 156
职业卫生安全监管 …………………………………… 156
防范遏制重特大事故试点 …………………………… 156

中共建德市委员会

综 述…………………………………………………… 157
概况 …………………………………………………… 157
实体经济提质增效 …………………………………… 157
项目建设加快推进 …………………………………… 157
城乡面貌明显改善 …………………………………… 157
社会事业全面进步 …………………………………… 158
党的建设持续加强 …………………………………… 158
市委重要会议………………………………………… 158
市委十四届二次全体（扩大）会议 ………………… 158
市委常委会议 ………………………………………… 158
市委常委会（扩大）会议 …………………………… 162
全市深化作风建设大会 ……………………………… 162
全市农业农村工作会议 ……………………………… 162
全市工业经济大会 …………………………………… 162
全市扩大有效投资暨“三招三引”大会 …………… 163
全市党建工作会议 …………………………………… 163
全市半年度经济形势分析会暨“六个领衔”工作推进会 …………………………………………………… 163
调查研究与政策制定………………………………… 163
概况 …………………………………………………… 163
构建大调研工作格局 ………………………………… 163
大调研促进工作大提升 ……………………………… 164
参与重要政策意见制定 ……………………………… 164
纪律检查与监察……………………………………… 164
概况 …………………………………………………… 164
市纪委十四届二次全体（扩大）会议 ……………… 165
党组织巡察 …………………………………………… 165
落实党委（党组）主体责任 ………………………… 165
监察体制改革 ………………………………………… 165
作风效能建设 ………………………………………… 166
整治“三不”问题 …………………………………… 166
执纪审查 ……………………………………………… 166
派驻（出）机构执纪监督 …………………………… 166
农村党风廉政建设 …………………………………… 166
村级组织换届选举纪律监督 ………………………… 167
廉政文化教育 ………………………………………… 167
宣传思想工作………………………………………… 167
概况 …………………………………………………… 167
建立“新安夜学”理论学习平台 …………………… 168
“我是建德人”系列宣传 …………………………… 169
创建“‘17℃’新安江”外宣品牌 ………………… 169
101水上渔民婚礼 …………………………………… 169
“喜迎十九大·建功立德”报告会 ………………… 169
好传统好家风信用贷 ………………………………… 169
“二四六”农村文化礼堂新模式 …………………… 169

“铜师傅”建德文创“新势力” …………… 169
网络青年讲师团 ………………………… 169
全市宣传思想文化工作创新项目评选 ……… 170
组织工作……………………………… 170
概况 ……………………………………… 170
“两学一做”学习教育常态化制度化 ……… 171
“三提一争”主题活动 …………………… 171
“三支队伍”培训教育 …………………… 171
“三型”干部大调研 ……………………… 171
建德“两会”组织工作 …………………… 171
干学融合实践历练 ………………………… 172
公安警员职务套改晋升 …………………… 172
乡镇五小工程建设 ………………………… 172
“组团包干”八大行动 …………………… 172
杭州“百千万”蹲点调研 ………………… 172
推进行业系统党建 ………………………… 172
村社组织换届 ……………………………… 172
第二届“智汇新安”活动 ………………… 173
忠公专廉主题教育 ………………………… 173
统一战线工作…………………………… 173
概况 ……………………………………… 173
政党协商 …………………………………… 174
推进非公有制经济“两个健康” ………… 174
民族村特色畲寨建设 ……………………… 174
宗教事务管理 ……………………………… 174
侨务助力工程 ……………………………… 174
新社会阶层人士联谊会 …………………… 174
对台工作……………………………… 174
概况 ……………………………………… 174
两岸交流交往 ……………………………… 175
推进对台工作 ……………………………… 175
保密工作……………………………… 175
概况 ……………………………………… 175
机构编制工作…………………………… 175
概况 ……………………………………… 175
“区镇分离” ……………………………… 175
政府购买服务 ……………………………… 176
推进“最多跑一次”改革 ………………… 176
“四个平台”建设 ………………………… 176
“双随机”监管 …………………………… 176
核定教育卫生系统编制 …………………… 176
史志工作……………………………… 176
概况 ……………………………………… 176
建德抗日自卫队纪念馆建成开馆 ………… 177
建德地方党史三卷纲目完成编写 ………… 177
举办首届“家族贤人”故事演讲会 ……… 177
党校教育……………………………… 178
概况 ……………………………………… 178
领导干部到市委党校讲课 ………………… 178
校区建设 …………………………………… 178
教育培训 …………………………………… 178
科研资政 …………………………………… 178
流动党课 …………………………………… 178
服务中心工作 ……………………………… 178
机关党务工作…………………………… 178
概况 ……………………………………… 178
“三强一推”专项行动 …………………… 179
表18 2017年满意科室（站所）表 ………… 179
党群共建 …………………………………… 179
“一季一主题”文体活动 ………………… 179
结对帮扶 …………………………………… 179
组团包干活动 ……………………………… 180
“美丽建德”党员志愿服务 ……………… 180
“服务与活力”机关党建 ………………… 180
反腐倡廉建设 ……………………………… 180
市国税局党建示范点建设 ………………… 180
老干部工作……………………………… 180
概况 ……………………………………… 180
中共十九大精神专题教育 ………………… 181
“学习十九大、永远跟党走”赛学活动 …… 181
党工委建设试点 …………………………… 181
“三个厅”建设 …………………………… 181

"聚焦项目促发展"主题活动 …… 181
最美老干部工作室 …… 181
"新安夕阳"银色人才志愿行动 …… 181
市级四套班子领导联系离休干部制度 …… 181
助老员"每周上门"制 …… 181
信访和"12345" …… 182
概况 …… 182
群众信访举报渠道整合 …… 182
信访件办理 …… 182
信访制度落实 …… 182
"百千万"督查活动 …… 182
领导领衔坐班接访 …… 182
重大活动信访保障 …… 182
档案管理 …… 183
概况 …… 183
"党建+民生档案"共享 …… 183
党和国家领导人视察建德照片展 …… 183
《档案法》颁布30周年活动 …… 183
档案"最多跑一次"改革 …… 183
创建杭州市"巾帼文明岗" …… 184
光绪《严州府志》点校出版 …… 184

建德市人民代表大会

综　述 …… 185
概况 …… 185
重要活动 …… 185
组团包干八大行动 …… 185
中国人大制度理论研究会到建德市调研 …… 185
配合市委督查有关人大工作文件贯彻落实情况 186
小城镇综合整治专项监督 …… 186
"美丽建德，代表在行动"主题活动 …… 186
征集民生实事项目 …… 186
开展"美丽建德"建设专项评议 …… 186
8次视察检查 …… 186
重要会议 …… 187
市十五届人大常委会第四十次会议 …… 187
"一府两院"工作报告会 …… 187
建德市第十六届人民代表大会第一次会议 …… 187
市人大常委会会议 …… 188

建德市人民政府

综　述 …… 190
概况 …… 190
平台项目建设 …… 190
改革创新突破 …… 190
产业结构优化 …… 190
城乡面貌变化 …… 191
社会民生改善 …… 191
重要会议 …… 192
市政府全体成员（扩大）会议 …… 192
市政府常务会议 …… 192
17次市长办公会 …… 193
应急管理 …… 195
概况 …… 195
应急预案体系建设 …… 196
应急救援队伍建设 …… 196
"6·25"洪涝灾害应急处置 …… 196
外事工作 …… 197
概况 …… 197
主要出访 …… 197
主要来访 …… 197
民间交流 …… 198
侨务及港澳工作 …… 198
概况 …… 198
侨务助力工程 …… 198
香港联络联谊 …… 198
参政议政工作 …… 198
行政审批服务管理 …… 198

概况 …… 198
推进互联网+政务服务模式 …… 198
服务水平创“五星” …… 198
提升项目协调代办服务 …… 199
住房制度改革 …… 199
概况 …… 199
廉租住房配租 …… 199
经济适用房住房申购 …… 199
住房资金管理 …… 199
职工住房补贴审核 …… 199
安置房建设管理 …… 199
公有住房出售 …… 200
机关事务管理 …… 200
概况 …… 200
党政机关房产管理 …… 200
政务接待 …… 200
公共机构节能 …… 200
第二轮公车改革 …… 200

政协建德市委员会

综　述 …… 201
概况 …… 201
6次协商建言 …… 201
民主评议 …… 202
专题议政 …… 203
重要会议 …… 205
市政协十四届委员会第一次会议 …… 205
市政协常委会会议 …… 205

民主党派

民革建德市委员会 …… 207
概况 …… 207
学习贯彻中共十九大精神 …… 207
主题教育活动 …… 207
议政建言 …… 207
民主评议监督 …… 207
结对联系工作 …… 207
同心牵手社会服务 …… 208
联谊活动 …… 208
党员之家建设 …… 208
民盟建德市委会 …… 208
概况 …… 208
“两会”建言和政治协商 …… 208
开展课题调研 …… 209
“盟员之家”建设 …… 209
“党派+”工作 …… 209
“烛光行动” …… 209
对口联系 …… 209
中国民主建国会建德市委员会 …… 209
概况 …… 209
主题教育活动 …… 210
“两会”建言 …… 210
重点课题调研 …… 210
民主监督 …… 210
专委会工作 …… 210
光明行动 …… 211
助力贵州黔西县化屋村精准脱贫捐款活动 …… 211
爱心助学 …… 211
中共十九大维稳安保 …… 211
民进建德市委会 …… 211
概况 …… 211
创办会刊 …… 211
主题教育 …… 211
会员之家 …… 211
教学点经验推广 …… 211
协商建言 …… 212
开展社会服务 …… 212
双岗建功 …… 212

社会团体

综　述…… 213
概况 …… 213
“万名职工大行动、剿劣攻坚当先锋”专项行动 …… 214
“智慧工会”建设 …… 214
蓝领成才工程 …… 214
企业社会责任建设 …… 214
“两新”工会组建 …… 214
推进工资集体协商 …… 214
企事业单位民主管理 …… 214
共青团…… 214
概况 …… 214
市青年联合会第五届委员会第一次全体会议 215
学习中共十九大精神 …… 215
朱林森调研建德共青团工作 …… 215
共青团改革 …… 215
青少年综合服务 …… 215
开展社会活动 …… 215
推进“创业创新” …… 215
关爱“弱势群体” …… 215
妇女联合会…… 216
概况 …… 216
妇联组织改革 …… 216
农村妇女参与基层民主管理 …… 216
美丽庭院大比武活动 …… 216
“岗村结对，共建美丽建德” …… 216
“最美家庭”系列评选 …… 216
“母亲”节活动 …… 216
发展来料加工业 …… 216
妇女创业就业服务 …… 217
城乡互助养老民宿试点 …… 217
妇女维权 …… 217
妇儿民生实事 …… 217
工商联（总商会）…… 217
概况 …… 217
新生代企业家红色教育 …… 217
企业家素质提升 …… 217
阿米巴经营理念培训 …… 218
开展“百企助村”活动 …… 218
建言献策 …… 218
文学艺术界联合会…… 218
概况 …… 218
“剿灭劣V类水”主题活动 …… 218
“建功立德”主题活动 …… 219
文艺奖评审 …… 219
文艺志愿服务 …… 219
残疾人联合会…… 219
概况 …… 219
全国助残日系列活动 …… 220
残疾人民生实事 …… 220
残疾人创业就业 …… 220
乡镇残联换届 …… 220
举办市第四届残运会 …… 220
残疾人机动轮椅车管理 …… 220
红十字会…… 221
概况 …… 221
服务中心工作 …… 221
人道救助 …… 221
救护培训 …… 221

法　治

政法委及综治…… 222
概况 …… 222
深化“平安建德”创建 …… 222
平安护航中共十九大 …… 222
推进“四个平台”建设 …… 222
落实全科网格建设 …… 222
开展“四制七项”工作 …… 223

开展书记讲平安活动 …………………………… 223
开展风险评估项目化监管 ……………………… 223
开展防范邪教专项行动 ………………………… 223
法治政府建设……………………………………… 224
概况 ………………………………………………… 224
政府信息公开 ……………………………………… 224
落实政府法律顾问制度 ………………………… 224
健全行政执法制度 ……………………………… 224
开展行政执法主体确认 ………………………… 224
推进行政复议体制改革 ………………………… 225
履行行政复议职责 ……………………………… 225
公　安……………………………………………… 225
概况 ………………………………………………… 225
提升反恐处突应急能力 ………………………… 225
情报工作再推进 …………………………………… 225
开展中共十九大安保 …………………………… 225
“八大举措”护航重点工程建设 ……………… 226
保障村级组织换届选举 ………………………… 226
推进“最多跑一次”改革 ……………………… 226
依托合成打击增效 ……………………………… 226
“五网建设”升级治安防控体系 ……………… 226
“小城镇整治”升级基层基础设施 …………… 226
“四方参与”深化警调衔接机制 ……………… 226
交通安全管理 ……………………………………… 227
消防安全监管 ……………………………………… 227
监所安全管理 ……………………………………… 227
获省执法质量优胜单位称号 …………………… 227
从优待警和从严治警 …………………………… 227
市消防大队 ………………………………………… 227
检　察……………………………………………… 228
概况 ………………………………………………… 228
诉讼制度改革 ……………………………………… 228
强化法律监督 ……………………………………… 228
启动杭州市首例行政公益诉讼诉前督促程序 229
未成年人司法保护 ……………………………… 229
司法体制改革 ……………………………………… 229
监察体制改革 ……………………………………… 229
保障中心工作 ……………………………………… 229
促进阳光检务 ……………………………………… 229
化解社会矛盾 ……………………………………… 230
法　院……………………………………………… 230
概况 ………………………………………………… 230
认罪认罚从宽制度试点 ………………………… 230
化解民事纠纷 ……………………………………… 230
依法行政 …………………………………………… 230
基本解决执行难题 ……………………………… 231
服务保障中心 ……………………………………… 231
保障转型升级 ……………………………………… 231
涉案民生服务 ……………………………………… 231
司法公开 …………………………………………… 231
司法行政…………………………………………… 232
概况 ………………………………………………… 232
人民调解员队伍建设 …………………………… 232
普法骨干培训班 …………………………………… 232
调解工作“最多跑一次”改革 ………………… 233
认罪认罚试点 ……………………………………… 233
法律服务“惠企”工作 ………………………… 233
社区矫正中心挂牌成立 ………………………… 233
开展“传递正能量”活动 ……………………… 233
开展“以案释法” ……………………………… 233
案例………………………………………………… 233
破获18年杀人积案 ……………………………… 233
破获建德系列农村夜盗案 ……………………… 233
成功破获“7·13”电信诈骗专案 …………… 233
开展“9·22”网络贩枪建德分案集中收网行动 234
破获“4·27”特大网络诈骗团伙案 ………… 234

军　事

人民武装…………………………………………… 235
概况 ………………………………………………… 235
全市武装工作暨国动委第十四次会议 ……… 235

民兵整组 …… 235
2017年度民兵应急分队开训动员大会 …… 235
建军90周年军民联欢晚会 …… 236
抢险救灾 …… 236
庆祝建军90周年征文比赛 …… 236
征兵工作 …… 236
退役士兵返乡欢迎仪式 …… 236
人民防空 …… 236
概况 …… 236
人防宣传月活动 …… 236
建德市中小学生防空防灾体验馆落成 …… 237
整组民防志愿者新安山地救援队 …… 237

人力资源　社会保障

人力资源 …… 238
概况 …… 238
推动“最多跑一次”改革 …… 238
应届高学历毕业生生活补贴发放 …… 238
汪家企业人才专项住房配售 …… 238
人才新购商品房购房补贴 …… 238
公开招录公务员 …… 239
公开招聘事业人员 …… 239
国有企业公开招聘 …… 239
转业士官招聘 …… 239
收入分配制度改革 …… 239
技能大师工作室 …… 239
大学生村干部管理 …… 239
劳动保障 …… 240
概况 …… 240
出台就业创业帮扶政策 …… 240
城镇新增就业人数管理 …… 240
创业就业补贴 …… 240
失业保险 …… 240
重点人群创业 …… 240
企业个性化服务方案 …… 241
全民参保登记数据动态管理 …… 241
城乡医保银行代扣代缴 …… 241
退休人员人养老金管理 …… 241
社保基金监管 …… 241
医保全国联网 …… 241
老农保清零衔接 …… 241
征地政策调整前转保补缴 …… 242
特殊工种提前退休集体讨论机制 …… 242
工伤认定及劳动能力鉴定 …… 242
劳动纠纷案件监管 …… 242
劳动仲裁 …… 242
建德市工业技校 …… 242

教　育

综　述 …… 243
概况 …… 243
校园安全保障 …… 243
首届“市长杯”青少年校园足球联赛 …… 243
教育项目建设 …… 243
教育综合改革 …… 243
学前教育 …… 243
概况 …… 243
提升幼儿教师素质 …… 244
义务教育 …… 244
概况 …… 244
义务教育阶段课程改革 …… 244
举办中小学生科技节 …… 244
特色学校建设 …… 245
第四十四届中小学生田径运动会 …… 245
获评中小学“十佳德育精品课程”“十佳德育活动品牌” …… 245
首个特殊教育卫星班 …… 245
高中段教育 …… 245
概况 …… 245
发展现代职业教育 …… 245

现代学徒制试点 …… 245
中职教育选择性课改 …… 245
中职质量提升工程 …… 246
新安江职业学校迁建 …… 246
职业教育活动周 …… 246
职业技能大赛 …… 246
成人（社区）教育 …… 246
概况 …… 246
社区教育 …… 246
民办教育发展政策扶持 …… 246
师资队伍 …… 247
概况 …… 247
义务教育学校教师交流 …… 247
教师专业技术职务评审和资格认定注册 …… 247
师德师风主题教育 …… 247
培育培养骨干教师 …… 247
初中教师业务能力比武 …… 247
岗位设置 …… 248
大中专院校 …… 248
杭州科技职业技术学院严州校区 …… 248
国网浙江省电力有限公司培训中心浙西分中心 248

科技　信息

科学技术 …… 249
概况 …… 249
设立完善科技创新考评体系 …… 249
科技创新平台建设 …… 249
科技创新主体培育 …… 249
政产学研合作 …… 250
知识产权工作 …… 250
深化科技支农 …… 250
开展科技金融合作 …… 251
科技宣传服务 …… 251
举办地震应急预案桌面推演 …… 251
科普活动 …… 251
概况 …… 251
科普宣传活动 …… 252
学术交流活动 …… 252
海智基地实现“零”突破 …… 252
电信通信 …… 252
概况 …… 252
通信网络基础建设 …… 252
推出“不限流量”套餐 …… 253
共建“美丽建德” …… 253
移动通信 …… 253
概况 …… 253
网络建设 …… 253
市场巩固与发展 …… 253
助力“智慧建德”发展 …… 254
主办“步步为善、乐跑建德”活动 …… 254
联通通信 …… 254
概况 …… 254
重点项目 …… 254
信息化建设 …… 254
网络建设 …… 254
电子政务 …… 255
概况 …… 255
数据共享建设 …… 255
基层治理综合信息平台 …… 255

文化　体育

文化事业 …… 256
概况 …… 256
“两馆”建设 …… 257
乡镇文化员定向培养招生 …… 257
第四届农村文化节 …… 257
文艺展演 …… 257
传统婺剧经典 …… 257
钱塘觅珍——杭州市第一次全国文物普查成果展 …… 258

新叶乡土建筑消防管理 …… 258
乡土建筑四有档案 …… 258
“扫黄打非”活动 …… 258
建德市新华书店有限公司 …… 258
文化创意产业 …… 258
概况 …… 258
玺匠文创品牌 …… 258
文创园建设 …… 259
杭州市文创小镇 …… 259
“创智家”交流平台 …… 259
乡村“文创客厅” …… 259
文创主题活动 …… 259
严州文化研究会 …… 259
概况 …… 259
服务严州古城保护与修复工作 …… 260
编纂“严州古今文丛”（第二辑） …… 260
体　育 …… 260
概况 …… 260
创建体育强市 …… 261
第七届老年人运动会 …… 261
夏日冬泳挑战赛 …… 262
参加杭州市19届运动会 …… 262
第四十四届中小学生田径运动会 …… 262
足球进校园活动 …… 262
组团包干 …… 262

传　媒

广播电视 …… 263
概况 …… 263
开展主题宣传 …… 263
发挥新闻监督助推作用 …… 263
服务“三农”宣传 …… 264
新媒体联动宣传 …… 264
中共十九大专题报道 …… 264
开设《我是建德人》栏目 …… 264
新闻传媒 …… 264
概况 …… 264
加强舆论监督 …… 265
加强网络宣传 …… 265
市委报道工作 …… 265
概况 …… 265
突出主题报道 …… 265
展示建德形象 …… 265
建德华数数字电视有限公司 …… 266

卫　生

综　述 …… 267
概况 …… 267
综合医改试点 …… 267
“双下沉两提升”机制建设 …… 267
卫生基础设施建设 …… 268
卫生“最多跑一次”改革 …… 268
公共卫生 …… 268
概况 …… 268
“6・25”卫生保障 …… 268
中共十九大维稳保障 …… 269
涉卫民情整改 …… 269
免疫规划 …… 269
疾病预防控制 …… 269
传染病防治 …… 269
地方病及慢性病防治 …… 269
卫生监测 …… 269
健康教育 …… 270
学生口腔窝沟封闭 …… 270
公共卫生监督 …… 270
精神卫生 …… 270
中医中药 …… 270
概况 …… 270
强化医疗质量管理 …… 270
市中西医结合医院启用 …… 271

基层中医药服务能力提升 …………………… 271
中医药养生知识宣传 ………………………… 271
中医药人才引进和培养 ……………………… 271
落实民营资本办医政策 ……………………… 271
妇幼保健………………………………………… 271
概况 …………………………………………… 271
孕产妇管理 …………………………………… 271
托幼机构管理 ………………………………… 271
计划生育管理 ………………………………… 271
“艾梅乙”母婴阻断管理 …………………… 272
“两癌”筛查 ………………………………… 272
爱国卫生………………………………………… 272
概况 …………………………………………… 272
卫生乡镇创建 ………………………………… 272
改水改厕 ……………………………………… 272
病媒生物控制 ………………………………… 272
健康促进 ……………………………………… 272
国家电网公司职业病防治院 ………………… 272

社会生活

民政工作………………………………………… 274
概况 …………………………………………… 274
民政工作“最多跑一次”改革 ……………… 275
村社组织换届 ………………………………… 275
退役安置 ……………………………………… 275
节地生态安葬 ………………………………… 275
“6·25”抗洪救灾 ………………………… 275
成立建德市社会工作者协会 ………………… 276
社会团体清理 ………………………………… 276
“12345”工作体系创新“党建+” ………… 276
老龄工作………………………………………… 276
概况 …………………………………………… 276
表19 2017年年末建德市百岁老人名单表 ……277
医养融合改革 ………………………………… 278
养老产业集聚区建设 ………………………… 278
人口与计划生育………………………………… 278
概况 …………………………………………… 278
融合卫生计生管理服务 ……………………… 278
推进国标母婴设施建设 ……………………… 278
生育服务登记“零跑路” …………………… 278
全力做好计生家庭扶助关怀 ………………… 278
青春健康教育 ………………………………… 278
移民工作………………………………………… 278
概况 …………………………………………… 278
移民直补人口复核和直补资金发放 ………… 279
移民资金管理办法 …………………………… 279
实施移民素质培训 …………………………… 279
民族与宗教……………………………………… 279
概况 …………………………………………… 279
民族村特色畲寨建设 ………………………… 279
“寻梦中国·正言正行”反邪宣传 ………… 279
宗教和民间信仰活动场所管理 ……………… 279
关心下一代工作………………………………… 280
概况 …………………………………………… 280
普法宣传教育和帮教活动 …………………… 280
留守儿童管理教育 …………………………… 280
假日学校惠民工程 …………………………… 280
“五老”三团建设 …………………………… 280
人民生活………………………………………… 281
城镇居民人均生活水平 ……………………… 281
农村居民人均生活水平 ……………………… 281

乡镇（街道）

新安江街道……………………………………… 282
概况 …………………………………………… 282
旧城改造 ……………………………………… 283
重点项目建设 ………………………………… 283
主城区烟花爆竹“双禁” …………………… 283
丰产村高山居民安置房交付分配 …………… 283
全市首家消防科普教育基地投入使用 ……… 283

开拓城区党建新模式 …… 283
举办来料加工技能大赛 …… 284
避灾安置场所全覆盖 …… 284
更楼街道 …… 284
概况 …… 284
重点项目建设 …… 284
水利基础设施建设 …… 285
城乡道路交通与住房建设 …… 285
环境综合整治 …… 285
承办杭州市垃圾分类现场会 …… 286
美丽乡村建设 …… 286
开展残疾人、老年人免费体检 …… 286
国有资产调查工作 …… 286
黄岙村居家养老中心老年食堂开张 …… 286
洋溪街道 …… 286
概况 …… 286
浙西数据中心启用并入驻客户 …… 287
玺匠文化实现物联网融资1.1亿元 …… 287
团结村举行第二届“三月三”畲族民俗文化节 287
建成建德市首个国标母婴室 …… 287
举办首届农民运动会 …… 288
乡道昴石线友谊段路面大中修工程竣工通车 288
莲花镇 …… 288
概况 …… 288
小城镇环境综合整治 …… 289
水环境治理工作 …… 289
乡村旅游建设 …… 289
“最美莲花人”评选表彰 …… 289
举办“生态莲花·健康小镇”毅行活动 …… 289
电影《拾忆荒野》拍摄 …… 289
举办农产品电子商务培训班 …… 290
九仙公司齐平铁皮石斛新基地建成 …… 290
率先实现全市村级微型消防站全覆盖 …… 290
梅城镇 …… 290
概况 …… 290
现代服务产业发展提速 …… 291
小城镇环境综合整治 …… 291
古城综合保护和开发建设 …… 291
棚户区改造 …… 291
九龙湾垃圾焚烧厂建成运行 …… 292
全市首个乡镇级体育广场建成 …… 292
央视纪录片《中国影像方志》在梅城拍摄 …… 292
杨村桥镇 …… 292
概况 …… 292
“美丽建德”环境整治百日攻坚行动 …… 293
草莓小镇特色发展 …… 293
全域旅游框架初步建立 …… 293
大项目征收“清零” …… 293
清溪安置房建设 …… 294
第二届“最美杨村桥人”评选活动 …… 294
吴东良获全国农业劳动模范荣誉称号 …… 294
下涯镇 …… 294
概况 …… 294
小微水体整治试点 …… 295
完成小城镇综合整治工作 …… 295
成功创建浙江省卫生镇 …… 295
成功创建“基本无违建”镇 …… 296
成立浙西农产品旅游电商产业园 …… 296
农民安全饮用水工程实现100%全覆盖 …… 296
大洋镇 …… 296
概况 …… 296
招商引资项目 …… 297
创新实施“最多反映一次” …… 297
首个光伏发电扶贫项目正式投入使用 …… 298
率先推行“田长制” …… 298
大洋首家建德果蔬乐园 …… 298
遭遇“6·25”特大洪涝灾害 …… 298
红色婺剧《大洋埠》 …… 298
全市最大单体垦造水田项目竣工 …… 298
寿昌镇 …… 298
概况 …… 298
区镇分设 …… 299

基础设施建设 …… 299
新农村建设 …… 300
小城镇全面整治 …… 300
清洁乡村 …… 300
创建成为杭州市“无违建乡镇” …… 300
市中西医结合医院（市三院）迁建工程竣工投入使用 …… 300
杭州市第七人民医院浙西分院落户寿昌 …… 301
大慈岩镇 …… 301
概况 …… 301
城乡建设 …… 301
民生保障 …… 302
建成全镇首个大型“果蔬乐园” …… 302
农田水力基础设施建设 …… 302
全域旅游建设 …… 302
民宿示范村（点）建设 …… 302
文化体育事业建设 …… 302
新叶古村获得多项荣誉 …… 303
中国传统村落相关工作 …… 303
建德家风馆开馆 …… 303
航头镇 …… 303
概况 …… 303
重点企业科技创新加快 …… 304
全域旅游建设 …… 304
特色产业基地建设 …… 305
集镇综合开发改造 …… 305
“美丽乡村”建设 …… 305
大同镇 …… 305
概况 …… 305
大同集镇建设 …… 306
第二届“蓝领文化周”活动 …… 306
稻香小镇建设 …… 307
书香大同建设 …… 307
大同镇鸿业家庭农场美丽牧场项目建设完成 307
“千里岗”牌黄金芽茶获省农博会金奖 …… 307
大同助农合作社入选全国农机合作社示范社名单 …… 308
大同医院整体搬迁工程项目一期基本完工 …… 308
李家镇 …… 308
概况 …… 308
城乡统筹建设项目 …… 309
集镇综合整治 …… 309
完成第三次全国农业普查 …… 309
乾潭镇 …… 309
概况 …… 309
小城镇环境综合整治省级样板 …… 310
乾潭第二小学荣获首批杭州市“美丽学校” 311
乾潭镇信访接待中心成立 …… 311
成立“幸福家园”志愿者卫计服务队 …… 311
乾潭镇首个乡旅文创园正式开工 …… 311
成功创建国家卫生乡镇 …… 311
乾潭镇代表团在残疾人运动会上获总分第一 311
建德（乾潭）科创园开园 …… 312
“乾潭金谷”正式落户 …… 312
沛市经验在全市推广 …… 312
乾潭镇卫生院获省十佳乡镇卫生院 …… 312
三都镇 …… 312
概况 …… 312
三都镇新和村创建成为“全国文明村” …… 313
交通设施建设 …… 314
乡村旅游建设 …… 314
美丽乡村建设 …… 314
寻找“醉美主人”活动 …… 314
新建三都柑橘交易市场 …… 314
建德西红花 …… 314
杭州思味王食品有限公司 …… 315
钦堂乡 …… 316
概况 …… 316
获评浙江省“小城镇综治整治达标乡镇” …… 317
举办第二届“稻香节” …… 317
碳酸钙行业整治提质升级 …… 317
美丽乡村建设 …… 318

葛塘村文化礼堂获评省四星级文化礼堂 …… 318

人　物

市领导简历…… 319
新闻人物…… 319

名　录

2017年建德市组织机构及负责人名录…… 321
市委和市委工作部门、直属单位 …… 321
市人大和人大机关 …… 323
市政府和政府工作部门、直属单位市政协和政协机关 …… 327
人民武装 …… 328
检察、审判机关 …… 328
群众团体 …… 328
企业单位 …… 329
双重和垂直管理单位 …… 330
乡镇（街道） …… 330
表20　建德市十六届人大代表名单表…… 334
表21　建德市十四届政协委员基本信息表…… 338

重要文件选录

重要文件目录…… 343
中共建德市委文件 …… 343
市委办公室文件 …… 343
市政府文件 …… 343
市政府办公室文件 …… 343
重要文件辑录…… 344

索　引

主题索引 …… 367
图表索引 …… 387

特 载

Special Reports

拥抱新时代 践行新思想
以十九大精神为引领 加快实现建德新崛起

——在市委十四届三次全体（扩大）会议上的报告

（2018年1月5日）

中共建德市委书记 童定干

◎童定干

这次市委十四届三次全体（扩大）会议，是在全市上下认真学习贯彻党的十九大精神，全面落实市第十四次党代会决策部署的形势下召开的一次十分重要的会议。会议的主要任务是：深入学习贯彻党的十九大精神，认真落实中央经济工作会议、省委十四届二次全会、省委经济工作会议和杭州市委十二届三次全会精神，回顾总结2017年工作，分析当前形势，部署2018年任务，审议通过《中共建德市委关于认真学习贯彻党的十九大精神，加快实现新崛起的决定》，动员全市上下拥抱新时代、践行新思想，以十九大精神为引领，加快实现建德新崛起。

下面，我代表市委常委会向全会作工作报告。

一、2017年工作回顾

2017年是新一届市委的开局之年。面对复杂多变的国内外形势和发展中遇到的各种困难，市委常委会团结带领全市广大党员干部群众，紧紧围绕“实现建德新崛起”的宏伟目标，牢牢把握“开放融入、跨越赶超”的工作基调，狠抓发展思路的深化、发展氛围的营造、发展保障的强化和发展举措的落实，经济社会保持平稳较快发展。预计全年实现生产总值385亿元，增长8%，其中第三产业增加值164亿元，增长12%；地方财政收入24.4亿元，增长7.5%；固定资产投资218.2亿元，增长12.9%；城镇居民和农村居民人均可支配收入分别为44853元和23757元，增长8%和8.5%。

一年来，按照中央精神和省委、杭州市委要求，我们集中精力主要抓了几件重要的事情。一是认真学习贯彻党的十九大精神，在思想上和行动上与党中央保持高度一致。在党的十九大召开前，市委认真学习贯彻习近平总书记“7·26”重要讲话精神，以实际行动迎接十九大胜利召开。十九大召开后，市委第一时间传达贯彻十九大精神，要求全市各级党组织和广大党员干部原原本本学习研读十九大文件，努力做到学懂弄通做实。认真组织开展多层次的宣讲、座谈、培训和主题教育活动，推动十九大精神进农村、进社区、进企业、进学校、进网站，学习宣传贯彻十九大精神的热潮迅速兴起并不断深入。二是认真贯彻落实省、杭州市和我市党代会精神，科学细致谋划发展思路。2016年年底召开的市第十四次党代会，明确提出了“实现建德新崛起”的奋斗目标。这一目标与省第十四次党代会提出的“两个高水平”

和杭州市第十二次党代会提出的“建设独特韵味别样精彩世界名城”的奋斗目标是契合的。省、杭州市党代会召开后，市委紧密结合建德实际，认真思考谋划，深化细化发展思路，努力打造“全省大花园建设排头兵、杭州新的经济增长极和杭州西部门户城市”。一年来的实践证明符合上级要求、符合建德实际、符合51万建德人民的愿望。三是认真贯彻落实省、杭州市重大决策部署，结合实际细化发展举措。围绕贯彻落实省、杭州市一系列重大决策，切实抓好各项工作的动员部署、协调推进。以做大做强实体经济为重点，制定出台传统制造业改造提升、特色小镇建设等重大政策，推进主导产业转型升级；以“一心两翼”城市空间布局为指引，全方位启动经济开发区（航空小镇）、高铁新区（高新园）建设，提升城市发展能级；以美丽建德为载体，八美联动推进全域景区化，优化城乡环境品质；以“党建+”为引领，创新作风建设机制，健全完善“六个领衔”“四项机制”“进帮助”等制度，形成了心齐气顺、劲足实干的良好氛围。

回顾过去一年的工作，市委常委会具体抓了以下五个方面：

1. 实体经济在加快转型中提质增效。突出转方式、调结构，全力推动经济稳步回升。转型升级扎实推进。三次产业结构比例为9 ∶ 49 ∶ 42。全面推动传统制造业改造提升，加大“四换三名”和“两化”融合力度，碳酸钙等行业整治提升成效明显，获评全省“两化”融合示范区。预计全年实现规上工业销售产值433亿元、增加值95亿元，分别增长8%和6%。现代服务业发展态势良好，实现社会消费品零售总额127.4亿元，增长10.5%。旅游业保持快速发展，“17度新安江”旅游品牌进一步打响，夏日冬泳等活动连续被中央级媒体刊播报道，接待游客928.9万人次、旅游收入82.4亿元，分别增长13.3%和24.3%。现代农业加快发展，农业“两区”建设步伐加快，建德果蔬乐园影响力不断扩大。创新体系不断健全。深化产学研战略合作，加大科技创新投入，规上工业研发经费（R&D）6.7亿元，增长10.3%，新产品产值率达38%。加快推进创业创新平台建设，超细粉末国家工程研究中心、杭师大有机硅重点实验室成功入驻。充分发挥人才新政作用，新引进海内外高层次人才55人。平台建设整合提升。优化完善经济开发区（航空小镇）规划，横钢区块工业遗存通过改造提升重新焕发生机，火车主题酒店、通航总部大楼、小镇客厅等项目相继建成投入使用。开通全省首条低空旅游专线，成功举办通航产业国际论坛，获评全国第二批特色小镇和省军民融合示范基地，省委车俊书记亲临指导并予以充分肯定。高起点谋划高铁新区（高新园）建设，杨村桥门户区域、洋溪板块、下涯湿地、黄饶半岛等核心区域策划研究取得初步成果。土地平整、路网建设等基础设施有序推进，完成征地3432亩，土地流转7936亩，高铁场站站前广场及连接线项目进展顺利，新安江综保工程先行区形象初显。与北控集团签订全面战略合作协议，全力打造现代化产业新城。

2. 项目建设在瓶颈突破中加快推进。突出抓项目扩投资，切实增强发展后劲。在建项目全面提速。先后举办三批重大项目集中开工仪式，103个重点项目全部开工，开工率达100%，60个重大产业类项目开工建设54个，开工率达90%，分别提高5.6和7个百分点。十里埠综合作业区、浙西国际心脏中心、23省道改建等项目进展顺利，农夫山泉四期、新安迈图、IFF搬迁、浙西数据中心等项目建成投产。招商引资力度加大。不断强化“三招三引”理念，成功举办土地招商、通航产业招商等大型招商推介会8场，共引进项目334个，预计全年实到杭州市外内资55亿元，实到外资14814万美元，实到浙商回归资金37亿元，恒大温泉小镇、军民融合装备制造等一批重大产业项目签约落地。要素保障有力有效。全面推进重点项目征迁安置“双清”工作，完成征地10664亩，房屋签约4374户，实际供地5753亩。积极实施投融资体制改革，首次完成国资总公司15亿元企业债和5亿元的PPN银行间债券发行工作。全力推进“最多跑一次”改革，725项群众和企业到政府依申请办理事项中有711项实现“最多跑一次”，比例达98.1%，并在杭州地区率先开展企业投资项目承诺制改革试点。

3. 城乡面貌在破难攻坚中明显改善。突出优环境提品质，全程全方位打造“美丽建德”。美丽环境优化提升。启动实施城市有机更新，麻岭巷、影剧院等区块房屋征收顺利推进。全市共出让土地65宗，成交土地出让金41亿元，创历史新高。优化提升小城镇功能品位，首批5个乡镇整治项目开工率100%，“街长制”“路长制”做法在全省推广，全省“车乱开”治理现场会在我市召开，小城镇环境面貌焕然一新，发展动能进一步增强。“五水共治”全面实现剿劣目标，成为全省首批销号上报县市，行政区交界断面考核全年均为优秀。强势推进“三改一拆”和治危拆违，拆除违建41.43万平方米，完成“三改”62.68万平方米，梅城、寿昌等区块棚户区改造步伐加快。垃圾分类处置、精品线路打造、杭派民居建设、历史文化村落保护利用等工作稳步推进，坡地村镇建设试点工作成效明显。美丽人文全面塑造。深入开展“建功立德”大讨论，提炼建德地域人文精神和行业道德标准，共同打造德文化地域品牌。全面加强农村文化阵地建设，累计建成农村文化礼堂128家。深度打造特色文化精品，“喜迎十九大 · 建功立德报告会”引起强烈共鸣。美丽经济加快发展。深入践行“两山”理论，以“旅游+”为路径，推进万村景区化，共打造乡村旅游点203家，星级农家乐74家，民宿98家。不断加大产业融合力度，休闲度假小镇、创意农业主题公园建设稳步推进。

4. 社会事业在合力推进中全面进步。突出保民生促和谐，全年用于民生方面的公共财政支出达33亿元，占全部一般公共预算支出比例的75%。公共服务全面深化。积极推进教育综合改革，加强教学质量管理，促进城乡教育均衡化发展。深化巩固“双下沉两提升”工作，医疗服务体系建设不断完善，家庭医生签约15.4万人，常住人口签约覆盖率达34.4%。大力开展全民健身活动，荣获全国群众体育工作先进县市、省级体育强市。社会保障不断完善。积极推进就业创业工作，新增城镇就业6476人，城镇登记失业率控制在2.47%。健全城乡居民低保动态管理、医疗救助等机制，城乡基本医疗保险参保率达99%。社会救助加大力度，慈善事业稳步发展，保障性住房加快建设，养老服务业综合改革全面深化。社会治理创新推进。全面建成并有效运行“四个平台”和“全科网格”，扎实开展平安创建“四机制七专项”行动，圆满完成十九大维稳安保工作。完善矛盾纠纷大调解机制，狠抓信访积案化解。全力打造安全生产“15日工作法”升级版，事故起数和死亡人数实现“双下降”。

5. 党的建设在固本强基中持续加强。突出抓党建强保障，党建科学化水平全面提升。思想建设持续深化。严格落实意识形态工作责任制，注重党委理论学习中心组示范带动，“新安夜学”品牌效应凸显。完善舆情应急响应机制，着力打造“清朗网络空间”。队伍建设有力加强。全面推进“两学一做”学习教育常态化制度化。圆满完成市级领导班子换届，集中精力抓好村级组织换届，换出了氛围、换出了正气、换出了活力。树立实干选人用人导向，发现储备“三型”干部303名，干部队伍整体活力切实增强。基层组织不断夯实。建立健全党建“双百分制”考核、基层党建“双月例会”等制度，持续打造“一纵八横”党建示范带，完成17个软弱落后村党组织整转。持续推进行业系统、城市基层、社会组织党建，切实增强基层党组织服务能力。作风效能有效提升。围绕“执行力建设”主题，以“三提一争”“百千万”活动为引领，深化“走村不漏户、户户见干部”，走访农户12.26万户，解决问题3100余个。开展“正风肃纪”检查1300余次，督改问题498个、处理人员62人。反腐倡廉常抓不懈。严格落实党风廉政建设“两个责任”，全面启动市委巡察工作，完成五轮20家单位巡察。积极推进国家监察体制改革试点，市监察委员会顺利组建运行。坚持无禁区、全覆盖、零容忍惩治腐败，加大案件查处力度，共立案违纪案件212件，给予党纪政纪处分218人。同时，市委总揽全局、协调各方，切实加强对人大、政府、政协和法院、检察院的领导，巩固和发展爱国统一战线，老干部、史志、党校、档案、新闻传媒等工作取得新成绩，工青妇等群团组织作用进一步发挥。党管武装持续用力，坚决拥护支持军队改革，国防后备力量建设得到加强。

这些成绩的取得，实属不易、令人鼓舞。这是全市各级党组织和广大党员干部群众全面贯彻上级党委的各项决策部署，创新思维、务实奋进、团结拼搏、苦干实干的结果。在此，我谨代表市委，向为全市改革发展稳定做出重要贡献的老领导、离退休老同志，表示崇高的敬意！向全市广大党员干部群众，以及所有关心支持建德发展的各级领导、社会各界人士，表示衷心的感谢！

在充分肯定成绩的同时，我们也要清醒地看到，发展中还存在不少矛盾和薄弱环节。从经济发展看，既有总量速度上的差距，也有质量结构上的不足，产业核心竞争力不强，转型升级步伐有待进一步加快。从城乡建设看，城乡统筹还需持续深化，公共服务均等化水平有待进一步提高。从社会管理看，社会矛盾依然易发多发，基层基础有待进一步加强。从干部队伍看，少数干部大局观念、精神状态、服务意识、办事效率还有待进一步提升。所有这些问题和不足，我们将高度重视，采取切实有力措施，认真研究解决。

二、对《决定》（审议稿）的说明

党的十九大是一次具有划时代意义的历史性盛会，是引领全党全军全国各族人民满怀信心为决胜全面建成小康社会、夺取新时代中国特色社会主义伟大胜利而奋斗的历史性大会。学习贯彻十九大精神，是当前和今后一个时期压倒一切的首要政治任务。市委结合省、杭州市党代会及全会精神，围绕“两个高水平”目标，广泛组织调研讨论，拟定了《中共建德市委关于认真学习贯彻党的十九大精神，加快实现新崛起的决定》，提交本次会议审议。下面，我就《决定》（审议稿）的几个重大问题向全会作说明。

一是关于举旗定向。十九大把习近平新时代中国特色社会主义思想确立为我们党必须长期坚持的指导思想。学习贯彻党的十九大精神，最重要的就是深入学习领会习近平新时代中国特色社会主义思想这个十九大的灵魂，用党的创新理论武装头脑、指导实践，在各项工作中全面贯彻落实，使之成为推动发展的强大思想武器和行动指南。尤其是总书记主政浙江期间，对建德发展也十分关心，曾三次专门来建德调研并提出谆谆嘱托，推动建德驶上了县域科学发展的正确轨道。实践证明，只有高举习近平新时代中国特色社会主义思想伟大旗帜，坚定不移沿着“八八战略”指引的路子走下去，我们才能保持政治立场不变、发展方向不偏。

二是关于目标定位。十九大提出了“两个一百年”的奋斗目标，省委、杭州市委全会分别提出了“两个高水平”和“加快建设独特韵味别样精彩世界名城”的目标。就建德而言，市第十四次党代会提出的“实现新崛起”的战略目标和具体举措，是贯彻落实十九大精神尤其是习近平新时代中国特色社会主义思想的生动实践。为此在今后一个时期，学习贯彻十九大精神，就是要突出“生态立市、创新活市、工业强市、服务业兴市”发展路径，在更深层次、更高水平上加快实现建德新崛起，为全省实现“两个高水平”奋斗目标贡献建德力量。

三是关于战略安排。十九大及省委、杭州市委全会都对新时代中国特色社会主义发展作出了新的战略安排。《决定》（审议稿）据此对加快实现建德新崛起也作了具体的阶段谋划，提出从现在到2020年，全面落实党的十九大提出的新要求，突出抓重点、补短板、强弱项，高质量完成“十三五”规划任务，确保实现高水平全面建成小康社会目标。从2020年到2035年，再奋斗15年，全面提升综合实力和发展质量，高水平完成基本实现社会主义现代化的目标。从2035年到本世纪中叶，再奋斗15年，在杭州和全省实现争先进位、提升形象，为浙江在建成富强民主文明和谐美丽的社会主义现代化强国的新征程中继续走在前列、勇立潮头作出积极贡献。

四是关于工作部署。围绕新的战略安排，《决定》（审议稿）对建德贯彻落实工作作出了具体部署。要坚定不移贯彻落实新发展理念，强化重大战略牵引和改革创新驱动，构建区域创新体系、投入支撑体系、现代产业体系和开放型经济体系；坚定不移践行绿水青山就是金山银山理论，持续优化生态环境，积极培育生态文化，大力发展生态经济，打造现代生态体系、现代城乡体系；坚定不移坚持以人民为中心，进一步做好惠民、富民、安民文章，完善现代治理体系、公共服务体系、文化软实力体系。

五是关于党建保障。十九大提出了新时代党的建设总要求和重点任务，对推进党的建设新的伟大工程作出顶层设计、战略部署，释放了全面从严治党要向纵深推进的强烈信号。《决定》（审议稿）对推进全面从严治党作出了具体工作安排，主要包括要突出抓好党的政治建设、用习近平新时代中国特色社会主义思想武装头脑、建设高素质专业化干部队伍、以提升基层组织力为重点加强基层组织建设、扎实推进党风廉政建设和反腐败斗争。

三、今年工作的总体思路和主要目标

今年是全面深入贯彻落实党的十九大精神的开局之年，是改革开放40周年，也是决胜全面建成小康社会的关键之年，做好今年工作，意义重大。纵观当前形势，我们仍将经受严峻的考验，积极应对才能赢得主动。全球经济形势仍然存在很多不确定因素，各种挑战不可低估，我们面临加快经济转型升级和保持平稳较快增长“双重压力”。同时，资源、环境、要素制约等客观因素将在较长一段时期内存在，尤其是国务院金融新政加大了对政府债务的管控力度，给项目融资带来较大压力。我们一定要增强忧患意识，既要谋划发展的总体布局，也要把基础工作做早做先、做实做强。我们面临更加难得的机遇，顺势而为才能赢得优势。党的十九大标定了中国特色社会主义进入新时代的历史方位，指出“当前我国发展仍处于重要战略机遇期”。刚刚召开的中央经济工作会议明确，要坚持稳中求进工作总基调，按照高质量发展的要求，积极培育新的经济增长点。省委经济工作会议进一步明确要聚焦聚力高质量发展，扎实推进“两个高水平”建设，为我们做好新一年经济工作指明了方向。同时，党的十九大提出的乡村振兴、区域协调发展和全省“大湾区大花园大通道大都市区”建设、杭州城市国际化及拥江发展等多重战略纵深推进，今年下半年杭黄高铁建成通车所带来的交通区位的明显改善，对于我市投资和消费的拉动，对高端产业、人才的吸引集聚，对城市形象的改善和人民生活水平的提高，都十分有利。我们一定要看到机遇、抓住机遇，顺势而为、乘势而上。我们还需付出加倍的努力，实干奋进才能赢得发展。空谈误国，实干兴邦。建德能否实现跨越赶超，关键在于我们各级党员领导干部能否求真务实、创新实干，能否凝聚力量、攻坚克难。当今的时代是个竞争的时代，竞争就是时间和速度的竞争，就是意志和效率的竞争。谁动作快、攻坚力度大，谁就能抢占先机，掌控制高点和主动权；谁动作慢、推进不力，谁就会丢失机会，被别人甩在后面。我们一定要矢志开放融入、跨越赶超，以永不懈怠的精神状态和一往无前的奋斗姿态，全力攻克发展难关、破解发展难题，加快实现建德新崛起。

按照上级党委、政府的部署和对形势的研判，今年全市工作的总体思路是：高举习近平新时代中国特色社会主义思想伟大旗帜，深入学习和全面贯彻落实党的十九大精神，抢抓“高铁时代”到来的历史性机遇，全面融入全省“两个高水平”和杭州世界名城建设，牢牢把握稳中求进工作总基调，紧扣社会主要矛盾变化，以高质量发展为根本要求，深入开展改革攻坚年、平台突破年、产业升级年、环境优化年、作风效能年“五个主题年”活动，全力打造全省乡村振兴示范区、杭州新的经济增长极和杭州西部门户城市，加快实现新崛起，为高水平全面建成小康社会并迈向社会主义现代化打下坚实基础。

今年全市经济社会发展的主要预期目标是：生产总值增长7.5%左右，力争8%；固定资产投资、城乡居民收入与经济增长基本同步，投资结构优化、投资效益提高，城乡居民收入比缩小，主要环境指标优化，节能减排完成上级下达的目标任务。

做好今年工作，最关键的是要深刻领会和全面贯彻党的十九大精神。努力践行习近平新时代中国特色社会主义思想，以新思想引领新发展，以新作为开创新局面、实现新崛起。要坚定不移高举改革大旗。以强烈的责任担当全面深化改革，以“最多跑一次”改革撬动各领域改革，增添发展动力，用具体行动和实际成效向改革开放40周年献礼。要紧紧围绕高质量发展这个根本要求。紧扣社会主要矛盾变化，加快理念转换、动能转换、结构转换、效率转换和环境转换，努力走出一条具有建德特色的高质量发展之路。要牢牢把握“高铁时代”到来的历史性机遇。全域对标、全民动员，以高铁速度和高铁品质，一刻不停优环境、强功能、提形象，不断增强区域协调发展能力，全面提升建德的城市综合竞争力。

四、今年工作的主要任务

按照今年工作的总体思路，围绕年度目标任务，在具体工作中要实现“四个更强”：

1. 聚焦深化改革，让建德的发展活力更强。改革是加快实现建德新崛起的动力源泉，是最大的红利。要更加注重改革的系统性、整体性、协同性，推行“1+X”改革方案，以“最多跑一次”改革为龙头，加大重点领域和关键环节的改革攻坚，增创体制机制新优势。

全面突破“最多跑一次”改革。以“一次不用跑、有事我来跑、有事网上跑”的理念制定实施“最多跑一次”改革方案，实现权力事项100%全覆盖。加快打破信息孤岛，推进数据共享，全面整合信息系统，建设公共数据大平台。深化投资项目承诺制改革，力争由开工前审批延伸至竣工前验收“最多跑一次”，持续优化在线平台2.0版。全面精简审批流程，统一审批标准，减事项、减材料、减时间，一窗办理、并联受理、结果互认。坚持以“最多跑一次”改革倒逼要素配置市场化改革，倒逼中介服务和公共服务体制改革。深化“亩产论英雄”改革，推进“标准地”供给。

深化城乡统筹综合改革。全面推进以农村产权制度改革为核心的各项改革，积极探索承包地“三权”分置有效方式，推进宅基地有序流转和农村土地全域整治。加快建立农村产权交易、流转服务平台，努力实现城乡要素自由流动。因村制宜探索村集体经济发展之路，着力增强“造血”功能，全面消除125个年经营收入5万元以下村。大力推进“四个平台”向村级延伸，深化“全科网格”队伍建设，明确职责分工、提高管理效能。

积极推进经济体制改革。以服务实体经济为导向，创新投融资模式，推进融资平台的市场化转型，通过企业债券发行、PPP合作等模式努力拓宽筹资渠道，实现社会资本与政府项目的有效对接。建立健全地方金融监管体系，加强社会诚信体系建设，着力防范金融风险，维护金融稳定。深入实施“凤凰行动”，鼓励企业通过兼并重组、股改上市等方式进一步做强做大。创新土地整治开发工作机制，大力推进耕地垦造、旱改水、建设用地复垦等土地整治项目，全年完成土地整治5000亩，供地3200亩。建立土地节约集约利用奖惩机制，鼓励企业通过技术改造实现“退低进高”。

2. 聚焦高质量发展，让建德的实体经济更强。高质量发展是保持经济社会持续健康发展的必然要求。要更加注重发展的质量效益，以转型升级为主攻方向，不断增强产业发展的内生活力和动力，全力打造杭州新的经济增长极。

拓展转型发展新空间。省级开发区（航空小镇）围绕打造“通航产业浙江样板”要求，以“航空速度”聚焦突破。加快实施机场改扩建等基础设施项目，力争建成国内领先的现代化通航机场。加强与民航管理干部学院、浙江传媒学院等院校合作，争取通航国家重点实验室、浙江传媒学院航空学院等项目落户我市。深化与省机场集团合作，成立全省通航总部，设立机场运营公司。做大做强通航旅游，在市域范围内合理布局低空旅游直升机起降点。紧盯万丰奥特、辽宁通航研究院电动飞机等制造业项目，深入开展全产业链项目招引。高铁新区（高新园）积极抢抓杭州拥江发展和“高铁时代”到来机遇，推动产城融合发展，重点谋划好“一核三区”产业布局。大力实施高铁门户区建设，完成站前广场及相关设施配套，加快推进新安江综保工程，基本完成路网框架体系和先行区建设。深化与北控集团合作，统筹抓好11个计划项目实施。围绕创建省级高新技术产业园，以对接杭州城区产业转移为重点，力争引进项目20个以上并开工一批，新增工业投资20亿元。江南秘境国际旅游度假区提速推进江南渔村项目，今年10月一期建成对外营业，加快七里扬帆景区提升步伐，全力争创集文化、景观、高端度假、运动休闲于一体的国家AAAAA级旅游景区。整合提升乡镇（街道）功能区块，新建小微企业园2~3个，标准厂房超过10万平方米，促进产业集群集聚发展。

构建现代产业新体系。加快推动工业经济发展，制定出台工业经济扶持新政，全面实施七大传统产业改造提升，完成竹木制品、水泥等行业专项整治。立足产业基础、资源禀赋，大力发展大健康、通用航空、水产业等新兴产业和高新技术产业。强化新动能培育，大力推进“互联网+”“大数据+”“标准化+”，深化数字建德建设，推动产业迈向价值链中高端。坚持扶优扶强，强化龙头骨干企业和成长型、税源型中小企业培育。大力发展现代服务业，实施限上服务业企业培育、城市商贸综合体建设、星级酒店提升等工程，进一步提高服务业比重和发展水平。全面推进旅游资源整合，加快实施新安江水上夜游灯光秀和码头、游船等旅游设施改造，全力推进城区国家AAAAA级景区创建，打造一批精品项目、特色线路，持续放大“17度新安江”旅游品牌效应。强化农业基础地位，以“一体一园两区两镇”为平台，大力推进土地流转和规模经营，不断提高农业综合生产能力。加强建德草莓、建德苞茶等区域公共品牌打造，做强草莓、茶叶、药材等特色主导产业。

打造有效投资新高地。坚持项目龙头地位，紧盯中策橡胶下沙基地搬迁、农夫山泉五期、恒大温泉小镇等一批投资规模大、技术含量高、带动能力强的重大项目，确保重大基础设施投资、高新技术产业投资、环境保护投资和民间投资分别增长10%以上。加强对上级扶持政策导向研究，加大申报实施省级以上各类重大项目力度，积极向上争政策、争资源、争资金。进一步统筹要素资源配置，优先保障重大项目和优质项目。主动接轨大杭州、融入长三角，打造良好的营商环境，使更多优质资源要素流入建德。及早举办首届建德人大会、北上广产业招商推介会等活动，强化专业招商、组团招商、产业链招商和浙商回归，按照“招大引强选优”的要求，坚持一二三产联动、内外资并举、“三招三引”相结合，提高项目综合优势和总体效益。大力推进实施县市长项目工程，市委市政府主要负责人、分管负责人及人大政协班子集体至少谋划、招引一个20亿元以上项目，乡镇（街道）主要负责人每人谋划、招引一个5亿元~10亿元项目。

增强创新驱动新动力。充分发挥科技大市场作用，利用浙江工业大学成果转移中心等优势资源，支持骨干企业与科研机构、高等院校联合共建研发中心、技术中心、重点实验室等平台，推进科技成果转化。加大产业创新综合体规划建设力度，实现开发区（航空小镇）、高铁新区（高新园）和小微企业园全覆盖。抓好孵化器、众创空间的管理和培育，引导企业加大科技投入。全年新增杭州市级以上高新技术企业10家，省科技型中小企业40家。加强知识产权的保护和开发，着力培育一批具有竞争力的自主品牌。大力弘扬企业家精神、工匠精神，加强企业家队伍建设，构建“亲”“清”新型政商关系。围绕产业转型强化精准引才，创新引才育才路径，全面实施高层次人才引育、建德籍人才智力回归等工程，强化“店小二”式服务，力争在国家、省“千人计划”引进上实现新突破。

3. 聚焦乡村振兴，让建德的城乡统筹更强。乡村振兴是关系民生福祉、关乎建德未来的长远大计。要更加注重城乡融合发展，以乡村振兴和拥江发展战略为引领，深入推进“美丽建德”三年行动计划，提升城乡形象功能，全力打造乡村振兴示范区，争创“全省美丽乡村示范县”。

深化城市有机更新。强化城市形态的整体规划，大力推动“多规合一”，促进生产生活生态空间协调。编制完善城市规划控制区单元详规，重点推进府前路、影剧院等区块开发建设，加快推进宫里路、府北路、江村埠等区块棚户区改造，促进老城形象整体改观。紧盯桥东、洋安两大核心区域，完善功能配套，着力招引一批高端城市综合体，促进城市品位提升。牢固树立以人为核心的城市化理念，强化城市智能管理，重点加强主要街区、重要区域和关键节点的视觉管理、环境管理和交通管理，提高城市运转效率和精细化管理水平。

加快城乡融合发展。巩固提升第一批小城镇环境综合整治成果，全面推进第二批6个乡镇的综合整治，着力完善公共设施配套和公共服务能力，强化小城镇集聚辐射作用。支持各乡镇(街道)立足区位优势、产业特色、自然风貌，打造一批集产业、文化、旅游、集镇建设于一体的精致小镇。加强乡村规划设计管理和农村住宅标准体系建设，打造一批既体现乡土风情又富有田园美感的乡村建筑群。以省级田园综合体试点为龙头，推进一二三产融合发展。大力发展民宿、农家乐、乡村休闲旅游，计划新增民宿、农家乐80家以上，引进国内知名品牌民宿落户，打响“宿建德江”民宿品牌。

优化城乡综合环境。持续打好治水拆违等污染治理攻坚战，积极打造沿江绿道、乡村精品示范道路，全力争创全省“无违建市”。稳步推进垃圾分类处置工作，启动实施垃圾焚烧项目，实现城乡垃圾减量化、资源化和无害化处置。着眼于改善绿化环境，推进重点区域、沿路沿河的绿化彩化珍贵化，构建一道道生态绿化屏障和风景线。大力推进节能减排，提高项目引进和产业准入门槛，下决心淘汰一批高污染、高能耗、低效益的落后产能。加快推进杭黄高铁、临金高速、23省道改建等一批重点交通项目，全力做好金建铁路、衢建铁路、320国道改建等项目前期工作。统筹实施城乡道路、公交、供水、供电等公建设施项目建设。

4. 聚焦共建共享，让建德的群众福祉更强。解决发展不平衡不充分问题是党委政府的职责所在和核心任务。要更加注重公共服务体系的建设，以人民为中心，坚持需求导向、问题导向，不断满足人民群众对美好生活的需要。

繁荣城乡文化。围绕争创“全国文明城市”，积极培育和践行社会主义核心价值观，持续深化文明村镇和文明单位等群众性精神文明创建，注重乡风民风、家风家教建设。以德文化省级标准化试点为抓手，全面深化德文化地域品牌打造，有效推进一批德文化示范村、德文化校园、“美德驿站”等德文化基层示范点建设。全面推进文化礼堂“全覆盖、全星级”，积极打造村庄“会客厅”。深入实施“文化走亲”等文化惠民工程，持续打响建德婺剧、纳凉大舞台等活动品牌。加快推进博物馆、图书馆筹建工作，加强对古街区、古村落、古建筑的历史文化遗产保护，传承城市文脉。积极争取省文化产业发展资金扶持试点，培育新型文化业态，增强文化产品供给能力。充分发挥文化创意园区的集聚作用，推动文创产业跨界融合。

加强社会建设。坚持教育事业优先发展，合理配置公共教育资源，优化主城区学前教育布局，完成新安江职校迁建等项目，争创省教育基本现代化市。继续深化公立医院改革，完善分级诊疗制度，力争县域内就诊率90%以上。不断完善体育设施，大力开展多种形式的体育活动。积极促进就业创业，建立健全市场导向与城乡统筹的就业制度，新增城镇就业5000人。创新政策机制，吸引更多的在外建德人返乡创业。突出精准帮扶，打好低收入群体增收攻坚战，鼓励低收入群体灵活就业。加快推进养老服务设施建设，实现乡镇居家养老照料中心全覆盖。加大对困难群体的医疗、教育、就业等专项救助力度，加快发展残疾人事业。

促进社会和谐。充分发挥群防群治队伍作用，推进基层自治管理服务。加强对网络舆论的引导和管理，唱响网上主旋律、发出建德好声音。深化“平安建德”建设，持续开展矛盾预防化解大比武行动，认真对待群众来信来访，集中攻坚疑难信访问题，规范信访秩序。加大重点区域、重点行业和重点企业安全生产隐患排查，深化打造安全生产“15日工作法”升级版，防范重特大事故发生。健全立体式治安防控体系，严厉打击违法犯罪活动，确保社会治安可控有序。强化“法治建德”建设，规范政府性文件出台，推进依法治市，支持人民法院、检察院独立行使职权。扎实开展“七五”普法活动，提高全民法律素养。

五、坚定不移全面从严治党

打铁必须自身硬。面对新时代新要求，加快实现建德新崛起，核心在班子，关键在干部，重点在基层，保障在作风。要坚持和加强党的全面领导，坚持党要管党、全面从严治党，营造良好政治生态，把党的建设新的伟大工程不断推向前进。

1. 加强思想政治建设，激发干事创业的精神力量。保证全党服从中央，坚持党中央权威和集中统一领导，是党的政治建设的首要任务。各级领导干部要带好头、作表率，带领广大党员干部时时处处维护党中央权威、维护总书记的核心地位。坚持用习近平新时代中国特色社会主义思想武装头脑，深入推进“两学一做”学习教育常态化制度化，扎实开展“不忘初心、牢记使命”主题教育，教育引导全市广大党员坚定理想信念、牢记党的宗旨、弘扬优良作风。牢牢把握意识形态工作主导权，夯实各类意识形态阵地。持续深入打造“新安夜学”理论品牌，始终保持良好的学习追求、学习状态和学习效果。大力弘扬“浙江精神”“红船精神”，激发各级领导班子进一步思进思变思发展、创业创新创一流。

2. 加强干部队伍建设，壮大真抓实干的中坚力量。加快实现新崛起，重在选贤任能。坚持以更宽的视野选干部配班子，树立注重实绩、注重基层、群众公认的鲜明导向，把政治坚定、能力过硬、作风优良、奋发有为的干部选拔到各级领导岗位。深入实施干部专业化能力提升工程，持续推进干部队伍专业化建设，不断增强各级干部的学习本领、政治领导本领、改革创新本领、科学发展本领、依法执政本领、群众工作本领、狠抓落实本领、驾驭风险本领。坚持严管和厚爱结合、约束与激励并重，健全“赛场赛马”工作机制、“三考三评”评价机制、容错纠错机制、能上能下机制，推动形成心无旁骛、干事创业的浓厚氛围。加强党政储备人才队伍建设，加大培养选拔优秀年轻干部、女干部、党外干部力度，认真做好离退休干部工作。

3. 加强基层组织建设，夯实坚强有力的战斗堡垒。按照十九大提出的“全面提升基层党组织组织力”的要求，深入推进各领域基层党建工作，充分发挥基层党组织教育党员、管理党员、监督党员和组织群众、宣传群众、凝聚群众、服务群众的职责，引导广大党员发挥先锋模范作用。实施村级组织“塔基”工程，制定出台新时代加强村社干部队伍建设的意见，整顿转化软弱落后村党组织，着力培养一支有素质会干事能担当的村社干部队伍。大力推进特色小镇、非公组织、社会组织的党建工作，扩大党组织和党的工作覆盖面。深化农村“六事一日”工作法，推广“最多反映一次”等基层首创做法，积极探索健全自治、法治、德治相结合的乡村治理体系。

4. 加强党风廉政建设，优化山清水秀的政治生态。切实加强干部队伍作风建设，大兴调查研究之风，高标准落实中央八项规定实施细则精神，继续整治“四风”问题特别是形式主义、官僚主义新表现，持续开展“三不”问题专项督查。切实维护党的纪律，深入开展政治纪律教育，引导和督促广大党员干部讲政治、顾大局、懂规矩、守纪律。继续深化主体责任全程纪实、问题抄告、考核通报等制度落实，全面压实管党治党政治责任。着力构建源头治理防控体系，抓好廉政风险防控机制建设。巩固深化监察体制改革试点成果，积极探索派驻监督与执纪监督、巡察监督互相借力、互促互进机制。始终保持惩治腐败的高压态势，紧盯扶贫资金、征地拆迁、惠农政策落实等领域，着力解决发生在群众身边的不正之风和腐败问题，以反腐倡廉的实际成果取信于民。

同时，充分发挥市委的领导核心作用，全力支持人大、政府、政协依法履行职责、开展工作，充分发挥各民主党派、工商联、无党派人士的作用，做好新社会阶层人士统战工作，加强和改进工青妇及科协、残联等群团组织工作，统筹做好党管武装、民族宗教、对台、党史、关心下一代等工作，进一步凝聚各方面的智慧和力量，形成齐心协力抓发展的浓厚氛围。

新时代开启新征程，新思想指引新作为。让我们更加紧密地团结在以习近平同志为核心的党中央周围，高举习近平新时代中国特色社会主义伟大旗帜，进一步解放思想、奋发进取，以高昂的斗志、必胜的信心，在新的起点上，全力推动建德经济社会又好又快发展，为加快实现建德新崛起而努力奋斗！

名词解释

四换三名：“四换”指腾笼换鸟、机器换人、空间换地、电商换市，“三名”指名企、名品、名家。

双清：指房屋征迁清零、安置清零。

双下沉两提升：指医学人才下沉、城市医院下沉，提升县域医疗卫生机构服务能力、提升群众满意率。

四个平台：指综治工作、综合执法、市场监管、便民服务四个平台。

四机制七专项：“四机制”指信息排查汇总机制、情报会商研判机制、责任落实机制、督查问责机制；“七专项”指开展平安创建薄弱环节整改、基本解决执行难问题、青少年犯罪预防及法制教育机制建设、服务保障中心工作、治安防控体系建设、矛盾纠纷多元化解中心功能提升、进京越级访整治等七项专项行动。

“三型”干部：指担当型、成长型、专业型干部。

“双百分制”考核：指经济社会发展和党建工作的考核各为100分，综合运用综合考评得分和党建责任考核得分，确定综合考评的等次结果。

一纵八横：指以杭新景高速、320国道中轴为“一纵”，8条支线为“八横”，连点成线连片打造基层党建示范带。

三提一争：“三提”指提高融入杭州都市圈能力、提高专业素养、提高攻坚克难能力，“一争”指争当铁军排头兵。

“百千万”活动：指联百乡结千村访万户活动。

两个高水平：指高水平全面建成小康社会，高水平推进社会主义现代化建设。

标准地：指地块招拍挂过程中，将每一块建设用地的规划建设标准、能耗标准、污染排放标准、产业导向标准、单位产出标准等予以明确，以提高单位土地亩均产出，推进土地节约集约利用，倒逼产业转型升级。

凤凰行动：指实施以推进企业上市和并购重组为核心的计划，发挥资本市场在经济转型升级中的作用，加快腾笼换鸟、凤凰涅槃，全面振兴实体经济。

一核三区：“一核”指生态康养旅游核心，“三区”指科技创智片区、高铁门户片区、高新产业片区。

一体一园两区两镇：“一体”指田园综合体，“一园”指果蔬乐园，“两区”指现代农业园区和粮食生产功能区，“两镇”指草莓小镇和稻香小镇。

三考三评：“三考”指工作业绩考核、领导班子考核、领导干部考核，“三评”指领导评价、群众评价和考核组评价。

最多反映一次：指群众反映问题一次就予以受理、登记、研究、处理、公示、答复。

政府工作报告

——在建德市十六届人民代表大会第二次会议上

（2018年1月17日）

建德市人民政府代市长 朱欢

◎市长 朱欢

一、2017年主要工作回顾

2017年是建德打造"全省大花园建设排头兵、杭州新的经济增长极、杭州西部门户城市"的聚力发力之年，也是提振精神、奋勇拼搏的一年。一年来，在上级党委、政府和市委的坚强领导下，在市人大、市政协的监督和支持下，市政府牢牢把握市委确定的"开放融入、跨越赶超"工作基调，以严实的作风，抓改革、促发展、惠民生、保稳定，全市发展保持奋进态势，持续向好的发展势头不断巩固。

经济总量持续提升。预计全市实现生产总值385亿元，增长8%，其中第三产业增加值164亿元，增长12%，规上工业增加值95亿元，增长6%，农业增加值34亿元，增长2.5%。社会消费品零售总额127.4亿元，增长10.5%。地方财政收入24.4亿元，增长7.7%。全社会固定资产投资218.2亿元，增长12.9%。金融机构各项存款余额404.9亿元，各项贷款余额313.2亿元。

重点改革实现突破。"最多跑一次"改革实现率居全省第6位、杭州市第1位。打造行政审批服务中心五星级服务标准，"千人来冲'刺'"活动群众点赞率达98.1%，重大项目服务代办社会评价满意率达98%，政务环境满意率居全省第25位、杭州市第5位。

城乡面貌显著变化。剿灭劣Ⅴ类水目标全面实现，成为全省首批上报县市，交界断面考核全年均为优秀，空气优良率居杭州市第1位。首批小城镇环境综合整治工作高标准完成。创建为省第二批"基本无违建市"，杭州市"无违建乡镇"达到6个。

社会民生不断改善。预计城镇居民和农村居民人均可支配收入分别为44853元和23757元，同比分别增长8%和8.5%；低收入农户人均收入11918元，五年倍增计划目标圆满完成。全年民生支出34亿元，占一般公共预算支出的75%。教育、文化、医疗卫生等基础设施加快建设，基本公共服务能力持续提升。

过去一年，我们主要做了以下工作：

（一）抓项目、扩投资，增强市域发展动能。重点项目有力推进。举办三批重大项目集中开工仪式，103个重点项目全部开工，60个重大产业项目开工率达90%；320国道和杨梅公路精品示范道路、浙西数据中心等项目完成建设，新安化工白南山基地搬迁、农夫山泉四期等重大产业项目竣工投产，杭黄高铁、金建铁路、临金高速、十里埠综合作业区、23省道改建等项目加快推进。实施城乡统筹区市协作项目23个，完成投资2.3亿元；承接产业转移项目19个，到位转移资金6亿元。招商引资成效显著。对接都市经济圈，举办上海产业推介会及土地招商、通航产业等8场大型招商推介会，引进项目334个，实到内资93.2亿元、外资1.5亿美元。重点平台加快建设。开发区（航空小镇）被列为全国第二批特色小镇，获评省级军民融合示范区，小镇客厅、通航总部大楼建成使用，恒大温泉小镇及虹湾航空配件、东进飞行服务站等通航制造和通航服务项目落地，举办通航产业国际论坛，国家 AAAA 级景区启动创建，小镇整体形象初显。高铁新区（高新园）与北控集团进行全面战略合作，新区建设全面拉开，新安江综保工程、高铁场站站前广场及连接线项目有序推进，东方雨虹总部基地、军民融合高端装备制造产业化项目落地，超细粉末国家工程中心浙江分中心、杭师大新安硅谷国家级技术研发中心成功入驻。

（二）抓改革、求创新，优化政务营商环境。坚定不移地把深化改革、创新驱动、低效产能整治作为加快经济转型的主推手。“最多跑一次”改革全面推进。725 项依申请办理事项有 711 项实现“最多跑一次”，实现率达 98.1%；率先开展投资项目承诺制改革试点，推行项目立项网上备案制，为 460 家企业提供“零上门”办事服务。建立局长坐班制，当场解决审批难题 514 个。供给侧结构性改革深入推进。淘汰落后产能项目 22 个，整治“四无”和低小散企业（作坊）635 家，完成“零地技改”16 亿元、低效用地再开发 2410 亩。落实用气、用水优惠政策，降低企业制度性交易、生产要素等成本，全年减轻企业负担 4.8 亿元。空间规划“多规合一”试点工作稳步推进。落实省“坡地村镇”建设用地试点工作，年度新增试点项目 7 个，垦造耕地 3927 亩，完成征地 10664 亩、搬迁 4374 户，大幅拓展用地空间。农村综合配套改革不断深入。规范农村集体资产和村级工程项目管理，农村综合产权交易平台上线运行，推行农村土地流转抵押贷款。列入省扶持村集体发展试点市，对 68 个村的集体经济发展项目进行扶持，化解村级债务 5308 万元。科技创新成效明显。规上工业研发经费投入 6.7 亿元，增长 10.3%；新增杭州市级以上高新技术企业 20 家，省科技型中小企业 63 家。“小升规”52 家，“个转企”227 家。逸龙文创园认定为省级科技孵化器，新增入孵企业 15 家。发布浙江制造标准 4 个，新增国家和行业标准 8 个。引进海内外高层次人才 55 人，其中柔性引进国家“千人计划”青年项目 1 人。

（三）抓转型、提质量，推进产业结构调整。制造业改造提升全面推进。化工、水泥、碳酸钙等产业整治提升成效明显。预计高新技术产业产值和投资分别增长 13.1% 和 32.2%，信息经济增加值增长 14%，获省级“两化融合”示范区称号。浙西跨境电商园上线企业 87 家，实现跨境电商出口 1.1 亿美元，占全市电商出口额的 62.9%。全域旅游加快发展。开展省级全域旅游示范市创建，“旅游 +”产品体系加快建设，江南秘境国际旅游度假区江南渔村项目顺利推进，开元芳草地酒店建成营业，驼峰跳伞、低空旅游等通航休闲旅游项目及新安江水上旅游线路投入运营，以建德果蔬乐园为引领的四季采摘休闲游主题活动广受市场好评；民宿业快速规范发展，共有民宿 114 家。旅游宣传营销和市场推广持续发力，接待游客量和旅游收入同比分别增长 14.8% 和 20.3%。现代农业转型发展。草莓小镇、稻香小镇列为杭州市级特色小镇培育名单，新安江田园综合体列入省级试点，建成 8 万亩粮食生产功能区；粮食高产攻关亩产突破千千克，水稻绿色高产创建示范方单产创杭州市纪录；“建德草莓”“建德苞茶”区域公共品牌启动打造，制定“建德草莓”系列标准。

（四）抓整治、筑美丽，提升城乡环境面貌。新城开发加快推进。桥东城市客厅、洋安新城城市综合体项目和配套设施建设全面推进，“两馆两中心”开工建设。老城区环境持续改善。麻岭巷、塘坞、铁路货场等区块棚改项目完成征迁；交通治堵深入推进，新增地下空间 16 万平方米，新增停车位 3300 个。小城镇整治首战告捷。首批整治的 5 个乡镇 85 个项目全部完工。乾潭小城镇整治工作省级考核验收成绩名列前茅，街长制、路长制做法在全省推广，全省“车乱开”治理现场会在建德召开。“美丽乡村”不断升级。第一批 3 个示范村、15 个特色村和 49 个达标村建设启动实施，莲花镇戴家村和大慈岩镇新叶村“杭派民居”项目加快建设，大同“稻香田园”、大洋“红色印象”等精品示范线和乾潭胥江村风情小镇形象初显。城乡环境持续改善。完成拆违

41.4万平方米、“三改”62.7万平方米。“美丽河道”建设深入推进，河长制不断深化，沟渠（池塘）长制全面推行。空气环境质量不断提升，空气优良天数累计353天，优良率96.7%。生活垃圾分类试点工作全面推进，5个整镇推进试点乡镇、20个试点村生活垃圾实行分类收集处理。

（五）抓品质、促均衡，加快社会事业进步。教育事业持续发展。深入推进城乡优质教育资源均衡化配置，新安江职业学校迁建、梅城初中迁建、洋安小学、叶家小学、洋安幼儿园、叶家幼儿园项目加快建设。开展以“市管校聘、适岗竞聘”为核心的教育综合改革试点，教育教学活力和质量持续提升。卫生事业加快发展。卫生基础设施不断改善，市中西医结合医院迁建工程投入使用，大同医院迁建工程完成建设，浙西国际心脏中心项目主体结顶，杭州市第七人民医院浙西院区项目启动实施。全面实施医药卫生体制综合改革，完成公立医院药品“两票制”改革，“双下沉、两提升”工作深入推进，分级诊疗制度全面推行，家庭医生签约常住人口覆盖率34.4%、重点人群覆盖率67.4%。广泛开展爱国卫生运动，创建1个国家卫生镇、2个省级卫生镇。文体事业创新发展。严州古城新一轮保护规划启动编制，14个中国传统村落保护利用工作持续推进，新叶古村消防安保工程有序实施。大力推进传统文化创新发展，红色婺剧《大洋埠》作为杭州市唯一代表剧目参加省迎接党的十九大优秀作品展演，戏曲周、婺（戏）剧进校园、送戏下乡等活动广泛开展。农村文化节、纳凉大舞台等群众文化活动丰富多彩。农村文化礼堂达到128家。成功举办夏日冬泳挑战赛、全省自行车总决赛；深入开展全民健身运动，体育设施更加完善，人均体育场地面积达到1.9平方米，荣获全国群众体育工作先进市称号，省级体育强市通过验收。其他事业稳步发展。强化计划生育服务与管理，人口自然增长率4.89‰。推进“七五”普法，全民法律素养进一步提高。积极支持工会、共青团、妇联、科协、工商联、文联、残联等群团组织开展工作，移民、气象、防震防灾、档案、统计、物价、民族宗教、外事外宣、史志、科普、侨务、邮政通信，以及国防教育、民兵预备役和人防等工作得到加强，红十字、关心下一代、慈善、老龄等事业健康发展。

（六）抓保障、托底线，提高民生改善水平。社保体系不断完善。城乡居民基本养老保险基础养老金标准持续提高，基本医疗保险参保率达99%。社会福利中心工程启动实施，养老服务机构医养融合实现全覆盖，老年人助餐服务有效覆盖。举办第七届老年人运动会。实施棚改项目14个，惠及3500余户，4335户农村D级危房完成整治。就业环境不断优化。城镇新增就业人数6476人，引导和帮助2793名失业人员实现再就业，城镇登记失业率2.47%。社会环境安全稳定。基层社会治理“四个平台”和“全科网格”建成运行，“平安建德”建设持续深化，圆满完成党的十九大等重大活动维稳安保工作。完善矛盾纠纷大调解机制，狠抓信访积案化解。推行安全生产“15日工作法”升级版，强化消防、校园、道路交通、建筑工地、地质灾害等重点领域安全监管，安全生产形势持续好转。食品药品安全形势稳定向好，创建为全省农产品质量安全放心示范市。精神文明建设全面加强，“建功立德”大讨论活动深入开展，“德文化”地域品牌建设全面实施。

（七）抓作风、强落实，加强政府自身建设。政府系统党的建设全面推进，认真学习贯彻党的十九大精神，认真落实市委的决策部署、市人大及其常委会的工作决定和市政协的协商建议，认真办理“两代表一委员”提议案。大力发扬务实、规范、高效的干事创业精神，倡导立说立行、速决速行、雷厉风行的作风，动员全市干部推进征地拆迁、“包保助拆”、自然灾害应急救援等急难险重的工作，重点项目征迁安置“双清”工作有力推进，民生实事全面完成。政府法治建设不断深化，清理行政规范性文件232件，确认行政执法主体74家并向社会公布。不断加强公共资金、国有资产和国有资源的监管，严格控制公务支出，“三公”经费下降14.7%。加强政府系统党风廉政建设，全面履行“一岗双责”，扎实推进新一轮惩防体系建设；认真落实中央“八项规定”精神，反对和克服“四风”问题的长效机制不断健全。

各位代表，过去一年成绩的取得，是上级党委、政府正确领导的结果，是市委准确把握新发展要求，带领全市上下齐心协力、攻坚克难的结果，是市人大、市政协大力支持的结果。在此，我代表市人民政府，向奋斗在各条战线的广大干部群众和外来建设者，向给予政府工作不懈支持的人大代表、政协委员、离退休干部，向各民主党派、工商联、无党派人士、各人民团体和社会各界人士，向各驻建单位和部队官兵，向所有关心支持建德发展的社会各界朋友，致以崇高的敬意和衷心的感谢！

在肯定成绩的同时，我们必须清醒地认识到当前全市经济社会发展中存在的困难和问题：传统产业低小散和“四无”问题较为突出、改造提升任重道远，美丽经济等新经济业态发展尚在起步阶段，对整体发展的推动还比较弱；美丽建设和环境提升的品质不高、推进不平衡，还未做到做优特色、形成品牌，覆盖城乡、全域推进；基础性民生问题和发展性民生问题交织、叠加，饮用水、棚户区改造、交通出行、养老服务等民生保障和公共服务与群众期盼还有不小差距；少数部门单位和乡镇（街道）抓长久性工作的自觉性和持久性还不足，拆违治水等构建市域发展新优势的基础性工作力度有所下降，等等。对此，我们一定会直面挑战，敢于担当，采取切实有效的措施，认真加以解决。

二、2018年主要工作任务

今年是全面系统地深入学习实践和贯彻党的十九大精神的开局之年，也是总结弘扬改革开放40周年经验进行新实践，干好“十三五”、实现新崛起的关键之年。我们务必要紧紧把握新时代下明确的新路径，务必要牢牢巩固新赛场上夺取的新业绩，务必要时时保持新征程中发扬的新风貌，主动拥抱高铁时代，积极融入“拥江发展”和杭州大都市圈，全面贯彻乡村振兴战略，全力打好“三大攻坚战”，高水平建设“大花园”“大通道”，克难攻坚，建功立德，努力推进全市经济社会实现更高质量的发展。

根据市委全会决策部署，今年政府工作的指导思想是：高举习近平新时代中国特色社会主义思想伟大旗帜，深入学习和全面贯彻落实党的十九大精神，抢抓“高铁时代”到来的历史性机遇，全面融入全省“两个高水平”和杭州世界名城建设，牢牢把握稳中求进工作总基调，紧扣社会主要矛盾变化，以高质量发展为根本要求，深入开展“五个主题年”活动，全力打造全省乡村振兴示范区、杭州新的经济增长极和杭州西部门户城市，加快实现新崛起，为高水平全面建成小康社会并迈向社会主义现代化打下坚实基础。

根据上述指导思想，建议今年全市经济社会发展的主要预期目标为：生产总值增长7.5%，力争8%；第三产业增加值增长11%，力争12%；农业增加值增长2.5%，力争3%；地方财政收入增长7.5%，力争8%；社会消费品零售总额增长10%，力争11%；自营出口增长3%，力争5%。固定资产投资、城乡居民收入与经济增长基本同步。

根据上述目标和要求，今年重点抓好以下六个方面的工作：

（一）拥抱高铁时代，着力铸造经济升级新优势

进入高铁时代、打造“公铁水航”体系完备的区域综合交通枢纽，为建德打开了提升区域协作发展能力、大力发展全域旅游等高铁经济的新空间，我们必须以高铁速度和高铁品质，加快平台、产业、环境和招商引资升级，建立高质量发展的现代化经济体系，构建起支撑建德新崛起的增长面。

加快提升产业平台。把高铁新区（高新园）和开发区（航空小镇）作为发展高铁经济、加快“拥江发展”的示范区和排头兵，以特色小镇理念整合提升各类产业平台，加快形成以新安江—富春江为中轴、依托高铁等公共交通为导向的市域高铁经济和“拥江发展”格局。高铁新区（高新园）按照“一核三区”产业布局，全面深化与北控集团的产城开发整体合作，推进新安江综保工程，完成高铁客厅基础设施工程和新区路网框架体系建设；围绕创建省级高新技术产业园，加快杭州等都市区产业转移项目落地，新增工业投

资20亿元。开发区（航空小镇）按照打造通航产业浙江样板、国家级通航产业综合示范区的定位，全力争取通航国家重点实验室和省机场集团通航产业总部落户；启动航空小镇二期和通用机场扩建工程，实施航空飞行营地项目，完成浙传媒航空学院和电子科大军民融合示范园建设；以土地房屋征迁、路网配套为重点，拉开通航产业平台框架和发展空间。其他工业平台按照“一园一业”的方向，以完善功能配套、优化园区环境、集聚创新要素、提高亩均绩效为重点，全面提升园区品位和产业层次，新建10万平方米以上标准厂房、2个以上小微企业创业园。根据“拥江发展”和高铁经济布局，深化草莓小镇、稻香小镇、建德果蔬乐园建设，启动新安江田园综合体建设，着力发展农业特色主导产业带和重点生产区域。

大力发展全域旅游。把全域旅游作为拥抱高铁时代、加快“拥江发展”、打造绿色高效现代产业带的重要内容，推进全域旅游与现代农业和现代服务业的融合，加快发展“美丽经济”。全面推进省级全域旅游示范市创建，充分发挥“旅游+”的作用，不断丰富旅游产品体系，提升旅游服务和保障能力。完成新安江景区和航空小镇国家AAAA级景区创建，完成富春江国家森林公园提升工程，推进江南秘境国际旅游度假区建设和严州古城保护与利用，完善旅游设施配套，积极打造新安江—富春江景观带和全域旅游产业带。实施旅游项目提升工程，组织万人主题旅游活动，江南渔村一期项目、雷迪森酒店建成并投入运营，推进恒大温泉、开元溪西畈项目建设，不断丰富旅游产品。新建民宿80家，打响“宿建德江”民宿品牌。结合特色小镇、田园综合体、“美丽乡村”精品线路建设，推进三都、杨村桥、下涯、寿昌、大慈岩等镇乡村旅游发展，创建梅城、乾潭省级旅游风情镇，打造环三江口、沿新安江、簇拥航空小镇的乡村旅游集聚精品带。依托高铁网络，推进区域旅游合作，整合城市形象宣传和旅游宣传营销资源，以高铁旅游为主题加大旅游营销和市场拓展力度，办好新安江旅游节，打响“17度新安江”旅游品牌。积极推进全域旅游与相关产业的融合发展，大力发展会展、时尚、文化体验以及健康医药、养生养老、运动健身等大健康产业。

深入改造特色产业。根据市域发展在都市经济圈中的分工和定位，全面审视产业基础和技术创新能力，加大工业投资，大力推进制造业、商贸流通等传统产业提升。加快发展军民融合产业等先进制造业，推进东方雨虹生产研发基地、南方绿色建材产业园、中策橡胶改建项目建设，人福福斯特药业一期、德爱威特种涂料项目建成投产。积极培育航空装备制造产业，引进轻型运动飞机总装、航空配件、航空精密仪器制造等项目5个以上。大力推进食品饮料业发展壮大，启动农夫山泉五期项目建设。实施传统制造业改造提升行动计划，按照倒逼与激励并重、龙头企业与产业集群并重的要求，推进传统制造业提升。加快化工企业搬迁入园，完成五星澳赛诺搬迁项目，启动新化化工新华基地搬迁提升项目。完成水泥、竹木制品产业专项整治，推进家纺、五金工具、低压电器等产业小微企业入园集聚发展。大力发展跨境电商、服务贸易，实施中小微外贸企业培育计划，拓展外向型经济发展空间。大力发展商贸服务业，实施城市商贸综合体建设、限上商贸企业培育、星级酒店提升等工程，新增限上企业25家。加快农村电商发展，建设农合联电商平台和浙西农产品电商产业园，积极培育农村电商优质企业和农产品电商标杆企业。加快农业主导产业提升，大力发展农业特色产业，推进有机、绿色、无公害农产品基地建设，新建40个美丽田园体验区和美丽农牧场，建设浙江省草莓优新品种繁育和示范中心。制定实施农业品牌建设三年行动计划，打响“建德苞茶”“建德草莓”等区域公共品牌。

全力推进招商引资。坚持“一号工程一号抓”，聚焦产业、平台和乡村振兴战略，切实推进精准招商。突出产业主平台和优势资源，突出先进制造业、全域旅游、健康养生等重点领域，紧盯都市经济圈产业转移项目，办好北上广产业招商推介会、首届建德人大会等活动，主动对接央企国资、优质外资和实力民资，切实抓好大好高项目招商。深化地块招商、驻点招商、敲门招商和产业链招商，推进以企引企、以民引外、以外引外，鼓励创新型中小企业引进战略投资改造现有产业。建立招商引资数据中心和大信息分析平台，进一步健全招商工作机制，大力实施县市长项目工程，落实市、乡镇（街道）和部门两级的招商引资工作责任，深化招商引资例会和定期督查督办机制，强化招商引资考核，谋划、招引20亿元以上项目5个、5亿元~10亿元项目16个。坚持引资和引智相结合，紧盯世界500强、行业龙头和知名企业，围绕高科技、效益型和环保型项目，引进先进技术和管理经验。

（二）融入拥江发展，着力构造市域发展新格局

贯彻落实“拥江发展”战略，是实践“两山”发展理论、推进“大花园”“大通道”建设、融入“大都市区”的重要平台和主引擎，对于推进建德实现开放融入、跨越赶超具有极其重要的战略意义。我们必须加快优化市域空间格局、深化城乡环境治理、高水平打造生态宜居城市，构筑起支撑建德新崛起的发展新格局。

坚持规划引领、提升品位。优化规划提升品位。坚持多规融合，强化城市形态的整体规划，优化“拥江发展”和“美丽建德”建设的空间形态，积极打造“大花园”建设示范区和“拥江发展”先行区。加强“三江两岸”、高铁新区（高新园）、高铁场站及周边的规划研究，完成严州古城保护开发利用规划编制，高水平编制“三江两岸”城镇带、产业带、景观带和文化带项目规划。完善城市规划控制区单元详规，加强主城区、小城镇重要节点和景观带的城市设计。推广驻镇规划师做法，加强“美丽建德”行动计划各专项规划设计，强化高质量推进“八美联动”的规划引领。加强乡村规划设计管理和农村住宅标准体系建设，提升乡村规划建设管理水平。加强治理提升品位。进一步加强违法建设、违法用地的源头防控，全面推进农村危旧房治理、农房确权确违登记和非法“一户多宅”整治，巩固提升“三改一拆”“四边三化”成果，全力创建“无违建市”。实施新一轮“交通治堵”三年行动计划，继续做好交通运输“两治一整”，深化“美丽公路”建设。启动全国文明城市创建。深入推进城市美化、洁化和管理精细化，重点实施户外广告和占道经营整治、礼让斑马线、江边禁洗劝导等工作，抓好厕所革命、垃圾革命和解决停车难、行车乱等“关键小事”，推进生活垃圾分类处置，建设城乡垃圾治理一体化系统，提升城市品位和生活品质。深化“贴心城管”“智慧城管”服务，不断完善“数字城管”工作机制，及时发现和解决城乡管理中的各类问题。

坚持项目带动、加快建设。深化主城区有机更新。继续推进新城和城市综合体开发，加快“两馆两中心”建设，建成桥东和洋溪段江滨公园、罗桐埠至紫金滩段城市绿道。大力开展棚户区改造，推进新安江府北路、梅城建业有机区块2个旧住宅区以及新安江宫里路、洋溪老街、梅城东湖区块、乾潭大畈村等7个城中村棚户区改造项目，实施文化广场区块等老旧街区改造工程，加强老旧小区物业管理，提升人居环境。深化小城镇综合整治。全面实施第二批6个乡镇小城镇环境综合整治项目。推进梅城、寿昌老城改造提升和新城建设，深入实施乾潭小城市和梅城、寿昌、大同中心镇培育工程，积极支持各乡镇（街道）立足自身特色，打造集产业、生态、文化、宜居于一体的精致小镇。完善市域重大基础设施。继续推进乌龙山抽水蓄能电站、杭黄高铁、金建铁路、建衢铁路、临金高速、十里埠综合作业区、23省道改建等项目，完成杭黄高铁站前广场及连接线、乌龙山上山道路一期工程建设，做好320国道过境线改建和梅梓线改建项目前期工作。推进城乡电网及小城镇电力改造，完成110千伏卜家蓬变工程。开工建设独流入海新安江、兰江治理二期工程，加快兰江堤防大洋和麻车段工程建设，继续推进寿昌江中小流域综合治理，实施“中央小型农田水利项目县”工程，整治农村河道、山塘水库及渠系，提升水利设施的保障能力。

坚持生态优先、加强保护。始终把生态建设和保护作为发展高铁经济、加快“拥江发展”的基础性工作，加强生态红线控制、环境治理、生态修复和公共景观打造，构建市域生态景观系统。推进主体功能区和环境功能区规划落地，加强新

安江、富春江、兰江干流和主要支流河道保护，加强沿线山体、河岸、湿地等生态修复，打造自然与文化交融的“三江两岸”特色生态廊道；以风景名胜区、森林公园、饮用水源保护区等为重点，保育关键生态节点，保留永久生态空间。推进国家森林城市创建，进一步提升珍贵彩色健康森林质量，打造森林景观。全面落实生态文明建设目标责任制，打好污染防治攻坚战。持续坚定地推进“五水共治”，深化河长制、沟渠（池塘）长制做法，加强农村生活污水处理设施运维管理，确保全域水质长期稳定在Ⅲ类以上，优质水体比例不断提升。开展第二次全国污染源普查，深化“五气共治”“五废共治”和土壤污染防治，进一步开展“散、乱、污”企业治理，推进飞灰处置项目，完成全市挥发性有机物总量分配核准，提高企业环境管理水平。更加严格地开展环境保护“零点行动”，切实解决好突出的环境问题。继续开展排污权交易和刷卡排污工作，加快污水“零直排区”建设，持续推进污染物减排，确保市域环境质量在高水平的基础上实现再提升。加强国家气候标志评定工作，创建中国气候宜居城市。

坚持城乡统筹、融合发展。围绕打造全省乡村振兴示范区的目标，实施乡村振兴三年行动计划，加快形成以新安江—富春江为主轴、以城带乡的城乡一体共富共美新格局。按照全域村庄景区化的要求，坚持村庄整治和田园整治相结合，全面推进“美丽乡村”建设三年行动计划，完成3个示范村、15个特色村和49个达标村建设工程，整治提升村庄路网、杆线、围墙、建筑外立面，治理池塘水系，美化农家庭院，修复村庄生态，打造田园景观，创建全省“美丽乡村”示范市；以“三江两岸”为重点，加快沿江沿河沿路沿线精品村建设，创建50个以上A级景区村。深化农村综合配套改革，全面完成土地确权登记颁证工作，统筹推进农业经营体制、农村集体产权制度、农村土地制度“三位一体”农合联改革；探索“三权分置”具体实现形式，完善土地经营管理制度，鼓励通过经营权流转、股份合作、代耕代种等方式，进一步放活土地经营权；推进土地流转与农业生产经营主体培育相结合，积极鼓励农村土地成片流转、规模化经营，推动农业适度规模经营发展。规范农村集体资产、村级工程项目管理，加强村级财务审计监督。深化区市协作、联乡结村、“组团包干”等工作，加大乡村发展“输血”力度，化解村级债务。实施发展壮大村级集体经济消除相对薄弱村三年行动计划，全面消除年收入20万元以下村，年经营性收入5万元以上的村达到80%。

（三）加强改革创新，着力缔造产业转型新动力

坚持把深化改革、加强创新作为加快破解落实新发展理念瓶颈、集聚建德新崛起动能的根本方法，以“最多跑一次”改革为龙头撬动重点领域和关键环节的改革攻坚，营造审批最少、效率最高、环境最优、获得感最强的服务环境，通过强化科技创新，再创产业新优势。

深化“最多跑一次”改革。以“一次不用跑、有事我来跑、有事网上跑”理念，深化“最多跑一次”改革，确保覆盖100%的企业事项和民生事项。深入推进行政审批服务“两集中、两到位”，在投资项目审批、商事登记、不动产交易登记领域持续深化“一窗受理、集成服务”改革。在打破信息孤岛、推进审批系统互联互通方面持续加力，全面优化审批流程，加强数据共享平台运用，通过网上申请审核、信息数据共享、证照快递送达，全面推进办事事项“网上跑”，扩大“零跑次”事项范围。深入推进企业投资项目承诺制改革，推行网上办理、测验上门、承诺报批、代办服务，加强政策咨询、技术指导和事中事后监管服务，实现企业投资项目“有事我来跑”。加快推进“多测合一”，培育具备规划、地籍、房屋测绘等综合资质的中介机构，实现规划、土地、房产等测绘成果共享互认。充分发挥网上“中介超市”平台功能，建立健全市场有序竞争、企业自主选择、中介规范服务、政府高效监管的行政审批中介服务体系。按照打造“15分钟便民服务圈”目标，加快便民服务向乡镇（街道）和村（社区）办事服务中心下沉，实现群众办事“就近跑”。

抓好各项综合配套改革。继续以淘汰落后产能、生产要素差别化配置、提高亩均产出为重点，

推进供给侧结构性改革，深化传统制造业、农业产业结构调整和低小散企业整治。整治淘汰不达标和低小散企业100家，盘活闲置厂房5万平方米，处置批而未供、供而未用土地3500亩，城镇低效用地再开发1500亩。进一步优化投资结构，扩大有效投资，确保重大基础设施投资、高新技术产业投资、环境保护投资和民间投资分别增长10%以上。大力推进土地整理拓展用地空间，完成土地整治5000亩，供地总量达到3200亩。全面贯彻金融改革各项措施，强化金融创新，着力调整优化融资结构和信贷结构，进一步扩大直接融资，强化对实体经济的金融保障。加强金融监管，确保金融安全稳健运行。深化国家和省级信用体系试验区建设，创建省级信用市。规范国有公司融资行为，加快融资平台转型发展，提升国有企业可持续经营能力；加强政府债务管理，建立健全政府性债务管理风险预警和应急处置机制，打好防范化解重大风险攻坚战。加快建立现代财政制度，健全地方税体系，完善财政资金管理制度，建立全面规范、标准科学、约束有力的预算制度，强化预算执行刚性。加大财政性资金统筹整合力度，加强对重点项目、重大民生工程的资金保障，全面实施绩效管理。深化政银企多方合作模式，通过产业基金、PPP等模式向社会资本开放基础设施和公共服务项目，形成多元化、可持续的项目资金投入机制。完善国有资产管理体制，促进国有资产保值增值，推动国有资本做强做大。

支持企业深化创新创业。以开发区（航空小镇）、高铁新区（高新园）和特色小镇为载体，加大产业创新综合体规划建设力度，积极搭建创新平台。建设航空学院、航空产业创业园及孵化中心，加快杭州高新技术产业园孵化中心建设，积极支持超细粉末国家工程中心浙江分中心和杭师大新安硅谷国家级技术研发中心做强做大。办好科技大市场，建设科技成果展厅，利用浙江工业大学成果转移中心等优势资源，鼓励企业自建或与科研院所共建研发机构，新增10家杭州市级企业研发中心（技术中心）。加强科技孵化器、众创空间的管理和服务，新增入孵企业10家以上。贯彻落实大数据战略和“互联网+”行动，加快建设省级两化深度融合示范区，推广“物联网”“厂联网”应用，鼓励“企业上云”，全市信息经济增加值增长12%以上。推进“三强一制造”建设，新增国家和行业标准3个。加强企业培育，实施新一轮小微企业三年成长计划，新增亿元企业5家；大力开展“凤凰行动”，加快龙头企业上市步伐，培育行业单打冠军。发挥科技特派员作用，加强科技型中小企业服务，新增10家杭州市级以上高新技术企业、40家省科技型中小企业。加强知识产权工作，全年申请专利1000件。推进招才引智，实施建德籍高层次人才智力回归工程，加强与名院、名校、名企的良性互动，引进海内外高层次人才50名。认真做好第四次全国经济普查。大力弘扬新时代企业家精神，加强企业家队伍建设，加快构建“亲”“清”新型政商关系。深入开展服务企业“进帮助”和“三大竞赛”活动，及时协调解决企业生产经营中的困难和问题。

（四）坚持提升品质，着力打造社会事业新蓝图

坚持社会发展与经济发展、城乡建设同步推进、相互支撑，按照量力而行、尽力而为的要求，强基础、提能力、塑品牌，不断满足群众的教育、文化、医卫等基本公共服务需求。

优先发展教育事业。全面推行以“市管校聘，适岗竞聘”为核心的教育综合改革，完善城乡教师交流机制，进一步促进城乡教育优质均衡发展。大力推进名校、名师、名校长、名班主任工程，建设高素质的教师队伍，不断提升教育综合竞争力。完善城乡教育基础设施，加快桥南幼儿园、明珠幼儿园、下涯中心幼儿园建设，新安江职业学校迁建、梅城初中迁建、叶家小学、叶家幼儿园、洋安幼儿园项目投入使用。鼓励社会力量兴办教育，提供层次类型多样的教育服务供给。严抓校规校纪和师风师德，加强校园安全专业化建设，营造良好的教育教学氛围。积极创建省级教育基本现代化市。

提高医卫服务能力。全面实施“健康建德”建设，提升全民健康素养。深化医药卫生体制综

合改革，完成医疗服务价格调整，完善药品采购“两票制”改革和公立医院人事薪酬制度改革，提高家庭医生签约服务能力。提升医疗卫生基础设施，完成浙西国际心脏中心一期项目，开工建设杭州市第七人民医院浙西院区项目，实施市一医院扩建和市二医院迁建项目。完善“双下沉、两提升”长效机制，深入推进市级医院与省、杭州市级医院以及乡镇卫生院与市级医院的合作，加强乡镇卫生院和村卫生室建设，推进医疗信息化，建立全市医疗机构联动的智慧化医疗服务体系，不断提升城乡医疗卫生服务能力。深入开展爱国卫生运动，巩固提升“创卫”成果，推进国家和省级卫生乡镇创建。加强公共卫生服务，提高疾病防控和卫生应急能力。

繁荣文化体育事业。深化“德文化”地域品牌建设，高标准打造德文化校园、德文化示范村、美德驿站等基层示范点。提升发展传统文化，积极鼓励建德婺剧等传统文化精品走出去。加强文化遗产保护和利用，传承地方文脉，推进“建德人”遗址等地域文化传承基地建设。健全公共文化服务体系，进一步提升乡镇综合文化站服务功能，全面推进农村文化礼堂“全覆盖、全星级”。深化送戏送电影、“文化走亲”、纳凉大舞台等活动，丰富群众文化生活。推进文化创意街区等文创平台建设，推动文创产业跨界融合发展。广泛开展全民健身运动，推进体育与生态建设和休闲旅游融合发展，大力发展航空、水上等特色运动项目，办好夏日冬泳、山水毅行、生态骑行等品牌性体育活动。积极推进体育项目进校园，举办第二届青少年校园足球联赛。完成寿昌工人文化宫建设。同时，认真做好计划生育、档案、气象、史志、红十字等工作，积极支持工会、共青团、妇联、科协、工商联、社科联等群团组织开展工作，加强国防教育、民兵预备役和人防工作，切实做好民族宗教、外事、侨务等工作。

（五）突出富民为民，着力创造民生改善新业绩

牢固树立“以造福人民为最大政绩”的行政理念，注重经济发展与民生改善良性互动、发展指标与幸福指数同步提升，惠民生、促和谐、创幸福。

促进居民增收。以激发重点人群创业活力为着力点，积极鼓励创业带动就业。准确把握城乡消费热点，大力发展信息服务、现代物流等新型服务业，文化、体育、健康、养老、教育培训等幸福产业，以及休闲旅游、创意农业、乡村手工艺等富民产业，积极培育农创客、乡村旅游创客，着力拓展就业新空间。强化职业技能培训，实施新型职业农民培育计划，加强“建德草莓师傅”等特色人才培训，建立健全就业创业政策帮扶体系，新增城镇就业5000人。完善低收入农户精准帮扶机制，打好低收入百姓增收攻坚战。

完善社保体系。推进社会保障改革，完善基本医疗保险、失业保险、被征地农民养老保险等政策，深化医保付费方式等改革，统筹抓好城乡社保体系建设。加大社保扩面力度，推进城乡居民全面持续参加社会保险，提升社保覆盖率。加强社保基金管理和基金运行动态监控，继续开展医保基金专项联合检查行动，保障基金可持续运行。统筹城乡社会救助体系，完善城乡最低生活保障和临时救助制度，积极做好低（残）保、特困人员供养、低保边缘家庭以及自然灾害受灾人员救助，落实适度普惠型儿童福利制度和留守儿童关爱保护机制，大力弘扬慈善救助，构建多层次广覆盖的救助体系。加快老龄事业发展，完善养老服务体系，进一步扩大老年人助餐服务覆盖面，积极推进“幸福养老”。完成社会福利中心一期主体工程。完成农村住房改造1000户。以解决偏远乡镇和高山村饮水问题为重点，制定实施农村饮水规划，完成新安江第二自来水厂（一期）建设，实施大同、李家等乡镇备用水源工程，提高城乡供水保障能力。

强化社会治理。准确把握新时代社会治理新要求，加强社会治理制度建设，完善基层治理“四个平台”和“全科网格”，健全自治、法治、德治相结合的乡村治理体系，完善在党委领导下政府负责、社会协同、公众参与、法治保障的社会治理体制，形成共建共治共享的社会治理格局。深化社会治安防控体系建设，加强预防并依法化解各类矛盾纠纷和不稳定因素，严厉打击各类违

法犯罪活动,确保“平安建德”建设再上新台阶。切实加强安全生产，健全安全风险管控和隐患排查治理双重预防机制，深化“15日工作法”，突出抓好道路交通、地质灾害、建筑工地、消防、矿山、危化品等重点领域安全生产工作。持续加强防灾防震减灾工作，提升突发公共事件应急处置能力。加强粮食安全和食品药品安全工作，推进国家有机食品生产基地示范市和省级放心粮油示范市创建。广泛开展社会主义核心价值观教育，深化群众性精神文明创建和思想道德建设，注重民风乡风和家风教育，引导全社会自觉遵守公序良俗。

办好民生实事。根据民生实事项目人大代表票决制工作的要求，前期市政府向全社会广泛征集今年民生实事项目。经过遴选比较，形成12件候选项目建议方案，现提交大会审议。(1)城乡公交惠民。70周岁以上老年人免费乘坐城市公交和农村客运，60~69周岁老年人享受半价优惠。(2)农村公路提升。完成农村公路大中修60千米、改造提升55千米。(3)“大鼻子”校车扩面。新增“大鼻子”学生专用接送车15辆以上，增加受益学生800人以上，增加受益乡镇(街道)8个。(4)学校门禁系统建设。在63所学校完成校园访客机、封闭式校园门禁管理系统建设。(5)养老服务扩面。实现乡镇级综合性养老服务照料中心全覆盖。新建25家农村老年食堂。(6)管道天然气延伸。在主城区和中心镇新增管道天然气用户1500户。(7)乡镇卫生院服务能力提升。完成寿昌、乾潭、杨村桥镇卫生院改建工程；所有乡镇卫生院每周都有市级医院中高级以上职称专家坐诊；乡镇卫生院DR、彩超、血球仪配置率80%以上；分配15名临床全科医生到乡镇卫生院。(8)放心农贸市场提升。巩固5家省级放心农贸市场，创建3家以上省级放心农贸市场，“四定一考”管理模式覆盖70%以上的乡镇中心农贸市场。(9)餐桌安全治理。大型餐饮企业、学校和200张床位以上养老机构食堂“阳光厨房”覆盖率达到80%;中型以上餐饮单位量化分级等级公示率达到100%；新增放心示范餐饮店14家。(10)便民办事。在市行政审批服务中心建立24小时自助便民服务厅；14项便民服务事项在乡镇办事中心办理，56项便民服务事项实行村级代办。(11)公共场所母婴设施建设。在医院、车站等公共场所新建15家独立母婴室，配齐规范的母婴设备。(12)城乡体育设施提升。新建体育健身工程4处，加强现有31处健身广场(公园)设施管护；开展体育器材“送下乡”活动。对市人大代表票选确定的10件民生实事项目，市政府将加强组织领导、强化统筹协同、认真分解落实、严格督查考评，并接受市人大代表监督检查。其余2件项目也将纳入政府年度任务抓好落实。

(六)秉持依法治理，着力塑造政府建设新形象

政府工作务求公平、公正、公开，要形成讲正气、树清风的政府工作氛围。政府工作重在求实、务实、落实，政府上下都要秉持“为了工作，在所不惜；除了工作，别无所求”的精气神，自我加压，扎实苦干，在干中体现创业，在干中体现创新，在干中体现为民。

以党为帅，合力优政。坚决把全面从严治党要求落实到从严治政的全过程。大力推进政府系统党的建设，牢固树立“四个意识”，坚定“四个自信”，严守政治纪律和政治规矩，坚决落实中央关于加强和维护党中央集中统一领导的若干规定精神，在政治立场、政治方向、政治原则、政治道路上与党中央保持高度一致。全面开展“不忘初心、牢记使命”主题教育，增强政府上下贯彻落实党的十九大精神、合力干事创业的能力。严格执行新形势下党内政治生活若干准则，落实民主集中制等各项制度。坚决在市委的统一领导下开展工作，强谋划，强执行，进一步提高行政质量、行政效率和政府公信力。

以法为纲，规范行政。严格执行市人大及其常委会各项决议决定，自觉接受市人大及其常委会的法律监督和工作监督、市政协的民主监督，积极支持市人民法院、市人民检察院依法行使职权，认真听取各民主党派、工商联、无党派人士和人民团体的意见。坚持政府法律学习会制度，健全政府依法决策、科学决策、民主决策机制，

以长期稳定、安全、可预期为目标，优化政策制度环境，提升市域根本竞争力。推进综合执法体制改革，加强综合执法队伍规范化建设。深入开展“七五”普法，大力倡导尊法学法守法用法的良好社会风尚。

以实为要，高效施政。坚持实干至上、行动至上、立说立行，紧扣重大产业平台、招商引资、“美丽建德”建设、传统产业改造提升等中心工作，围绕市委、市政府主要工作任务，以及提议案、社情民意等群众的期盼关切，完善政府工作项目化管理机制，建立健全大督查工作体系，优化完善工作考评体系，抓好重大项目和重要工作的落实。发扬钉钉子精神，始终保持拆违治水等谋长远、强基础工作的持续热度和力度，提升政府执行力。全面推进政务公开，探索建立政务诚信体系，自觉接受社会监督和评价。

以廉为本，从严治政。坚持把纪律和规矩挺在前面，认真落实党风廉政建设主体责任和“一岗双责”，进一步完善干部自律、监督制约、违纪惩戒的党风廉政建设机制，确保政府系统党风政风持续好转。继续紧盯一个一个节点、狠抓一件一件小事，建立完善反对和克服“四风”新问题的长效机制。坚持勤俭节约办事业，严格控制和压缩“三公”经费支出，加强审计监督、财政监督，加大公共资金、国有资产、国有资源监管力度，坚决遏制铺张浪费。加强政府工作人员管理，健全考核奖惩机制，严厉整肃“慵懒怠散劣”行为，全力营造风清气正、干事创业的良好氛围。

各位代表！紧扣新要求，奋进新时代，实现新崛起，是时代赋予我们的光荣使命。新的一年，政府上下必须始终保持锲而不舍、迎难而上、急而不躁的作风，必须做到奋勇挑重担、工作迈大步。

一是向前看、多想事。抛弃私心杂念，反对冷言冷语，始终把心思放在工作上，多想加快建德发展的事，多想怎样完成工作的事，在破解难题上多谋举措，在招商引资上多想办法，在重点项目建设上多出实招。

二是靠前干、多做事。抓工作、谋发展，贵在实干，更要靠前干。要科学把握好敢于担当与依法依规的关系，准确高效地把市委的决策转化为政令，主动担当、一抓到底，高效办事、一气呵成。

三是往前冲、多成事。牢记从政必须有为、无功就是过错，咬定目标往前冲，铆足干劲往前冲，弘扬正气往前冲，在往前冲中干出建德发展的新面貌，干出干事创业的新氛围，干出建德干部的新形象。

名词解释

多规合一：指将国民经济和社会发展规划、城乡规划、土地利用规划、生态环境保护规划等多个规划融合到一个区域上，实现一个市县一本规划、一张蓝图，解决现有各类规划自成体系、内容冲突、缺乏衔接等问题。

江南秘境国际旅游度假区：指我市与浙江省旅游集团、景域集团三方合作在三江口至七里扬帆区域打造全域旅游示范区、5A 级景区和国际旅游度假地，江南渔村是首个项目。

两馆两中心：指我市在桥东江滨景观公园新建博物馆、图书馆、妇青幼活动中心、会展中心项目。

药品采购“两票制”：指药品从药厂卖到一级经销商开一次发票，经销商卖到医院再开一次发票，替代目前“多票制”，进一步降低药品虚高价格，减轻群众用药负担。

双下沉、两提升：指医学人才下沉、城市医院下沉，提升县域医疗卫生机构服务能力、提升群众满意率。

基层社会治理“四个平台”：指建设乡镇（街道）综治工作、市场监管、综合执法、便民服务等“四个平台”的基层治理体系。

安全生产“15 日工作法”：指我市创新推行“15 日推进到位、15 日整改到位、15 日问责到位”的安全生产综合监管模式。

“拥江发展”战略：指杭州市贯彻落实国家和省重大战略，深化生态文明建设，优化城市空间格局，强化市域统筹发展，推进杭州一流城市和世界名城建设的重大决策部署。目标是形成以钱塘江为中轴的市域“拥江发展”格局，建成钱塘江生态带、文化带、景观带、交通带、产业带、城市带，全面打造世界级滨水区域。其中，我市的“三江两岸”是重要的自然生态带，高铁新区为重点功能建设区块之一，杭黄高铁、金建铁路、建衢铁路和临金高速是重要交通带，以梅城古镇、寿昌古镇和古村落保护等为重点打造的新安江自然与文化交融的特色生态廊道是重要的公共景观带。

“大湾区”“大花园”“大通道”建设：指省第十四次党代会提出以杭州湾经济区为核心，联动推进甬台温临港产业带建设，加快打造一批世界级先进制造业集群；以浙西南生态旅游带为重点，推进生态功能区保护发展，把省域建成大花园；构建以义甬舟为主轴的开放通道、支撑大湾区创新发展的湾区通道、引领大花园建设的美丽通道，促进省域联动发展。

五个主题年：指市委十四届三次全体（扩大）会议提出的改革攻坚年、平台突破年、产业升级年、环境优化年、作风效能年活动。

高铁新区（高新园）一核三区：“一核”指生态康养旅游核心，“三区”指科技创智片区、高铁门户片区、高新产业片区。

凤凰行动：指省委、省政府践行习近平总书记“腾笼换鸟、凤凰涅槃”的重要思想，推进企业上市和并购重组为核心的行动计划。计划经过4年（2017—2020年）努力，进一步巩固提升浙江省在资本市场上的全国领先地位，建设金融强省，加快企业上市和并购重组促进经济转型升级。

三强一制造：指我省推进质量强省、标准强省、品牌强省建设和打造“浙江制造”品牌工作，是我省推进供给侧结构性改革和补短板的重大举措。

企业服务“进帮助”活动：指市委、市政府组织全市各有关部门单位、乡镇（街道）开展“进企走访、帮企解困、助企发展”活动，旨在集中力量解决企业的困难和问题。

“三大竞赛”活动：指市委、市政府组织全市各有关部门单位、乡镇（街道）开展“招商引资、项目推进、服务企业”竞赛活动。

农村文化礼堂“全覆盖、全星级”：指我市提出力争在2019年年底实现229个行政村文化礼堂全覆盖并达到星级农村文化礼堂标准。

编辑：杨忠平

专 记

Special Record

建德航空小镇建设

【概况】建德航空小镇坐落于省级建德经济开发区，规划面积3.57平方千米，实际控制区域10平方千米。打造航空旅游、航空服务和航空制造三大功能区块，建设生态功能完整且具有全国示范效应的“航空智镇、旅游乐镇、文化新镇、生态绿镇”。

【发展历程】2000年5月，中国人民解放军空军司令部批复南京军区空军，南京军区空军司令部发函浙江省人民政府，同意建德新建民用临时起降点。千岛湖通用机场于2001年10月开始筹建，2006年12月获得民航华东局颁发的民用机场许可证，成为浙江省首家取得A类民用机场许可证的通用机场。2012年10月空军将建德千岛湖通用机场空域作为低空空域改革试点。2015年1月，成立航空小镇指挥部。12月，列入杭州市第一批特色小镇创建名单。2016年1月，航空小镇列入浙江省第二批特色小镇创建名单，获评国家青年信用小镇，国家通用航空旅游示范工程和国家航空飞行营地示范工程三个“国字号”殊荣。2017年5月，市委、市政府决定，建德经济开发区与寿昌镇实行“区镇分离”，设立建德市航空小镇管委会，与浙江省建德经济开发区管委会合署办公。同年8月，获评全国第二批特色小镇，浙江省军民融合产业示范基地。

【资源优势】建德千岛湖通用机场是浙江省首家取得民用机场许可证且正常运营的通用机场，全国首批航空飞行营地。机场跑道800米 × 30米，飞行等级为1B，拥有高度1200米以下、空域4500平方千米、华东地区最大的飞行空域。机场自2016年12月建成投入使用，年均飞行日达275天，累计保障10万多架次飞行器安全起降。至2017年年末，共引进中航油、浙江虹湾通航、万丰通航、驼峰跳伞等18家驻场单位。常年有30~50架通航飞机开展农林作业、航拍航测、低空旅游、飞行培训等业务。

杭新景高速、320 国道、330 国道穿镇而过，杭黄、金建、衢建三条高铁正在筹建，新安江、富春江至钱塘江水路可通行 500 吨级的船只，与建德千岛湖通用机场形成公路、铁路、水运和通航立体交通网络，成为浙西综合交通枢纽。

开发区（航空小镇）地处杭州—千岛湖—黄山黄金旅游线上，域内有江南悬空寺大慈岩、爸爸去哪儿拍摄地新叶古村等知名景点；有新安江、富春江两座国家森林公园；有千岛湖空中旅游资源；未来建德千岛湖通航机场与黄山、横店、安吉、新昌等通航机场连接，形成点对点的低空观光旅游网络。

开发区（航空小镇）拥有横铁区块特色工业遗存，人文底蕴浓厚，基础配套完善，与航空服务、航空制造和航空休闲旅游三大区块有机相连。园区内集小镇客厅、温泉酒店、火车广场、汽车公园、航空度假酒店为一体的航空主题乐园。

开发区（航空小镇）以“通航产业浙江样板、国家级通航产业综合示范区、国际知名航空休闲旅游目的地”为发展定位，以航空运营和航空主题乐园等服务业为切入点，逐步发展为航空制造、航空服务和航空休闲旅游等通航全产业链。

◎ 3月7日，杭州市代市长徐立毅在航空小镇调研

【航空小镇建设过程】按照通航产业“浙江样板”的总要求，邀请英国知名设计公司阿特金斯和浙江省发展规划研究院编制小镇总规划，提出“小镇即景区”概念，以“一心三轴五区”为总布局，打造航空产业服务轴、航空展示与主题娱乐轴、航空小镇旅游体验轴，构筑远航天地、筑航工场、航人营地、会展花园与乐航小镇五大功能片区。2017年6月全面启动航空小镇土地房屋征收工作，全年新征收土地1520亩，小镇可用建设用地1600亩。规划建设航空器组装、通航服务保障、通航旅游等产业区块，全面布局以设计、验证、制造、交付、维护在内的通航全产业链，着力打造百亿级通航产业基地。依托建德千岛湖通用机场高度1200米以下、空域4500平方千米的优势，将现有机场跑道拓宽、延长，同步推进航空产业创业园、航空小镇主干路网、通用机场停机坪及机库扩建等配套设施建设。按照国家AAAAA级景区标准建设航空主题乐园，实现公共WiFi和数字化智能管理全覆盖。小镇入口花园、夜景照明一期等工程全面完工。2017年，小镇完成投资10.93亿元，累计完成固定资产投资20亿元。

开展产业招商、央企对接合作、驻点专题推介等系列招商活动，促成与中航工业、中航材、海航通航、省机场集团、恒大集团、金城集团、中建集团等名企合作，与中航油集团签约，成为全国首个具备供油条件的通用机场，引进全省首家通航飞行服务站以及万丰飞行学校、虹湾航空配件制造、中航蓝天高度表等16个重点项目。另有通用飞机研发中心、航空嘉年华等在谈项目41个，意向总投资超过200亿元。2017年，实到内资15.7亿元。积极与中国美院、浙江传媒学院等5家高校及解放军军事科学院军民融合研究中心开展技术合作，派驻研究员到航空小镇挂职，进行专业技术指导；与中国民航管理干部学院等院校签订战略合作协议，在建德工业技术学校设立教学基地培养通航人才，开办省内首个三年制无人机专业班和通航专业班；主动对接华盛顿创新创业团队、上海商圈考察团等人才资源。2017年建成院士工作站、专家工作站各1个，成功引进航空项目高层次人才6名。加大政策保障，为入驻企业提供特色小镇及国家级青年信用小镇创建试点单位特有的土地、财税优惠政策；加大资金投入，利用省级科技创新资金、PPP项目合作、战略性新兴产业投资基金以及民间资本，通过股权投资、项目合作、技术转让等运作方式，引导金融资本和社会资本进入通航产业，推动首期规模100亿元的杭州新安江千岛湖流域产业投资基金落地，利用基金重点推进“五中心三基地一校一乐园”等12个产业项目建设；加大科研力度，规划建设低速风洞、综合航电测试、飞控测试等实验室。

通过“腾笼换鸟”横山社区旧城改造，有效减少“造新城”的资金投入。依托原横山铁合金厂完善的工业配套体系，为通航制造业区块节省设施建设成本，通过设立通航总部大楼、电商产业园、双创空间等业态，加速园区转型升级。坚持“两翼齐飞”，实现航旅融合。将“航空”和“旅游”两大产业有机结合，形成“一程多站”“海陆空”一体化旅游布局，增进航空小镇与周边千岛湖、大慈岩等景区的黏合度，开通浙江省首条低空旅游专线，引入华东地区首家高空跳伞俱乐部，直升机低空游览、高空跳伞、系留热气球、汽摩表演等旅游产品销售火爆，带动餐饮、住宿。2017年，航空小镇接待国内外游客40多万人次，实现旅游收入3000多万元；新安江玉温泉精品酒店、火车主题酒店、森林度假酒店等入住率比上年增长32%。坚持把国防和军队现代化建设融入小镇建设当中，园区内汇集沈氏节能科技、普林艾尔、新化化工等重点军民融合企业18家。拥有国家级企业技术中心1家，高新技术企业2家，省级企业研发中心25家，科技型中小企业12家。2017年，建德经济开发区（航空小镇）获评浙江省军民融合产业示范基地，军民融合相关产业产值6.1亿元。

以千年古镇寿昌为切入点，将原厂区50多处逾7.5万平方米的建筑进行改扩建，保留原有火车铁轨、影剧院等文化元素。通过引进绿皮火车、建设横钢纪念馆，体验太空舱等方式，形成历史现在未来同现的小镇印象。建成小镇客厅、商业街、温泉酒店、火车主题酒店、联众航空主题酒店、航空博览馆等特色鲜明的配套设施。采取“走出去、请进来”的方式，对航展、特色体育赛事和特色旅游进行宣传策划，推出低空游览、航空夏令营等精品活动。通过网络直播、微信集赞等方式，提高游客参与度，打造独特的品牌IP。积极参加吉林长春空军航空开放日、天津国际直升机博览会、武汉世界飞行者大会及杭州休博会等展会。2016年以来，接待省内外学习考察团110多批次600多人。利用通航优势，拉长产业链，与浙江万丰通航、浙江白领氏通航、浙江浩恒通航深度合作，开启“体验飞行+飞行员培训”新模式。与共青团浙江省委、中航文化、海航通航等部门、企业密切合作，打造爱国主义教育、航空科普、婚纱摄影、研学旅行等基地。开办浙江省科研类航空航天模型竞标赛以及吉他、电声乐队大赛，全省体育系统卡丁车大赛等大型活动赛事。举办2017“中国 · 建德通航产业国际论坛”，发布《通航产业发展中国 · 建德共识》。

【航空小镇建设取得的主要成效】小镇先后被列为国家第一批低空旅游示范区、国家第一批航空飞行营地示范工程、国家青年信用小镇和全国第二批特色小镇、浙江省军民融合产业示范基地。海航通航、金城集团、中建集团、浙江省机场集团、万丰通航等知名企业纷纷“落子”航空小镇。千岛湖通用机场被定位为华东通航枢纽机场，与中航油集团签约。

航空小镇区域产业结构实现由简单低端的冶金建材业向通航制造、文化创意、旅游休闲等高端产业的转型，带动建德经济开发区“一区一园四分区”产业快速转型，形成装备制造（军工）项目集聚高地和有效投资增长点，吸引恒大集团投资40亿元建设温泉小镇，吸引北控集团与高新园开展战略合作，园区开发、通用飞机研发中心、航空嘉年华等在谈项目意向总投资超过200亿元。在2016年50家省级经济开发区考评中，排名第13位，在北片22家开发区中位列第10。2017年开发区（核心区）入驻企业高位增长，投资22.5亿元，税收1706万元，年均增速12.6%。

经过两年时间建设，集航空模拟体验、温泉休闲疗养、工业遗址参观为一体的航空乐园形象初具，与东华通航、白领氏通航、浩恒通航深度合作，开启“体验飞行+飞行员培训”新模式，引进驼峰跳伞、亚航热气球等航空休闲旅游项目，7月21日驼峰跳伞正式开业，浩恒和白领氏两家低空旅游企业国庆期间试营业，接待直升机体验游客600多人。2017年接待游客946万人次，比2016年增长10%，旅游收入85亿元，增长12%。省外游客占60%以上。

随着落后产能淘汰，基础设施完善，航空小镇内道路、建筑立面、绿化、照明、公厕、主题公园等民生工程全部建成。园区内“晴天一身灰，雨天一身泥”面貌迅速改变。商贸、旅游发展，带动周边下岗职工就业。横钢工业文化、寿昌千年古镇文化和温泉文化得到充分挖掘和保护，基本还原寿昌西湖水街历史风貌，推动航空小镇发展为历史文化展示区、旅游休闲体验区、小城镇综合整治示范区。

吸引高端人才到建德创新创业的势头持续强

化。与南京航空航天大学、杭州电子科技大学签订战略合作协议，浙江省计算机学会创新驿站（建德）正式落户航空小镇，新建院士工作站、专家工作站各1个，引进“国家千人计划”1名，航空项目高层次人才6名，拥有高新技术企业2家，省级企业研发中心25家，科技型中小企业12家。

【航空小镇重要项目简介】省机场集团通航公司总部项目。省机场集团完成组建浙江省通用航空产业发展有限公司，公司注册资金5亿元，预计三年内全省投资将超过20亿元，同时管理运行建德千岛湖通用机场，打造成为全省通航机场的样板。

万丰轻型运动飞机亚洲工程中心项目。该项目由万丰航空工业有限公司投资，总投资20亿元，注册资金5亿元，项目用地400亩。主要投资建设捷克轻型运动飞机和DA40轻型运动飞机生产线项目，项目计划在2019年形成50架轻型运动飞机的生产能力，2020年达到100架。

虹湾维修基地及航空PMA件生产基地项目。该项目总投资2亿元，与2017年11月签订正式合作协议。其中维修基地占地42亩，总投资1.5亿元，引进当前国内最先进的检测和维修设备，建设新的通航维修车间和机库，维修基地建设项目3月28日举行动工仪式；投资5000万，引进航空PMA件生产制造项目，一期厂房面积约1000平方米，引入生产线并投入试运营。

建恒生态自然城项目。该项目总投资1.86亿元人民币，注册资金5000万元，用地15亩，由杭州建恒众创文旅发展有限公司投资，2017年12月正式签订合作协议。项目主要建设内容包括：引入海洋生物建设建德海洋世界、热带雨林景观营造、自然生态水公园和鹿公园的建设和其他亲子互动体验设施。至年末完成土地平整，项目施工方进场施工。

与浙江传媒学院合作项目。浙江传媒学院华策电影学院意向与建德工业技校合作办学，于2018年3月16日，挂牌成立浙江传媒学院航空学院。

通用航空运行重点实验室（建德科研平台）项目。与中国民航管理干部学院签订合作协议，共同建设通用航空领域国家重点实验室。主要研究方向是全省通航运行服务保障及通用航空运行测试。民干院组织人员进行项目规划方案设计。

浙江省空中应急救援网络项目。航空小镇与中航材集团签订合作协议，利用东方通航的平台，打造浙江省空中应急救援网络建设，对全省医疗（空中120）、抗灾救援等方面提供支持保障。中航材编制相应的项目建议书及项目倒排计划。

美国太平洋青少年航空科普基地建设。该项目由美国太平洋航空集团投资，总投资600万美元，注册资金300万美元，主要建设中国青少年航空科普基地项目，项目一期用地约2000平方米，投资建设青少年科普学校、体验基地、DIY设计中心等体验类项目。

与杭州电子科技大学军民融合产业合作项目。主要利用杭州电子科技大学航电方面的教学优势，在建德航空小镇内建设产学研合作基地、暑期大学生实践基地和大学生双创中心项目。双方签订战略合作协议，对接正式合作协议内容。

千岛湖通用机场二期项目。启动机场扩建项目，跑道计划从原有的800米扩建至1200米，预留1800米；计划新建机库1.5万平方米、机坪1.6万平方米。新建机场航站楼，占地5000平方米。（童燕）

“最多跑一次”改革

【概况】2017年2月，建德市启动“最多跑一次”改革。3月31日，建德市政府出台《关于进一步深化“简政放权、放管结合、优化服务”开展“最多跑一次”改革的实施意见》（建政函〔2017〕50号），至年末，全市723项依申请事项中，有709项实现“最多跑一次”，实现98.0%。在浙江省县市政务环境评估中，建德市“最多跑一次”改革满意率和实现率分别为98%和90.5%，其中：满意率位列全省县市第25名、杭州地区第5名，实现率位列全省县市第6名、杭州地区第1名。

【“最多跑一次，千人来冲‘刺’”】7月26日，建德市委市政府督查考评工作领导小组办公室、建德市作风建设领导小组办公室、中共建德市直属机关工作委员会、建德市行政审批服务管理办公室联合下发《关于印发〈关于开展强作风强效能强服务推进“最多跑一次”改革专项行动实施方案〉的通知》（建直委发〔2017〕20号），开展查摆整改、“主跑员”、科室（站所）满意评价三项活动。发现部门单位在受理审批服务时存在的问题28条，提出建议60条。9月4日，建德市开展为期一个月的“最多跑一次，千人来冲‘刺’”活动，邀请千名办事群众和企业代表到市行政服务中心现场集中冲“刺”。发放《最多跑一次，千人来冲“刺”》传单2000多份，收回1625份，其中：点赞满意的1581份，占97.3%；意见和建议44份59条，占2.7%。9月27日，市委宣传部牵头，在市机关会议中心第三会议厅举行“两代表一委员”、特邀监察员、企业、社会群众和网民代表参加的现场问政冲“刺”活动，社会各界300多人参加，30名部门单位负责人在现场接受问政。代表委员们现场提出27个问题，相关部门负责人现场作出回答或解释。

◎9月4日，建德市在行政服务中心举行“最多跑一次，千人来冲‘刺’”活动启动仪式

【便民事项双休日开放】建德市于9月2日开始落实便民服务事项双休日开放工作。市行政服务中心双休日开放时间为9:00—11:30、14:00—17:00，法定节假日不开放。开放的事项包括不动产交易登记、公积金服务、交通违法处理、城管违停处理、出入境服务、医保社保服务、市民卡服务等7大类服务事项。增加开放户籍业务（身份证办理、出生申报、死亡注销）和老年证办理、门牌证办理等3大类服务事项。其中医保社保服务、市民卡办理和交通违法服务在原网点办理，双休日同步开放。至年末，建德市便民事项双休日办件量5656件，为4007人次解决工作日办理事项不便的问题。

【投资项目承诺制改革试点】2月初，建德市开展投资项目承诺制改革前期调研工作。3月，完成《建德市推行企业投资项目承诺制改革试点实施方案》的起草。4月，《建德市推行企业投资项目承诺制改革试点实施方案》通过市长办公会议审议。7月11日，出台《关于印发建德市推行企业投资项目承诺制改革试点实施方案的通知》（建政办函〔2017〕76号）。9月18日，市审管办组织浙江爱士多厨房设备有限公司和杭州众新新型建材有限公司分别与市经信局、市住建局、市环保局、市国土局、市消防大队5个部门签订《建德市企业投资项目承诺制试点改革事项承诺书》。2个试点项目从土地出让合同签订到申办施工许可证，用时1小时，其中包括中介用时和业主项目变更用时，相比普通审批程序，至少提速3倍时效。

【局长坐班制度】8月1日，建德市深化行政审批制度改革领导小组办公室出台《关于推进“最多跑一次”改革实行“局长坐班”工作制度的通知》，要求进驻市行政服务中心的部门单位主要领导每月亲临窗口一线坐班，分管领导每周亲临窗口一线坐班。2017年，局长坐班窗口408人次，接待企业和群众821家（人）次，受理各类办件571件，解决审批疑难问题514个。

【不动产登记集成改革】改革原不动产权登记串联审批模式为并联集成服务，设置由财政、住建、国土三个窗口为一组的综合进件窗口，全面实现“咨询一次再告知、资料一次性收取、费用一站式缴纳、权证一次性办结”的一条龙服务。前移窗口服务，由市财政局、市住建局、市国土局各派出1名专业人员，建立“不动产登记”预审区，并为VIP窗口（个人、企业不动产专窗）、房产中介窗口提供业务受理前的预审服务。前移后台审核，将市国土局不动产登记4名审核人员从办公室前移至窗口，解决市财政局、市住建局、市国土局3个部门网络信息壁垒问题。市审管办联合市国土资源局、市住建局、市财政（地税）局三个部门，下发《建德市房地产中介“综合进件”考核办法（试行）》。通过集成改革，不动产登记实现群众和企业单个不动产权证1小时“跑一次”办结出证。

【商事登记效率领跑杭州】在市行政服务中心设立商事登记“综合进件”窗口，对全市权限范围内的所有企业设立、变更、换证实行“一窗受理、一窗发证”。依托省工商全程电子化登记平台，开展“全流程网上登记”，实现企业设立登记“零见面”。推行“1+N+X”商事登记改革，在“五证合一、一照一码”营业执照基础上，通过数据共享整合备案。至年末，完成17个“N”事项的数据整合和系统运用以及27个“X”事项的入驻工作。《浙江省政务环境指数评估报告》《浙江省“最多跑一次”改革抽样调查评估专报》结果显示，在全省商事登记改革评估中，建德市“多证合一、一照一码”平均办理时间仅为0.0051天，办理效率排名位列杭州市首位，全省排名第11名；“营业执照”（五证合一）办理效率居杭州市第2名，全省第16名；餐饮行业“证照联办”办理效率居杭州市第3名、全省第10名。

【全省首创“两证同发”林业审批模式】3月，建德市在全省率先推出林地征占用许可和林木采伐许可“两证同发”模式，即办理“两证”时，从不同步调查设计变为同一中介一次调查两个成果，将建设项目两个许可资料同步提交市行政服务中心林业窗口，在网上将林地征占用电子批文生成后直接办理林木采伐许可，实现两个许可文书一次送达。2017年“两证”共同发209份，审批提速50%以上，因两证不齐造成的案件发生率为“0”。（邓艳芳）

编辑：杨忠平

大事记

Chronicle of Major Events

2017年建德市10件大事

【建德市入选浙江省两化融合示范区】2017年11月27日，浙江省经信委公布2017年度工业和信息化重点工作分领域（行业）推进实施名单，建德市入选省级两化融合示范区。

构建“两化融合贯标”管理新体系。推进企业两化融合管理体系贯标试点的创建，鼓励企业利用“两化融合”贯标的先进管理经验，推动创新，加速转型；邀请省信息化促进会，实地走访企业，对接实施贯标工作，对获评贯标的企业奖励15万元。建德市“两化融合”指数达84.37，全省排第14位。有7家企业获得国家级“两化融合”管理体系贯标试点企业，其中：新安化工和新化化工获国家“两化融合”贯标示范企业；获省以上“两化融合”试点示范企业3家。“工厂物联网”引领行业新标杆。引进上海产业技术研究院建德分院、东北大学智能制造研究院，为企业实施“工厂物联网”项目提供服务。自2016年以来，化工、水泥、水产业智能制造水平达到全国领先水平，部分企业成为全省乃至全国标杆。建德市获评杭州市及省智能制造示范项目各1家；杭州市工厂物联网和工业互联网试点示范项目22个，其中：新化化工等3家被杭州市确定为示范样板项目。“企业上云”注入发展新动力。建德市召开“企业上云”推进大会，分乡镇组织对接培训会16场；出台“企业上云”政策，对“企业上云”产生的服务费给予50%的补助；联系通信运营商及杭州上云服务机构，为企业量身定制上云业务。2017年，完成“企业上云”1147家，为省考核目标任务的176.4%，居全省第3位，新安化工被评为省第一批“企业上云”标杆企业。

【建德市高铁新区管委会成立】2017年5月13日，建德市高铁新区管委会成立。规划建设的高铁新区以杨村桥（建德东站）为核心，东起梅城十里埠综合作业码头，南至马南高新园南界，西至洋溪街道清溪翠谷，北至杭千高速、杭黄高铁沿线山体，涉及洋溪街道、下涯镇、杨村桥镇以及高新园，规划总用地面积105平方千米。五年内建德将建成杭黄高铁、金建高铁和衢建高铁，将有建德站、建德东站、建德南站、大同站4个铁路站。

高铁新区规划出“一核、三廊、三区”的发展新格局。“一核”指生态康养旅游综合体，项目选址在黄饶半岛，项目核心是滨江大公园建设，发挥主题游乐、康养度假、酒店会议、运动休闲等主导功能。高铁新区的发展策略为“三廊共进”。其中，城镇创新廊是高铁新区的综合服务配套走廊，由新安江大道串联洋溪老街、生态社区、田园综合体等城镇组团；沿江特色廊以“17度新安江”为特色主线，串联多个旅游活动，开拓水上游线路和水上活动项目；高新产业廊在建德高新技术产业园的基础上，加强产业组团和规模拓展，为产业园提供物流等配套服务。“三区”是指科技创智片区、高铁门户片区、高新产业片区。其中，高铁门户片区重点建设门户综合体，建设集游客集散、商贸展示、商务办公、居住配套等功能于一体的城市新门户；科技创智片区重点建设城市综合体，打造涵盖科技研发、总部办公、商务酒店、公共服务等功能的城市拓展区；高新产业园区重点打造以高端制造、新材料产业发展为方向的高新技术产业园。

【“最多跑一次”改革】2017年2月，建德市启动“最多跑一次”改革 。3月31日，建德市政府出台《关于进一步深化“简政放权、放管结合、优化服务”开展“最多跑一次”改革的实施意见》（建政函〔2017〕50号），至年末，全市723项依申请事项中，有709项实现“最多跑一次”，实现率98.0%。开展投资项目承诺制改革试点；改革原不动产权登记串联审批模式为并联集成服务，设置由财政、住建、国土三个窗口为一组的综合进件窗口，全面实现“咨询一次再告知、资料一次性收取、费用一站式缴纳、权证一次性办结”的一条龙服务；在全省首创“两证同发”林业审批模式；商事登记效率领跑杭州，办理效率排名位列杭州市首位。落实便民服务事项双休日开放，至年末，建德市便民事项双休日办件量5656件，为4007人次解决工作日办理事项不便的问题。推进局长坐班制度，全年局长坐班窗口408人次，接待企业和群众821家（人）次，受理各类办件571件，解决审批疑难问题514个。在浙江省县市政务环境评估中，建德市“最多跑一次”改革满意率和实现率分别为98%和90.5%，其中：满意率位列全省县市第25名、杭州地区第5名，实现率位列全省县市第6名、杭州地区第1名。

【实施“美丽建德”建设三年行动】4月7日，市委、市政府召开“美丽建德”建设暨全面剿灭劣Ⅴ类水工作动员大会。会议提出，要通过实施“美丽建德”建设三年行动计划，把建德初步打造成为美丽城区、美丽集镇、美丽乡村、美丽经济、美丽园（厂）区、美丽公路、美丽河道、美德家园“八美联动”的宜居宜业宜游城市，总体而言就是建设美丽环境、塑造美丽人文、发展美丽经济。

建设美丽环境，重点是围绕省、杭州市部署的专项工作，坚决打赢劣Ⅴ类水剿灭战、小城镇环境综合整治攻坚战、“无违建市”创建决胜战和“两路两侧”“四边三化”整治持久战四场战役，让美丽城区、美丽集镇、美丽乡村交相辉映、相得益彰，共同构筑一幅令人向往的美丽画卷。塑造美丽人文，就是要把建德的文化内涵、文化底蕴展现出来，把全体市民的文明素养和道德水平提升上去，坚持以“人”为本，推进文明养成；坚持以“水”为脉，培育生态文化；坚持以“德”为魂，弘扬传统文化，让“美丽建德”既有“颜值”、更有“气质”。发展美丽经济，即通过打造“美丽建德”，将美丽变成财富，让老百姓的钱袋子鼓起来，进一步增强获得感、幸福感，通过大力开发乡村旅游、大力发展民宿经济、大力培育新型业态，打通“两山”转化通道，让“美丽环境”真正成为“美丽经济”。

【学习宣传贯彻党的十九大精神】根据《中共浙江省委办公厅关于组织开展党的十九大精神宣讲活动的通知》（浙委办传〔2017〕33号）文件要求，下发《关于组织开展党的十九大精神学习宣讲活动的通知》，迅速掀起学习宣传贯彻党的十九精神热潮。制定《市领导党的十九大精神宣讲工作安排》，明确25日前完成市领导宣讲工作。市领导深入基层以座谈会或报告会等形式，带头到所联系的乡镇（街道）、部门单位宣讲党的十九大精神16次。组建由市纪委、市委组织部、市委宣传部、市委统战部等单位理论骨干组成的市委党的十九大精神宣讲团，分9组赴各乡镇（街道）、市级机关各单位开展宣讲，共宣讲122次。11月14日晚在市级机关会议中心第三会议厅举办“新安夜学”第九期暨杭州市委宣讲团党的十九大精神报告会，邀请杭州市委宣讲团成员、杭州市委党校务委员会委员、教育长高国舫作专题辅导报告。会议在乡镇（街道）设置分会场，乡镇（街道）全体干部参加会议。同时，各乡镇（街道）开展圆桌式、板凳式等微宣讲形式295次，组织学习宣讲118次。全市广大文艺工作者先后组织学习贯彻“十九大精神”文艺巡演、学习贯彻十九大精神摄影大赛（摄影展）、学习贯彻“十九大精神”文艺采风创作系列活动20余场次。

【航空小镇获评全国特色小镇】2017年8月28日，住房和城乡建设部公布第二批全国特色小镇名单，以航空小镇为主要特色的“杭州市建德市寿昌镇”入选。开发区（航空小镇）管委会以打造“通航产业浙江样板、省级通用航空示范小镇、国家级通航产业综合示范区”为目标，累计完成固定资产投资14.75亿元。建德航空小镇域内，联众航空主题酒店、温泉火车酒店、赛车公园等项目对外开放。航空主题乐园一期项目基本完成，航空博览馆、航空科普体验中心正在建设中。通航类、旅游类和特色类项目落户小镇，入驻企业547个，形成航空旅游、航空服务、航空制造三大功能区块。

【乾潭镇被授予“国家卫生乡镇”称号】2017年6月23日，《全国爱卫会关于命名2014—2016周期国家卫生县城（乡镇）的决定》发布，乾潭镇被授予“国家卫生乡镇”称号。2014年乾潭镇创建成为浙江省卫生镇后开始创建“国家卫生乡镇”。乾潭镇投入专项创建经费400万元，并结合“五水共治”，完成乾潭、安仁两个污水处理厂建设，城区污水管网覆盖率90%。累计投入资金9000多万元，完成行政村农村生活污水治理工程24个，铺设管网233千米。通过“国家卫生乡镇”创建活动，全镇有26个胶合板企业完成转型，20多个小型五金工具企业搬进“孵化园”。随着环境的改善，浙西唐诗小镇、金谷特色商业街、华龄智能养老、慢栖溪等7个超过1亿元项目落户乾潭镇，推动产业发展优化。

【新安江综合保护工程启动】2017年3月1日，新安江综合保护工程建设动员大会召开。该工程主要围绕新安江北岸，在洋溪街道西水桥到梅城镇七廊庙共计26.8千米的线路上开展工作。目标以新安江为纽带、以黄饶半岛地块为载体进行开发，打造一条生态景色秀丽、文化底蕴厚重、产业特色鲜明、经济发展持续的生态经济带，并依托水环境基础建设沿江科技创新产业基地，重点发展旅游、健康、智慧等主题产业。

【开展“建功立德”大讨论】5月17日，市委书记童定干发布《致市民朋友的一封公开信》，号召全市上下开展“我是建德人，我为家乡建功立德”大讨论中来。这封信在《今日建德》、建德新闻网、“建德发布”公众号、浙江新闻客户端等媒体平台发布后，引发社会各界的强烈反响，手机端阅读量突破60万，点赞超过5万，评论达5000余条。全市各机关单位、乡镇（街道）、村（社区）、企业、学校、医院等各界各层面纷纷以童书记公开信为引领，立足岗位“建功立德”，围绕“五个一”要求广泛开展“建功立德”大讨论活动，机关单位开展了“三查四问我承诺”讨论，84家单位提炼了本单位本系统人文精神，农村开展了“谈谈我们村的好传统，说说我们家的好家风”讨论，并拍摄了17个“讲传统说家风”电视专题片，社区开展了“邻里和谐一家亲，小区也有大作为”讨论，企业开展了“追求卓越，打造匠心”讨论，学校开展了“激励我的人，感动我的事”讨论……，充分引导广大干部群众立足岗位做贡献，创先争优当先锋，凝聚起推动建德发展的社会合力。

【“街（路）长制”做法在全省推广】2017年1月，乾潭镇、大洋镇创新小城镇整治管理新举措，在镇属范围内推行“街长制”“路长制”管理模式。至年末，建德市15个小城镇全面落实“街（路）长制”，提升了治街治路管理水平和能力。得到时任省委书记夏宝龙的批示肯定，并推至全省。国家、省、杭州市级等20多家媒体先后赴建德市采访报道“街（路）长制”做法。

“街（路）长制”的主要做法：分片包干。各乡镇（街道）按域内网格化分片。乡镇（街道）班子成员分别管理一条街，任“街（路）长”负总责；选聘一名有威望、责任心强的民间人士任“副街（路）长”；选聘一名当地“两代表一委员”任监督员；成员由驻镇城管、交警等部门人员组成。责任到人。“街（路）长”负责抓好管辖街道的环境秩序综合整治。“副街（路）长”配合“街（路）长”做好工作。监督员对街道环境秩序整治进行巡查，提出整改意见，并监督落实。现场立牌。街（路）长公示牌立在道路的醒目位置，公示牌上注明街（路）长、副街（路）长、监督员、成员姓名、联系方式及工作职责。常态巡查。街（路）长定期佩戴袖套带队上街开展常态巡查，发现问题及时进行现场处置或发出指令。重点对商铺进行煤改气整治整顿、规范电动三轮车，设立临时农贸市场，引导流动菜贩、水果摊集中经营，集中排查危旧、违建房屋。对占道经营、车辆乱停、垃圾乱扔、广告乱贴、线路乱拉等问题进行巡查，列出问题清单，落实整改。

2017年建德市大事记

1月

1日，建德市重大工业项目之一的三都镇20兆瓦漂浮式光伏电站示范项目开工建设。是杭州地区首家漂浮式光伏电站。

1日起，建德市第三次全国农业普查入户登记启动。共涉及全市11万余户农村住户、800余家规模农业经营户、1600余家农业经营单位。

6日，中国共产党建德市第十四届委员会举行第二次全体会议，审议通过《中共建德市委工作规则》，遴选建德市推荐出席党的十九大和省十四次党代会代表候选人初步人选。

6日，2017年“春风行动”动员会议召开，全面动员部署新一轮困难群众帮扶工作。

6日，《寿昌镇志》由西泠印社出版发行。该书由杭州市市长张鸿铭作序，当年率部解放寿昌的尤太忠将军题写书名。

8日，大同镇高桥村畲族文化展示馆落成并开馆，是建德市首座畲族文化展示馆。

10日，钱塘江生态经济带建德段（新安江综合保护工程）专家论证会召开。

11日，建德市2017年科技、文化、卫生、法律、政策“五下乡”活动在下涯镇联合村文化礼堂内拉开序幕。

15日，第九届建德新安江·中国草莓节在杨村桥草莓小镇开幕。

16日，建德市委召开2016年度党组织书记履行基层党建和党风廉政建设主体责任述职评议会。16个乡镇（街道）党（工）委书记和市直机关工委书记通过口头述职，其他部门单位党组织书记通过书面述职，接受与会人员的评议。

16日，建德市跨境电商协会召开成立大会暨第一次会员代表大会，吕益民当选为第一届理事会会长。

17—26日，建德市婺剧团赴约旦首都安曼展示浙江特色“非遗”项目，并进行婺剧精品折子戏专场演出，庆祝中约两国建交40周年和中国传统节日春节。

22日，市委常委会召开专题民主生活会，以学习贯彻中共十八届六中全会精神为主题，围绕“两学一做”学习教育要求，紧密联系班子和个人实际，深入查摆问题，严肃开展批评和自我批评。

26日，童定干、朱欢、吴铁民、周友红等市四套班子领导，分组走访慰问春节期间坚守一线的干部职工。

2月

5日，政协建德市第十四届委员会第一次会议开幕，吴铁民代表政协建德市第十三届委员会常务委员会作工作报告。吴铁民当选为市政协第十四届委员会主席，严凌云、吕勇、程旭、叶志高、徐亚娟当选为市政协第十四届委员会副主席，蒋华当选为市政协第十四届委员会秘书长。9日，会议闭幕。

7日，建德市第十六届人民代表大会第一次会议在市文化中心开幕，代市长朱欢代表市人民政府作《政府工作报告》。会议依法选举童定干为建德市第十六届人大常委会主任，朱欢为建德市人民政府市长，柴国庆为建德市监察委员会主任，毛志军为建德市人民法院院长，高翔为建德市人民检察院检察长，童文扬、徐建华、赵志荣、吕建月、吴岳炎、徐拥军为建德市第十六届人大常委会副主任，吕平、张早林、何亦星、柯汉根、夏喜生、钱晓华当选为新一届市人民政府副市长。10日，会议闭幕。

12日，建德市导游协会召开成立大会暨一

届一次会员大会。审议通过《建德市导游协会章程》，选举产生第一届导游协会会长、副会长、秘书长。吴蓉当选为导游协会第一届会长。

14日，建德市举行市委巡察机构干部见面会暨巡察机构揭牌仪式，标志着市委巡察机构成立并开始运作。

15日，杭州市人大常委会主任王金财在建德调研。

16日，市法院举行首批员额法官宣誓仪式，38名员额法官面向国旗庄严宣誓。

17日，建德市召开扩大有效投资暨招商引资、招企引税、招才引智大会。

18日，建德果蔬乐园“清香草莓季”在杭州黄龙体育中心启幕。

22日，建德市四套班子联席会暨市领导“六个领衔”工作会议召开。

28日，2017年全市扩大有效投资第一批重大项目集中开工仪式在乌石滩春江开元芳草地乡村酒店项目现场举行，总投资达62.3亿元的24个重大项目集中开工。

28日，市委召开常委（扩大）会议，学习贯彻杭州市第十二次党代会精神。

3月

1日，新安江综合保护工程（简称综保工程）建设动员大会召开。该工程主要围绕新安江北岸，在洋溪街道西水桥到梅城镇七廊庙共计26.8公里的线路上开展工作，目标以新安江为纽带、以黄饶半岛地块为载体进行研究开发，打造一条生态景色秀丽、文化底蕴厚重、产业特色鲜明、经济发展持续的生态经济带，并依托水环境基础，建设沿江科技创新产业基地，重点发展旅游、健康、智慧等主题产业。

1日，建德市跨境电商孵化基地启动，首个项目——新航线跨境电商亚马逊孵化班同期开班。

1日，省政协副主席孙文友在建德调研少数民族村发展情况，并走访宗教活动场所。

2日，国家质检总局副局长孙大伟到建德国家级低压电器出口质量安全示范区展示中心，了解示范区内出口企业运营、研发、检测认证等情况。

3日，国家民委发布《关于命名第二批中国少数民族特色村寨的通知》，全国共有717个村寨入选，大慈岩镇双泉村跻身其中，成为建德市首家“中国少数民族特色村寨”。

3日，省小城市培育试点工作考核组实地考核乾潭2016年度小城市培育试点工作情况。

3日，建德市与华夏幸福基业股份有限公司举行对接会，围绕合作发展建德高铁新区建设进行交流。

3日，“三八”妇女维权周广场咨询活动在新安江文化广场开展。

4日，农业部行业科研专项“草莓产供安全过程管控技术研究与示范”项目现场会在建德召开。

6日，杭州市代市长徐立毅在寿昌镇山峰村蹲点调研，深入农家屋，同吃农家饭，共议农家事。

9日，建德市2017年度征迁安置“双清”工作启动。

13日，全市村和社区组织换届工作会议召开。至3月27日，完成256个村社党组织换届。共有18643名党员参与选举投票，党员投票率95.7%。

13日，“新安夜学”活动启动并举行第一讲。

15日，2017年建德市“建功立德·德文化”全国户外公益广告征集大赛拉开帷幕。大赛以“建功立德”地域文化为核心创作内容，旨在推出一批具有建德特色的“德文化”精品公益广告，激励建德儿女崇德向善，投身到美丽建德的建设实践中。

17日，建德市与杭州钢铁集团以及路得信息咨询有限公司签订三方战略合作框架协议，三方围绕建德航空小镇建设，在合作办学、通航产业引进以及相关新兴产业发展等方面展开深度合作。

17日，由华东旅游媒体联盟、华东旅游网主办的第四届“华东十大最美赏花胜地”评选活动上，建德市胥岭、新叶古村荣膺“2017华东十大最美赏花胜地”称号。

20日，建德市武装工作暨国动委第十四次会议召开。

22日，浙江省剿灭劣Ⅴ类水誓师大会上，建德市获2016年度"大禹鼎"。

28日，省级特色小镇考核组对建德航空小镇建设工作进行实地考核。

31日，建德市行政审批服务中心免费直通车开通。6月8日，新增汽车南站至行政服务中心的12路公交线路。

31日，全省建设平安浙江工作会议上，建德市获"平安银鼎"。

3月，建德市人民法院依法对庭审过程中作虚假陈述的当事人余某开出罚单，是该院首次针对虚假陈述开出罚单。

3月，江苏远见集团与乾潭镇签订《远见—乾潭乡旅产业园区战略合作协议书》。远见集团将在乾潭打造成国内第一个以乡村旅游为主题的产业园区。标志着国内首个乡旅产业园落户乾潭。

4月

7日，市委、市政府召开"美丽建德"建设暨全面剿灭劣Ⅴ类水工作动员大会。会议提出，要通过实施"美丽建德"建设三年行动计划，把建德初步打造成为美丽城区、美丽集镇、美丽乡村、美丽经济、美丽园（厂）区、美丽公路、美丽河道、美德家园"八美联动"的宜居宜业宜游城市，即建设美丽环境、塑造美丽人文、发展美丽经济。

9日，建德市第八届兰花节蕙兰展开展。

10日，建德市现代农业发展计划编制启动会召开，对现代农业产业发展计划编制相关工作进行部署。

11日，副省长高兴夫在建德调研航空小镇建设工作。实地调研建德千岛湖通用机场规模及运行情况，并参观航空小镇展厅和特色火车旅馆。

11日至5月10日，市委开展2017年度首轮巡察工作，四个巡察组开展分别对市农业局、市水利水产局、市旅游商务局、市移民局开展巡察。

12日，省委常委、杭州市委书记赵一德，杭州市委副书记、代市长徐立毅到杭州市十三届人大一次会议建德代表团参加审议讨论活动。

14日，寿昌中学鸿鹄教育基金会成立并召开第一次全体理事会。

19日，市委召开常委（扩大）会议，专题听取高铁新区总体规划和新安江综保工程概念规划情况。

20日，省人大常委会党组书记、副主任王辉忠在建德调研金建铁路建设工作。

23日，建德市第五届"新安读书节"全民阅读活动启动仪式暨"我是建德人，经典诵读"朗读会在市图书馆举行。

24日，建德市对口帮扶县——贵州省岑巩县组团在建德考察学习，并就两地进一步携手打赢脱贫攻坚战进行深入交流。

25日，新安江综保工程征迁动员会召开，标志着新安江综保工程进入全面实施阶段。工程征迁涉及洋溪街道、下涯镇、杨村桥镇、梅城镇的10个村社，需征地4000余亩、流转土地1.5万余亩、拆迁房屋180余户。

26日，省军区司令员冯文平在建德检查指导防汛工作。

26日，严东关景区详规和江南秘境渔村项目建筑方案通过住建部和省、杭州市风景园林专家组成的专家组评审。

26—28日，省第十一督查组在建德督查"五水共治""三改一拆"和小城镇环境综合整治工作。

28日，"融入杭州、筑梦建德"2017年建德土地招商发布会在杭州举行。

28日，建德市组织召开庆"五一"劳模座谈会，庆祝第127个"五一"国际劳动节。

4月，新化化工通过两化融合管理体系现场评估审核，成为建德市首家通过两化融合管理体系现场评估审核的企业。

5月

1日，寿昌镇开通城区公交，线路为大塘边村至市三医院。

3日，江南秘境国际旅游度假区项目举行开工仪式。

5日，建德市2017年招商引资集中签约仪式举行。现场签订合作项目19个，总投资额40余亿元，涉及高端装备制造、新材料、水产业、大健康、电商产业园等领域。

9日，省政协委员“走进基层、走进群众”活动月——送科技下乡活动启动仪式在梅城滨江公园举行。省政协副主席陈小平在启动仪式上讲话。

10日，江苏中南建设集团股份有限公司以总成交价8.84亿元中标新安江街道桥东区块两块商住用地。楼面均价每平方米8206元，创建德市历史新高。

13日，省委常委、杭州市委书记赵一德在建德调研特色小镇建设、城镇环境综合整治及美丽乡村建设等工作。

13日，建德市举行2017年全市扩大有效投资第二批重大项目(基础设施类)集中开工仪式。钱塘江生态经济带新安江段工程（新安江综保工程）等9个重大项目集中开工，总投资额达48.5亿元。

13日,建德高铁新区管委会成立。根据规划，高铁新区规划总用地面积105平方公里，范围东起梅城十里埠综合作业码头，南至高新园南界，西至洋溪街道清溪翠谷，北至杭千高速、杭黄铁路沿线山体，涉及洋溪街道、下涯镇、杨村桥镇以及高新园。

15日，寿昌镇航空小镇党建联盟成立。由横山东社区、寿昌派出所等7家单位组成。

16日，在阿里巴巴集团总部西溪园区参观的巴基斯坦总理谢里夫，视频连线试营业的农村淘宝新安江旗舰店,详细了解建德农村淘宝情况。

16—17日，省评估组对建德市创建省教育基本现代化市进行预评估。

17日，市委书记童定干代表市委、市政府，以公开信的形式发出倡议，诚挚邀约全体市民踊跃参与“建功立德”大讨论活动，为建德的“德文化”建设出谋划策、献计出力。

18日，建德市启动省体育强市创建工作，全力打造体育强市、建设健康活力之城。

18—21日，首届中国国际茶叶博览会在杭州国际博览中心举办，建德市特色茶品牌千岛银珍、里洪坑红茶亮相茶博会。

19日，杭州市科技活动周（建德站）暨建德市科技人才服务周启动。

20日，严州古城(梅城)地域文化挖掘(巨型地图)公众参与活动启动仪式，在严州古城墙上举行。

21日，“健康中国·魅力河山”2017国际越野跑挑战赛“诗画浦江”站落下帷幕。建德选手周卫琴以18小时5分24秒获得女子100公里组冠军。

23日，建德市新一轮低收入农户认定工作启动。新一轮低收入农户认定总量是按照建德市2016年度农村居民总人口的5%比例确定，基数在2万人左右。认定对象主要包括低收入农户巩固扶持对象、最低生活保障对象（低保户）、最低生活保障边缘对象等三类。

24日，建德市召开“两学一做”学习教育常态化制度化工作座谈会和杭州市文明委会议精神传达会,深入推进“两学一做”常态化制度化、全力实施“德文化”地域品牌建设。

24日，2017年度全市新任村社党组织书记培训班开班,全市256个村(社区)书记、乡镇(街道）组织工作负责人参加培训。6月22日，全市村（居）委会主任培训班开班。

25日，市第七届老年人运动会开幕式在新安江体育馆举行。运动会共设置17个大项40个小项。

26日，中国民航管理干部学院通用机场审批建设与整体开发研讨会在建德市航空小镇举行。

27日，市政府与浙江国大集团举行签约仪式。根据协议内容，建德市南山福邸酒店项目导入雷迪森品牌，并全权交由雷迪森酒店管理公司管理。

27日，新安江街道府前路西侧麻岭巷地块改造项目征收集体土地上房屋100%签约。

31日，市检察院开展主题为“法治进校 臻情护航”的检察开放日活动。

6月

5日，市政协之友社（企业家联谊会）召开第三届会员大会，选举产生第三届理事会理事长、常务副理事长、副理事长、秘书长，叶志高当选为理事长。

6日，省考评组对建德市创建省级农产品质量安全放心县工作进行考核验收。

6日，建德市政协联谊会召开七届一次会员大会，吴铁民当选市政协联谊会第七届理事会会长。

7日，杭州建德市民卡有限公司成立。该公司以原建德市市民卡管理办公室为基础转型，由杭州市民卡有限公司控股、建德市金融投资有限公司参股合资建立。

10日，建德果蔬乐园老鹰岩果林园开园迎客。是建德果蔬乐园品牌旗下的第20家果蔬采摘基地。

11—12日，中国人大制度理论研究会调研组在建德调研县乡人大工作和建设情况。

12日，国家发改委在建德调研降低企业税费工作。

12日，杨村桥镇政府与浙江阳田农业科技有份有限公司就合作建立“建德市草莓研究院”举行签约仪式。

15日，由国家林业局和美国林务局联合举办的中美森林健康经营合作研讨培训会在建德举行。

15日，浙江省小动物保护协会建德动物救助中心成立。

16日，建德市委常委会召开扩大会议，传达学习浙江省第十四次党代会精神和杭州市委常委（扩大）会议精神。

16日，建德喜来登大酒店开工仪式在洋安新城举行。是洋安新城首个开工建设的五星级标准酒店。

18日，浙江省首家农村淘宝旗舰店——新安江农村淘宝旗舰店开业。

20日，建德至萧山机场直达班车开通。始发站为沧滩站。

20日，建德市首次采用“互联网＋招商推介会”模式，依托天涯若比邻网络信息服务有限公司智慧服务平台，连线上海、深圳两地会场，进行招商引资推介。

21日，建德市中西医结合医院举行新院启用典礼。新院区按照二级甲等中医医院标准建设，核定床位250张。

22日，市公安局成功从韩国抓获一名涉嫌组织他人偷越国（边）境、被列入“国际红色通报”（简称“红通”）对象的嫌疑人。是建德市公安局首次通过国际警务合作渠道跨国抓获的“红通”嫌疑人。

23日，全国爱国卫生运动委员会下文，命名2014—2016周期国家卫生县城（乡镇），乾潭镇被授予“国家卫生乡镇”荣誉称号。是建德市第一个成功创建“国家卫生乡镇”的乡镇。

25日21时，大洋集镇水位达到最高水位27.11米，是1955年以来最高水位。

27日，“17度建德旅游上海特惠月”清凉避暑旅游活动启动。

28日，建德抗日自卫队纪念馆在梅城镇洋程村开馆。

28日，云南驼峰跳伞俱乐部有限公司与建德经济开发区（航空小镇）管委会签订高空跳伞合作项目。7月21日，驼峰跳伞俱乐部建德航空小镇跳伞基地启动仪式在建德千岛湖通用机场举行，4000米高空跳伞之旅开启。

30日，建德农商银行大洲丰收驿站暨联华超市小店开业庆典在下涯镇大洲村举行。建德农商银行大洲丰收驿站是建德市首家银超合作的丰收驿站。

7月

3日，大型红色婺剧现代剧《大洋埠》在市文化中心上演，该剧以建德革命先烈童润蕉、童祖恺等共产党人事迹为题材。9月29日，该剧作为杭州地区唯一入选浙江省迎接党的十九大优秀作品展演的节目在杭州公演。

3日，全市第六次招商引资工作例会召开。1—6月，全市共有招商引资项目180个，其中，内资项目175个，实到资金54.50亿元，外资项目5个，实际利用外资7059万美元，两项指标均实现“半年红”。

3日，建德市养老服务业综合改革工作动员大会召开。2016年年底，全市人口老龄化率（60岁以上老年人口占全市总人口比例）为22.14%，高于全国、全省和杭州市平均水平。

4日，新安江街道社区矫正教育基地在新安江成人教育学校成立。是建德首个社区矫正教育基地。

4—5日，多家中央和省级媒体的记者齐聚建德，就高速公路桥下空间整治成果进行深入采访。

5日，杭州市人大常委会主任于跃敏在建德市调研杭黄铁路工程建设情况。

6日，由国家发改委、国家体育总局、中国民航局、国家旅游局联合评定的首批15家“国家航空飞行营地示范单位”举行授牌仪式，建德航空小镇飞行营地位列其中。

7日，建德市第四届2017农村文化节开幕式暨小城镇综合整治、剿灭劣V类水主题宣传晚会在新安江纳凉大舞台开幕。

11—12日，华盛顿海外创新创业团队在建德考察交流，对接项目。

11—14日，全市13个乡镇相继召开年中人民代表大会。

15日，杭州睿道医药主体项目启动暨院士团队签约活动在建德举行。

15日，中国工商银行总行投资银行部首席专家段文卫在建德调研，就加强政银合作进行交流座谈。

18日，2017年建德（上海）产业投资推介会在上海举行。

18日，建德市国民体质监测与健康指导中心挂牌成立。

19日，杭州市市长徐立毅在建德蹲点调研。

22日，第五届建德7017新安江啤酒节在双江休闲旅游街开幕。

25日，杭州首列县级市旅游主题专列——“17度新安江号”清凉专列亮相杭州地铁1号线。

26—28日，省第十一督查组在建德督查“五水共治”“三改一拆”和小城镇环境综合整治专项工作。

27日，建德市举行庆祝建军90周年军民联欢晚会。

29日，超细粉末国家工程研究中心浙江分中心落户建德。

31日，建德市主城区夜景景观改造工程——洋安大桥至建德大桥沿江楼宇与公园段全面完成。

7月，由市全域旅游办与浙江省第一测绘院联合编制的新版《建德市全域旅游图》出版发行。

7月，建德市启动历史建筑普查工作。经确认的历史建筑被列入第一批历史建筑名录予以公布。

8月

2日，省委常委、政法委书记、省公安厅厅长徐加爱在建德调研指导公安及信访工作。

3日，市委召开十四届二次全体（扩大）会议，深入学习贯彻省第十四次党代会和杭州市第十二次党代会精神，总结上半年工作，部署落实下半年任务。

5日，2017中国·17度建德新安江“夏日冬泳”挑战赛开幕，来自省内及福建、上海、香港等18个省市和地区的96支代表队共2656人参加挑战。央视、《中国体育报》、浙江卫视、腾讯大浙网等20余家媒体齐聚现场报道。

5日，新安江城区旧城改造项目指挥部在原新安江长途车站举行房屋征收补偿协议集中签约。至当天23时58分，区块内共248户被征收住宅房屋户全部签约。

5—6日，由上海部分知名企业以及相关单位的老总、专家组成的考察团在建德实地考察生态资源、产业平台、投资环境等经济社会发展情况。

10日，中国工程院副院长、院士刘旭，中国工程院院士、全国人大环境与资源保护委员会副主任委员孟伟，中国工程院院士、华东理工大学原校长钱旭红在建德调研绿色发展新动能。

11日至9月11日，中央第二环保督察组对建德开展为期一个月的环境保护督察。

15日，由市旅游商务局、同程旅游携手举办的“清凉17度，避暑到建德”2017浙江建德·同程验客大赛在建德启幕。

17日，2017中国·建德通航产业国际论坛新闻发布会暨建德（北京）通航产业招商推介会在北京举行。

18日，首届17度建德新安江音乐节在航空小镇开幕。

21日，以“八美联动·全域整治”为主题的“美丽建德”环境整治百日攻坚行动启动。

22日，省委常委、宣传部部长葛慧君在建德调研文创产业发展和跨境电商产业平台建设工作。

22日，副省长成岳冲在建德调研基层卫生、体育产业和文化工作。

22—23日，全省高校书记校（院）长暑期读书会在建德举行。

23日，建德中医院新综合楼投入使用。新综合大楼门诊开设内科、外科、骨伤科、肛肠科、中医科等10余个临床科室，中医妇科、脾胃病科、心血管病科、肾病科、肝病科等30余个专科专病门诊，新增名中医馆。

24日，“我要上全运”2017浙江省科研类航空航天模型锦标赛在市工业技校开幕。

25日，建德市召开病媒生物控制水平评估认可汇报反馈会。建德城区灭鼠、蚊、蝇、蟑螂密度控制水平达到国家病媒生物控制标准C级。

25日，《浙江日报》公布浙江省十大经典绿道名单，“建德绿道”榜上有名。

28日，住建部公布第二批全国特色小镇名单。以航空小镇为主要特色的“杭州市建德市寿昌镇”榜上有名。这是航空小镇继获评国家第一批低空旅游示范区、航空飞行营地示范工程及全国首批青年信用小镇后，获得的第四个“国字号”殊荣。

28日至9月1日，国家林业局对建德市珍贵树种培育示范县建设成效进行国家级考评。

8月，建德旅游同程旗舰馆上线。标志着以“清凉17度、避暑到建德”为主题的线上线下整合营销宣传启动。

8月，建德市人才数据库信息采集工作启动。入库人才共分专业技术人才、高学历人才、技师人才、特殊人才、外籍人才等五类。

9月

1日起，中国移动、中国电信和中国联通全面取消国内手机长途通话费和漫游通话费（不含港澳台地区），建德市同步执行。

1日，市老年体育协会举行第六届代表大会，选举产生第六届老年体协班子。

4日，建德市在行政服务中心举行“最多跑一次，千人来冲‘刺’”活动启动仪式。

5日，省政协副主席陈小平在建德调研森林抚育工作。

8日，建德市青年联合会召开五届一次全委会，选举产生市青年联合会第五届委员会常务委员、副主席、主席。

9日，浙江省首家通航飞行服务站在建德航空小镇投入试运行。该服务站由杭州千岛湖通航飞行服务有限公司投资建设及运营，注册资本1000万元，为华东地区规模最大、功能最全的省级通用航空飞行服务站。

12日，省餐饮协会授予建德市“浙江养生美食名城”荣誉称号。

14日，杭州市人大常委会主任于跃敏在建德调研杭黄铁路工程建设情况。

14日，新安江影剧院区块“棚改”项目246户住宅100%腾空。

15日，国务院安委会第二十七督查组在建德综合督查安全生产大检查工作。

17日，中国贸促会建德市支会暨中国国际商会建德商会召开第四届代表大会，会议选举产生中国贸促会建德市支会第四届委员会委员、中国国际商会建德商会理事会理事，中国贸促会建德市支会（中国国际商会建德商会）会长、副会长、秘书长。

18日，建德市启动企业投资项目承诺制改革试点。

20日，浙江省儿童DNA数据库在建德开设授权采样点。

21日，市委书记、市人大常委会主任童定干和市委副书记、市长朱欢带领相关部门人员，先后赴江干区、萧山区和杭州经济技术开发区开展统筹城乡区域发展区市协作对接，并与三地党政主要领导进行座谈交流，共谋区市协作新发展。

21日，第12届海外英才杭州项目对接会开幕式在杭州青山湖科技城举行。“海外智力为国服务行动计划浙江杭州基地工作站”落户建德市环保科创中心。

23日，市一医院通过HIMSS 6级评审，成为国内通过该评审的唯一一家县（市）级医院，同时也是国内第32家通过HIMSS认证的医院。

26—27日，来自刚果、喀麦隆、赞比亚和乌干达的考察团在建德考察森林经营工作。

27日，全国首家由农合联建立的县域农业电商公共服务中心在洋安新城挂牌成立。

29日，建德千岛湖通用机场举行低空旅游产品发布会，建德市开启低空旅游观光的新篇章。

29日，建德市三都镇寿峰村里陈自然村、下涯镇丰和村孙家自然村等17个村被列入浙江省第一批省级传统村落名录。

29日，建德市“稻香小镇 · 多彩大同”首届开镰节启幕。2017年，大同镇入选杭州市第二批特色小镇。

30日，建德市传统制造业改造提升工作推进会召开。

9月，建德城市歌曲《好一个新安江》正式推出。

9月，大洋镇横坑湖区块安置房项目通过省建设厅组织的绿色建筑一星级设计标识专家评审，成为浙江省第一个获得绿色标识认证的农村居住建筑。

10月

1日，建德市举行国庆升国旗暨成人宣誓仪式，庆祝中华人民共和国成立68周年。

10日，省委书记、省人大常委会主任车俊在建德航空小镇调研考察。

11日，建德市首个社区户外工作者之家——罗桐“工会爱心驿家”完工。

12日，建德市“喜迎十九大 · 建功立德”报告会在市文化中心举行。

13日，党和国家领导人视察建德照片展在市档案馆开展。近百幅记录1958年至2016年间的照片，首次集中对外展出。

13—15日，第8届西湖公共关系论坛在建德举办，300余位专家教授和嘉宾围绕“世界名城建设之公共关系使命”主题展开讨论。

19日，杭州市第二轮区县（市）协作第四协作组2017年度联席会议在建德召开。杭州市政协主席潘家玮出席会议并讲话。

19日，副省长朱从玖在建德调研航空小镇和乡村经济发展工作。

19日，省政协副主席郑继伟在建德调研体育产业发展工作。

23—24日，《建德市农业水价综合改革试点实施方案》通过杭州市审查。2017年，建德市被省水利厅列为杭州市第一个农业水价综合改革试点县（市）。

23—27日，建德市开展人大代表专题接待日活动，各级人大代表走进代表联络站，与来自基层的选民代表围绕“美丽建德”建设、小城镇环境综合整治、小微水体整治、经济社会发展、民生改善等方面提出建议意见。

30日，市委召开全市领导干部会议，传达贯彻中共十九大精神。会议强调，全市上下要紧密团结在以习近平同志为核心的党中央周围，全面兴起学习宣传中共十九大精神的热潮，切实把思想和认识统一到大会的决策部署上来，把智慧和力量凝聚到大会确定的目标任务上来，以中共十九大精神为指引，全力谱写“实现建德新崛起”新篇章。

31日，杭州 · 建德国际田园农耕体验活动暨第二届“稻舞田间”稻香节在钦堂乡农耕文化园开幕。

11月

1日，市委召开高层次人才座谈会，邀请来自全市各行业的11位领军人才代表，为全市人才引进、培育、发展等工作建言献策。

3日，杭千高速公司建德服务区改扩建工程开业。同时推出首届服务区金秋美食节。

3日，建德市举行社会科学界联合会成立暨第一次代表大会。选举产生市社科联第一届理事会和常务理事会。

4日，建德经济开发区（航空小镇）赴武汉汉南通用机场参加“国际航联世界飞行者大会”，并召开2017“中国·建德通航产业发展国际高峰论坛”新闻发布会。

5日，梅城镇政府与嘉兴学院签订战略合作协议。创立于20世纪初的嘉兴学院，1960年迁至梅城镇，先后被命名为建德冶金工业学校、浙江省冶金经济专科学校，1987年学校迁往嘉兴市。

7日，建德市2017年度公务员“学法用法三年轮训行动”启动，首期轮训班开班。

8日，建德市政府与北京北控置业集团在杭州签订高铁新区战略合作协议，双方就高铁新区的产城整体开发建设运营开展全面合作。

9日，建德市举行农房不动产权证首发仪式。杨村桥镇11名村民拿到首批农房不动产权证。

9日，大同镇永盛村3块示范方“浙优18”超级稻品种产量分别达1007.40千克、994.54千克和977.93千克，创建德水稻单产最高纪录。

11日，2017“智汇新安”海外高层次人才走进建德活动开幕。来自世界各地的60余名海外高层次人才以及国内9家海外风投机构实地考察建德人才和产业环境，与建德企业商洽交流合作、共谋发展大计。

15日，建德市首次举办地震应急预案桌面推演。

16日，省人大常委会党组书记、副主任王辉忠在建德调研金建铁路和建德场站建设以及建德市人大工作。

17日，全国精神文明建设表彰大会在北京召开，三都镇新和村成为继乾潭镇下梓村之后建德市第二个荣膺“全国文明村”荣誉称号的村。

17日，以“推进全民终身学习，加快建设学习型城市”为主题的建德市2017年全民终身学习活动周启动仪式在市老年大学举行。

19—20日，杭州市市长徐立毅走访调研钦堂乡葛塘村、杨村桥镇草莓小镇、航头镇瑞德农业基地，并宣讲中共十九大精神。

22日，大蜂控股有限公司携金融创新园区项目——“乾潭金谷”落户建德。

22—23日，省委党校2017年第二期中青年干部培训一班51名学员在建德开展基层党建现场教学活动。

22日至12月5日，建德市婺剧团前往法国、西班牙演出。这是该团在国外的首次商业演出。

23—24日，同济大学建筑与城市规划学院教授、国家历史文化名城研究中心主任阮仪三，在建德指导严州古城保护开发利用工作。

25日，首届建德市2017“欢乐金秋”消费节在新安江广场开幕。

28日，2017年全市扩大有效投资第三批重大项目开（竣）工仪式在高铁客厅基础设施工程项目现场举行。总投资38.6亿元的19个重大项目集中开工，总投资78.6亿元的44个重大项目竣工投产。

28日，Google AdWords建德服务中心签约仪式举行，由杭州峰澜信息科技有限公司运营的Google AdWords杭州体验中心将在建德浙西跨境电商产业园设立其在杭州地区第一家分支服务机构——Google AdWords建德服务中心。

11月，建德市首个符合国家标准的母婴室在市长途客运中心完工。

12月

5日，国土资源部咨询研究中心主任、原副部长王世元在建德调研坡地村镇试点项目和垦造水田项目。

7—9日，市长朱欢带队赴贵州省黔东南苗族侗族自治州岑巩县，开展对口帮扶交流活动。

12日起，府西农贸市场成为新安江城区自产自销市场。

14日，副省长孙景森在建德调研指导“三农”工作。

14日，“浙水千秋最美杭州巡演”暨“走进新时代·弘扬德文化”第十六届建德文艺奖颁奖晚会在市文化中心举行。

15日，建德市新闻工作者协会第四届会员大会暨新闻工作表彰会召开，选举产生新一届委员会。

18日，“2017中国·建德通航产业国际论坛”在新安江举行，《通航产业发展中国·建德共识》发布。副省长朱从玖致开幕词。

18日，省委常委、组织部部长任振鹤在建德调研经济社会发展和基层党建工作。

20日，主城区新安江影剧院区块已腾空房屋、拆除工作启动。

22—23日“中国养生美食名城”创建工作通过中国烹饪协会、省餐饮协会等组成的专家评估组验收。

26日，建德市供销合作总社第八次代表大会召开。选举产生市供销合作总社第八届理事会、监事会。

26日，建德首家家风馆——“流芳人家”在大慈岩镇上吴方村开馆。

27日，建德市召开中央环保督察反馈有关问题整改部署会，通报中央第二环保督察组反馈报告及全市中央环保督察“回头看”情况，部署推进反馈意见整改扫尾工作。

28日，浙西数据中心启用并入驻客户。

28日，建德市举办产业基金投资项目路演推介会。

28日，市政协、市委统战部举行各界人士新年茶话会。

28日，建德市社会工作者协会成立。

29日，建德市委召开务虚会，深入贯彻落实中共十九大、中央经济工作会议和省委十四届二次全会、省委经济工作会议精神。

29日，建德市综合行政执法局成立，同时增挂建德市综合行政执法大队牌子，作为市政府工作部门，与建德市城市管理局合署办公，不再保留建德市城市管理综合行政执法局、建德市城市管理综合行政执法大队牌子。

29日，建德市新的社会阶层人士联谊会成立大会召开。选举产生第一届理事会会长、副会长、秘书长。

2017年，建德市被评为全省小城镇环境综合整治工作优秀县（市、区）。

2017年，建德市空气质量在杭州市15个区、县（市）中排名第一，多年来首次超过常年排名第一的淳安县。其中，全市环境空气优良天数累计353天，比2016增加15天，优良率96.7%，上升4.4个百分点。PM2.5平均浓度31.5克/立方米，下降13.0%。

编辑：杨忠平

概 貌

General picture

基本地情

【地理位置】建德市地处浙江省西部，钱塘江上游，杭州—黄山黄金旅游线的中段，位于北纬29° 12′ 20″ ~ 29° 46′ 27″ 、东经118°53′ 46″ ~ 119° 45′ 51″ 。东与浦江县接壤，南与兰溪市和龙游县毗邻，西南与衢州市衢江区相交，西北与淳安县为邻，东北与桐庐县交界。东起乾潭镇梓洲村双门灶，西至李家镇石鼓村卢桐源，长84.38 千米；南起航头镇珏塘村，北至乾潭镇罗村村石豹头扶梯岭，宽62.93 千米。总面积2314.66 平方千米，占全省面积的2.28%。距杭州（高速公路里程）108 千米，市政府驻地新安江街道新安路1号。

【建置沿革】建德市境在1958年11月21日前为建德、寿昌两县地。

建德古为越地。秦王嬴政二十五年（公元前222）于原吴、越地置会稽郡（郡治在今江苏吴县），今建德地属会稽郡富春县。西汉因之。东汉仍属吴郡富春县。

三国吴黄武四年（225），孙权析富春县地置建德县，县城在今建德市东北的梅城镇，建德作为县级行政区划之名自此始；同年，又析富春县地置新昌县，县城在今建德市西南的大同镇劳村。两县均属吴郡。晋太康元年（280），新昌县更名寿昌县，寿昌作为县级行政区划之名自此始。自西晋至南朝的宋、齐两代，建德、寿昌仍属吴郡。

南朝时，两县县名，均未有变动。但隶属关系则频繁变更。梁普通二年（521），寿昌县改属新安郡。五年（524），建德县划归东阳郡（大致相当于今金华市）。

隋开皇九年（589）改郡为州。撤销寿昌县并入新安县（由始新县改设而来，属今淳安），撤销建德县并入长山县（后改吴宁县，598 年改为金华县），新安县、长山县属由原新安郡、东阳郡废止后合并新设的婺州。仁寿三年（603），设睦州，但此时并无建德、寿昌的建置。终隋一代，今建德市境域无县建置。

唐武德四年（621），分拆金华县恢复设置建德县，并在桐庐设严州，建德县属严州。同年，此前（607）已经改为遂安郡的睦州也恢复设立。七年（624）严州废止，又将建德县分拆并入桐庐、雉山（607 年由新安县改名）2 县，属歙州。八年，桐庐、雉山划属睦州。至永淳二年（683）恢复设置建德县，属睦州。六年后即永昌元年（689）恢复设置寿昌县，县治在郭邑里（今大同古城山），也同属睦州；但于次年又裁撤并入新安县（684 年由雉山改名）。

唐万岁通天二年（697）睦州州治由新安县迁建德县，建德为州治始于此。神龙元年（705），再置寿昌县，县治在白艾里（今寿昌桂花村）仍属睦州。

唐天宝元年（742）至乾元元年（758），改睦州为新定郡，建德、寿昌两县均属新定郡，故历史上，“新定郡”也为后世严州的别称。758 年恢复设置睦州，两县隶属长期稳定。是年，寿昌县治迁至万松以南麓（即今寿昌集镇一带）。宣和三年（1121）即方腊起义失败后次年，改睦州为严州，严州辖建德、寿昌、淳化、遂安、桐庐、分水 6 县，所属不变。咸淳元年（1265），升严州为建德府，建德、寿昌两县属之，建德为府治。

元至元十四年（1277）改建德府为建德路，路治建德，仍辖管建德、寿昌等6县。至正十八年（1358），朱元璋部将李文忠攻取建德路，改为建安府。明朝建立后，洪武八年（1375）又改为严州府，建德、寿昌等6县属之，府治建德。明代相沿不变，严州自此有“六睦”之称。此后历经清代260余年，建德、寿昌两县一直属严州府管辖。

宣统三年（1911）十月，废旧府制，设立严州军政分府，建德、寿昌属之，建德为府治。

民国元年（1912）10月，严州军政分府废。民国3（1914）年，建德、寿昌属金华道。民国16（1927）年，废道制，建德、寿昌直属浙江省。民国20年，设立第六行政督察区，建德、寿昌属之。民国22（1933）年10月6日，专员办事处设建德。民国24（1935）年9月，在兰溪设立第四行政督察区，建德属之；在衢县设立第五行政督察区，寿昌属之。民国32（1943）年9月，增设第十一行政督察区，建德、寿昌属之。专员公署始设淳安，后迁建德。民国36（1947）年5月，撤销第十一行政督察区，建德、寿昌直属浙江省。民国37（1948）年4月，两县又属第四行政督察区。

1949年5月5日，建德、寿昌解放。同月设立第四专署，后改建德专区，建德、寿昌属之。1950年3月22日，撤销建德专区，建德、寿昌属金华专区。1955年3月31日，重设建德专区，建德、寿昌回属。1957年1月，为适应新安江水电站建设需要，分建德县地设置相当县一级的新安江区，直属建德专区。1958年3月31日，新安江区改为新安江镇，隶建德县。11月21日，撤销寿昌县，并入建德县。1959年4月，撤销建德专区，建德县划属金华专区。1960年8月，县城由梅城镇移白沙镇（今新安江街道）。1963年5月16日，建德县划属杭州市，至今。1992年4月1日，建德撤县设市，市治新安江镇（今新安江街道）。

【市名由来】建德之名因封建德侯而来。《三国志·吴书·孙韶传》载，“孙韶，字公礼……权为吴王，迁杨威将军，封建德侯。”据《三国志·吴书·大帝记》载，孙权被封为吴王是在魏文帝黄初二年（221），即孙韶封建德侯在221年。三国吴黄武四年（225），建德置县。孙韶的故乡在建德，原建德县的辖境为孙韶的封地。故此，建德之名因封建德侯而来，取“建功立德”之义。

【自然环境】市境地处浙西丘陵山地和金衢盆地毗连处，地表以分割破碎的低山丘陵为特色，大部分地区地质构造属钱塘江凹槽带，山岭属天目山、千里岗和龙门山系。千米以上主峰有12座，主要分布在境域西北和东南；境西南李家镇山羊坞实海拔1157.8米为全市最高峰。山脉大致呈北东向西南走向。整个地势为西北和东南两边高、中间低，自西南向东北倾斜。水系由周边向中间汇集，主要河流由西南流向东北，与山脉走向基本一致。

境域水系属钱塘江流域，有新安江及其支流寿昌江和兰江、富春江4条较大河流及38条中小溪流。新安江在市境西部的芹坑埠入境，由西向东流经新安江城区、洋溪、下涯、杨村桥，在梅城与兰江汇合后流入富春江；境内全长41.4千米，流域面积1291.44平方千米。兰江在大洋镇三河入境，自南而北流经大洋镇三河、麻车、大洋、梅城镇洋尾，于梅城东关汇入富春江；境内长23.5千米，流域面积419.38平方千米。富春江由西南流向东北，经乌石滩、七里泷，于冷水流入桐庐县；境内长19.3千米，流域面积615.75平方千米。寿昌江是新安江的一级支流，发源于李家镇长林大坑源，主流长65.8千米，流域面积692.3平方千米；河道曲折，集流时间短，河床宽浅，总落差428米，比降大，流速快，暴涨暴落，易造成洪涝灾害。

境域山地和丘陵占全市总面积的88.6%。北部和西部山岭由古生代到新生代的砂岩、石灰岩和页岩等组成，侵蚀明显，切割较深，山势陡峻，相对高差达400米～600米，坡度常为30°～40°。南部为200米以下的丘陵，地势平缓，坡形浑圆，坡度一般在15°以下，谷地也较开阔，近年成为浙江省坡地综合开发利用试点地。海拔 50 米以下的平原 215 平方千米，占全市总面积的 9.4%。河谷平原主要分布在新安江、寿昌江及兰江两岸，土地肥沃，排灌条件良好，是建德市的主要农耕地带，也是商品畜禽的重要产区。

【资源状况】1985年土地概查，境域耕地面积为29901.79公顷，占境域总面积的12.85%。水域总面积8592.11公顷，占境域总面积的3.69%，其中河流面积7515.63公顷、水库面积1076.47公顷，分别占水域面积的87.47%和12.53%。园地面积5839.87公顷，占境域总面积的2.51%，主要种植茶、桑、果等经济作物。据1999年森林资源调查，境域有林地面积15.57万公顷，森林覆盖率达75.4%。境域多山地丘陵、缓坡，发展种植养殖业回旋余地较大。

境内生物资源丰富，据查明，有森林树种 700 余种、药用植物 700 多种、动物 140 多种，其中有 44 种动植物资源属国家重点保护对象。初步探明的金属、非金属矿有 27 种，矿点 63 个，主要矿藏有石灰岩、白云石、大理石、花岗岩、石煤、铜、铁、铀等，其中石灰石储量最大，出露面积约 85 平方千米，估计储量 143 亿吨。

建德气候温暖湿润，适宜农作物生长，是联合国粮农组织协助建立的全国 10 个林业技术推广中心县之一。2016 年立木蓄积量 359.15 万立方米。主要经济作物有茶叶、蚕桑、柑橘、蜜梨、里叶白莲、新安江牌草莓、板栗、西红花等。其中茶叶为全国重点生产县之一，柑橘、板栗、蚕桑是浙江省重点产区；里叶白莲洁白如玉，质地优良，为浙江省名土特产；原产严州白梨晶莹如雪，肉质细嫩，南宋时即为皇家贡品，今经过嫁接改造为蜜梨后，产量更高，口感更好，曾多次获得省级优质水果评比金奖，成为建德市大宗水果。三都镇松口一带生产的柑橘，品质优异，近年以有机水果作为品牌，亦多次获得浙江省优质水果评比大奖。三都镇所产西红花，质量上乘，是全国重要西红花产地之一。

境内水系发达，河网密布，水资源、水力资源较丰富，水资源总量 18.58 亿立方米，水能蕴藏量 6.81 万千瓦。水质极佳的淡水资源，又为大水面网箱养鱼奠定了基础，一度成为中国南方少数几个名贵冷水鱼养殖基地。近年来，为了保护新安江水源，开展网箱养鱼清退工作，新安江城区上游水域实现网箱养鱼零养殖。

建德山川毓秀，境贯“两江一湖”（富春江、新安江、千岛湖），旅游资源丰富，是国家首批公布的重点风景名胜区之一。新安江水电站的建成，使新安江城形成了冬暖夏凉的独特小气候，为江南难得的旅游休养胜地，2018 年成为获评全国首个“气候宜居城市”也是全国首批获得“国家气候标志”的城市。

【气候】建德市属中亚热带北缘季风气候区，气候温暖湿润，四季分明。以气温划分，春秋长，夏冬短，春夏秋冬四季平均天数分别为65天、120天、65天、115天。年平均气温16.7℃，年总积温平均6115℃；有利于农作物栽培。年平均降水量1600毫米，年平均雨日164天；降水主要分布在3月至9月，其间的汛期集中降水及台风影响，易造成洪涝灾害。年总日照时数1757小时，为杭州地区第二少区域，为浙江省偏少地区之一。年平均有霜期104天，无霜期261天；12月至次年1月，一般会出现降雪。常年多东北风。

历史人文

【浙江人类源头——建德人】建德有多处古人类活动遗址。20世纪30年代以后，在市境大同、乾潭等地发现新石器时期遗址多处，经考古鉴定判断，均为新石器时期古人聚居点，从事渔猎、农业、畜牧、蚕桑等生产活动。

现建德市李家镇新桥村村后的山坡上，有一天然岩洞，深 7 米多、高 2 米多、宽 4 米多，当地人称之为“乌龟洞”。1974 年冬，当地农民在开展“夺煤大战”探查石煤的时候，发现该洞中有不知名的动物化石。经报告上级后，中国科学

◎建德人遗址展馆

院古脊椎动物与古人类研究所和浙江省博物馆，派出专家到该洞进行发掘考古，在岩洞里发现了大量的古生物化石，其中有一颗人类牙齿的化石，这是浙江省内第一次发现的远古人类犬齿化石。经科研院所以碳系法鉴测定，这枚人牙化石属于人类的右上犬齿，年龄约在 30 多岁，鉴定距今为 5 万多年历史。科学家们将其命名为“建德人”。1986 年，北京大学考古系年代测定实验室利用铀系法再次测定该人牙已有 10 万年左右的历史，将其历史再往前推了 5 万年左右。

“建德人”的发现揭开了浙江省境内发现古人类化石的序幕，增加了智人化石在中国分布的新知识，为浙江的史前文化提供了有力的证据，为良渚文化、河姆渡文化、跨湖桥文化乃至反山文化找到了历史的先导，从而使建德成为迄今为止可考的浙江省人类活动的最早源头。2006 年 1 月，时任浙江省委书记习近平，在总结阐述“与时俱进的浙江精神”时，曾指出：远在数万年前，浙江大地就已经出现了“建德人”的足迹。

有学者认为，“建德人”就是浙江的原始民族——越族的祖先。1989 年，乌龟洞被列为浙江省省级文物保护单位，为研究浙江的远古文化提供了一个场地。

【与伍子胥有关的乡土文化】伍子胥是春秋时期楚国人，因父兄被楚平王冤杀，避难出逃，辗转数国，最后投奔吴国。传说伍子胥在逃难经过“楚头吴尾”的建德境地时，在桐庐与建德交界的分水岭上拔剑起舞，仰天长歌，庆幸自己终于逃脱樊笼。并在一位长者的指引下，进入一个大山洞苦读天书三月；然后下山到位于一处大田畈的村中察访民情，随农夫耕作，最后离开这里投奔吴国。

虽经史学家考证，伍子胥经过建德的可能性值得商榷，但如今，却在建德北部的乾潭一带，留下了大量与伍子胥相关的地方文化因子：伍子胥经过的地方的地名都带有一个“胥”字，他进入建德的高岭称“胥岭”，拔剑歌舞之处为“歌舞岭”，读天书的石洞为“胥岭洞”，胥岭洞旁建有英烈庙和胥乐亭，老农在尚未到午时吃饭时间就请他吃午饭，这个地方就称作“早午岭”；他学习农田的大田畈名“胥村”（又称“大畈村”）；从胥岭流下汇入七里泷的溪流叫“胥溪”等等。

伍子胥于吴国有大功，却被逼冤死。人们痛恨害人的奸贼伯嚭，就将“伯嚭”作为坏人的代名词。建德把为人不厚道、言过其实的人称为“白屁”（伯嚭），是十分明显的贬义词，这是建德特有的语言现象，从中可以看出建德人鲜明的好恶和正直的民风。如今，胥口和对岸的江南村已被定为“胥溪野渡”的景名，被开发成旅游景点，人们在胥口山坡上重建了英烈庙。

【入选小学教材的《宿建德江》】唐代大诗人孟浩然代表作之一《宿建德江》：移舟泊烟渚，日暮客愁新。野旷天低树，江清月近人。这首刻画秋江暮色、抒写羁旅之思的诗，脍炙人口，是唐人五绝中的写景名篇。写的正是建德境内的新安江—富春江衔接处（今三都镇春江源村下二都一带）的两岸风景。这首诗被编入人民教育出版社小学语文教材，“建德”之名，因而被广泛流传。

【唐末诗人李频】李频，字德新，寿昌县李家乡长林源人，约生于唐宪宗元和十三年（818），卒于唐僖宗乾符三年（876）。他是唐末较有名气的诗人之一，《全唐诗》载李诗208首。历代评李诗“清新警拔”“清逸精深”。

李频是唯一被收入唐代正史《新唐书》的建德人。李频有吏才，执法严，被荐举担任监察官员的侍御史和都官员外郎。但面对混乱的朝政，李频觉得在朝中难有作为，即主动要求外放，以便能在地方上干些实事。乾符二年出任建州（今福建建瓯县）刺史。到任后，他立即颁布法律条文，整顿吏治，稳定社会秩序，减轻人员负担，深受人民爱戴，次年病逝任上。建州百姓感激其恩情，在城东梨山建庙祭祀，以表崇敬和纪念。家乡为其修建之庙亦称梨岳庙，在新安江江滨公园有梨岳亭，皆由此而来。

【范仲淹与《严先生祠堂记》】以“先天下之忧而忧，后天下之乐而乐”治世理念名扬千古的宋代大文豪、杰出政治家、军事家范仲淹，于宋仁宗景祐元年（1034），在右司谏任上因反对仁宗废郭皇后，被贬任睦州知州。范仲淹到睦州后，兴办学校，除了官学以外，还创办了睦州有史以来第一所官办书院——龙山书院；兴建纪念汉代先贤严子陵的严先生祠，并写下《严先生祠堂记》一文。该文和《岳阳楼记》被收进《古文观止》中，流传极广，文末的“云山苍苍，江水泱泱；先生之风，山高水长”成为千百年来脍炙人口的名句。

范仲淹守睦州不过半年，却留下了深远的影响，他的执政理念、崇高品行，都为后人树立了典范。他的事迹被后人一再提起，为了纪念他，人们陆续建造过思范亭、思范堂、后乐堂、潇洒亭、潇洒楼、范公祠、思范坊等建筑。今有部分建筑恢复重建。

【陆游与严州刻书业】陆游是宋代伟大的爱国主义诗人，一生留下九千多首诗，是中国古代传诗最多的诗人之一。宋孝宗淳熙十三年（1186），陆游出任严州知州。由于严州有良好的刻书条件，陆游在对其作品进行严格筛选后保留了2500首，编为20卷。诗集命名为《剑南诗稿》。该诗稿在中国文学史上有重要地位。陆游在严州刊刻的最大一部书是80卷的《南史》。后来同样担任严州知州的陆游之子陆子遹，也在严州刻印了多种书籍，为严州文化事业发展作出了贡献。

【章燮与《唐诗三百首》】《唐诗三百首》成书于乾隆二十八年（1763）。体例完备，繁简得当，是一个较好的选本。由于缺乏必要的文字介绍，读者尤其是初学者颇感不便，影响了流传。道光十四年（1834），今建德大洋镇建南村人章燮对之详加注释，编撰《唐诗三百首注疏》，并在日后多次被翻印，深受读者欢迎，使《唐诗三百首》得到广泛流传，成为家喻户晓的普及读本，以致有“熟读唐诗三百首，不会吟诗也会凑”的民谚出现。

行政区划与人口

【村、社区、居民区】2017年年末，全市辖3个街道、12个镇、1个乡，229个村、27个社区、15个居民区。

【全市人口】年末，全市总户数172448户，比上年增加817户；总人口510833人，增加1281人，增长0.25%；平均每户3人。全年出生人口6262人，增加892人，出生率12.26‰，提高1.71个千分点。全市死亡人口3765人，增加206人，死亡率7.37‰，提高0.38个千分点。自然增长2497人，自然增长率4.89‰，提高1.33个千分点。

【人口结构】总人口中，男性259187人，占总人口的50.74%；女性251646人，占49.26%。性别比为（女=100）103.00，比上年下降0.25。

【年龄分布】全市15岁以下（含未满16周岁）63257人，比2016年末增加2134人，增长3.49%；16岁～59岁（含未满60周岁）328666人，减少6949人，下降2.07%；60周岁及以上118910人，增加6096人，增长5.40%；65周岁以上79785人，增加4199人，增长5.56%。

表1

全市建制村、社区、居民区名单表

乡镇（街道）名	建制村	社区	居民区
新安江街道	新蓬、黄泥墩、梅坪、丰产	罗桐、沧滩、府西、新安、府东、健安、明珠、叶家、白沙、溪头、岭后	—
更楼街道	洪宅、邓家、桥岭、石岭、于合、许乐、岩源、后塘、湖岑畈、骆村、新市、黄岙、甘溪、张家	更楼、更化	邓家
洋溪街道	友谊、团结	洋溪、洋安、青龙头、朱池	—
梅城镇	龙泉、城西、龙溪、滨江、利群、洋程、望山、姜山、南峰、伊村、西湖、葛家、顾家	东湖、宝华洲、总府、严陵、梅花	—
寿昌镇	十八桥、卜家蓬、红路、余洪、周村、西华、童家、绿荷塘、桂花、山峰、陈家、金桥、大塘边、永嘉桥、南浦、西门、乌石、东门、城北、城中、河南里、石泉、三岩	横山、西湖、东昌、望江	—
大同镇	高桥、胡村源、淞溪、富塘、清潭、城山、儒博、小溪源、禹甸、葛岭、寻芳、潘村、黄垅、黄山头、黄家、田畈、管村桥、永平、永盛、徐韩、大同、溪口、盘山、镇源、朝阳、万兴、上马、郎家、三村、劳村、枫树岭、丰畈、江头、竹源	—	上马、劳村、大同
乾潭镇	姚村、沛市、安仁、下梓、前陵、王岩、梓洲、牌楼、下包、邵家、罗村、胥江、骑龙、方家、后山、施家、仇村、新程、万龙、大畈、乾潭、乾一、陵上、幸福	马鞍岭	—
三都镇	寿峰、洋峨、绿源、前源、圣江、樟村畈、新和、和村、镇头、梓里、乌祥、凤凰、大唐、东方、马宅、三江口、松口、春江源、三都	—	三都
杨村桥镇	梓源、杨村桥、龙溪桥、上山、岭源、长宁、龙源、绪塘、官路、十里埠、徐坑、路边、黄盛	—	杨村桥
下涯镇	大洲、金洲、春秋、下涯、乌驹市、之江、江湾、联和、马目、丰和、施家埠	—	下涯
大慈岩镇	新叶、李村、汪山、三元、檀村、大慈岩、上吴方、双泉、狮山、陈店、里叶、吴山	—	檀村
航头镇	东村、航景、黄木岗、溪沿、航川、航头、乌龙、千源、田畈、彭家、罗源、曹源、南屏、灵栖、石屏、珏塘、石木岭、大店口	—	航头
大洋镇	河源、三河、倪家、江东、建南、麻车、柳村、青源、上源、新源、大洋、高垣、里黄、徐店、胡店、庆丰、鲁塘、贺宅、杨桥	—	三河、麻车、大洋
莲花镇	莲花、戴家、昴畈、林茶、齐平、徐家	—	莲花
李家镇	李家、龙桥、沙墩头、新桥、诸家、三溪、白马、石鼓、长林、新联	—	李家
钦堂乡	大溪边、蒲田、钦堂、谢田、庄丰、庙前、葛塘村	—	钦堂
合计	229	27	15

（市民政局）

【人口迁移】2017年，全市迁移人口5421人。其中，迁入人口2126人（其中省外迁入1518人），比上年减少1121人，下降34.52%；迁出人口3295人（其中迁往省外675人），减少866人，下降20.8%。

【人口分布】新安江、洋溪、更楼3个街道总人口118359人，占总人口的23.17%，比上年增长0.11个百分点。西部地区（指寿昌镇及以西乡镇，包括寿昌镇、大慈岩镇、航头镇、大同镇、李家镇）总人口178622人，占总人口的34.97%，比上年减少0.08个百分点。东部地区（指莲花镇、下涯镇、杨村桥镇、梅城镇、大洋镇、三都镇、乾潭镇、钦堂乡）总人口213852人，占总人口的41.86%，比上年减少0.02个百分点。（陈丽云）

国民经济和社会发展概况

【地区生产总值358.50亿元】2017年，全市实现地区生产总值（GDP）358.50亿元，同比（下同）增长7.3%。其中：第一产业增加值34.68亿元，增长2.6%；第二产业增加值179.01亿元，增长5.7%；第三产业增加值144.81亿元，增长11.0%。三次产业结构为9.7∶49.9∶40.4。按年末户籍人口计算的人均生产总值为70267元。

【财政收入42.72亿元】全市财政总收入42.72亿元，比上年（下同）增长9.9%；其中地方财政一般预算收入24.40亿元，增长7.7%。在税收收入中，增值税11.06亿元，增长19.2%；企业所得税3.47亿元，增长34.8%；个人所得税1.18亿元，增长12.2%。全年地方财政支出44.99亿元，增长9.2%。

【规模以上工业增加值92.47亿元】全市规模以上工业总产值444.42亿元，同比（下同）增长10.8%；规模以上工业销售产值437.41亿元，增长9.9%；规模以上工业增加值92.47亿元，增长6.7%。规模以上工业实现新产品产值173.05亿元，增长28.2%，新产品产值率由上年的33.8%提高到38.9%。规模以上高新技术产业实现增加值26.09亿元，增长6.5%。

【农林牧渔业总产值55.10亿元】全市农林牧渔业总产值55.10亿元，同比（下同）增长5.2%。其中，农业产值35.30亿元，林业产值3.38亿元，牧业产值12.83亿元，渔业产值2.20亿元，分别增长8.9%、40.5%、-5.1%、17.5%。全年粮食总产量8.80万吨，水产品产量1.01万吨，肉类2.65万吨，禽蛋7.4万吨，水果22.30万吨。

【对外贸易下降20.8%】全市外贸进出口总额8.42亿美元，同比（下同）下降20.8%。其中，进口总额0.66亿美元，增长11.0%；出口总额7.76亿美元，下降22.7%。主要行业：化工、五金工具、家纺、低压电器分别实现自营出口额3.21亿美元、0.64亿美元、1.54亿美元、1.21亿美元，占出口总额的比重达85.1%。

【教育事业】全市幼儿园39所、小学28所、中学25所，在园幼儿13020人、在校小学生20742人、中学生19159人（其中初中9979人、高中7873人、高职1307人）。全市专任教师4185人(其中幼儿园901人、小学1280人、初中1136人、高中732人、高职110人、教师进修学校9人、电大8人、特殊教育学校9人）。

【科技事业】预计全年R&D（科学研究和试验发展）经费7.45亿元，比上年增长14.5%，与地区生产总值（GDP）比重为2.08%。实施各类科技计划371项，其中省级84项。至年末，全市被认定的高新企业124家，其中国家级37家；杭州市级以上高新技术企业研发中心85个，其中省级以上37个。全年专利申请1353项，专利授权637项。其中，发明专利申请125件，授权50件。

【文化体育事业】全市总藏书672千册（件），书刊外借415千册次。有县级以上文物保护单位91处（群），其中国家级3处（群）。有线电视用户14.5万户，有线电视信号100%数字化。《今日建德》出版250期，发行2.1万份。全市健身苑点650个，当年新建12个。体育设施达到省级标准村229个。全市体育场馆1个。举办各类群众性体育比赛189场，参赛运动员2.68万人次。全年获得杭州市级以上各类奖牌总数1044枚，其中金牌389枚。

【社会保障】年末，全市参加养老保险人数33.70万人，比上年末增加0.53万人；参加基本医疗保险人数45.21万人。城镇登记失业人数4229人，城镇登记失业率2.47%。敬老院36所，年末敬老院供养人数1704人。全市最低生活保障1.38万人，其中城镇890人、农村1.29万人，城镇居民最低生活保障线标准674元/人·月，农民最低生活保障线标准607元/人·月。公积金缴存职工4.09万人，公积金归集额54.59亿元。

表2

2017年建德市国民经济主要指标情况表

指标		单位	2017年	
			总量	增长±%
人口	年末户籍人口数	万人	51.08	0.3
	年均户籍人口数	万人	51.02	0.2
	年末常住人口数	万人	44.50	–0.4
综合	生产总值（GDP）	亿元	358.50	7.3
	其中：第一产业	亿元	34.68	2.6
	第二产业	亿元	179.01	5.7
	第三产业	亿元	144.81	11.0
	人均生产总值（GDP/年均户籍人口）	元	70267	7.1
农业	农业总产值	万元	551019	5.2
	农业增加值	万元	352930	2.7
工业	工业总产值	万元	6425986	3.5
	其中：规模以上	万元	4444160	10.8
	其中：新产品产值	万元	1720481	28.2
	工业销售产值	万元	6308096	2.4
	其中：规模以上	万元	4374052	9.9
	其中：高新技术产业	万元	1314237	14.5
	水产业	万元	337133	14.4
	高新园区	万元	838196	13.7
	规模工业企业家数(±%为绝对额）	家	354	14
	规模工业利税	万元	429769	16.7
	自营出口额	万美元	77602	–22.7

续表2

指标		单位	2017年	
			总量	增长±%
财政	财政总收入	万元	427170	9.9
	其中：地方财政	万元	244007	7.7
	地方财政支出	万元	449887	9.2
金融	金额机构存款余额	亿元	404.92	15.1
	其中：储蓄存款	亿元	236.70	6.8
	金融机构贷款余额	亿元	313.17	25.1
固定资产投资、房地产	固定资产投资	万元	2293503	15.1
	其中：基础设施投资	万元	1043786	24.0
	第一产业	万元	45123	-10.8
	第二产业	万元	923105	19.7
	其中：工业现代化技改	万元	664306	13.3
	第三产业	万元	1325275	13.2
	其中：房地产投资	万元	162917	-33.6
	房地产开发住宅施工面积	万平方米	131.57	-19.6
	房地产开发住宅竣工面积	万平方米	22.61	-65.4
	商品房销售面积	万平方米	53.26	57.2
	商品房销售额	万元	493763	59.2
商贸	社会消费品零售额	万元	1279500	11.0
	其中：批发零售业	万元	1028980	9.9
居民收入	城镇居民人均可支配收入	元	45061	8.5
	农村居民人均可支配收入	元	23998	9.6
	低收入农户人均纯收入	元	11946	15.2
社会用电	全社会用电量	万千瓦时	298808	3.4
	其中：第一产业	万千瓦时	2415	8.6
	第二产业	万千瓦时	239248	2.3
	其中：工业	万千瓦时	234011	2.5
	第三产业	万千瓦时	24989	13.7
	城乡居民用电	万千瓦时	32157	3.5

（市统计局）

编辑：黄建生

气 象

【概况】2017年，全市气温明显偏高；降水和雨日偏少；日照偏少；无霜期偏长。全年先后出现春季连阴雨、梅汛期暴雨天气；夏季经历较长晴热高温无雨天气；冬季气温明显偏高。

【气温比常年偏高】年平均气温18.0℃，比常年偏高1.1℃（编者注：历年各月平均值均为1981—2010年30年平均资料）；比上年偏低0.1℃，为历史上气温第二高年份。除6月份与历年一样外，其余月份平均气温均比常年偏高（见图1），全年极端最高气温≥35℃的高温日数53天，比常年偏多16.9天（常年36.1天）；全年极端最低气温≤0℃低温日数18天，比常年少9.9天（常年27.9天）；年极端最高气温40.9℃，出现在7月23日；极端最低气温-2.4℃，出现在1月21日。全年无霜期280天，比常年多19天。终霜日3月3日，比常年早3天（常年3月6日）；初霜日12月9日，比常年晚17天（常年为11月22日）。据全市区域自动气象观测站网资料显示，各地年平均气温差异较大，年平均气温最高为洋溪街道杭千建德测站的19.8℃，最低为乾潭镇大珠测站的15.4℃。

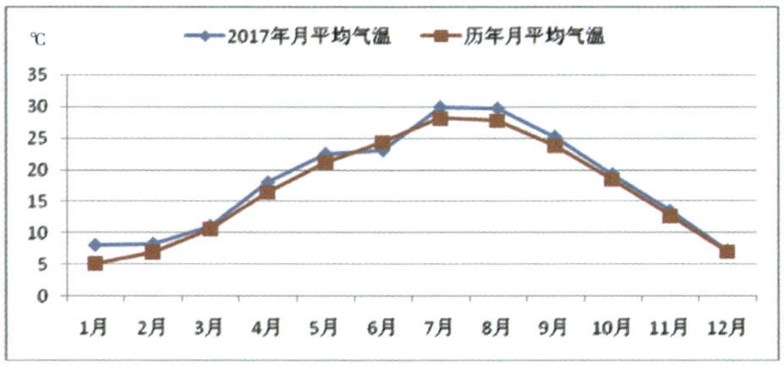

图 1 2017 年建德市各月平均气温变化图

【降水量和雨日偏多】全年总降水量1493.1毫米，比常年偏少87.3毫米，比上年偏少416.7毫米；雨日148天，比常年偏少。全市各地降水分布不均匀，据全市区域自动气象观测站网资料显示，年降水量最多为李家镇测站的1895.4毫米，最少为梅城镇洋尾测站的1167.4毫米。降水时空分布不均，1月、2月、5月、7月、8月、10月和12月降水比常年偏少，其余月份降水均比常年偏多（见图2）。其中，3月、4月、6月、9月和11月降水量比常年偏多，3月降水偏多20.1毫米，4月降水偏多32.6毫米，6月偏多247.5毫米，9月偏多4.6毫米，11月偏多27.9毫米，6月由于降雨相对集中，造成全市江河水位明显上涨，大部分乡镇道路积水较严重、部分农作物受淹，部分乡镇因降水引发局地小流域山洪，甚至出现山体滑坡等地质灾害。

全年共出现日雨量 50 毫米以上的暴雨天气 4 天：6 月 12 日（56.9 毫米）、6 月 13 日（82.0 毫米）、6 月 23 日（53.6 毫米）、6 月 24 日（58.3 毫米）。

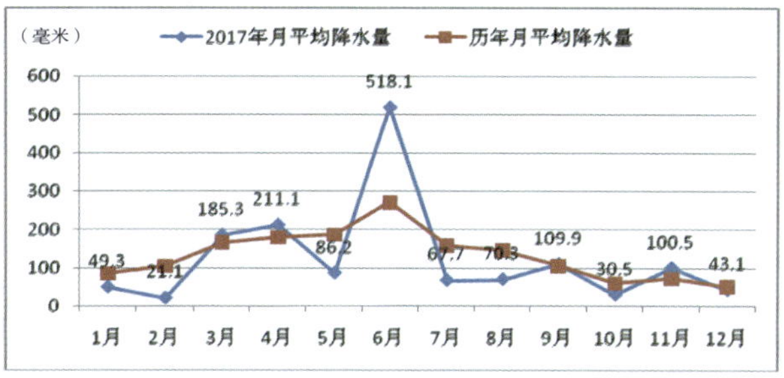

图 2 2017 年建德市各月降水量变化图

【日照偏少】全年日照总时数1764.8小时，比常年偏少6.1小时，比上年偏多266.7小时。1月、2月、4月、5月、7月和8月比常年偏多，其余各月均比常年偏少。其中，6月日照仅54.6小时，为历史同期最低值。

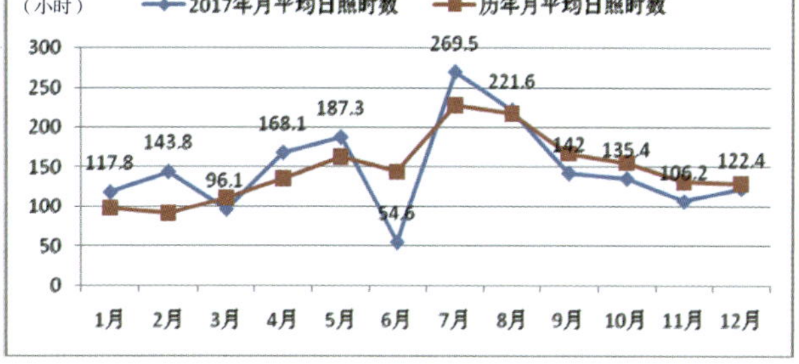

图 3 2017 年建德市各月日照时数变化图

【连阴雨】3月10—25日，市境出现连续16天阴雨天气，持续时间长，累计雨量大，对农作物生长不利，也导致多处山体滑坡。3月25日傍晚5时左右，白章线K3+100路段（靠近白章线边坡治理工程）发生山体塌方，塌方量200余立方米，造成交通中断。3月31日凌晨4时，县道杨长线K3+300处发生山体塌方，塌方量200余立方米，造成交通中断，但未发生人员伤亡。

【梅汛期暴雨】市境6月9日入梅，7月5日出梅，梅雨期26天，比常年偏多2天；梅汛期总降水量517.9毫米，比常年偏多185.2毫米。梅汛期共出现3次大范围强降雨天气过程，分别出现在6月9日、11—13日、21—25日。其中，9日全市大雨；11—13日全市大到暴雨，累计平均面雨量为179.9毫米，雨量最大的乾潭镇大珠测站为239.5毫米。21～25日全市大到暴雨，部分乡镇大暴雨，雨量分布南多北少，累计平均面雨量212.7毫米，最大出现在大同镇黄金坞测站为310.5毫米。其中，6月23～26日，兰江流域发生自1955年以来钱塘江流域的最大洪水，兰江兰溪站洪峰流量达14500立方米每秒。三次强降水天气，引发局地洪涝灾害和山体滑坡等地质灾害。

其中，第三次强降雨过程全市受灾人口45976人，转移人口3673人，倒塌房屋19间，无人员伤亡记录；农作物受灾面积3340公顷，损坏堤防、护岸195处。直接经济损失14515.7万元。其中，大洋镇受洪水影响最为严重，集镇最大水深1.8米，三河村最大水深2.1米。受灾人口1万人（主要为大洋集镇、麻车、三河），受淹农田约667公顷，进水工矿企业16家，白章线公路鲁塘村段、三将线公路麻车段等多处路段因进水过深遭阻断，大洋集镇电力中断。三江堤防损毁3处共120米。共转移人口3000余人，分散安置。大洋镇直接经济损失6600余万元。

【晴热高温】受副热带高压控制，7月5日起，市境出现持续晴热高温天气，至7月31日，日最高气温≥35℃高温天数20天，其中7月12—29日出现连续高温天气。同时高温强度大，有15天最高气温在37℃以上，其中7月22—26日连续5天最高气温在40℃以上，7月23日最高气温达40.9℃。

【雷击灾害】2017年建德市全年共发生地闪（云地之间的闪电）8072次，其中正地闪461次，负地闪7611次，地闪总数比上年增加65.61%。位居杭州市第二位（全省第十六位），占杭州市总地闪数的20.9%。市境内西南部李家、大同、航头北部、寿昌西北部地闪分布最为密集，其中李家镇地闪分布密度最高，达10.25次/平方千米。三都镇、梅城镇北部、乾潭镇中西部以及钦堂乡范围分布相对较少，三都镇地闪分布密度最低，为0.87次/平方千米。其余地区分布较为均衡，全市平均密度3.41次/平方千米。全年出现雷暴日107天（有5次及以上地闪数据的雷暴日数为72天）。主要出现在8—9月，其中8月最为集中。全年发生雷击灾害14起（9月发生5起），比上年（15起）减少7%。年内，发生在新安江主城区的雷灾3起，近郊或开发区非化工类企业雷灾4起，郊区化工类企业雷灾7起。全年雷灾造成经济损失133.45万元，其中：输（变）电设备、线路造成损失22.97万元，家用、办公电气设备损失1.55万元，工业自控系统、监控系统等弱电设备损失22.46万元，无人员伤亡。（杨燕）

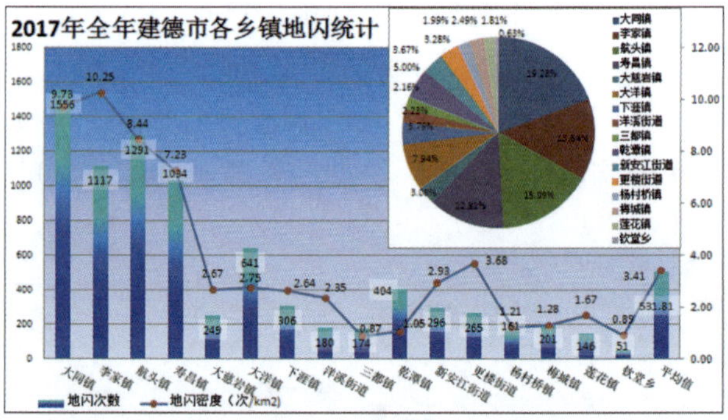

图4 2017年建德市各乡镇（街道）地闪统计图

图5 2017年建德市各乡镇（街道）地闪空间分布图

农业 农村

Agriculture & Countryside

综 述

【概况】2017年，全市上下认真贯彻中共十八大、十九大精神，落实中央、省、杭州市农村工作会议精神，围绕“强农业、美农村、富农民”目标，以全面深化农村综合改革为统领，全力推进现代农业发展和美丽乡村建设，农村经济社会发展取得明显成效。全市实现农业总产值55.1亿元，比2016年（下同）增长5.2%；农业增加值35.29亿元，增长2.7%；农村居民人均可支配收入23998元，增长9.6%。

【特色产业提升】全年实施大洋镇星空绿谷小镇建设项目等重大农业项目9个，完成投资1.89亿元。优势特色产业实现产值39.94亿元（比上年增长4.6%），对农业总产值的贡献率达到72.5%，建德市农业特色产业优势得到巩固。

表3　建德市2017年重大农业产业项目情况表

项目名称	地址	项目主要内容	投资额（万元）
大洋镇星空绿谷小镇建设项目	大洋镇	搭建鸟巢大棚；建设6千米长的东西通向的林区道路；水库规划勘探设计；土楼地块前期准备工作；小源溪流域整治工作	5200
航头镇生态养殖、果蔬种植、农事体验、休闲观光项目	航头镇	生态养殖园场地平整，建设3千米左右的进场道路，做好猪舍、管理用房的准备工作	500
莲花镇莲花谷生态旅游特色小镇建设项目	莲花镇	办公场所布置、项目规划设计、沿途景观改造、四季盆景园建设、高山生态农业种植、禅修谷木屋组团等四区块木屋组团建设	2800
大洋镇柒龙山生态农业综合开发建设项目	大洋镇	流转山地4公顷，培育枸杞苗并试种；建设农产品加工厂房及配套设施，购置农产品生产加工设备、运输车及叉车等	3000
杨村桥镇草莓小镇大棚提升改造项目	杨村桥镇	示范区大棚提升改造20公顷（土地平整、大棚搭建）	2280
乾潭镇鑫欣生猪养殖提升改造项目	乾潭镇	采用上下异位发酵床工艺对猪舍进行改造1.8万平方米；新建办公用房450平方米；猪舍内温控设备及设施改造；新建污水处理设施	1600
钦堂乡国茂生态美丽牧场建设项目	钦堂乡	4000平米污水处理设施改造，铺设污水管网3000米；改造提升养殖房20000平方米；厂区内道路硬化，整体环境进行绿化整治	1500
大慈岩镇新大陆蓝莓采摘基地	大慈岩镇	流转土地13.3公顷，种植果园13.3公顷，新建游客接待中心、生态停车场、景观大道、餐厅	1000
大同镇鸿业家庭农场美丽牧场建设	大同镇	养殖用房建设，完成养殖配套自动化设备安装	1000

【农民经营主体培育】2017年度，全市新增杭州茶人茶业有限公司等杭州市级农业龙头企业7家，认定杭州琳玮生态农业科技有限公司等建德市级农业龙头企业95家。进一步规范农民专业合作社建设，新增建德市乾潭镇罗村村茶叶专业合作社为省级示范性合作社，认定建德市大洋白茶专业合作社等建德市规范化以上农民专业合作社110家；新增建德市寿昌镇兰香谷家庭农场等省级示范性家庭农场5家、建德市欣斌家庭农场等杭州市示范性家庭农场 10家，认定建德市洪林家庭农场有限公司等建德市级示范家庭农场77家。

表4

2017 年建德市农民经营主体培育情况表

农民经营主体等级	经营主体名称
杭州市级农业龙头企业（7家）	杭州茶人茶业有限公司、杭州琳玮生态农业科技有限公司、建德市建珂养殖有限公司、建德市立欣农业开发有限公司、杭州小香生态农业科技有限公司、杭州依云生态农业开发有限公司、建德市绿环有机肥料有限公司
浙江省示范性专业合作社（1家）	建德市乾潭镇罗村村茶叶专业合作社
省级示范性家庭农场（5家）	建德市寿昌镇兰香谷家庭农场、建德市三都镇里坞家庭农场、建德市山里红家庭农场有限公司、建德市航头镇童氏家庭农场、建德市大洋镇秋歌家庭农场
杭州市示范性家庭农场（10家）	建德市欣斌家庭农场、建德市方建清家庭农场有限公司、建德市梅城镇睿农家庭农场、建德市伟农家庭农场有限公司、建德市航头镇晓炜家庭农场、建德市吴庄家庭农场有限公司、建德市大洋镇国华生态家庭农场、建德市大同镇益明家庭农场、建德市大同镇思伟家庭农场、建德市大慈岩镇景塘家庭农场

表5

建德市 2017 年新培育 7 家杭州市级农业龙头企业情况表

企业名称	企业地址	企业产品	企业品牌
杭州茶人茶业有限公司	莲花镇	龙井茶	注册商标：礼和源
杭州琳玮生态农业科技有限公司	寿昌镇	兰花、草莓	注册商标：琳玮
建德市建珂养殖有限公司	航头镇	鲜鸡蛋	—
建德市立欣农业开发有限公司	莲花镇	铁皮石斛与高山果蔬	铁皮石斛注册“雪山云鹤”牌商标
杭州小香生态农业科技有限公司	莲花镇	铁皮石斛	铁皮石斛注册“雪山云鹤”牌商标
建德市绿环有机肥料有限公司	杨村桥镇	有机肥料	注册商标：凯荣
杭州依云生态农业开发有限公司	三都镇	山核桃、香榧	注册商标：八亩丘、八亩良田

表6　**建德市2017年农业招商引资1000万元以上项目表**

商项目名称	投资人	项目地址	投资额（万元）	
			协议资金	实到资金
牛舍扩建项目	四川省新希望牧业有限公司	更楼街道	1500	1078
大型沼气综合利用工程及污水功能区建设项目	淳安县余维根	航头镇	1500	1650
油茶深加工项目	施余华、张向杰等	大同镇	3500	1675
蓝莓种植、果酱加工；农产品种植销售项目	西湖区蒋重阳等	大慈岩镇	1000	1895
油茶种植项目	余杭区丁聪等	三都镇	5000	2000
汪活源农耕文化园项目	杭州市叶德宇等	乾潭镇	3050	2064
优质水果蔬菜种植基地及深加工项目	西湖区陆文华	更楼街道	6000	2433
家禽、家畜自动化屠宰项目	湖州市刘兰凯等10	梅城镇	20000	2436
金花茶种植及深加工项目	江干区徐建刚等	更楼街道	6000	2508
枸杞茶叶批发项目	上海市李小荣	大洋镇	2600	2600
绿化苗木种植项目	江苏省丁维明	莲花镇	3000	3000
生猪养殖项目	萧山区韩金良、许水根	乾潭镇	3250	3149
扩建年产500吨腐竹加工项目	义乌市叶勤锋、 叶剑剑	梅城镇	3220	3291
建德3000万羽家禽综合开发项目	余杭区杭州金三意食品有限公司；拱墅区陶红兵	莲花镇	5000	3515
建德草莓科技园项目	湖北省湖北勤劳农夫生态农业股份有限公司	杨村桥镇	7500	3533
稻香小镇农业种植观光旅游开发项目	湖北省陈鑫	大同镇	6000	4000
稻香小镇农业开发项目	安徽省毕留宝	大同镇	5000	4000
种植销售园艺植物项目	金华市陈煜	发改局	8000	4090
浙西农产品旅游电商产业园项目	江西省朱红俊	下涯镇	10100	10000
建德市万亩果蔬乐园项目（一期）	义乌市虞爱军等	大洋镇	19000	10890

【农业招商引资】通过实地勘察、项目推介等形式推出本市部分重点招商区块，2017年共引进各类农业项目31个，协议资金14.19亿元，年末到位资金7.79亿元。

【农业品牌建设】2017年，新增省名牌产品1个（“紫高尖”牌绿茶）。全市累计3个商标（“怡可”“致中和”“根发”）在49个国家和地区注册，累计创建中国名牌产品1个（农夫山泉）、中国驰名商标6个（“致中和”“秋梅”“农夫山泉”“千岛银珍”“怡可”“谷王”）、中华老字号1个（致中和五加皮酒）、国家地理标志保护产品4个（“建德苞茶”“致中和五加皮酒”“里叶白莲”“怡可牌龙井茶”）、国家农产品地理标志保护产品2个（“XinAnJiang草莓”“千岛银珍”）、全国名优果品区域公用品牌1个（建德草莓）、浙江省知名商号3个（“致中和”“农夫山泉”“怡可”）、浙江名牌产品8个、浙江著名商标14个；杭州市名牌产品9个、著名商标31个。

表7

2017年建德市农产品获奖情况表

企业名称	产品/商标	类别
建德市天羽茶业有限公司	“紫高尖”牌绿茶	浙江省名牌产品
浙江千岛银珍农业开发有限公司	“千岛银珍”牌千岛银珍	第15届中国国际农产品交易会金奖
浙江秋梅食品有限公司	建德状元饼	2017浙江农业博览会“浙江十大农家特色小吃”
杭州千里岗农产品有限公司	“千里岗”牌黄金芽茶	2017浙江农业博览会金奖
浙江秋梅食品有限公司	“秋梅”牌倒笃菜	
浙江久晟油茶科技股份有限公司	“千岛源”牌山茶油	
建德市胥江春农产品有限公司	“胥江春”牌莲子酒	
浙江秋梅食品有限公司	“秋梅”牌方腊酱	
建德市三都西红花专业合作社	“根发”牌西红花	
浙江御香露酒业有限公司	“御香露”牌米酒	2017浙江农业博览会新产品金奖
建德市天羽茶业有限公司	“紫高尖”牌建德苞茶	2017浙江农业博览会优质奖
杭州依云生态农业开发有限公司	“八亩良田”牌山核桃	第10届中国义乌国际森林产品博览会金奖
杭州大库湾生态农业有限公司	“大库湾”牌香榧	
浙江久晟油茶科技股份有限公司	“千岛源”牌油茶籽油	
浙江省建德市里叶白莲开发有限公司	“里叶白莲”牌通心白莲	第10届中国义乌国际森林产品博览会优质奖
杭州华东医药民生发展有限公司	“倩影馥兰”牌藏红花	
建德市星航草莓科技发展有限公司	红颜品种草莓	第十三届中国草莓文化节金奖
建德市红姬草莓专业合作社	红颜品种草莓	
建德市红姬草莓专业合作社	越心品种草莓	第十三届中国草莓文化节金奖
建德市新安江街道建伟家庭农场	红颜品种草莓	
建德市航头草莓专业合作社	红颜品种草莓	第十三届中国草莓文化节银奖
建德市航头草莓专业合作社	章姬品种草莓	
建德市红姬草莓专业合作社	章姬品种草莓	
建德市新安江街道建伟家庭农场	章姬品种草莓	
建德市老吕草莓专业合作社	越心品种草莓	
建德市锦坤果蔬专业合作社	红颜品种草莓	第十三届中国草莓文化节优秀奖
建德市锦坤果蔬专业合作社	雪妹品种草莓	
建德市老吕草莓专业合作社	小白品种草莓	
建德市红姬草莓专业合作社	妙香品种草莓	
建德市新安江街道建伟家庭农场	越心品种草莓	
建德市新安江街道建伟家庭农场	红颜品种草莓	
建德市红群农业科技有限公司	红颊品种草莓	2017浙江精品草莓评选活动金奖
建德市新安江街道建伟家庭农场	越心品种草莓	
建德市新安江街道建伟家庭农场	红玉品种草莓	2017浙江精品草莓评选活动优质奖
建德市红群农业科技有限公司	章姬品种草莓	
建德市航头镇童氏家庭农场	红颊品种草莓	
建德市红姬草莓专业合作社	红颊品种草莓	
建德市红姬草莓专业合作社	越心品种草莓	2017浙江精品草莓评选活动优质奖
建德市三都镇黄泥山家庭农场	“茅山红芯”牌桃	2017浙江精品果蔬展销会金奖
浙江瑞德农业科技有限公司	“瑞德”牌火龙果	2017浙江精品果蔬展销会优质奖
建德市三都镇黄泥山家庭农场	“茅山红芯”牌蜜梨	
浙江省建德市里叶白莲开发有限公司	荷叶茶	第九届中国花卉博览会优秀奖
建德市欣林林木种苗服务中心	刨花楠	
杭州艾利斯玫瑰科技有限公司	玫瑰产品系列	
建德市建坤农业开发有限公司	生态新米	“2017浙江好稻米”优质奖
建德市峰鼎茶业有限公司	“松源里”牌梅红功夫茶叶	第十二届“中茶杯”全国名优茶一等奖
建德市松蜜果园	宫川蜜桔	2017浙江省十佳柑橘

新农村建设

【美丽乡村建设】推进大同镇“稻香田园”和大洋镇“红色印象”精品线路2条，共涉及建设项目7个，至年末全部完成，完成投资1850万元。

【“杭派民居”示范村】启动大慈岩镇新叶村和莲花镇戴家村2个“杭派民居”示范村建设，完成规划编制和方案设计。至年末，主体基本完成，完成当年任务的120%。

【风情小镇创建】实施乾潭镇胥江村“玫瑰茶香”风情小镇建设，概算投资600万元，至年末，整村庭院美化、景观绿化以及外立面改造工程前期准备工作基本竣工。

【“清洁乡村”长效治理】第一批3个示范村、15个特色村及49个达标村建设全面启动实施。开展全市清洁乡村（农村生活垃圾分类）检查指导工作，全年共检查288个村，发现并整改问题点300余个；开展5个整乡镇（大同镇、寿昌镇、乾潭镇、航头镇和李家镇）和省级试点村垃圾分类推进工作，建成智慧化网络管理平台1座，新增垃圾资源化处理站10座、分类垃圾电动清运车33辆、压缩式垃圾清运车7辆，总投资4888万元。

【村庄生态修复工程】推进95个村111个建设项目，概算总投资3650万元。至年末全部完成，实际投资3850万元。

农村经营管理

【农村集体资产管理】出台《关于进一步规范农村集体资产管理工作的意见》（建政办函〔2017〕75号），进一步明确农村集体资产管理内容、完善农村集体资产管理制度、加强农村集体资产管理监督、健全农村集体资产管理体系。全面推行“村账市直审”，全年完成62个村的审计工作，资金总额达14.89亿元，其中村级工程项目808个，涉及资金1.59亿元。同时，强化村级债务管控。至年底，全市村级债务降至1.77亿元，有效化解1.64亿元，化解率为48.1%。

出台《建德市村级工程项目实施管理规定》（建政办函〔2017〕77号）和《建德市村级工程管理操作办法》（建村项〔2017〕1号），从村级工程项目的立项、预算、招标、合同、建设、质量、监督、变更、审价、验收、付款、归档等十二个环节，按照程序规范的要求，通过细化流程，实现环环相扣；按照责任强化的要求，突出监管留痕，确保层层把关。会同市纪委开展村级工程项目专项检查，对2016年以来实施的16个乡镇（街道）100个村级工程项目管理工作进行了监督检查，列出整改清单，及时落实整改。

【农村综合改革】继续开展农村土地权证确权工作，对全市应发土地权证的221个村（社）9.05万户、1.4万公顷承包经营耕地面积，开展并完成入户调查、地块实测和测绘成果公示，顺利通过省级质量抽检。

开展产权交易平台建设，在市行政审批中心公共资源交易中心设立农村综合产权流转交易中心，开通网上交易，平台并上线并进入试运行。探索开展农村土地流转抵押贷款。全年全市累计发放土地流转经营权证20宗、面积216.3公顷，累计发放土地流转经营权抵押贷款6宗780万元。

继续推进土地流转，全年全市累计流转总面积为6080公顷，流转率达39.8%。

【农民培训】全年培训农村劳动力17088人次，完成计划任务的106.8%。其中：职业技能培训4139人，实用人才培训2824人，农业专业技能培训7350人，文明素质培训2775人。对农培资金进行专项审计，进一步规范培训申报程序，做到一班一报、一班一查、一季一调，训前申报、训中检查、训后完善确保培训质量；围绕特色产业举办森林消防员、中药材、养老护理员、网上创业、SYB、农家菜等培训班。选派学员参加名优茶品牌培育研修选和青年民宿创业提升培训，选派2名优秀学员参加杭州市农办赴以色列参加现代农业研修班。2017年，建德市荣全省农民培训优秀县市荣誉称号。

区市协作

【概况】2017年，杭州市萧山区、江干区、杭州经济技术开发区继续实施对建德市的协作项目，支持建德发展，全年实施区市协作项目23个，其中市级协作项目7个、镇街结对项目16个，全年到位协作资金1.0亿元。

其中，市委党校新校区扩建工程完成主体建设，寿昌航空小镇展示厅完成1000平方米展示厅建设，三都镇“桔香映柳”精品示范线建设工程完成三都大桥——松口大桥沿线沿江景观建设，航头初级中学体艺楼项目完成主体建设，新建文化礼堂5家，扶持17个经济薄弱村购置、新建村级物业，完成20个村农村生活垃圾减量化资源化处理。16个镇街结对项目涉及民生服务、景观提升、小城镇综合整治等各方面。

2010—2017年，三个区与建德市共签约产业项目26个，包括杭橡新安江分公司迁扩建项目、致中和酒厂搬迁项目、白南山生产基地整体技术提升改造搬迁项目、建德乌石滩“春江开元芳草地”乡村酒店项目等。项目累计完成总投资55亿元（2017年度完成投资5亿元），2017年实现销售产值超过100亿元。抓住萧山区企业外迁契机，出台实质性土地及税收返还方面优惠政策，设立67公顷高铁新区萧山产业园，全面承接萧山产业梯度转移。

2017年，建德市在杭州市城乡区域统筹发展年度考核中名列第二，被评为2017年浙江省社会主义新农村建设优秀县（市）。（翁洁）

表8　**第四区市协作组2017年度市级协作项目和资金计划表**

建设单位	项目名称	年度建设内容	计划投资（万元）	年度投资（万元）	协作资金（万元）
市委党校	市委党校新校区扩建工程	总用地4.22公顷，新建建筑面积10151平方米，主要包括新建三层教学楼3465平方米、五层学员楼3824平方米、三层食堂和报告厅2783平方米、学校大门和整体硬化绿化及室外工程	4528	3828	1800
建德千岛湖通用机场有限公司	航空小镇展示厅	展示厅建筑面积1000平方米，包括迎宾大厅、发展历程、总体沙盘、航空运营、航空休闲、航空服务、展望未来等7个板块。项目包含建筑装修工程、设备安装工程等	1300	1300	1300
建德市委宣传部	文化礼堂建设	5个村的文化礼堂建设（乾潭镇大畈村、乾潭镇胥江村、三都镇镇头村、大洋镇里黄村、大洋镇徐店村）	150	150	100
建德市农办	薄弱村集体经济发展扶持	重点用于17个经济薄弱村购置、新建村级物业等，提升经济薄弱村总体经济实力和“造血”能力	1870	1870	1000
航头镇	航头初级中学体艺楼项目	新建三层体艺楼，建筑面积3000平方米，配套绿化等附属工程	690	690	500
三都镇	三都镇桔香映柳精品示范线建设工程	项目总投资5500万元，范围主要是三都大桥—下钱村（自然村）沿江景观带建设，总长度约为7.8千米	5500	2200	1600
建德市农办	农村生活垃圾减量化资源化处理	20个村的农村生活垃圾减量化资源化处理	1600	1600	600
绩效奖励专项资金	绩效奖励项目	用于建设进度快、成效明、亮点突出的项目	—	—	300
合计	—	—	—	—	7200

表 9　**第四区市协作组 2017 年度镇街结对项目和资金计划表**

建设单位	协作单位	项目名称	建设内容	计划投资（万元）	协作资金（万元）
新安江街道	党湾镇	新安江第一小学食堂改造工程	原店面房回收进行食堂改造，面积697平方米，原舞蹈教室、阅览室进行餐厅改造，面积432平方米	120	50
更楼街道	闸弄口街道	骆村山后滨水公园建设工程	进村原长150米、宽5米道路拓宽10米改；320公铁立交桥下1100平方米停车场建设；新建1000平方米滨水公园	90	50
洋溪街道	四季青街道	洋溪街道幽径高速桥下地块绿化景观工程	新建篮球场、门球场、停车场、健身场，配套游步道及绿化	180	50
梅城镇	城厢街道	梅城镇城南路体育广场工程	占地0.6公顷（9亩），建设停车场1个、公厕1座、五人制足球场1个、篮球场2个、门球场2个，设置体育休闲设施若干	400	50
寿昌镇	义桥镇	寿昌镇横昌路道路工程	新建道路横昌路（长282米、宽8米），蒋家山路整治（长193米、宽10米）	1161	50
大同镇	下沙街道	上马小学食堂搬迁及多功能活动室	拆除原有食堂，新建二层建筑，一楼为师生餐厅，二楼为学生多功能活动室，配套室外道路及山坡治理绿化。	260	50
乾潭镇	笕桥街道	乾潭镇公墓改造提升	90×4米道路、6米宽停车场420平方米；绿化带280平方米；200米×2米道路；人行道120米×2米；围墙20米、传达室、卫生间各1处；门牌、灵屋改建各1处；新建焚烧炉1处；新增墓穴300个	500	50
三都镇	采荷街道	三都污水处理厂建设及配套管网工程	新建1200吨/天的污水处理厂一座，工业功能区管网工程，一体化提升泵站等	1850	50
杨村桥镇	丁兰街道	杨村桥镇集镇市政基础设施改造工程	集镇范围混凝土地面修复、透水砖铺砖、绿化、花岗岩侧石、围墙的新建与改造，路灯安装等	548	50
下涯镇	彭埠街道	下涯镇寺坞村环境改建工程	寺坞村沿线景观绿化、庭院环境改造及休闲设施建设	70	50
大慈岩镇	新塘街道	大慈岩镇全域旅游立面改造二期工程	檀村330国道边1—7#房子破损墙体拆除、金属门窗拆除，新建马头墙、外墙面防水粉刷并安装配套装饰	166	50
航头镇	白杨街道	航头镇沿江北路与320国道交叉口节点改造工程	外墙墙面粉刷改造面积约1000平方米，现有广告牌整改，铺设硬质铺装1500平方米，绿化景观环境提升	100	50
李家镇	北干街道	李家镇邮政东路道路工程主体	李家镇邮政东路道路（376米×12米）工程主体	120	50
大洋镇	九堡街道	大洋镇农村住房改造项目（和苑新村安置小区6—8号楼）	完成6–83#栋6层公寓楼建设，总建筑面积约8000平方米	1200	50
莲花镇	凯旋街道	莲花溪景观提升工程	游步道标识、标牌建设，生态绿化，休息椅、凳，休闲驿站等	103	50
钦堂乡	蜀山街道	钦堂乡大溪边至葛塘村段路面大中修工程	道路总长3.538千米，路面拓宽至6～8米，白改黑	200	50
合计	—	—	—	7068	800

【村级集体经济发展】市政府出台了《关于发展壮大村级集体经济实施消除相对薄弱村三年行动计划（2017—2019年）的实施意见》，围绕“消薄三年任务两年完成”的目标，高标准、高质量打响消除集体经济相对薄弱村攻坚战。2017年，实现村级集体经济收入13561万元，比2016年增长7.9%。其中：经营性收入达8466万元，增长45.4%。全市村级集体经济总收入20万元以上的村达187个，占78.2%；经营性收入达到5万元以上的村达198个，占82.8%。超额完成杭州市要求的两个50%的目标。

粮油生产

【概况】2017年，全市粮食作物播种面积14962公顷，比上年增长0.4%；粮食总产量8.80万吨，减少0.9%。谷物播种面积1.05万公顷、总产量7.15万吨，分别减少1.8%、2.5%；其中稻谷播种面积5951公顷、总产量4.94万吨，分别减少4.3%、3.3%。豆类播种面积2697公顷，总产量7212吨，分别增长4.7%、15.0%。薯类播种面积1722公顷、总产量9231吨，分别增长8.5%、6.9%。油料作物播种面积4526公顷、总产量1.17万吨。分别增长1.7%、7.4%。粮食作物总产值3.2亿元，与上年持平；其中谷物产值2.39亿元，下降2.5%。

继续实施省政府“千万亩标准农田质量提升工程”1740.4 公顷。完成 2012 年度 342.67 公顷标准农田质量提升项目评价工作。至年底，提前一年完成 191 个省、杭州市及本市粮食生产功能区建设，共计 5334.59 公顷。落实中央、省、杭州市及本市四级规模种粮补贴、粮食生产贷款贴息、旱粮规模种植直补等种粮惠农补贴政策，全年共发放规模种粮直接补贴 800 余万元。

全年推广测土配方施肥 4.03 万公顷，推广配方肥 3845 吨，减少不合理施用肥料 390 吨，推广商品有机肥 2.9 万吨。实施农田质量提升工程，完成中低产田改造面积 274.7 公顷。开展耕地地力监测、土样化验和数据整理工作，推进农业“两区”土壤污染防治。全年实现秸秆综合利用率 92.27%，推进农村大气污染防控。完成全市水稻、草莓等主要作物施肥状况调查。市植保站和杭州市植保土肥总站合作，对 10 个杭州市主栽水稻品种各生育期病虫害的发生情况进行系统调查研究，根据对病虫的抗性及主要病虫害发生特点，筛选出抗性突出的水稻品种。

【水稻高产攻关田亩产突破1000千克】建立省级单季稻高产示范片6个，杭州市级百亩示范方1个，本市级百亩示范方22个；11月9日，由中国水稻研究所研究员李西明为组长的省级专家组，对大同镇永盛村的9公顷超级稻品种“浙优18”高产示范方进行实割测产验收，百亩示范方平均单位产每公顷14.90吨，创造杭州市水稻百亩示范方最高纪录，超过省百亩示范方最高产量水平。其中一块1亩“浙优18”超级稻高产攻关田，实割测产15.11吨/公顷（1001千克/亩），打破建德市2012年14.10吨/公顷（940千克/亩）的历史最高纪录。

【提前一年建成粮食功能区5333公顷】2010年开始实施粮食生产功能区规划（2010—2018），全市粮食生产功能区建设总投入资金4311.18万元（其中省级以上资金2323.6万元、杭州市级资金866.5万元、建德市财政资金578.18万元、乡镇和主体自筹542.9万元），建设机耕路23.4千米、灌水渠35.66千米米、排水渠29.0千米、堰坝3座、下田机坡120个，建设育秧中心1个、粮食烘干中心27个，年烘干能力3万吨。提前一年建成粮食生产功能区5334.59公顷，共191个，粮食播种面积6400公顷、总产量3.84万吨，占全市粮食生产总面积的43%、总产量的44%；功能区粮食作物平均单产6000千克/公顷，超出全市平均单产5882千克/公顷的10.2%。

【全省耕地质量建设与肥料管理工作座谈会在建德召开】7月19日，全省耕地质量建设与肥料管理工作座谈会在建德召开，全省36个县市代表参加会议。建德、桐庐、诸暨、武义等11个县（市）作典型发言。建德市农业局总农艺师何建红，就建德市耕地质量管理、商品有机肥推广应用和“两区”土壤污染防治工作措施和成效作典型发言。

表10 **2017年新认定建德市粮食生产功能区名单表**

项目名称	编号	面积(公顷)	地点
建德市大同祝家畈县级粮食生产功能区	JD-17-001	16.65	万兴村
建德市大洋章家畈县级粮食生产功能区	JD-17-002	83.58	建南村、倪家村
建德市乾潭后山畈县级粮食生产功能区	JD-17-003	12.29	后山村、安仁村
建德市乾潭安仁畈县级粮食生产功能区	JD-17-004	13.06	施家村、安仁村、后山村
建德市乾潭上章畈县级粮食生产功能区	JD-17-005	5.24	下包村
建德市乾潭横村畈县级粮食生产功能区	JD-17-006	10.77	下包村
建德市乾潭章家畈县级粮食生产功能区	JD-17-007	8.73	下包村
建德市乾潭张下坞畈县级粮食生产功能区	JD-17-008	23.55	方家村、骑龙村
建德市乾潭方家畈县级粮食生产功能区	JD-17-009	13.17	方家村
建德市杨村桥徐坑畈县级粮食生产功能区	JD-17-010	23.78	徐坑村、龙源村
建德市杨村桥溪边畈县级粮食生产功能区	JD-17-011	51.81	徐坑村、龙源村
建德市杨村桥樟头畈县级粮食功能区	JD-17-012	14.47	上山村
建德市杨村桥黄家畈县级粮食功能区	JD-17-013	20.81	龙溪村、黄盛村
建德市杨村桥梓源畈县级粮食功能区	JD-17-014	17.59	梓源村
建德市更楼街道桥头垄畈县级粮食功能区	JD-17-015	3.32	于合村
建德市更楼过浴山畈县级粮食功能区	JD-17-016	53.87	岩源村
建德市更楼骆村畈县级粮食功能区	JD-17-017	18.71	骆村村、许乐村
建德市航头田畈县级粮食功能区	JD-17-018	20.62	田畈村
建德市航头镇梅岭畈县级粮食功能区	JD-17-019	31.40	珏塘村
建德市乾潭镇施家畈县级粮食功能区	JD-17-020	21.50	施家村
建德市乾潭胥江畈县级粮食功能区	JD-17-021	45.19	胥江村、万龙村
建德市钦堂枫树岭畈、官樟畈县级粮食功能区	JD-17-022	27.16	谢田村、钦堂村
建德市钦堂谢田畈县级粮食功能区	JD-17-023	24.17	谢田村
建德市寿昌镇永嘉桥畈、白水坞畈县级粮食功能区	JD-17-024	24.71	永嘉桥村
建德市寿昌镇牌坊底畈县级粮食功能区	JD-17-025	28.13	乌石村
建德市三都水碓畈县级粮食功能区	JD-17-026	28.78	马宅村
建德市寿昌镇新殿外畈县级粮食功能区	JD-17-027	29.07	石泉村
建德市大慈岩镇狮山村县级粮食生产功能区	JD-17-028	27.47	狮山村、陈店村
建德市大慈岩镇吴山1县级粮食生产功能区	JD-17-029	9.91	吴山村
建德市大慈岩镇吴山2县级粮食生产功能区	JD-17-030	13.63	吴山村
建德市大同镇田畈大畈县级粮食功能区	JD-17-031	90.00	田畈村、枫树岭村、黄垄村
建德市大同镇久山湖畈县级粮食功能区	JD-17-032	15.56	永平村、高桥村、大同村
建德市大同里浦畈县级粮食功能区	JD-17-033	25.1	黄垄村
建德市梅城下畈县级粮食功能区	JD-17-034	106.45	伊村村
建德市大洋塔后畈县级粮食功能区（一）	JD-17-035	26.61	高垣村
建德市大洋塔后畈县级粮食功能区（二）	JD-17-036	14.73	高垣村
建德市李家镇新桥县级粮食功能区	JD-17-037	39.07	新桥村
建德市李家长林畈县级粮食功能区	JD-17-038	11.46	长林村
建德市莲花镇昴畈县级粮食功能区	JD-17-039	20.39	昴畈村
建德市莲花镇戴家大家畈县级粮食功能区	JD-17-040	12.51	戴家村
合计	—	1085.02	—

说明：JD-17-012至040为补建功能区

表11

2017 年新认定建德市旱粮生产功能区名单表

项目名称	镇乡（街道）	面积(公顷)	地点
建德市大同枫树岭旱粮生产功能区	大同镇	33.33	枫树岭
建德市大洋河源旱粮生产功能区	大洋镇	6.67	河源
建德市更楼封岭山旱粮生产功能区	更楼街道	12.00	封岭山
建德市更楼高枧坞旱粮生产功能区	更楼街道	3.33	高枧坞
建德市更楼大刀坞旱粮生产功能区	李家镇	3.33	大刀坞
建德市李家乌石畈旱粮生产功能区	李家镇	11.47	乌石畈
建德市李家邵家畈旱粮生产功能区	李家镇	11.00	邵家畈
建德市李家马家畈旱粮生产功能区	李家镇	10.4	马家畈
建德市李家界头畈旱粮生产功能区	李家镇	7.47	界头畈
建德市李家盛家畈旱粮生产功能区	李家镇	6.87	盛家畈
建德市莲花镇邓宅源旱粮生产功能区	莲花镇	5.33	邓宅源
建德市莲花镇项塘坞旱粮生产功能区	莲花镇	3.33	项塘坞
建德市梅城王山顶旱粮生产功能区	梅城镇	8.00	王山顶
建德市乾潭下梓洲畈旱粮生产功能区	乾潭镇	24.33	下梓洲畈
建德市乾潭上梓洲畈旱粮生产功能区	乾潭镇	19.27	上梓洲畈
建德市乾潭蒋家坪旱粮生产功能区	乾潭镇	9.07	蒋家坪
建德市乾潭何家居旱粮生产功能区	乾潭镇	8.93	何家居
建德市乾潭姚村大畈旱粮生产功能区	乾潭镇	30.27	姚村大畈
建德市钦堂后奖旱粮生产功能区	钦堂乡	5.33	后奖
建德市钦堂对面畈旱粮生产功能区	钦堂乡	4.00	对面畈
建德市三都乌祥畈旱粮生产功能区	三都镇	6.67	乌祥畈
建德市三都上姜畈旱粮生产功能区	三都镇	6.67	上姜畈
建德市三都和畈旱粮生产功能区	三都镇	20.00	和畈
建德市寿昌大塘口旱粮生产功能区	寿昌镇	3.33	大塘口
建德市寿昌杨坞口旱粮生产功能区	寿昌镇	4.67	杨坞口
建德市寿昌小高塘里旱粮生产功能区	寿昌镇	4.00	小高塘里
建德市寿昌上坑旱粮生产功能区	寿昌镇	3.33	上坑
建德市寿昌杨坞垄旱粮生产功能区	寿昌镇	4.67	杨坞垄
建德市寿昌茅蓬旱粮生产功能区	寿昌镇	3.33	茅蓬
建德市寿昌大坑底旱粮生产功能区	寿昌镇	4.00	大坑底
建德市寿昌双溪口旱粮生产功能区	寿昌镇	3.67	双溪口
建德市寿昌十亩畈旱粮生产功能区	寿昌镇	6.00	十亩畈
合计		294.07	—

经济作物

【概况】2017年，在大田经济作物中，本地草莓种植面积940公顷、总产量3.12万吨，分别比上年增长10.6%、11.0%，公顷产量33.2吨。全市中药材种植面积850公顷、总产量2975吨，分别增长18.6%、20.3%。果用瓜(包括草莓)种植面积2687公顷、总产量7.42万吨，分别增长3.5%、3.9%。

全市各类水果面积6070公顷，比上年减少311公顷，总产量22.3万吨，增长12.0%。其中：柑橘2470公顷，减少20%；总产量11.1万吨，增长21.0%。桃园面积716公顷，与上年持平；总产量9818吨，增长6.6%。梨园面积352公顷，总产量5845吨，增长5.5%。枇杷园652公顷、总产量2852吨，分别增长8.5%、104%。杨梅园698公顷，增长14.6%；总产量2775吨，减少17.8%。

全市茶园面积4136公顷，与上年基本持平，茶叶总产量2852吨，增长9.0%。

桑园面积1371公顷，蚕种饲养量1.52万张（春蚕6521张、秋蚕8281张），蚕茧总产量891吨，减少1.9%。

蔬菜（含菜用瓜）种植面积8572公顷，与上年基本持平，公顷单产28.59吨，蔬菜总产量24.51万吨，减少7.5%。蔬菜总产值6.07亿元，增长32.5%。

【建德苞茶文化系统入选全国农业生产系统】1月，建德市苞茶文化系统入选全国具有潜在保护价值的农业生产系统，此为杭州市唯一入选单位。

【草莓种植技术产研合作】浙江省农科院环境资源与土壤肥料研究所在建德建伟草莓种植园建立绿色防控试验田，就土壤消毒与有机肥施用结合促进草莓增产开展专项科研，采用太阳能处理、生物还原技术处理及石灰氮处理等三种方法培育草莓，通过对草莓植株的生长对照、有机肥投放效果及鲜果结果率等全程观察、记录与检测，筛选出最佳种植方法，向莓农推广。

3月4日，农业部在建德召开行业科研专项“草莓产供安全过程管控技术研究与示范”项目现场会，来自农业部、省农业厅、省农科院、杭州市农科院以及全国各农科院质标所等单位的有关专家学者50余人参加。5月，在省政协送科技下乡活动中，省农科院与建德市联合启动“放心草莓工程”，开展科研单位与生产基地的产研合作。10月下旬，全国农技推广服务中心、省农科院园艺所在杨村桥召开现场观摩与研讨会交流草莓基质立体栽培、健康种苗繁育、病虫害绿色防控与保苗技术试验示范情况。

【开展连续化多批次养蚕模式示范】大同镇开展连续化多批次养蚕模式示范，选择3个养蚕经验丰富、责任心强、年饲养量在10张以上的养蚕户作为多批次养蚕示范户，示范全年养6批次蚕，春蚕期饲养3批次，秋蚕期饲养3批次。通过合理的安排养蚕布局，配合小蚕共育技术、大蚕省力化饲养技术以及方格蔟营茧技术，经过一年的试验示范，取得了较好的成绩。

【千岛银珍茶入选中欧互认地理标志农产品】7月，浙江千岛银珍农业开发有限公司的千岛银珍茶入选首批国家农业部100个中欧互认地理标志农产品。

【茅山红芯桃获浙江精品果蔬展销会金奖】8月，浙江精品果蔬展销组委会公布2017年浙江精品果蔬展销会金奖产品，建德市三都镇黄泥山家庭农场选送的茅山红芯桃获金奖。

【宫川获“2017浙江省十佳柑橘”称号】12月，三都镇松蜜果园宫川品种柑橘获浙江省“2017浙江省十佳柑橘”称号，为杭州地区唯一。

畜牧生产

【概况】2017年，畜禽产业继续优化调整，生猪和家禽饲养互有增减，全市生猪饲养量28.7万头，比2016年减少4.1%，年末存栏7.9万头，增长3.7%。家禽饲养量868.75万羽，增长4.8%，年末存栏386.14万羽，增长2.8%。全年猪肉类产量1.79万吨，减少5.3%；禽蛋产量7.38万吨，增长8.4%。

开展重大动物疫病防控专项行动，重点开展禽流感新疫苗（H5+H7毒株）免疫，全年共使用禽流感疫苗555.24万毫升、猪牛羊口蹄疫疫苗77.57万毫升、猪蓝耳病疫苗29.80万毫升；完成兽医实验室和防疫物资仓库提升改造项目，采集和监测畜禽血样10665份，开展免疫效果和密度评估4次，扑杀病患羊21头，全年未发生重大动物疫病。

全年产地检疫生猪10.06万头、家禽235.29万羽。屠宰检疫生猪9.07万头、家禽377.68万羽,检出并无害化处理病畜(含病变内脏)320头、病禽5.05万羽。采取“剪耳核数”和“拍照留据”的方法规范病死动物无害化处理，共无害化处理病死猪1.08万头。完成新安江动物检疫申报点规范化建设。开展畜牧执法检查32次，出动执法人员100余人次，检查各类单位500家次，立案查处违法行为6起，罚没款10871元；受理群众举报投诉及上级交办6起。

继续开展粪污处理设施运行管理、资源化利用、种养对接、网格化制度，执行巡查工作制度，实施宜养区存栏50头以上规模生猪养殖场线上视频监控、监管。规范畜禽养殖，实现限养区逐步退养，杜绝养殖废水外排，对偷排漏排超排行为，采取突击暗访、集中抽查与定期巡查等多种方式强化监督检查。

【畜禽产品安全监管】全年开展集中抽检和监督检查4次，完成猪尿、禽蛋、牛奶、饲料等样品260个批次；检查养殖场(户)196余家次，现场检测1835批次，检测合格率达到100%。规范产地检疫和宰前“瘦肉精”尿检制度，共监督抽检生猪尿样1320余批次，检测合格率达到100%。强化鸡蛋等畜产品药物残留监管，强化畜禽产品安全监管宣传，印发《畜禽养殖场户规范使用兽药告知书》和《蛋鸡禁用药物清单》3000份，与重点养殖场户、饲料生产单位签订承诺书450份。开展家禽产品药物残留监测，抽检样本60批次，检测合格率98%。开展“零点”突击检查，健全企业主体责任，联合公安、市场监管局等部门对城乡接合部、肉摊等重点场所开展以“打击生猪私屠滥宰，保障肉品质量安全”联合执法行动，开展外来生猪调运、屠宰“严查严管严打”“生猪屠宰和检疫”生猪屠宰“扫雷”行动，以及“瘦肉精”拉网抽检专项整治等专项行动。举办屠宰企业人员培训班6次，参加培训人数95人次，现场检查、指导屠宰企业200余场次，出动执法人员780余人次，发放各类宣传资料60份，签订安全生产责任书6份，对发现的25起问题下发整改通知书，限期整改。取缔非法私宰点14个。受理举报投诉38件、查处违法行为2起、查处问题肉及肉制品51.5千克、收缴罚款8911元。

9月8日，农业部畜牧业司委派湖南省兽药饲料监察所技术人员，到建德市开展药物饲料添加剂监督抽检，共抽查建德市3家饲料及饲料添加剂生产厂家的样品9个批次，未发现宣称具有促生长、防病、抗病、杀菌消毒等功能的产品以及非法添加使用“氟虫腈”等情况。

12月17日，农业部家禽屠宰企业标准化试点建设项目中期评估专家会议在建德市三弟兄农业开发有限公司召开，该公司代表建德市家禽屠宰企业交流生产规范化、废弃物处理无害化等工作经验。

【畜牧业转型升级】扶持创建杭州市标准化示范场8家，着重引导层叠式蛋鸡笼养设备、中央集蛋设备、集成式环境控制设备、排泄物发酵处理设备等自动化、智能化设施设备的推广应用。加大“菜篮子”基地保障建设，从现有条件较好的养殖中择优选择生猪、蛋鸡、肉鸡、奶牛养殖场17家作为杭州市肉禽蛋奶应急供应基地。培育扶持特色品种畜牧业主体，通过项目扶持授粉专业化场1个，标准化湖羊场2家，扶持“春江蜂情园”建设，培育集蜜源植物种植、蜂旅结合、蜂业文化于一体的产业融合的特色示范基地。

同时，整合畜牧业转型升级项目和畜禽养殖污染治理项目省、市三级资金1200余万元，推进美丽生态牧场建设，建成24家美丽牧场，涉及生猪、蛋鸡、羊、蜜蜂等多个畜禽品种，其中创建省级标杆生态美丽牧场2家。

表12　**2017年建德市美丽生态牧场建设情况表**

养殖场名称	地址	畜（禽）种	养殖规模	级别
建德市富源农业信息技术有限公司	三都镇春江源村	蜜蜂	300箱	省级
建德市大洋镇军跃养殖场	大洋镇麻车村	蛋鸡	4万羽	省级
建德市大同镇宇燕生态养殖场	大同镇丰畈村	蛋鸡	3万羽	省级
建德市杨村桥镇东方种禽场	杨村桥镇杨村桥村	蛋鸡	4万羽	省级
建德大同镇千牧家庭农场	大同镇城山村	蛋鸡	4万羽	省级
建德市大洋镇坪山家庭农场	大洋镇叶家坪村	生猪	1000头	省级
建德市乾潭镇张茂生生猪养殖场	乾潭镇乾一村	生猪	500头	县级
建德市梅城镇群川生猪养殖场	梅城镇姜山村	生猪	900头	县级
建德市梅城镇振文家庭农场	梅城镇姜山村	生猪	500头	县级
杭州姊妹花家庭农场有限公司	下涯镇马目村	湖羊	1000只	县级
建德市李家镇成春家庭农场	李家镇长林村	生猪	400头	县级
建德市李家镇喜旺养殖有限公司	李家镇新联村	蛋鸡	5万羽	县级
建德市大同镇飞藤家庭农场	大同镇葛岭村	蛋鸡	4万羽	县级
建德市三江果园	梅城镇姚坞	蜜蜂	300箱	县级
建德市大慈岩镇华豚生猪养殖场	大慈岩汪山村	生猪	400头	县级
建德市雪松生态农业开发有限公司	大慈岩镇吴山村	蛋鸡	2万羽	县级
建德市胜滕农业开发有限公司	大洋镇麻车村	蛋鸡	7万羽	县级
建德市李家大院家庭农场有限公司	梅城镇洋程村	湖羊	1100只	县级
建德市梅城镇乐羊羊家庭农场	梅城镇利群村	湖羊	1000只	县级
建德市宏伟养殖场	大慈岩镇檀村村	生猪	1600头	县级
建德市航头镇永锋生猪养殖场	航头镇石坪村	生猪	400头	县级
建德市泷源生态养殖有限公司	李家镇新联村	蛋鸡	6万羽	县级
建德市杨村桥镇宝成养鸡场	杨村桥镇杨村桥村	蛋鸡	3万羽	县级
建德市建林养殖有限公司	大慈岩镇檀村村	蛋鸡	6万羽	县级

【建设智慧畜牧业云平台】3月20日，智慧畜牧业云平台启动运行。系统由检疫申报、检疫受理、检疫工作记录、台账查询、证章管理等模块组成。屠宰管理系统的使用对象为屠宰企业，系统由申报受理通知、准宰通知、检疫处理通知、库存统计、入场管理、待宰管理、宰后管理、无害化管理、统计分析等业务模块组成。推动实施智慧畜牧业云平台工作，在全市范围内提高畜牧兽医信息化管理水平，全面建成本市畜牧兽医数据中心提升、行业信息化。

农业科技及政策

【概况】开展农作物新品种试验、展示示范，涉及粮油、瓜菜、旱杂粮（玉米、大豆、马铃薯、甘薯、小杂粮等），引进新品种307个，筛选出适宜建德种植或扩大示范的新优品种41个。推广水稻品种春优927、甬优1540、甬优8050、甬优7850，示范品种泰两优217、嘉丰优2号、华浙优1号等；推广辣椒品种杭椒9号、杭椒12号、玉龙椒，茄子品种杭茄2010、浙茄3号、浙茄8号、冠王2号，樱桃番茄黄妃、红风铃、浙樱粉1号，南瓜品种甜栗王、贵红、灰精灵，西瓜品种金比特、拿比特小西瓜和浙蜜6号中型瓜，鲜食大豆品种浙鲜9号、浙鲜12，鲜食玉米品种金银208、雪甜7401水果玉米和钱江糯3号、彩甜糯617、美玉16、彩甜糯6号等彩甜糯玉米，马铃薯品种兴佳2号、费乌瑞它、中薯3号、中薯5号等；甘薯类，大薯浙薯13、小薯心香、菜用的薯绿1号和紫薯726，高粱品种川糯粱1号、泸糯8号等。

积极开展新技术新模式的展示示范。在航头镇、寿昌镇、杨村桥镇、新安江街道等地实施新技术新模式展示示范 5 项：水果玉米大棚设施早熟栽培、水果玉米秋季保护地栽培、甜玉米金银 208 大棚草莓套种展示示范、草莓后茬套种“心香”小香薯展示示范、“心香”小香薯一年两茬栽培技术示范。承担国家玉米产业体系华东（东阳）试验站布置的鲜食甜糯玉米新品种试验示范，建立甜糯玉米高效示范基地 16.67 公顷。

8 月，奖励项目，由建德市植物保护站（第五位）柯汉云（第九位）参与的“蔬菜病虫害全程绿色防控模式应用推广”，由市农业技术推广中心、建德市下涯镇综合事业服务站、建德市杨村桥镇综合事业服务站、建德市航头镇综合事业服务站、建德市大同镇综合事业服务站，赵玲玲、孔樟良、郑铭洁、李有香、幸根华等人实施的“草莓水肥一体化科学施肥技术集成应用推广”获浙江省农业厅 2016 年度农业科技项目奖——农业丰收奖三等奖；市农技推广中心胡选祥获 2016 年度浙江省农业技术推广贡献奖。12 月，市植保站赵帅锋的《浙西北稻田灯下昆虫群落结构分析初报》、柯汉云的《水稻病虫害观测场的选址布局及田间管理》，获 2017 年全国农技中心与中国植保学会主办的“现代病虫测报建设优秀论文”一等奖。

【5家单位列入浙江省第一批现代农业科技示范基地】1月，省农业厅发文，建德市山里红家庭农场有限公司、建德市三都西红花专业合作社、建德市建珂养殖有限公司、建德市峰鼎茶业有限公司、杭州葆元家庭农场有限公司被列入浙江省第一批现代农业科技示范基地。

【种质资源系统调查和抢救性收集】8月，省农科院第二系统调查队到建德开展种质资源系统调查和抢救性收集工作。共调查收集到珍稀、濒危作物野生种质资源和特色地方品种81种。

【华浙优1号获浙江好稻米优质奖】11月底，省农业厅发文公布2017年浙江好稻米评选结果，建德市建坤农业开发有限公司选送的华浙优1号“稻舞田间”生态新米获2017年浙江好稻米优质奖。

【第二批浙江省农民田间学校】12月底，省农业厅发文公布第二批浙江省农民田间学校和农业教育实训基地名单，杭州艾利斯玫瑰科技有限公司、浙江瑞德农业科技有限公司列入第二批省农民田间学校。

【吴东良荣获全国农业劳动模范称号】12月29日，中央农村工作会议对全国农业劳动模范进行表彰，建德莓农吴东良获全国农业劳动模范称号并受人社部、农业部表彰，全省仅11人获此殊荣。此为中华人民共和国成立后第三次对全国劳动模范进行评选与表彰。

农业行政执法

【概况】开展“放心农资下乡进村”和“3·15”消费者权益日现场活动，发放新《农药管理条例》《浙江省农产品质量安全管理规定》等宣传材料。组织开展农业法律法规和规范性文件培训，培训人员150余人次。组织农资监管与服务信息化平台负责人培训班，培训人员50余人次。组织“有红火蚁暨重大农业植物疫情”普查培训会，培训人员60人次。

开展“绿剑”集中执法行动、平安护航“十九大”农产品质量安全系列行动、杭州市农产品质量安全“百日攻坚”行动、畜禽水产“两禁一超”专项整治等行动，执法过程采取全程记录、执法检查“双随机”(随机抽取检查对象、随机抽取执法检查人员)等新的执法形式。

全年共出动执法人员930人次，检查农药、肥料、兽药、饲料和饲料添加剂等生产经营单位及农产品生产基地310余家，抽检农业投入品149批次，其中农药53批次、肥料38批次、兽药20批次、饲料和饲料添加剂20批次、种子18批次。共立案查处各类农业违法案件17起，其中农药9起、肥料4起、兽药3起、饲料和饲料添加剂1起，结案16起，罚没款16.33万元。

农药废弃包装物回收工作进入常态化。全年回收农药废弃包装物109吨,无害化处置89.3吨。

受理、处置涉农投诉举报22起，组织鉴定14起，主持调解3起，为农民挽回经济损失4100元。12月，省农业厅授予建德市2017年度全省农业综合执法示范窗口称号。

【开展有害生物监测】普查防除加拿大“一枝黄花”37.47公顷，防除率100%。开展黄瓜绿斑驳花叶病毒病、梨枯梢病、红火蚁、柑橘溃疡病、柑橘黄龙病、葡萄根瘤蚜等植物疫情专项调查，市境未发现上述疫情。

【农产品质量安全检测】全年共开展农产品检测1.44万批次，不合格58批次，合格率99.6%。其中定量检测共941批次，部、省、杭州市三级抽检435批次（部级21批次，省级108批次，杭州市级306批次），不合格2批次（甲胺磷超标，实为使用乙酰甲胺磷转化），合格率99.5%。本市级定量检测506批次，其中草莓295批次，合格率100%。定性检测1.35万批次，不合格56批次，合格率99.6%。市级、乡镇（街道）快速检测室向公众免费开放工作有效开展，共接待群众312人次，为群众服务免费检测391个样品。

9月，建德市三弟兄农业开发有限公司、建德市硕真禽蛋专业合作社分别为在杭州举办的第十三届全国学生运动会提供禽类12758羽，鲜鸡蛋360千克。同月，省农业厅、林业厅、省食药监局、省海洋渔业局联合下文命名建德市为第二批浙江省农产品质量安全放心示范县。

【“三品一标”基地监管】全年新认证无公害9家，认证面积268.53公顷，蛋鸡6万羽。新认证绿色食品基地5家、面积304.47公顷。新认证有机农产品认证基地3家、面积32.4公顷。组织建德市中药材产业协会开展建德西红花农产品地理标志保护认定，通过省农产品质量安全中心现场核查。检查“三品一标”基地115家，无公害农产品复查换证16家，绿色食品续展4家。

【“农安建德”智慧监管项目建设】建立农产品质量安全智慧监管APP平台，为32户市镇两级监管人员安装执法APP，配置流量和执法终端，250户村级监管人员配流量，召开市级监管员针对APP功能模块交流座谈会1次，市镇两级农产品质量安全监管人员APP操作应用培训1次，编印“农安建德”APP软件操作手册82份。

农业机械

【概况】2017年，全市新增农机装备1000台（套），其中大中型轮式拖拉机8台、水稻插秧机18台、粮食烘干机20台、联合收割机2台，新增农机动力0.8万千瓦；共改善灌溉面积133公顷，新增喷微灌面积133.33公顷。至年末，全市农业机械化总动力28.9万千瓦，共有耕作机械3440台、插秧机175台、排溉机械2.49万台、植保机械2223台、收获机械360台，其中油菜收割机33台、粮食烘干机105台、茶叶加工机械3803台。机插面积2789公顷，油菜机收面积666.67公顷，粮食烘干能力1050吨/日，水稻耕作收综合机械化水平85%，比上年提高10%。农业作业机械动力占比达85%。

【农机购置补助】全年审核购机补贴申请357份，受益户数269户，申请购置补贴机具526台套，购机总补贴资金305.58万元，其中中央财政资金224.22万元、省补资金38.72万元、杭州市财政资金111万元、建德市财政补贴35.58万元。

【省第一批机器换人示范乡镇与示范基地】1月10日省农业厅发文，公布全省第一批机器换人示范乡镇与示范基地，大同镇为示范乡镇，该镇助农农机服务专业合作社，入选2017年度全国农机合作社示范社，为杭州地区唯一，浙江省仅7家单位获此殊荣。建德市建珂养殖有限公司、建德市杨村桥东方种禽场、建德市航头开祥蛋鸡生态养殖场、杭州华东医药寿昌中药材种植有限公司、建德市航头草莓专业合作社、建德市胥源家庭农场有限公司、浙江瑞德农业科技有限公司、浙江建德市第一名茶厂、建德市天羽茶叶有限公司、杭州松鹿生物制品有限公司、建德市红群农业开发有限公司、建德市建坤农业开发有限公司、建德市洋津农业开发有限公司、建德市子胥农园粮油专业合作社、建德市大洋镇宏丰家庭农场、建德市柒一禄九生态农业开发有限公司、建德市湾湾家庭农场、建德市飞凤农业开发有限公司为示范基地。

【建立农机智慧监管平台】9月，全市100台（套）联合收割机、大型轮式拖拉机搭建基于北斗的农机信息化管理平台，该平台主要由农机车载高精度定位测亩一体机、高清摄像头、农机信息化管理平台、手机APP、短信平台五部分软硬件组成。此为建德市首次将北斗信息终端装备于农用机械，通过该系统平台为机械化播种、插秧、植保、收割、翻耕、秸秆还田等农机作业，提供作业数据采集、自动化处理、统计分析、精细化管理等功能，此外该系统还能为秋收冬种、春耕备耕等重要农忙时节提供农机实施调度、维修等功能，同时为农机作业管理工作了提供一套科学有效的解决方案。

【开展免费实地检验工作】市农机管理站与安信保险公司合作，进行农机免费实地检验，出动执法人员40多人次，检验烘干机72台、联合收割机62台、插秧机147台，纯农田拖拉机330余台，有效排除安全隐患。

【开展“一创一治”联合执法行动】开展创文明交通治秩序乱象行动,全年路面“一创一治”联合执法检查35次，出动检查人员100余人次，排查拖拉机420台，其中外籍拖拉机128台，查处拖拉机反光膜张贴不规范45台、假牌假证3台、改装车5台、超载3台，达到报废年限25台、驾驶证未年审1台，均移交交警处理。

【引进国内首条最先进油茶籽色选机加工生产线】大同镇镇源村山茶油加工大户梅相贞，引进国内首条最先进的油茶籽色选机加工生产线，该机型采用双层履带分选模式，实现上层分选的废料、成品自动进入下层再次进行复选。该生产线采用高清全彩CCD相机图像采集系统，实现物料（RGB）红、绿、蓝三种颜色信息全面获取，深度识别微小而精细的杂质。（刘雯　姚金富）

林业生态建设和农村新能源建设

【概况】2017年，建德市林业局继续贯彻“生态立市”发展战略，落实“绿水青山就是金山银山”可持续发展理念，走生态林业、富民林业和平安林业共融发展之路，顺利通过珍贵树种示范市国家考评组考评，推进了全市林业事业保持高质量发展。

2017 年，建德市完成绿化造林总面积 932.1 公顷，为省林业厅下达的造林计划的 121.6%。其中迹地更新造林 753.9 公顷。珍贵彩色健康森林 333.3 公顷，珍贵树种局长示范林 6 处（新安江林场打靶场、洋溪街道友谊村西木坞、钦堂乡钦堂村里外坞、杨村桥镇十里埠牛栏坞、航头镇航川村八坞岗、李家镇新桥村西坑），珍贵树种示范点 3 个，珍贵树种示范单位 3 处。

全市参加义务植树 20.7 万人次，尽责率 85% 以上，完成路旁、水旁、村旁、宅旁“四旁”植树 38.5 万余株，无偿赠送乡村绿化苗木 50 万株。

【承办中美森林健康经营合作研讨培训会】6月15—16日，根据《第八轮中美战略与经济对话框架下战略对话具体成果清单》和《中美林业工作组第六次会议纪要》确定的2014—2017年合作计划，国家林业局造林司在建德市举办中美森林健康经营合作研讨培训会。来自美国林务局，中国国家林业局造林司、国际司，中国林科院，北京、吉林、浙江、广西、陕西等省（区、市）林业厅（局），及有关林业科研院所、林业院校、中美森林健康经营合作试点示范单位的代表参加会议。国家林业局造林司司长王祝雄、美国林务局副局长卡洛斯主持会议。造林司副司长吴秀丽、浙江省林业厅副厅长杨幼平、建德市市长朱欢等出席会议。

培训会上，卡洛斯作题为“美国森林经营挑战与机遇”主旨报告，全面介绍了美国在森林经营方面的基本情况、存在的问题、面临的挑战与机遇。吴秀丽作“中国森林经营管理与政策”主旨报告，重点介绍了中国森林经营工作取得的成绩、主要工作和政策措施。

中美双方专家就森林健康经营相关内容开展学术研讨。中国林科院研究员陆元昌、雷相东，西北农林科技大学教授张文辉、浙江林科院研究员袁位高分别作专题报告，介绍我国森林经营理论技术与实践、森林健康评价，以及西北地区、华东地区森林经营工作。美国林务局森林健康保护专家盖瑞、Kisatchie 国有林公共事务官员与生态游憩管理专家吉姆、Huron-Manistee 国有林森林培育专家卡罗尔分别介绍了美国森林病虫害防治、美国南北方地区森林经营管理情况。建德市、中国林科院热林中心等与美方 Huron-Manistee 国有林、Kisatchie 国有林等 7 家中美森林健康经营合作试点示范单位作试点工作情况汇报。

会议还组织参观建德市森林经营现场。此次会议，进一步提升建德市林业工作的知名度。

【森林抚育和彩色健康森林建设】2017年，开展森林抚育面积6333.3公顷，其中列入国家、省补助2000公顷，争取上级补助资金600万元。以杭千高速两侧为重点，实施彩色健康森林（树种以枫香、樟树、余柏等为主）建设面积133.3公顷，争取上级资金100万元。

【公益林建设】2017年年末，全市累计完成省重点以上生态公益林建设86467.6公顷，完成发放省重点生态公益林资金4020.74万元，资金发放率100%。其中损失性补偿资金3372.24万元，护林管护补助453.95万元，公共管护费129.70万元，管理费64.85万元。成发放2017年度杭州市补公益林资金133.03万元，其中损失性补偿资金11.68万元，公共管护费（管理费）16.21万元。

【平原绿化】2017年，投入各类绿化资金近5000多万元，完成绿化面积227.5公顷，超额13.8%完成省计划任务。完成高速、国道、杨梅公路、钦堂公路、下北线、白章线、黄张线、汪黄线等公路铁路绿化22.1公顷；新安江、寿昌江、富春江、兰江等沿线河道景观提升工程，绿化面积17.1公顷（包括草皮）；完成城市绿化、城镇绿化、村庄绿化和景观林改造提升、抚育管护123.7公顷，其他（经济林、片林、树圃等）绿化64.6公顷。

【太阳能利用】2017年，全市推广太阳能热水器3500台，折合面积7000平方米；报废2200台。至年末，全市累计推广使用（在役）太阳能热水器7.06万台，折合面积14.11万平方米，年开发利用太阳能折合节约标煤2.27万吨。

【沼气和沼液利用】2017年，市林业局农村能源办公室开展沼气现状调查和废弃沼气工程报废工作。根据统计，至年末，全市共有在役沼气工程84处，总池容1.39万立方米。年产沼气量84.1万立方米，年发电量36.75万千瓦时。报废40处，总池容1.37万立方米。配合农业部门开展沼液资源化利用工作，开展沼液利用技术培训、种养基地对接技术服务和示范点建设相关工作，全年共完成沼液利用13.2万吨，沼液使用面积1200公顷，均与2016年基本持平。

【可再生能源示范乡镇建设】2017年，建德市乾潭镇创建“农林牧废弃物资源化利用示范乡镇”通过杭州市级验收。项目收集农作物秸秆3280吨，用于制取生物质成型燃料。累计制取生物质成型燃料1410吨，实现销售收入155万元，实现销售利润31万元，为当地农民增收60万元。项目建成后，每年可减0.21万吨二氧化碳排放，减少二氧化硫排放8吨，减少氮氧化物排放60吨。实现农业废弃物资源化利用，减少环境大气污染，节能减排，促进农业循环经济和可再生能源产业发展。

林业产业

【概况】2017年，借助省政协送科技下乡到建德的契机，加快油茶、香榧、山核桃和薄壳山核桃等木本油料产业的发展。省政协组织姚小华、方伟、戴文圣等知名专家对本市薄壳山核桃、竹加工、香榧等产业基地进行实地指导，并举办1期森林食品安全生产知识培训。促进了本地产业技术的提升。以中央、省、市等各级财政产业发展项目建设为平台，在良种推广、先进适用技术应用、生态复合经营理念与模式的普及推广、基础设施建设等方面，加大建设力度，打造了一批产业生态高效示范基地和精品园，有力地推动林业产业的提升与科学发展。全年实现林业产值43.0152亿元，比上年增长10.1%。

【林区道路建设】完成省级林区道路230千米，并通过杭州市、建德市的多次绩效评价和审计，综合评价列杭州市各县市区前列。

【高效经济林基地建设】新建油茶良种推广造林基地143.7公顷，完成油茶低改提升291.3公顷，以木本油料为主的产业基地幼林抚育448.7公顷；大力发展“一亩山万元钱”经营模式，开展复合经营，发展“林下经济”245.7公顷；全面完成2016年国家农业综合开发项目——水碓湾农业发展有限公司（乾潭镇梓洲村）香榧基地示范项目，总计投资838.68万元，建设香榧示范基地47.2公顷，其中新造林20公顷，改造提升27.2公顷；基地林区道路硬化建设3千米，蓄水池3个，建设生产辅道1.5千米，生产用房350平方米。

【3个品牌获得国际森林产品博览会金奖】浙江久晟油茶科技股份有限公司“千岛源”牌山茶油、杭州大库湾生态农业有限公司“大库湾”牌香榧、杭州依云生态农业开发有限公司“八亩丘”牌山核桃获第十届中国义乌国际森林产品博览会金奖。

【香榧产业推广】充分发挥香榧产业高效生态的优势，通过近30年的努力，在加快三都、乾潭梓洲等香榧重点区域发展的同时，面向全市各适宜发展区推广，大洋、梅城、洋溪、莲花、航头、大同、寿昌、下涯等乡镇先后新开辟香榧基地，种植面积、干果产量逐年提升，至2017年年末，全市香榧产业种植面积达2000公顷，干果产量

3074吨，产业区农民增收明显。

【珍贵树种种苗培育与基地建设】2017年，完成培育省林业厅珍贵彩色树种容器育苗55万株，造林需求苗木200多万株。珍贵树种刨花楠容器苗获得第九届中国花卉博览会优秀奖。完成珍贵彩色健康森林466.7公顷（省级珍贵树种造林200公顷、珍贵彩色森林133.3公顷，杭州市珍贵树种造林66.7公顷和珍贵树种培育66.7公顷），争取省、杭州市珍贵树种发展项目资金647.6万元。

【国家林业重点龙头企业格林生物公司】格林生物科技股份有限公司（以下简称格林生物），是2016年第二批国家林业166家重点龙头企业之一，是一家以生产、研发、营销生物香料为一体的国家级高新技术企业。公司前身为成立于1999年的杭州格林香料化学有限公司，因公司整体业务发展需要，自2011年4月1日起，改制更名登记为："格林生物科技股份有限公司"；英文名称登记为："HangzhouGrascentCo.,Ltd."。公司于2009年2月启动搬迁技改项目，将原生产基地搬迁至杭州市级建德马目—南峰高新技术产业园。新厂区总规划用地35.3公顷，第一期工程征地20公顷，生产系统于2010年年底完成建设并投入生产。格林生物主要生产以松节油、柏木油为主要原料加工而成的高档香料，以及其他如格林酮、菠萝酯、氧化芳樟醇等产品。产品香气纯正、逼真，质量可靠，得到国际上大部分主要香料香精公司、贸易商和日化公司的认可和肯定，在高档香料香精领域享有盛誉。公司注重行业标准化建设，通过ISO 9001:2008，ISO 14001:2004，Kosher及Hala等认证，并积极致力于REACH注册。

林政资源管理

【概况】2017年，建德市落实省委省政府、杭州市委市政府"最多跑一次"改革决策部署，根据省林业厅指导目录，将涉林行政权力事项按主项分为25主项38子项，全部进入窗口，并实行"限时完成审批"制度，改进质量，提高服务能力，实现"最多跑一次"。同时，进一步优化服务，提升审批服务水平，践行中心"2211"（两次站立、两次礼貌用语、一次微笑、一次评价）服务理念，推行中心"五心服务"，精简环节，在全省率先推出林地征占用、林木采伐2个许可，由原来的不同步调查设计，变为同一中介一次调查两个成果，推行并联审批机制，实现"一窗受理、内部流转、同步办件"。

按照市政府对于审批项目事中事后监管"双随机一公开"工作要求，是林业局出台《关于印发"双随机"抽查工作细则的通知》，明确随机抽查事项，建立执法人员名录库。4 月、10 月，分两批开展随机抽查，共抽取 11 名执法检查人员负责检查任务，抽取涉林审批项目 61 宗，其中陆生野生动物驯养繁殖 4 宗、陆生野生动物经营利用 10 宗、林木采伐 11 宗、征占用林地 34 宗、木材经营加工 2 宗。检查中发现 1 起违规占用林地行为，对违规行为及时依法予以纠正。确保林政资源管理工作依法开展。

8 月 31 日至 9 月 9 日，国家林业局对建德市森林资源保护管理开展实地大检查，建德市保护发展森林资源目标责任制执行及涉林审批监管工作得到检查组的高度认可，建德市最终顺利通过该项检查。

【林木采伐管理】2017年，全市共审批发证蓄积8.36万立方米，其中纳入采伐限额管理7.16万立方米，占年限额总量的40%，不纳入采伐限额管理1.20万立方米（采伐非林地和征占用林地上的林木）。全市核发林木采伐许可证698份，发证合格率100%，全部实现网上办证，审批采伐公示率100%，做到公开、公正、公平。

【占用林地审批】2017年，共审核审批林地占用项目185宗，面积367.44公顷，收取植被恢复费4720.64万元。其中长期征占用林地项目77宗，面积215.10公顷；临时占用林地项目21宗，面积25.17公顷；林业生产占用林地项目87宗，面积127.17公顷。

【湿地保护与管理】至2017年年末建德市有湿地面积6010.49公顷。2月，在全市开展第12个“世界湿地日”（主题为“湿地减少灾害风险”）宣传活动，在新安江广场等地悬挂横幅，摆放湿地宣传展板，发放宣传资料1800余份。推进居民了解和认识湿地与人类的关系，提升湿地保护管理工作的社会影响力。根据市政府《关于下达建德市2017年规划编制计划的通知》（建政办函〔2017〕23号）文件，着手编制《新安江湿地公园规划》，委托由省林勘院实施规划编制，9—10月，省林勘院完成湿地野外调查及无人机拍摄工作；11月底完成规划文本初稿，12月底完成修编，形成二稿。

【林地年度变更调查工作】根据省林业厅《关于切实做好林地年度变更调查工作的通知》（浙林办便〔2016〕370号）文件要求，年初，市林业局开展全市林地年度变更调查。充分利用最新卫星影像图，专人收集2014—2016林地变更所需的林业生产经营、林地管理档案等林业生产经营资料。3月底，该成果数据提交省林勘院检查；5月，省林勘院出具成果数据验收合格证明。

【森林资源动态监测工作】1月初，及时完成森林资源档案更新并提交华东院审核。3月，杭州市林业水利局发布2016年杭州市森林资源与生态状况公告。公告显示：建德市森林覆盖率76.03%、活立木蓄积927.47万立方米，继续实现“双增长”。12月，2017年度建德市森林资源动态监测档案更新数据提交市林水局及华东院审核。

【森林资源二类调查工作】1月，在完成由省森林资源监测中心专家授课、为期1周的业务培训后，一类样地调查顺利通过省市联合质量检查验收；2月，二类调查野外作业全面铺开，至10月底，全市外业调查结束。11月，向省林业厅申请对建德市森林资源二类调查外业进行质量检查验收；12月，二类调查外业质量通过省市联合检查后，其《调查成果汇编》呈交省林业厅。

【树木移植管理和严禁移植天然大树进城督查工作】6—7月，市林业局联合市住建局、交通局、高新园管委会、各乡镇（街道）等单位，对树木移植管理和严禁移植天然大树进城工作开展专项督查。主要针对近年全市重点绿化工程项目（包括两路两侧绿化、城镇绿化、园区绿化），检查项目所用苗木是否有合法来源证明，重点检查是否存在移植天然大树进城行为。该次督查行动中未发现违法违规移植树木及移植天然大树进城情况。

◎ 6月15日，由国家林业局和美国林务局联合举办的中美森林健康经营合作研讨培训会在建德举行（朱永标 摄）

【木材经营加工行业管理】9月—11月，市政府组织“美丽建德”环境整治百日攻坚行动，市林业局联合交通、市场监管部门，对全市木材加工厂无证无照经营、违法占地经营、杂乱无章经营现象进行整治。9月，市政府组织并由市经信局牵头、市林业局联合参与，开展竹木制品产业对标整治行动，关停小微企业、非法经营企业，做好竹木制品产业提升。对全市36家拟保留提升

企业进行审核，通过乡镇（街道）审核、现场踏勘、部门联审、反馈乡镇征求意见等环节，最终确定全市保留提升企业27家

【森林消防】2017年，建德市发生森林火灾2起，过火面积12.7公顷，受害面积6.3公顷；全年新建市级森林消防队伍2支，新增人员50人（每支25人）；组织129名护林员、688名森林消防员参加职业培训；新建森林消防水池55个，购置高压水泵19台（套）；协办杭州市森林消防地空联合实战演练；开展墓区生态化改造，共涉及16个乡镇3家林场73个村（林区）的墓区109处72.2公顷；结合“两禁”工作要求，严格落实“2+2”制度，严防严守，实施最严野外火源管控措施；对影响森林消防的痴呆精神病人进行全面排查，累计送医救治18人。

【野生动物保护】4月，在文化广场开展第36届野生动植物保护宣传月暨“爱鸟周”活动。活动主题为“依法保护鸟类，守护绿色家园”。制作野生动物保护宣传展板6块，向市民发放《野生动物保护法律法规汇编》280余份、《新保护法》300余份、《告市民书》220份、陆生野生动物保护宣传单以及野生动植物保护名录500余份。利用今日建德网、建德新闻网、建德电视台、《建德林业》等平台开展宣传报道。同时，与30余家餐饮企业签订《承诺书》。

救助国家二级保护动物小猫头鹰 12 只，雀鹰 1 只，一般保护动物蓝孔雀、黄麂、刺猬各 1 只、国家“三有”动物斑鸠 15 只。协助森林公安拆除捕鸟网 1 张，收缴非法猎捕工具（铁夹）150 只，收缴野生动物野兔 3 只；查处违法案件 4 起，行政处罚金额 1360 元。

【松材线虫病防控】2017年，全市累计实施疫情监测10.71万公顷，枯死松木清理8745.9吨（7.0万株），喷药防治松褐天牛856.3公顷，树干药剂注射3万瓶，松林改造151.0公顷，查处违法调运外来松木制品案10起，处罚款67200元，打击和遏制了违法调运松木及其制品的行为。同时，为防止枯死松木外流，对全市重点管理乡镇的松林实行全面封锁，对枯死松木采伐、运输、除害等各个环节实行全程监控。

【林业有害生物监测防治】全年林业有害生物发生面积1.07万公顷，防治面积1.07万公顷，防治率100%。其中，因松毛虫发生周期及气候等因素，全市16个乡镇（街道）3个国有林场8753.3公顷松林暴发马尾松毛虫，发生面积、虫口密度、发生范围均为历史之最，对农业生产、居民生活造成严重困扰。市林业局按照预案，及时组织专业防治队伍开展人工喷药防治，经过25天的集中防治，所有松毛虫发生面积均得到及时有效的防治，防治效果达95%以上，松毛虫害得以及时遏制。

【古树名木资源普查和保护】2016年，建德市启动古树名木资源普查及建档工作，至2017年全面完成。该次普查共调查了16个乡镇（街道）、3个国有林场。共计调查古树名木5884棵、古树群49个；其中一级古树244棵、二级古树739棵、三级古树4890棵、名木11棵；比上期普查新增古树名木4295棵、古树群15个。上述古树名木中，健康株5768株、衰弱株101株、濒危株15株。2017年，省下达计划保护一级古树名木50株，实际实施保护54株，其中一级古树53株、急需保护1株。总投入保护资金125万元。

【行政执法】2017年，全会共处置涉林警情172起，比上年减少50%；发刑事案件6起(其中盗伐4起、非法占用农用地1起、非法猎捕珍贵濒危野生动物1起)，破获6起；立行政案件共83起，其中涉林案件49起(盗伐5起、滥伐8起、林地29起、毁林4起)，涉火案件26起（违法用火22起、公安行政案件2起、过失引起森林火灾2起），涉猎案件8起（未取得狩猎证猎捕非国家重点保护动物3起，使用禁用工具、禁用方法猎捕3起，非法经营2起），减少23起；查处88起（上前遗留7起,2起未结），减少16起。全年无重大涉林事（案）件发生，中共十九大期间森林消防实现

"零火灾"，确保了林区全面和谐稳定。

【林权管理】2017年，全市新增林地流转面积1039.7公顷；发放林权证54本，注销林权证18本；发放林地经营权流转证7本；办理林权抵押贷款1730万元；投保生态公益林火灾险面积8.65万公顷、商品林火灾险面积3.97万公顷、商品林综合险面积0.44万公顷；发放林权抵押贷款贴息资金5.5万元。继续深化林业股份制改革工作，组建林业股份制经营主体2家（建德市雨玲家庭农场有限公司、建德市石木岭薄壳山核桃股份专业合作社），累计入股林地面积63.5公顷。调处建德市与兰溪市插花山权属纠纷16起。完成林权不动产统一登记移交工作，自9月1日起，林权登记工作由市林业局移交至市国土资源局。

建德林业总场

【概况】2017年年末，该场在岗职工人数72人。经上级工委同意，撤销原三家国有林场工会，成立林业总场工会，选举产生林业总场第一届工会委员会。

实施国家级综合林木良种基地建设工程。依托国有林场现有楠木种子园、香榧采穗圃、木兰园种质资源圃、榉树快繁基地、北美红杉基地，利用科研院所合作技术优势，通过品种良种优选，计划投资1000万元，于2020年建成182.8公顷的综合性林木良种基地，其建设定位为：以珍贵树种、经济林树种、生态景观树种等种质资源收集与保存、良种选育与试验示范为核心，以亚热带地带性常绿阔叶树种和珍稀濒危树种资源就地保育为特色，集种质资源保育、良种生产研发与科普教育、休闲观光为一体。

开展对林区周边环境整治，改造（拆除）林区危险旧房屋7022平方米，占危房总面积的73.5%，改善了林场面貌，为林场发展拆出新空间。

完成国有林场二类森林资源的调查工作，国有林场经营总面积1.43万公顷，生态公益林面积9213公顷。利用遥感影像、数字地形图，及通过空间信息调查、属性信息调查等先进科技手段，确保资源调查精准度。完成森林风景资源调查建德市试点野外作业调查。

6月，通过创森专项和自筹，投入12.3万元，举办的"创森暨森林公园杯"全省摄影大赛闭幕，共收到全省各地摄影爱好者的投稿1800多幅，通过专家进行评审，评选出收藏奖10幅、优胜奖20幅、入围奖70幅。并以获奖作品为基础制作《建德森林公园》画册，展示建德森林公园的自然风光和建设成果。

【建德林场】2017年，在岗职工29人，年总收入939.8万元，支出1375.3万元。完成低质次生林珍贵彩化改造项目造林13.3公顷，大径材培育基地林冠下造林28.7公顷，施肥49.8公顷，中幼林抚育261.2公顷，大径材培育项目面积42公顷，采伐木材1300立方米。商品林采伐面积8.8公顷，采伐松木550立方米。防火线维修127.8千米，林区道路维修105.6千米，松毛虫防治566.7公顷。

完成木兰园种质资源圃项目、细果秤锤树、浙江安息香种群保护项目建设。着力加快富春江国家森林公园提升项目建设，计划投资2076万元，争取省专项资金到位1000万元，至年末完成乌龙山登顶绿道路基13千米的初步设计、预算编制等工作。配合市政府重点项目——乌龙山蓄能电站建设，开展国家级森林公园规划调整等工作。年末，建德林场被评为杭州"最美森林公园"，护林员吴火箭入选"浙江省最美护林员"。

【新安江林场】2017年年末，新安江林场在岗职工23人。年总收入685.3万元，支出836.7万元。完成劈山、林地清理10.5公顷，珍贵树种挖穴造林11.5公顷，珍贵树种补植5.3公顷，中幼林抚育66.2公顷，森林抚育60公顷，大径材培育54.6公顷，珍贵树种园施肥8.2公顷，防火线维修13.8千米，防火林带抚育11.7公顷，林区道路维修1千米，珍贵树种中幼林高效经营与彩化培育20公顷，松毛虫防治800公顷，林木采伐12.7公顷，苗圃新育苗3万株。完成新安江省级森林公园总体规划。收集整理史料记载的林场发展轨迹，回顾各阶段重大生产史实，完成《新安江林场志》编纂工作，为建场60周年献礼。

争取杭州市林水局和建德市水利局资金，投资173万元对朱家埠林区1.5千米河道进行整治。沧滩林区后坑坞新建护林房1000平方米，投资162万元，至年末完成工程项目招标。自筹投资57万元对朱家埠林区多处桥梁和道路进行修缮。钱江源生态站综合实验楼附属工程投资56.7万元，完成室外工程水堰坝、野外修路工程、用水工程，径流场、气象观测场建设。

【寿昌林场】2017年年末，寿昌林场在岗职工12人。年总收入449.6万元，支出448.8万元。完成造林（补植）17.1公顷，幼林抚育47.9公顷，中央森林抚育项目66.7公顷。新建林木良种基地26.7公顷。防火线维修43.11千米，新建林区道路4.0千米，维修林区道路8千米、林道10千米。大径材培育间伐杉木18公顷，出材700立方米。林木主伐7.9公顷，材积735立方米。

争取上级部门资金，投资200万元建设种子仓库360平方米，晒场300平方米，报批长林林区护林房600平方米。配合落地寿昌林场滩下的市政府重点建设项目——杭州市第七人民医院（建德）建设，做好职工安置、搬迁、旧房拆除等工作。（鲍跃群）

水产业

【概况】2017年，受网箱养殖取缔整治及“五水共治”工作推进、洪灾等因素影响，全市渔业经济各项指标与上年相比呈下降趋势：渔业总产出4.72亿元，比2016年减少1.7%；其中渔业产值2.03亿元，减少3.3%，涉渔工业和建筑业产值2809万元，减少0.1%，涉渔流通和服务业产值24194万元，减少0.5%。

水产养殖面积与产量继续减少。全年放养总面积1901公顷(其中池塘439公顷、山塘515公顷、围坝364公顷、水库583公顷），减少0.9%，水产品总产量1.01万吨，减少9.6%，其中网箱、网拦、网围“三网”养殖面积2.1公顷、总产量775吨，面积、总产量分别减少78.8%、54.3%，减幅较大；稻田、莲田、茭白田“三田”养殖面积38.8公顷，与2016年基本持平，产量140吨，减少7.89%。全年生产鱼种20吨，投放鱼种1470吨。水产品加工总量362吨，增长18.3%。

全市渔业人口5338人，减少660人；渔业从业人员3910人，减少610人。渔民人均纯收入19545元，增长8.9%。休闲渔业稳步发展。休闲渔业经营主体78个（增加6个），总投资2359万元，休闲渔业总产出2626万元，增长18.2%。接待游客15.33万人，减少52%。

全市机动渔船292艘（计469吨位、功率2839千瓦），比上年减少35艘（因捕捞证到期、网箱养殖渔船整治），其中捕捞渔船232艘（减少14艘）、养殖渔船57艘（减少21艘）、渔业执法船3艘。

全年抽检初级水产品样品47批次（其中省任务30批次，杭州市任务12批次，建德5批次），合格率100%。

【渔业转型】调整渔业产业结构，推广石蛙、编鱼、青虾、河蟹、泥鳅、甲鱼、青鱼、翘嘴鲌（白花）等名优水产品，发展地方特色渔业。全市名优水产品产量5105.7吨（减少8.5%），产值1.66亿元（与上年持平），分别占水产品总产量、总产值的50.4%和82.13%。推广池塘内循环流水高效养殖模式，至年底，全市建成运行7个循环水养殖基地，建有“养鱼跑道”26条2860平方米。推广稻（莲）鱼（虾）共生模式，累计推广面积192.7公顷，平均亩增收益1640元。

【渔业“送科技下乡”】5月9日，省政协在新安江举行“走进基层、走进群众”活动月暨送科技下乡活动走进建德启动仪式，省海洋与渔业局向建德市水利水产局赠送价值50万元的增殖放流鱼种100万尾、科技书籍200册、渔药20箱等物资，浙江省水产技术推广总站与建德市水利水产局签订交换技术推广合作协议书。同时，开展省政协

"送科技下乡"系列活动首个实地指导项目——渔业资源人工增殖放流，省海洋与渔业局总工程师孙晓明、建德市市长朱欢共同主持将2万多尾瓯江彩鲤鱼苗放流新安江。当日，省海洋与渔业局与建德市水产技术推广站联合举办水产养殖技术专题培训。省政协常委、农业和农村工委主任楼国华，杭州政协经农委主任周定炎到航头镇石蛙大棚生态养殖基地开展调研。省海洋与渔业局科技小分队分别到三都镇、梅城镇、大洋镇三地的循环水养殖基地开展现场指导。

【台湾水产专家考察建德渔光互补项目】11月14日，台湾"行政院"农业委员会水产试验所海水繁养殖研究中心副研究员吴育甄、助理研究员林峰右一行到三都镇春江源村，实地考察渔光互补漂浮式光伏电站，并与养殖户面对面交流，了解养殖情况，就太阳能"光电一体"项目与水产养殖结合效果评估开展学术调研。省海洋与渔业局海情处、建德市水利水产局、建德市三都镇政府有关领导陪同调研。（何蕴华）

防汛防旱

【概况】2017年，梅汛期市境遭受三轮暴雨袭击，兰江流域发生自1955年以来钱塘江流域的最大洪水，造成较大损失。在省、杭州市防指的精心指导下，全市各级部门和基层防汛组织主动出击，密切配合，及时预警、靠前指挥、上下联动，圆满完成梅汛期的防汛防台任务，实现"大水面前无大灾""不死人、少伤人、少损失"目标。全年全市未发生人员因灾伤亡，安全度过汛期和旱情。

【防汛准备工作】2月，市防指发出防汛大检查、责任制落实、基层防汛体系完善等一系列文件，市、镇、村开展防汛大检查，层层签订防汛责任书，落实防汛责任。3月底，对照通报情况，各有关乡镇积极落实整改。共计排查整改隐患水库50处、1万立方米以上山塘92处。落实村防汛防台工作组、网格责任人、转移责任人等共4350人。录入所有基层防汛体系责任人信息。制作并悬挂256个村（社区）防汛防台形势图。组织1400余人基层防汛责任人培训、河南里山洪灾害演练、防汛知识宣传等。修编罗村水库控运计划，下达全市25座小㈠型水库汛限水位和控制水位。市镇村及防指成员单位及时补充防汛物资，市防指办储备有冲锋舟橡皮艇7艘、排水拖车1辆、照明车1辆、麻袋0.72万条、土工布2400平方米、抛石铁笼170只、水泵71台、手电559只等。

【汛情、旱情、灾情】汛情市境6月9日入梅，7月5日出梅，梅雨期28天，比常年偏多4天。梅雨期共遭遇三轮强降雨，全市平均降雨量516.9毫米，比常年偏多55%（常年平均332.7毫米）。6月24日14时寿昌江源口站超过警戒水位（30.5米），最高达到31.5米。寿昌江航头乌沙畈站于同日13时超过警戒水位（67.94米），最高达到68.82米。6月23—26日，兰江流域发生自1955年以来钱塘江流域最大洪水，兰江兰溪站洪峰流量达14500立方米每秒；期间25日晚，兰江流域大洋集镇、三河村最高水位分别达到27.11米、29.05米，超过保证水位持续时间分别达40小时、43小时。为应对兰江洪峰，按省防指调度令，富春江电厂不断加大下泄流量，6月25日11时30分达到最高1.5万立方米每秒流量泄洪；同时新安江电厂停止发电错峰。汛期市防指下达罗村水库调度令3次，及时将库水位降至汛限水位以下。

旱情出梅后，市境进入少雨天气。7月5—29日全市平均降雨量为27.4毫米，最小站点三都镇洪岭仅1.5毫米。平均降雨量比常年平均偏少67.4%。在高温少雨天气下，市境旱情总体平稳，未发生大面积饮水困难和灌溉困难。部分高山村落出现饮水困难现象，多个灌区采取灌溉用水限制措施，定期定量灌溉。

灾情主要由兰江洪水致灾。全市洪涝灾害造成4.6万人受灾，紧急转移安置3600余人；1000余户农户房屋进水，大洋镇16家企业进水，倒塌房屋19间；3333公顷农作物受灾；水利设施损毁堤防195处、10.5千米，损坏护岸81处，损坏灌溉设施108处，损坏机电泵站6座。造成全市直接经济损失1.45亿元，其中主要为农业损失5800万元、工矿企业损失4200万元、水利设施损失2500万元。未发生因洪涝造成人员伤亡。大洋集镇最大水深1.8米、三河村最大水深2.1米。受灾人口1万人（主要为大洋集镇、麻车、三河），受淹农田约667公顷，进水工矿企业16家，白章线公路鲁塘村段、三将线公路麻车段等多处路段因进水过深遭阻断，大洋集镇电力中断。大洋集镇受淹550户，共1221人。麻车村受淹房屋300户620人，异地转移安置52户156人。三河村受淹350户711人，150户异地转移安置。三河村、建南村等村因交通中断影响，受困人口2000余人。三江堤防损毁3处共120米。共转移人口3000余人，分散安置。

【抗洪抢险救灾工作】6月，兰江洪峰入境并成灾后，建德市迅速启动应急预案，进入临战状态。24日，市委书记童定干、市长朱欢分别率水利、国土、民政等部门负责人赴乡镇检查防汛工作。当日中午，童定干在市防汛指挥部召集成员单位召开防汛会商会，并视频连线16个乡镇。会后，童定干、朱欢、周友红、张早林等市领导赴大洋指挥，开展全方位安排部署，其他市级领导和部门主要负责人分赴联系乡镇（街道）检查指导防汛工作。25日下午在市防指紧急召开常委（扩大）会议，再次研究部署落实当前防汛抗洪工作，在前线成立抗洪抢险分指挥部。当晚童定干、朱欢均在大洋镇分指挥部指挥抗洪救灾工作。镇村干部坚守抢险一线。其间，市防汛办发出预警短信3.6万人次，迅速向大洋镇调运水政执法船、冲锋舟、移动照明排水车、卫星电话等防汛物资支援抗洪，大洋镇利用扩音喇叭等方式向沿线居民通知洪峰时间和预测水位，要求立即转移人员和财产。6支民间救援队参与大洋镇抗洪救灾，投入专业救援人员200余人、各类救灾救援设备70余套，镇村干部、民兵及社会救援队共派出皮划艇等舟船运送2000余人次。市水利水产局成立5个应急抢险专家组，分批前往抢险现场，指导镇、村抢险处置。及时处置红卫水库等多起山塘水库险情及2起船只走锚事件。各部门、社会救援力量在码头集结，26日凌晨，市主要领导童定干等人带领救援队从水路突进三河村，查看兰江水情和沿线受灾情况，看望受灾村民，部署后续安置工作。随着水位回落，灾后自救工作有序开展。（胡建红）

水利水电建设

【概况】建德市境内有新安江、兰江、富春江及新安江支流寿昌江4条较大河流，38条中小支流（其中流域面积在100平方千米以上的有7条）。全市河道总长1479.2千米，其中省级河道3条84.2千米、县级河道39条514.2千米、乡镇河道604.8千米、其他河道276千米。全市堤防总长674.07千米，其中50年一遇标准防洪大堤（包括城防工程）11.8千米，20年一遇标准三江堤防27.53千米。

除大型水库新安江水库外，有中型水库1座（罗村水库），小型水库138座，其中小㈠型25座、小㈡型113座。

2017年，全市完成各类水利建设计划项目共230处，投资3.8亿元。完成水库除险加固4座，山塘整治43座；农村河道综合整治36千米；实施清污（淤）项目87处，总计完成清污（淤）清淤方量33.14万立方米；完成农村饮水安全工程30处，受益人口4.12万人；新增高效节水灌溉面积1200公顷。

至年末，全市取水排水泵站工程247处，装机容量5976千瓦；全市总灌溉面积2.64万公顷，其中有效灌溉面积1.62万公顷。

【重点项目实施】兰江治理一期工程大洋段、麻车段堤岸总长4.98千米，批复总投资9474万元，位于大洋、麻车集镇，防洪标准20年一遇。2017年开工建设，年度完成投资5135万元，计划2018年完工。

【农田水利建设】第七批中央财政小农水项目县项目，2017年完成投资3462.36万元，包括：山塘综合整治项目24处、高效节水灌溉项目3处，总面积142.7公顷；实施第九批中央财政小农水项目县项目,2017年完成投资3205.18万元，包括：山塘综合整治工程9处；高效节水灌溉项目9处，总面积268.7公顷；灌区改造项目4处，受益面积320公顷，改造渠道长度2.45千米，排水沟3.8千米；农村河塘整治工程4处，整治长度3.03千米。实施大同镇万亩高效节水灌溉工程，受益范围15个村，高效节水灌溉面积833.3公顷。

【水利标准化工作】水利工程标准化管理创建实施57处，投资1653万元；水利工程标准化管理维修养护实施27处，投资389万元。其中标准化管理创建：水库28座，5万～10万立方米“屋顶山塘”或饮用水水源山塘10座、堤防工程11处、农村水电站3座、水文测站5处；标准化管理维修养护：水库21座，5万～10万立方米“屋顶山塘”或饮用水水源山塘6座。

【清淤工程】实际完成清淤总方量33.14万立方米，清淤过程中，由建德市环保部局委托浙江绿荫环境检测科技有限公司对全部清淤项目淤泥进行检测。项目实施完成后，建德市水利水产局委托浙江惠川水利工程技术有限公司对全部清淤项目进行复测，其中：河道19处、清淤7.91万立方米；水库1处、清淤2.59万立方米；池塘66处、清淤9.8万立方米；计划外1处，即主城区清淤12.84万立方米。

【河湖岸线保护】完成84.2千米省级河道地形图测绘，开展管理范围划界工作。开展水域岸线保护利用规划编制，科学划分岸线功能区，强化规划约束作用，严格河湖生态空间管控。

【小水电建设】现有在役的农村水电站31座，总装机2.0万千瓦，其中装机容量1000千瓦以上水电站8座，装机容量1.21万千瓦。2017年，水电站增效扩容项目两处：镇头一级和镇头二级电站。

【千岛湖配水工程】杭州市第二水源千岛湖配水工程在淳安县千岛湖镇富文湾的金竹牌村设取水口，通过输水隧洞引水至余杭区闲林水库，线路总长112.41千米，洞径6.7米，进水口设计流量为38.8立方米/秒，年配水量9.78亿立方米，总投资约99.6亿元，其中，建德段投资约33.8亿元，全长38.7千米，包括11个施工支洞、3处埋管段、2个事故修建闸、主隧洞段长约36.0千米，衬后内径6.7米，埋管段约2.7千米，埋管段钢管内径5.0米，11个施工支洞总长约6.7千米，洞渣总量预估260万立方米，建德段约占整个工程量的40%。

千岛湖配水工程沿途经建德市 6 个乡镇（街道），9 个村：洋溪街道友谊村、莲花镇莲花村、下涯镇金洲村、杨村桥镇龙溪桥村、长宁村，乾潭镇骑龙村、下包村及钦堂乡谢田村、庄丰村，设莲花、乾潭、钦堂 3 处分水口。共完成征地面积约 7.6 公顷，借地面积约 73.1 公顷等前期政策处理工作。

水资源管理

【节水型社会创建】建德市多年平均水资源总量19.58亿立方米，水资源总量丰富，但是由于城市化进程加快和工业发展，导致用水架构、比例和水资源配置发生变化，节水型社会建设刻不容缓。2017年，建德市被列入浙江省第三批节水型社会建设县市，按照批复的方案，制定年度工作计划，推进各类节水型载体建设和资金补助方案文件出台等工作。

【取水许可制度】进一步规范取水许可审批和延续评估工作，严格核定许可水量和用水定额，完善取水计量装置，加强实时监控系统的维护工作，全市共计取水户建德市共有取水企业37家，其中自来水供水企业4家、制水企业8家、住宿餐饮类企业4家、其他企业21家。全部安装计量设施，其中实时监控27家，水表10家。至年末，共计征收水资源费2528万元，其中取水户水资源费1219万元，新安江、富春江电厂水资源费1309万元。

气象服务

【概况】2017年，建德市气象局按照“十三五”气象发展规划和推进更高水平气象现代化建设及对标“一流状态建设一流城市”的新要求，继续深化气象监测预警、防灾应急保障、气象社会化管理等工作。将气象防灾减灾标准化建设工作列入建德市城乡区域统筹发展（新农村建设）工作要点；出台《关于公布建德市第五批气象灾害防御重点单位的通知》《关于进一步加强防雷减灾工作的通知》等文件，强化对雷电灾害具有高敏感度的重点化工企业防御气象灾害管理力度；根据市气象局、建德市教育局联合印发的《关于印发学校应对极端天气停课安排实施细则的通知》，落实在市气象局发布台风、暴雨、暴雪、道路结冰、霾等灾害性天气红色预警信号时学校的应急预案，确保了全市师生人身安全。2017年度，市气象局被评为杭州市平安工作先进集体。

10月，建德市机构编制委员会批复同意《关于调整市气象局所属事业单位机构编制事项的通知》（建编〔2017〕46号），撤销建德市防雷设施检测所，将其承担的防雷安全监管职能划归至市气象局，相关服务职能划转至建德市公共气象服务中心承担。同意所属建德市公共气象服务中心增挂建德市突发公共事件预警信息发布中心牌子，机构规格正股级，新增财政保障人员编制3名。

【气象行政审批制度改革】自1月1日起，建德市气象局不再受理房屋建筑工程和市政基础设施工程防雷装置设计审核和竣工验收审批申请，由建德市住房和城乡建设局纳入建筑工程施工图审查、竣工验收备案。公路、水路、铁路、民航、水利、电力、核电、通信等专业建设工程防雷管理，由各专业部门负责，建德市气象局不再承担相应的防雷装置设计审核、竣工验收行政许可和监管工作。建德市气象局继续负责易燃易爆建设工程和场所（油库、气库、弹药库、化学品仓库、民用爆炸物品、烟花爆竹、石化等）、雷电易发区的矿区和景点建筑物、需要特殊论证的大型项目防雷装置设计审核和竣工验收审批。全年累计受理办结气象行政许可事项37件，其中防雷装置设计审核（施工图设计）13件，防雷装置竣工验收16件，系留气球活动审批8件；办理气象灾害证明便民服务事项60件，办结及时率和服务满意度均为100%。

【公共气象服务】2017年，入汛以来市境内出现4次暴雨天气过程，全年启动暴雨和台风应急响应5次，发布各类专题气象服务材料146期，发布高温预警信号22次，暴雨预警信号19次，雷电预警信号14次，大雾预警信号7次，大风预警信号4次，寒潮预警信号1次，累计发送灾害性天气预警短信200余条约60万人次。春运等节假日、“两会”重大活动和中、高考期间开展专题气象服务，累计发布《重要专题气象服务》34期。5月，建德市气象局作为浙江省政协“送科技下乡”活动筹委会成员单位，积极做好浙江省政协“走进基层、走进群众”送科技下乡活动气象保障服务工作，专门成立了工作小组，积极开展活动对接及保障服务工作。在送科技进村入户活动中，浙江省气候中心首席专家深入下涯镇红群草莓基地，围绕大棚小气候调控技术对草莓生产的影响分析对农户和基层农技人员进行技术指导。

【农业气象服务】启用乡镇精细化订正预报平台，实现强对流天气、降水等临近预报逐10分钟滚动预报，以及24小时逐小时无缝隙天气预报和各乡镇中短期预报的实时发布。5月，完成建德市华森农业开发有限公司“齿墨山舍”牌蓝莓、浙江千岛银珍农业开发有限公司“千岛银珍”茶叶两项“优”级农产品气候品质认证工作。组织市农业局、供销社相关负责人和农业大户召开为农气象服务座谈会，就气象服务产品推广和应用，实现为农气象服务信息实时互动，加大资源共享力度，发挥农业气象专家联盟作用，实现直通式气象服务，并向种植大户了解气象服务需求。

【气象现代化建设】9月，在新安江江边休闲区设立生态气象综合数据显示屏，滚动发布清新空气、PM2.5、新安江水温等监测数据信息。依托浙江省政协“送科技下乡”帮扶支持项目和“美丽建德”生态文明建设工作，以清凉17度气象资源打造建德旅游城市知名度，推动建德旅游景观亮相《浙江卫视》天气预报栏目，同时在“智慧气象”APP客户端首页推送建德旅游景观，助力建德全域生态旅游发展。积极争取地方公共财政保障支持，人工增雨火箭弹储运服务、防灾减灾气象信息分类分级传播、气象设施维修保养、防雷技术评估和气象灾害监测共5项气象工作纳入政府分散采购目录，其中防雷技术评估和气象灾害监测两项为新增气象工作。全面推进防雷技术服务社会化，完成防雷技术服务项目政府购买服务公开招投标。

【人工影响天气工作】3—11月，在大洋镇鲁塘村、三都镇小坞坪村、杨村桥镇王谢村成功开展人工增雨作业共计5次，作业面积1126平方千米，发射火箭弹20枚，增水效益226.4万余吨，有效缓解饮用水库容缺乏和森林防火压力。7月，建德市气象局、建德市林业局联合印发《建德市气象林业人工影响天气联合作业实施方案（试行）》，对涉及人工影响天气工作的相关事宜做了明确规定。

【防雷减灾安全管理】5月，防雷安全监管纳入政府安全生产监管体系，同步纳入安全生产“15日工作法”，2名防雷管理人员纳入县级安全生产专家库。常态化开展防雷安全动态监管和督查，落实生产经营单位防雷安全监管职责，联合多部门对4所学校、4个景区、29家化工企业开展防雷安全专项检查和隐患排查，对全市重点化工企业推行“一厂一策”，实行“户籍化”防雷安全监管新模式，对企业的防雷装置现状、定期检测、隐患整改、雷电应急处置和教育培训等情况实行动态掌握，实现对易燃易爆场所的全面风险管控。全年发布雷电灾害预警信号14次，雷电预警短信接收3.5万余人次，及时提醒相关单位和社会公众采取防雷应急措施。

【气象防灾标准化建设工作】10月，根据《建德市气象灾害应急准备工作认证管理办法》（建政办函〔2009〕182号），建德市新安江街道丰产村等16个村（社区）、5家气象灾害防御重点单位被认定为建德市气象灾害应急准备工作达标单位。12月，根据《2017年市县社会主义新农村建设考核评分细则》（浙新农发〔2017〕3号）和《关于做好2017年社会主义新农村建设气象工作的通知》（浙气发〔2017〕25号）文件要求综合评定，浙江省气象局认定建德市新安江街道丰产村、三都镇羊峨村、航头镇千源村、大洋镇贺宅村为气象防灾减灾标准化村。市气象局组织气象部门联络员、协理员、信息员、重点单位联系人共8次201人分批培训，2017年气象协理员、信息员在“协理员在行动”平台上报工作信息1177条、灾情（实况）信息1561条。

【气象科普宣传】通过“3·23”世界气象日、浙江省政协“送科技下乡”活动日、“5·12”防灾减灾日、“6·23”防雷宣传日、“12·4”法制宣传日等载体，开展《浙江省气象灾害防御条例》、气象科普知识走村访户实地指导活动。在明珠小学、下涯镇、寿昌镇、梅城镇、新叶古村等地进行气象科普宣传，其中市气象局与明珠小学联合编写气象辅导课程及教材《气象探秘》，常态化开展气象科普知识基础教育。12月，建德市明珠小学被命名为浙江省校园气象科普教育基地。借助网站、报纸、短信、气象影视节目、“双微”网络平台、电子显示屏等媒体宣传作用，做好《浙江省气象灾害防御条例》宣传活动，引导全民参与防灾减灾救灾，累计共发放科普宣传资料3.2万余册。（杨燕）

编辑：黄建生

工 业

Industry

综述

【概况】2017年，建德市坚持“工业强市”战略，抓好项目推进、四换三名、传统制造业改造提升、信息经济、企业服务等重点工作，打造建德工业经济“升级版”。完成规上工业增加值92.5亿元，比上年增长6.7%；完成规上工业销售产值437.4亿元，增长9.9%；完成工业投资93.2亿元，增长21.3%。实现工业技改66.4亿元，增长13.3%。完成新产品产值率38.9%。完成信息经济增加值增长18.9%，单位GDP能耗下降率及能源消费总量指标名列杭州地区第1位。全市规模以上企业实现利润总额28.2亿元，增长25.1%。工业经济主体指标均位居杭州七县市（区）前列，全市工业经济基本走出低谷。至年末，实施旧厂区改造项目30个，完成项目26个，完成旧厂区（厂房）改造面积24.1万平方米。

【启动传统制造业改造提升工程】9月，召开传统制造业改造提升工作推进会，落实全省传统制造业改造提升推进大会精神，新安化工等3家企业列入省级改造提升重点企业，红狮环保产业园等三个项目列入省级重点项目，化工行业列入杭州市改造提升示范行业。制定出台《关于改造提升传统制造业振兴实体经济的意见》《建德市传统制造业改造提升企业关停搬迁补偿办法》等配套政策，以化工、水泥、碳酸钙、低压电器、五金工具、家纺和竹木制品七大产业为重点，推进传统制造业改造提升。关停碳酸钙企业166家，拆除违法建筑17.1万平方米，完成率100%。通过整治提升，建德市碳酸钙企业由199家减少至33家，行业产值税收等指标不减反增，2017年，碳酸钙行业产值比2016年增长11.5%，税金增长46.5%。启动竹木制品产业对标整治工作。围绕合法生产、用地规划、违法建筑、环境治理、消防安全和安全生产六个方面相关标准，加强企业合法性审查，实施关停淘汰和整改提升措施。

【“美丽园（厂）区”建设】成立美丽园（厂）区建设专项工作小组，推进美丽园（厂）区建设。按一区一园、五区块、其他园（厂）区三个层面的标准，围绕“三有三无”目标开展，即：环保有措施、厂区有形象、产业有提升；道路无破损、建筑无违章、车辆无抛洒。2017年，建德

◎ 9月30日，全市召开传统制造业改造提升推进会

市确定39个项目予以实施，按照分类定标、一厂一案的原则，实现挂图作战，把园区所有企业分为重点整治企业、一般企业，通过“关停淘汰一批、改造提升一批、搬迁入园一批”方式，突出重点行业、重点区位，开展“低小散”块状行业和“散、乱、污”企业（作坊）整治提升攻坚行动，创建示范美丽厂区。

【落实工业“最多跑一次”改革】开展“最多跑一次”事项“八统一”梳理工作，对政务网审批事项的办理流程、申报资料进行修改完善。推行“容缺受理”，对主要申报材料齐全且符合法定条件，其他资料有所欠缺的予以受理和审查，一次性告知需要补正的材料，通过电子扫描的方式发送至办事人员邮箱进行打印补入。按照“三个凡是”要求清理申报材料，对于项目核准文件或备案通知书等10项可以通过部门外部共享获取的，不再要求办事企业提供，改由经办机构自行获取。制定《建德市工业固定资产投资项目节能评估中介机构管理办法（试行）》，对备案的节能评估机构进行动态管理，实行定期考核制度。贯彻中心“2211”服务，对办理备案时未完成网上注册的企业，当场为企业办理注册、备案全套流程，避免企业再跑一次。

【推进节水改造工程和水平衡测试】2017年，对浙江大洋生物科技集团股份有限公司、浙江乾鑫帆纸业有限公司、建德市雅鼎镀业有限公司、建德市新盛镀业有限公司、建德市马南镀业有限公司、建德市辉煌镀业有限公司6家企业开展水平衡测试工作。建德海螺水泥有限责任公司、中策橡胶（建德）有限公司2家企业被评为2017年度省级“节水型企业”。建德红狮水泥有限公司、浙江新安迈图有机硅有限责任公司被评为2017年杭州市“节水型企业”。（叶智）

十大工业行业

【概况】2017年，全市十大工业行业有规模以上企业353家，完成工业总产值444.41亿元，比上年增长10.8%，实现销售产值437.4亿元，增长9.9%，自营出口交货值72.83亿元，增长7.8%。

【生物科技行业】有规模以上企业22家，其中医药企业3家、香精香料企业3家、化工企业14家、生物化工企业2家。完成工业总产值86.42亿元，增长17.4%；实现销售产值86.39亿元，增长16.6%；自营出口交货值20.86亿元，增长21.6%。

【纺织服装行业】有规模以上企业71家，其中家纺企业67家、纺织企业3家、服装企业1家。完成工业总产值34.03亿元，增长2.8%；实现销售产值33.24亿元，增长2.7%；自营出口交货值20.63亿元，下降2.4%。

【电子电器行业】有规模以上企业32家，其中低压电器企业22家、电子工具企业等10家，完成工业总产值21.42亿元，增长7.3%；实现销售产值20.8亿元，增长6.4%；自营出口交货值12.05亿元，增长0.5%。

【建材水泥行业】有规模以上企业30家，其中水泥企业9家、其他企业21家。完成工业总产值48.96亿元，下降24.3%；实现销售产值47.98亿元，增长21.5%。

【金属加工行业】有规模以上企业35家，其中冶金加工企业14家、五金工具企业15家、金属制品等企业6家。完成工业总产值27.37亿元，增长1.9%；实现工业销售产值27.29亿元，增长2.8%；自营出口交货值5.74亿元，增长4.4%。

【日用轻工行业】有规模以上企业60家，其中竹木板材及制品企业7家、工艺品企业9家、车业企业5家、装饰及玻璃制品等企业39家。完成工业总产值104.86亿元，增长10.9%；实现销售产值103.55亿元，增长10.1%；自营出口交货值9.87亿元，增长6.4%。

【机械制造行业】有规模以上企业30家，其中

◎ 9月24日，德爱威项目奠基仪式（徐关昌 摄）

输送设备企业6家、节能环保企业3家、机械加工等企业21家。实现工业总产值23.82亿元，增长11.5%；实现销售产值22.77亿元，增长8.4%；自营出口交货值1.51亿元，增长20.9%。

【新材料行业】有规模以上企业39家，其中有机硅企业3家、粉末冶金企业3家、碳酸钙企业22家、碳酸钙制品企业9家、其他新材料企业2家。完成工业总产值29.15亿元，增长6.7%；实现销售产值28.63亿元，增长5.7%；自营出口交货值0.1亿元，增长163.2%。

【食品饮料行业】有规模以上企业24家，其中饮用水企业4家、酒业企业3家、制茶企业3家、饲料加工企业1家、农产品深加工企业13家。完成工业总产值44.8亿元，增长7.7%；实现销售产值43.26亿元，增长6.3%；自营出口交货值0.31亿元，下降47.7%。

【新能源行业】有规模以上企业2家新能源企业。完成工业总产值0.56亿元，增长26.9%，实现销售产值0.56亿元，增长26.7%。（叶智）

信息和智慧经济

【概况】2017年，建德市委、市政府推进以产业信息化、智慧化为重点的“一号工程”,信息经济实现稳定增长。至年末，建德市列入杭州市“一号工程”重点产业平台的项目6个，分别是逸龙文化创意产业园、建德浙西跨境电子商务产业园（二期）、浙西数据中心、新安江科技城服务中心、航空小镇、跨境众创空间建设。计划投资9.64亿元，实际完成投资19.19亿元。

2017年，向16个乡镇（街道）征集信息经济项目54个，投资额8.13亿元。其中：重点信息经济培育企业13家，两化融合项目20个，信息经济平台类项目3个。新增入库耀恒光电等信息经济企业14家，招引落地四喜科技和讯创达科技2家信息经济企业,填补1个产业的空白(电子商务产业)，16个乡镇（街道）信息经济企业实现全覆盖。

【“两化融合”活动】推进信息化和工业化的深度融合，“两化融合”指数84.57，全省排在第14位。获评“浙江省两化深度融合国家示范区”称号，获得省切块奖励资金500万元，浙江新安化工集团有限公司被评为“国家两化融合贯标试点企业”。至年末，全市有全国“两化融合贯标企业”6家，浙江省信息化示范（试点）企业2家，杭州智能制造示范企业1家。杭州市“工厂物联网”项目22个，其中：3个获评杭州示范样板，获得上级扶持资金1300多万元。

【实施政府投资信息化项目16个】2017年，建德市实施政府投资智慧应用项目16个，计划总投资1927.36万元。项目分别为：建德市城建档案馆城建档案数字化建设项目、社保系统新增功能项目、建德市就业创业新政策服务管理系统升级改造项目、建德市信访信息系统和话务系统升级改造、“无线建德”建设项目（三期）、建德市食品质量安全电子监管系统工程（二期）、电梯物联网智能安保项目、建德市综合交通信息指挥中心建设（一期）、建德市公共信用信息平台软件开发与系统集成项目二期、建德市档案局档案数字化加工、建德市公安局公安基础信息化项目、建德市公安局网警网络安全监测、舆情监控、天网二号、临侦项目、G20峰会安保信息化支撑项目［350M（PDT）数字集群对讲系统项目］、建德法院立案大厅公众服务、派出法庭高清监控、司法公开及庭审服务项目、区域居民健康体检系统、RFID图书馆自助借还系统建设项目。

【推进平台项目】2017年，建德市“一城一区一园”（一城指新安江科技城、一区指建德经济开发区、一园指建德高新技术产业园）的信息经济格局基本形成，承载建德市大部分信息经济企业和项目。航空小镇、逸龙文创园、跨境电商产业园、心安创客、浙西数据中心等一批信息经济平台逐步建成开始运行，认定17度创咖和心安创客为建德市级众创空间，认定建德市环保科创中心为建德市级科技企业孵化器，新增入孵企业19家。高铁新区（高新产业园）安环一体化“智慧园区”管理平台基本建成。项目总投资3000万元，其中：1500万元为指挥中心土建，1500万元为软硬件及综合展厅装修，包括1个应急指挥中心、1个安环一体化平台、智慧招商等6个智慧应用系统。

【完善信息基础设施】2017年，电信、移动、华数、联通、铁塔五大通信运营商加大信息基础设施投入，推出云主机、汇工作、云存储、税信通等多种上云业务。推进规上工业企业“钉钉应用”“企业上云”，完成752家企业的“上云”工作任务，超过杭州下达的目标任务15.7%。全市16个乡镇（街道）4G信号实现全覆盖，所有村、社区、住宅楼宇实现光纤千兆入户。“三网融合”工程全面完成，信息基础设施整合共享有效推进。布局未来5G信号需求，完成区域通信基站布点规划编制工作，全市建成通信基站1573个。

【推进“互联网+”】推进智慧医疗，提高群众对“医信付”的知晓度；持市民卡人群诊间结算交易数，同比增长21.9%；通过市签约转诊平台实现精准转诊的病人人次占本区域在省市医院就诊人次的22.3%；平均每月县级医院出院小结上传市平台占出院病人数的71.5%。推进农村电子商务应用，开设全国首家农村淘宝旗舰店，全年开设7家。全市村级服务站点446个，实现全市行政村全覆盖，下沉阿里健康、阿里彩票等相关应用服务。推进“互联网+”制造，浙江新安化工集团有限公司被评为浙江省大数据应用示范企业。建德市获得浙江省制造业与互联网融合示范企业（试点）企业5家，分别为浙江新安化工集团股份有限公司、建德海螺水泥有限责任公司、浙江深蓝新材料科技股份有限公司、浙江新安迈图有机硅有限责任公司、建德市三弟兄农业开发有限公司。（叶智）

企业培育和管理

【概况】2017年，建德市做好50家重点企业和30家成长型企业的培育扶持，培育名企，培养名家，推进“小升规”工作。新增规上企业37家、亿元企业2家，全市主营业务收入超过1亿元以上企业87家，其中：50亿元以上企业1家、20亿元～50亿元企业2家，10亿元～20亿元企业4家，5亿元～10亿元企业4家。

修改完善工业企业发展绩效评价管理办法，对441家工业企业开展绩效评价，评出A类企业54家、B类企业211家、C类企业161家、D类企业15家。会同财政（地税）局制定出台《建德市人民政府关于开展调整城镇土地使用税政策促进土地集约节约利用工作实施方案》，重点推进企业绩效评价结果在城镇土地使用税方面的差别化运用。

编制《建德市“十三五”企业经营管理人才队伍建设规划》，计划到2021年全市工业企业经营管理人才6000人。组织新安化工、建平钙业等8家企业赴杭州参加国家人才交流大会。协调解决建德市部分企业高层次人才子女就读新安江城区优质小学难题。

◎ 8月25日，工业经济和招商引资“三大竞赛”现场推进会（徐关昌 摄）

【开展“三大竞赛”】 推进“三大竞赛”活动，实施市领导领衔重大项目制度和重大工业项目联络员制度，推进农夫山泉四期、新安化工白南山基地搬迁、新安迈图、中电建光伏等一批重大项目顺利投产。2017年，全市5000万元以上重大工业项目完成投资28.26亿元，占全市工业投资比重的30.3%。建立乡镇街道分管领导和工办主任月度工作例会制，筹建全市工业企业信息管理平台，建立健全重大项目推进、传统产业改造提升信息定期通报制度。深化“进帮助”活动，成立“店小二”党员志愿者服务队，建立企业服务专员和每周走访企业制度。2017年，全市协调解决企业难题582个，减轻企业负担4.79亿元。

【企业经营管理人才培训】 推荐中高级管理人才47人次赴北京、杭州参加“企业融资与上市专题培训辅导班”“小升规统计服务培训班”、“2017年中小企业大讲堂——大数据金融专题全国巡讲”杭州站活动及杭商学堂专题培训班。举办3期乾潭小微企业综合素质专题培训班，举办1期新安江街道小微企业专题培训班，惠企经营人才300多人。会同工商联，组织企业家赴厦门大学开展参加企业家素质提升班。

【职称评审管理】 开展建设、建筑类中级职称、高级职称，化工、机械类中级、高级、教高级职称申报评审。其中，建设、建筑中级工程师接收及审核评审材料116份，高级工程师接收审核评审材料32份。化工、机械类中级工程师接收及审核评审材料66份，高级工程师接收及审核材料32份，教高工程师接收审核评审材料6份。至年末，工程技术类职称评审工作全面完成，其中：建设、建筑类77人通过中级工程师评审，19人通过高级工程师评审；化工、机械类35人通过中级工程师评审，22人通过高级工程师评审，3人通过教高工程师评审。

【推进“四换三名”工程】 2017年，建设“机器换人”重点项目36个，新增机器人61台。建德市广鑫塑业有限公司年产1万吨包装薄膜技改项目、杭州沈氏节能科技股份有限公司年产20万台换热器自动化改造项目列入省级重点技术改造项目。严格执行《建德市工业项目准入审查办法》《建德市工业项目复核监管办法》，规范工业项目管理。召开准入审查会议7次，准入项目34个，通过盘活存量资源引进了樱花门业、金迎新材项目等一批优质项目。全年盘活存量土地800亩，盘活存量厂房11.6万平方米。推进两化融合，实施工厂物联网项目20个。

【深化技改审批改革】 6月7日，杭州市工业企业“零土地”技改项目审批方式改革现场会在建德市举行。2016—2017年累计受理“零土地”技改项目75个，项目总投资达29.97亿元。国际香料香精整体搬迁及提升改造一期工程、新安迈图20万吨/年有机硅单体项目、农夫山泉年产110.5万吨饮料及饮用天然水生产线建设项目、建业化工迁建技改项目、沈氏节能年产20万台换热器自动化改造项目等5个项目列入杭州市重点技术改造项目，争取工业和信息化专项发展资金2519.2万元。（叶智）

品牌建设

【概况】2017年，建德市深入贯彻“工业强市”战略，根据《关于扶持工业企业持续快速健康发展的若干政策意见》，实施质量强市和品牌战略,促进经济发展方式转变,引导和激励企业增强综合竞争力，建设新型工业化经济强市。农夫山泉（建德）有限公司被评为“建德市2017年度特别贡献奖”，有机胺（浙江新化化工股份有限公司）被认定为浙江名牌。浙江建业化工股份有限公司工业用三乙胺、工业用一正丁胺获得“浙江制造”产品认证。

坚持以市场主导、企业主体、政府主推为原则，新安化工等多家企业参与对国家、行业标准的制修订，抢占行业话语权。浙江新化化工股份有限公司的T/ZZB0168-2017工业用一异丙胺、雅鼎创意家居股份有限公司的T/ZZB0187-2017陶瓷片密封水嘴为“浙江制造”标准第一起草单位。浙江新安化工集团股份有限公司GB/T20684-2017草甘膦水剂、浙江新安化工集团股份有限公司GB/T35498-2017工业用乙烯基三氯硅烷、浙江新安化工集团股份有限公司GB/T12686-2017草甘膦原药为国家标准第一起草单位。浙江深蓝新材料科技股份有限公司QB/T5073-2017人造革合成革用颜色表示方法、国际香料香精（杭州）有限公司QB/T5065-2017香料异丁酸苯乙酯、杭州科龙电器工具股份有限公司QB/T5128-2017热熔胶枪、浙江新化化工股份有限公司QB/T5066-2017香料异丁酸三环癸烯酯、浙江大洋生物科技集团股份有限公司HG/T5218-2017碳酸钾单位产品能源消耗限额及计算方法为行业标准第一起草单位。

【十大税收贡献企业】根据《关于扶持工业企业持续快速健康发展的若干政策意见》，中策橡胶（建德）有限公司等10家企业被评为“十大税收贡献企业”。分别为：中策橡胶（建德）有限公司、建德海螺水泥有限责任公司、国网新源水电有限公司新安江水力发电厂、国际香料香精（杭州）有限公司、建德红狮水泥有限公司、青岛啤酒（杭州）有限公司、浙江新化化工股份有限公司、浙江建业化工股份有限公司、浙江新安化工集团股份有限公司、杭州澳赛诺生物科技有限公司。

【十大亩均绩效企业】根据《关于扶持工业企业持续快速健康发展的若干政策意见》，农夫山泉（建德）新安江饮料有限公司等10家企业被评为“十大亩均绩效企业”。分别为：农夫山泉（建德）新安江饮料有限公司、杭州澳赛诺生物科技有限公司、杭州沈氏节能科技股份有限公司、建德市白沙化工有限公司、建德海螺水泥有限责任公司、浙江深蓝新材料科技股份有限公司、浙江安伴汽车安全急救技术股份有限公司、杭州凯特电器有限公司、建德市易通金属粉材有限公司、中策橡胶（建德）有限公司。

【“重点工业企业”评选】在年入库税收150万元以上的规模企业中，根据企业上年度主营业务收入、利润、入库税收、专利数等指标进行评定，确定浙江新安化工集团股份有限公司等50家企业为2017年度市级重点工业企业。分别为：浙江新安化工集团股份有限公司、中策橡胶（建德）有限公司、农夫山泉（建德）新安江饮料有限公司、浙江新化化工股份有限公司、国际香料香精（杭州）有限公司、浙江建业化工股份有限公司、浙江大洋生物科技集团股份有限公司、格林生物科技股份有限公司、青岛啤酒（杭州）有限公司、杭州奥立达电梯有限公司、杭州新马电梯有限公司、浙江新安迈图有机硅有限责任公司、杭州福斯特药业有限公司、建德海螺水泥有限责任公司、杭州凯特电器有限公司、浙江天石纳米科技股份有限公司、杭州建铜集团有限公司、建德市广鑫塑业有限公司、建德红狮水泥有限公司、浙江深蓝新材料科技股份有限公司、雅鼎创意家居股份有限公司、建德市白沙化工有限公司、浙江致中和实业有限公司、杭州勇华车业有限公司、浙江斐凌工具有限公司、杭州沈氏节能科技股份有限公司、建德市五星车业有限公司、建德市五星生物科技有限公司、浙江远力健药业有限责任公司、杭州新安江工业泵有限公司、建德市顺发化工助剂有限公司、建德南方水泥有限公司、建德市易通金属粉材有限公司、杭州双马生物工程有限公司、杭州特斯林网业有限公司、建德三狮松涛水泥有限公司、建德市钦堂精细钙业有限公司、浙江安伴汽车安全急救技术股份有限公司、浙江宏都寝具有限公司、建德市双超钙业有限公司、建德市耀欣针纺有限公司、浙江久晟油茶科技股份有限公司、浙江钦堂钙业股份有限公司、杭州科龙电器工具股份有限公司、杭州稳健钙业有限公司、杭州朝阳实业有限公司、建德市万家电器电缆有限公司、杭州卡洛实业有限公司、杭州圣玛特毛绒有限公司、杭州文通工艺家具制造有限公司。

【“成长型工业企业”评选】在兴办10年内且年入库税收达到50万元以上的规模企业中，根据企业上年度生产性投入、新产品产值率、专利数、利润率及产值增长等指标，评选出2017年度30家建德市级成长型工业企业。分别为：杭州中水能源设备有限公司、杭州宏鑫钙业有限公司、杭州黑马拉链有限公司、杭州申亿实业有限公司、建德市环城建材有限公司、浙江省建德市正发碳酸钙有限公司、杭州卓信实业有限公司、建德市俊杰塑料材料有限公司、杭州萧宏康美盛铝业有限公司、杭州嘉和材料科技有限公司、杭州国康合成革有限公司、杭州万家创新电子有限公司、建德市聚合新材料有限公司、建德市乾江彩印有限公司、建德市鑫帝钙业有限公司、杭州明扬农牧设备有限公司、杭州朗索医用消毒剂有限公司、建德市恒欣家纺有限公司、建德龙马家纺有限公司、杭州中宝钢球制造有限公司、建德市晶磊混凝土有限公司、建德市恒力电器有限公司、建德市美艾纺织品有限公司、建德市周岳铝镁合金制线有限公司、浙江普林艾尔电器工业有限公司、杭州开扩农业设施有限公司、杭州玺匠文化创意股份有限公司、建德市华宇纳米科技有限公司、杭州正和钙业有限公司、杭州东工机械有限公司。（叶智）

节能降耗

【概况】2017年，建德市委、市政府制定下发《关于印发建德市2017年度节能降耗目标责任评价考核办法通知》，明确对重点用能企业、乡镇（街道）、机关部门实行综合能耗和工业增加值能耗“双控”考核指标，将节能目标考核纳入市创新发展专项考核和年度综合考评。对未完成目标的重点用能企业实行限、停产措施，取消享受一切财政优惠政策。充分运用好“大数据”，以信息化手段提升能耗数据精准化管理。根据信息平台数据，实行一月一监控、一季一分析能耗动态监控制度，抓好全市重点用能企业和新上项目的能耗动态监控。依据规模以上工业企业绩效评价结果，制定有序用电方案，实行差别化限电方案，合理配置能耗资源，把有限的能源空间优先配置到能耗水平低、经济效益好、财政贡献大、市场前景好、发展潜力大的行业、企业，实现能源使用高效配置。

【加强能源监察工作】2017年，建德市将建德红狮水泥有限公司、杭州正和钙业有限公司、浙江天石纳米科技有限公司、浙江建德建业热电有限公司、建德市恒洋化工有限公司、浙江新化化工股份有限公司、建德南方水泥有限公司、杭州澳赛诺生物科技有限公司、浙江钦堂钙业股份有限公司、建德市杉翔建材有限公司、杭州爱佳玻璃制品有限公司、建德市鑫伟钙业有限公司、建德市鑫帝钙业有限公司13家企业列入建德市能源监察计划。13家企业的监察报告编制和网上完成基础数据录入工作。

【淘汰落后产能项目】围绕家纺、五金工具、低压电器等块状行业，结合小城镇环境综合整治和“美丽建德”建设，开展以“四无”企业为重点的“低小散”企业（作坊）整治提升，按照“关停淘汰一批、改造提升一批、整合入园一批”方式，关停“低小散”企业（作坊）888家，完成率6.8倍；淘汰落后产能22家，完成220%；新改扩建标准厂房11万平方米，完成122%；修订完善工业企业发展绩效评价办法，计划纳入分类评价企业448家，实际评价476家，完成106%。建设乾潭小微企业园区，21家小微企业入园。

【区域能评改革】2017年，审查节能项目19个，承诺备案11件，其中：建德市本级审批21个，杭州市级审批9个，向上争取能耗空间15万吨标煤。科学评估确定建德市区域内负面清单，建立“区域能评+区块能耗标准”取代项目能评的体制机制。对“一区一园四区块”推行区域能评改革，合理制定负面清单，明确入园产业标准和能耗总量、单耗的控制范围，推进审批承诺备案制，实现节能审查“最多跑一次”改革。9月，建德市区域能评获杭州市经信委批复。区域能评改革工作列入建德市2017年度综合考评创新目标（改革课题），在《经贸实践》刊物上发表“建德：能评改革谋一绿”文章。

【11个项目通过节能审查】2017年，建德市白沙化工有限公司整治搬迁入园项目、建德新奥清洁能源有限公司杭州建德市大同工业园天然气分布式能源站、建德市远丰工具有限公司年产10万套移动成像智能系列设备项目、杭州沈氏节能科技股份有限公司年产20万台换热器自动化改造项目、杭州崇耀科技发展有限公司年产1.45万吨有机硅特殊功能性材料项目、浙江拓新高分子材料股份有限公司年产10万吨塑料母料项目、建德市浩盛塑料材料有限公司年产10万吨精细钙粉、4万吨母料、1万吨改性塑料项目、杭州众新新型建材有限公司年产30万吨沥青砼建设项目、杭州卡洛实业有限公司年产440万米高端PU合成革后端加工及废水废气处理技改项目、建德市丰华橡塑再生有限公司年产2万吨再生胶技改（新增年产1.5万吨再生胶制品技改项目）、杭州福斯特药业有限公司天然药物医药原料药及其中间体建设项目等11个项目通过建德市节能审查。

【开展环境保护大排查、大整治专项行动】8月，根据《关于开展环境保护大排查、大整治专项行动的通知》（建政办函〔2017〕72号）文件，对10蒸吨/小时以下燃煤锅炉淘汰、水泥搅拌站等进行监督检查。整改落实高污染燃料小锅炉淘汰改造工作。加强锅窑炉使用情况监察。检查企业180多家。推进砖瓦行业环保专项执法检查。开展预拌混凝土搅拌站的摸排。建德市预拌混凝土搅拌站13个，其中固定搅拌站7个、重大项目配套临时搅拌站6个。（叶智）

重点工业企业选介

【新安江水力发电厂】新安江水力发电厂隶属国网新源水电有限公司。2017年年发电量达到19.31亿千瓦时。坚持“加强党的建设强化创新突破”的总体思路，攻坚克难，真抓实干，党建工作扎实推进，生产经营提质增效，依法治企持续深化，文明建设亮点纷呈，职工队伍和谐稳定，保持了安全稳定健康发展的良好局面。机组启动成功率100%，等效可用系数92.04%，较计划高出1.35%。未发生被公司考核的安全、质量事件，实现连续安全生产5658天，全面完成年度安全目标。先后获浙江省五一劳动奖状、全国“安康杯”竞赛优胜单位，全国大型水电厂青年工作“先进单位”，国网新源公司安全生产、工会工作先进单位，继续保持“全国文明单位”荣誉称号。

6月，持续大雨使新安江支流泥沙俱下，新

安江城区水域浑浊不堪。为保下游富春江行洪安全，电厂锐减发电量，江水下泄受阻，持续上溯，污水滞留多日，下游居民的用水安全存在较大隐患。水电厂主动担当社会责任，及时把握下游充分行洪的时机，向华东电网调度提出修改发电计划，增加机组出力的请求。6月13日14点10分，水电厂按华东网调指令将发电出力调整至180兆瓦，加大电站下泄流量。当日15:00起，下游水质明显好转，有效保障地方居民的用水安全，发挥了电站流域控制性工程的综合效益。

6月下旬，钱塘江流域主要支流兰江迎来中华人民共和国成立以来第二大洪水，是1955年"6·21"特大洪水以来钱塘江流域发生的最大洪水，富春江短期最大下泄流量达到15100立方米/秒。浙江省人民政府防汛防台抗旱指挥部于6月25日7时11分向华东网调、新安江电厂发出紧急电报，要求水电厂停止下泄流量，将上游洪水拦蓄在水库内。水电厂按网调指令10分钟内迅速完成全部九台机组的停机操作为下游兰江安全行洪尽量多争取时间。

8月，钱塘江蓝藻出现异常增殖，极大地影响下游用水安全。水电厂勇担国企社会责任，顾全大局，坚决服从省防指的统一指挥调度，紧急增加下泄水量，持续一个多月，全力配合浙江省做好藻情防控和下游杭州市的供水任务。

8月30日，应建德市人民检察院邀请，新安江电厂党员干部代表旁听一起串通投标案件的开庭审理，接受警示教育，汇聚廉洁正能量。近年来通过建立检察联络室、定期与检察院召开联席会议、参加旁听庭审、开展监狱现场警示教育等，深入开展"检企共建"活动，充分利用司法资源，创新预防职务犯罪的工作方式，不断巩固、扩大"检企共建"工作成果，扎实推进党风廉政和反腐败工作，营造"干净干事"的良好氛围，保持"浙江省廉洁文化先进企业示范点"荣誉称号。

实施杭黄高铁电力输送配套工程。新安江电厂2231线路被杭黄高铁工程确定为重要的牵引电源。为满足工程建设对电网输送容量的要求，对部分线路设备需要进行扩容改造。成立多个专项小组，2017年11月2日开工，在电站右岸的220千伏高压开关站，改造新杭2231间隔设备，先后拆除离地11米高空上长17米、重12吨的开关站构架横梁4根，构架短柱8根。安装调试大型电气开关设备GIS（气体绝缘全封闭组合电器），技术人员密切管控现场环境和湿度，安装过程中多名监护人员严密监护、仔细检查，严密控制技术参数，确保设备安装高标准、高精度。12月6日至8日，在大坝上空跨江架设新岭2231线路。为确保电站设备安全，整整三天切断与外界的所有高压线路，这是建厂57年来史无前例的。为减少电站孤岛期间的厂用电量，采取严格的错峰用电管控，停用办公区内所有空调等高耗能电器，部分区域实施全面停电；实时监控厂用电负荷，对临时电源和检修电源采取严格的用电审批，专业技术人员24小时值班巡视，移动式柴油发电机等备用电源均做好随时投运准备。高强度地完成操作票87份，进行2180余项操作，顺利保住"电站孤岛"安全。12月30日，为杭黄高铁配套的新岭2231线路扩容改造工程

◎ 12月6日，大坝顶架设杭黄高铁配套过江输电线路（王建勇 摄）

投产试验合格。输送容量从29.1万千瓦增至42.5万千瓦，净增46%。12月31日，线路经过24小时的试运行后正式投入运行。

被授予杭州市红色教育基地。5月25日，在杭州市淳安县下姜村召开的“杭州市基层党员干部党性教育基地”揭牌仪式上，新安江水电厂被杭州市委组织部、杭州市委党校被授予“杭州市红色现场教学基地”称号。近年来，作为全国文明单位之一的新安江电厂，持续加强党的建设，依法从严治企，坚持与时俱进，强化科技创新，企业安全稳定健康发展，连续安全天数超5400天，发电量迭创新高，在上下游防洪抗旱、地方农田灌溉、钱塘江抗咸顶潮、下游城市供水、G20杭州峰会综合保障等方面均发挥巨大社会效益，年均接待电力系统内外和地方各类、大中小学等学习交流、社会实践、调研访问、旅游参观已逾十万人次。发挥工业资源优势，以史鉴今，以文化人，服务社会，展现教育阵地的正能量，为建设“两富”“两美”浙江贡献力量。

西藏青年骨干到电站锻炼。6月7日至11月30日，西藏电力公司巴河电站电气二次班长益西桑珠同志到电厂实践锻炼。水电厂为他制定详细的实践锻炼计划，指定联系人为他提供学习、生活上的帮助。业务上，以高压试验等电气二次工作为重点巩固、提升他的专业技能水平；利用8号机大修有利时机开展专题培训，为他系统地讲授机组标准化检修知识，拓展他的专业知识面。2012年以来，水电厂共接待、培训西藏电力公司青年骨干7人。（吕志峰）

【浙江新安化工集团股份有限公司】2017年，新安集团实现营业收入72.76亿元，利润总额5.24亿元；净资产50亿元，总资产90.6亿元，资产负债率44%左右。获得中国化工行业制造业500强，中国石油和化工行业民营企业百强，浙江省制造业百强企业，中国农药出口前20强，技术创新贡献一等奖荣誉称号。

建立以决策指挥中心为中枢核心，决策服务型后台、资源支持型中台、前线作战单元协同联动的平台型组织架构。启动核心人才、高潜人才盘点，纳入集团人才序列193人，单位、子公司级357人，基本形成人才梯队。全年引进员工206人，其中：应届大学生49人、中高端人才22人、实用型人才27人，拥有在站院士3人，外籍专家3人。在200多位中高层干部、专业技术人员及核心骨干中实施股权激励。推出高端领域的合伙人机制、创新领域的创客机制、营销人员的参股机制、技术工人的计件薪酬机制。

启动文化转型项目，重构新安文化体系，发布新版文化大纲，以绿色化学创造美好生活为使命，践行客户为先，贡献为本，艰苦奋斗，同创共享的核心价值观，致力于成为硅基新材料和作物保护领域的全球领先者。

◎新安集团文化节主题晚会

推进转型升级，平台模式不断完善。重塑与“小前端+大平台”业务模式匹配的业务流程，组建“农飞客”无人机飞防作业平台，整合生物育种、农资生产销售、作物保护解决方案、农村金融等优势资源，打造农业服务综合生态圈，建成10个省级农服平台和300家县乡级服务中心。探索经济作物解决方案，创新全程管理模式，积累土地托管新模式的实践经验。整合国内外有机硅行业优势技术和人才资源，增强应用服务及综合解决方案的能力，搭建有机硅综合解决方案供应平台，在电力、医疗、新能源等10多个领域积累成熟的技术解决方案。取得硅酮结构胶企业的资质认定，获得密封胶产品进入高端工程市场的通行证。

推进技术创新绿色化，以“搬出一片新天地”为目标，启动白南山园区整体搬迁，打造新安生态智能园区。实施传统制造改造提升，智能园区建设初具规模，入选浙江省智能制造重点项目。树立安全环保也是经营资源的理念，以发展循环经济为己任，实现资源综合利用最大化。推进主导产业技术升级，加大副产物、三废资源的减量化、资源化处理，形成独有的“氯、磷、硅”元素大循环经济模式，将资源吃干榨净，实现从末端治理转向综合高效利用。

推进生产制造智能化，搭建工业大数据分析平台，启动SAP项目，推进机器换人，提高自动化水平，建成集供应链、生产运行、仓储物流、各种保障系统为一体的高效指挥中枢。数字化生产设备数量占比60%，联网数字化生产设备数量占比80%，IT应用基本全面覆盖生产管理环节，成为省、市传统制造业改造提升的典型代表，列入2017年浙江省智能制造重点项目计划，入围2017年省级制造业和互联网融合发展示范企业、浙江省第三批大数据应用示范企业。

推进产品结构终端化。以客户为先，将科技创新作为企业发展的源动力，推进产品结构的优化调整，形成高附加值、安全环保的新型产品结构，提升价值创造能力。农化产业以“除草专家专业除草”为核心，在稳定灭生性除草剂业务的基础上，开发50多个高附加值、安全的新型制剂产品，以及信息素等生物农药，成为灭生除草解决方案领导者，具备农业服务的终端配套能力。有机硅产业向终端化、精细化方向发展，形成有机硅全产业链，并加快向电力、医疗、新能源等重要应用领域突破，实现产品中高端化，提供产品解决方案。

健全体系管理，推进TnPM体系精益管理。在智能园区建设的过程中，邀请浙江公信，对标准体系的运行情况进行诊断，推进质量管理、环境、职业健康三体系合一，夯实基础管理。引进并推行TnPM管理体系，将TnPM与各类标准化体系实现无缝连接，现场管理水平和精益生产水平明显提升。组织培训158场次，专题会议98场次，规范制度29个，工具开发143件，单点课开展137节，各类评比50场次，各类提案516项，现场改善951处。

开展新安好声音、新安龙舟赛、“智存高远 舞动新程”主题晚会等文体活动。参与五水共治、五气共治、剿劣攻坚大行动，保护青山绿水等公益活动。（杨升文）

【杭州奥立达电梯有限公司】公司成立于2000年9月，注册地为大洋镇三河建兰路6号，注册资金4.08亿元。拥有大洋、杨村桥两大生产制造基地，总占地面积15万多平方米。建有5万多平方米的标准厂房和1.6万多平方米的现代化办公楼，客户服务中心、电梯体验馆以及提升高

◎奥立达首批AEP700高速商务乘客电梯出厂

度108米、电梯运行速度8.0m/s的试验塔。年设计、生产各类电梯的能力达3万台，成为中国电梯设计、研发实力最雄厚的基地之一。

公司集设计、研发、制造、营销、安装及售后服务于一体，是一家专业的大型综合性电梯制造企业，是中国电梯协会会员单位，系国家高新技术企业，省级高科技企业研发中心，杭州市企业技术中心。公司研制开发乘客电梯、观光电梯、载货电梯、医用电梯、无机房电梯、汽车电梯、住宅电梯、杂物电梯等十多种电梯，取得A级特种设备制造许可资质以及A级特种设备安装、改造、维修许可资质。拥有业内先进水平的“电梯防溜车保护装置”等33项专利，公司通过ISO 90011点2008质量管理体系认证、ISO 14001:2004环境管理体系认证、GB/T 28001:2001职业健康管理体系认证，标准化良好行为AA级认定、AA级测量检测体系认证。

公司汇集大批电梯行业的专家级人才，具有深厚的电梯研发设计、生产管理的经验，“8米/秒超高速电梯、10吨大载重货梯”等产品技术先进，性能优良。公司在提倡产品研发和扩宽销售渠道的同时，不断增加生产设备和检测设备的投入，熟练的一线生产工人，先进的加工生产设备以及电梯检测仪器。

“责任让服务更出色”，“责任精神”是奥立达电梯的企业核心价值，只有坚持对员工、产品、客户和用户负责，才能始终保障每一次承载的安全、舒适，为客户创造价值，为世界创造和谐。

2017年，公司实现销售收入4.1亿元，比上年增长5%；利润1816万元，减少7.4%；上缴税费2188万元，减少19%。有1人获得高级工程师，7人获得工程师，多人获得助理工程师职称；公司的信息化建设项目“电梯智能制造项目”通过2017年杭州市第二批工厂物联网和工业互联网试点项目验收；2017年通过俄白哈海关联盟CU-TR认证，获得欧盟市场的准入“护照”——CE认证证书；2017年电梯销量突破8000台。

公司产品先后获得“浙江省重合同守信用AAA级企业”“浙江省职工书屋”“杭州市企业社会责任建设A级单位”“杭州市创建劳动关系和谐达标企业”“杭州名牌”“杭州市著名商标”等荣誉称号，连续多年被评为“建德市年度纳税大户”，是“建德市重点工业企业”“企业信用等级AAA单位”“建德市年度十大行业龙头”“建德市年度十大亩产效益企业”。（陈忠义）

【建德海螺水泥有限责任公司】公司成立于2001年11月，是安徽海螺水泥股份有限公司的全资控股子公司。公司熟料基地位于建德市李家镇洞山脚下，水泥生产线位于建德市寿昌工业园区。公司主导产品为“海螺牌”普通硅酸盐水泥和高标号商品熟料，符合海螺集团内控水泥熟料质量标准，商品熟料主要销往金华、衢州、丽水等地区。

建德海螺拥有2条5000t/d熟料生产线，2套9000KW余热发电，2套φ3.8m带辊压机水泥粉磨系统和1套年产百万吨骨料系统，形成360万吨熟料、170万吨水泥、100万吨骨料产能规模。公司在发展历程中创下了“四个第一”，即：海螺集团在省外投资建设的第一家大型熟料基地；浙江省第一条5000吨新型干法熟料示范线；浙江省第一条绿化矿山竖井平硐输送系统；浙江省第一套配备9兆瓦纯低

◎建德海螺水泥熟料基地全景

温余热发电系统。

2017 年，公司实现营业收入 10 亿元，比上年增加 3 亿元；缴纳各类税费 1.07 亿元。全年实现工艺、质量、设备、环保等重大事故为零的目标。（杨磊）

【杭州沈氏节能科技股份有限公司】公司成立于 2005 年 7 月，2014 年 5 月完成股改，2014 年 10 月在新三板挂牌。公司是国内专业生产高效节能微型换热器的厂家，属国家重点扶持类高新技术企业，有员工 300 多人，获得国内外授权专利 45 项。主要从事换热器产品、集成式微通道换热器、微化工连续反应装置的研发、生产及销售。其中：集成式微通道换热器产品销往航空，航天等军工领域、微化工连续反应装备用于化工、药业等领域。至年末，稳定的客户有数百家，其中知名企业有：大金、美的、格力、麦克维尔等。

2017 年，公司实现销售收入 1.60 亿余元，比上年增长 50%；净利润 2527 万元，增长 90%；实现纳税金额达 1292 万元。公司近三年每年保持 50% 的增长速度。

2017 年，公司引进销售、制造、研发高层次人才 5 名。加大高层次人才的引进投入，确保在新品研发、企业管理、生产管理等方面实现“更上一层楼”的突破。

发展两化融合项目，通过引进全新的 MES 生产制造系统、以 ERP 管理系统为基础，在该基础上进行二次开发，达到 MES 系统和 ERP 系统的高度相集成，实现管理与生产的深度融合。该项目被列入建德市两化融合示范区试点项目。

至年末，公司完成 3000 多万元技改投入，通过引进国际上先进的可视化焊接机器人，建立机器人工作站，打造出高度自动化生产流水线。2017 年，公司技改项目被列入杭州市重点技术改造项目。（赵凯程）

【中策橡胶（建德）有限公司】中策橡胶（建德）有限公司是中策橡胶集团有限公司重要的全钢和斜交轮胎生产基地，生产的各种品牌规格轮胎均通过国家和国际认证，产品畅销国内市场，远销欧洲、美洲、亚洲、澳洲、非洲等70多个国家和地区。2017年,公司总产量715万条，其中：全钢626万条、斜交89万条。在册员工4581人。被建德市政府授予2017年度建德市“十大税收贡献企业”“十大亩产效益企业”“超亿元纳税大户”和“市级重点工业企业”等荣誉称号。

2017 年，完成炼胶车间Ⅱ厂房建设。炼胶搬迁项目基本完成并投入生产。轮胎车间Ⅱ主体厂房建设基本完成。80t/h 中水处理站建成运行。全面实施已建厂区的消防报警系统总联动的系统工程。完成多功能食堂装修（一期）工程。

印尼专用轮胎 7.50-16R8038、10.00-20R9038/M9088 等，通过产品的改进升级，品质获得印尼市场的认可。完成全钢轻卡轮胎二次法成型工艺调试 6 台，单机日产量 400 多条，每年可增加产能 56 万条，年可增加产值约 2.1 亿元。完成 31 台 AB 型硫化机两半模调试，年产量可增加 78 万条，年产值可增加约 2.7 亿元。完成 6.50R16、7.00R16、7.50R16 系列高温硫化工艺调试，硫化

◎沈氏“机器换人”项目

时间平均减少 1.5 分钟，单条轮胎制造成本降低 1.35 元，硫化效率提升约 5.7%，节约成本 127.7 万元。开展 42 个规格新产品开发，其中：有 35 个规格新产品调试到位，可投入批量生产，年可增加产值 8000 万元。（张甜）

【建德市万家电器电缆有限公司】公司创建于 1988 年 11 月，位于杭州地区建德市梅城镇城南工业区，占地面积 2.26 万平方米，资产总额 6393 万元，注册资金 1698 万元。年销售额 2 亿元以上。是建德市行业龙头企业（低压电器），重点工业企业，杭州市重点培育的成长型中小工业企业。

公司主要生产道路车辆蓄电池充电电缆，电源延长线、汽车工作灯等系列产品。其中：道路车辆蓄电池充电电缆（俗称“电瓶夹”）年生产能力为 500 万套，延长线插座 300 万套。2012 年通过 ISO 9001:2000 质量管理体系的认证、ISO 14001 环境管理体系和 ISO 18001 职业健康安全管理体系的认证。

公司生产的道路车辆蓄电池充电电缆产品通过欧盟 CE 认证及德国 GS 认证、美国 UL 认证。长期与美国最大的汽车零配件营销商 AUTOZONE 公司、AAP 公司、CSK 公司、墨西哥的 TRUPER 公司、英国的 ACE 公司、德国的 EINHELL 公司等保持良好合作关系。公司产品在国际市场占有率约占 20% 以上。公司主起草的《道路车辆应急启动电缆》（GB/T28543—2012）国家标准，于 2012 年 6 月 29 日公开发布，2012 年 11 月 1 日正式实施。

2017 年，公司销售收入 1.96 亿元，上缴利税 750 万元，利润 700 万元。投入 600 多万元固定资产和技术改造，采购 6 条流水线等设备。公司投入 700 多万元针对新产品的科研费用，有 30 多个产品通过了 GS、UL、CE 等国际认证。（唐涛）

【浙江斐凌工具有限公司】ZhejiangFeilingToolsCo.,Ltd.（简称斐凌PHALING），1999年创立于中国浙江，致力于研发、生产及销售螺钉旋具、内六角扳手、警示带等产品，在中国螺钉旋具领域具有领先地位。

2017 年，实现销售额 1.6 亿元，连续三年利税总额超过 3000 万元。连续 15 年被评为地方纳税大户，年年被评为行业龙头企业。至年末，公司拥有员工 500 多人，固定资产净值 8000 万元，年产螺丝批头上亿颗、各色螺丝刀 8000 万支。

公司在中国上海设立全球销售中心，以 OEM 和 ODM 形式将产品远销美国、英国、德国、法国、加拿大、墨西哥、日本及南美洲和东南亚等国家和地区，同类产品出口总量位居全国领先，海外市场占有率 70%

公司拥有一支全球领先的技术研发团队，本部设有技术研发中心和测试实验室，拥有价值 300 多万元的实验设备以及 50 多名专业技术研发人才和中高级工程师。近 20 年的研发，公司已拥有 100 多项自主专利，取得了德美两国各 1 项重要专利的授权，主起草制定了 1 个国家标准和 8 个行业标准，2014 年被评为国家高新技术企业。

公司坚持“科技引领转型、创新驱动发展”，拥有全国螺钉旋具生产最先进的车铣数控复合机、全自动双色注塑成型机、自动进料和注塑机械手设备以及热处理淬火设备和环保电镀生产流水线，实现生产工艺和技术水平的精细化。

公司的产品质量和性能不仅在国内处于领先地位，而且超越 ISO（国际标准化组织）、ASME（美国机械工程师学会）等制定的国际标准，在全球同类产品中位于先进水平。（唐飞）

【浙江天石纳米科技股份有限公司】公司创立于1997年，注册地为建德市下涯镇朗索路9号。厂区占地面积10公顷。2016年5月在“新三板”成功上市，是一家集科研、生产、销售为一体的高科技股份制企业。公司经营范围有纳米科技产品的研发，普通工业级、食品级碳酸钙、氢氧化钙、氧化钙系列产品的生产与销售。公司技术力量雄厚，是国家认定的高新技术企业、全国化学标准化技术委员会无机化工分会碳酸钙工作组组长单位、全国碳酸钙行业重点企业，建德市新材料行业龙头企业。至年末，公司拥有各类产品生产线6条，员工200多人。

2003年，公司组建了浙江省级研发中心——“特种碳酸钙高新技术研究开发中心”。依托研发中心平台，以特种碳酸钙、纳米碳酸钙研发为重点攻关目标，引进人才、加强与科研单位合作，不断提高产品的技术含量和核心竞争力。至2017年年末，累计承担40多项县级以上新产品的研发工作，其中列入国家火炬计划项目2项、省级新产品计划项目30多项；获得有效授权专利26项，其中发明专利7项、实用新型专利19项。

2017年，公司申请3项国家发明专利，获得3项国家实用新型专利授权，完成6项省级新产品试制工作，通过1项省级新产品的验收。

围绕产品升级换代，提高产品质量和稳定性，努力降低成本，积极开拓市场，其中主导产品纳米碳酸钙在多家全国知名的密封胶生产厂家成功使用并获得好评，卷烟纸用低砷轻钙在民丰特纸实现销售，年销售额突破1000万元。公司通过建德市政府质量奖评审和国家级高新技术企业重新认定。

2017年，公司完成各类产品销售量12万多吨，实现销售收入1.2亿元，上缴税收1200万元，实现利润2000多万元。（汪竹生）

【浙江宏都寝具有限公司】2017年，公司实现销售收入9981万元，比上年增长29%；利润总额324万元，增长37%；上缴税收994万元，增长128%。至年末，公司占地面积3.33万余平方米，建筑面积4.07万余平方米，资产总额达亿元，员工300多人，中高级技术、管理人员50多人，是建德市行业龙头企业，连续多年被评为市重点企业。

公司创建于1997年，是一家以生产服装衬布、家纺用品为主，集设计、研发、生产、销售于一体的现代化企业。自2010年以来，连续被评为产品质量合格单位。通过了ISO 9001质量管理体系、职业健康安全管理体系、ISO 14001环境管理体系、标准化体系以及测量管理体系认证。被中国市场研究中心评定为“中国质量服务信誉AAA企业”“信用等级AAA级企业”，并连续多年荣获市“家纺行业龙头企业”称号。公司所创自主品牌“宏都”获得浙江省著名商标称号。“凯梦娜”商标在几十个国家及地区登记注册，被评为浙江省出口名牌。公司拥有建德市唯一的一家纺织品研发检测中心，自己设计、研发的产品已获得十五项国家专利。产品覆盖国内近30个省、市、自治区，远销欧美、中东等国家和地区。公司严格的管理、合格的品质，通过“Macy's”“Sears”“Jcpenny”“Target”“BedBathBeyond”等国际客户的验厂。

通过OEKO-TEX标准认证。举行20周年暨企业文化展示庆典晚会。公司参与起草的国标GB/T33283—2016纺织品色牢度试验耐工业洗涤色牢度，于2017年7月1日开始实施。成为中国家用纺织品行业协会（CHTA）团体标准化技术委员会委员单位。2017年，公司研发获得8项实用新型专利和4项外观专利。2017“市长杯”创意中国 · 杭州工业设计大赛分赛场冠名企业—“宏都杯”分赛场。

公司先后获得“建德市政府质量奖”“浙江省重合同守信用AA级企业”“杭州市企业社会责任建设C级单位”“杭州市创建劳动关系和谐达标企业”“杭州名牌”“浙江省著名商标”“浙江省出口名牌”“杭州市企业高新技术研发中心”“中国家纺行业卓越绩效模式先导企业”“国际贸易卓越品质企业”“公共检测服务平台”等荣誉称号，连续多年被评为“建德市年度纳税大户”，是“建德市行业龙头企业”“建德市重点工业企业”“外贸出口十佳企业”“企业信用等级AAA单位”等。（许琳）

建德市高铁新区

【概况】建德市高铁新区位于建德市的中部，是建德深入贯彻中央乡村振兴战略、省委加快“大花园”建设和杭州建设世界名城、实施“拥江发展”战略的重要举措，是建德拥抱高铁时代，建设杭州西部门户城市，实现跨越赶超的新引擎、

◎ 5月13日，建德高铁新区管委会成立（朱永标 摄）

新门户、新平台，是建德“一体两翼”（主城区、航空小镇、高铁新区）新一轮发展的主平台之一。

高铁新区东接交通枢纽，西连主城区，涉及洋溪街道、下涯、杨村桥和梅城四个镇街，规划范围105平方千米，其中高新园产业片46平方千米，江北区域51平方千米，江域面积8平方千米。

高铁新区以建德独特自然山水人文为底蕴，以浙西交通枢纽为契机，发展旅游休闲、健康养生、科技创新、农业创意产业，构建田园城市示范区、产业转型示范区、枢纽门户示范区，建设杭州大都市绿色地标，打造可持续发展的高铁经济带。在发展布局上，主打“三廊共进”：北廊——城市创新廊；中廊——沿江特色廊；南廊——高新产业廊。空间结构上包括“一核三区”，“一核”指生态康养旅游综合体，“三区”指科技创智片区、高铁门户片区、高新产业片区。

2017年，建德市高铁新区平整土地53.3公顷，盘活存量土地3.4公顷、盘活存量厂房23875平方米；固定资产投入25.11亿元，其中工业投资21.34亿元、非工业投资3.77亿元；实现规模以上工业销售产值83.82亿元。

招商引资实到内资15亿元、外资3007万美元。全年新签约亿元以上项目6个（工业项目5个）、5亿元以上的项目2个（工业项目1个）。引进上市公司投资项目1个（投资2.695亿的东方雨虹科技开发项目）。

2017年有14个重大产业项目，总投资66.43亿元。14个项目开工建设，完成投资14.12亿元，其中白南山搬迁、新安迈图、智能物流园区、崇耀科技、龙驹合成5个项目投入或试生产，新德环保、铁凝汽配和东方雨虹3个项目完成设备调试，福斯特、白沙化工和顺发助剂等项目有序推进。

2017年，为园区28家企业进行全程审批代办服务，完成劲瑞新材料等14家公司注册、众新新材料10个项目准入、崇耀科技等11宗土地出让；帮助企业解决供电、供热、供气、审批沟通、建设现场和生产经营等方面遇到的困难和问题80多件。

【建德市高铁新区管委会正式揭牌成立】5月13日，建德高铁新区管委会正式揭牌成立，标志着建德市高铁新区建设迈入全新阶段，建德人民拥抱高铁时代指日可待。

【“新安硅谷研究院”落户高铁新区】11月11日，在“智汇新安”高层次人才走进建德大会上，高铁新区管委会、杭州师范大学和新安化工集团三方签署联合共建“新安硅谷研究院”的项目协议。该项目结合建德市“十三五”产业发展规划和新安集团发展战略，以及杭师大有机硅实验室的重点研究方向和技术优势，重点围绕有机硅及其相关领域开展技术攻关、产品开发、科技成果转化、先进技术推广等合作，科技成果将优先在高铁新区落地转化。

【高端装备制造项目落户高新园区】4月26日，军民融合高端装备制造产业化项目签约仪式在高新园举行。该项目由浙江至美环境科技有限公司投资，项目总投资达10亿元，总占地面积33.3公顷，主要进行军、民用环保及水处理设备、材料及零部件研发与生产。其中，一期项目投资达3亿元，占地面积7.3公顷，投产后预计实现年产值20亿元、年税利5亿元。

◎建德高新园智慧化园区

【超细粉末国家工程研究中心浙江分中心落户高铁新区】7月29日，超细粉末国家工程研究中心浙江分中心挂牌成立。该项目由上海华明高技术（集团）有限公司投资，主要围绕纳米碳酸钙衍生材料、工业陶瓷材料开发与成果转化，通过3~5年时间的研发孵化、技术转让、技术服务，产值可达30亿元~50亿元。同时以分中心为平台，建设总投资10亿元，总占地面积33.3公顷的华明集团新材料产业园。

【市政府与北控置业集团签订战略合作协议】11月8日，建德市政府与北京北控置业集团签订高铁新区战略合作协议，双方将就高铁新区的产城整体开发建设运营开展全面合作，把高铁新区建设成可持续发展的现代化产业新城，携手打造独特韵味、别样精彩的建德高铁经济带。

【高铁客厅基础设施工程开工】11月28日，高铁客厅基础设施工程开工。该项目位于杨村桥镇梓源村，总投资8873万元，总用地15.1公顷，项目内容包括土石方开挖、场地平整、边坡治理和地基工程等。项目北邻高铁场站，南至杭新景高速。（朱丽莉）

编辑: 喻春明

商 贸

Commerce and Trade

电子商务

【概况】2017年，建德市继续贯彻执行省委省政府“电商换市”战略，全市电子商务发展基础不断夯实，电商应用持续深化，运行质量明显优化，社会效益显著提升。市政府编制出台《建德市电子商务发展“十三五”规划》，以规划引领全市电商产业发展方向；依据《建德市2017年电子商务发展指数考核细则》，统筹推进全市电商产业发展；根据建政函〔2015〕210号《关于进一步加快电子商务发展的政策意见》要求进行扶持政策申报兑现，首年兑现金额115.19万元；完善乡镇工作联系机制，建立电商企业库，定期开展电商工作交流，加强政企联系、沟通。

全市全年实现网络零售额 30.46 亿元（该数据为第三方电子商务销售平台数据，不包含企业自建网络销售平台、微信等渠道产生的数据），在同年阿里研究院发布的 2016 年中国“电商百佳城市”榜单上，建德市以网商指数 10.220、网购指数 20.232、电商发展指数 15.226 位居榜单第 67 位，连续四年入围百强。实现跨境电商出口额 2.1 亿美元，进口额 1067 万美元。

【电子商务公共服务体系建设】强化市电子商务公共服务中心建设体系，进一步完善中心组织架构、人员配备、机构职能等，夯实基础工作、提升服务水平。更新完善电子商务企业库及电商服务企业库，至年末在库企业共计400余家；加强上下联系互动，与上级电商服务中心联系对接，同时开展送服务下乡，对各乡镇街道电商园区、电商企业进行走访指导；优化公共电商服务宣传平台，做好电商服务中心网站升级和微信公众号运营工作，发布各类工作动态、政策解读、时事信息、本地活动等讯息累计300余条；对接上级部门、园区和各类电商资源，开展电商培训活动，共计开展各类电商培训近40场，培训超2000人次。

【电商平台建设】推动各电商产业基地完善配套服务、合理规划定位，其中逸龙电商产业园入驻企业110余家、年销售额近4亿元人民币；浙西跨境电商产业园入驻企业超过100家、跨境电商出口额超过9000万美元；寿昌

◎建德浙西跨境电商产业园

电商园入驻企业近40家、年销售额1亿余元人民币；乾潭电商园入驻企业359家，年销售额3亿元人民币；鼓励和推进有条件的乡镇盘活闲置土地、厂房、办公用房等资源，建设综合性的特色电子商务产业区，形成集聚发展氛围，推进下涯农旅电商园、乾潭物流电商园和梅城电商一条街的建设进度、招商力度。

【电商企业发展】深化电子商务与传统产业的融合，通过树典型、立标杆，发挥龙头骨干企业的示范带动效应，推广发展经验。国内电商方面，杭州玺匠文化创意股份有限公司的“铜师傅”品牌系列产品屡屡刷新淘宝众筹设计类目记录，仅“双11”（11月11日）即实现销售额7000多万元，位列家纺家饰大类目第八名；建德朝美日化有限公司的“CM朝美”口罩天猫平台全年销售1200余万元，占据平台口罩类目第一名，并由淘宝向其他主流电商平台拓展。跨境电商方面，杭州圣德义塑化机电有限公司、建德市勇华电器有限公司以“跨境电商+海外仓”模式强化品牌与渠道，杭州凯特电器有限公司通过跨境电商，扩大了其品牌智能插座海外声誉度，并设立跨境电商协会，全省首创设立跨境电商联合运营公司——杭州虹达网络科技有限公司，并创建建德跨境电商产品供应平台浙西联域网。

【电商企业招商引资】依托产业资源优势，开展多形式招商活动，以对接各经营主体、电商平台、服务机构等。国内电商方面，与国内最大单品电子商务集聚平台——网库集团、全国领先的农业电商企业——安厨电商，以及优质服务商——四喜网络、巧鹿技术等电商平台或服务机构达成合作，并促成相关项目落户建德，壮大全市电商队伍。跨境电商方面，引入广东新航线跨境电子商务服务有限公司进行落地服务，全省首创设立阿里国际站、亚马逊和速卖通三大主流平台孵化基地，共开展7期实操培训，孵化培育本地企业100余家，为全市跨境电商企业进行人才输送和孵化培育；全省首创设立跨境电商联合运营公司——杭州虹达网络科技有限公司和创建跨境电商产品供应平台——浙西联域网；实施与杭州长征职业技术学院、浙江金融职业学院和义乌吉茂跨境电商培训学校等高等院校的实训基地合作，落实校企合作的人才引留。GoogleAdWords杭州体验中心签约落户浙西跨境电商产业园，在建德设立杭州市第一个服务分中心，助力本地企业的数据营销和品牌推广。

【电子商务主题活动】3月，启动新安集团入驻阿里巴巴农村淘宝暨春耕节产品推介会，全市村淘线下村级服务站点全面铺设。9月，举办“浙西跨境电商杯”技能大赛，召开建德市跨境电商峰会，围绕如何推动建德市跨境电子商务发展和应用、促进传统外贸企业转型升级、全面提高企业应用跨境电子商务水平等主体进行信息共享、探讨交流；11月，举办“支付宝+县域服务·全国首家试点·建德智慧城市推广日”活动，展示建德市智慧城市建设成果，宣传推广各类便民生活应用；12月，集中展示建德市电商企业形象、电商产业多元化发展成果的平台——建德市第四

◎ 2017年2月20日举办春耕节

◎建德市获“中国养生美食名城”称号

届电商节开幕，来自全市60余家单位参展，产品涵盖数十个类别近千种商品。

【农村电子商务】推进“电子商务进万村”工作，在原有农村电商服务站点村级全覆盖基础上，进行规范和升级，指导农村淘宝村级服务站集中办理工商登记，注册成立公司2家、个体工商户39户，实现“村淘”向天猫优品自营店的升级，设立全国首家天猫优品新安江旗舰店，发展村镇旗舰店7家、“淘帮手”35人，实现销售额3000万元。在上行方面，通过“电商+农业”模式实现农特产品上行，有效带动创业就业、实现惠农致富，其中宏联易购采取线上订单线下配送模式实现销售900余万元，邮政依托“邮乐·建德馆”实现销售收入800余万元，丘丘谷通过产业链农产品电商模式实现销售收入近700万元，以县域农产品开发为主的安厨电商落户半年即实现销售收入近500万元。

【智慧城市服务】响应市政府“最多跑一次”政务改革，加快打造支付宝示范县、推进智慧信用城市建设进度。年内实现水费缴纳正式上线，公共支付教育缴纳端口向全市公办高中以及幼儿园开放；完成全市第一个智慧菜场项目营造，新安江农贸市场70%以上商户实现支付宝收款功能；推广智慧商圈，太平洋购物中心及双江特色街商圈氛围基本形成，至年末，全市支付宝口碑签约商家达700余家。同时推进智慧交通、智慧医疗等便民服务项目，对“建德浙西智慧信用城市展示体验中心”项目方案进行修改完善。

招商引资

【概况】全市共引进招商引资项目381个，其中内资368个，外资13个。建德市外内资93.5亿元，完成率105%，比上年增长15.43%；杭州市外内资50.88亿元，增长15.7%；浙商创业创新（浙商回归）16.38亿元，增长6.4%。13个外资项目，实际利用外资14814万美元，完成率109.7%，增长0.78%。

全年举办包括土地招商、集中签约、建德（上海）产业投资环境推介会、通航产业国际论坛等8场大型推介活动。其中，新材料产业跨域招商专题推介会，连线上海、深圳，首次尝试远程视频推介；“朝阳产业炫亮上海”产业投资环境推介会是建德市在外地开展的规模最大的一场推介会，上海200余家知名企业代表以及社会各界人士应邀参加。全市共签约48个招商项目，总投300余亿元，引进恒大温泉养生特色小镇、北控产城融合、华明新材料、科技品牌创业园等大型项目，涉及大健康、航空、高端装备制造、新能源等多个领域。

【内资招商】全市共有内资招商项目368个（其中投资额3000万元以上项目128个），年末实际到位内资93.5亿元，其中35个亿元以上项目到位资金26.8亿元。全部项目的产业分布为：第一产业项目17个，实到资金3.30亿元；第二产业项目136个，实到资金36.26亿元；第三产业项目215个，实到资金53.93亿元。分别占引资总额的3.53%、38.78%、57.68%。

成品石油营销

【概况】2017年，中国石化销售有限公司浙江杭州建德石油支公司（以下简称建德石油支公司）坚持“每一滴油都是承诺”经营理念，严肃经营管理纪律，做好市场远景规划，积极行使政府行对市场监管职能进行宏观经济调控职能，确保境内成品油市场运行畅通，保证公平竞争和公平交易，维护企业和消费者的合法权益，有效保障了建德地区油品成品油市场稳定，为建德地方经济发展提供有力能源保障。全年共销售成品油12.63万吨，比上年增长2.96%。

【安全管理建设】全年多次组织开展员工的现场安全管理、油品接卸取证培训、消防管理员和安全管理员换证培训工作，安全管理人员安全生产管理资格证书和特殊岗位上岗证书持证率100%。继续强化6S整治活动的推进工作，并在原有基础上不断改进、提高。实施加油站站长进入油站现场办公制度，督促提升部分管理薄弱油站运营水平，提升站长管理能力。

【成品油市场拓展与管理】通过适时调整点对点加油站、狠抓油非互动活动、积极推广微信绑卡及易捷钱包的使用等措施，积极应对系统外加油站降价促销冲击，有效遏止柴油销售下降趋势，同时，积极做大汽油销售特别是高标号汽油的推广，全年汽油销售增长幅度及节假日期间的日均销售均创新高。继续开展“多卖一吨油”活动，落实每月站务会议“一站一策”议题，对部分加油站企标、道路、停车区等硬件设施进行改进，实施加油高峰举牌引导制度，淘汰老旧加油机。

全年建德石油支公司加油站共销售汽油5.95万吨，比2016年增长7.61%；销售柴油4.35万吨，比2016年减少2.78%，商客销售柴油2.33万吨，汽柴比例基本持平。全年完成IC卡充值额为6.06亿元，比上年减少9%。全年成品油共调价24次，有效维护了建德市成品油市场的稳定，为地方社会经济健康发展提供坚实的能源供应保障。

【营销网络建设】年末，全市共有成品油供应、销售网点27处，新增杭新景高速大同支线停车区加油站2座，在各乡镇、各主要路段均设有网点，实现城乡网点合理覆盖。在加油站日常管理中，实行支公司、分公司、省公司三级督查制度，每月对加油站实行督查考核，支公司经理、区域管理员每月必须到加油站2次，检查中发现的问题将录入企业管理系统中限时整改，实施“逾期不改对加油站管理人员进行追责”制度。

实施加油站防渗池改造工程，确保经营活动紧跟环保要求，年内完成官路加油站、淤堨加油站、焦山加油站和寿昌加油站防渗池的改造，至年末，全市累计完成防渗池改造的加油站共8座，占在营站的30%。（单卫明）

粮食购销及储备

【概况】2017年，全市商品粮购进总量26.77万吨，比上年增加2.93万吨。地方储备粮油管理账务相符、账表相符、账账相符，库存粮油全部安全、宜存，完成省政府下达的地方储备粮规模任务。市粮食局制定全市粮食供需平衡计划，开展全社会粮油供需平衡调查，掌握建德市区域内粮食需求、产需缺口情况。粮食、物价部门设立监测点共计23个，定期报送粮食市场供应和价格监测信息，掌握粮食购销、储备、价格和市场供应情况。与全市21个应急供应点、3个应急加工点、2个应急运输企业签订应急保障协议。全年为2个军粮代供点运粮21次，供应粳米33.1吨，面粉7.35吨。2017年度杭州市粮食安全市（县）

长责任制考核建德得分130.3分，获得杭州市粮食安全考核第一名。

【粮食收购】7月14日，市粮食局、市农业局、市财政局联合出台《关于2017年建德市订单粮食政策及实施办法》，全市2017年生产的小麦（三等）最低收购价每50千克118元，早籼稻、中晚籼稻的最低收购价每50千克分别为133元、136元，分别比2016年降低1.0、2.0、2.0元。对签订订单、全年稻麦复种面积3.33公顷（50亩）及以上种粮大户、家庭农场及粮食生产专业合作社，按订单每交售50千克小麦奖励30元，每亩最高奖励150元；交售50千克早籼稻谷奖励30元，每亩最高奖励240元；交售50千克中晚籼稻谷奖励25元，每亩最高奖励225元。全年共收购订单粮食早稻241.48吨、晚稻11825.689吨，共计兑现奖励605.77万元。

【储备粮油轮换】2017年，建德市对存储到期的13958.9吨储备原粮（其中：早籼谷226.6吨、晚籼谷13732.3吨）和100吨储备食用菜籽油进行轮换出库；300吨储备成品粮按季进行轮换。对补库储备原粮15700吨，由本市收购的符合国家中等质量标准的“订单粮食”轮换补库，不足部分均通过浙江粮油交易网公开招标采购。

【梅城中心粮站竣工】梅城粮库项目是建德市2016年政府重点实施项目之一，整体用地面积16324平方米；建筑总面积6447平方米，总仓容量1.2万吨。项目于2016年7月开工建设，2017年10月完工，建成仓库4幢共8个廒间及麻袋库、器材库、机械库、药剂库、配电房等附属用房，总投资2998万元。（马力）

烟草专卖

【概况】2017年，建德市烟草局落实杭州市烟草系统“三个领先”战略目标，积极应对多重困难和严峻挑战，围绕年度各项目标和任务，拓展业务营销新形式，开展打假工作，净化市场，维护卷烟专卖秩序。全年卷烟销量18882箱，与2016年基本持平；含税销售额88115.2万元，增长7.68%；毛利2.42亿元，增长8.56%；单箱销售额4.67万元，增长6.66%。市场总体销售情况逐步趋好，为建德地方经济建设贡献了自己的力量。

同时，继续落实“烟草惠民工程”，通过建德市慈善总会捐赠 54 万元，用于建德市的春风行动、社区共建、农村结对帮扶、见义勇为基金、爱心助学基金等社会公益事业。

【业务营销拓展】优化市场状态，立足市场做好弹性控制，社会库存与存销比逐月走低，主销规格市场价格坚挺，五大价类高升低降，销售结构合理提升，促进市场状态持续优化。实施客户经理转型提升，从营销工作检查评估、营销大讲堂、营销技能培训三个关键环节，抓好客户经理的转型提升，实现客户经理以数据分析市场“一口清”，不断提升其带队的从业人员的业务能力和综合素质。稳步推进终端建设，坚持“巩固一批、淘汰一批、发展一批”的动态管理思路，综合运用“望、问、查、盘、谈”的走访方法，发挥终端客户的引领作用，实现从“建终端”到“用终端”的转变。

【专卖管理】全年共查获一般案件310起，查获案值5万元以上（含）案件8起，涉案卷烟量11139.5条。完成2起国标网络案，实现打假破网新突破；遵照杭州市烟草专卖局统一部署，开展“净网清流”专项行动，共查办寄递业案件213起，查获快递假烟量5465条。以内管规范为前提，多次召开专销联席分析会，防范卷烟外流，净化建德本地卷烟市场。推进依法行政，烟草专卖办证中心正式入驻建德市审批中心，并全面配合该中心落实“最多跑一次”政策，应对杭州新合理布局带来的大量的许可证受理、核查工作，共注销非正常经营户142户。（周福良）

供销合作事业

【概况】2017年，建德市供销合作总社坚持为农服务宗旨，紧握改革机遇，以充分发挥市农合联执委会职能作用为抓手，全面推进供销社综合改革与“三位一体”农合联建设互融互促，取得实效。供销系统经济运行总体平稳，全年完成商品总购进5.6亿元，总销售6.3亿元，实现利润480万元，分别比2016年增长7.7%、8.6%、6.7%，全面完成年度目标。

12月26日，召开建德市供销总市第八次代表大会，完成第八届理事会、监事会换届工作。

【“三位一体”农合联改革】继续强化农合联体系建设，落实农合联“三会”（理事会、监事会、执委会）制度，完善“一办五部”工作机制，配齐配强人员。市级农合联会员走访率达100%，与农民联结得以进一步密切。组织乡镇农合联赴台州、温州等地农合联考察学习，建立农合联统计直报系统，开展乡镇级农合联统计人员培训。创新出台杭州地区首个《关于乡镇农合联规范化建设的实施意见》，扶持奖励下涯、莲花、三都镇等“四有”（有人、有地、有载体、有服务平台）镇级农合联组织。完成市现代农业综合服务中心、农民培训中心和近1000平方米的市中药材展示展销中心建设。创立杭州地区首个农合联微信平台——建德农合联，为农合联成员提供政策、资讯、活动等服务。根据“三农”新变化、新需求，及时调整农合联服务方向，指导下涯镇农合联打造杭州地区首个集乡村旅游、农产品展销、庄稼医院、农村金融服务于一体的镇级现代农业综合服务中心，并作为试点经验在全市推广。

【农资服务工作】全市供销社系统成员单位重视农资淡季储备工作，全年储备各类化肥2600吨、农药50吨。开展春耕支农惠农服务，全年优惠供应化肥65.7吨、农药3.11吨、种子102千克，实现销售额23.36万元，让利总价值达4.47万元，各类惠农助农支农活动赠送农资价值共计105余万元。同时，发挥新安植保农资公司行业龙头企业的带动作用，完善农资市场网络，提升异地农资服务水平。

【农产品流通渠道拓展】依据农业产业布局，按照管理规范化、经营规模化、生产标准化、产品安全化、营销品牌化的“五化”目标要求，新建规范化农民专业合作社2家。市供销总社组织农产品经纪人对接省外市场，拓宽销售渠道。推进市级农产品综合批发市场建设，搞活农产品流通。提高农民的市场议价、定价权。7月18日，在三都镇举办中国·建德第二届西红花种球销售节，当天达成销售种球43.09吨协议，销售金额近260万元，种球销售数量比首届增长24%。成立全国首个县级农业电商公共服务中心，争取省供销社扶持农业电商资金90万元，与安厨电商平台合作推广建德名特优农产品，打造区域公共品牌，至年末与20余家涉农企业合作，推出松口蜜桔、水果玉米等名特优农产品60余款。与省农发集团旗下“中国农业网”平台合作，宣传推广建德名特优农产品，提升建德特色农业知名度。

【农村金融服务优化】整合现有融资担保服务资源，提升农信担保支农惠农成效，全年完成融资担保1800万元，其中涉农担保1100万元。发挥大同镇桑盈农村资金互助社的示范作用，引导有条件的农户、农业企业、农民专业合作社社员以自愿入股的方式，组建可以承接存款、贷款、结算等业务的农村资金互助社，破解农民融资难问题。

【强化供销组织建设】推进“党建带社建、村社共建”试点——建德市三都西红花展示馆建设，发挥基层党建促进农村经济发展的积极作用，实现助农增收。深入学习贯彻中共十九大精神，按照全面从严治党要求，把党的建设作为第一要务抓紧抓实，落实党风廉政建设和反腐败工作，坚持“三会一课”制度，落实“两学一做”学习教育常态化制度化，开展“党员固定活动日”“新安夜学”、三提一争、建功立德等活动，端正干部作风，强化责任意识。（韩凌）

出入境检验检疫

【概况】2017年，出入境检验检疫建德办事处共完成出境检验检疫批次5269批次，货值1.05亿美元，出口批次与货值分别比上年增长2%和13%。完成出口危化品包装检验检疫1119批共448340件，完成签发各类原产地证书3396份，为辖区内的出口企业减免各类进口关税420万美元。

【推进国家级低压电器示范区建设】一是争取重视，圆满完成质检总局副局长孙大伟调研建德低压电器示范区事宜，示范区成果获得孙大伟充分肯定和副省长冯飞的亲笔批示；二是总结经验，配合相关部门完成示范区区域治理模式经验总结，并在全国示范区工作会议上作典型经验推广；三是多措并举，加强目录外产品抽查、出口工业品原产地调查、退运通报工作及二维码溯源等管理手段，全面提升低压电器示范区的管理。10月，建德办事处协助市政府及梅城镇，迎接质检总局考核组对示范区的复评，圆满完成建德低压电器国家级示范区复评工作。

【进出境生物安全管理】严格落实进境产品责任制，首次截获有害生物——蝇科蛹，及病媒生物——德国小蠊各1次，按照程序完成处置。完成国家总局动植物检验检疫信息资源共享平台上报。实施并完成对辖区内果园实蝇监测及对进口粮食生产加工储存开展杂草等有害生物监测。完成对7家竹木草制品企业注册登记和风险管理计划的帮扶。对辖区内23家全部在册竹木草企业质量负责人和厂检员共29人集中开展培训，帮助企业建立完善自检自控体系，提高企业质量控制和管理水平。

【原产地优惠政策落实】全年签发各类原产地证书3396份，比2016年增长57%，涉及签证金额增长28.63%。先后对企业开展一对一对培训54余人次，解答企业关税减免相关问题200余条，促进了原产地优惠政策的落实。帮助九天、格林生物等4家企业应对印尼海关的退证调查，切实解决上述企业有关东盟原产地证书中的香港中转港问题，有效提升原产地的实际运用水平。（陈焕斌）

表13　2017年建德市外资招商总投资1000万美元及以上项目资金表

单位：万美元

项目（企业）名称	中方投资者	外方投资者	注册资金	实到资金
杭州金绿建设发展有限公司	建德市国有投资发展有限公司	金投国际（香港）有限公司	8333	3400
建德市建福建设有限责任公司	浙江省建工集团有限责任公司	中国浙江建设集团（香港）有限公司	2904	300
杭州爱博家具有限公司	—	香港威尔家具有限公司	600	100
德爱威（中国）有限公司	—	DAWASIALIMITED	2972.5	1195
杭州海腾建设有限公司	—	中建国际投资（中国）有限公司	2952.3	2268
国际香料香精（杭州）有限公司	杭州新安江香料厂	香料资产有限公司	4353	1000
建德和煦企业管理有限公司	—	捷颖控股有限公司	1211.5	3650

表14

2017年建德市内资招商投资1亿元及以上项目资金表

单位：万元

项目名称(内资)	注册公司名称	产业	投资方单位名称	协议资金	实到资金
房地产开发项目	杭州锦易置业有限公司	三产	杭州郝客投资管理有限公司、杭州码尚投资管理有限公司	158800	4000
建筑用砂岩矿矿产资源开发利用项目	建德更楼矿业有限公司	二产	余杭区浙江南方水泥有限公司	10000	8136
严州奇石博物馆项目	杭州朝龙投资有限公司	三产	福建省陈万兴	10000	5000
军民融合高端装备制造产业化项目	杭州建德至美机电有限公司	二产	西湖区浙江至美环境科技有限公司	30000	5000
屋顶分布式太阳能光伏发电项目	建德市互融新能源发电有限公司	二产	杭州互勤新能源科技有限公司	11000	1000
中视文化传媒基地项目	杭州焱梅文化传媒发展有限公司	三产	北京市李海渤、中视干线国际影视文化传媒（北京）有限公司	25000	6000
环保材料开发项目	浙江东方雨虹科技开发股份有限公司	三产	198个股东北京东方雨虹防水技术股份有限公司	26950	13850
年产400吨维生素C磷酸酯镁钠项目	浙江久顺生物科技有限公司	二产	安徽省李义昌、冯旭、李昊，桐庐县程玉林	10000	3800
集智房地产项目	杭州集智美墅实业有限公司	三产	深圳集智品牌设计顾问有限公司	10000	10000
养生养老项目	浙江天足实业有限公司	三产	天津足球产业发展有限公司、河南省邱三川	10000	9000
卓宇航空器材制造项目	杭州卓宇航空器材有限公司	二产	常州麽力贸易有限公司	11600	11000
新能源技术开发项目	杭州港韵新能源有限公司	三产	黑龙江省张喜军、河南省秦长远	20000	20000
道路货物运输项目	杭州超利物流信息服务有限公司	三产	温州市刘雪	10000	5000
供应链管理服务项目	杭州鼎涛供应链管理有限公司	三产	河南省赵洪涛、余杭区杨国凤	10000	5000
物流信息咨询项目	杭州合杭物流信息有限公司	三产	安徽省贾维军、温州市刘雪	10000	5000
通用航空项目的筹建项目	浙江华仁通用航空股份有限公司	三产	广东华仁通用航空设备有限公司黄穗生、詹海燕、胡晓勇，湖北省陈建福、盛才华，湖南省叶爱平，舟山市伍娟	10000	10000
乾潭金谷生态金融特色街项目	浙江大蜂泷域实业有限公司	二产	滨江区大蜂控股有限公司	10000	1000
自行车主体公园项目	杭州勇峰自行车运动有限公司	三产	西湖区金志杰、陈雄强	10200	990
休闲用品生产项目	杭州屹丞休闲用品有限公司	二产	安徽曹敏慧	10000	4700
分布式能源项目	杭州聚兴智慧能源有限公司	二产	余杭区陈胜伟单建德拱墅区胡永明	10000	3000
网络技术服务项目	建德品创信息技术有限公司	三产	甘肃省郭高平、嘉兴市王锣妨	15790	15000
乾潭乡旅产业园B区项目	杭州远镜乡旅投资管理有限公司	三产	江苏工业园区远见旅游规划设计院集团有限公司	25000	1005
太阳能光伏发电项目	建德中电建新能源有限公司	二产	下城区中国电建集团华东勘测设计研究院有限公司	16000	19105

续表14

项目名称(内资)	注册公司名称	产业	投资方单位名称	协议资金	实到资金
浙江新祥利投资有限公司增资搬迁项目	浙江新祥利投资有限公司	三产	下城区洪江鑫、洪丽娟	10000	10000
基础设施建设项目	建德明德基础设施投资有限公司	三产	宁波市龙元建设集团股份有限公司	15000	16980
从事货运及技术的进出口业务项目	浙江三炎进出口有限公司	三产	上海市上海劲云贸易发展有限公司	12000	10800
浙西农产品旅游电商产业园项目	杭州浙西农产品旅游电商园管理有限公司	三产	江西省朱红俊	10100	10000
石灰岩矿开采项目	建德市建伟矿业有限公司	二产	北京多赢资本管理有限公司，上虞区陈雪龙、江干区桑小元	20000	5661
服装、鞋帽、箱包批发、零售项目	建德南锦贸易有限公司	三产	江西省王金涌、安徽省胡桂兰	10000	5000
年产5万吨沥青改性粉及2万吨塑料包装生产线项目	杭州结加改性材料科技有限公司	二产	广东省罗亚平、杨志辉	15000	3000
新材料、超细材料技术开发项目	建德华明科技有限公司	二产	上海华明高技术集团有限公司	100000	1000
承接土木、市政、园林工程项目	建德市建福建设有限责任公司	三产	浙江省建工集团有限公司	20001	10001
投资管理项目	浙江富隆投资有限公司	三产	温州市梁雪玲	13000	13000
房地产开发经营、物业管理项目	杭州盛建置业有限公司	三产	恒大地产集团上海盛建置业有限公司	200000	6000
房地产开发经营项目	建德万固房地产开发有限公司	三产	浙江万固实业有限公司	10000	10000

编辑: 黄建生

旅 游

Tourism

综 述

【概况】2017年，建德市贯彻建德全域旅游三年行动攻坚年计划，实施浙江省全域旅游示范县（市）创建工程，抓项目、抓营销、抓环境，全市旅游发展氛围日渐浓厚，旅游发展环境日趋改善，旅游发展动力日益积蓄，旅游业发展总体呈现良好的态势。全年接待游客986.4万人次，比2016年增长14.8%；实现旅游总收入90.6亿元，增长20.3%。

【全域旅游氛围凸显】1月，市政府出台《全域旅游发展政策实施细则》，每年统筹安排不少于3000万元资金用于全域旅游发展。结合美丽经济建设工作，修改完善全域旅游扶持政策，扶持资金增至1亿元。11月,建德市被省旅游局列入第二批“浙江省全域旅游示范县（市、区）创建名单”。各乡镇（街道）积极围绕本地特色,走自己特色的旅游发展之路。乾潭镇、梅城镇被省旅游局列入风情小镇培育名单；建德航空小镇被列入第二批全国特色小镇名单；新安江景区、航空小镇列入国家AAAA级景区创建预备名单；大慈岩民宿村顺利开业；梅城旧城改造项目顺利推进，并以此带动全市旅游形成“比学赶超”的氛围。

【乡村旅游迅速发展】经过3年努力，“建德果蔬乐园”已成为“长三角”采摘游第一品牌；大慈岩镇“睦慈”“慈庐”“遇见”3个民宿的建设和开业，填补了建德市相对高端民宿集聚村的空白；乾潭镇下包骑行驿站、罗村汪活源、罗隐山庄、胥江村子胥朴园、胥溪庄园相继开业，客源活跃；大罗线乡村旅游精品线路初见雏形；三都镇高山民宿度假区也得到市场极大关注。乾潭镇下梓村、钦堂乡葛塘村、寿昌镇桂花村等一批美丽乡村示范村、特色村积极推出招商资源，投资发展氛围良好。至年底，全市乡村旅游总人数469.86万人，同比增长77.05%，收入4.79亿元，同比增长136.31%。农村居民增收途径得以进一步拓展。

【涉旅重大项目建设】年内，温泉火车主题酒店、联众欢庭航空小镇度假酒店、华东地区首个高空跳伞项目正式营业，航空小镇休闲旅游板块逐步成熟。至年末，正式建成营业的涉旅重大项目有：开元芳草地乡村度假酒店、千岛湖皇冠假日酒店、江南大冰洞、大慈岩民宿村。此外，乾潭—梅城绿道沿线驿站、水上巴士及配套设施项目建设完成；江南秘境国际旅游度假区渔村项目一期进入施工阶段，二期完成方案并列入2017年省坡地村镇项目；钱塘江综保工程（洋溪至梅城段）项目正式开工；大新安江慢行系统完成规划设计；梅城严州古城棚户区改造、杨村桥草莓小镇重大旅游项目建设及三都姚坞旅游码头、新安江主城区双江街夜游码头等景区提升改造项目稳步推进。

【产业融合】旅游+农业。以建德果蔬乐园和民宿建设为主抓手，重抓农旅结合，全力推进乡村旅游发展。制定实施建德果蔬乐园发展计划，引进门票制度，纳入客源引进政策扶持体系，开通杭州至建德果蔬乐园直通车。依托良好的生态环境，加快精品民宿建设，全年新完成民宿审批

114户，申报成功杭州市现代民宿示范项目4个村5个点（争取资金580万元），完成星级民宿评定43家。9月29日在大同举办“稻香小镇”首届开镰节，通过各类主题活动向外界展示稻香小镇阶段性建设成果。10月31日，在钦堂举办“稻舞田间”稻香节，5000余人参与活动。

旅游+文体。8月5日成功举办2017中国·17度建德新安江“夏日冬泳”挑战赛，吸引全国18个省（直辖市、自治区）2656名运动员参加。8月18日，首届新安江音乐节在建德航空小镇裸眼3D剧院正式开幕，结合浙江省吉他大赛、电声乐大赛等大型赛事，吸引超过3000名来自“长三角”地区的音乐爱好者。9月15日，在大慈岩举办“秋景秋韵好风光，尽在建德新安江”为主题的2017建德秋季旅游产品发布会，活动参与媒体超50家，参与游客超1000名。

【17度新安江品牌影响力增强】围绕疗休养和清凉避暑两大主题，策划组织各类旅游市场拓展活动20场，举办百人以上规模的旅游推介会5场，覆盖上海、南京等10个主要客源市场。先后策划千岛银珍茶文化旅游节、新安江啤酒节、“夏日冬泳”、首届音乐节等30余个高规格活动。以清凉冰爽旅游形象为设计理念的“17度新安江号”地铁专列、公交车“清凉专线”分别亮相杭州地铁1号线和南京、宁波。以“夏日冬泳”为代表的清凉旅游活动，被央视新闻报道和赞誉。7月，全市纳入统计16家景区接待游客17万人次，同比增长42.8%；实现营业收入862万元，同比增长49%。8月，以夏日冬泳、音乐节为代表的休闲活动吸引来自全国18个省（市、区）近万人到建德市休闲旅游度假，全市住宿餐饮业持续升温。

【旅游环境优化】三都姚坞游客中心正式投入运行，乾潭游客中心建设完成。新改建旅游厕所34座，总投资945万元；启动旅游交通指示牌建设工程，至年末总投入89.6万元，新（改）建38块，同时完成国有景区旅游交通标志牌完善工作。组织2次全市咨询员采风活动；开展国庆黄金周旅游咨询服务，68人次参与旅游咨询服务，服务游客5463人次，派发建德旅游指南、“十一”出游攻略等宣传折页11542册。全年7家旅游咨询点共接待游客咨询10.15万人次，其中电话咨询1.5万人次，网络咨询2.9万人次，发放免费宣传资料3万册。智慧旅游加快建设，建德旅游客源引进系统建成投入运营使用。（陈晓波）

【建德市新安旅游投资有限公司】2017年，市旅投公司以创建新安江国家AAAAA级景区为抓手，围绕全域旅游发展战略、杭州市拥江发展战略，发挥建德旅游主平台、主力军作用。建德绿道被评为“浙江省最美绿道”。实现营业收入4264万元，比2016年增长11.9%；接待游客102万人次，增长22.8%。

东线两大旅游码头完成升级改造。5月，梅城姚坞码头游人中心投入使用，投资6000多万元；年末，乾潭旅游码头游人中心完成建设，投资4000多万元。

出资1.27亿元收购南山福邸、千岛湖假日酒店两大项目。南山福邸酒店项目引进雷迪森酒店管理公司委托运营，按五星级标准装修改造。

挖掘景区资源特色，策划“新叶担货节”“千人佳丽旗袍秀”“新叶晒秋”“杏会大慈岩”等节庆活动23场，旅游人次超百万。

总投资20亿元的江南秘境国际旅游度假区江南渔村项目开工建设。总投资2.3亿元的乌龙山上山道路完成一期工程路基。五星级“杭州富春江开元芳草地乡村酒店”正式营业，二期项目“溪西畈开元主题酒店”奠基开工。以主城区城东集散中心码头、风月轩码头，虹鳟鱼场、月亮岛改造等为主的基础设施建设全面启动。新安江主城区夜游灯光秀项目完成前期策划、设计和一期工程完成施工招标工作。新安江200座豪华游船扬帆二十号建成并投入运营。

出资5.2万元与建德市天羽茶业有限公司投资、建德市第一名茶厂合作成立建德苞茶农业开发有限公司。（吴文碧）

编辑：黄建生

交通运输　邮政

Transportation & post

综　述

【概况】2017年，市交通运输局完成交通基础设施建设投资12.3亿元，占年度计划的116%。其中在建交通项目完成投资6.56亿元。

推进23省道改建工程、十里埠综合作业区、320国道至杭黄铁路建德东站连接线工程及站前广场等交通重点建设项目、农村公路安保工程、农村公路改造提升、联村联网公路、乡村道大中修、病危桥改造工程等项目建设，完成投资约6.56亿元。

做好320国道建德杨村桥至寿昌段改建工程、351国道兰溪至大慈岩建德段工程、规划S311梓州至马目段公路改建工程、溪胡线溪沿至灵栖洞段改建工程前期储备工作。

开展“平安交通”、消防安全检查、安全生产大检查等隐患排查治理专项活动，推进“两客一危”客运车辆、大型运输车（工程车）及客货运输站场、交通在建工程、重点航道、渡口渡埠、港口码头、客旅船舶等重点部位安防设施建设。开展危货车辆社会化停车场试点工作，得到杭州市道路运输管理局的肯定，7月，在建德市召开现场会。开展水上应急救援演习、公路抢险、消防反恐、天然气泄漏撤离演习等应急救援演练活动。

通过“两学一做”“新安夜学”等活动载体、学习贯彻中共十九大精神、新党章、习近平总书记系列重要讲话。开展廉政谈话，开展“组团包干”“三提一争”“赛场赛马”“建功立德”等活动，推进“交通最美行业”创建。开展“十佳养护工”和“十佳客运服务员”评选活动。成立5支党员干部志愿服务队。

【项目安全监督管控】2017年，市交通工程安全质量监督站安全监督新报监工程项目20项，续建项目10项；质量监督新报监项目27项，续建项目15项，含乾潭高速连接线一号桥及接线改造工程、金千铁路道口平改立配套公路改造工程等9个项目，新建项目有320国道至杭黄铁路建德东站连接线工程、大同镇潘村周家桥改建工程等18个项目，项目受监率100%。下发安全质量检查整改意见书24份。

【农村公路改造提升】2017年，市交通部门启动农村公路改造提升工程，将原有四级及以下公路进行拓宽、局部改造、设施完善。投资4410万元，实施农村公路改造提升等级项目39个，建设里程73.5千米，惠及14个乡镇街道30多个行政村。投资1680万元，建设完成按新标准建设（路基宽6.5米，路面宽5.0米）的农村联村联网公路工程18个项目21千米。惠及10个乡镇街道20多个行政村。

【行业监管水平提升】推进“最多跑一次”改革，梳理出办理事项37项，100%实现“最多跑一次”，交通窗口推动货运“1+X改革”，推出“网络+快递”“开业筹备指导”、容缺受理、延时服务、远程继续教育等多项服务举措，被授予“年度红旗窗口”称号。开展“两治一整”“道乱占”等专项整治行动，查获“跑冒滴漏”货车

1733辆，现场整改1164辆，处罚732辆，135辆混凝土车安装防漏斗，签订承诺书1436份，约谈运输企业、车队、工地等112家次，召开座谈会16次。330国道大慈岩段被评为“道乱占”百日专项整治“省级示范路段”。开展公交出租行业斑马线前礼让行人活动52次，出动执法人员120多人次，劝导登记公交、出租车940多辆次，劝阻不文明行为208次。开通梅城古镇、寿昌航空小镇公交，延伸寿昌至漕源班线至李家、寿昌至大店口班线至珏塘村，新增下涯至施家班线、城区9路、12路公交线路，开通审批中心直达班车，完善洋安区块公交线网，建设完成洋溪、下涯公交首末站，开通萧山机场大巴，加密城际公交班次，完成10个城乡道路客运港湾式停靠站建设，开展公交车“互联网+”移动支付试点工作。

【美丽公路建设】出台《建德市“美丽公路”创建三年行动计划实施方案》。在全省“四边三化”“双百”创建活动中，建德市“一路风景文化绿廊”的320国道（杨村桥至航头段），通过层层考评，成为全省20条精品示范道路之一，杨梅公路、白章线获评省级精品道路。走访厂矿企业、运输车队，与车队签订责令状，与车主、司机签订承诺书。开展国省道沿线马路市场问题排查点位150个，清理整治专项行动20多次。开展道路绿化专项整治，查找出441处道路绿化整治点，涉及35条农村道路、5个机关部门、15个乡镇（街道）。（陈有富）

【建德市交通发展投资有限公司】2017年，市交投公司完成项目投资12.58亿元；完成固定资产投资16.17亿元；招商引资完成建德市外资金任务1.37亿元；开源增收完成2005万元。做好杭黄铁路、临金高速、金建铁路建德段征迁前期工作。

临金高速建德段路线长约 28 千米，估算投资 44.77 亿元，计划 2020 年建成通车。建德段项目涉及梅城、杨村桥、下涯、大洋四个镇共 14 个行政村，涉及土地征收 2748 亩（集体土地 2624 亩、国有土地 124 亩）、房屋征收 212 栋（建筑面积 7.05 万平方米）、征迁户 213 户、坟墓迁移 503 座（938 穴）、杆线迁移 929 根，变压器房 2 间、通信塔 4 座、军用电缆 2 路。3 月启动征迁，至年末，全段集体土地征收全部完成签约，交付土地 2288.95 亩，占总量的 87.2%。全段民房 209 栋全部完成征收签约，其中腾空 197 栋并拆除 149 栋；剩余 3 家企业因涉及政策问题暂未征收。全段坟墓迁移 423 座，占总量的 81.8%。杆线迁移 468 根，占总量的 50.4%。全段路基完成 25.6%，桥涵完成 23.9%，隧道完成 18.4%。建德临金高速工程建设指挥部 2017 年半年度、三季度分别获浙江建金高速公路工程建设指挥部评定的征迁工作一等奖。

2017 年，出资 60 万元与梅城镇资产经营有限公司、建德市三兴物产有限公司合作成立建德市三江河道清淤采砂有限公司。（吴文碧）

重点工程建设

【23省道航头至界头改建工程】工程起于航头镇23省道和320国道交叉处，终于建德与衢州交界处，全长27.19千米，实际实施里程（扣除1.45千米利用段）25.74千米，概算总投资9.7亿元。工程穿越航头、大同、李家三个镇13个行政村。2017年计划投资2亿元，实际投资2.77亿元，占年度计划139%，累计投资5.99亿元，占总投资62%。至年末，完成路基82.7%，桥涵74.5%，隧道60.9%，路面9.8%，清表完成29.40万平方米，拆除结构物2.6万立方米，挖方完成88.03万立方米，填方完成94.63万立方米，挡墙砌筑16.3万立方米,混凝土挡墙2.98万立方米，台背回填1.2万立方米，挖除旧路面5万平方米，清淤换填、低填浅挖3万立方米，水沟3.2万米，完成圆管涵92道,盖板涵23道，TBS防护1.9万平方米，喷播植草6200平方米；桥梁桩基126根，立柱58根，台身8个,台帽、盖梁37个，梁板304片,完成便桥

1座，拆除老桥2座；完成路面级配碎石垫层2.29万平方米，底基层10.95万平方米，基层6.65万平方米，沥青中面层1.47万平方米；隧道右线注浆全部完成，隧道左洞已完成，右洞右幅开挖支护260米；完成护栏2400米。

【临金高速（建德段）工程】该项目是国家高速公路网长春至深圳高速公路（G25）的重要组成部分，属国家重点工程。起自杭新景高速公路杨村桥，经梅城、大洋，兰溪柏社、马涧，至金东区金丽温高速公路二仙桥枢纽，项目全长57.68千米，总投资99.8亿元，双向四车道，设计速度100千米/小时，路基宽26米。建德段全长约28.15千米，估算总投资44.8亿元，经杨村桥、下涯、梅城、大洋四个镇14个行政村，设置桥梁23座，隧道5座，隧道救援站1处，交警、路政业务用房1处、梅城设停车区、梅城和大洋2处互通收费站，计划2019年年底建成通车。至年末，路基完成25.6%，桥涵23.9%,隧道18.4%；完成投资10.8亿元，其中征迁费3.8亿元（含土地费2700万），建安费7亿元。至年末，全线涉及土地征用2748亩（集体土地2624亩、国有土地124亩）全部完成；房屋征收212栋（民房209栋、企业3家）拆除196栋，占总量的94%；坟墓迁移517座完成96%；杆线迁移929根完成472根，占总量的50.8%。至年末，TJ1标实施长宁溪1、2号大桥，楼子坞隧道、新安江特大桥北岸栈桥722米，南岸栈桥240米建设；TJ2标除塘前坞隧道未动工，目科里隧道，姜坞隧道、大洋互通、兰江特大桥全面动工建设，其中目科里隧道进口左洞进尺20米、右洞进尺29.5米，出口左洞进尺22米、右洞进尺59米，兰江特大桥主栈桥完成270米，搭建5个支栈桥及平台；TJ3标麻车大青尖隧道进口左洞进尺185米、右洞进尺177米，出口左洞进尺8米、右洞进尺46.5米。

【十里埠综合作业区】该作业区于2016年11月22日开工，位于杨村桥镇和梅城镇交界处，新安江北岸，杨梅公路南侧，十里埠村以东，占地248亩，岸线长803米，顺岸式依次布置13个500吨级泊位，其中水工结构按靠泊1000吨级船舶设计，年设计吞吐能力500万吨，概算总投资4.73亿元。2017年完成水工部分主体工程、后方仓库、综合楼主体工程建设，完成投资1.81亿元，占年度计划的101%，完成投资2.81亿元，占总投资59%。现浇轨道梁完成500米；现浇码头平台面层完成8000平方米；道路及堆场级配碎石完成6.3万平方米；道路及堆场水稳层完成4.35万平方米；道路及堆场砼面层完成2.70万平方米；堆场贫砼完成5000平方米；码头附属完成60%；回用水池完成1座；预埋管道完成1300米；疏浚完成50%；联锁块及侧平石完成前期预制及制作50%；1#仓库垫层浇筑、预埋件及接地焊接完成；3#仓库砖基础，土方回填夯实，碎石铺筑，地面浇筑30%；配电房基础承台浇筑；辅工楼二层柱及三层板立模浇筑完成；综合楼完成80%外墙保温；综合楼内电线管预埋完成。

【320国道至杭黄高铁连接线工程】该项目系杭黄铁路建德站的配套工程，起点于320省道，终点于建德火车东站配套场站，概算总投资1.4亿元。2017年计划投资8000万元，至年末，完成路基主体工程并完成投资8014万元，占年度计划的100.1%；完成投资1.25亿元，占总投资89.9%。路基换填宕渣完成100%，路基换填级配碎石完成84%，单孔圆管涵完成87%，箱涵完成67%，路基土石混填完成，钢塑格珊完成，混凝土挡墙完成，支付3468万元。（陈有富）

公路养护与管理

【概况】2017年，全市新增村道16.62千米，公路总里程1977.49千米，公路密度83.65千米/百平方千米。其中，国道222.46千米（含高速公路107.12千米）、省道45.93千米、县道439.63千米、乡道206.04千米、村道1063.43千米。按技术等级分，高速公路107.12千米、一级公路93.70千米、二级公路157.24千米、三级公路208.27千米、四级公路783.35千米、准四级公路620.55千米、等外公路7.25千米。公路桥梁654座，39019.77延米（其中高速201座、21509.96延米）；公路隧道44座，22615.15延米（其中高速33座、18406延米）。

【国省道路面大中修】2017年，建德市投资3069万元，完成两条国道的大中修。其中330国道K289+630—K305+180段大中修投资1388万元；320国道K318+924—K371+364段（含新安江过境段）大中修投资1681万元。

【县道路面大中修】2017年，投资2600万元，完成徐七线、白章线、麻岗线等14条县道进行大中修，实施里程36.3千米。

【县道边坡整治】2017年，投资400万元，完成县道下北线、杨梓线、三下线、白章线、黄张线5条线路的6处边坡整治。

【公路安全隐患点整治】完成县道溪石线石木岭段、白章线朱家段、三下线K12+700处及大高线与三将线平交口、330国道上行段与乌石村道起点平交处及寿李线K27+862—K28+110.287段（位于新联村）6处工程建设。（潘万春）

【公路养护试行机械化作业】2017年，建德市公路部门对320国道K331+000－K370+600段、杨梅线K0+000－K7+376段实施机械化养护作业，每天清扫和洒水各两次。全年出动道路清扫车984台次；出动道路洒水清洗车620台次；出动养护人员4.1万人次。其他国省道及主要县道，也采用清扫车、洒水车按每两天轮换一次的频率进行作业。

【应急抢修】6月9日入梅以来，暴雨强势来袭，造成建德市境内国省道、县道公路路面积水、路基坍塌、山体塌方等险情。市公路部门全年出动5吨铲车100台次、挖掘装载机45台次、挖掘机28台次、滑移装载机65台次、抢险车辆出动500多台次。沥青路面修补4.78万平方米、修复边沟4300米、清理路面抛洒物3.12万平方米、清理水毁塌方1.15万立方米、修复水毁挡墙6530立方米、清理涵洞420米等；新装护栏板650块、新装立柱660多根；修复波形护栏1.25万米、中间缆索5500多米；新安装钢质警示柱300多根、太阳能爆闪灯15只、广角镜8只、橡胶减速带100多米，更换警示防撞桶65只等。

【桥梁巡更工作】2017年，市公路部门加强桥梁隧道的巡更工作，委托具有相关资质的检测机构对麻车大桥、三都大桥、紫金大桥及乡村公路上70座桥梁进行定期检查，专业分析所检桥梁目前的状况，进行相应的等级评定。（胡锡军）

路政执法与管理

【概况】2017年，市公路路政管理大队有在岗执法人员27人、协管员13人。下辖新安江中队、杨村桥中队、寿昌中队、治超中队4个中队和安全法制科。

【路政“最多跑一次”改革】建立公路涉路许可服务QQ群、微信群，依托“建德交通”微信公众号及政务服务网，多渠道告知群众许可办事流程、办事依据和一次性告知需提供的所有许可材料。启动“我跑替他跑”改革新方案，申请人提出许可申请后，路政人员上门接收、送达各类许可资料与文书，最终作出许可决定后才让申请人来行政审批中心签字、取走行政许可决定书，发挥快递的便捷优势，将相关批复资料通过快递送达。2017年，路政部门受理许可申请28件，作出许可决定28件。

【小城镇环境综合整治】开展“道乱占”专项整

治，整治草莓、甘蔗和橘子等各类乱设摊棚566处，查扣销售三轮车6辆、公平秤14台、太阳伞24把。市330国道大慈岩段被评为“道乱占”百日专项整治“省级示范路段”。11月7日，建德公路段在杭州召开的全省小城镇“乱占道”治理专项行动现场推进会上作典型性发言。

【“两治一整”“一创一治”】开展“两治一整”“一创一治”专项整治路面巡查，装载上路的货车要求其平栏板、全封闭运输，水泥槽罐车安装防漏装置等，达不到要求的责令现场整改。会同交警部门联合开展凌晨整治“抛洒滴漏”车辆。2017年，查获抛洒车辆1733辆，超限超载66辆，卸载1577.55吨，现场整改1164辆，处罚801辆。签订承诺书1436份，约谈运输企业、车队、工地112家，召开座谈会16次。（黎国华）

【收费公路管理】2017年，320国道新安江收费管理所通行车辆763.45万辆次，日均流量2.13万辆次，分别比上年增长17.4%、19.6%；收取车辆通行费1248.30万元，增长5.9%；免费通行“鲜活农产品”绿色通道车辆1.21万辆次，金额30.32万元；实施春节、清明、五一、国庆节假日七座以下小型客车免费通行44.97万辆次，金额674.55万元，分别增长18.3%、17.1%；查获冲卡车辆218辆，补缴通行费6.17万元；办理符合条件的免费车辆通行证4393件，办理3.04万件。（陈有富）

道路运输管理

【概况】2017年，全市有道路客运企业9家，客车430多辆、1.65万客位，经营里程1.71万千米。其中，三类以上班线车辆96辆、3315座位，经营线路78条，146个班次；农村客运班线70条，营运班车256辆、6377座；旅游专车92辆、4246座，城区公交102辆、5690座，出租车100辆、500座。完成客运量2406万人次，旅客周转量5.58亿人千米。有危险化学品运输企业21家，危货营运车辆491辆（其中挂车219辆），总吨位7967吨，完成货运量909.4万吨，货物周转量12.53亿吨千米。普货运输业户477家，车辆3083辆，总吨位3.83万吨，完成货运量3204万吨，货物周转量24.05亿吨千米。有各类机动车维修企业370多家，其中一、二类机动车维修企业63家，三类专项维修业户300多家。机动车驾培机构8家（其中摩托车培训机构1家），训练场地面积10.01万平方米，教练员283人，各类型教练车245辆，其中小型教练车237辆、大货教练车2辆、大客教练车1辆、摩托车教练车5辆；电动训练仪4辆，模拟驾驶器37台。车辆综合性能检测站1家、机动车配件经营户备案40家、汽车租赁经营备案登记9家。

【客运惠民工作】6月底，萧山机场直达大巴正式开通运营，班次去程4班次、返程3班次；开通施家班线、珏塘班线、寿李线班线等多条农村客运班线；落实建德至杭州城际公交补助机制，联合财政部门制定考核方案和规则，城际公交实现每日10个班次稳定运行；开通扫墓等专项阶段性公交专线。

【交通治堵】新建并投入使用洋溪、下涯2处公交首末站；新增并投入运营15辆纯电动新能源公交车，推进新能源公交车充电桩基础设施建设。至年末，有新能源车辆41辆，占市公交车总量的40%；新增公交运营里程12.4千米，增设9路、12路并延伸6路、7路公交线路；开通2路车公交支付宝、云闪付，实现公交“互联网+”支付模式；倡导低碳交通，提升城区公交分担率约2个百分点。开展公交出租车行业“礼让斑马线”文明劝导专项活动，公交车礼让率由98.5%上升至99.2%，出租车礼让率由63.2%上升至82.3%。组织开展“文明礼让斑马线”劝导、“3.5学雷锋日”“高考爱心免费接送车”等专项活动。

【危货停车场管理新模式】大力推进建德华鑫物

流社会化停车场项目，推动中小危货运输企业向有能力、停车场地面积有富余的道路危货运输企业租赁、共用停车场地，成为杭州市唯一试点地区。项目建设占地约1.86万平方米，设计大型危险品车辆停车位95个，投入资金1680多万元。

【创新智慧监管手段】运用信息化监管及联网联控等平台，常态化核查危化品运输企业、道路客运企业及车辆，及时发现运输过程中的运单、卫星定位数据、车辆人员资质匹配、超载等问题，2017年，发现问题71个，及时纠正错误16起，下发联网联控及电子运单异常督查通知书46份，处罚企业7家。

【强化市场监管】加强“两客一危”道路巡查、日查和夜查。开展公交出租车“服务质量提升年”专项活动，出动执法人员121人次，检查出租汽车365辆次。开展危货“规范管理年”活动，列出企业存在的83项问题，督促并落实整改。开展汽车电子健康档案系统联网对接及数据上传工作，完成52家维修企业数据对接上传工作，上传数据1万余条。全面排查三类维修经营业户330多家。开展车管行业专项整治“1号行动”，对1家无证经营的维修业户作出2万元的行政处罚。开展“美丽建德”马路市场整治行动，关停无证维修经营业户11家，促使15家无证维修经营业户完成办证；全年回收废机油204吨、废旧电池10多吨。

【反恐安保提升】开展场站封闭、客运实名制、行包安检管理，检查客运中心46次，暗访13次。新配置电子门禁装置2套、实名制购票人脸识别系统1套、物理隔离栅栏2组、防护钢丝1组、卷闸门1扇、窗户栅栏若干。

【“品质驾培”服务】推行学驾“先培训、后付费”经营模式，推广互联网学车体验手机APP。全年学驾报名人数6803人，更新教练车15辆；在用的233辆教练车安装人脸识别系统；对5名贫困人员开展免费学车公益活动，组织参加杭州市驾培行业第十二届技能运动会暨汽车节油大赛。

【交通行政审批改革】2017年，审管办交通窗口受理办件1.08万件，其中许可件1948件，从业资格证诚信考核签注2396人、从业资格证换证704本，小客车调控5620件。承办件100%受理，当场或承诺期内办结达100%，未出现业务滞办、拖办、被投诉现象，被评为月度“五星窗口”5次，年末被评为年度“五星窗口”。推进网上审批，37项审批事项进驻中心并实现网上办理。落实“最多跑一次”改革，实施上门开业指导、精简许可环节、后置安全审核、推行容缺受理、办理延时服务、“网络+快递”服务模式、网上继续教育“七大举措”。践行“三通四清”“二二一一”等制度。（张莺　王东鸿）

水路运输管理

【概况】2017年，杭州市港航管理局建德管理处（浙江省建德市地方海事处）在册营运普通货船91艘，27717载重吨，单船平均载重吨比2016年增长26.5%；在册营运客旅船舶48艘，1640客位，分别增长4.3%和14.6%；完成货运量89.12万吨，货物周转量9565.4万吨，港口吞吐量286万吨，分别增长117.9%、77.9%和18.1倍；完成客运量22.95万人次，旅客周转量312.92万人，分别增长71.4%和64.8%。小事故等级水上交通事故1起，直接经济损失0.5万元，分别下降50%和93.7%。

调整基层站所管理模式，组建两个执法中队。结合各管辖水域特征，有针对性地开展日常巡查、旅游高峰期安全、码头夜间非法作业、水上水下违规施工等整治活动。全年实施行政处罚 142 起，处罚金额 19.36 万元，分别比上年增长 3.7 倍、3.1 倍。

【完善安全管理长效机制】创建“平安港航”“安全示范区”安全监管长效机制。完善气象信息预警共享机制，深化同市110和市应急办的日常协调联动，建立同水利、水派部门的商渔防碰撞联合监管机制，成立建德市水上交通安全委员会。

【增强“三防”应急管理及隐患排查治理能力】健全应急救助制度、规范应急救援流程、完善应急演练机制、建立渡口应急处置预案、开展水上应急综合演练，推进应急救助标准化建设。实行隐患治理“清单化”，开展水上“治危拆违”、消防安全隐患排查整治。发放《渡口安全管理建议书》4份，拆解无证餐饮船一艘、更新渡船1艘、安装渡埠坡道拦车桩1套、设置渡口洪水警戒线4处、拆除邻水非法加油点1处、拆解超龄老旧旅游船舶2艘，清理新安江主城区水泥趸船3艘，排查整改各类隐患38处。

【深化船舶防污染管理】出台《关于印发〈建德航区船舶生活污水治理三年行动计划〉的通知》，确定2016—2019年三年行动目标。完成姚坞集散中心码头船舶生活污水公共接收点建设。做好环保督察迎检，督促12家散货码头对照环保要求落实各项防污染措施，完成47个问题的整改。全年回收船舶生活垃圾4387艘次，7714.49公斤；回收船舶油污水10艘次，9150公斤。

【港口码头转型升级】引导3家码头企业完成吊装工艺优化；2家码头企业拓展货源增加经营货种，港口吞吐能力从2016年的14.9万吨飙升至286万吨，增长18.2倍。完成第二期15艘小吨位老旧船舶的船标补贴工作，辖区货运船舶平均载重吨由240.74吨提高到304.58吨。姚坞旅游集散中心码头正式投入运行，乾潭旅游码头完成主体工程；风雨轩、城东集散中心码头和万亩果蔬基地临时码头开工建设；胜奇山庄旅游码头完成开工前各项备案手续。

【水路运输“最多跑一次”改革】完成许可中心上移到处机关和VIS标准化建设，全年办理（受理）各类业务1.32万件，其中实现跑零次数为1.28万次，实现“最多跑一次”数为364次，经浙江政务服务网上申报73件，通过E米S寄出邮件79件。（*范益黔　黄朦琦*）

铁路运输

【概况】金（华）千（岛湖）铁路支线建德境内K45+800（与兰溪市分界）至K78+500（与淳安县分界），全长32.7千米，分别设有排塘、寿昌、新安江南站、新安江、朱家埠、千岛湖六个车站。六个车站均隶属金华车务段管理，按技术性质均属中间站，按业务性质均属客货运站，新安江南站核定为三等站，其他站均为四等站。2013年5月30日，根据上级货运体制改革方案，成立新安江经营部，隶属金华货运中心管理，承担各车站的货物运输业务。各车站设有货运列车轨道2~4条，受理全国各货运营业站的货物到发业务，其中新安江南站设有龙门吊3台，办理罐车（化工原材料及燃油）接卸业务专用线2条（未启用）。2017年，排塘站日均办理货物列车12对，寿昌站、新安江南站各13对，新安江站19对，朱家埠、千岛湖站各12对。至年末，有正式职工118人。

坚持“安全第一，预防为主”方针，围绕“强基达标、提质增效”主题，开展“战春运、保安全、保畅通”竞赛、“安全生产月”“劳动安全专项整治”等系列活动。推广6S现场管理，提升职工业务技能。2017年，六个火车站货物到发量241.21万吨（其中货物发送197.12万吨、比上年增长11.0%，货物到达44.09万吨、增长10.9%）；运输收入2.13亿元，增长11.5%。

表15

2017年建德境内火车站基本情况表

站名情况 项目	排塘站	寿昌站	新安江南站	新安江站	朱家埠站	千岛湖站
站　长 党支部书记	胡悦强（1—5月）何胜其（5—12月）	陈志平	金锦健 俞杭生	胡悦强(5—12月)	陶献成	徐雁忠
下设部门	行车	行车	行车、货运	行车	行车、货运	行车、货运
职工人数	8人	9人	33人	15人	25人	28人
邮　编	311612	311611	311611	311600	311600	311608
市　电	64549168	64561248	0579-88506156	0579-88506107	64713684	64710030
路　电	86224	86234	86156	86107	86147	86167
所处位置	大慈岩镇	寿昌镇	寿昌镇	新安江	朱家埠	岭　后
中心里程	K46+100	K53+781	K57+399	K67+343	K71+550	K77+199
主要设施与营业范围	设有接发列车股道2条，仅办理列车交会，设有部队专用线1条	设有接发列车股道2条，货物线1条，装卸作业线2条计910米，专用线2条计10628米	设有接发列车股道4条，货物线2条受理全国各货运站货物到发业务，专用线2条办理专用线罐车（化工）接卸业务（未启用）。2017年发送货物60.94万吨，到达货物20.46万吨,运输收入6047.21万元	设有客运列车股道2条，有货物列车股道4条。主要负责办理朱家埠、千岛湖两站的空、重车中转业务	设有接发列车股道2条，专用线2条计1771米，受理全国各货运站的货物到发业务。2017年发送货物53.57万吨，到达货物14.2万吨，运输收入7077.844万元	设有客运列车股道2条，有货物列车股道4条，装卸作业线8条计2533米，专用线1条计175米；受理全国各货运站的货物到发业务。2017年发送货物76.67万吨，到达货物0.45万吨，运输收入7760.55万元
服务范围			承担建德地区各厂矿企业事业单位的原料、产品到发业务，并辐射淳安、桐庐等县		承担浙江千岛湖养生堂饮用水有限公司、新安江电厂的原料、产品到发运输业务	承担浙江千岛湖养生堂饮用水有限公司、建德、淳安各厂矿、企事业单位的货物到发业务
2017年年底安全天数	12927天	10249天	640天	8750天	13252天	10410天

（胡悦强）

邮　政

【概况】2017年，邮政建德市分公司围绕“三个一把手工程”和“三个一流”工作要求，完成各项重点任务。有干部职工293人，邮政储蓄网点17家，邮政营业网点20家；投递道段62条，总长度2592千米（单程），妥投点5.08万个。

2017年，完成业务收入6449万元，比上年增长15%,完成利润500万元，完成率156%。其中金融业务实现收入4362万元，增长19%；包裹业务完成804万元，增长69%。公司获中国邮政集团工会“全国邮政系统模范职工之家”称号。

【普惠金融】秉承“以客户为中心”的服务理念，做优每月“邮储会员日”品牌，存款、保险等业务规模得到提升。全年新增储蓄余额2.48

亿元，达26.53亿元，比上年增长11.9%，亿元以上网点15家。全年保险标准保费2.12亿万元，完成率76.6%；全年中邮期交1763万元，完成率106.9%；中邮长期险180万元，完成率109.4%；总期交通过长趸折比达标。

【服务民生】完成批销业务销售额1729万元，完成率108%。至年末，邮乐购站点441个，其中标准点240个。“邮乐建德馆·果蔬乐园”线上销售农产品100多种，销售额1623万元。其中航头瑞德水果玉米在“邮乐·建德馆·果蔬乐园”在线销售1.35万千克，比上年翻了两番。航头富硒米、大同稻府大米、三都柑橘、金绪塘蜜梨、富硒白莲等优质农产品搭上邮乐网便车。10月25日，建德邮政分公司和建德市民政局“邮善邮乐”合作项目正式签订协议。12月22日，杭州地区首家“邮善邮乐”慈善超市开业仪式在钦堂乡谢田村隆重举行。

【品质包裹】分公司国内快递包裹计发63.29万件，日均1734件，业务收入451.83万元，比上年增长120%；国际小包实现业务收入125.26万元，增长65%。

【规范机构编制】7月，分公司开展机构设置调整，设立市场经营部门、金融业务部（中邮保险局）、集邮与文化传媒部、包裹快递部、渠道平台部、综合办公室（安全保卫部、党委办公室）六部室。设置梅城支局、寿昌支局、乾潭支局、大同支局4个支局。（刘小飞）

编辑：喻春明

城乡建设与管理

Urban and Rural Construction & Management

城乡规划

【概况】2017年，建德市政府全市各乡镇、部门城乡规划编制项目35个，编制经费2122.2万元。市城乡规划委员会审议通过5个规划，即：15个乡镇（街道）《小城镇环境综合整治规划》《高铁新区总体规划》《建德市新安江老城区控制性详细规划（有机更新研究）》《建德市传统村落保护规划》《建德市梅城新城控制性详细规划（局部调整）》。审议通过6个设计方案，即：《新安江综保工程总体设计方案及一期项目设计方案》、桥东2—10地块规划建筑设计方案、恒大桥南林溪郡项目建筑设计方案、恒大御湖庄园项目建筑设计方案、洋安区块N-13-2地块项目设计方案等重点项目、重大房产项目规划建筑设计方案。出台4个规范性文件，即《乡村规划管理指导意见》《农房审批管理办法》《农房建设技术控制》《乡村建设负面清单》。完善2012年制定的《建德市城乡规划管理技术规定（试行）》。成功申报中国传统村落11个，其中7个村列入2017年中央财政支持范围，到位补助资金2100万元。大洋镇横坑湖区块安置房项目通过省建设厅绿色建筑一星级设计标识专家评审，成为浙江省第一个获得绿色标识认证的农村居住项目。完成350户农村困难群众农房救助工作。完成基础测绘16平方米，建德市农经权外业测绘通过省质监站质量验收。

【农居规划建设管理】出台《乡村规划管理指导意见》《农房审批管理办法》《农房建设技术控制》《乡村建设负面清单》4个规范性文件，指导全市农居规划建设管理，以莲花镇戴家村、乾潭镇胥江村、安仁村等为代表的新村建设和以钦堂乡葛塘村、梅城镇三江口村、寿昌镇山峰村等为代表的老村整治。

【完成天地图 · 浙江建设】根据省测绘与地理信息局《关于做好2017年天地图 · 浙江建设与应用工作的通知》，开展全市域影像数据、26平方米电子地图数据及60平方米地名、地址数据融合工作，自行采集更新地名、地址点位数据690个，计划新增应用示范项目4个。开展城区三维模型数据建设，对原5平方米的三维数据进行更新、新建三维数据约13平方米。

【“坡地村镇”试点建设】2017年,艾利斯民宿项目出具地块设计条件，建筑设计方案定稿。大慈岩飞凤农庄项目选址论证报告通过市住建局论证，设计单位进行文本修改完善。三都渔村项目一期出具地块设计条件。新增7个“坡地村镇”试点项目，分别为三都渔村二期、杨村桥路亚基地、梅城文化产业项目、莲花健康小镇项目、寿昌江南民居项目、大洋星空绿谷项目，市住建局出具初步审查意见，通过省国土厅“坡地村镇”试点资格审查。

【农村困难群众救助】2017年,完成农村困难群众住房救助350户，其中，低保户260户、残保户66户、因灾倒房户21户、困难救助证持证户3户。救助方式为新建182户、置换14户、修缮154户，救助面积2.9万平方米。享受760人，补助资金720.01万元，其中，建德市财政拨付资金

612.01万元，乡镇配套资金108万元。

【传统村落保护】2017年，更楼街道于合村、杨村桥镇徐坑村百箩畈自然村、大洋镇建南村章家自然村、三都镇乌祥村、大慈岩镇里叶村、大慈岩村大坞自然村、檀村村樟宅坞自然村、双泉村、三元村麻车岗自然村、大同镇劳村村、上马村石郭源自然村11个村列入第四批中国传统村落名录。其中7个村列入2017年中央财政支持范围，4个村列入2018年中央财政支持范围，每个村补助资金300万元。大慈岩陈店等17个村列入第一批省级传统村落名录，并申报第五批中国传统村落名录。

【历史建筑普查及图则编制】7月，在全市开展历史建筑普查工作，第一轮乡镇街道初排上报200多处。10月，委托城乡规划设计院进行普查和图则编制。建德市2016年和2017年任务数合计为138处，历史建筑名单公布及68处保护图则编制，开展45处名单公布和保护图则编制工作。

城乡建设

【概况】2017年，建德市开展小城镇环境综合整治工作。乾潭镇、下涯镇、大慈岩镇、钦堂乡通过省达标考核。其中乾潭镇、下涯镇获评省级小城镇整治样板镇。建德市获评省小城镇整治工作优秀市。建德市被省委、省政府命名为第二批基本无违建市，钦堂乡、寿昌镇、大慈岩镇、大洋镇、洋溪街道、更楼街道被命名为杭州市无违建乡镇。莲花镇、下涯镇被命名为杭州市基本无违建乡镇。完成截污纳管工程项目45个，建设管网10千米，完成城市水厂管网延伸工程年度建设任务，铺设主管网40千米，新增惠及农村人口2.7万余人。完成建设公交首末站2个，新增投入使用新能源公交车22辆。完成地下空间开发15.99万平方米。新增专用停车位3300个，其中公共停车位561个。制定《建德市“美丽城区”三年行动实施方案》，开展《“美丽城区”综合整治规划》编制。梳理2017—2019年项目19个。其中剿灭劣五类项目完工，夜游灯光秀项目开工，其他6个项目完成前期工作。完成一般性政府投资项目27个，总投资7500万元。

全市村镇（建成区）基础设施配套投入资金 2.85 亿元。其中：供水投入资金 2409 万元、燃气投入资金 1731 万元、道路及桥梁投入资金 5567 万元、排水投入资金 4158 万元（其中污水处理 3500 万元）、园林绿化投入资金 3144 万元、环境卫生投入资金 3355 万元（其中垃圾处理投入资金 2429 万元）、其他项目投入资金 8131 万元。至年末，全市村镇（建成区）道路总长 171.57 千米，桥梁 141 座；绿化覆盖 348.46 公顷，绿地 192.62 公顷，公园绿地 16.62 公顷。有生活垃圾中转站 13 座，环卫专用车 80 辆，清运生活垃圾 5.32 万吨，处理生活垃圾 5.18 万吨。全市村镇（村庄部分）基础设施配套投入资金 2.13 亿元，其中供水投入资金 4370 万元、道路及桥梁投入资金 3373 万元、排水投入资金 8260 万元（其中污水

©桥东新区

处理6312万元）、园林绿化投入资金1807万元、环境卫生投入资金3314万元（其中垃圾处理投入资金1560万元）、其他项目投入资金201万元。至年底，全市村镇道路总长136千米；清运生活垃圾6.12万吨。

【小城镇环境综合整治】完成15个乡镇（街道）整治规划编制工作并报备，其中：乾潭镇、寿昌镇被评为省优秀规划方案，梅城镇、三都镇、下涯镇被评为杭州市优秀规划样板。15个乡镇（街道）200个项目完工75个，完工率37.5%；其中：首批61个项目完工56个，完工率92%。创建国家卫生乡镇1个、省卫生乡镇11个、杭州市卫生乡镇3个。建立道路交通管理队伍15支，交通管理人员72人，建成道路视频监控点250个，数字警务室2个。整治提升“低小散”企业（作坊）888家，完成率6.8倍；新改扩建标准厂房11万平方米。乾潭镇、下涯镇、大慈岩镇、钦堂乡通过省达标考核，其中乾潭镇、下涯镇获评省级小城镇整治样板镇。建德市获评省小城镇整治工作优秀市。

【“三改一拆”暨无违建创建】完成城中村、旧住宅区、旧厂区改造面积62.68万平方米，拆除各类违法建筑41.43万平方米，腾出土地27.79万平方米，拆后利用面积21.86万平方米，拆后利用率81.8%。完成农村4335户D级危房治理。完成12处高速桥下利用亮点打造。打造320国道杨村桥至航头段1条省级精品示范道路，杨梅公路、白章线（赤树岭—大洋段）2条省级精品道路，省级精品入城口4个。城镇规划区范围内拆除空中违建370处5500平方米；国土积案专项清理68件拆除到位44件。5月，建德市被省委、省政府命名为第二批基本无违建市，钦堂乡、寿昌镇、大慈岩镇、大洋镇、洋溪镇、更楼街道被命名为杭州市无违建乡镇，莲花镇、下涯镇被命名为杭州市基本无违建乡镇。

【深化“五水共治”】完成截污纳管工程项目45个，建设管网108千米，完成杭州年度任务的180%，城市污水厂处理率和乡镇污水厂负荷率达到省考核要求，出水水质全面实现一级A标排放。完成城区7处积水点改造任务，完成雨水管网建设3千米、提标改造3千米、雨污分流管网14千米。完成屋顶集雨收集系统10处、节水器具改造310户、一户一表改造440户。完成城市水厂管网延伸工程年度建设任务，铺设主管网40千米，新增惠及农村人口2.7万人。

【交通治堵】完成建设公交首末站2个，新建、改建港湾式公交停靠站24个，新增投入使用新能源公交车22辆，新增公交线路2条10.9千米，城区新增公共自行车服务点25处。完成道路建设5.05千米，道路改造3.6千米，完成地下空间开发15.99万平方米，新增专用停车位3300个，其中公共停车位561个。完成新能源汽车充电枪20个和城区智能停车系统建设。完成交通治堵三年行动计划（2018—2020年）。完成2017—2020年城乡智能交通全覆盖、城乡交通组织管理全覆盖和城乡客运一体化全覆盖规划编制工作。地下空间近期建设规划和3~5年滚动建设计划已编制完成，地下综合管廊专项规划初步编制完成。

◎洋安新城

【建德市城市建设发展投资有限公司】2017年，完成年度项目投资17.5亿元；完成固定资产投资任务17.53亿元；完成招商引资杭州市外资金任务2.3亿元人民币，外资任务1000万美元；完成出让土地5宗，面积231.03亩，实现土地出让金19.77亿元。

2017年，完成供水2996万吨，实现营业收入3624万元，净利润510万元；完成污水处理1468万吨，营业收入1786万元，净利润502万元；完成供排水管道安装产值8000万元，利润2250万元。确保二固项目平稳运行，处置危废2686.92吨，营业收入994.5万元。万居公司完成房产销售328套，面积3.32万平方米，销售收入1.45亿元。

落实梅城影剧院区块包保助拆房屋腾退工作，完成16户经营性住房的腾退任务。完成人大、政协提议案主办件14件、协办件19件；完成党代表提案主办件2件、协办件2件；办理市长公开电话332个、信访投诉25件、数字城管1102件。

3月，成立中共建德市浙西国际心脏中心PPP项目临时支部。通过党员干部领办1至2个项目任务，全过程全方位参与、跟进、服务项目管理。建立覆盖城投公司系统各党支部、所有党员的一体化智慧党建应用系统。通过“互联网+党建+业务板块”的融合，实现党员活动、党务会议、党内沟通智能化管理。

完成公建设施权证办理12项，完成住宅初始权证办理1650套，完成已安置、销售房屋分证办理713套。实现租金收入364.74万元。万居公司完成汪家经济适用房扫尾工作、组织江城嘉苑公开拍卖、推进人才楼销售及人武部住宅遗留问题处理，配合政府部门做好安置房调拨、对接下涯和美家园安置房房款回收，回笼资金1.35亿元。（吴文碧）

行业管理与服务

【概况】2017年，出具规划意见单419个、选址意见书42本、用地证186本、工程证138本。实现建筑业产值34.69亿元，税收1.39亿元。完成招投标项目337个,总造价12.47亿元，完成投资16.29亿元。房产交易成交面积116.28万平方米。完成市政类交办件9356件，完成率100%。完成绿化补植4.5万平方米，完成沥青路面维修1.3万平方米，完成城市照明节能改造2916盏，维修维护灯杆灯源6327盏。完成老旧小区管道燃气安装2049户，点火1776户。

【规划（测绘）管理】全年出具规划意见单419个、选址意见书42本、用地证186本、工程证138本。出具桥东新城、洋安新城、桥南新城640多亩开发地块用地规划条件书，推进桥东新城、洋安新城、桥南新城的开发建设。开展2017年村镇建筑工匠培训工作，培训341人，其中：培训合格发放证书162人，继续教育175人。完成201 6年基础测绘数据转换，完成17. 3平方千米。完成城区范围的地下管线测绘133千米。建德市农经权外业测绘通过省质监站质量验收。

【建筑业管理】2017年，实现建筑业产值34.69亿元，比上年增长7.1%，税收1.39亿元，增长17.8%。完成招投标项目337个, 总造价12.47亿元,增长9%。总建筑面积64.4万平方米，增长105%。新受理监督工程95个，竣工验收出具监督报告项目63个，在建工地112个。创杭州市结构优质工程5个，申报浙江省“钱江杯”工程1个、杭州市级双标化样板工地14个、申报参评浙江省双标化样板工地3个。

【房地产业及物业管理】完成投资16.29亿元，比上年下降33.6%。房产交易成交面积116.28万平方米，增长62%。新建商品房地产销售成交面积62.33万平方米，增长55.3%。至年末，建德市商品住宅库存18.89万平方米（1514套），下降52.8%，住宅去化周期是6.6个月。收缴维修基金项目28个，金额2512.3万元。拨付维修基金使用项目58个，金额171.2万元。收缴保修金项目16个，金额2206.9万元。

【市政设施维修管理】完成市政类交办件9356件。其中：数字城管8350件，城建城管1006件，完成率100%。完成绿化补植4.5万平方米，公共绿地更换各类草花80多万株。完成沥青路面维修1.3万平方米，人行道侧石铺装等1.17万平方米。城市照明完成节能改造2916盏，节电率74.6%，维修维护灯杆灯源6327盏。开展燃气检查718站次，整治各类隐患100多处。城市供水水质综合合格率100%。

【住房制度改革】完成60户剩余经济适用住房再销售，并交付入住。完成第六批廉租住房实物配租选房，新增廉租住房租金补贴5户。审批使用房改房维修资金95批1356户，金额93.43万元。核批住房补贴424户，补贴面积2.51万平方米，金额902.5万元。完成安置房调拨审核428套，面积4.3万平方米，非住宅类2064平方米。完成320户公有住房出售审批，出具房改档案查询证明736份。

【房屋征收管理】2017年，建德市乡镇、街道实施棚改项目15个，征迁3662户（包含新安江街道麻岭巷、塘坞区块2017年征收部分），棚改项目总投资32亿元，实现国开行授信贷款24.8亿元。征收“新安江影剧院区块棚户区改造项目”一个，土地面积约24051平方米，房屋建筑面积4.08万平方米。涉及用户270户。其中，私人住宅246户、私人非住宅14户、单位10家。有127户选择产权置换，119户货币安置。直管公房住宅36户。（陈卫东）

供电

【概况】2017年，公司完成固定资产投资3.06亿元；完成销售电量22.41亿千瓦时，比上年增长5.9%；综合线损率2.7%；用户供电可靠率99.8%，电网综合电压合格率100%。2017年度公司同业对标在浙江省公司第二集团中综合排名第五，继续蝉联综合标杆，管理对标排名第三，首次获得管理标杆。9月19日完成公司制改制工商登记，公司名称变更为“国网浙江建德市供电有限公司”。

至年末，建德电网区域有公用220千伏变电所3座，变电容量93.00万千伏安；110千伏变电所12座，变电容量112.15万千伏安；35千伏变电所7座，变电容量20.20万千伏安；10千伏公用配变2779台，容量87.68万千伏安。110千伏线路22条，263.64千米；35千伏线路18条，185.689千米；10千伏线路185条，2706.214千米。低压线路5140千米。

【安全生产】2017年，公司首获浙江省公司县供电企业安全生产劳动竞赛先进集体。开展“庆安全生产5000天，再创安全新辉煌”主题活动，至年末，公司连续安全日5214天，实现全年安全生产无事故目标。迎峰度夏前梳理整改电网负面清单51项，新建改造10千伏线路11条，配变增容布点214台。强化电网设备运维，开展设备特巡227条次，完成线路通道清理642处。全市2769台公变，超80%重载公用配变仅4台，迎峰度夏期间受理故障工单877张，下降12.0%。实现220千伏变电运维、110千伏输变电运检业务下放平稳过渡。结合110千伏变电检修业务，完成19座110千伏及以下变电站设备状态评价工作。推广变电站智能机器人巡检工作，220千伏变电站巡检全覆盖。全年发生因野蛮施工等原因造成电网设备故障23起，下降32%，外破追赔金额32.75万元。

【电网建设】完成新安江、寿昌、大同、梅城4个大型供电网格目标网架规划。完成建德电网“十四五”主网电力设施布局规划项目建议编制上报。开展屋顶光伏“插座式”接入电网管理研究和应用。开展7个主网项目前期工作，其中：220千伏下涯3号主变扩建工程开工建设，110千伏卜家蓬输变电工程完成施工招标，110千伏外董—钦堂输电线路工程以及220千伏浪川输电线路工程（建德段）通过初设评审，220千伏万松2号主变扩建工程完成设计招标，110千伏杨村桥输变电工程已完成站址路径审查，110千伏万慈输电线路工程完成项目核准。杭黄高铁建德东牵引站、王阜牵引站配套线路工程134基铁塔政策处理全线贯通，立塔架线工作稳步推进。全力推进110千伏大同输变电工程建设，完成110千伏线路立塔架线、变电站内房建施工及一次设备就位。6月29日，完成杭州地区首家漂浮式光伏电站—三都光伏电站的并网投运。公司“两网改造”工程总投资2.72亿元，为常年2倍多。完成“两网改造”、中心村改造工程207个子项以及市政府第一批5个小城镇环境综合整治一期建设任务。新建10千伏线路21条、改造14条，配变增容布点398台，建设改造低压线路403.62千米，完成电网建设“三年攻坚战”。

【营销服务】落实“最多跑一次”服务举措，推进“互联网+”营销服务创新应用，开展各类电子渠道推广，变“最多跑一次”为“一次不用跑”，高压线上办电率100%，低压线上办电率99.9%。各供电所完成125次驻地乡镇领导走访工作。实施高压客户网格化、全过程服务。开展客户电费回收风险评估，建立客户标签库，落实分级管理，推广费控系统。完成瑞达电器、申亿实业、昌鑫金属等12家公司关停破产企业沟通协调、回收电费205万元。完成全市80个慢充电桩建设并投入使用。开展35次投诉穿透分析，实现每万户投诉工单3.29张，在杭州七县市公司中投诉总量保持最低。开展重大项目“1+1”对接服务，全年向市委、市政府报送《建德电网供电情况专报》12期。实地走访农夫山泉四期等重大项目96人次，协调解决项目建设供电问题31项，完成农夫山泉四期、浙西数据中心等8个市重点项目的送电工作。实行大用户直购电业务，全市有360户直购电交易用户，直购电量7.3亿千瓦时，为企业节约电费2070.04万元。完成中共十九大、建德市“两会”、重大工程启动仪式、中高考等13个项目保供电任务。

【公司管理】开展行风稽查“每月一主题”活动。开展依法合规评价专项活动，完成问题整改76项，整改率96.2%。组织对各基层单位废旧物资管理现场检查22人次。完成市公司党委第二巡察组巡察配合和问题逐步规范整改。落实省公司公司制改制部署，9月19日，全省首家完成工商改制登记和后续20项改制工作。加强同业对标管控，全年四个季度公司管理对标始终排名前列，年度对标进入综合标杆，首获管理标杆。2017年，公司一项管理创新成果获省公司及省行协三等奖，一项科技成果获省公司县级供电企业科技成果三等奖。

【企业做强做优】实施总投资9795.14万元的龙源公司下涯生产基地建设，可研方案获上级审批通过。对接走访，推进地方战略合作协议签订，巩固专变市场占有率，按容量占比达78.0%，在杭州地区排名第一。加大集体企业陈欠款回收力度，回收应收账款3429.12万元，完成年度指标的130.7%。完成记忆合金垫片、桥架母线槽、智能电容器等新产品开发应用，热浸塑钢管等生产线建设稳步推进，试生产的电缆窨井盖板应用获省市公司肯定。（陈卫东）

供排水

【概况】2017年，杭州建德自来水有限公司取水量（地表淡水）3357万立方米，供水量2996万立方米，最高日供水量达到10.8万吨。年售水总量2657万吨，实现售水工业总产值（当年价格）4019万元，销售产值（当年价格）2876万元、工业(收入法)增加值2105万元。杭州建德污水处理有限公司污水总处理量1447万吨，日均处理量3.76万吨，全年负荷率80.9%。

10月，城区劣Ⅴ类水剿灭工程—污水泵站提升改造工程开工建设，工程估算总投资580万元。

表16

杭州建德自来水有限公司城市供水到户价格表

单位：元/立方米

用水类别			供水价格	污水处理费				到户价格			
				新安江	寿昌	梅城	乾潭	新安江	寿昌	梅城	乾潭
居民生活用水	户年用水量（立方米）	0～300（含）	1.22	0.95	0.4	0.4	0.4	2.17	1.62	1.62	1.62
		300~420（含）	1.83	0.95	0.4	0.4	0.4	2.78	2.23	2.23	2.23
		420以上	3.66	0.95	0.4	0.4	0.4	4.61	4.06	4.06	4.06
	非“一户一表”抄表到户的居民用户、居民合表用户和执行居民生活用水价格的非居民用户		1.25	0.4 0.95	0.4	0.4	0.4	1.65 2.2	1.65	1.65	1.65
非居民生活用水	原非经营性用水		2	1.5	—	0.4	1.5	3.5	2	2.4	3.5
	原经营性用水		2	1.60	—	0.5	1.6	3.6	2	2.5	3.6
特种行业用水			3.5	2.00	—	0.5	2	5.5	3.5	4	5.5

说明：非居民生活用水自来水水价执行建价综〔2017〕17号文，污水处理费执行建价综〔2011〕21号文件

【三都支线并网通水】10月，三都供水支线并网通水。并网后，优质的新安江水进入三都集镇、园区、松口村、春江源村。三都片区的供水管理引入全面市场化机制，由三都清湾水务有限公司负责三都辖区内管线管理、自来水销售、用户发展、用户管理、业务受理、抄表收费等业务。

（蒋磊　赵婷婷）

城市管理

【概况】2017年，建德市城市管理局以“城市管理用心，百姓生活舒心”为目标，以“美丽建德”建设为主线。开展“四治一拆一提升”百日攻坚行动。整治户外广告、美化街容镇貌。整治工程渣土，优化环境卫生。整治洗车行、小餐饮店乱排污水，促进雨污分流。整治无证养犬，引导文明养犬。拆除存量违建、控制新增违建，夯实“无违建市”创建基础。提升环卫作业水平。全年拆除各类广告牌426块，面积7900平方米，其中大型户外广告牌46块。清除各类牛皮癣、乱张贴及违规店招牌886块，面积7273.5平方米。捕犬143只，立案查处13起；责令外排污水整改43处。

完善城市防洪排涝应急预案，落实积水易涝点专人认领和应急处置“一点一方案”和排涝设施“一季一普查一清理”。完成主城区雨水管网清淤工程、主城区 7 处积水改造等排涝项目。清理水箅 2566 个、窨井 684 个，淤泥垃圾 50 多吨。完成投资 693 万元，其中：主城区 103 万元、乡镇（街道）和高新园区 590 万元。

确定“分类有数据”“质量有提升”“基本全覆盖”工作目标，突出“有害垃圾”分类重点，推进生活垃圾资源化、无害化及减量化处置。新安江建成区有害垃圾分类基本全覆盖，重点打造 20 个四分类小区，重点建设 7 个示范小区。全年发放厨余垃圾编码袋 358 万只、有害垃圾分类袋 105 万只、分类垃圾桶 1500 只。设置“有害垃圾”专用收集箱 50 只，过期药品回收药店 20 家，新增专用分类运输车 5 辆，收集有害垃圾 464 千克，一次性处置过期药品 1000 千克。46 个点、56 只熊猫桶收集旧衣物约 50 吨。正确分类率从

原先的50%提升至95%，月收集量增长3.7倍。两座市级垃圾填埋场无害化处置生活垃圾13.14万吨,日均处置量360吨;转运13个乡镇（街道）生活垃圾7.86万吨，日均转运量约216吨，无害化处置率100%;转运装潢垃圾2.23万吨，全市建成有机垃圾资源化处理站19座。

新安江环卫所推行道路洒水、机械化清扫低尘作业，城区一类道路实行20小时保洁；洒水频次主干道从4次/天提高至6次/天，次干道从2次/天提高至4次/天。新安江主城区机械化清扫率79.9%，城区河道保洁率100%。全年清运生活垃圾3.5万吨，装潢垃圾1.87万吨。清理各类死角垃圾1028吨，打捞水面垃圾375吨。疏通窨井692只、管道3762米。出店和占道经营行为立案查处156件，罚款11万元。暂扣各类物品519件，清运各类堆积物14车。

全年办理各类案件1.64万起，其中：一般程序案件978起、简易案件1498起、违停抄告1.39万起。受理各类举报投诉2402件，办结和反馈率100%，满意率99.88%。办理各类行政审批事项2069件,办结率100%。办理“两代表一委员”提案建议39件。

【建德市综合行政执法局成立】12月29日，建德市综合行政执法局成立并举行授牌暨换装仪式。建德市委副书记、市长朱欢和杭州市城管委党委委员、副主任赵美英为建德市综合行政执法局授牌，全体综合执法人员身着全国统一的新式制服、佩戴新式执法标志全新亮相。建德市综合行政执法局与市城市管理局合署办公，同时成立建德市综合行政执法大队。

【“数字城管”】实施“红黄蓝三区采集法”“一季度一普查一整治”“预警通报”“代整治”和督办抄告等制度。整合各类信息资源，开发应用城管公共服务APP软件，推进“数字城管”平台提档升级，市民和外地游客通过“贴心城管”APP随时随地查询城市基础设施地理分布和各类便民信息，实现杭州地区人行道违停罚款异地处理。全年解决问题11.42万件，解决率100%，及时解决率99.4%。2017年,建德市城市管理局获“浙江省智慧（数字）城管先进集体”称号。

【城市管理“最多跑一次”改革】2017年，市城市管理局对15项审批事项进行梳理，对8项简易事项按“即办件”办理。针对7项内容复杂的办理事项，落实提前介入、上门服务、联合审批、外网申报、快捷支付、证照直送服务举措，实现“零上门”“一次都不用跑”。15项审批事项全部实现“最多跑一次”改革目标，100%实现网上申报、网上审批、网上办结。推出人行道违法停车自助处理新系统，车主通过“贴心城管”APP完成在线处理和缴款，实现杭州地区（淳安除外）异地处理“一次都不用跑”。城管审批窗口先后3次被评为“五星级”窗口。

【“渣土新政”规范管理】落实“四项新规”（建筑工地规范管理、工程渣土前置管理、运输设备资质管理、违法行为联动管理）。全市37个工地完成出入口硬化，安装自动化冲洗设施。对企业渣土运输车实施“五统一”（统一规格、统一颜色、统一顶灯、统一GPS定位、统一视频监控）管理。全年开展联合整治34次，立案查处59起，办理渣土准运证160件，换证877件。

【“空中违建”专项整治】5月至7月，根据市委、市政府的决策部署，建德市城市管理局按照“敢于碰硬，不怕得罪人”要求和“三先四公”原则，紧盯“一个目标”、形成“一个声音”、坚持“一个标准”、保持“一个步调”、攥紧“一个拳头”，敢于啃“硬骨头”，向违建“动真格”，集中力量推进“空中违建”专项整治行动。拆除194户、247处，面积5529.34平方米，未发生一起暴力抗法事件和安全事故，得到市领导的批示肯定。

【寿昌垃圾填埋场（三期）工程完工】10月10日，寿昌垃圾填埋场（三期）工程竣工验收投入使用。该工程位于寿昌镇夫衣垅，2016年12月开工建设，总投资1400万元，工程库区15.25万立方，设计使用年限2年，设计日处理生活垃圾200吨。项目采用垃圾科学卫生填埋工艺设计施工，包括清基边坡处理、库区边坡防渗结构层铺设、填埋气体处理、填埋作业工艺和规划、填埋场进场道路、调节池加盖等。该项目建成投入使用解决李家、大同、大慈岩等9个乡镇（街道）生活垃圾处理问题。

【建德市环境能源项目建设】12月25日，建德市生活垃圾焚烧厂项目建设领导小组和前期组、保障组、征收组、宣传组4个专项组成立，该项目位于建德市垃圾填埋场内南侧（寿昌镇夫衣垅山湾），由建德市城市管理局实施，估算投资3.5亿元，采用成熟的炉排炉焚烧发电工艺，一次性建成日处理生活垃圾500吨/天垃圾焚烧炉生产线，预留规模为1×500吨/天垃圾焚烧炉生产线并留用相应的建设用地，总处置规模可达1000吨/天。

【第二十一个环卫工人节表彰大会】10月26日，建德市庆祝浙江省第二十一个环卫工人节暨宣讲表彰大会在新安江环卫作业中心四楼会议室召开。会上，分别对罗庆芳等23位“优秀城市美容师”、汪赛花等10位“十佳村庄美容师”、吴鑫等10位“十佳城市美容师”进行表彰，市总工会为10名环卫困难职工发放慰问金。

【方建平被评为“全国优秀行业管理者”】11月2日，新安江环卫所车辆管理科副科长方建平，在中国城市环境卫生协会与光明网联合主办的“2017寻找最美环卫人表彰活动”中，被评为2017年度“全国优秀行业管理者”，系建德市首位获此殊荣者。方建平，男，1971年2月出生，现任新安江环卫所车辆管理科副科长。自2009年9月从事环卫工作至今，他始终以“宁愿一人脏，换来万家净”为人生信条，工作上默默无闻、勤勤恳恳，任劳任怨、甘于奉献，是群众公认的“老黄牛”和技术能手。（方银海）

住房公积金管理

【概况】2017年，杭州住房公积金管理中心建德分中心（以下简称分中心）资产总额23.10亿元，负债总额21.99亿元，净资产总额1.11亿元。

职工人均月缴存额1493元，比上年增加71元。新增建制单位130家，全市住房公积金正常缴存单位1785家；新增建制职工7396人，年末实缴职工人数4.08万人。

【公积金管理】2017年，办理住房公积金提取10.32万人次，金额6.66亿元，增加1.97亿元，其中：购建住房、租赁住房和偿还住房贷款本息支取4.17亿元，用于住房的占62.6%。完成住房公积金业务收入6840.22万元，业务支出3752.37万元，完成增值收益3087.85万元。可提取廉租住房建设补充资金950.35万元。配合公安机关开展住房公积金防骗提活动，无人骗提成功。全市住房公积金归集7.33亿元，增长16%，历年累计归集额首超50亿元大关，达到54.59亿元。至年末，全市住房公积金余额17.83亿元，增长3.8%。

【公积金存贷比创新高】全年发放贷款1420户，贷款额5.88亿元，比率为122%。通过银行、上级中心、公转商、资产证券化等方式融资5亿元，实现100%信贷放款。全年收回住房公积金贷款2.82亿元，增加8694.75万元，增长44.4%；逾期贷款额1.62万元，逾期率0.0%。

【公积金管理“最多跑一次”改革】推行“最多跑一次”改革，30项服务事项全部实现最多跑一次，其中7项服务事项实现一次都不用跑。服务大厅开展错时制度，延长日服务时间。审批中心窗口周末值班，延伸周办理天数。公积金贷款受理、审核广增至11家委贷银行。上线全国异地转移接续平台，实现客户一地办理，两地公积金转移。（周琴）

编辑：喻春明

环保　国土

Environmental Protection & Territory

生态建设

【概况】2017年，建德市以“五水共治”“五气共治”“五废共治”为抓手，坚定不移走生态优先、绿色发展道路，解决突出环境问题，维护群众环境权益，提升环境管理水平。

开展生态文明示范市的创建，6 月，完成《建德市生态文明建设示范市规划》修编，11 月 14 日，初步通过省环保厅专家组技术审核。

开展百名记者走进治水现场、征集剿劣“金点子”“河小二”剿劣突击队、“美丽庭院”建设、“最美治水人”大寻访、世界环境日广场联动宣传、市民环保体验日、环保嘉年华、“百名宣讲员讲治水”、环保主题摄影绘画比赛、志愿者剿劣服务等 20 多项环保系列宣传活动。在《浙江日报》等省级以上媒体刊发建德环保信息 12 篇，在浙江生态日刊登《浙江日报》专版介绍建德生态建设成果，在《今日建德》、建德电视台设立零点行动、“五水共治”等主题专版。开展绿色学校等系列创建活动，创建杭州级绿色学校 4 家，获评杭州市级绿色环保小卫士 2 名。

【生态文明目标责任制和生态文明宣传】6月，将建德市生态文明建设工作任务细化分解为385项，涵盖55个部门及乡镇（街道），市政府与各责任单位签订目标责任书，纳入市考评办对乡镇（街道）、各部门、单位考核。根据杭州市新的考核评分规则，建德市制定下发考核评分细则。至年底，生态文明目标责任制全面完成，获评杭州市2017年度优秀称号。

【美丽建德建设】2017年，建德市委、市政府出台《美丽建德三年行动计划》，成立美丽建德办公室。将原有的“三改一拆”“四边三化”“五水共治”、小城镇等中心工作进行组合，另对美丽城区、美丽集镇、美丽乡村、美丽经济、美丽园区（厂区）、美丽公路、美丽河道、美德家园等统筹规划，合力打造“八美联动”。制定《“美丽建德”环境整治百日攻坚行动实施方案》。由12个部门牵头，自8月25日起至11月30日，在全市范围内开展“美丽建德”环境整治百日攻坚行动，涉及12个牵头部门16个乡镇（街道）18项具体任务12条重点整治线路，完成整治点位3万余处。

【创建国家有机食品基地示范县（试点）】2017年，建德市修改完善《建德市有机产业发展规划2016—2025》并颁发实施。4月，环保部对建德市千岛银针等2个有机食品基地进行复核。12月，建德市被环保部有机发展中心确认为全国第一批七个“国家有机食品生产基地建设示范试点市（县）”之一，是浙江省唯一推荐并列入创建的县市。至年末，全市有有机企业33家,国家级有机食品生产基地5家，待命名3家。

【划定生态红线规划】6月30日，建德市开展生态保护红线划定工作，经过多次专题会议、三轮意见征求、向上专题汇报和沟通以及省技术协调组的审查。10月，建德市《生态红线规划》通过市政府审定、市人大审议，报批省政府下达实施。全市划定生态保护红线18个，其中:水源

◎ 2017 年 12 月 27 日，建德市生态文明建设示范市规划通过评审

涵养类生态保护红线9个，生物多样性维护类生态保护红线1个，水土保持类生态保护红线6个，综合生态功能保护类生态保护红线2个，总面积497.03平方公里，占市域国土面积的21.47%。

【打好治水治气治废治土治理战役】2017年，建德市加强涉水行业整治，开展寿昌省级经济开发区污水“零直排”整治和建铜集团整治提升（污水纳管）工作；开展电镀企业环保领跑的培育工作；完成国际香料香精（杭州）有限公司、浙江新安化工集团（白南山基地）的整体搬迁工作；完成18家制砂场全封闭提升改造。开展截污纳管提升工程，新增城镇截污纳管77千米。巩固“清三河”成果，推行沟渠池塘全域水体河长全覆盖，有河长2679人，设置河长公示牌3600块。开展饮用水水源地安全隐患排查和整改；开展饮用水源评估工作，完善新安江饮用水源保护区物理隔离和界标、交通警示牌的设置。

完成新安化工热电、建业热电和大洋化工热电锅炉的超低排放改造，全市 10 蒸吨 / 小时以上燃料的尾气深度处理工程。深入治理“工业废气”。完成全市铸造行业的调查摸底，全部取消用煤或焦炭生产工艺，改用电力清洁能源。基本完成全市碳酸钙行业整治提升工作，全市 196 家除整合保留的 33 家外，其余均关停并转，33 家已通过验收 12 家，16 家达到验收条件。开展水泥企业基本完成提标改造工作，3 家新型干法水泥熟料生产线排放可达到特别排放限值要求。加快治理“车船尾气”。加强对机动车检测站的监督管理，严把车辆环保检测关；完善公共自行车系统；强化油气回收监督管理，确保油气回收设施正常规范运行。强化治理“扬尘灰气”。落实建筑工地、道路扬尘、大型堆场、矿山等扬尘（粉尘）污染精细化管理。加强治理“餐饮排气”。加强餐饮油气、露天垃圾和秸秆焚烧等城市废气综合整治。

下发《建德市土壤污染防治工作方案》，完成建业有机化工公司梅城关停场地的污染调查及风险评估、原新安江污水处理厂场地完成污染调查备案等工作，完成省市下达的 5 个场地的考核任务。开展全市污染场地遥感名单上报工作（46 个场地），建立重污染企业关停企业场地名单并上网公布。制定《“十三五”建德市危险废物规范化管理督查考核工作方案》，对全市危险废物重点产废企业实行分级管理并进行考核，对危险废物利用处置企业制定了专门的监管方案，落实危险废物管理企业主体责任；完成杭州第二固废处置项目试生产各项准备工作。

【农村环境综合整治】做好全市226个村、880座终端池、2000多公里管网的日常维护。建立智能化管理平台，实现对安装监控系统的221座终端设施水流量、设备运行状况的在线监控。2017年获评杭州市、浙江省运维考核优秀县市。推进美丽牧场和标准化生态示范场建设，50头以上养猪场全部制定“一场一策”,完成在线智能化防控平台视频监控点安装和联网；落实农村“双治”长效管理，推进农村环境综合整治。全市232个行政村生活污水治理工程比省定任务提前一年完成，铺设管网2000多公里，建设终端处理池843座，新增受益5.6万户，实现“三年任务二年完成”“建制村和规划保留自然村全覆盖，农户受益率82%以上，无害化厕所普及率80%以上”的既定目标；开展农村生活垃圾分类和资源化推广工作，5个杭州市整乡镇和20个省级垃圾分类试点项目完成进度100%。完成智慧化网络监控平台建设工作；下涯镇之江村和三都镇松口村开展农村环境综合整治示范工作，重点进行村庄环境整治、生活污水集污纳管、池塘生态化改造、美丽田园、特色小山村、特色农产品、特色庭院、特色民宿等建设。

【环境基础设施建设】2017年，建德市安排截污纳管项目43个105公里，投资2.02亿元。加大截污纳管力度，杨村桥、三都污水厂设备安装完成，6月底进入为期一年的试运行阶段。完成77公里干管铺设，开展小城镇整治集镇纳管率提升改造，提高属地乡镇污水厂进水量及进水浓度；对城区大塘坞、东山湾等七处截污纳管存在问题较突出的区域开展整治工作。组织开展沿河排污（水）再排查、再整治，按照“三个一律”的要求，深化“零直排”河道创建，消除晴天排污口、雨污合流口。推进雨污合流口整治，完成23个排污口的整治和封堵。

【水质剿劣提标攻坚】2017年，建德市计划实施“五水共治”项目38大项195子项，总投资33.2亿元（其中安排剿劣经费6.3亿元），至年底，完成投资额36.5亿元。全市纳入重点整治的劣于Ⅲ类98个小微水体，于6月底前全面完成整治提升工作，向杭州市提出申请，实现首批销号报结。全市纳入一般整治的1743条沟渠、1403座池塘全部完成整治；清理垃圾3836.1吨，清淤95.38万立方米。

【河长制管理】2017年，建德市开展沟渠池塘全域水体河长全覆盖。全市205条河道、141座水库、802座山塘、3571个小微水体全部明确河长2679人，设置河长公示牌3600块。全市32位市领导包干42条县级河道，分别联系一个小微水体。市级部门在联系县级以上河道外，结合市级机关组团包干，也均联系包干一个小微水体，并与本单位考核挂钩。全市需整治的3146个沟渠和池塘全部落实沟渠（池塘）长制度，有1279名村干部担任沟渠（池塘）长。全市小（二）型水库和万方以上山塘均实现“河长”全覆盖；河长及联系部门述职考核全覆盖。至年底，全市32个市（县）级河长、37个联系部门、170多个乡镇河长、230多个村级河长通过现场演讲或书面形式完成年度述职。扩大河道视频监控范围，安装摄像头260多个，覆盖全市16个乡镇（街道），100多条主要河道、7家大中型露天矿山、18家制砂厂、69家规模化畜禽养殖场。推进河道智慧化监管试点。完成“治慧治水”“智慧河道”等信息化系统建设，实现“一张图、一个网”。莲花镇智慧河道项目自动水站和河道、山塘水库、池塘沟渠等全水域监控安装以及综合管理平台软件开发。通过手机APP，实现电子化巡河和水质查询。巡查人员全水域覆盖，并实行电子化考核，全部实现GPS轨迹比对校验。

环境保护

【概况】2017年，建德市以改善环境质量为核心推动各项环境污染整治，以打造最严环保执法为目标开展系列铁拳执法行动，以群众满意为目标完成中央环保督察各项任务，全力推进辖区环境质量改善和环境安全保障。

【中央环保督察和整改】2017年8月12日至9月21日，建德市收到中央环保督察组转交信访办件27批次68件，办结回复68件，其中重点件2件，涉水26件(重点1件）、大气32件(重点1件）、生态3件、噪声19件、扬尘13件、油烟3件、垃圾3件、其他13件；办结回复68件，办结率100%，其中责令整改49件，立案处罚14起，停产拆除11家，罚款55.85万元。约谈15人，问责7人。下发督办单70多份。

【人大政协议提案、环保信访案办理】2017年，市环保局办理人大、政协提案主办件3件、协办件16件。建立信访快速查处机制，重点信访第一时间赶赴现场处理。受理各类信访投诉631件，其中：省、杭州市环保局受理中心交办52件；各级市长公开电话交办519件；来信来访34件，受理率100%，查办率100%，满意率95%以上。

【环境法制建设】2017年，建德市立案58件，下达行政处罚决定58件，罚款211.4万元；其中移交公安部门查处1件，行政拘留1人；申请法院强制执行案件8件。完成6件行政复议及诉讼案件的应诉工作；办理政府信息依申请公开件5件；督促14家环境重点管理单位完成环境责任保险签订。

【建设项目环境管理】2017年，市环保局开展最多跑一次改革，15项许可事项全部进驻审批中心办理，全部实现最多跑一次。简化审批程序，改审批为备案，餐饮、娱乐、洗车等服务行业项目不再需要环评审批。全年办件1059件。其中环评审批162件，登记表网络备案425件，排污证新发258家，换证214家。全年验收“三同时”项目153件，其中报告书项目12个，报告表项目102件,登记表项目39件。

【环境质量状况】水环境质量状况：2017年新安江饮用水水源地水质达标率100%，备用水源地白岭坑水库水质达标率100%，其余17个农村饮用水水源地水质达标率99.8%。全市设12个地表水水质监测断面，其中Ⅰ类水质断面占比8.3%，II类水质断面占比83.4%，Ⅲ类水质断面占比8.3%。按各断面监测指标年均浓度进行评价，各断面均达到功能区目标要求；跨行政区域交界断面水质考核为优秀。

大气环境质量状况：2017年全年空气质量指数（AQI）范围是24～185，指数年均值为57.9，比2016年下降8.6%；全年空气质量Ⅰ级（优）—Ⅱ级（良）天数353天，优良率96.7%；细颗粒物（PM2.5）全年平均值为31.5μg/m^3，下降13.0%。细颗粒物（PM2.5）、可吸入颗粒物（PM10）、二氧化硫、二氧化氮的年均值均达到《环境空气质量标准》（GB3095—2012）二级标准限值。根据国内普遍采用的酸雨污染程度分级标准评价，全市仍处于重酸雨区，pH平均值为5.09，酸雨率100%。

噪声质量状况：2017年城市区域环境噪声平均等效声级53.8dB(A), 与上年持平；城市道路交通噪声平均值66.3dB(A), 下降0.2dB(A)；主要影响声源仍为交通噪声和生活噪声。各类功能区噪声均达到功能区标准要求。

【“三废”及主要污染物排放】2017年，全市工业废水统计排放量493.02万吨，主要集中在化学原料及化学制品制造业行业，排放达标率100%；工业废水中化学需氧量排放量198.97吨、氨氮排放量为10.57吨。工业二氧化硫排放量为4567.99吨，工业氮氧化物排放量6473.97吨，工业烟尘和粉尘排放量3418.24吨。全市工业固体废物产生量为28.45万吨，较2016年减少13.97万吨。2017年固废综合利用量28.39万吨（其中综合利用往年贮存量0.03万吨），贮存量0.09万吨。全市工业企业危险废物产生量1.02万吨，综合利用量0.43万吨，处置量0.57万吨，企业2017年贮存0.18万吨。其中，综合利用往年量14吨，处置往年量1710万吨。

【总量控制与减排】2017年，建德市安排减排项目11个,其中污水处理设施减排项目1个，电力行业减排项目6个，水泥行业脱硝设施管理减排项目3个，机动车减排项目1个。至年末，项目均完成，项目分别削减四项主要污染物330吨、18.2吨、420吨和850吨。

【环境管理体系国际标准认证】2017年，完成建德南方水泥有限公司等10家企业强制性清洁生产审核。完成建德新安江绿帆达食品有限公司等11家企业ISO 14001环境体系认证。

【环境监督管理】2017年，建德市深化“清水治污·环境整治零点行动”，出动联合执法行动

58次，出动检查人员1126人次，检查企业305家次。制定下发《建德市污染源日常环境监管随机抽查制度落实方案》《关于印发2017年建德市污染源日常监管“双随机”抽查方案》，随机抽查373家，完成率100%。开展重点行业污染源自动监控设施、放射源安全检查、“铁拳行动”等11项专项环境执法行动，检查企业686家。开展排污申报及年审企业工作，完成859家企业的排污申报工作，年审率100%。完成造纸、火电、水泥、印染、电镀等13个行业22家企业新排污许可证核发。

【环境保障与监测】开展全市12个地表水断面、19个饮用水源地、4个功能区噪声、20个交通噪声、100个区域环境噪声的常规监测以及国控、省控、市控重点污染源企业的监督监测等工作；定期对全市205条乡级以上河道水质采样点进行监测。选取全市范围内5个村庄开展农村环境质量水、气和土壤的监测；开展藻类巡查和跟踪监测；开展全市农村生活污水水质监督性抽测工作。完成监测报告895份，获取监测数据10万余个。发布空气质量日报预报365期，公开饮用水源地水质状况4期，发布乡镇交接断面月度水质监测结果通报12期。（叶黎青）

国土资源管理

【概况】2017 年，建德市国土资源局完成国有建设用地出让 65 宗，面积 1982.4 亩，出让金成交额 41 亿元。其中，经营性用地出让 22 宗，面积 1057 亩，成交额 39.3 亿元。引进碧桂园、恒大、中南 3 家知名房企。完成市委、市政府年初下达的内资 2 亿元（杭外 5000 万元）、外资 500 万美元的招商引资任务和 250 万元的招商引税任务。

推进“坡地村镇”试点工作，三年累计争取试点项目 15 个。征地拆迁“双清”工作位居杭州县（市、区）前列。批而未供、供而未用、城镇低效“三块地”存量盘活综合排名位列杭州市第一名。在杭州市率先通过上海督察局土地例行督察验收。不动产统一登记“最多跑一次”改革实现服务事项 21 项，实现 100%。编制完成大洋镇高垣村土地利用规划，经市政府批复实施。

【规划局调和农转用】2017 年，向上争取各类指标 4400 亩，其中：农转用指标 3960 亩、规划指标 440 亩。上报农转用批次 25 个，其中：计划批次 14 个、坡地村镇批次 10 个、单独选址项目 1 个（临金高速），总用地面积 6808 亩。上报审批规划修改方案 30 个，涉及项目 163 个（包括临金高速），面积 5822 亩，保障了高铁新区和航空小镇两大平台建设。

【“双清”工作】2017 年，牵头开展全市征地拆迁“双清”工作，安排征迁安置任务项目 129 个，完成签约项目 105 个，完成征地任务 1.06 万余亩，完成签约 4374 户（含 10 家企业）。其中：纳入杭州市 2017 年度重点征迁清零任务的 7 个项目，于 11 月全部完成。

【“三块地”盘活】2017 年，完成批而未供土地消化利用 4154 亩、供而未用土地清理处置 3480 亩、城镇低效用地再开发 2396 亩，完成杭州下达建德市任务数的 219%、116%、160%，分别位列杭州市第一、第三和第一。完成城镇低效违法补征收两个批次报批，面积 69 亩。

【水田垦造】2017 年，验收垦造水田项目 45 个，新增水田 2775 亩；验收“旱改水”项目 21 个，新增水田 877 亩；入库水田面积 3025 亩。建德市在建垦造水田项目 34 个，规划新增水田 2337 亩；在建“旱改水”项目 30 个，规划新增水田 1283 亩。

【基本农田有偿保护】2017 年，完成永久基本农田划定工作，全市 32.9 万亩永久性基本农田得到保护。推进基本农田有偿保护工作，建立“田长制”，调整补偿标准，其中：永久基本农田示范区补偿标准为每年每亩 110 元、永久基本农田补

◎不动产统一登记办理

偿标准每年每亩 70 元，向杭州市申请补偿经费 1194 万元。

【土地执法】通过上海督察局土地例行督察现场督察，敢于“亮剑”执法整改，通过上海土地督查局土地例行督察整改验收。借助“无违建”创建和卫片执法，作出各类行政处罚决定 83 件，其中：土地类 72 件，矿产资源类 11 件，违法占耕比控制在 1.6%。做好十九大期间信访维稳和土地违法行为综合防控，受理来电 199 件、来信 16 件、来访 6 件，反馈率和办结率均为 100%。

【坡地村镇试点】连续三年建德市有 15 个项目被列入试点，项目数位居全省县市首位。15 个项目通过 700 亩建设用地，撬动近 2 万亩项目区的开发建设。建德市坡地村镇试点工作的主要经验及实践样本，引起国土部、上海督察局、省厅和杭州市局等上级部门的调研和关注。

【地质灾害综合治理】2017 年，市国土局强化地质灾害隐患点的巡查和预警，全年未发生因地质灾害出现的人员伤亡事故。完成隐患点搬迁治理 85 处，其中：工程治理 65 处，避让搬迁 20 处，超额完成 2017 年度杭州市下达的 77 处目标任务数。

【矿政管理】2017 年，编制出台《建德市矿产资源规划（2016—2020 年）》。强化矿山生态环境恢复和治理，完成“四边三化”“两路两侧”治理和废弃矿山治理销号任务。加强绿色矿山建设，建成县级绿色矿山 1 家，建成绿色矿山 12 家，绿色矿山建成率 80%。规范矿业权有偿出让，在省矿业权交易平台成功出让普通建筑石料采矿权 1 宗，成交价 1.26 亿元。

【不动产登记“最多跑一次”改革】实现“一窗综合受理、后台并联审批、统一窗口出件、证书快递送达”的不动产登记“最多跑一次”新模式。公布“最多跑一次”服务事项 21 项，实现率 100%，100% 窗口受理。加强与 EMS 快递合作，使不动产登记办理结果通过快递邮寄送达群众手里。

【制砂行业整治】2017 年，关停沿江 5 家和大慈岩镇 1 家制沙场。9 月，市国土局下发《建德市制砂场环境整治百日攻坚行动实施方案》，整治 36 家制砂场，其中：保留 18 家，关停 18 家。

【农房确权登记发证】2017 年，完成全市 8 万余户农村房屋基础测量并通过质检验收。出台《建德市农村宅基地使用权及房屋所有权统一登记发证办法（试行）》《建德市农村宅基地使用权及房屋所有权统一登记发证实施细则（试行）》，开展农房不动产权证首发仪式。办理不动产各类业务 6.27 万件，其中：颁发不动产权证 1.43 万本，不动产权登记证明 1.26 万份，办理不动产注销登记 6322 件，法院查解封登记 2012 件，档案查询业务 2.74 万件。征收土地租金 140 万元。

（胡晓坤）

编辑：喻春明

金 融

Banking

综 述

【概况】2017年，建德市银行业金融机构18家、营业网点113个，从业人员1440名，比上年增加19人。全市金融机构贯彻稳健中性货币政策，围绕重点保增量、调整结构盘存量，全市信贷平稳增长。全市本外币各项存款余额404.92亿元，增长15.1%，余额新增52.99亿元。本外币各项贷款313.17亿元，增长25%，余额新增62.60亿元。

【金融管理】开展“两创”“两转”服务成长型企业大走访活动，走访企业1000多家，分区域召开银企对接会。推动银行机构扩大企业还款方式创新贷款投放，降低融资成本。加大信用贷款发放力度，解决小微企业担保难。推动落实建德市“普惠金融”三年行动计划措施。深化“五位一体”帮扶机制，开展2轮专题排查，实施精准帮扶。对建德市庆源竹制品有限公司、建德市山田农业科技有限公司等7家企业的风险事项进行协调。约见不良贷款率超过2%的重点银行机构负责人谈话，督促加快处置不良贷款。做好建德湖商村镇银行抓降化险工作，精准研判，提出监管措施，处置不良贷款、缠诉等问题。

全面开展“三套利”（监管套利、空转套利、关联套利）、“三违反”（违反金融法律、违反监管规则、违反内部规章）、“四不当”（不当创新、不当交易、不当激励、不当收费）专项治理的督查，推进“治乱象、维秩序”工作。对2016年度现场检查后续整改和问责情况进行跟踪，督促相关银行机构逐一落实检查意见。开展安全隐患风险排查和巡查，严格执行信访工作“零报告”和行政值班制度，确保中共十九大期间银行业安全有序。会同市公安局完成银行业金融机构第五轮安全评估工作，督促各银行机构整改自查及评估中发现的问题和风险隐患。会同金融办、公安、工商等部门，开展非法集资、网络借贷和互联网金融风险等排查。约见相关银行机构负责人谈话11人次，责成银行机构落实主体责任，妥善处置群众来访投诉，切实保护消费者的合法权益。组织银行机构进校园、社区、企业、集镇乡村开展金融知识宣传活动。（胡琼月）

【金融扶持重点】2017年，全市小微企业（含企业主经营性贷款）贷款130.23亿元，余额新增13.5亿元。开展“整村批发、集中授信”的行政村176个，为7.3万农户授信51.22亿元，向2.85万户农户发放贷款37.21亿元。指导商业银行建立全市成长型、创新型企业大数据库，围绕中、小企业“贷款难、贷款贵、贷款慢”等问题，建立优质小微企业客户信贷服务“绿色通道”。开展“走千家、访万户、共成长”活动，围绕智慧普惠、绿色普惠、精准普惠、共享普惠四大目标，推进普惠金融建设。

【金融环境建设】抓好利率定价行为监管，对财政资金竞争性存放进行窗口指导。联合政府有关部门对互联网非法金融、非法买卖银行卡信息、预付卡、逃废债等行为进行专项整治。认真做好金融机构可疑支付交易报告收集。针对“重点区域、重点领域、重点企业”持续加强风险监测，高度关注重点企业担保链、担保圈资金风险。与建德法院建立合作机制，协调企业破产重整工作，完成泉林稀土等企业的破产重整及信用修复工作。指导建德湖商银行妥善化解因员工涉案引起的舆情风险。至年末，按五级分类全市不良贷款余额5.04亿元，比年初减少0.07亿元，不良率1.6%，下降0.4%，实现不良贷款余额和不良率双降。

【创建“信用县”】与市发改局、市农办协作，按照《关于浙江省信用县创建工作的指导意见》，做好“信用县”创建的申报工作。经考察筛选，建德被推荐为浙江省“信用县”申报县市（杭州辖内唯一县市）。开展2014—2016年度建德市级信用村（社区）、信用乡（镇、街道）的复评及2017—2019年度市级信用村（社区）、信用乡（镇、街道）的评定工作。支行服务窗口创建“征信服务示范点”。

【外汇管理与服务】做好大额购付汇监测和异常购付汇约谈工作，做好跨国公司外汇资金集中运营成员企业的监测。加大对跨境资金流动监测分析系统的推广使用。构建“四结合”事后管理机制，完成“逃骗汇、非法套汇”等外汇业务专项检查和全面检查。会同市公安局及时对虚拟货币平台“商盈币”进行处理。上报《异地银行未凭登记表为C类企业办理收结汇》的典型案例。指导中行、工行、浦发银行分别为企业办理内保外贷2520万美元和跨境融资665万美元。优化外汇行政审批，全年办理行政审批事项48件，所有行政认可项目均实现当日办结，企业满意率100%。

【现代国库建设】推进国库信息化建设，稳步推动TIPS二代系统业务全面上线，做好地税系统接入TIPS的相关工作。完善国库事后监督管理机制，推进国库事后监督实践标准化、规范化、电子化。加强柜面审核和监督，探索财政专户管理方式。完善国债发行销售监管。

【支付结算管理】以“智慧城市”建设为着力点，开展“智慧支付工程”试点，推动“智慧支付公交”“智慧支付停车场”“智慧支付驾校”等项目的实施。统筹推进城乡金融基础服务建设，首创7个助农服务示范点。加快农村电子商务支付应用，创建电子支付应用示范村1个。推广电子商业汇票应用，督促银行采取措施提高客户电子商业汇票开通率。

【货币发行与管理】做好发行基金调拨和现金供应工作，按需优化券别结构，2017年实现旺季净投放45亿元。对3家金融机构5个网点开展现金全额清分、硬币自循环的现场督查。做好《不宜流通人民币纸币》《人民币现金机具鉴别能力技术规范》行业标准的宣传贯彻，开展反假货币宣传各项活动。推进发行库规范管理年活动。

【金融消费权益保护】推动建德市政府将人行建德支行纳入成员单位，健全金融消费投诉处置机制。配合消保委开展“3·15金融消保日活动”、组织金融机构开展“金普月”及“12·4宪法日”宣传活动。做好2017年金融消费权益保护问卷调查工作。完成普惠金融指标体系的分析报告，利用“110”社会应急联动系统，及时受理、处理金融消费者投诉34起。

【金融“最多跑一次”改革】推进“最多跑一次”金融事项的初审和办结。及时在建德门户网站发布人民币结算账户行政许可公示信息，推行“行政许可互联网+”，做好“中国人民银行行政审批事项网上办理平台”相关工作，添置《个人信用报告》自助查询机。建立支行部门间企业信息公示联络员制度及财政、地税、国税、发改等部门跨部门商事制度。（朱永鹏）

银　行

【工行建德支行】2017年，工行建德支行实现拨备前利润约1.17亿元。支行本外币存款（不含同业存款）余额43.31亿元，首次突破40亿大关，比年初增加5.24亿元，增收3.25亿元。各项贷款余额29.72亿元，增加4.2亿元，增收2.02亿元。实现中间业务收入5447万元。至年末，不良贷款余额75万元，减少325万元。

2017年揽入代发工资客户19户，新增代发个人客户466户，新开中职卡500多张，公共事业委托代扣4000多户。新开对公结算账户468户，增加218户。对公客户着重抓日均50万元以上和日均5万元以上客户的提质和拓展。全年法人信贷客户增加2户，小微企业客户增加2户，日均资产5万元以上客户比年初增加66户。2017年中标4场，中标资金3600万元。

全年投放建德市资产经营投资有限公司、绿城置业、城投府前路拆迁项目、杭州和谐置业、建德芳草地、新安化工、新安迈图等8个项目贷款，通过以贷引存，实现对公存款日均增加近5000万元。

抓住小城镇面貌整治机遇从源头信息着手，通过拆迁客户信息，提前布局营销工作，全年揽入拆迁款9600多万元。

新开建德市财政专户商住用地保证金非税账户、建德市财政专户工业用地保证金非税账户、中南房地产公司、万固房地产公司、碧桂园房地产公司等账户，土地保证金非税账户流量7亿元，日均3000万元。激活建德市土地收储中心账户，土地保证金返还款流量1.8亿元，日均1300万元。

全年实现政府项目贷款审批33.9亿元，实现信贷投放5.26亿元。实现市重点项目审批5.4亿元，其中绿城香樟园1.3亿，芳草地1.2亿元，和谐置业2.9亿元，实现信贷投放4.46亿元。

组织参加营业部第二届综合技能大赛和建德市金融系统业务技能比赛，在建德市金融系统业务技能比赛中，一名柜员获传票输入项目第一名，一人获假币识别项目第一名。

组织进社区开展反新型网络外欺宣传二次，拉横幅三条，发放宣传单1000多份，为客户解答防诈骗问题300多人次。全年堵防诈骗两起，为客户止损1.02万元。（陈婷）

【农行建德市支行】2017年，农行建德市支行本外币各项存款余额56.5亿元,比上年增加7.53亿元，其中个人存款余额30.19亿元、对公存款余额26.3亿元。各项贷款余额32.91亿元，比年初增加8.19亿元，其中个人贷款余额10.21亿元、法人客户贷款22.7亿元。年末不良贷款余额1033.8万元（含信用卡），减少74.2万元，不良率0.3%，下降0.1%。

支持小城镇环境综合整治项目，组建专门的营销团队，主动与市政府、市住建局、市综合整治办、市财政局对接，3月10日，发放梅城镇城镇环境综合整治项目贷款5.8亿元。4月5日，发放乾潭镇环境综合整治项目贷款2.1亿元，全年发放小城镇环境综合整治项目贷款7.9亿元。

支持建德市航空小镇项目，由农行建德市支行和国家开发银行组成银团贷款，投放贷款2.27亿元。

5月，被农总行批准为“放权搞活”试点行，是杭州地区唯一一家取得农总行100家“放权搞活”的试点支行。制定《推进“放权搞活”试点的实施方案》等系列配套办法，加强信贷服务。

出台专项考核办法，组建4个“三农”业务服务小组，深入村镇开展“三农”服务，新增惠农卡2622张；新建村民信息档案2.32万户；新增农户贷款4815万元，其中新增惠农网贷5008万元。（章国平）

【中行建德支行】2017年，中行建德支行坚持合规经营，服务地方经济。全行本外币贷款余额47.70亿元，获建德市2017年度“货币信贷综合评价”考核二等奖。在上级行安全保卫量化考核中被评定为A+。

支持地方经济建设，紧跟“九大工程”“两区两园两镇”“一城一轴四区”等重大发展战略，授信32亿元。支持建德市政府4个PPP项目，授信9亿元。发挥外汇外贸和海内外联动优势，全年叙做跨境人民币业务6400万元。

坚持以客户为中心理念，不断投入基层网点和设备建设，服务培训和考核，提升服务层次和水平，中行建德支行营业部2017年获评中国银行业文明规范服务五星级营业网点。在支行营业部，新安江城区、梅城镇、寿昌镇设有营业网点6家，市民卡业务服务点6个，布放ATM机23台，具备转账、打印等功能自助设备33台，投入智能柜台8台、基本实现网点全覆盖。（叶汀汀）

【建行建德支行】2017年，建行建德支行一般性存款33.74亿元，其中对公存款余额15.34亿元、个人存款余额18.40亿元；贷款余额28.66亿元，其中对公贷款余额19.16亿元、个人贷款余额9.5亿元。

加强教育培训，关心青年员工成长，组织“我爱烹饪厨艺大赛”“我是老K高手”、乾潭—梅城绿道“善健者行，畅游绿道”趣味徒步等文体活动。

关注地方区域发展，调整客户拓展策略和投放领域。重点投放浙西心脏中心项目1亿元，总授信额度3.2亿元。实现杭州分行首笔PPP项目。投放杭黄高铁连接线及站前广场项目，授信批复2亿元，投放连接线工程单笔金额0.21亿元。为建德市城投公司项目—建德市新安江大城区慢行系统项目投放5.7亿元股权类投资理财产品。授信人福医药下属子公司杭州福斯特药业有限公司——医药中间体及原料药建设项目已批复金额1.5亿元。投放建德市资产经营投资有限公司4.5亿元股权融资类股权产品。为建德南方水泥有限公司办理福利费项下人民币对外汇期业务。举办由市经信局主办、建行建德支行协办的“凤凰行动”海外上市推荐会，全市39家上市培育企业的企业家参加会议，成功营销6户重点科技型企业。完成杭州分行辖内首笔“国土资源网上交易系统”绿灯测试。与市卫计局、电信建德分公司、市人寿公司联手在建德市233个行政村寻找“裕农通”助农点，签约25户。

4—10月，开展金融系统第五轮安全评估工作，获得建德市银行业金融机构第五轮安全评估工作第一名、杭州市先进集体的荣誉。

推进智慧柜员机应用，配置11台标准版智慧柜员机、7台综合版智慧柜员机，智慧柜员机全年迁移率86.0%，杭州分行全辖排名第三。为创建总行五星级网点，支行本级营业部以95.2分通过总行五星级网点验收。（陈小芳）

【交行杭州建德支行】2017年，交行建德支行各项存款20.07亿元，比年初增加3.52亿元；其中对私存款7.88亿元，增加0.22亿元；各项贷款13.61亿元，增加0.4亿元。

加强与市资投、市城投和市交投等国有企业的联系，实时跟踪建德市政府项目动态及进展。落实总行小微专项活动激励方案，制定交行建德支行小微业务营销激励方案。

以贷方发生额为抓手，日增利系列表内理财产品以及“生息365”、稳得利系列表外理财产品做拉动，促进存款业务发展。加强产业链上、下游客户联动，提高授信客户业务综合回报率，加强授信客户“四大指数”“七项必要支出”等指标监管，结合省分行“天天进、日日增”活动，对客户按“四个一批”进行分类营销，通过“1＋10”产品联动进行存款营销。

通过营销客户购买理财产品的方式，计算出客户每季度日均款，落实有效户。通过授信申报及提用的方式，将日均存款50万~100万元的非授信客户提升为有效户。加强新开户营销工作，将新开户提升为有效户。做好临界客户维护工作，确保临界以上一点的客户不下降，临界以下一点客户提升为有效户。成功上线国土资源招标系统。获批建德市资产经营投资有限公司7.2亿元棚户区改造项目。

通过在岸、离岸联动，保证存量客户结算量的稳定，加大对新客户的营销力度，完成国际结算量3968万美元。开展对存量客户国际结算量的稳定及深度挖掘，对存量结算量较大的客户逐户制定营销目标。加强与企业财务人员的沟通，及时介绍优势产品。大力营销国际结算业务新客户。加强其他中收产品的学习和营销，包括进口代付、出口风参等业务。

利用现金添利、天添利A/C/E款、活期富等活期类理财，吸引工资代发人群的工资留存额。利用迎新添利和现金贴金券做拉动，促进新客户的拓展和睡眠客户的激活。加强个人贷款客户的指标监管，利用信用卡、手机银行、黄金、基金等多品种结合等措施，对客户进行分类营销管理。通过代发工资企业行等活动，多方位、多品种为客户提供全面的金融服务，利用理财贴金券、基金定投、活期富等多产品切入，使客户的AUM资产提升。

成立不良贷款清收小组，对不良资产逐户分析，集中清收，做到时间、任务、责任人“三到位”，至年末，处置、收回不良贷款3298万元。

落实省分行2017消费者权益保护“提升年”发展规划，推动消费者权益保护工作有序开展。2017年，消保服务工作在省分行排名从27位上升到第18位。(徐志达)

【建德农商银行】2017年，建德农商银行存贷款规模突破200亿元，其中各项存款119.33亿元，比上年增加13.04亿元；各项贷款余额88.93亿元，增加14.47亿元；缴纳税收8114.79万元，增加891.27万元。全市有服务点298个，支持超过3.8万个贷款主体创业创富。连续两年荣获省农信联社业务成长十佳银行，连续三年被评为建德市“货币信贷综合评价一等奖”。

开展年度服务实体经济“百日大走访”活动，走访1053户中小微企业。建立全市成长型、创新型企业大数据库，设立优质小微企业客户信贷服务“绿色通道”。发放小微企业贷款1.64万户(含个体工商户)，金额52.43亿元。推广税银贷、商标权质押贷款、排污权抵押贷款等产品，发放2.76亿元贷款，帮助26家企业成功融资。开展还款当日转与政府融资平台周转，办理805笔，金额27.06亿元。

推进省市县三级信用体系和“三位一体”农村合作体系建设。发放“免抵押、免担保”农户小额信用贷款，贷款余额28.03亿元，比上年增加9.21亿元。开展“走千家、访万户、共成长”活动，围绕智慧普惠、绿色普惠、精准普惠、共享普惠四大目标，服务个人贷款户14.83万户，贷款金额64.36亿元。消除集体经济薄弱村行动计划，发放信贷资金11.43亿元，为53个村发放贷款3536万元。支持农业特色产业、绿色新型产业发展，发放涉农贷款81.15亿元，增加12.75亿元。发放各类农户装修、建房类贷款1.5万余户，金额18.76亿元。与市委宣传部共同推出“好传统好家风”信用贷行动，向215户村民发放贷款3864万元，为“全国文明村”下梓村授信500万元。

落实“最多跑一次”改革。开展普惠金融签约工作，将贷款授信、放款环节前移，实现放款和还款功能互联网客户端“一键搞定”，镇村网点“一趟完成”，全年新增普惠签约户1.36万户，普惠签约5.19万户。做好全市33万余人的医保签约工作，签约30.54万户，签约率90.2%。投入1500万余元，做好批量换发市民卡工作，换卡16.87万张。深化“市民卡+”应用，实现市民卡多卡合一、一卡多用、一卡通用的功能。打通“服务群众最后一千米”。搭建“物理网点+便民服务点+金融便利店+丰收驿站+流动服务车”五位一体的普惠金融服务网络，设立便民服务点256家，农村金融服务机具覆盖率93%、社区金融机具覆盖率100%。在下涯镇大洲村试点开业全省首家丰收驿站·联华小店。(李益清)

【中国邮政储蓄银行建德市支行】邮储银行建德市支行成立于2008年6月，2017年2月搬迁至新安江街道浦发路39号。2017年，实现个人储蓄余额30.00亿元，个人存款账户超过40万户，公司储蓄余额1.2亿元；零售贷款结余6.4亿元，贷款户数超过1800户，小企业贷款1.6亿元，发放超过60笔。至年末，有营业部、新安江支行和梅城镇支行3家营业网点

以服务社区、服务中小企业、服务“三农”为目标，为建德经济转型中最具活力的客户群体提供服务。开办个人业务、“三农”业务、公司业务、投资理财、信用卡、电子银行、代办中间业务等一系列金融服务业务。

实现与浙江省农业信贷担保有限公司合作小额贷款业务，省农担对借款合同项下贷款的本金以及利息(不含逾期利息、复利和罚息等)提供连带责任保证，借款人无须另外寻找担保人。小企业贷款除小企业抵押贷款外，陆续推出税贷通、转期贷、上市贷、农担贷、增信贷、小水电质押贷、新三板挂牌贷等信贷产品；对符合国家产业

政策和信贷政策要求、发展前景和信用较好、暂时有困难的小微企业、农户生产经营资金，给予最大的利率优势，不附加不合理的贷款条件。支持健康养生养老、绿色金融、科技金融，推进普惠金融。

开展“访千企走万户助推实体经济”活动，坚持“支农支小”服务，全年走访乡镇园区企业200多户。延续转期贷、税贷通、增信贷、小水电贷、新三板挂牌贷等金融产品，缓解中小微企业贷款抵押担保转贷难。开展“三三四十”专项治理，维护金融秩序，落实保护金融消费者权益。（姜建军）

【农发行建德市支行】2017年，农发行建德市支行各项贷款余额7.52亿元，比年初增加5144.7万元。各项存款余额1.36亿元，减少1.55亿元。不良贷款1151.05万元，减少277.42万元；不良率1.5%，下降0.5%。实现利润765.52万元。

保障区域粮食安全，发放收购资金贷款4993.3万元，完成地方储备粮油轮换工作。完成建德市国有粮食收储有限公司梅城中心粮站建设工程项目2300万元仓储设施贷款的发放和资金支付，入库粮食1.16万吨。做好历年批复贷款的发放、收回工作。23省道建德航头至界头段道路改建工程5亿元项目贷款已发放3000万元。城东公司建德洋溪街道城东农民住房集居改造建设工程项目发放3500万元。做好建德市水务有限公司1900万元杭州建德新安江第二自来水厂项目的投放和管理工作。帮扶列入风险排查异常类客户，在办理续贷的同时，压缩风险贷款600万元。12月，通过司法拍卖，成功拍出抵押房产，如期实现清收目标。

加强内控评价和合规管理，开展内控评价自查，完成内控评价阶段性工作。对市场乱象“三违反”“三套利”“四不当”开展自查整改。做好新安江街道府前路19号非营业用房货币处置收尾工作，入账尾款24.28万元。组织观看警示专题片、参观警示教育基地，加强廉政警示教育。聘请6名行风监督员监督行风效能，落实廉洁从业承诺制，员工廉洁从业承诺书、银企廉政共建协议书签约率100%。加强安全保卫工作，在公安部门组织的银行业金融机构第五轮安全评估中取得99.5分。（林玉群）

【杭州银行建德支行】2017年，杭州银行建德支行各项存款余额近11亿元，比年初增加2亿元。信贷资产近25亿元，其中表内资产（贷款及贴现）近18亿元、增加近7亿元，增长64.5%；表外资产（承兑、保函、委托贷款等）逾6.5亿元。全年营业收入近4600万元，营业支出近1200万元，营业利润近3500万元，净利润逾3400万元；缴纳营业税金、增值税及其他税收600万元。

把存款竞争性存放作为助力建德发展的首要工作。积极对接政府项目，专人负责对接，领导亲自上门，提供优质、便捷、周到的金融服务。全年参与5个招标项目，中标3个，其中：账户标2个，存款标1个。新增投放政府项目贷款近10亿元，授信总额20亿元。

开展“双基”管理实施年活动，落实员工“八项禁令”，签订“诚信尽职承诺书”。通过对支行内控管理的薄弱环节、重点业务、重要岗位的检查，建立问题整改台账，制定整改计划，落实责任人，跟进整改进度，跟进问责、违规扣分。（徐彦）

【上海浦东发展银行杭州建德支行】于2015年4月18日正式开业，下辖的建德新安社区支行于2016年10月9日正式开业。2017年，浦发银行建德支行各项存款余额8.22亿元，其中储蓄存款1.22亿元，公司存款7亿元；各项贷款余额8.52亿元，其中个人贷款3.09亿元，公司贷款5.43亿元；营业净收入3363万元；实现中间业务收入1133万元。

2017年，浦发银行建德支行为建德市国有资产经营有限公司在中国银行间市场发行5亿元PPN债券，该债券的发行是建德市首单债券市场直接融资业务，是建德市国资企业走向直接融资市场的里程碑。做好重点招商引税企业账户开立服务工作，新增开立企业基本账户231

户。（王丽霞）

【浙江民泰商业银行杭州建德支行】2017年，支行各项存款余额1.61亿元、贷款余额2.05亿元、贷款资产转让及核销1.23亿元。

强化考核机制，修正考核导向，细化考核方式，加大对100万元以内的小额免税贷款业务的奖励力度，发展100万元以内小额贷款业务。结合“做小做微”的市场定位和“四个不低于”考核要求，针对小额免税贷款设立专项信贷规模，做到小额免税贷款需求全覆盖。探索村居批量化营销模式，完成杨村桥镇梓源村、岭源村、莲花镇林茶村的创建目标。

防控并抓，强化履职，加强风险管理。推行“三人小组”工作机制，规范支行授信审批工作程序和职责。夯实贷后管理基础，落实专人做好“一户一策”工作。做好不良贷款处置工作。2017年，支行不良贷款现金清收1970万元。落实风险考核机制，以新增不良率为主要考核指标，对客户经理实施尽职管理。开展信贷业务检查监测及授信尽职评价工作。

提高行政办公效率，构建“上级为下级、二线为一线、后台为前台、员工为客户”的大服务格局。营造合规经营氛围。通过“三三四”自查、审计回头看自查等方式，加强对重点业务环节、重点风险区域的排查工作，针对自查发现的问题及时进行整改。全面推进安保案防工作，将防控意识融入内控机制中，在2017年金融机构第五轮安全评估中，荣获杭州市优秀达标单位。

（朱玉琪）

【建德湖商村镇银行】2017年，建德湖商村镇银行坚持“支农、支小”的市场定位，各项存款余额8.86亿元，各项贷款余额8.3亿元，有营业部、梅城支行、乾潭支行、寿昌支行、大同支行、下涯支行、杨村桥支行、三都支行和大洋支行9家网点。

完善“以人员管控为中心，以制度建设为根本，以检查监督为保障”的风险防控机制建设，开展不良贷款清收攻坚行动。以风险为导向优化内控评价指标，提高内控合规管理在考核中的比率。严格执行职责分离、相互制约措施，按照“前中后台”分离原则优化部门设置与职责分工。

坚持服务“三农”，保持“三农”在贷款中的核心地位。完善涉农金融服务机制，支持农业发展、农村建设和农民致富。至年末，发放涉农贷款8.29亿元，占各项贷款总额的99.9%。

做好扶贫金融政策、支付结算、防范非法集资风险等知识宣传。落实精准扶贫金融政策，提高贫困地区农户的金融素养和风险识别能力。以拓展抵押贷款、小额贷款及20万元以下信用贷款为主，优化办贷流程，推出续贷周转率专项考核，提高办贷效率。（朱玲瑾）

【浙江泰隆银行杭州建德支行】泰隆银行杭州建德支行成立于2014年，有员工54人，平均年龄26岁，分支网点2家。2017年，各项本外币存款余额1.64亿元，比年初增收0.54亿元，增长49%；贷款总余额4.61亿元，增收2.32亿元，增长101%，实现利润1045万元。

完成区域“一心两翼”网点布局。7月，建德梅城小微企业专营支行开业；8月，建德支行完成网点搬迁，从建德新安东路698号半岛国际大厦迁址到新安东路69—77号；11月，大同小微企业专营支行开始筹建。

陆续推出“接力贷”“连连贷”“义融通”“信融通”“智融通”等系列创新特色产品。自主开发“移动金融服务站”，通过PAD作业实现“账户开立、信贷调查、贷款审批、合同签约、贷款发放”的全流程，让客户足不出户就可以实现信贷资金的即时实时到账，解决金融服务的“最后一千米”。

开展各项公益活动。对梅城镇洋尾埠农村社区服务中心提供30万元用于基础建设。组织春风行动捐赠，关爱社会弱势群体，开展环卫工人“夏日送清凉”“腊八送温暖”活动，连续两年在莲花镇中心小学开展“暖冬活动”。

【“党建+金融”共建共享】6月15日、7月15日，泰隆银行建德支行协同市人民银行，分别在洋溪街道友谊村、梅城镇严陵社区开展“党建+金融”工作。8月，和新安江街道党工委签署《红色新安“1+X”党建联盟共建协议》。9—12月，分别联合府东、府西、明珠、沧滩、新安、叶家等社区，开展“红色新安、党建联盟”系列活动。2017年，实现党员授信近2000户。通过“党建+金融”“整村授信”等方式，全年新增小微、三农贷款1192户，贷款日均增加2.25亿元。（蒋洁心）

保　险

【中国人保财险建德支公司】2017年，中国人保财险建德支公司实现保费收入12523万元，比2016年增长18.7%。赔款支出6954万元，利润833万元。引进专业代理渠道业务，贡献保费3212万元，增长3.56倍。

利用“两会”、金融系统联席会、企业家协会和工商联例会、建德报社传媒、“新安江之夏”旅游节、政策性农险上门服务等载体，加强公司品牌宣传。重点跟踪新安化工、新安长运、腾飞客运、杭橡、大洋化工、建业有机化工、供电局、电信等十多家大单位的医责险、校责险、监护人责任险等。做好临金高速建德段、生猪保险统保前期准备工作。加强银保渠道、三农渠道、车商渠道的统一管控。9月，开始农险承保、理赔集中操作。试行车商渠道新车的统一续转保管理和公司统一管理下的续转保（+续保抢救）。

开展“全员服务365”活动，规范职场标准化建设。成立投诉危机处理小组，第一时间处理各种渠道投诉。理赔定损人员岗位轮换常规化。将客户服务向农村基层延伸，推进差异化、规范化、标准化服务进程。开展非车险专业知识培训、涉农非车险产品培训、手机销售培训、商车“二次费改”培训、人保微官网V盟操作培训、人保寿健交叉销售培训、机动车延保、家安康等小险种培训以及新员工三期培训。举办“国家安全法”培训，将商车费改、客户服务等内容培训延伸到重要客户单位等。参加社区组织的“十九大”安保维稳巡逻。

开展“创先争优”“三重一大”“创建党员先锋岗”、评选“优秀党员”“党员固定活动日”活动。1—10月开展党员集中学习讨论6次。组织支公司中层干部、党员积极分子参观“G20”峰会场。多次与人保寿、人保健领导班子共商交叉销售互动工作，出台交叉业务激励措施，推进三方互动业务再上新台阶。开展党员谈心活动，引导公司中层干部、后备骨干力量积极向党组织靠拢。吸收发展党员1名，重新确定入党积极分子2名。完善党员信息录入，党员都按规定转入组织关系，目前联合党支部党员28人。

开展落实“关爱员工方案”，完善职工食堂管理。喜迎十九大演讲比赛。组织员工体检，开展丰富多彩的文化体育活动。参加市分公司“我与公司共成长”演讲比赛和趣味运动会、参加金融系统羽毛球、气排球比赛。6月，5位员工代表杭州市分公司参加总公司在广西南宁举办的第一届气排球比赛。（方秋君）

【中国人寿保险建德市支公司】2017年，支公司坚持业务、人力同步发展，开展对标奋行，业务保持平稳健康的态势。实现新单保费1.75亿元，市场份额62.4%；支付各类赔款2250万元。

围绕预算目标不松懈，坚定发展信心不动摇，全年实现期交保费7705万元，比上年增长15%，短险保费3218万元，增长5%。个险渠道人力1076人，增加1251人，入选总公司实力和成长双百强，被浙江省分公司评为五好公司。

制定各渠道、部门《经营目标责任书》，层层签订责任状，推进专业化、精细化管理。实行差异化核保政策，支持业务拓展，严把承保、理赔质量关，严厉查处假骗赔案发生。实行综合柜员制，推进零现金管理。加强重要凭证管理、从源头控制风险。加强反洗钱工作，建立反洗钱联络员制。

开展学生平安保险的上门理赔，每个月定时到各学校进行理赔服务。加强政保合作，承保建德重大自然灾害保险，为全市人民提供重大自然灾害风险保障。开展计划生育家庭保险和农村小额保险。承保建德市 60 岁以上老人的意外伤害保险。处理赔案 2246 件，赔付金额 325.21 万元。

开展“诚信教育”“依法合规”学习教育。聘请专业讲师传授专业知识。开展“6·16”的客户服务节活动。参加杭州市分公司的青年干部培训班。组织员工开展丰富多彩的文化体育活动。（陈荣统）

【平安产险建德支公司】 2017年，公司以落实各项内控规章制度为抓手，坚守“合法、合规、诚信经营、服务社会”的原则，实现保费收入4310万元，比上年增长14.7%，市场占比12%。员工24人。

公司业务范围涵盖产险、财产损失险、责任保险及信用与保证保险及国际再保险业务。加强各类专项培训，系统知识学习，鼓励员工开展“停车关怀”服务，柜面礼仪强化训练。

推出“三村工程”建设，面向“村官、村医、村教”，实时产业、健康、教育扶贫。推行“金融支持深度贫困地区脱贫攻坚”创新活动。（谢倩）

【中华联合财产保险股份有限公司建德支公司】 2017年，支公司完成保费收入2748万元，比上年增长12.9%。支付赔款1570万元，赔付率57.1%。

强化“效益为先、兼顾发展速度”的经营理念，通过实施承保、理赔、财务、综合管理等举措，促进了业务的结构调整，支公司的赔付率有明显的下降。

落实中支公司的“三三三一”策略（即车商、电网销、直销渠道业务规模各占总保费的 30%，银邮经代渠道业务规模占总保费的 10%），通过渠道优化政策、推动专项业务营销活动。

借助“三定”改革的契机，优化、调整公司组织架构、建立绩效考核机制，出台岗位考核管理办法，提升基础管理水平。

开展各项合规自查自纠，有效防范经营风险。开展反洗钱培训，落实反洗钱工作，清理承保业务档案，加强了单证管理基础。（雷建祥）

证 券

【银河证券建德新安路营业部】 2017年，银河证券建德新安路营业部。从传统的通道服务转型，开拓多元化收入，推广现金理财产品，增加客户的闲置资金使用率和收益率。把握市场节奏，精耕细作融资融券业务，将“开发客户、培育客户、保护客户”作为经营宗旨，从关注两融业务转向关注客户资产的保护上来。开展每周1次的股民学校活动；开展“了解你的客户”活动、“理财经理的一天”活动。全年实现营业收入1961.85万元，比上年下降9.3%，利润1265.23万元，下降11%，股票基金权证交易量为349.02亿元，增长6.2%；客户总资产为19.28亿元，新开户数为1942户，有效客户数1.1万户。有员工21人，其中正式员工8人、客户经理8人、劳务派遣（含保安、保洁）用工5人。

2017 年股市行情总体上波澜不惊，从 3103 点涨至 3307 点。上半年有个弱势反弹，但年中跌的猛，下半年的行情总体是震荡向上的反弹，股指一度突破到 3450 点。这一年，上证 50 的股票涨幅明显，其他中小创股票跌幅明显，资金两极分化明显。（吴文涛）

编辑：喻春明

财政　税务

Finance & Taxation

财　政

【概况】2017年，建德市财政总收入42.72亿元，比2016年增长9.9%，其中一般公共预算收入24.40亿元，增长7.5%；税收收入22.05亿元，占一般公共预算收入的90.4%。全市一般公共预算支出44.99亿元，增长9.2%。全年财政收支平衡。

强化主体税收征管，健全税收分析、征收管理互动机制，依法治税，应收尽收。执行税收考核激励约束机制，注重均衡进度，确保财政收入稳定增长。开源增收、招商引税，全年贡献地方一般公共预算收入 9.45 亿元，增收 2.09 亿元，占全市一般公共预算收入的 38.7%。组织非税收入 34.68 亿元，增长 2.1 倍，其中政府性基金收入 31.83 亿元，增长 3.0 倍。土地出让金入库 25 亿元，增收 23.31 亿元，增长 14.8 倍。向上争取补助资金 20.08 亿元。

落实培育涵养地方优质税源三年行动方案，组建税源培育团队。落实国务院六项减税政策、研发费用加计扣除优惠政策、小型微利企业税收优惠政策、地方水利基金减免等结构性减税降费政策，减免各项税费 10.8 亿元。落实兑付财政扶持资金 2.88 亿元。为 118 家企业办理贷款调头 251 笔，出借资金 10.14 亿元，撬动企业续贷 15 亿元。

2017 年，全市民生支出 33.99 亿元，占一般公共预算支出的 75.6%。教育支出 8.92 亿元。社会保障和就业支出 5.06 亿元。落实残疾人“两项”补贴和 60 周岁以上老人及残疾人意外伤害险政策。加大财政对社保基金的补助力度。医疗卫生支出 3.80 亿元。公共安全支出 2.52 亿元。科学技术支出 1.62 亿元。农林水支出 7.04 亿元。

防范债务风险，落实国家对地方政府债务实行限额和预算管理的规定，全年置换政府债券 9823 万元，提前一年完成存量债务置换工作，年末政府债务余额 81.3 亿元。推进产业基金运作撬动社会资本 3 亿元,吸引投资规模 15.5 亿元。

2017 年，全市“三公”经费支出 39 万元，下降 14.0%。完成对 5 个部门的经费支出执行情况检查、84 家单位的“小金库”治理专项检查、4 家单位的财政专项资金检查。对诉讼费收入、排污费和水土保持费 3 个政府非税收入进行专项检查。完成重点项目绩效评价 16 个，预算项目绩效目标跟踪 5 个，单位绩效目标自评 40 个。

【财政“最多跑一次”改革】完成公安、城管、教育、住建等24家执收单位电子化缴款，通过支付宝、银联、农商行、建行、邮储银行等，实现电子缴费9.47万笔，金额2745万元。开展“至少上门服务一次”活动，上门走访、政策解读、业务辅导，主动服务预算单位300多次。

【获3亿元两山（二类）建设财政专项激励资金】2017年，浙江省为践行“两山”重要思想，推进“两富”“两美”浙江建设，2017-2019年省财政实施“两山（二类）”财政专项激励政策，以提升生态环境质量、居民收入水平为核心目标，采取竞争性分配方式，择优选择18个县（市、区），给予每个县（市、区）每年专项激励资金1亿元。3月，通过全省竞争性评审，建德市入选“两山（二类）”建设财政专项激励资金分配名单。同月，2017年度专项激励资金1亿元下拨到位。

【农村土地综合整治项目入选省农业发展投资基金】经浙江省农业发展投资基金决策咨询委员会评审，建德市2017年农村土地综合整治项目，获得2亿元投资基金。该投资基金由浙江省农业投资发展基金有限公司出资，以增资入股的方式投资杭州两山建设开发有限公司，增加其注册资本2亿元，全部投向农村土地综合整治项目，包含农村土地综合整治和垦造耕地两个子项目。

【获批浙江省农业综合开发田园综合体试点项目】以“草莓小镇”为建设核心，围绕农业公共服务中心建设、美丽田园基础设施建设、美丽乡村提升、科技创新提升等“七大工程”打造具体建设内容。预计3年总投资2.6亿元，其中省以上财政补助资金7500万元，整合部门财政资金和地方财政投入资金6000万元，吸引社会资本1.25亿元。（李蕾）

【建德市资产经营投资有限公司】2017 年，完成项目投资 2.06 亿元；完成固定资产投资 1.2 亿元；完成建德市外招商引资 6001 万元；完成招商引税任务 203 万元。实现营业收入 4474 万元。

完成资产管理“房产基础资料”录入 1348 处，完成租金管理软件的开发。完成房产办证 93 处。38 处目前完成土地测绘。完成里诸电站、广安物业公司股权转让工作。

公共自行车一期 3 月投入运营，办理公共自行车出行业务 5621 人，总租还 15.13 万次。公共自行车二期新增 25 个服务网点、660 个锁止器，新投放自行车约 300 辆，11 月 24 日完工验收并投入使用。至年末，全市 51 个公共自行车服务网点已覆盖主城区。

承担新安江影剧院区块、塘坞区块、梅城棚户区改造做地主体任务。配合寿昌镇实施小城镇环境综合整治项目，涉及搬迁腾空公房承租户 1000 多户。与金融机构对接，超额完成年度授信任务。（吴文碧）

地方税务

【概况】2017年，建德市地税部门组织各项收入37.91亿元，比上年增长6.9%，增收2.43亿元。入库税收收入14.01亿元，减收0.90亿元，下降6.1%，剔除“营改增”因素增长10.9%。实现地方财政收入10.63亿元，增收0.33亿元，增长3.3%。组织社保费22.44亿元，增收3.54亿元，增长18.7%。

2017 年，市地税局牵头的 17 个开源增收项目实现收入 47.61 亿元，占确保任务 30.06 亿元的 158%，构成地方财政收入 9.40 亿元，占全市地方财政收入的 38.5%，增收 2.04 亿元，对全市地方财政收入的增长贡献率为 122.2%，增加本级政府可用财力 31.24 亿元。

全年企业所得税汇算清缴 1204 户，应补税款 9733 万元。完成 2016 年度社保费结算 4235 户，应补五项社保费 4202 万元，应退 510 万元，补征各项社会保险费 3692 万元。落实 2016 年度年所得 12 万元以上个人所得税自行申报制度，受理年所得 12 万元以上自行申报纳税 2668 人，增长 1.4%；申报应纳税所得额 6.15 亿元，增加 1.97 亿元，增长 47.3%。

对 2017 年度查补税款 10 万元以上的案件，制作说理性行政处罚文书案件 8 户次，查补税款、滞纳金、罚款 198 万元。

【落实减费降税优惠政策】全市有936户小微企业享受企业所得税优惠，减免税额416万元。有618户次小微企业享受与金融机构签订借款合同免征印花税，税额12.8万元。有26户企业享受2016年企业所得税清缴加计扣除税收优惠，扣除金额1.38亿元。符合条件的高新技术企业17户，减免企业所得税2273万元。核准减免2016年度房产税、城镇土地使用税企业151户，税额1108万元。高新技术企业新认定3户、重新认定10户。联合市人社局、市残联落实基金（费）

的减征、免征和停征，减征社保费2461万元；减免基金（费）3211万元。从2016年12月1日起暂停征收地方水利建设基金，2017年减轻企业负担5300万元。

【设立地税、社保联办专窗】2017年，市地税局派员入驻社保中心窗口，办理灵活就业人员换开税票、TIPS协议签订、欠费补缴、申请退费等业务。开通社保清欠“同城通办”，确保单位社保费清欠业务在联办专窗完成。7月，设立地税、社保联办专窗，实现一窗受理集成服务。全年办理社保清欠1169户，缴费金额8303万元。

【提升纳税人满意度】落实涉税事项二维码一次性告知制度。深化网上办税和自助办税应用、推进“同城通办”和免填单服务。推进基层办税服务厅开展导税服务、提醒服务、限时服务、二次优先服务、预约服务、定制服务。拓展咨询电话、网上办税、同城通办和自助办税服务。抓好首问责任制、一次性告知制、补正承诺制、全程服务、“一窗式”服务、“一站式”服务等制度。开展“百名干部进企入户，深化服务，提升满意度”专项活动，组织座谈会5次，走访纳税人1250多户，现场答复咨询问题40多个，征求意见建议100多条。在浙江省地税系统2017年纳税人满意度调查结果中，建德市地税局综合得分92.24分，在全省71个市县中列第7位，杭州地区排名第2位。

【深化金税三期系统应用】制定《建德市地方税务局金税三期优化版全员培训工作方案》，开展三期“金税三期”优化版全员培训；制定“金税三期”比武上机操作集训方案，组建“金税三期”比武上机操作指导团队，组织三次系统内业务考试。参加杭州市“金税三期”业务技能大比武，获得第二名。

【税收风险管理】2017年，市地税局对2016年下半年推送的工资差异、股利分配与股息红利个税比对异常的16条风险点进行复核，其中11条通过“金税三期”系统提交，追征税费75万元。全年纳税评估60户，收入入库660万元。落实省地税局第二批风险管理任务，推送20户企业，风险识别确认率81.0%，追征税费99万元。查处违规发票企业8户，涉及有问题发票235份，金额110万元，查补应入库税、滞、罚三项86万元，入库62万元。稽查查补各项收入1421万元，入库1397万元。

【设立督察内审科】10月9日，市地税局设立督察内审科。主要职能是：组织地税系统审计工作；地税系统税收法律法规、部门规章及规范性文件执行情况的监督检查；地税系统税收执法过错责任追究工作；承办税收执法质量考核；实施地税系统财务管理、基本建设项目、大宗物品采购审计和领导干部经济责任审计工作；协调、督促审计决定及有关事项的落实；内控机制建设。

（汪俊）

国家税务

【概况】2017年，建德市国税局以创建省国税局、建德市委两个党建联系点为契机，组织国税收入27.78亿元，比上年增收4.96亿元，增长21.7%；构成地方财政收入12.39亿元，增收2.16亿元，增长21.1%；剔除试点“营改增”因素，国税收入组成的地方财政收入增收1.52亿元，增长17.9%。

推广“网上办税为主、社会化办税为辅、自助办税为补充、实体办税服务厅兜底”的办税模式，发票申领代开等65项涉税通过“国税手机APP”办理，114项涉税事项实现“一次都不用跑”。67.5%的纳税人通过网上领用发票，84.3%的纳税人通过网上申请代开增值税专用发票，85%通过网上申请开具外出经营税收管理证明。全年网上综合办税率94%，全年为纳税人免费寄送发票931户次。

开展国地税第26个税收宣传月活动。实行

国地税联合首问责任制，推进国地税委托代征、税务登记确认、TIPS协议签订、注销受理等业务的联合办理，实现国地税数据信息共享。推进国地税联合纳税人学堂建设，组织新办企业辅导、电子税务局、所得税汇算清缴、减税政策、营改增政策辅导专题培训12场次。完善驻镇办税网格点功能，代开发票14.59万份，征收税款6138万元。

◎ 10月20日，“百名党员下千企宣传税收政策”活动（庄桩　摄）

落实分级分类管理办法，组建“基础管理团队”“综合管理团队”“风险管理团队”和“个体管理团队”，实现从“管户制”到“管事制”的转变。强化户籍、发票、营改增、出口退税、企业所得税的风险管理，识别风险纳税人706户，通过自查补税、风险管理补税入库税款9000多万元。落实新办纳税人首次购票前约谈辅导，全年辅导约谈新办企业率97.8%。

开展“岗位大练兵业务大比武”“一线干部能力提升机制”活动，建立“师带徒”机制。组队参加杭州市国税系统纳税服务比武获团体第四名，2名干部获得“岗位能手”称号；参加总局“数字人事”两测考试，通过率89%。

【打造两个党建联系点】9月，市国税局成为省国税局党组书记、局长龙岳辉的基层联系点和基层党建联系点；同月，成为建德市委书记童定干机关党建联系点。制定出台《争创全省国税系统基层党建示范点暨建德市委深化机关党建试点工作方案》，确定六大推进主题，实施一月一重点一推进的“1+X”工作机制，一个阶段重点推进一个主题落地，同步推动清单内“X”举措实施。制定印发《建德市国家税务局党支部工作标准四十条》，以“规定动作标准化、队伍建设专业化、精准管理信息化、支部打造品牌化”推进支部标准化建设。开展“一支部一品牌”展评活动。组织党务干部专题业务培训及测试，配备支部工作“一柜一袋一本”，开办党建知识“讲习堂”。研发数字党建管理平台。组织局属党支部开展联系村结对贫困户活动。

【落实税收优惠政策】落实国务院6项减税、支持双创税收优惠政策，实现税收优惠7.84亿元；其中安置残疾人就业增值税退税8339万元；资源综合利用增值税退税4014万元；小微企业增值税减免7907万元；企业研发费用加计扣除、高新技术企业减免、小微企业减免税收优惠7885万元。

【组团包干大竞赛活动】参加组团包干大竞赛活动，协助下涯镇完成财政收入、包保助拆、招商引资等工作任务。完成招商引资杭外资金1.4亿元，获市招商引资和浙商回归二等奖；招商引税588万元，获市招商引税优秀奖；开展“走税户、问需求、优服务、促发展”大走访，被评为驻建德市部门服务企业先进单位。

【税务“最多跑一次”改革】落实“放管服”改革，147项涉税事项中146项实现“最多跑一次”；与公安部门资源整合，车购税办理窗口进驻车管所服务大厅，实现从缴税到车辆上牌的一站式服务。推行个性化容缺服务，24项涉税事项实现“容缺办理”，全年通过容缺通道受理业务635笔，收到补录资料831份。

【开展便民办税春风行动】制定五大类春风行动便民措施22项44条，开展“走税户、问需求、优服务、助发展”专项活动。完成2642户企业纳税人2016年度纳税信用级别评价，8079户个体工商户及其他类型纳税人2016年度纳税信用评定工作。为39户次纳税人申请信用贷款4736万元；12月27日，开展“国税开放日”活动，邀请市民代表走进国税，检验“最多跑一次”改革成果。

【强化法治税务建设】在全市中小学开展“我与税收”主题征文比赛。推进法律顾问和公职律师制度，领导干部述法评议制度，“模拟法庭”活动。实施行政执法公示制度、执法全过程记录制度、重大执法决定法制审核制度。全年公职律师办理事项60多件次。探索“僵尸企业”破产、执行程序涉税处理机制，通过向法院申请税务债权，入库欠税40多万元。

【“同行”国税文化建设】2017年，市国税局“同行”税务文化展厅接待全国系统内外1000多人参观交流。召开第三届“同向同行”趣味运动会；有442人次参与志愿公益、结对帮扶、文明劝导、平安夜巡活动。在“文明建德、书香国税”诗词比赛中获第三名。（关浩然）

编辑：喻春明

◎ 9月5日，建德市实名办税进入刷“脸”时代（袁绍良　摄）

经济管理

Economic Management

发展规划

【概况】2017年，建德市纳入国民经济和社会发展年度计划的17项预期目标，除自营出口1项指标未完成年度目标，其他16项均达到市十六届人大一次会议通过的预期目标或杭州市下达的考核目标。

全年实现生产总值390.29亿元，比上年增长8.5%，其中第三产业增加值166.13亿元，增长13.3%；完成农业总产值55.10亿元，增长5.2%，完成农业增加值35.29亿元，增长2.7%；完成规模以上工业销售产值437.41亿元，增长9.9%，规模以上工业增加值92.47亿元，增长6.7%；完成社会消费品零售总额127.95亿元，增长11.0%；自营出口7.76亿美元，下降22.7%；完成固定资产投资229.35亿元，增长15.1%，其中工业投资93.20亿元，增长21.3%；实到内资93.50亿元，增长4.9%实到外资1.48亿美元，增长0.8%；地方财政收入24.40亿元，增长7.7%；城镇居民人均可支配收入45061元，增长8.5%，农民人均可支配收入23998元，增长9.6%；新增城镇就业人数6476人，城乡居民医疗参保率99%。

【规划编制】根据《浙江省级空间规划试点工作方案》，成立空间规划试点工作领导小组、印发《建德市空间规划试点工作方案》、形成《建德市空间规划（初稿）》。编制《建德市2017年规划编制计划》，提交市长办公会议审核通过，市政府以建政办函〔2017〕23号文件下文实施。列为2017年编制计划的规划有12个，其中经济社会类规划6个、生态保护类规划6个，核定市级财政安排编制经费272.7万元。参与编制《建德市“两山”建设财政专项激励政策实施方案》，申报获得浙江省“两山”建设财政专项激励资金3亿元。

【重点项目建设】2017年，建德市列入省重点实施类项目14个，总投资194.4亿元，年度计划投资33.0亿元。至年末，14个省重点实施类项目全部开工建设，完成投资41.2亿元，为年计划的124.8%。

列入杭州市重点实施类项目28个，总投资246.0亿元，年度计划投资42.9亿元。至年末，28个杭州市重点实施类项目全部开工建设，完成投资53.4亿元，为年计划的124.5%。

市政府投资重点实施类项目103个，总投资282.0亿元，年度计划投资81.9亿元，其中，新建项目50个、续建项目53个。至年末，全部开工建设，完成投资84.3亿元，为年计划的102.9%。

【重大课题调研】围绕事关经济和社会发展宏观性、战略性问题，开展调研，撰写《承接“六大西进”，加快开放融入——建德市加快融入杭州都市圈重要举措》《建德培育发展新的增长极的初步思考》《关于高速高铁时代大洋跨越发展的建议》《关于加快推进建德市空间规划试点工作的建议》《深化“三去一降一补”，推进供给侧结构性改革的几点思考》《建德市新三板推进中存在的问题及对策建议》等调研报告。

【经济运行分析】开展全市重点企业、中小企业和重点服务业监测工作，列入监测的各类企业235家，全年监测上报率97%以上。按季对企业监测情况进行分析汇总，形成监测分析报告。开展经济运行分析，撰写月度、季度、年度经济运行分析报告，上报市委、市政府和上级发改委。

（王登杰）

经济体制改革

【概况】2017年，全市经济体制改革，重点推进公务用车制度改革和引导企业对接多层次资本市场。深化小城市培育、国有企业发债、政策性农村住房保险制度等工作。全年办理国有企业职教幼教退休教师待遇申请审核1人，办理退休人员死亡后供养直系亲属享受生活补助费审批49人。

【推进公车改革】出台《关于印发建德市进一步深化公务用车制度改革实施细则的通知》（建车改〔2017〕2号）,完成车改单位保留车辆的喷涂标识工作。

【推进小城市培育】乾潭小城市培育进入第四个年头，小城市培育成效突显。2017年小城市培育进入第二个三年，市发改局联合浙江省发展规划研究院出台《建德市乾潭镇小城市培育试点三年（2017—2019年）行动计划》，起草《关于深化乾潭小城市培育试点的实施意见》（建政函〔2017〕28号），为小城市新三年发展提供行动指南。落实各相关单位小城市培育重点工作任务进展情况通报制度，对存在问题进行集中研究。

【改进遗属供养审核机制】为避免申请人多次跑、跑多个部门，建立遗属供养审核会审制度，每月25日集中审理遗属供养申请，理顺工作机制，基本上做到遗属供养申请“最多跑一次”。

【落实政策性农房保险】2017年，农房险参保继续覆盖16个乡镇街道，11.59万户农民，保费115.90万元。

【实现企业发债】建德市国资公司15亿企业债2017年11月正式发行，打破建德无企业债发行的历史，发行完毕后，市发改局、国资办立即启动停车场专项债发行相关工作，助力建德企业债发行。

【推动企业对接资本市场】2017年，全市上市公司1家，报会企业1家，辅导期企业4家，新三板挂牌企业11家，上海股权中心Q板挂牌企业3家，浙股交创新板挂牌企业9家。对启动上市工作的企业，建立市领导领衔联系及部门责任落实制度。全面跟踪企业上市推进情况，着力化解企业上市遇到的困难问题，开辟绿色通道，简化手续，特事特办。制定建德版凤凰行动计划和精准扶持政策。严格落实省凤凰行动要求，明确工作目标和任务，制定《建德市推进企业挂牌上市和并购重组五年行动计划（2017—2021年）》和《关于进一步推进企业利用资本市场加快发展的若干意见》两个文件。

【优化小贷公司服务】做好小贷公司现场和非现场检查工作，对发现的问题及时督促整改。开展小贷监管评级，2016年度三家小贷公司评级均为A级。定期分析小贷公司的运营情况，重点关注不良贷款、融资逾期，指导小贷公司通过清收、核销等多种方式加快不良资产处置，稳妥做好风险化解。

【金融风险防控】会同相关单位全面关注金融风险防范和化解，营造良好的金融生态环境。坚持对“两链”风险监测防范不放松，贯彻执行企业资金链风险防范和化解方案，做好企业资金链监测预警和定期报告工作，开展打击非法集资工作，及时发现、及时处置。加强宣传教育，提高市民金融风险防范意识和对金融骗局的辨识能力。通过组织专题宣传活动、在人流量集中位置悬挂横幅、发放宣传资料等方式，宣传非法集资

的形式特征、社会危害及典型案例，发放宣传册3000多份，提高市民金融风险防范意识和对金融骗局的辨识能力。（郑伊琳）

物价管理

【概况】2017年，建德市居民消费价格总指数101.4%，比上年下降0.2%。

落实行政事业性收费执行情况报告制度，对实施行政事业性收费的52家单位收费执行情况进行审核，完成《建德市2016年度收费统计分析报告》。落实物价补贴联动,1—12月全市向企业退休人员发放临时性浮动物价补贴差额生活补助7566万元，受益群众6.5万余人。

2017年,开展前期物业服务费、管道燃气价格及延伸服务收费情况、蛋鸡养殖成本情况、2016年度养老、殡葬服务、公办教育、民办教育等公益服务收费情况专项调查，完成调研报告3篇。

完成5个成本监审项目,涉及城市供水、污水处理费、管道天然气、停车收费等领域。做好农本调查工作，有农调户35户、涉及蚕茧、柑橘、生猪等6个品种以上，分布在7个乡镇9个行政村。

拟定《建德市人民政府关于在市场体系建设中建立公平竞争审查制度的实施意见》，建立建德市公平竞争审查联席制度。

全年办理投诉、举报50多起，其中通过“12358”平台投诉、举报件13起，市长公开电话交办37件，办结率100%，满意度100%。对4起涉嫌价格违法的举报，及时给予纠正，并对违法主体进行处罚，其中罚款数额3000元。

【价格管理】贯彻省、市不动产登记收费标准、“浙江省居住证”工本费标准，完善和新增部分医疗服务检验项目及价格、机动车安全技术检验收费等价格政策,调整建德市儿童医疗服务项目价格,核定下涯和美家园等6个住宅小区前期物业服务费，洋溪街道朝阳路段占道停车及国家电网公司职业病防治院停车场收费标准，完成14家民办幼儿园收费备案，会同市住建等四部门明确纳管企业污水处理收费事项。做好新安江城区差别化停车收费、公办幼儿园收费调整的前期工作。

落实国家、省、市价格监测报告制度，做好各项价格监测数据的采集、审核、上报工作。加强民生商品价格监测，重点做好粮油、肉禽蛋、蔬菜等主副食品价格监测，落实每日市场价格监测制度，完善价格动态预警。落实节假日、雨雪冰冻、汛期等时段的价格监测，及时上报市场价格情况。完善价格监测网点建设，加大对各价格监测网点的工作指导、加强价格监测台账建设，落实经费保障,提高价格监测工作的效能和质量。修订完善《建德市应对市场价格异常上涨工作预案》。

表17 2017年建德市居民消费价格指数一览表

类　　别	上年同期=100
居民消费价格总指数	101.4
食品烟酒	99.7
衣着	101.2
居住	103.8
生活用品及服务	100.2
交通和通信	102.3
教育文化和娱乐	100.9
医疗保健	101.5
其他用品和服务	101.5

【价格改革】自2017年12月31日起，实行非居民用水价格改革。完善城市供水价格分类。城市供水价格分类简化为:居民生活用水、非居民生活用水和特种用水3类。适当提高非居民生活用水价格。非居民用水价格由原来的非经营性用水每立方米1.35元、经营性用水每立方米1.50元统一调整为每立方米2.00元；特种用水价格由原来的每立方米2.00元调整为立方米3.5元。

稳步推进综合医改先行先试地区医疗服务价格改革。实行医疗服务价格分类管理。完成县级公立医院先行先试首轮医疗服务价格调整方案。

按照“控总量、腾空间、调结构、保衔接”的路径，在调研、测算、论证的基础上，遵循“总量控制、结构调整、有升有降、逐步到位”的总体原则，拟定建德市腾空间后的首轮医疗服务价格调整方案。

根据浙江省农业水价综合改革2017年度实施计划，配合市水利水产局等部门做好建德市农业水价改革试点区农业水价测算审核等相关工作。

【降低水费】 对建德市列入杭州市战略新兴产业培育的企业及列入建德市2015年规模以上工业企业发展绩效评估结果为A、B类的企业，实行每立方米降低0.30元的优惠水价政策及每立方米降低0.30元的优惠气价政策。惠及全市163家企业，为企业减轻用水、用气成本600多万元。

对建德市行业、协会、商会及涉企人才流动等环节收费进行清理规范。建立建德市政府定价管理的经营服务性收费目录清单制度，明确收费项目、标准和政策依据等内容并进行动态调整。目前收费目录清单包括民办教育、养老、殡葬、停车等8大项29小项收费项目。

落实清费减负政策并实施执行情况监测报告制度。会同市财政局落实国家、省市相关政策，取消或停征建德市房屋交易手续费、城市公用事业附加、人防易地建设费等11项行政事业性收费或政府性基金。全年为企业减轻涉费负担约2000万元。

【市场价格监管】 对全市价格市场进行巡查，现场指导整改明码标价不规范行为30多起，及时发现并消除价格违法隐患。实行全天候值班制度，保证举报电话24小时畅通。开展节假日市场巡查。春节、中秋、国庆等节日期间出动执法人员100多人次，检查市场主体370多家次。

开展环保收费、中介机构、殡葬服务机构、医疗服务价格、养老收费等专项检查，配合上级价格主管部门对建德市电力服务企业进行专项检查。在医疗服务价格专项检查中，查处价格违法案件1起，没收违法所得2.98万元，处罚3.01万元，罚没金额5.99万元。

2017年，检查分局、价管科、价格认证中心联合市住建部门对全市20多家物业服务企业进行价格政策后评估活动，对物业服务企业执行前期物业费政策情况进行摸底，发现有问题的公司责令限期整改。

【价格认证服务】 开展涉案价格认定业务226起，认定金额5407.33万元，实现所有的案件零复议、零投诉，零复核。办理二手房计税案件23起，金额3589.79万元。（杨蕾）

◎乾潭旅游码头游客中心装修工程开标现场

公共资源交易

【概况】 2017年，杭州市公共资源交易中心建德分中心完成各项交易1840个，金额65.99亿元，节约（增收）资金14.19亿元。其中，市级平台完成交易项目619个，金额58.99亿元，节约（增收）资金13.08亿元；区域分中心交易平台完成交易项目1177个，金额7.00亿元，节约（增收）资金1.11亿元。具体为：市级平台完成工程交易项目472个，金额16.97亿元，节约资金2.59亿元，节约率13.2%；完成政府采购项目121个，金额6831.83万元，节约资金599.26万元，节约率8.1%；完成土地交易项目47个，金额4.05亿元，增收资金10.30亿元，增收率34.0%；完成产权交易项目23个，金额7536.24万元，增收资金1174.27万元，增收率18.4%。乡镇（街道）区域分中心完成工程交易项目1079个，金额6.50亿元，节约资金1.08亿元，节约率14.3%；完成采购项目92个，金额4863.12万元，节约资金303.42万元，节约率5.8%；完成产权交易项目6个，金额144.46万元，增收资金2.74万元，增收率1.9%。

【推进交易平台整合】4月21日，向市编委办递交《关于要求将建德市公共资源交易中心更名为杭州市公共资源交易中心建德分中心的请示》（建审管办〔2017〕18号）。8月，根据《关于调整建德市公共资源交易中心机构编制事项的批复》（建编〔2017〕40号），建德市公共资源交易中心更名为杭州市公共资源交易中心建德分中心，同时增挂建德市公共资源交易中心牌子，增设政府采购科。调整后，杭州市公共资源交易中心建德分中心（建德市公共资源交易中心）设3个内设机构：工程交易科、政府采购科、综合交易科。

【规范项目管理】出台《建德市政府投资工程建设项目联审联查实施办法》（建交管办〔2017〕4号），组织政府投资工程联审联查8次，涉及各类政府投资项目20多个。出台《建德市工程建设项目招标投标活动职责分工细则》（建交管办〔2017〕26号）、《建德市工程建设项目招标投标活动质疑投诉管理办法》（建交管办〔2017〕25号）、《关于印发〈开标纪律〉等8个管理制度的通知》（建交管办〔2017〕32号）等文件。办理各类交办单28次，组织或参加各类协调会80多次。对接小城镇整治、江南渔村建设、新安江综合保护、教育系统（暑假施工安全）等重点项目，做好招标预排与“辅导”。（邓艳芳）

审　计

【概况】2017年，建德市审计局按照“促发展、促改革、促安全、促绩效”目标，发挥审计监督作用，提高审计监督效能，提升审计成果运用。完成审计和审计调查项目28个，查出主要问题金额12.55亿元，其中：管理不规范金额12.53亿元，违规金额182万元；非金额计量问题64个。提出建议87条，全部被采纳。编发审计信息（专报）60期，省市信息录用29篇次，党委政府信息录用12篇次。推动各级层面制度出台27项，移送案件线索17起，移送司法机关、纪检监察机关5起、涉及人员6名，移送主管部门12起；2016年度移送的案件线索，2017年度有1人被判处缓刑，1人因违纪获警告处分。指导完成政府投资工程价款结算审核项目232个，净核减工程价款1.27亿元。

【开展“同级审”】3~6月，开展2016年度建德市本级预算执行和其他财政收支审计，重点关注财政代编的项目预算编制与执行情况，预算收入来源的合规性，对乡镇财政预算管理是否规范及产业基金管理使用情况，促进各项积极财政政策措施的有效落实，完善预算管理、规范资金分配行为、提高财政资金使用效益，提出审计建议。

【政府投资审计】加强对政府投资民生工程项目专项审计、项目资金执行审计以及重大项目跟踪审计。2—3月重点对城镇保障性安居工程开展跟踪审计，促进相关单位审计整改收回征迁补偿金46.19万元，发放配套补助资金26.65万元。保障房审计揭示任务完成不实、房源分配管理不严、资金管理使用不到位等问题。4—12月开展浙西国际心脏中心项目管理情况专项审计调查，针对发现的工程设计进度滞后等问题，撰写审计专报提出解决问题的具体办法。4—12月开展农民饮水安全工程审计，对50个工程和6个乡镇水厂、35个村级水站的抽查，检查工程质量和后续运营管理情况，保障农民饮水安全和建设资金绩效。6—12月开展部分政府投资项目价款结算等专项审计调查。

【经济责任审计】完成经济责任审计项目9个，审计人数13人，其中乡镇党委书记、镇长各4人，部门领导5人。被审计领导中，离任审计6名、任中审计7人。查出违规金额6019万元，管理不规范金额1.03亿元，审计期间上缴国库139.23万元，归还原渠道693.77万元；领导批示6个。发现2起违反中央八项规定精神问题，移送相关部门处理，其中1名市级机关在职的正职领导干部受党纪处分。

【民生资金和项目审计】3—6月，开展基本公共文化服务资金专项审计调查，推动相关部门完成审计整改，收回财政补助资金5.2万元，为部分享受政策的低保新机户补装机顶盒；9—12月开展第十七次“春风行动”专项资金收支情况审计，推动相关单位完成审计整改，收回超标准发放款项0.14万元。3—7月开展扶持经济薄弱村集体经济发展资金专项审计调查，在117个经济薄弱村集体中抽查了82个行政村，推动相关部门完成审计整改，收回违规补助资金27.23万元。5—11月开展培训费使用情况专项审计调查，推动各相关单位信息的共享联审。

【国有企业审计】5—8月，开展建德市新安旅游投资有限公司2016年度资产负债损益情况审计，重点审计公司内部控制、对外投资和项目工程管理方面等事项，促进完善内部管理制度和国有公司考核制度，挽回损失浪费金额，发现违纪违规线索。2—6月，开展杭州建德高新技术产业园投资有限公司2016年度资产负债损益情况审计，重点审计公司内部控制、土地征收、拆迁安置和项目工程管理方面等事项，发现存在的问题，提出针对性建议。

【开展五类专项审计调查】2—3月，对2016年度卫生系统部门预算执行开展审计调查，发现不相容岗位职责未分离及出纳公款私存、院长挪用公款10万元、村卫生室会计贪污公款6.5万元等违法违纪行为，移送相关部门3起案件线索涉及4名人员，其中3名责任人受党纪处分。审计期间全部收回多付补助款、违规公务接待、专项资金用于发放补贴的11.41万元，其他问题亦以信息形式向本市及上级审计机关反映。

3—4月，开展建德市部分事业单位收支管理情况专项审计调查，摸清部分事业单位人员编制、财务收支、资产状况及运营情况，促进事业单位管理体制改革进程，推动出台管理制度17项。

9—12月，开展人大评议单位预算执行及其他经济活动情况专项审计调查，结合公务支出公款消费审计、部门领导干部经济责任审计等，推动部门预算管理规范。

11—12月，开展促进再就业专项资金审计调查，关注相关政策执行情况和使用效果，促进资金审核拨付严格按照相关规定程序和标准办理，防止截留、挤占、挪用、骗取、超标准、超范围使用再就业补助资金等违法违纪行为。

【审计干部队伍建设】通过确定重点专业（领域）和各梯队人员，深化开展全员各项培训、交流与业务竞赛活动。深化审计职业化建设，“定向梯队式”专业人才培养工作机制成效初显。2017年，1人被确定为全省会计领军培养对象，高级审计师4名、高级会计师2名、高级工程师3名，取得注册会计师职业资格1名，中级职称审计人员5名。（赵晨阳）

统　计

【概况】2017年，建德市统计局围绕市委、市政府的总体部署和工作目标，深化改革创新，提升数据质量，优化服务水平，着力打造统计铁军队伍。

对内建立统计指标内部分析会商制度，对外建立部门经济运行例会制度，提前预判经济走势。《统计分析》改版为《经济指标监测与分析》，刊发预报、快报、简报、专报四种期刊。全年撰写统计信息 447 篇、统计分析专报 35 篇，其中领导批示 8 篇。通过新媒体发布指标和数据解读，在“建德统计”公众微信号发布统计信息 49 期，进入全国统计系统公众平台排名前 4。开展“走村入企访户”，听取基层对统计工作的意见建议，走访 270 多家企业以及村（社区），指导解决统计问题 140 多个。

【统计调查】建立健全重点工业企业监测预警制度。对大润发超市等45家市区CPI采价点举行挂牌仪式。动态掌握各乡镇（街道）投资项目建设进度，将重点投资项目提前放入规（限）上企业培育库。完成国情国力调查。做好第三次农业普查入户调查登记，通过上级验收。做好城乡住户样本轮换工作，对2640户摸底户进行摸底，从中抽出250户进行开户。

【统计数据质量】洋溪街道通过省级统计示范乡镇验收。15家单位创建“建德市统计诚信单位”，5家单位创建“杭州市统计诚信单位”。稽查单位46家，其中随机抽查17家，随机抽查单位的比重占全年稽查总量的36%，给予处罚4家。组织统计法制竞答活动3次，近3000人次参加。印发统计法宣传品5000份。开展统计人员在线教育培训，注册学员942人。35人报名参加统计专业技术资格考试。（占晓红）

市场监督管理

【概况】2017年，建德市市场监管局立案查处288件，其中大要案77件，罚没款246.6万元。受理各类消费投诉举报1600多件，投诉调处率95.6%、举报处理率100%。37家消费维权服务站受理投诉1.94万余起，挽回经济损失380多万元。在59家加油站，28家眼镜店，21家农贸市场，12家超市开展计量监督检查，与80多家单位签订诚信计量自我承诺书。完成63家加油站，151台、379枪燃油加油机检定工作，一次合格率98.5%。完成2000多台（件）医卫系统计量器具、36家农贸市场1560多台各类衡器的强制检定工作，检定合格率100%。

制定建德市质量提升三年行动计划（2017—2019 年），3 家企业获评建德市政府质量奖，5 家企业导入卓越绩效标准，培育获证首席质量官 5 名。抽查全市六大行业 54 种 280 批次产品，合格 275 批次，合格率 98.2%，比上年提高 0.2%。全年主起草、发布国家、行业标准 8 项，参与起草 22 项，发布地方标准 4 项。“德文化”系列标准被列为省标准化试点项目，果蔬乐园展示体验馆服务标准化管理服务业项目通过。全市 365 家规上企业采标率 57.5%，数据准确率 100%；企业网上自主申明率 100%。全年新增浙江省名牌 2 个，杭州市名牌 6 个，全市商标注册成功 569 件，8 家企业被列为“浙江制造”培育企业，发布浙江制造标准 2 个，申请论证 2 家，立项 1 个，通过评审 1 个，新增“品”字标产品 2 个。

【商事登记制度改革】梳理公布各类审批事项64项，63项实现“最多跑一次”，19项（子项41项）实现“跑零次”，其中进驻行政审批中心事项56项，100%实现“跑一次”。推出“互联网+政务服务”，利用名称自主申报系统、全程电子化登记平台以及网上咨询智能应答系统，完成名称自主申报5065个，企业网上设立、变更、注销265家。深化“政银合作”，5大中心乡镇的22个银行网点代办各类审批事项389件。实现“22证合一”“一码互认”，全年办理多证合一执照1527份，开通跨部门“一窗受理、证照联办”事项27个。2017年，全市新增市场主体7508户，其中新设企业2899户，增长117.8%，新增注册资本258.96亿元，增长161.6%。建德市“多证合一、一照一码”办理效率居全省11位、杭州第1位。

【首轮“小微企业三年成长计划”】打好首轮“小微企业三年成长计划”收官战，列入地方重点单项考核。开展小微企业走访活动，走访企业456家，解决问题57个。开展“现代金融现代科技”双对接活动，实现双对接216家。引导企业运用股权质押、动产抵押和商标权质押等缓解融资难题，助企融资39.16亿元。建立三梯次小微企业培育库，将261户小微企业列入重点培育对象。2017年，新增小微企业2240家，增长100%。完成“个转企”227家，公司制占比99.5%，发放“个转企”财政补助12.5万元。三年来，全市累计新增小微企业4479家，新增八大产业1540家、完成“个转企”722家。

【食品安全监管】开展食品安全排雷“百日攻坚”“平安护航十九大”等各类整治行动，办结食品类案37件，罚没款163万元。完成食品安全监督抽检1997批次，合格率97.7%，不合格处理率100%。完成流通环节快速检测4.55万余批次，检出并销毁不合格产品78批次。在8个镇街开展街面小餐饮整治，完成2085家餐饮服务单位量化评定工作，量化分级率100%；完成主城区餐饮单位管道燃气改造100家（含签约覆盖对象）。出台《建德市透明阳光作坊监督管理办法》，在全市6个农贸市场建成阳光作坊51家。开展校园及周边专项整治，检出不合格小食品8批次，查扣1257包，立案5起。将食品安全工作纳入政府年度重点专项考核内容，与乡镇街道签订目标责任书，完成6个镇街食安办规范化创建。开展5场校园“食品安全大讲堂”，将新安江街道双江街打造为食品安全“科普一条街”，组织“你点我检”83批次。先后完成2017年建德市“两会”、2017年第四届长三角运动休闲体验季浙江建德站活动、浙江省第四届青少年阳光运动会传统武术套路比赛活动、2017年全省高校书记校（院）长暑期读书会、建德市第四届残疾人体育运动会、第八届西湖公共关系论坛、“智汇新安”海外高层次人才进建德等重大活动食品安全保障工作。

【药品、保健品和化妆品监管】开展诚信药店、化妆品示范店创建工作，评选申报诚信药店5家、化妆品经营示范店10家、示范商场1家、示范街1个。强化日常监督检查，实施分级分类监管，督促企业实施药械保化质量规范管理，防范质量安全风险。全年出动检查人员403人次，检查单位410家次，整改142家次。开展保健食品、特药、中药质量、小药店、小诊所、医疗器械等专项检查。开展质量抽检，抽检324批次，不合格产品9批次，依法移交查处率100%。将不良反应监测报告列入乡镇街道药品安全考核工作内容，全年监测上报药品不良反应报告622例，医疗器械不良事件报告51例。

【特种设备安全监管】发布《特种设备隐患快报》11期，联合乡镇处置隐患信息384项，全市四个率（特种设备注册登记率、作业人员持证上岗率、设备定检率、隐患排查治理率）始终保持在95%以上。修订完善《建德市特种设备应急预案》，建立建德市客运索道、游乐设施2支应急队伍。牵头做好“55台老旧小区电梯评估、推广电梯责任保险”民生实事工作，出台《建德市电梯责任保险补助资金管理办法》《关于鼓励和推行电梯责任保险的实施意见》《建德市住宅小区老旧电梯安全评估市政府实事项目工作方案》，完成10年以上55台老旧电梯的“全面体检”，推动18个小区使用单位及时检修，完成1000多台电梯投保工作。发布《建德市危化领域特种设备安全风险辨识和评价管控规范》（DB330182/T032—2017）地方性标准，开展危化领域评价试点，特种设备双重预防机制企业指导样本初步设立。制定《特种设备安全隐患大排查和治理工作方案》，检查单位623家，设备1558台件，排查隐患294项，发出安全监察指令书62份，查处立案违法行为9起，查封设备13台，处理投诉举报13起，办理登记等服务企业事项1670项。至年末，全市有实际在用特种设备使用单位908家，在册特种设备8006台件。

【企业信用信息公示】完成2016年度企业信用信息公示工作，应报企业8383家，年报率96.1%；应报农民专业合作888家，年报率84.6%；应报个体工商户2.06万户，年报率90.6%。对两年未年报的企业进行清理，2017年，拟吊销企业138家、清理个体户1779家。开展企业年报信息抽查，抽查企业234家，核查补报企业73家次。落实双随机抽查监管方式改革，年度双随机检查1026家，实施随机抽查事项数36项，本部门监管执法事项及其他行政执法事项全覆盖。牵头推进“杭州市企业信用联动监管平台”建设，录入企业信用信息数据500多条。开展“诚信个体工商户”认定活动，97家个体户获评建德市“诚信个体工商户”；建立“守合同重信用”企业动态培育库，全年公示“守合同重信用”A级企业13家、AA级企业34家、AAA级企业8家。（廖小俏）

安全生产监督管理

【概况】2017年，建德市始终坚守安全生产红线，全市上下同心协力、克难攻坚、狠抓落实，确保全市安全生产形势总体稳定。全市发生安全生产事故36起，比上年下降5.2%；死亡36人，下降10%；未发生较大以上安全事故。11月，建德市安监局获2017年“安全生产月”活动省级优秀。12月，吕一华获评“浙江省党的十九大维稳安保工作先进个人”称号。

【安全生产“15日工作法”】打造安全生产“15日工作法”升级版：以15日为一节点，聚焦全市各行业（领域）安全生产隐患，通过媒体曝光、任务交办、限期整改、约谈问责等工作机制，严查、严管、严治安全隐患，堵塞安全监管漏洞。2017年，挂牌督办企业42家，曝光隐患点位130处，整改到位105处，隐患整改率81%；乡镇（街道）上报隐患1172处，整改到位1114处，整改率95.1%；部门上报隐患108处，整改到位92处，整改率85.2%。

【安委会“1+X”责任体系】按照“任务繁重优先”“成熟一个、设立一个”的原则，按专业性行业（领域）设立建设工程、道路交通、水上交通、危化品矿山、职业病防治、旅游商贸、特种设备、消防8个专委会。由市长统一领导，形成由安委会协调沟通8个专业委员会的安全生产综合监管体系，从体制上保证安监、住建、交警、消防、港航、旅游、市场监管等单位与安委会的合心、合力、合拍的共振新模式。

【护航“十九大”安保】制定《建德市安全生产大检查实施方案》《关于开展“安全大督查，护航十九大”大检查的通知》，于8月1日、8月29日召开安全生产工作例会，对大检查工作再动员再部署。8月3日，建德市委召集各市委常委、市人大和政协主要负责人、市政府各位副市长召开市委常委（扩大）会，听取建德市安委办（安监局）《关于安全生产大检查工作情况汇报》；9月29日，召开全市消防和安全生产暨十九大维稳安保工作会议，对大检查和十九大安保工作再强调再落实。认真落实企业安全生产主体责任，列出检查清单和检查计划，排查各类事故隐患1.01万条，当场整改1万条。对一时难以整改的安全隐患，制定限期整改方案，做到整改责任、措施、资金、时限、预案“五落实”。

【国家安监总局到建德督查】9月14—15日，国务院安委会第二十七组赴建德开展安全生产大检查督查工作。国家安全监管总局副局长孙华山带队督查，听取建德市政府安全生产工作汇报，查阅台账，并检查高铁新区管委会安全生产情况，抽查部分场所、企业安全生产情况。10月19—20日，国务院安委办安全生产大检查“回头看”第二十七检查组来建督查。国家安监总局职业健康司副司长（正司局长级）张宏波带队，对前期督查问题整改情况进行“回头看”。

【安全生产宣传教育】6月16日，建德市安委办在新安江广场举办第十六个全国安全生产月广场咨询活动，活动由建德市安监局承办，市交通局、市住建局、市旅商局、市市场监管局、市港航管理处、市消防大队、市交警大队协办。11月13日，建德市安监局被省安委办评为2017年度“安全生产月”活动省级优秀单位。依法加强对企业主要负责人、安全生产管理人员和特种作业人员的安全培训，培训特种作业人员665人、生产经营单位负责人、安全管理人员1095人。举办安全生产培训班15期，培训4.16万人次。

【安全生产基础建设】搭建智慧园区平台，实行安全监管、危险源监控、人流物流管控、应急保障“四个一体化”管理，实现线上监控预警和线下执法检查的高效联动。高铁新区牵头组织安监、环保等相关责任部门对新安化工、建业化工、马南污水厂三家试点单位项目进展情况进行期中评审。2017年，对新增四级以上的75家企业开展达标工作，其中四级达标企业4家，三级达标企业65家，二级达标企业6家。将社会化服务工作纳入对乡镇（街道）安全生产目标管理责任制考核内容，全市16个乡镇（街道）开展不同形式的社会化服务工作，全市有560家企业进行委托，投入资金138.42万元。

【安全生产应急救援】全年有98家生产经营单位到安监局进行应急预案备案，建立《体系运行方案》《事故应急处置预案（操作手册）》《装备管理制度》等一整套的制度规范。聘请应急救援专业人员对队员进行应急救援技能培训，加强应急队员对于各类救援方法的理论学习，由专家讲解矿山、危化品救援处置过程中的注意事项。建德市危化应急队伍代表参加省、市各类应急救援竞赛，屡创佳绩：2017年杭州市安全生产应急技能竞赛团体第一名、受限空间作业实操第一名、综合体能第一、理论知识第二名，邱子凌荣获个人综合成绩第一名，并获得“杭州市五一劳动奖章”荣誉称号。

【安全生产“最多跑一次”改革】全年安监窗口受理各类项目230件，其中行政许可项目75件、非许可和服务项目155件，期限内办结率100%，服务对象满意率100%，5月安监窗口在市审批中心业务考核中名列第一，荣获五星窗口称号。对照省安监局权利库公布权利事项进行核对甄别，对17项事项实施“最多跑一次”，许可和审批事项进行分类，推出“简易事项即时办理，复杂事项应约上门服务”。

【职业卫生安全监管】全市322家企业完成作业场所职业病危害检测评价，271家企业组织3.16万名接触危害劳动者进行职业健康检查，未发现疑似职业病人和职业病人，全年未发生群体性职业病危害事件或一次性三人以上确诊职业病。开展职业卫生一体化执法检查，出动执法人员216人次，检查各类用人单位214家，下达执法文书214份，发现职业卫生问题或隐患743项，责令限期整改47家，单处警告21家，处罚款4家，罚款2.5万元。

【防范遏制重特大事故试点】12月19日，建德市政府召开防范遏制重特大事故杭州综合试点工作布置会，将全市区域安全风险评价、安全风险四色图作为防范遏制重特大事故工作重点，将危险化学品、非煤矿山、三场所三企业列为防范遏制重特大事故试点行业。编制完成《建德市防范遏制重特大事故方案》《建德市互联网+城市风险管控暨遏制重特大事故试点工作建设方案》。

（余月仙）

编辑：喻春明

中共建德市委员会

Jiande City Committee of the Communist Party of China

综　述

【概况】2017年是新一届市委开局之年。面对复杂多变的国内外形势和发展中遇到的各种困难，市委常委会和全市广大党员干部群众，围绕“实现建德新崛起”的宏伟目标，把握“开放融入、跨越赶超”的工作基调，经济社会保持平稳较快发展。

【实体经济提质增效】扎实推进产业转型升级。三次产业结构比例为9∶49∶42。加大“四换三名”和“两化”融合力度，推动碳酸钙等传统制造行业整治提升，获评全省“两化”融合示范区。全年实现规上工业销售产值433亿元、增加值95亿元，分别增长8%和6%。实现社会消费品零售总额127.4亿元，增长10.5%。“17度新安江”旅游品牌、夏日冬泳等活动连续被中央级媒体刊播报道，接待游客928.9万人次、旅游收入82.4亿元，分别增长13.3%和24.3%。深化产学研战略合作，加大科技创新投入，规上工业研发经费（R&D）6.7亿元，增长10.3%，新产品产值率38%。超细粉末国家工程研究中心、杭师大有机硅重点实验室入驻建德。新引进海内外高层次人才55人。完善经济开发区（航空小镇）规划，火车主题酒店、通航总部大楼、小镇客厅等项目建成投入使用。开通全省首条低空旅游专线，举办通航产业国际论坛，获评全国第二批特色小镇和省军民融合示范基地。高起点谋划高铁新区（高新园）建设，杨村桥门户区域、洋溪板块、下涯湿地、黄饶半岛等核心区域策划研究。土地平整、路网建设等基础设施有序推进，完成征地3432亩，土地流转7936亩，高铁场站站前广场及连接线项目进展顺利，新安江综保工程先行区形象初显。与北控集团签订全面战略合作协议。

【项目建设加快推进】先后举办三批重大项目集中开工仪式，103个重点项目全部开工，开工率100%，60个重大产业类项目开工建设54个，开工率90%，分别增长5.6%和7%。十里埠综合作业区、浙西国际心脏中心、23省道改建等项目进展顺利，农夫山泉四期、新安迈图、IFF搬迁、浙西数据中心等项目建成投产。举办土地招商、通航产业招商等大型招商推介会8场，引进项目334个，预计全年实到杭州市外内资55亿元，实到外资1.48亿美元，实到浙商回归资金37亿元，恒大温泉小镇、军民融合装备制造等一批重大产业项目签约落地。全面推进重点项目征迁安置“双清”工作，完成征地1.06万亩，房屋签约4374户，实际供地5753亩。实施投融资体制改革，首次完成国资总公司15亿元企业债和5亿元的PPN银行间债券发行工作。全力推进“最多跑一次”改革，725项群众和企业到政府依申请办理事项中有711项实现“最多跑一次”，比例98.1%，在杭州地区率先开展企业投资项目承诺制改革试点。

【城乡面貌明显改善】启动实施城市有机更新，麻岭巷、影剧院等区块房屋征收顺利推进。全市出让土地65宗，成交土地出让金41亿元，创历史新高。优化提升小城镇功能品位，首批5个乡镇整治项目开工率100%，“街长制”“路长制”做法在全省推广，全省“车乱开”治理现场会在建德市召开。“五水共治”全面实现剿劣目标，成为全省首批销号上报县市，行政区交界断面考核全年均为优秀。强势推进“三改一拆”和治危拆违，拆除违建41.43万平方米，完成“三改”62.68万平方米，梅城、寿昌等区块棚户区改造步伐加快。全面推进万村景区化，打造乡村旅游点203家，星级农家乐74家，民宿98家。加强农村文化阵地建设，建成农村文化礼堂128家。深度打造特色文化精品，“喜迎十九大·建功立德报告会”引起强烈共鸣。

【社会事业全面进步】突出保民生促和谐，全年用于民生方面的公共财政支出33亿元，占全部一般公共预算支出比例的75%。推进教育综合改革，促进城乡教育均衡化发展。巩固“双下沉两提升”工作，医疗服务体系建设不断完善，家庭医生签约15.4万人，常住人口签约覆盖率34.4%。开展全民健身活动，荣获全国群众体育工作先进县市、省级体育强市。推进就业创业工作，新增城镇就业6476人，城镇登记失业率控制在2.47%。健全城乡居民低保动态管理、医疗救助等机制，城乡基本医疗保险参保率99%。创新推进社会治理，建成并有效运行“四个平台”和“全科网格”，开展平安创建“四机制七专项”行动，圆满完成十九大维稳安保工作。全力打造安全生产“15日工作法”升级版，事故起数和死亡人数实现“双下降”。

【党的建设持续加强】严格落实意识形态工作责任制，注重党委理论学习中心组示范带动，“新安夜学”品牌效应凸显。完善舆情应急响应机制，着力打造“清朗网络空间”。全面推进“两学一做”学习教育常态化制度化。圆满完成市级领导班子换届，集中精力抓好村级组织换届。树立实干选人用人导向，发现储备“三型”干部303名。建立健全党建“双百分制”考核、基层党建“双月例会”等制度，持续打造“一纵八横”党建示范带，完成17个软弱落后村党组织整转。围绕“执行力建设”主题，以“三提一争”“百千万”活动为引领，深化“走村不漏户、户户见干部”，走访农户12.26万户，解决问题3100多个。开展“正风肃纪”检查1300多次，督改问题498个、处理人员62人。严格落实党风廉政建设“两个责任”，全面启动市委巡察工作，完成五轮20家单位巡察。积极推进国家监察体制改革试点，市监察委员会顺利组建运行。坚持无禁区、全覆盖、零容忍惩治腐败，加大案件查处力度，立案违纪案件212件，给予党纪政纪处分218人。（叶志宇）

市委重要会议

【市委十四届二次全体（扩大）会议】8月3日召开。会议的主要任务是深入学习贯彻省第十四次党代会和杭州市第十二次党代会精神，总结上半年工作，部署落实下半年任务，动员全市各级党组织和广大党员干部群众，坚定信心、勇担使命，一张蓝图、一门心思、一以贯之，以决战决胜姿态确保经济社会发展全年红，以实际行动和优异成绩迎接中共十九大胜利召开。市委书记、市人大常委会主任童定干代表市委常委会作工作报告，并就贯彻全会精神提出要求。

【市委常委会议】2017年召开市委常委会议共计29次。

1月6日下午，十四届市委常委会召开第1次会议。传达习近平、刘云山在全国高校思想政治工作会议上的讲话精神。听取并研究关于党的十九大和省十四次党代会代表候选人初步人选推荐情况，听取并研究市委工作规则相关事宜，听取市十六届人大一次会议、市政协十四届一次会议筹备工作情况，听取并研究2016年度市委常委会民主生活会建议方案。听取并研究关于担当有为好干部推选相关事宜，听取并研究市政协委员人事安排相关事宜，研究干部人事相关事宜。

1月17日下午，市委常委会召开第2次会议。传达省纪委十三届六次全会精神，听取并研究2017年政府工作报告相关事宜，听取关于2017

年经济指标安排情况、政府投资重点项目建设计划的汇报。听取全省宣传思想工作会议主要精神的汇报，市委常委会民主生活会对照检查材料的汇报。听取并研究从严加强干部队伍建设，打造能征善战、实干担当建德铁军相关事宜，研究干部人事相关事宜。

◎ 3月2日，2017年建德市第一次党建例会在钦堂乡召开

1月20日下午，市委常委会召开第3次会议。听取并研究关于深化监察体制改革试点工作实施方案相关事宜，研究市监察委员会人事安排相关事宜。

1月24日下午，市委常委会召开第4次会议。听取并研究市纪委十四届二次全会工作报告、决议相关事宜。听取关于担当有为好干部评选结果的汇报，听取2016年度综合考评和各类专项考核情况汇报。听取并研究2016年市管领导班子与领导干部考核相关事宜，市“两会”相关事宜，干部人事相关事宜。

2月8日上午，市委常委会召开第5次会议。听取并研究“两会”人事相关事宜。研究干部人事相关事宜。听取市第十六届人大法制内务司法委员会和财政经济委员会设立及其组成人员人选的汇报。

2月10日上午，市委常委会召开第6次会议。听取关于市工业经济大会方案的汇报，全市扩大有效投资暨招商引资、招才引智、招企引税大会方案的汇报，市农业农村工作会议方案的汇报，市党建工作会议方案的汇报。听取关于深化创建“平安建德”暨全市政法信访工作会议方案的汇报。

2月21日上午，市委常委会召开第7次会议。听取关于加强全市党政干部、村干部和企业家三支队伍教育培训实施意见的汇报。听取关于杭州市组织工作会议精神的汇报，杭州市第十二次党代会提案部署会议精神的汇报。

3月3日下午，市委常委会召开第8次会议。传达省委常委、杭州市委书记赵一德批示精神。听取关于杭州市“三提一争”和“联百乡结千村访万户”活动动员会会议精神的汇报。

3月6日下午，市委常委会召开第9次会议。听取并研究关于服务杭州“联百乡结千村访万户”蹲点调研活动有关事宜。会议听取开展机关服务乡镇（街道）组团竞赛实施意见的汇报。

3月8日上午，市委常委会召开第10次会议，传达杭州市政府代市长徐立毅在建德调研时的讲话精神，听取关于村（社区）组织换届选举工作情况的汇报。

3月21日下午，市委常委会召开第11次会议，学习《浙江省贯彻〈中国共产党问责条例〉实施办法》。听取关于“美丽建德”建设实施意见的汇报，听取关于深化“简政放权、放管结合、优化服务”开展“最多跑一次”改革实施意见的汇报，听取关于深化医药卫生体制综合改革实施方案的汇报。研究领导干部调配事宜。

3月27日下午，市委常委会召开第12次会议，听取并研究关于小城镇环境综合整治相关事宜。听取全省组织部长会议精神的汇报，研究干部人事相关事宜。

4月5日下午，市委常委会召开第13次会议。传达省委常委、杭州市委书记赵一德批示精神。听取并研究关于《建德市2017年作风建设实施意见》相关事宜，听取并研究关于《中国共产党建德市委员会巡察工作实施办法》相关事宜。听取省、杭州市统战部长会议精神的汇报，听取关

◎ 4月7日，市委、市政府召开"美丽建德"建设暨全面剿灭劣V类水工作动员大会（朱永标 摄）

会的情况汇报。研究相关案件事宜。

5月11日晚上，市委常委会召开第16次会议。听取并研究中共浙江省建德经济开发区（寿昌镇）委员会、纪律检查委员会调整相关事宜。听取全市村和社区组织换届工作先进集体和先进个人推选评比结果的汇报，听取关于增加人大工委、市信访局以及国有公司领导职数建议方案的汇报。研究干部处理相关事宜，干部人事相关事宜。

于省民政厅要求坚决贯彻落实中央决策部署，高标准做好退役士兵安置和权益保障工作的汇报，听取关于进一步加强乡镇（街道）人大班子建设更好地发挥乡镇（街道）人大作用的情况汇报。研究干部人事相关事宜。

4月17日下午，市委常委会召开第14次会议。听取中共建德市委在落实党风廉政建设主体责任方面存在问题的整改方案的汇报，听取全省"两新"工委工作会议精神的汇报，听取2017年杭州市宣传思想工作暨高校思想政治工作会议主要精神的汇报。听取高铁新区管委会机构设置建议方案的汇报。研究干部人事相关事宜。

5月5日上午，市委常委会召开第15次会议。传达省委书记车俊在湖州调研时的讲话精神。研究市委常委分工相关事宜。听取市规划委员会和招商引资工作领导小组成员调整的汇报。听取并研究省政协送科技下乡活动相关事宜，听取并研究2017年度建德市综合考评相关事宜，听取关于建德市"德文化"地域品牌建设工作方案的汇报。听取关于建立高铁新区投融资平台的情况汇报，关于乡镇（街道）"四个平台"建设工作的汇报，关于调整开发区管委会管理体制建议方案的汇报。听取并研究关于做好杭州市乡镇（街道）党（工）委书记工作交流会发言人选推荐工作相关事宜。听取成立中共杭州市建德高新技术产业园（高铁新区）工作委员会、纪律检查工作委员

5月22日下午，市委常委会召开第17次会议。听取杭州市社会组织党建工作会议精神的汇报。听取关于"两学一做"学习教育常态化制度化工作的汇报。

6月16日晚上，市委常委会召开第18次会议。研究干部人事相关事宜。听取全省法检领导干部统一提名管理工作研讨班主要精神的汇报，听取关于市"三型"干部专题大调研建议方案的汇报，听取2017年党风廉政建设和反腐败工作组织领导和责任分工及2017年党风廉政建设责任制检查考核标准的汇报。听取关于省委意识形态工作责任制考核检查反馈意见整改落实情况的汇报。

7月28日上午，市委常委会召开第19次会议。传达车俊在全省党政领导干部依法执政专题研讨班上的讲话精神。听取全市社会治安防控体系建设提档升级实施意见的汇报，听取2017年城乡区域统筹发展（社会主义新农村建设）工作要点的汇报。研究干部人事相关事宜。

7月31日上午，市委常委会召开第20次会议。听取市委十四届二次全会方案及报告，听取杭州市村社组织换届总结会、互联网业党建等会议精神的汇报。

8月15日上午，市委常委会召开第21次会议。听取杭州市对台工作会议精神的汇报，听取当前杭州市意识形态领域情况通报主要精神及建

德市贯彻意见的汇报。听取并研究2017年度单项考核办法相关事宜。听取8月到中共十九大结束建德市领导接待群众来访值班安排的汇报，听取关于加强建德市国家工作人员因私出国境管理工作相关意见的汇报。研究相关案件事宜。听取中央环保督查情况的汇报。传达学习习近平总书记“7·26”重要讲话精神。

9月20日上午，市委常委会召开第22次会议。听取并研究关于第一轮、第二轮巡察发现的主要问题及意见建议。听取并研究关于深入整治不担当不作为不落实问题推动谋求跨越赶超实现建德新崛起的意见。研究相关案件事宜。听取并研究建德市村级工程项目实施管理存在问题及对策建议。听取2017年在职村主要干部固定报酬补助标准调整方案的汇报。听取并研究关于授予黄文斌同志为“建德市优秀共产党员”相关事宜。听取建德市中共十九大维稳安保工作情况的汇报。会议学习传达马晓晖同志在市委政法委全体（扩大）会议上的讲话精神。听取全省信访工作会议精神及我市信访工作情况的汇报。听取并研究建德市车改后续问题。听取并研究全国退役士兵安置工作领导小组关于开展退役士兵安置和权益保障情况督导检查工作的通知。

9月28日上午，市委常委会召开第23次会议。听取并研究关于建德市派第一书记和农村工作指导员选派工作方案的汇报。研究干部人事相关事宜。

10月12日下午，市委常委会召开第24次会议。传达贯彻省委车书记调研航空小镇重要讲话精神并专题研究航空小镇建设相关事宜。专题听取中共十九大维稳安保工作情况汇报。听取关于贯彻落实全省人才工作会议精神深入实施人才强市战略的汇报，听取关于加强乡镇（街道）“五小”设施建设实施意见的汇报。研究相关案件事宜。

11月6日下午，市委常委会召开第25次会议。传达学习中共十九大精神相关文件并专题研究建德市贯彻部署相关事宜，传达中央、省委关于加强新形势下党的督促检查工作文件精神并专题研究建德市贯彻意见相关事宜。听取市高铁新区产城整体开发建设运营项目战略合作协议的汇报，听取市群团改革方案的汇报。听并研究关于贯彻落实省委、杭州市委及建德市有关人大文件情况的汇报。听取建德市干部挂职锻炼工作方案的汇报，听取2017年度市管领导班子和领导干部考核实施意见的汇报，听取杭州市“三提一争”主题活动推进会会议精神的汇报。传达贯彻上级关于规范党员干部网络行为的意见的有关精神及建德市工作建议。研究引水相关事宜。

11月8日上午，市委常委会召开第26次会议。听取并研究中共建德市委关于认真学习宣传贯彻中共十九大精神的通知，听取新时代“走村不漏户、户户见干部”工作实施意见的汇报。听取并研究省人大代表候选人初步人选推荐相关事宜。

12月16日上午，市委常委会召开第27次会议。听取并研究关于2017中国·建德通航产业国际论坛筹备有关事宜。听取市改革工作情况的汇报。听取并研究《建德市市管领导干部履职尽责管理实施办法（试行）》。听取并研究关于加强建德市属国有企业中层管理人员队伍建设相关事宜。会议听取关于争创全国文明城市提名城市的工作汇报。会议传达中宣部有关重要通知精神。听取关于市扫黄打非工作情况的汇报。听取并研究市离退休干部党工委建设及市领导联系离退休干部人员调整相关事宜，研究相关案件事宜。传达并讨论《贯彻落实中央八项规定实施细则的办法》。会议专题学习研讨中共十九大精神认识体会。

12月22日下午，市委常委会召开第28次会议。传达省委常委、组织部部长任振鹤到建德调研讲话精神，传达学习《关于加强市、县（市、区）党委巡察工作的实施意见》。听取并研究关于建德市深化国家监察体制改革工作情况的汇报。听取建德市在“四风”方面存在突出问题汇总梳理情况的汇报，听取关于发展壮大村级集体经济、实施消除薄弱村三年行动计划实施意见的汇报。开展“两学一做”学习教育关于人才工作专题研讨。

12月29日上午，市委常委会召开第29次会议。传达杭州市2017年度党建考核会议精神。研究干部人事相关事宜。

【市委常委会（扩大）会议】2月28日下午召开。会议的主要任务是学习贯彻杭州市第十二次党代会精神。市委书记、市人大常委会主任童定干主持会议并作重要讲话。市委副书记、市长朱欢传达杭州市党代会精神和杭州市代市长徐立毅参加第十二代表团讨论时的讲话精神。

4月19日下午召开。会议的主要任务是专题听取建德市高铁新区总体规划和新安江综保工程概念规划情况。市委书记、市人大常委会主任童定干主持会议并作重要讲话。会议听取深圳市城乡规划设计研究院和中电建华东勘测设计研究院相关负责人就两个规划的项目背景、空间布局、概念设计等相关汇报。

8月15日下午召开。会议的主要任务是传达学习习近平总书记“7·26”重要讲话精神，部署推进相关工作贯彻落实，为中共十九大胜利召开营造良好的政治氛围。市委书记、市人大常委会主任童定干主持会议并作讲话。

【全市深化作风建设大会】2月3日召开。会议的主要任务是深入学习贯彻中共十八届六中全会和中央、省、杭州市纪委全会精神，总结2016年建德市党风廉政建设和反腐败及作风建设工作，部署2017年工作任务。动员全市党员干部迅速进入工作状态，强化执行，锤炼作风，打造铁军，为实现建德新崛起提供坚强保障。市委书记、市人大常委会主任童定干在会上作讲话，市委副书记、代市长朱欢主持会议并作会议小结。市委副书记周友红通报2016年度乡镇（街道）、市级机关单位目标管理综合考评结果和重点单项工作考评结果。大会表彰2016年度考评先进单位和“担当有为好干部”。新安江街道、市发改局、开发区（寿昌镇）、市交投公司、市小城镇综合整治办进行交流发言。

【全市农业农村工作会议】2月14日召开。会议的主要任务是总结2016年“三农”工作，部署2017年“三农”任务，动员全市上下坚定重农强农思想，强化兴农惠农举措，进一步振奋精神、真抓实干，推动建德市“三农”工作实现新常态下新发展。市委书记、市人大常委会主任童定干作重要讲话。市委副书记、市长朱欢主持会议。市委副书记周友红通报2016年度“三农”工作各项考核结果。副市长张早林代表市政府与部分乡镇签订责任书，2017年重大农业项目投资主体代表与有关乡镇签订责任书。市农办、乾潭镇、三都镇、航头镇大店口村、下涯镇之江村、丘丘谷公司、亿倡垣盛公司作交流发言。会议强调2017年是本届党委、政府的开局之年，要准确把握中央对“三农”工作的战略定位、总体部署关键举措，把思想和行动统一到中央、省、杭州市的各项决策部署上来，切实抓好各项工作的落实。

◎ 6月25日，市委书记、市人大常委会主任童定干在大洋镇现场指挥调度抗洪抢险救灾各项工作。

【全市工业经济大会】2月15日召开。会议的主要任务是总结2016年工业经济工作，部署2017年工作任务，动员全市上下紧紧围绕“开放融入、跨越赶超”和“实现建德新崛起”的总目标，深入实施“工业强市”战略，撸起袖子加油干，鼓足干劲拼命干，全力打造建德工业经济“升级版”。市委书记、市人大常委会主任童定干作重要讲话，市长朱欢主持大会并作会议小结。会议指出要认清形势、把握趋势，更加坚定加快工业经济发展的信心和决心；咬定目标、突出重点，更加明晰加快工业经济发展的思路和举措；凝心聚力、优化环境，确保加快工业经济发展的氛围和合力更加强大。

【全市扩大有效投资暨“三招三引”大会】2月17日召开。会议的主要任务是总结回顾2016年工作，深入分析当前经济发展新形势，全面部署2017年任务，动员全市上下统一思想、认清形势、找准标杆、鼓足干劲，全力打赢有效投资、“三招三引”攻坚战，推动全市经济取得“开门红”“半年红”“全年红”。市委书记、市人大常委会主任童定干作重要讲话，市委副书记周友红主持会议。市委常委、常务副市长吕平宣读表彰文件，表彰先进单位并发放人才项目资助资金。副市长夏喜生代表市政府与建德经济开发区（寿昌镇）、乾潭镇签订招商引资工作责任状。市国土资源局、财政局、交通运输局、高新园管委会以及“国家千人计划”人才代表和企业代表分别作交流发言。

【全市党建工作会议】2月22日召开。会议的主要任务是回顾总结2016年全市组织、宣传、统战工作，研究部署2017年各项工作，动员全市各级党组织和广大党员干部统一思想、振奋精神、凝聚合力，努力推动全市党建工作再上新台阶，为实现建德新崛起提供坚强有力的思想、组织和作风保证。市委书记、市人大常委会主任童定干作重要讲话，市委副书记周友红主持会议并作会议小结。市委常委、市委办主任尤荣福通报2016年度党建工作考核结果。市委常委、统战部部长叶万生，市委常委、组织部部长王江，市委常委、宣传部部长周萍英分别就统一战线、组织人事、宣传思想工作进行具体部署。

【全市半年度经济形势分析会暨“六个领衔”工作推进会】7月20日召开。会议的主要任务是回顾上半年工作成果，研判下半年发展形势，动员全市上下抓紧每一刻、干好每一天，抓紧抓实各项工作，奋力夺取“全年红”。市委书记、市人大常委会主任童定干作重要讲话，市委副书记、市长朱欢主持会议。市委常委、常务副市长吕平通报全市上半年度经济运行情况，市督查考评办对1—6月市领导“六个领衔”工作完成情况进行通报。市发改局、经信局、旅商局以及寿昌镇、梅城镇分别就上半年主要指标完成以及相关工作推进情况作交流发言。会议指出上半年全市上下紧紧围绕发展主题，深入推进供给侧结构性改革，打好转型升级组合拳，聚焦振兴实体经济，发展支撑持续夯实、发展质量持续提升、发展环境持续优化，推动全市经济平稳健康有序发展，经济运行总体呈现稳中向好态势。会议强调做好下半年经济工作，必须突出工作重点，瞄准短板、精准发力，强化举措、苦干实干，全力以赴决战三、四季度，确保取得“全年红”。（叶志宇）

调查研究与政策制定

【概况】2017年，建德市委办公室（政研室）以推动党委、政府各项决策部署落地见效为工作重心，主动作为，精思善谋、参谋辅政。全年起草各类综合材料420多篇，完成调研报告、起草和修改政策意见30多个。在杭州市级以上媒体发表新闻稿件120多篇，其中省级以上发表50多篇（另有图片新闻25篇），含《浙江日报》头版8篇，专版4个，内参1篇。有逾100篇稿件被人民网、新华网、凤凰网等国家级网站和各大新媒体客户端转载。全年上报上级党委各类信息1200多条，编辑《建德信息》147期，其中《工作要情》63期，《领导参阅》37期、《调查研究》32期、《专报》15期。市领导在本级信息刊物上的批示达70多条。

【构建大调研工作格局】围绕建德市经济社会发展中突出的9个方面短板和28项“补短板”任

务，排定28项年度重点调研课题，每个课题的调研任务分别由一位市领导领衔开展，形成报告28篇。印发《关于开展市领导“深入基层大走访大调研活动”的实施方案》，市领导带头深入基层开展走访调研，形成日志32篇。针对全市经济社会发展中的热点难点问题，压实相关单位责任，注重各单位之间的交流协作，科学整合和调配人员力量，加强对调研活动的组织协调，形成调研工作合力。借助杭州市决咨委、杭州市委政研室开展前瞻性战略性重大问题研究，完成年度联动课题《打造杭州西部门户城市——高铁时代建德城市发展空间重构和经济转型实践研究》。

【大调研促进工作大提升】协助市委传达贯彻十九大精神，组织开展多层次的宣讲、座谈、培训和主题教育活动，推动中共十九大精神进农村、进社区、进企业、进学校、进网站。协助市委明确“努力打造‘全省大花园建设排头兵、杭州新的经济增长极和杭州西部门户城市’”的发展目标。协助市委、市政府抓好传统制造业改造提升、经济开发区（航空小镇）和高铁新区（高新园）两大主平台建设、“美丽建德”建设等工作的动员部署。制定下发《2017年度重点改革课题》，做好建账、跟踪、对账等工作。积极应对杭州市改革考评工作。做好十四届二次全会、十四届三次全会、机关干部大会、经济形势分析会、农村工作会议、工业经济暨“三招三引”大会等重要会议的领导讲话稿起草工作。

【参与重要政策意见制定】会同组织、纪检等部门起草《中共建德市委关于从严加强干部队伍建设打造能征善战、实干担当建德铁军的意见》。会同经信局起草《建德市全面改造提升传统制造业行动计划（2017—2020年）》。会同组织部、编委办、财政局、人力社保局，联合市总工会、团市委、市妇联组成起草小组，起草《建德市群团改革总体方案》《建德市工会改革实施方案》《建德市共青团改革实施方案》《建德市妇联改革实施方案》。（翁蔚芳）

纪律检查与监察

【概况】2017 年，全市纪检监察组织处置问题线索 560 件，批评教育、约谈提醒 359 人次，党纪轻处分、组织调整 155 人次，党员干部主动上交礼金礼卡折合人民币 30.06 万元。

开展《“三重一大”事项集体决策制度实施办法（试行）》《关于建立领导干部落实党风廉洁建设主体责任全程纪实制度》《建德市党委（党组）履行党风廉洁建设主体责任谈话办法》落实情况全覆盖监督检查。发现 39 家单位执行“三重一大”事项集体决策制度存在问题，49 家单位执行主体责任纪实制度存在问题，33 家单位执行主体责任谈话办法存在问题。

开展夜学暨执纪审查业务大练兵活动 11 次，770 多人次参与学习，组织业务培训班和党性修养培训班 3 期，187 人参与培训。组织全市纪检干部参加“喜迎十九大、建功立德”文艺会演，取得第三名。建立全市在职纪检监察干部廉政档案，做到一人一档。对乡镇（街道）纪（工）委书记实行单列考核，探索对乡镇（街道）纪（工）委副书记单列考核工作，制定《乡镇（街道）纪（工）委副书记、委员任职办理工作程序》。完成机关支部换届工作，细化党员先锋指数考核，开展“建功立德”和“对标六问”大讨论。加大对反映纪检干部问题线索处置力度，全年处置问题线索 12 件，其中谈话函询 10 件、初核 2 件，提醒谈话 3 人。建德市纪委监委第一纪检监察室主任吴建军被评为杭州市最美公务员。

2017 年，市纪委、监委受理群众信访举报 562 件次，收件量比上年增加 177 件，增长 46%。重复访 147 件，下降 2.2%；越级访 390 件，增长 51.2%。村（社）组织换届选举和中共十九大召开期间受理信访 219 件次，增长 65.9%。信访核查严格执行“三必须一穷尽”（核查过程必须亲自参与，核查报告必须亲自撰写，答复反馈必须亲自到场，调查取证必须做到穷尽）。对实名举报的信访件，100% 面对面答复，对匿名举报的信访件根据实际情况采用适度公开答复形式，对疑难复杂信访，采取公开答复听证，对实名举报人对答复明确表示不满意的信访件，向信访人进行二次答复，全年进行二次答复 11 件。严格落实沟通联系机制，对信访举报中的紧急情况，做到快速反应、妥善处置，实现中共十九大期间涉纪重点人员进京去省到杭“零异常访”目标。加强信访件和信访数字的分析研判工作，撰写《村级工程把关不严需引起重视》调研文章。

【市纪委十四届二次全体（扩大）会议】2 月 3 日，中国共产党建德市第十四届纪律检查委员会第二次全体（扩大）会议召开。市委常委、纪委书记柴国庆作《坚守责任担当全面从严治党深入推进党风廉政建设和反腐败工作》工作报告。市委书记童定干以“强化执行，锤炼作风，打造铁军，为实现建德新崛起提供坚强保障”为主题，就深化 2017 年作风建设，提出三个方面要求。

【党组织巡察】2 月 9 日，市直机关工委批复同意成立中共建德市委巡察机构机关支部委员会，支部委员会下设 5 个党小组。2 月 14 日，市委为巡察机构揭牌并开始运作。2017 年，市委巡察机构制定《市委巡察工作规划（2017—2021 年）》（以下简称规划）。根据《规划》，市委一届任期内确保对所管理的乡镇（街道）、机关部门、企事业单位等党组织巡察一遍。2017 年市委巡察组开展 5 轮、20 个党组织的巡察，开展个别谈话 1034 人次，查阅有关资料 1.5 万卷（册），延伸巡察基层点位和项目 58 个，发现问题 328 个，移交问题线索 30 条，立案查处 4 人，推动问题整改 232 个，在全市层面推动有关职能主管部门建立完善制度 35 项，挽回直接经济损失 500 多万元。

【落实党委（党组）主体责任】2017 年，市委五人小组、市委常委会 14 次专题研究党风廉政建设工作。市委常委会专题听取班子成员履行“一岗双责”情况汇报，听取 16 个乡镇（街道）和 13 家市级机关单位党委（党组）主体责任情况汇报，“点题点人”听取 9 名单位主要负责人履责情况、全覆盖听取 31 名纪检监察组织负责人廉情汇报。市委书记童定干约谈 11 名落实主体责任不力的单位主要负责人，市纪委约谈履行“两个责任”不力的 10 多家单位党委书记、纪委书记。

【监察体制改革】2017 年，完成市监委组建并在杭州地区率先挂牌。从检察机关划转编制14 名，优化市纪委监委内设机构设置，执纪审查一线机构编制配备达到总数的 79%。实现对行驶公权力的公职人员监察全覆盖，全市监察对象 7600 人。探索赋予派驻机构部分监察职能，监察机制横向拓展。实施“六融合”举措（六融合指机构职能全融合、编制人员全融合、办公场所全融合、监督制约全融合、办信办案全融合、活动安排全融合）。编制执纪审查实务手册，优化党纪政务案件办理流程。市监委全年立案 10 件，结案 9 件，政务处分 6 人，涉嫌犯罪移送检察机关审查起诉 3 件。

◎ 2 月 14 日，建德市监察委员会揭牌成立

【作风效能建设】开展正风肃纪检查1299次，督改问题498个，处理人员62人，通报典型案例9起。查处违反中央八项规定精神案件8起，党纪政务处分14人，诫勉4人。开展“小金库”专项治理“回头看”，79家行政事业单位和4家市级国有公司全部签订“小金库”治理工作责任承诺书，发现问题12个，问责9人，谈话提醒12人，清退资金64.16万元。分四批次对扶贫资金等52个专项资金管理使用及专项工作开展监督检查，发现问题63个，下发建议书22份，退缴资金15.72万元，督促制定长效措施69条。

【整治“三不”问题】下发《关于深入整治不担当不作为不落实问题推动跨越赶超实现建德新崛起的意见》。建立“三不”（不担当、不作为、不落实）问题移送机制，严格执行问题线索移送、问题线索快速核查、紧急情况会商等机制，查纠“三不”顽疾。全年查处“三不”典型问题12起，约谈问责56人，其中党纪政务处分12人。开展破解“中梗阻”问题调研，派驻（出）机构对各单位基层站所，具有执法权、审批权的科室（窗口）进行梳理统计摸清家底，形成问题清单，下发整改建议书20份。市作风办先后走访新安江街道、梅城镇各社区了解民生诉求，汇总意见建议70多条。

【执纪审查】2017年，处置问题线索560件，立案212件，给予党纪政纪处分218人，其中：市管干部11人，市管正职4人，移送司法机关8人，挽回直接经济损失500多万元。严肃查处楼××、王××、钟××等一批违纪案件。强化执纪审查“后半篇文章”，下发纪律检查建议书、监察建议书23份。开展全市基层纪检监察组织执纪审查安全大检查，由市委副书记、分管常委带队对各乡镇（街道）纪（工）委、派驻纪检监察组织的谈话场所、制度建设、实际操作情况进行全面排查，将检查结果以专函形式“点对点”进行反馈，明确整改要求、整改时限，确保落实到位。编制《建德市纪委监委执纪审查实务手册》，对党纪政务案件初核、立案、审理、处分、移送流程进行优化。完善问题线索处置机制，深化实施纪检信访“二次答复”机制，回访教育2016年度受处分人员139人。

【派驻（出）机构执纪监督】2017年，各派驻（出）机构累计监督“三重一大”（重大问题决策、重要干部任免、重大项目投资决策、大额资金使用）事项1103个，发现监督单位党风廉政建设主体责任落实方面问题111个，提出相关意见建议132条；开展监督检查346次，发现问题544个，提出意见建议700条；开展谈话提醒教育500人（次）15个派驻（出）机构均建立中层以上干部廉情信息库；受理信访举报件131件（次），办结131件（次），处置问题线索93件，立案14件，党纪政务处分22人（次）。

◎召开2017年度派驻机构纪检监察工作会议

【农村党风廉政建设】开展“三年一轮”基层作风巡查，巡查86个村（社区），走访农户1564户，检查村（社区）项目214个，查阅台账资料830册，发现问题266个，下发整改通知书79份，提出建议233条，完善制度40项，挽回经济损失43.8万元，党纪处理3人，组织处理1人，谈话提醒105人。动态更新村（社）干部廉洁履职档案1204份，严肃查处违纪违法的村

（社）干部49人。督促落实村级工程“一项目一档案”（指每个村级项目单独建立一个档案）管理，开展村监会监督报告和“最多反映一次”（指群众反映问题一次就予以受理、登记、研究、处理、公示、答复）试点工作。抽调市纪委监委和市农办人员组成4个检查组，对各乡镇（街道）2016年以来的100个村（社区）工程项目（重点对上级扶贫、惠农资金项目）开展监督检查，对检查发现的167个问题进行梳理交办，督促整改。动态更新村（社）干部廉洁履职档案1204份，严肃查处违纪违法的村（社）干部49人。

【村级组织换届选举纪律监督】2017年，市纪委班子成员分头到联系乡镇（街道）深入一线监督选风选纪，带头上好严肃选风选纪警示教育课。编制纪律提醒卡、村和社区换届选举警示案例，发放、张贴到各个自然村、小区和群众手中。全市纪检监察组织走访农户3495户，开展宣讲27次，调研企业44家，排摸化解可能影响选举正常进行的各类不稳定因素和苗头164起。会同15个机关部门（单位）落实候选人（自荐人）资格联审，审查3537人，剔除“不能、不宜”人员94人；会同各乡镇（街道）教育告诫和组织谈话700多人次。抽调业务骨干与政法委、公安、信访等部门组成联合接访组，细致做好信访接待工作，限时保质抓好90件信访件反馈工作。查处干扰选举案件4起。

【廉政文化教育】以“廉洁好家风”为主题联合多部门开展“十个一”教育活动。挖掘市农办退休党员领导干部许金标廉洁好家庭家风故事，与《廉政经纬》栏目合作，制作完成《崇廉尚德润家风》专题片，在杭州电视台、建德电视台宣传播放。开展“我的家风家教故事”征文活动，评出优秀作品42篇，编辑成书1000册发放至各单位学习。全市256个行政村（社区）干部2500多人到廉政警示教育基地接受学习教育。创作本土廉政文化微视频《岔口》《家传传家》。依托大慈岩镇古村落深厚文化底蕴及好族规族训，精心打造建德家风馆—流芳人家。建德家风馆列入“杭州家风地图”。（李佳文）

宣传思想工作

【概况】2017年，全市宣传思想文化工作高举习近平新时代中国特色社会主义思想伟大旗帜，学习贯彻中共十九大精神，把握党在意识形态领域的领导权、话语权，为实现建德新崛起提供强有力的思想保证、精神动力、舆论支持和文化条件。

召开喜迎十九大专题动员部署会，推出“喜迎十九大建功立德”“喜迎十九大空中看建德”系列专题报道。以“我最喜爱的习总书记的一句话”“好网民喜迎十九大”等主题，撰写网评文章200多篇。成立市委党的十九大精神宣讲团，宣讲十九大精神260多场次，全市开展主题宣讲1500多次。以“我最喜爱的习总书记的一句话”和“新时代·我的建德故事”为主题，开展“百堂微党课、百场微宣讲、百个微故事”评选。“我最喜爱的习总书记的一句话”主题宣传活动荣获“全省工作业绩突出单位”，通报表彰。

围绕“剿灭劣V类水”、小城镇环境综合整治、“最多跑一次”改革等重大主题，推出“共治小微水体共享一方绿水”“最多跑一次千人来冲刺”等专题专栏30多个，报道1300多篇。开展“贯彻党代会精神实现建德新崛起”等大型媒体访谈，刊播161期。整合设立“美丽建德”曝光台，刊播曝光节目83期，反映问题92个，其中“重点关注”栏目刊播42期，反映问题43个。

全年在市外主流媒体刊播重点新闻稿件1200多篇，其中《人民日报》、中央电视台30多条（央视《朝闻天下》直播3次），《浙江日报》90多篇。《中国影像方志》《沉睡城》等优秀影视片到建德市取景拍摄。“建德发布”粉丝15.8万，综合影响力稳居杭州市100多家一级子平台前十，打造“暖心建德”“我是建德人”正能量网宣品牌，推出50多期，阅读量100万+。开展“如画杭州”“改革在身边”“新时代新青年”等大型网络主题宣传，其中“如画杭州”建德市原创微博总阅读量达 79 万人次。

召开浙江省示范文明城市巩固提升推进会，下发《关于建立健全文明创建长效工作机制的意见》，开展占道经营、户外广告整顿、礼让斑马线三大专项行动。开展文明村镇、文明单位、文明家庭、文明校园创建，三都镇新和村获评全国文明村，公积金建德分中心获评全国巾帼文明岗；创建文明校园 22 所，德文化示范校园 3 所。推广乾潭镇“街长制 + 文明”做法。举办“美丽建德”志愿服务大行动出征仪式，开展“剿劣攻坚”“护航十九大”等各类志愿服务 1000 多场。举办“新春祈福”“重阳敬老”等“我们的节日”主题活动、第十二届社区邻居节等，参与群众 5 万余人次。

制定《建德市“德文化”地域品牌建设实施意见》。开展全市“建功立德”大讨论。拍摄“讲传统、说家风”电视专题片 17 期，刊播“建德人——浙江文明的曙光”专题专栏 47 期，举办“弘扬工匠精神、企业建功立德”企业家朗读活动、治家格言征集等活动，编印《德文化简报》11 期。开展“美德家园”建设，推动“德文化”落地生根，启动建设富塘、镇头等 17 个德文化示范村，推进德文化传承馆、美德驿站、德文化校园等示范点位建设。推出“好传统好家风信用贷”。“德文化”标准体系建设列入“2017 年省级标准化试点项目”，《建德市“德文化”建设的实践研究》入选 2018 年度省社科联“四个强省实践的基层典型案例研究”专项课题。推出寿昌派出所副所长黄文斌勇斗歹徒、“圣江村”温暖字条、廖星星杭州爆燃事故现场救人等先进事迹。推选应亚敏入选全国优秀人民警察，方建平入选全国最美环卫工人；新增“浙江好人”4 名，“杭州好人”3 名。开展“廉洁好家风”主题教育活动，举办“迎七一 · 颂家风”主题晚会。

婺剧《大洋埠》入选 2017 年度杭州市文化精品工程扶持项目，作为杭州地区唯一代表剧目参加浙江省迎接中共十九大优秀作品展演；《畲女凤凰》荣获杭州市第十三届精神文明建设“五个一工程”入选作品奖。新创歌曲《好一个新安江》得到社会好评。承办杭州第四届“小故事大王”大赛，举行《杭州故事集》首发式。新增国家级文艺家协会会员 3 名。评选并表彰第十六届建德文艺奖获奖作品 63 件。

推进博物馆、图书馆新馆等公共文化基础设施建设。市图书馆通过第六次全国公共图书馆国家一级馆评估定级，24 小时自助图书馆建设有序开展。举办首个文化遗产日系列活动，编辑出版《留住乡愁》，集中展示全市文化遗产保护成果。文化惠民工程深入开展，全年送电影下乡 3432 场、送戏 200 多场、送图书 3.8 万册，开展“文化走亲”活动 10 场次。举办第四届农村文化节、百姓纳凉大舞台、戏曲周等系列品牌活动。策划和举办“101 场九姓渔民婚礼”。幸福村打造幸福文化探索农村发展新模式，七彩镇头、桔乡松口打造具有地域特色和人文内涵的美丽乡村。挖掘乡村文化资源，融入文创理念，打造乡村“文创客厅”19 个。举办第 13 届中国国际动漫节建德专场，积极参展第 11 届杭州文博会，建德馆连续 4 年获评“最佳人气奖”“最佳策展奖”等荣誉。举办文创沙龙 11 期，组织培训宣讲 10 多次，惠及企业 600 多人。

2017 年，市委常委会专题研究意识形态工作 9 次。召开建德市社科联成立大会。开展意识形态工作责任制落实情况专题督查，实现（乡镇）街道意识形态督查全覆盖。开展网上涉军有害信息整治等专项行动，做好“服务保障十九大”等专题监测预警，全年下发网络舆情抄告单 505 期，处置办结率达 96%，编发各类综合分析材料 62 期；全年完成上级网评任务 243 次，撰写网评文章 505 篇，网评总量 5.32 万条；持续深化网络青年讲师团、“安德庐”网军联盟建设，开展基层授课、大型培训演练，受训 1000 多人次。“网络青年讲师团”入选浙江省宣传思想文化工作“三贴近”优秀百例。“扫黄打非”工作深入开展，中共十九大等重要安播期平稳有序。开展全市宣传思想文化工作“创新项目”评选，挖掘推广基层优秀典型案例 10 个。新培育社区文化家园、企业文化俱乐部、城市文化公园各 1 个。

【建立“新安夜学”理论学习平台】按照“整合

平台、资源共享、创新模式、强化常态”要求，统筹各部门学习资源，落实每周一学、每月一讲、两月一请、每年一评“四个一”工作制度，创新打造“新安夜学”理论学习品牌。市委理论学习中心组组织学习23次，其中“新安夜学”11期，全市各部门乡镇开展2000多次，受众10万余人次。

【“我是建德人”系列宣传】在今日建德、建德电视台、建德发布等“两微一端”平台开设“我是建德人·文明之光”“我是建德人·建功立德”“我是建德人·建功立德大讨论”等专题专栏，刊播280多篇；在浙江新闻APP建德频道上的“建功立德大讨论”和“我们的圆桌会”专题版块，刊登“建功立德”大讨论报道40多篇。

【创建“‘17℃’新安江”外宣品牌】围绕一条“‘17℃’新安江”，在新华网、新华社客户端、新华观点等国家级平台推出“白沙奇雾”“夏日冬泳”“江南大冰洞”“一苇渡江”四大主题报道，点击量超200万。近30家海外媒体和国家通讯社转载，Facebook等四大海外社交媒体到达量超1000万人次，央视《朝闻天下》栏目进行长达2分多钟的直播报道，打造“‘17℃’新安江”外宣品牌。

11 月，浙江省质量技术监督局公布建德市申报的“德文化”标准体系建设，列入 2017 年省级标准化试点项目。

【101水上渔民婚礼】以三都镇两位九姓渔民婚礼演员孙浩强、陈慧芬的美丽爱情故事为主线，围绕两位恋人的“101次婚礼”，策划开展“2017·爱在一起·一起见证”主题活动，通过腾讯直播、新华社现场云、新浪微博、《人民日报》“人民直播”在内的11个网络视频直播平台进行直播，收看量超44万人次，被《人民日报》、人民网、《浙江日报》等27家媒体转载和报道，点击量超300万次。

【“喜迎十九大·建功立德”报告会】10月12日，“喜迎十九大建功立德”报告会在市文化中心举行：平台直播在一个半小时内取得36万的高点击量，20多家市内外媒体进行报道和转载。

【好传统好家风信用贷】“好传统好家风信用贷”，由建德市委宣传部、市文明办、建德农商行联合推出，面向全市“德文化”示范村及“最美家庭”户，在综合考虑信用记录的基础上提供的无担保、无抵押、低利率信用贷款。

【“二四六”农村文化礼堂新模式】“二”即“两全”方案。制定《建德市农村文化礼堂“建设全覆盖、管理全星级”三年行动方案（2017—2019）》，到2019年力争229个行政村实现农村文化礼堂全覆盖，229个文化礼堂至少达到三星级标准。

【“铜师傅”建德文创“新势力”】玺匠文化创意股份有限公司创立的“铜师傅”品牌四年间产值从1200万元增长到3亿元。其设计的三款小板凳在淘宝众筹以1157万元占据设计类榜首，与中国国家博物馆、六小龄童达成战略合作，完成由顺为资本和小米生态链领投的1.1亿元A轮融资，成为小米生态链企业。雨歌动漫公司原创动漫作品《屹塔·黑暗之光》入围2017新光奖，被评为中国创新创业大赛浙江赛区优秀企业。建德市婺剧团赴约旦参加“欢乐春节”暨中约建交40周年纪念活动展演，被评为“2017年度浙江省海外‘欢乐春节’活动先进单位”。婺剧团首登欧洲舞台，前往法国、西班牙巡演，演出婺剧美猴王系列，将中国戏曲中家喻户晓的经典形象——孙悟空展示给欧洲观众，荣获第七届全国服务农民、服务基层文化建设先进集体。

【网络青年讲师团】组建网络青年讲师团，开展多样化、个性化、专业化网络培训。授课采用“网络菜单”微型授课、流动授课点轮流授课、固定时期例会授课等形式。开展网络青年讲师团队内训练、跨市交流、个性挖掘等多元化培养方式，通过授课打分、级别进阶、降级劝退等奖惩考评，提升讲师综合授课水平。2017年，讲师团有20位讲师，深入机关单位、乡镇（街道）、村（社区）开展授课20多场，受众4000多人。

【全市宣传思想文化工作创新项目评选】10月，开展2017年度全市宣传思想文化工作“创新项目”评选，评选出优秀项目10个：分别是：乾潭镇“街长制+文明”；三都镇“新媒体+乡村旅游招商推介”；洋溪街道：弘扬工匠精神 打造匠心文化；寿昌镇“德文化”；莲花镇“樟树学堂”；建德广播电视台《我是建德人》；市新闻传媒中心“建德云”；经济开发区（航空小镇）“通航浙江样板”；市公安局“融合宣传”；市人力社保局“锻造人社宣传铁军，做优人社网上服务”。（俞侃）

组织工作

【概况】2017年，市委组织部以“两学一做”学习教育常态化制度化为载体，深入学习习近平新时代中国特色社会主义思想，推进全面从严治党，做好各项工作。

全面加强思想政治建设。党员市领导以普通党员身份参加所在支部的专题学习讨论。高标准启动党政干部、村干部、企业家三支队伍培训。组织喜迎十九大、学习宣传十九大精神活动。引领党员干部服务拆违治水、小城镇综合整治，开展党员志愿服务3.3万人次。开展“组团包干”八大行动，做好杭州“百千万”蹲点调研承接。

开展“三提一争”主题活动，建立“赛场赛马”、重大工作专项考核机制。完成干部调配268人（次），提拔任用和转任重要岗位41人。健全和完善干部选任重点环节各项配套细则，落实干部选拔任用全程纪实、“一报告两评议”等制度，核查个人有关事项报告116人。完成领导干部兼职清理规范、因私出国（境）管理规范等。重点核查28家单位中层干部选任检查。完善领导干部经常性提醒教育机制，函询37人，诫勉7人。实施乡镇“五小工程”建设。开展“担当型、成长型、专业型”干部专题调研，发现储备“三型”干部303名。新选派121名年轻干部到剿灭劣V类水、美丽建德建设等重点工程项目挂职锻炼。

建立基层党建“双月例会”，为部门、镇、村各级党组织搭建同台竞技平台。建立党建工作乡镇（街道）结对互助制度、市镇村（社）三级党组织联动机制。打造“一纵八横”党建示范带，高质量提升党建示范点64个。实施“集中推进月”十大行动。出台专项党费补助项目资金使用管理办法，补助以奖代补类项目85个。高标准整转软弱落后村党组织16个，牵头打响消灭集体经济薄弱村攻坚战，确定68个重点解决村。深化“走村不漏户、户户见干部”，推行机关部门与乡镇（街道）捆绑考核。圆满完成村社首次同步换届，取得“七升三降”的成果。指导教育、卫计、住建、财税等14个行业系统制定实施意见，召开行业系统党建推进会20多次。承办杭州市城乡规划、国土系统党建现场会，建德市国税局党委在全省国税系统党建工作会上作经验发言。培育两新“双强”示范点37个。

◎ 12月18日，省委常委、组织部部长任振鹤到建德调研

与引才机构“海角网”签订合作协议，聘请人才工作顾问、引才大使，引进成立超细

粉末国家工程研究中心浙江分中心。与杭师大有机硅省部级重点实验室合作共建新安硅谷技术研发中心。新引进海内外高层次人才 55 人,推进“百项引智工程”实施，新引进杭州市级国外智力项目 24 项，柔性引进国家“千人计划”人才项目 1 个，1 名外籍专家获评钱江友谊奖。组织华盛顿创新创业团队，智汇新安海外高层次人才，芬兰等国家和中国香港地区人才走进建德活动。编制“十三五”人才发展规划。

开展“忠诚、公道、专业、廉洁”组工干部主题教育，梳理公布部机关“最多跑一次”服务事项 13 项，优化服务流程。

【“两学一做”学习教育常态化制度化】开展专题学习研讨、新安夜学10次。下发“两学一做”学习教育提醒290多次，组织市管正职领导干部赴延安、中青班学员、机关党务干部赴泾县、宣传骨干赴井冈山、新生代企业家赴古田开展党性锻炼专题培训。引导广大党员干部开展服务，争当合格党员，着力构建一个平台、百个站点、千支队伍、万名党员的志愿服务体系，开展志愿服务3.3万人次。贯彻落实十八届六中全会精神，指导基层党组织健全“123”基本制度规范。聚焦部分党员参加组织生活不积极等问题，完善党员先锋指数考核和监督。聚焦教育系统党建、国有企业党建、两新组织党建短板，理顺教育系统党建工作体制，制定国企党建工作标准，推进两新党建“两个覆盖”等。

【“三提一争”主题活动】3月6日，市委召开全市“三提一争”活动部署动员会，推进以“提高融入杭州都市圈能力、提高专业素养、提高克难攻坚能力，争当铁军先行军”为主要内容的“三提一争”主题活动。出台《在市管领导班子和领导干部中开展“三提一争”活动的实施意见》和《关于开展“赛场赛马、争先夺标”竞赛的通知》，开展理论武装、专业素养、“赛场赛马”“争先夺标”四大专项行动，在中心工作、重点工作上设赛场37个，引导干部在中心工作、重点工作一线摆擂台、赛实绩、比作为。实行重点工作实绩月报，收集领导班子和领导干部办事实绩档案6051份，推荐评选出月度实绩之星639人次，评选“担当有为好干部”18名，调整工作不力或不胜任现职领导干部8名。

【“三支队伍”培训教育】3月17日至18日，组织开展“党的十八届六中全会暨杭州市第十二次党代会、建德市第十四次党代会精神集中培训示范班”，市委书记童定干上首堂党课。出台《关于加强全市党政干部、村（社区）干部和企业家三支队伍教育培训的实施意见》，全年开办主体班次28期，参训学员7447人次。

【“三型”干部大调研】6月下旬至8月下旬，在全市开展“担当型、成长型、专业型”干部（简称“三型”干部）专题调研，通过大走访大调研大遴选发掘储备“三型”干部人选303名，其中“担当型”干部148名、“成长型”干部80名、“专业型”干部75名。组成七个调研组，在全市85个单位中开展大走访、大调研、大研判，召开座谈会85个，实地走访项目工作一线112处，谈话1216人次，调阅核查资料580多份。注重“三型”干部培养，安排“三型”干部培训127人次，选派80后业务骨干到城乡统筹区域、先进发达地区和上级业务主管部门开展挂职锻炼35人次，轮岗交流80后市管干部12名。提拔或转任重要岗位中，“三型”干部占89%。

【建德“两会”组织工作】2月6—10日，完成市人大十六届一次会议和市政协十四届第一次会议组织工作。牵头完成“四必看”“四必谈”“四必训”等规定动作，换届风气督察组全过程指导，推送换届纪律提醒短信3.67万条次，发放纪律提醒卡1950多份，做到纪律教育、收看警示教育片、签订严守换届纪律承诺书“三个100%”，整个换届过程无一例违反换届纪律的信访反映。首次实现市人代会开闭幕会、选举会议代表参会率100%，市“两会”组织提名候选人得票率、满票率历史新高。市人大常委会主任、市政府市长、市政协主席、市监察委主任、市法院院长、市检察院检察长全部满票当选。建德市人大常委会副主任、副市长平均得票率99.3%，较上届分别提高1%和1.4%；政协副主席平均得票率99.6%，提高0.8%；出席杭州市十三届人代会代表平均得票率98.8%，提高3.2%。

【干学融合实践历练】围绕打造能征善战、实干担当的建德铁军队伍，制定“干学融合、实战历练”干部培养计划，重点安排乡镇（街道）党政正职、机关部门主要负责人、“三型”干部人选、优秀年轻干部库和“墩苗计划”人选开展挂职锻炼。综合运用蹲点招商（招才）挂职、城乡统筹挂职、实践锻炼基地挂职、急难险重工作任务挂职等载体推进干部实践历练。12月中旬，选派20名年轻中层干部赴江干、萧山、杭州经济开发区等地进行为期3个月的挂职锻炼。

【公安警员职务套改晋升】完成公安警员职务套改和晋升工作，套改一级警长26人，套改二级警长3人，套改三级警长2人。经资格审核、民主推荐、民主测评、量化积分和考察考核和网上公示等环节，审核晋升四级高级警长42名、晋升警务技术四级主任1名、晋升二级警长市管干部4名。

【乡镇五小工程建设】8月，开展乡镇“五小”设施专项调研，出台《关于加强乡镇（街道）“五小”设施建设的实施意见》。市镇两级财政投入740多万元，实施“五小”工程项目89个，新建或改扩建食堂12个、宿舍314间、浴室111个、厕所116个、图书室15间、文体室14间、小健身场1040平方米。

【“组团包干”八大行动】3月6日，市委召开全市“组团包干八大行动”活动部署动员会，推进“组团包干八大行动”深化“走村不漏户、户户见干部”工作。八大行动是“党代会精神大宣讲、走村访户大摸排、信访矛盾大化解、村社换届大护航、服务发展大练兵、治水治危大会战、美丽建德大建设、为民办事大暖心”八项工作。活动明确“三包”“四会”要求，即推行市级领导包乡镇（街道）、市管干部包村社、一般干部包户；机关干部一线走访要会上党课、会做群众工作、会抓项目发展、会育文明新风。全市干部走访农户12万余户，收集问题建议3425条，解决问题2739条。高质量办结杭州市交办问题679件。

【杭州“百千万”蹲点调研】3月2日，杭州市专题部署“联百乡结千村访万户”工作，杭州市委统战部等15个杭州市级机关单位的领导干部奔赴建德市，对13个乡镇开展对口蹲点走访调研。杭州市市长徐立毅三次赴山峰村开展专题调研。认真办理办结679件杭州市交办的“百千万”反馈问题，得到省委常委、杭州市委书记赵一德批示肯定。

【推进行业系统党建】精心指导教育、卫计、住建、财税等14个行业系统制定实施意见，召开行业系统党建推进会20多次。4月12日、7月12日，承接杭州市国土系统党建现场会和杭州市城乡规划（测绘与地理信息）行业系统党建现场会。11月22日，建德市国税局党委在全省国税系统党建工作会上作经验发言。

【村社组织换届】3月13日，市委召开全市村和社区组织换届工作会议，启动村社组织换届工作。3月26日，完成村社党组织换届，产生新一届村党组织班子成员958名，其中书记250名（另有6个村第一书记主持工作）、副书记68名、委员640名。4月26日，完成村（居）委会换届，产生村（居）委会成员797名，其中主任253名。5月5日，村股份经合社、村监会换届基本完成。换届工作呈现“七升三降”变化。“七升”：选举成功率大幅上升。成功率94.1%，比上届提高10%；村（居）委会换届一次选举成功率77.3%，提高25.3%。村社主职干部调整力度大幅上升。调整村社书记94人，是上届的1.81倍，调整幅度36.72%；调整村（居）委会主任122名，是上届1.11倍，调整幅度47.7%。年轻干部进村社“两委”人数大幅上升。有296名30岁左右年轻干部进入村社“两委”班子，增加

83.8%。党员村（居）民代表比例大幅提升。全市选出村（居）民代表1.27万名，党员村（居）民代表6585名，占51.8%，提高27.2%。村社两委交叉兼职人数上升。村社两委班子成员交叉兼职121名，增加24名。妇女进入村社“两委”比例上升。有430名妇女进入村社“两委”班子，占总数的26.3%，增加44名。文化程度上升。村社两委成员高中以上文化程度的1479名，占总数的90.5%，提高5.9%；村民代表高中以上文化程度的3765名，占29.6%，提高4.3%。“三降”：村主职干部平均年龄下降。村书记平均年龄下降到45.6岁，下降4.6岁；村委会主任平均年龄下降到46.1岁，下降3.5岁。“飞票”现象大幅下降。村党组织换届中实现“飞票”人员零当选；村委会选举，做到“五不能”人员零当选。信访举报明显下降。该届市村换办受理群众来信来电来访88件（不含重复访），下降35.7%。4月25日、9月15日，开展两轮村社书记培训班，分乡镇实现新任村干部培训全覆盖。

◎ 3月13日，全市村和社区组织换届工作会议召开（朱永标 摄）

【第二届“智汇新安”活动】11月10日至11日，举办第二届“智汇新安”海外高层次人才走进建德活动。近70名海外高层次人才、9家风投机构，省海外高层次人才联谊会副会长仇旻、省海外高层次人才联谊会理事李伟、杭州归新信息科技董事长、海角网创始人竺俊景等专家学者应邀参会。67家建德市级骨干企业，带着106个技术难题、项目需求、招商需求和34个人才需求信息，在大会“寻智”。带动签约人才项目23个，签约项目资金7000多万元，达成初步合作意向人才项目19个。现场聘请“国家千人计划”专家、上海理工大学教授潘登等5位高层次人才为建德市海外引才大使。为建德市青年人才创业创新大赛获奖项目颁奖，鼓励青年人才勇于创新创业。5名高层次人才在仇旻主持下向大会推介创新创业项目。

【忠公专廉主题教育】开展“忠诚、公道、专业、廉洁”主题教育。开展“两学一做”学习教育制度化常态化工作，组织中共十八届六中全会、中共十九大精神和习近平总书记系列重要讲话精神学习6次。组织组工干部开展政治文化、专业化、干部考察等组工论坛5次。建立健全岗位目标责任制考核，干部教育培养激励“三大体系”。建立岗位目标责任制考核、“日志式”平时考核、办公例会、办件督查制度。深化“周二夜学”，建立导师带徒制度，开展岗位练兵。梳理公布13项“最多跑一次”服务事项。提炼“对党忠诚立言、修身正己立德、公道正派立行、担当有为立功”部机关家风家训。排查岗位风险82个。聘请10名组织工作监督员。（卢林平）

统一战线工作

【概况】2017年，建德市委统战部将统一战线工作纳入大党建考核内容，实现市级机关单位和乡镇（街道）统一战线工作考核全覆盖。全市16个乡镇（街道）均明确统战工作分管领导，配备统战干事。新推荐产生党外杭州市管领导干部3

名。组织统一战线成员学习贯彻中共十九大会议精神。组织党外代表人士、各民主党派、知联会赴井冈山、四明山接受革命传统红色教育。

开展“凝心聚力建名城”主题活动。开展“同频共振”“集智建言”十大系列“组合拳”。发动党外人士参与梅城棚户区改造工作。推进“党派+”和“百企助村小康行”活动。各民主党派市委会、市工商联和市知联会分别结对建德市5个少数民族村和1个少数民族学校，开展送医、送药、送书画、送温暖、项目扶持、金融帮扶等活动20多次。“百企助村小康行”活动实现36家企业结对联系25个村，扶持资金200多万元。组织各民主党派、工商联和无党派人士开展60多次，700多人次的剿灭劣V类水和小城镇综合整治监督活动；推荐6位党外干部担任市纪委特邀监督员，开展“最多跑一次”、基层站所（满意窗口）效能督查等活动，

【政党协商】协助市委、市政府对重大工作、重要政策召开情况通报会、座谈会。市纪委（监察局）向各民主党派市委会、工商联负责人和无党派代表人士通报全市反腐和党风廉政建设情况。市法院、市检察院向各民主党派市委会、市工商联负责人和无党派代表人士通报两院工作情况。举办6期“双月座谈会”。编发《统战专报》24期。协助市委常委、党员副市长与民主党派工商联开展座谈交心、联系交友等活动，走访党外人士65人次，汇总意见建议9个方面41条。

【推进非公有制经济“两个健康”】组织46名新生代企业家赴福建古田革命老区接受红色教育、推荐3名非公有制经济人士参加省市非公党建、杭商学堂等培训学习。组织8名企业家参加“品质杭商班”北大班培训、组织56名企业家参加“非公经济人士厦大素质提升班”主题培训。分行业、分区域以“小分队”的形式加强对外交流与考察，先后组团赴上海安亭和广西贺州考察学习,做好北京、厦门、昆明等异地建德商会的筹备和建设。创办《建商》杂志。

【民族村特色畲寨建设】指导高桥村畲族民俗文化展陈馆建设，开展团结村“三月三”畲族民俗文化节、大同镇“书香大同第七届三月三畲族文化节”，举办“我唱畲歌等你来”建德市首届少数民族文艺晚会；推进团结村、高桥村列入建德市美丽乡村特色村建设；双泉村今年获评第二批“中国少数民族特色村寨”。争取中央、省级资金70万元。

【宗教事务管理】开展“寻梦中国·正言正行”教育活动，组织宗教团体学习中共十九大精神和新修订的《宗教事务条例》。播放反邪教微电影11场次、受众2000多人。开展宗教和民间信仰活动场所危旧房、消防等安全隐患排查整治，2017年完成基督教庄丰聚会点、民间信仰圣帝庙等7处C、D级危房场所除危修缮、场所置换，宗教场所消防安全检查56处，整改消防安全隐患问题60多个，推进宗教活动场所安全防控网建设。

【侨务助力工程】开展“建德在外乡亲大走访活动”，建立“在外乡亲数据库”，向全市在外110多名乡亲寄发两会工作报告。积极对外宣传建德人才新政，联系海外博士20多人。联系招商项目6个，完成引资1500万元，引税165万元。组织华侨、留学生代表、港澳创业青年开展“我是建德人”建功立德宣传，加强与香港建德同乡会的联系联谊，引导侨界捐赠200万元。

【新社会阶层人士联谊会】建立建德市新社会阶层人士统战工作联席会议制度，成立建德市新社会阶层人士联谊会、洋溪街道“融创·同心荟”新社会阶层人士实践创新示范点。建立创智家平台，集聚新社会阶层人士500多人。（吴学鹏）

对台工作

【概况】2017年，中共建德市委台湾工作办公室、建德市人民政府台湾事务办公室，全面落实省、

杭州市对台工作要求，结合建德实际做好各项对台工作。

组织市、乡镇两级对台工作负责人听取杭州市台办梁建华主任的讲课，了解台海形势。组织市、乡镇两级对台干部参加杭州市对台工作干部业务培训。开展调查研究，收集台胞台属的意见建议，帮助解决一些生产生活实际问题。根据人事变动情况，及时充实调整市对台工作领导小组和乡镇对台工作机构。

【两岸交流交往】开展“三个一”活动（即发一封家书、打一个电话、发一条短信）。2017年，给建德籍台胞寄发贺年卡（信）30多封，电话交流20多次，传递信息70多条。开展传统节日走访慰问、通过建德台联会等各种载体和渠道，加强与台胞台属的沟通与交流。9月底，市台办组团赴台参访民宿及赴南投名间乡参访。2017年，接待南投200多人到建德市交流访问。

【推进对台工作】2017年，建德市台办定期走访台资企业、重点台属企业20多次，及时了解台资企业发展状况，协助企业解决相关难题。宣传对台部门职能职责、政策法规、对台动态，提高对台工作的运行透明度。（章睿）

保密工作

【概况】2017年，建德市加强保密工作的领导，调整和充实市委保密委组成人员。组织召开市委保密委全体扩大会议。完善保密工作考核实施细则，内容涉及11大项28小项，开展涉密文件资料集中销毁工作。

组织省管干部参观保密展览，组织机关单位干部观看有关保密文献纪录片，配合市教育局做好高考试卷保管员保密培训工作，督促全市各单位落实保密承诺书签订工作。

完成机关单位计算机保密检查、档案数字化服务外包安全保密检查、高考试卷保密检查，落实机关单位互联网门户网站保密检查和互联网政务邮箱保密自查等工作，配合相关单位做好涉密视频会议保密管理工作，利用现有保密三大监管平台提升泄密信息的发现和处置能力。（章斌）

机构编制工作

【概况】2017年，全市有行政单位67个，其中：党委部门11个、人大1个、政府工作部门25个、政府派出机构1个、政协1个、法院1个、检察院1个、民主党派4个、群众团体6个、街道3个、乡镇13个。事业单位286个（含参照公务员管理的事业单位和群团组织45个）。行政编制（含专项编制）2485人、事业编制（含参公事业编制）8176人。

做好事业单位法人年度报告公示，完成272家事业单位年度报告网上公示。加强对事业单位法人的动态监管，办理事业单位设立登记9家，变更登记87家，办理注销登记4家。做好事业单位登记管理系统信息排查纠错，规范信息610条。完成351家机关事业单位中文域名注册、缴（续）费，中文域名注册率和网站挂表率100%。

推进综合行政执法改革和监察体制改革试点，完成市综合行政执法局更名和挂牌运作。完成反腐败职能和机构编制人员的转隶。完成社科联机构设置。理顺建德市白蚁防治监管机制。

规范辅助性用工指标核定，会同市财政局、市人力社保局开展编外用工摸底调查，从严控制财政供养人员。根据工作需要调整国企领导职数，精简核定国企编制，优化国企资源配置。做好实名制数据实时维护，结合公车改革补贴发放审核及市委市政府年度综合考评，定期开展机构编制专项督查，规范编制使用管理。

【“区镇分离”】完成省级经济开发区和寿昌镇“区镇分离”，释放省级经济开发区（航空小镇）发展潜能。以杭州市高新技术产业园为依托，设置建德市高铁新区管理架构，成立高铁新区管委会，提升“一区一园”在全市经济发展中的首位度。

【政府购买服务】 以推动防雷检测市场化改革为突破口，打好“编制+经费”组合拳。对可由市场提供、社会力量承担的公共服务以及辅助岗位等，机构编制部门一般不予核定编制，由财政部门给予合理的经费保障，通过在“人”的数量上的控制和“财”的数量上的保障，鼓励机关事业单位以政府购买服务的方式提供公共服务。8月，完成防雷审批职责划转和防雷检测市场化改革，撤销防雷设施检测所，加强突发公共事件预警能力的建设。

【推进“最多跑一次”改革】 协同市审管办梳理“最多跑一次”事项清单，至年末，建德市725项“群众和企业到政府依申请办理事项”中，有711项实现“最多跑一次”，实现率98.0%；进驻行政服务中心有650项实现“最多跑一次”。群众和企业单个不动产权证实现1小时“跑一次”办结，现场办理设立、变更、换证登记的企业实现平均1小时内办结，在杭州地区率先开展投资项目承诺制改革试点，完成55家单位513项公共服务事项的梳理公开工作。

【“四个平台”建设】 建立市镇统一的综合指挥体系，国土资源、司法、市场监管、环保、综合执法等部门第一批287名执法人员全部到岗到位。完成乡镇（街道）、村（社区）“员”“长”的整合，与市委组织部、市督查考评办、市财政局、市人力社保局联合出台《关于加强部门派驻乡镇（街道）机构干部管理考核工作方案（试行）》《关于进一步明确部门派驻机构干部管理考核具体事项的若干意见》等文件。

【“双随机”监管】 制定公布各部门“一单两库一细则”，全面落实“双随机一公开”抽查监管机制，压实事中事后监管措施，强化监管责任。

【核定教育卫生系统编制】 7—12月，深入教育系统各个学校幼儿园，开展教职工编制及使用情况调研，科学核定全市教职工编制，督促违纪违规事项整改，提高编制使用效率。开展卫生系统公立医院编制备案制试点，核定备案编制，解决医院人才建设中的瓶颈问题，促进公立医院专技人才队伍建设。（徐鹏）

史志工作

【概况】 2017年，建德市委党史研究室、市地方志办公室凝聚社会各界史志工作爱好者力量，积极开门办史，抓亮点，保重点，克难点，有效推进新时代史志工作开创新局面。

撰写党史三卷专题初稿120篇、定稿50篇，完成党史三卷纲目初稿编写；完成建德市1956—2016年历次党代会文件的收集整理，其中《中共建德第九次至第十一次代表大会重要文件汇编》定稿；完成1978—2017年《建德大事记》的资料收集整理。建德抗日自卫队纪念馆开馆，建德市红色教育基地建设现场推进会成功召开；梅城千鹤妇女纪念馆、寿南暴动纪念馆、乾潭江西县政府纪念馆、三都寿峰红色纪念馆、钦堂陈怀白革命事迹陈列馆开始筹建。加强对建成开放的红色场馆的管理和宣传，串联成多条红色旅游线路，全年共接待参观学习的党员群众逾20万人次。自2010年至2017年，累计获得省、杭州市相关专项扶持资金262万元。开展口述史征集工作，至年末，共采访十几任建德老县（市）委书记、县长或其家属，以及早期在各行业作出突出贡献的先进典型、参加抗美援朝和援越战争的老战士等80余人；在《钱江晚报》建德生活版开辟“口述建德”栏目，每月一期，说人叙事，讲述建德历史，累计刊出38期。6月2日，《父亲的家国情怀》一文，在《中国纪检监察报》第八版刊登；《建德抗日自卫队——一支党的抗日武装》《南昌起义与建德共产党人》被杭州市党史期刊《征途》第二、三期录用。

加强年鉴编纂质量，《建德年鉴》获中国出版协会年鉴工作委员会举办的年鉴编校质量检查评比二等奖。《建德市广播电视志》《浙江新化志》先后出版，《乾潭镇志》《钦堂乡志》《乾潭安仁村志》《莲花戴家村志》进入评审，《建德市公安志》《乾潭梓洲村志》完成初稿，《大慈岩里叶村志》启动编修。开展“建德史志丛书”第三辑选题和编写，《走在前列的建德三农典型》《建德家谱序文》完成编审。《建德往事》第八辑出版，开展第九辑组稿和编辑，累计发行3万册。

开展史志成果进基层活动，推进农村红色书屋建设。助推“德文化”建设，编写《建功立德话古贤》一书，并举办建德市首届“家族贤人”故事演讲会。庆祝中国人民解放军建军90周年和新四军建军80周年，联合市人武部举办“情系国防，共铸军魂”征文活动，共收征文117篇，评出一等奖2篇、二等奖5篇、三等奖10篇，优秀奖21篇。组建“红色文化”宣讲队，由市史志办6位党员干部组成，全年为基层党员宣传上级精神、地方党史、严州历史、家谱文化和“德”文化等内容，累计18场次。

◎ 6月28日，建德抗日自卫队纪念馆开馆

【建德抗日自卫队纪念馆建成开馆】该馆位于梅城镇洋程村，在建德抗日自卫队联络站旧址上修建而成。2016年3月始筹建，2017年6月28日建成对外开放。纪念馆总建筑面积780平方米，馆内分设抗日自卫队、交通联络站、红色洋程三个主题展厅，展出形式有照片、文字、实物、雕塑等，共收集陈列史料30余万字、资料图片30余幅、珍贵实物700余件。建德抗日自卫队是杭州地区为数不多的中国共产党领导的抗日武装之一，民国31年（1942）6月成立，是一支以地下党员为骨干、以基本群众为主体的抗日游击队伍，抗日自卫队通过收缴、购买地方流散枪支弹药和自制大刀武器，在富春江、兰江两岸打击日寇，并坚决铲除汉奸。民国32年（1943）4月，抗日自卫队奉命去金义抗日游击根据地与金萧支队八大队汇合，继续进行抗日游击斗争。随后进军诸义东边区，并于1943年12月加入新四军浙东游击纵队金萧支队；1945年10月，随军北撤参加解放战争，为中国人民的解放事业做出了巨大贡献。

【建德地方党史三卷纲目完成编写】年末，建德地方党史三卷纲目通过杭州市评审。中国共产党建德历史(第三卷)所述史实原则上从1978年12月党的十一届三中全会召开时起，至2002年12月中共建德市第十一次代表大会召开前止，为阐述前因后果，有关史实适当上溯或下延，但内容从简。该书共分五编、二十一章，以中国共产党在建德的政治、思想、组织、作风建设和开展中国特色社会主义建设的实践活动为主要线索，以这一时期建德经济、政治、文化、社会和生态建设的历程为主要内容，把党的思想建设史、组织建设史、党领导人民群众进行改革开放和社会主义现代化建设的历史三者有机结合起来，全面、系统地回顾和总结中共建德县（市）委在此20多年间的基本经验和教训，客观公正地反映改革开放和社会主义现代化建设时期建德党史的本来面貌。

【举办首届“家族贤人”故事演讲会】2017年，建德市家谱文化研究会编印《建功立德话古贤》一书，共收集24个清代之前的建德古代贤达故事。8月25日，市家谱文化研究会、市传统文化教育促进会主办“喜迎中共十九大，建功立德话古贤”的我市首届“家族贤人”故事演讲会，10名青年分别演讲了《明代章懋以百姓为天》《南宋名臣叶义问》《北宋范仲淹赈灾》等与建德有关的贤人故事，并评出了一、二、三等奖，颂扬先辈鲜为人知优秀家风，为农村文化礼堂建设和发展贡献力量，推动“德文化”建设。（何彬）

党校教育

【概况】2017年，中共建德市委党校（市行政学校、市社会主义学院）紧扣“新党校、新要求、新作为、新风采”工作目标，以“建阵地、强特色、创品牌、优服务”为抓手，以“团结、大气、上进、有为”的校园氛围，抓好党校教育。

【领导干部到市委党校讲课】落实《领导干部到市委党校讲课的实施办法》，市委书记童定干、市长朱欢、政协主席吴铁民、副书记周友红以及市纪检、组织部、宣传部、统战部等单位主要领导，全年到党校调研、授课和座谈交流20多次。

【校区建设】优化新校区扩建工程整体方案，调整校园占地面积、建筑面积，新校区占地总面积65.96亩，建筑总面积1.41万平方米（其中实际新增建筑面积1.03万平方米）。校党委齐心协力“奋战120天”，完成年度投资3828万元。12月18日，扩建工程主体建筑顺利结顶，12月23日，次入口及周边环境改造提升工程（5月新增的一般性项目）进场施工。

【教育培训】全年计划主体班次27期，实际办班35期（其中新增300人以上的集中培训7期），参训学员9280人次，比上年分别增长22%和48.5%；社会办班37期，增长165%；接待异地办班24期，1368人次，增长6倍。创建新安江水力发电站、李家沙墩头村2个杭州市委党校“红绿蓝”现场教学基地，新增下涯之江村、乾潭艾利斯玫瑰园2个建德市级现场教学基地。全年主体班校外（异地）学习考察交流达到总班次的83.6%。

【科研资政】出台《校级重点课题管理办法》。2017年，获杭州市委党校社科联立项课题8项，比上年增长100%。上报杭州党校的各类文章14篇（其中《学习十九大精神之全面从严治党》获杭州市党校系统一等奖）。完成各类合作课题10项、校级重点课题4项，编发校刊《党校学习》6期。《乘势而进，谱写新篇——省、市党校工作会议驱动基层党校实现新发展》刊登在杭州市委党校《干训研究》（2017年第1期）。《点对点、心贴心、实打实，做好群众的贴心人》研究被确立为杭州市委党校重点课题。有4篇调研文章在《领导参阅》《建德信息·调查研究》上刊登。

【流动党课】2017年，完善各类党课107节，印发《打造建德铁军，建设美丽建德》《党的十九大精神》宣讲课表8000份，分发到所有基层组织，实行“点单式”服务。推行“三讲三提”宣讲活动。组建宣讲服务队，服务“新安夜学”、党员固定日活动、“建功立德”德文化大讨论活动，全年宣讲245场次，观众2.24万人次，分别增长128%和189%。

【服务中心工作】开展“组团包干八大行动”“两学一做”常态化学习教育、“建功立德”德文化大讨论、服务乡镇组团竞赛、招商引资引税、结对帮扶等活动。深入李家镇的行政村、学校、企业开展调研，走访农户481户，收集问题75个，帮助解决6个。助力下涯镇中策橡胶500米防护距离征迁，完成2户征迁任务。招商引资500万元，招商引税151万元。（陈志宏）

机关党务工作

【概况】2017年，市直机关工委贯彻落实全面从严治党，突出政治功能、强化示范引领，突出服务中心、强化队伍建设，统筹推进机关党的政治、思想、组织、作风和纪律建设，为实现建德新崛起提供坚强保障。

新成立1个临时党支部，撤销1个支部，完成机关党委（总支）换届选举和届中调整57个，发展新党员116名。至年末，所属机关党委21个、党总支8个、党支部487个，党员7186名。

制定下发《2017年度市直机关党员学习教育培训实施方案》，结合“三提一争”，组团开展新安夜学6次，700多人次参加；举办大讲堂2期，600多人次参加；全市机关党组织举办培训班21期300多名党务干部参加；送党课下基层5次，受教机关党员5000多人次。

牵头抓好机关“两学一做”学习教育常态化制度化工作，建立提示、督查等制度，开展指导检查40多次，交叉互查2次。深化在职党员进社区报到活动，认领微心愿5893个。完善党建责任清单，制定下发《关于进一步加强机关党建片组工作的通知》，深化机关党员先锋指数考评，加强对党员的日常教育管理。

组织直属机关党委书记开展述职述廉，推进基层党组织述职述廉。做好“双争双评”，评出先进基层党组织27个，优秀共产党员27名、优秀党务工作者159名。

【“三强一推”专项行动】下发《关于开展强作风强效能强服务推进“最多跑一次”专项行动实施方案》，联合开展“最多跑一次千人来冲‘刺’活动”“邀请群众进机关”“主跑员”等活动，发放意见征求表2000多份，征集意见建议200多条。根据《建德市2017年度作风建设实施意见》（市委办发〔2017〕22号）精神，结合“最多跑一次”改革总体部署，对市级机关单位具有审批管理职能和服务经济、服务民生的40个重点科室（站所）开展满意评价活动，确定满意、合格、整改、不满意四类评价结果。满意评价分社会评价和动态监管两部分。其中社会评价采取微信、书面、大会评议等形式进行。对重点科室（站所）实施日常动态监管，通过明察暗访、受理投诉、抽查回访等方式，向管理服务对象了解重点科室（站所）及其工作人员在履行职责、服务规范、办事效能、勤政廉洁等方面的情况。12月6日，召开全市重点科室（站所）满意评价大会，对40个重点科室（站所）进行现场评价。通过评议产生5个满意科室（站所）。

表18 **2017年满意科室（站所）表**

序号	满意科室（站所）名称
1	市民政局婚姻登记处
2	市教育局招生办
3	市人力社保局政策法规科(行政审批科)
4	市农业局政策法规科(行政审批科)
5	市发改局行政审批科(市政府投资项目稽察办公室)

【党群共建】支持机关群团组织开展主题节日活动，机关妇工委开展“争当铁娘子·奉献在岗位”活动，机关团工委开展“先锋林”植树护绿和敬老志愿活动，机关红十字会开展“学救护技能·铸铁军卫士”救护员培训，举办急救趣味运动会。组建机关气排球队参加杭州市机关气排球赛，组队参加杭州市直机关棋类比赛。

【“一季一主题”文体活动】开展悦读季、征集季、歌咏季、健身季等活动。举办机关党员干部“习诗养德铸铁军，建功立德续华章”诗词大赛。开展“借阅轻松办”“阅读微分享”“喜迎十九大·建功立德”报告会、“学习贯彻十九大·喜看家乡新变化”毅行和“文明出行我先行·机关干部作表率”等活动，全市3000多人次参加。

【结对帮扶】开展“千名党员干部结对帮扶千户城乡困难家庭”活动。2017年，全市3432名机关党员多次走访结对的低保家庭、困难家庭和残疾人家庭，为1200户家庭送上慰问金和慰问品，金额49.3万元。

【组团包干活动】摸排村情民情，牵头召开选情分析会6次，确保选举一次性成功；帮助村级谋定三年发展蓝图，完成田园综合体建设工程；发动1000多名机关党员、入党积极分子参与剿劣。助力下涯镇杭橡征迁，完成征迁包干任务。下涯镇提前100天完成征地清零。推进村级党建，在江湾村建起党建宣传厅，搭起五彩便民桥，进一步弘扬“潘樟友”志愿服务精神，在乡镇“一纵八横”评比中，跻身先进行列。

【“美丽建德”党员志愿服务】整合民政96345便民服务、团市委青年志愿服务、组织部党员志愿服务，修改完善《全面推进“美丽建德”党员志愿服务常态化实施意见》文件，市级层面成立“美丽建德”党员志愿服务常态化工作指导委员会，下设办公室。在“诚信点亮中国”暨信用中国全国巡回活动浙江站启动仪式上，市委常委、副市长孟关良作为唯一县级市代表作典型发言。全市志愿汇APP注册志愿者5.69万人。依托志愿汇APP和96345平台发布活动信息，全年志愿服务26万余小时。5月10日，启动“在飘扬的党旗下集结——美丽建德志愿服务大行动出征仪式”，全年全市机关部门、镇、村开展志愿活动6000多次。志愿汇APP平台化运行，解决服务时段随意问题。

【“服务与活力”机关党建】7月27日，召开“服务与活力”机关党建会议，市直机关工委、国土资源局、住建局、审管办分别围绕例会主题并结合自身工作实际进行典型发言，市供销总社和市城投公司分别作表态发言。市委书记、市人大常委会主任童定干围绕本次例会主题“服务与活力”，就争当示范引领，精准高效服务，为建德跨越赶超发展提供机关党建保障作专题讲话，市领导叶万生、王江、柴国庆参加会议。

【反腐倡廉建设】开展党性党风党纪教育和“廉洁好家风”主题教育活动，联合举办“迎七一·颂家风”文艺会演，评选机关廉洁好家庭10户，引导党员干部廉洁修身、廉洁齐家。重点把握和运用好“第一种形态”，建立纪检监察案例舆情预警制度，发布提醒函12期。认真负责办理机关党员违纪案件，纪工委立案5起。审理案件4起，办理组织程序11起，协助市纪委办理信访件1起，恢复党员权利1起，回访教育受处分党员2人。

【市国税局党建示范点建设】成立由市委书记、市人大常委会主任童定干任组长的领导小组。推进国税局党支部标准化、品牌化、专业化、信息化“四化”建设，指导制定《建德市国家税务局党支部工作标准四十条》，出台“一支部一品牌”的实施意见，2017年，“三强四化”党支部建设的任务基本完成，“六抓六争”特色服务提升扎实推进。（李佳）

老干部工作

【概况】2017年，全市有离休干部138人。其中抗日战争时期12人、解放战争时期126人。享受处（县）级政治、生活待遇65人（含地专级医疗、乘车待遇2人），科局级政治、生活待遇73人。另有安置托代管的离休干部28人，其中，外来易地安置6人，受托管理杭州市属在建7家企业的22人。代管浙江省杭州市属在建单位的11人。市级离退休领导30人（含离休1人）。

全年组织离休干部集中学习17次，开展“走基层、看变化、促发展”活动2次，有160多人次参加。春节期间，上门走访慰问154位离休干部（含遗孀）和31位市级老领导（含遗孀）；7—8月，开展“夏日送清凉送慰问”活动；老人节期间慰问市级老领导和离休干部。对居住在北京、上海、杭州、宁波、金华、衢州等地的离休干部一年上门慰问 2~3 次。为 12 位 90 岁的离休干部过集体生日。

全市建有离退休干部党支部 80 个。全年举办离退休干部党支部书记培训 2 期，市级离退休干部专题培训 1 期。

2017 年，老年大学开设 25 个专业，招收 44 个班 1197 名学员。坚持政治建校为本，在老年大学各班级学员中开展“党的十九大报告精神解读”“新党章解读”“努力实现新崛起”“我们的价值观”“国家‘一带一路’倡议部署与实施”等大型专题讲座 8 场

【中共十九大精神专题教育】举办两场大型党课，开展“十九大报告”、新党章、“一带一路”倡议、《意见》等精神解读，邀请省委党校教授、市委十九大精神宣讲团成员为全市离退休党员干部授课，全市离退休干部党支部书记、支部委员，老年大学党员学员800多人次参加。

【“学习十九大、永远跟党走”赛学活动】在全市离退休干部中开展“赛学”系列活动，开展“八方乡音”朗诵十九大报告、“学精神、写体会”“写诗作词”赞颂十九大、“好手好字”书写十九大报告、“十九大”精神书面测试、“歌唱十九大、永远跟党走”演唱活动六大主题活动，党支部参与率100%，参与2730多人次，有42%的党支部参与全部六大项活动。活动被《钱江晚报》、杭州组工等多个媒体报道。

【党工委建设试点】被选为全省离退休干部党工委建设试点单位，按照有利于教育管理、有利于作用发挥、有利于参加活动的原则，制定离退休干部党工委建设试点工作实施方案，负责全市范围离退休干部党建工作的指导、督促、检查，落实全市离退休干部党支部书记工作补贴。

【“三个厅”建设】在市老年大学新建离退休干部党建厅、“两个阵地”宣传厅、“学乐为”展示厅三个厅，占地面积200多平方米，2017年9月正式落成并对外展出。

【“聚焦项目促发展”主题活动】组织全市离退休干部聚焦市委、市政府中心工作，中共十八大以来建德经济社会发展新成就，引导老同志为党和国家事业发展加油点赞、建言献策。市级老领导一季一次“聚焦项目促发展——走看促”活动，参观考察马南高新技术园、高铁新区、综保工程、航空小镇、稻香小镇、跨境电商、农夫山泉四期、十里埠货运码头等。离休干部一年两次“走看促”活动，4月和10月，组织近100名离休干部参观梅城古城保护开发、特色民宿、新农村建设等改革发展成果。全市离退休干部党支部结合各部门特点开展“走看促”活动，每年不少于一次考察本部门工作成效。

【最美老干部工作室】贯彻老干部社团化建设要求，打造培育“曹贵工作室”“老干部特爱工作室”“占妈妈暖暖工作室”“老法官工作室”“交通老干部之家”5个最美老干部工作室，老干部特爱工作室成立全省首个老干部社团正式党组织。

【“新安夕阳”银色人才志愿行动】开展治水剿劣、垃圾分类、文明劝导、社区调解、科技下乡等服务120多场。4月21日，举行老干部助力“剿灭劣Ⅴ类水”“美丽建德”建设誓师大会暨大型广场宣传活动，近1000名离退休干部、“新安夕阳”银色人才志愿者参加。持续开展沿江洗衣劝导、“治水剿劣”主题宣讲、老干部巡河监督等活动。

【市领导联系离休干部制度】明确四套班子主要领导和市委相关领导各联系不少于一名离休干部，定期走访慰问，及时了解身体状况和思想动态。

【助老员“每周上门”制】深化社区“四就近”服务，落实助老员“每周上门”制，实行全员联系离休干部制度，老干部局干部每人联系20名左右离休干部；在市一医院开通离休干部医疗绿色通道；组织全市离休干部健康体检1次，开展大

型综合性名医专家医疗咨询活动2场。完善社区“服务券”以奖代补制度。（徐三凯）

信访和“12345”

【概况】2017年，建德信访工作围绕“平安建德”创建、“最多跑一次”改革、“平安护航十九大”等中心工作，以打造阳光信访、责任信访、法治信访为目标，抓重点、化难点、守基点，推进信访生态体系建设，实现全年“零”非访、进京越级访下降21.2%的目标，全市信访形势稳中趋好。

全年受理群众信访电2.27万件（人）次，比上年增长33.3%。其中受理群众来信819件（要信3件，督查件1件），增长60.5%；接待来访群众957批次2774人次，分别增长11.1%和25.7%（其中集体访124批次1612人次，分别增长13.8%和42.4%）；受理群众来电1.86万件，增长34.0%；领导信箱受理524件，增长16.2%。

【群众信访举报渠道整合】全市28个部门47条政务类热线，全部整合到市长公开电话受理中心统一接听，将所有信访电网全部受理途径纳入浙江省统一政务咨询投诉举报平台。11月，新信访信息系统上线运行，实现“12345”与“110”对接运行，信访事项的办结效率大幅提升。全面实现“12345”一号接听、信访投诉一网受理，信访件按期受理、办结、回访率均达要求，群众参评满意率99%以上。

【信访件办理】将信、访、网、电等各渠道的群众诉求按照一次办结类（咨询类、建议类、求助类）和分类处理类（求决类、申诉类、举报类）进行管理。对一次性办结的诉求按照“最多投一次”马上办，对分类处理的事项依法依规分类办。638件初信初访件全部精准交办，按期受理和办结。规范办理程序，对每件信访事项严格按要求办理，对诉求未查清、适用依据不正确、程序不到位、处理意见不落实、信访人不满意的，不予结案。全年未发生退回重办件。

【信访制度落实】转发《杭州市信访工作责任制实施细则》，出台《进京越级访整治专项行动实施意见》，推动信访工作重心下移，层层传导压力、级级落实责任。与全市80个部门单位签订信访工作责任书，进一步压实事权单位责任。对事权单位未按要求落实群众诉求，推诿、拖延办理，造成群众不满意的5件信访件，以督办函形式进行督办。建立重点人员档案库，对列入档案的重点人员，要求属地乡镇（街道）逐人建立工作专班，落实责任领导和化解管控措施。对事已清、案已结，并签订息诉罢访协议的信访事项和信访人，退出档案库。列入重点人员档案库的10人已化解。

【“百千万”督查活动】2017年，继续开展信访督查“百千万”（省级督查100件、市级督查1000、全省督查10000件信访积案）和“奋战300天、减存300件”专项行动。推进市领导领衔督查机制，全年化解积案32件。

【领导领衔坐班接访】推动市领导每周坐班接访和每月接听公开电话工作机制常态化，初次信访事项“马上就办”。2017年，市领导定点坐班接访和接听公开电话85人次，接待来访群众75批196人次，受理并交办53件，全部办结。全市党政主要领导多次约访下访，接待重点信访人员，及时就地解决群众诉求。在中共十九大会议期间，市委书记童定干、市长朱欢多次实地督查重点乡镇、重点人员、重点事项，确保人员稳控到位。市委副书记周友红赴京与省市驻京信访劝返工作组对接，指导工作组有力查控劝返失联人员。

【重大活动信访保障】2017年，圆满完成四级“两会”“一带一路”国际合作高峰论坛、省十四次党代会、中央环保组督察浙江、中共十九大和第四届世界互联网大会等重要会议活

动期间的信访服务保障工作，未发生信访滋扰情况。（翁美倩）

档案管理

【概况】2017年，市档案馆接收入库档案2.4万余卷、计3.0万余件，其中首次接收出生医学证明档案1100卷、2016年婚姻登记档案4565件、“五水共治”档案2537件、接收并规范化整理G20峰会永久文书档案530件。全年接待档案查阅5988人次，查阅总卷数8905卷，计7155件；其中异地查档、跨馆服务18次。

开展“千村档案”数据库建设，完成14个历史文化村落的建档工作，形成数据条目1.49万余条、附件2971个。开展文化大礼堂数据光盘收集，收集到全市75个村34.42G的数据光盘。

10月，完成乾潭方言的语音建档工作，至年末，建德市具有代表性的梅城、寿昌、大同、乾潭方言都已建档。

指导与验收重点建设项目及中央投资项目档案4项。完成杨村桥镇、三都镇、莲花镇的档案目标管理省二级认定。指导严州中学新安江校区和梅城校区对1991—2005年学籍档案进行规范化整理。

配合市人大对全市农村土地确权登记颁证档案工作进行调研和检查。利用自查和双随机抽查方式，对全市立档单位进行档案安全执法检查。

投入信息化经费50万元，完成馆藏纸质档案数字化加工102万页。至年末，馆藏纸质档案数字化630万页，约占馆藏纸质档案总量的60%。

2017年，全市创建数字档案室15家，市体育局、市司法局、市环境保护局、市科学技术局、市机关事务管理局、市文联6家单位创建为“规范化数字档案室”，市法院、市市场监管局创建为示范数字档案室。至年末，全市立档单位创建三种数字档案室45家。

为梅城镇古城开发保护项目开设查档绿色通道，专门为梅城镇政府查阅相关档案20次，复印资料70多件。

【“党建+民生档案”共享】市档案局确定大洋镇为试点单位。3月开始前期调研，制定计划，实地了解大洋镇党员档案资料存放状况，档案利用者的实际需求。完善档案馆机房硬件设施，配备新的存储设备和离线备份系统。6月完成数字档案馆系统升级。6月至7月，完成大洋镇党员档案资料1355卷4.2万页的数字化加工，7月将数字化的大洋镇党员资料挂接到共享平台，并建立党员资料数据库。市档案局利用共享平台挂接大洋镇民生档案，至10月底，挂接民生档案2.95万卷（件），其中土地承包档案1.69万卷、山林承包档案9047卷、2004年以前婚姻登记档案2177件。该试点工作在《杭州日报》《今日建德》和建德电视台作报道，并在杭州市档案局（馆）长交流会上作经验介绍。

【党和国家领导人视察建德照片展】10月13日至25日，“重温老照片，感念关怀情——喜迎十九大系列之党和国家领导人视察建德照片展”在市档案馆展厅展出。展出照片拍摄时间从1958年至2016年，涉及58位中央领导和浙江省主要领导在建德的珍贵照片82张，吸引1000多名群众参观。

【《档案法》颁布30周年活动】9月，市档案局开展《中华人民共和国档案法》（以下简称《档案法》）30周年纪念系列活动。在建德电视台综合频道播放《档案就在你身边》动漫片13天。精选30年来建德档案发展20件备选大事，评选建德档案工作10件大事，有3000多人次参与。邀请市人大副主任徐拥军，市法制办、市司法和乡镇、社区13个单位的代表，共同座谈《档案法》的重大意义。在全市13条公交线路107辆公交车上每天滚动播放《档案法》30次。组织全市300人参加《中国档案报》宝葫芦杯档案法律法规有奖知识竞赛。

【档案“最多跑一次”改革】5月25日，市档案局会同市“最多跑一次”办、市审改办召开全市“最多跑一次”事项电子化归档工作会议。6月底，审批完成全市26个有改革任务单位的行政许可事项归档范围和保管期限表，审批许可事项456项。11月中下旬，会同市政府信息中心召开会议，部署和培训在线归档模块参数配置和预归档工作，12月上旬完成年度任务。

【创建杭州市“巾帼文明岗”】2017年，市档案局以查阅利用岗创建杭州市“巾帼文明岗”为抓手，助力“最多跑一次”改革。在查阅大厅公开创建口号、创建目标和措施，在LED显示屏宣传创建标语，在适当位置展示岗员风采的创建活动图片；张挂岗员照片、岗位说明、服务心语；在查阅大厅设立茶水间等便民设施。制定《窗口文明用语规范》《服务承诺》，在着装、举止仪容、规范用语等方面加以规范。设立岗风服务监督电话和意见箱。12月27日，市档案局档案查阅利用岗被授予杭州市“巾帼文明岗”荣誉称号。

【光绪《严州府志》点校出版】11月，由曹剑波点校的光绪《严州府志》，作为《建德文献辑成》丛书，由浙江古籍出版社出版。该书16开本，分上下两册，近130万字。（王近）

编辑：喻春明

建德市人民代表大会

Jiande people's Congress

综　述

【概况】2017年，市人大常委会召开常委会会议9次，听取和审议“一府两院”工作报告15项，作出决议决定9项，发出各类监督意见书10件，组织视察检查12次，召开主任会议听取专项工作汇报9次，任免国家机关工作人员84人次，审查市政府报备的规范性文件26件。

2017年，常委会以推动市委重大决策实施为着力点，主动融入，履职尽责，做到思想同心、目标同向、工作同力。聚焦“最多跑一次”改革、“美丽建德”建设、小城镇环境综合整治和剿灭劣V类水等重点工作，开展专项调研、专题询问、工作评议、视察检查，全力予以监督推动。

牢牢把握发展第一要务，抓住要素保障、项目支撑、产业升级等重点，改进监督方式，增强监督实效。认真审议计划、预算半年执行情况和同级审报告，听取地方政府债务、民宿产业发展情况汇报，票决政府投资重大项目，视察重大工业项目、全域旅游项目实施情况，视察稻香小镇、草莓小镇、兰花产业示范园，专题调研化工、碳酸钙等传统产业转型升级。

高度关注民生，推动社会治理能力和法治化水平的提升。听取“两院”司法体制改革、公安工作情况汇报。开展动物防疫“一法一条例”执法检查，依法行使人事任免权，执行宪法宣誓制度，推进民生实事项目代表票决制工作，关注学前教育、交通规划、公交优先、垃圾处理及场站建设等问题。

组织代表开展任职和党校主体班培训，深化代表联络站规范化建设；落实重点建议常委会领导领衔督办、办理结果代表小组集体评价、常委会会议专题评议等工作制度，加大建议督办力度；出台代表履职量化考核办法，开展“美丽建德，代表在行动”主题活动。

开展中央和地方各级党委关于人大工作的意见落实情况专项督查。推进“两学一做”学习教育常态化制度化，学习贯彻中共十九大精神。落实中央八项规定精神，开展“组团包干八大行动”，抓好思想作风建设。开展人大业务培训和党性专题教育，提升人大干部履职能力。加强对乡镇人大工作指导，重视人大街道工委建设，加强市、乡镇两级人大工作互动。

重要活动

【组团包干八大行动】3月14日上午，市人大机关党员干部在大洋镇参加“组团包干八大行动”镇村对接会。会后，市人大机关分成6个小组到上源村、建南村、倪家村、三河村、河源村、贺宅村召开座谈会。3月15日，市人大常委会副主任徐建华应邀参加大洋镇村组织换届选举动员会，组织市人大机关党员干部参加联系村“万人治水大行动”活动。3月14日至16日，人大机关干部重点走访生活困难户、老党员、村民代表等，与村民拉家常、听建议。

【中国人大制度理论研究会到建德市调研】6月11—12日，中国人大制度理论研究会调研组到建德市就中央18号文件贯彻落实，加强县乡人大工

◎ 6月11—12日，中国人大制度理论研究会调研组在建德调研县乡人大工作和建设情况（朱永标 摄）

作和建设情况进行调研。市人大常委会副主任童文扬在会上介绍建德市县乡两级人大贯彻落实中央18号文件的主要实践。浦江县、龙游县人大负责人和建德市部分乡镇（街道）人大负责人在座谈会上发言。调研组希望浙江县乡两级人大在体制机制上积极创新，探索出更多经验，为全国的县乡人大工作和建设贡献更多“浙江元素”。

【配合市委督查有关人大工作文件贯彻落实情况】8月29—31日，市委与市人大成立5个督查组，按片对各乡镇（街道）及市级机关各单位贯彻落实市委有关人大工作文件情况进行专项督查，提出深化落实人大工作意见的具体措施。在相关部门的努力下，工作机构设置、工作力量配备、两项待遇保障得到很好的落实。

【小城镇综合整治专项监督】1月，出台《市人大常委会开展小城镇环境综合整治专项监督活动方案》。3月，根据动工项目逐渐增多的情况再一次调整监督方案。监督重点改为综合整治规划、整治项目工程设计、工程质量及工程进度，提出对5个示范领跑乡镇采取每周不少于1次督查的明察暗访。

【“美丽建德，代表在行动”主题活动】与乡镇人大上下联动，发动代表广泛参与“清洁庭院我先行”“河道督察长”“街道监督长”等活动，全体代表争当宣传员、示范员、监督员；组织视察检查160多次，参加活动的各级人大代表1900多人次。

【征集民生实事项目】10月30日，出台《建德市人民代表大会常务委员会关于实施民生实事项目人大代表票决制工作的决定》。10月31日，召开民生实事项目代表票决制领导小组第一次会议。下发《致人大代表的一封公开信》及民生实事项目征求意见表，开展走访活动。组织部分人大代表到卫计、民政、人社、环保等部门开展专题调研，专题征求杭州市、建德市2018年民生实事建议项目。全市有647名各级代表参加活动，接待、走访选民1106人次，征集到项目建议365项，提交杭州市民生实事项目建议14件，建德市民生实事项目建议52件。

【开展“美丽建德”建设专项评议】9月开始，市人大常委会专门成立领导小组和5个评议工作组，对市农办、住建局、交通运输局、水利水产局、城管局5个部门单位的“美丽建德”开展评议调研。11月，召开评议大会，对市政府及5个部门提出抓龙头引领优规划、抓综合整治美环境、抓项目建设强功能、抓美丽经济兴产业、抓合力保障活机制等评议意见。

【8次视察检查】5月9日，主任会议专题视察研究兰花产业示范园建设情况，与会人员实地踏看兰花产业示范园项目建设现场，听取市兰花协会有关产业示范园项目实施情况的汇报并提出意见建议。

5月23日至24日，人大机关各委办及市全域旅游办有关负责人到龙泉、松阳两地考察学习民宿产业发展及美丽乡村建设。25日，先后实地视察杨村桥镇的万韬民宿、下涯镇的烟渚之江民宿、之江小筑民宿以及大慈岩镇的民宿村，之后召开主任会议，专题听取建德市民宿产业发展情况汇报。

7 月 4 日，主任会议听取重大项目建设情况和全市新一轮交通规划、公共交通优先及项目前期推进情况的汇报，要求依托高铁、港航码头、国省道改扩建等重大交通基础设施建设，完善规划布局，打造浙西交通枢纽，改善农村路网，推进公交优先，大力发展民生交通。

8 月 18 日，航头、大同、李家 3 个镇的市人大代表，辖区内的省、杭州市人大代表开展联组视察活动。代表们实地视察江南大冰洞、华宇纳米科技有限公司和大同稻香小镇建设现场。听取三个镇的特色亮点工作和人大工作的情况介绍，对当地的全域旅游、交通设施建设、失地农民保障等工作提出建议意见。

8 月 31 日，市人大常委会视察建德市 2017 年政府投资重大项目推进情况，视察组一行实地踏看桥东江滨景观公园建设项目、洋安小学一期工程、洋安幼儿园一期工程、新安江综合保护工程项目现场，实地了解政府投资重大项目的完成进度等。座谈会上，市发改局汇报 2017 年政府重点投资项目计划实施情况。会议要求，对未能按时开工的项目加强督查协调，对拟调整的项目做好把关；项目安排要量力而行，项目调整要规范有序，项目推进要强化监督。

9 月 6 日下午，市人大常委会召开主任会议，专题听取市法院、市检察院司法体制改革工作汇报，要求进一步完善司法责任制，切实提高司法公信力。完善市人大代表视察法院执行工作机制。

9 月 27 日，市人大常委会组织部分人大代表，会同市农办、市农业局等相关部门负责人，专题视察稻香小镇、草莓小镇建设情况。与会人员实地踏看大同稻香小镇和杨村桥草莓小镇项目建设现场，听取大同镇、杨村桥镇、市农办、农业局关于两个特色小镇建设情况的汇报。会议要求彰显生态人文特色，注重产城融合发展，推进农业特色小镇建设。

10 月 20 日下午，市人大常委会召开主任会议，专题听取市教育局全市学前教育工作情况的汇报。常委会在前期调研基础上提出要优化布局规划，加快城区新园建设，引导鼓励社会力量办园等意见建议。

重要会议

【市十五届人大常委会第四十次会议】1月18日，市十五届人大常委会召开第四十次会议。会议初审《关于建德市2016年财政预算执行情况和2017年财政预算（草案）的报告》和《关于建德市2016年国民经济和社会发展执行情况和2017年国民经济和社会发展计划（草案）的报告》。会议审议并通过《关于提请审议2017年新增政府重大投资项目建设计划的议案》，票决通过47个2017年政府相关重大投资项目。会议听取和审议市政府《关于建德市域总体规划（2007—2020）修改的议案》。会议讨论提出市十六届人大一次会议日程（草案）和市十六届人大一次会议各项建议名单（草案），讨论决定市十六届人大一次会议列席人员名单（草案），讨论并原则通过《市人大常委会工作报告》。会议通过相关人事任免。

【“一府两院”工作报告会】8月10日，市人大常委会召开“一府两院”工作报告会，市长朱欢代表市政府报告建德市上半年经济社会发展情况和下半年工作安排。会议书面通报市法院和市检察院的工作汇报。市委书记、市人大常委会主任童定干强调，做好下半年工作，一要咬定目标、精准发力。二要创新实践、护航发展。三要讲政治、强履职。四要强化责任、积极履职。

【建德市第十六届人民代表大会第一次会议】2月6日至10日，建德市第十六届人民代表大会第一次会议在市文化中心召开。大会应到代表226人，实到226人，列席人员208名。会议听取和审查市人民政府代市长朱欢作建德市人民政府工作报告，市发改局作建德市2016年国民经济和社会发展计划执行情况与2017年国民经济和社会发展计划草案的报告、市财政局作建德市2016年财政预算执行情况及2017年财政预算草案的报告、市人大常委会副主任童文扬作建德市人大常委会工作报告、市人民法院院长毛志军作建德市人民法院工作报告、市人民检察院代检察长高翔作建德市人民检察院工作报告，并通过相应决议。大会依法选举童定干为建德市第十六届人大常委会主任，朱欢为建德市人民政府市长，柴国庆为建德市监察委员会主任，毛志军为建德市人民法院院长，高翔为建德市人民检察院检察长，童文扬、徐建华、赵志荣、吕建月、吴岳炎、徐拥军为建德市第十六届人大常委会副主任，吕平、张早林、何亦星、柯汉根、夏喜生、钱晓华为建德市人民政府副市长，王煦等22人当选为建德市第十六届人大常委会委员，王征等32人当选为出席杭州市第十三届人民代表大会代表。新当选的市人大常委会主任童定干、市人民政府市长朱欢，市人大常委会副主任、市人民政府副市长和市监察委员主任、市人民法院院长在全体代表的监督下，在国徽下庄严宣誓。会议期间，收到代表议案、建议172件。

【市人大常委会会议】2017年，市人大常委会举行9次常委会会议。

2月10日下午，市人大常委会召开第一次会议。会前，童定干对新当选的市十六届人大常委会班子成员提出要求。会议通过有关人事任免事项，任命章健梅、徐建新为市监察委员会副主任、任命乐照明等3人为市监察委员会委员。会上进行宪法宣誓仪式，新一届市人大常委会委员，新任命的市监察委员会副主任、委员向宪法宣誓。

4月6日下午，市人大常委会召开第二次会议。会议讨论通过市人大常委会2017年工作要点，审议通过《关于建德市第十六届人大常委会代表资格审查委员会组成人员的决定》。会议宣读市人大常委会主任会议人事任命议案、市政府人事任免议案和市人民法院任免议案，介绍任免对象的基本情况和任免理由。胡晓立、俞朝辉被任命为建德市人民政府副市长，会议还通过其他人事任免事项。童定干代表市人大常委会向新任命干部颁发任命书。随后，新任命干部一同向宪法庄严宣誓。

5月31日，市人大常委会第三次会议召开。会议视察开发区（寿昌镇）、乾潭镇、下涯镇等乡镇的小城镇环境综合整治项目现场，听取和审议《关于小城镇环境综合整治工作情况的报告》。会议进行相关人事任免，吕平报告人事任免议案。会议决定任命朴永戈为建德市人民政府副市长。童文扬为新任命人员颁发任命书。会议审议市人大代表关于辞去代表职务的报告，决定接受廖红兵辞去建德市第十六届人民代表大会代表职务。

7月31日，市人大常委会召开第四次会议。会议进行相关人事任免，吕平报告人事任免议案。会议决定任命孟关良为建德市人民政府副市长，决定接受胡晓立辞去建德市人民政府副市长职务。童定干为新任命人员颁发了任命书。会议听取和审议《关于提请审议建德市2016年度财政决算（草案）的议案》《关于建德市2016年财政决算草案和2017年上半年预算执行情况的报告》《关于2016年度建德市本

◎ 2月10日，新任常委会常委向宪法宣誓

级预算执行和其他财政收支的审计工作报告》。会议通过《关于批准建德市2016年财政决算的决议》，决定批准市政府提出的2016年财政决算。会议听取和审议《全域水质清源提标暨劣Ⅴ类水剿灭提升工作情况报告》。会议听取和审议《建德市2017年上半年国民经济和社会发展计划执行情况报告》。会议听取和审议《关于提请审议2017年市政府投资重点项目计划调整方案的议案》及相关报告，表决通过市政府提出的调整梅城危旧房改造二期工程等3个项目，增补乾潭镇小城镇综合整治项目等6个项目。

9月5日，市人大常委会召开第五次会议暨“最多跑一次”改革专题询问会，专题询问建德市“最多跑一次”审批制度改革推进情况。会议听取建德市“最多跑一次”审批制度改革推进情况的前期调研报告，7位市人大常委会组成人员对“最多跑一次”审批制度改革推进情况进行专题询问，与会的相关部门也都作了解答。吕平就加快推进“最多跑一次”改革作表态发言。

9月28日，市人大常委会召开第六次会议，视察叶家小学、叶家幼儿园、新安江第二自来水厂、23省道航头段、杭州港建德港区综合作业区、梅城危旧房改造、杭黄铁路站前广场及连接线等项目现场，听取和审议《关于2017年政府重点投资项目计划实施情况的报告》。根据市人大常委会工作安排，对市农办、住建局、交通运输局、水利水产局和城管局五个单位推进“美丽建德”工作开展评议。会议票决通过市政府提出的2017年度调整桥南新城幼儿园的投资规模，新增高铁客厅基础设施工程、乾潭镇漫栖溪乡村旅游配套道路工程2个项目。

10月30日，市人大常委会召开第七次会议，视察农夫山泉四期、沈氏换热器、铁凝汽配、新安集团白南山搬迁、IFF整体搬迁、东方雨虹等项目现场，详细了解建德市重大工业项目推进情况。会议听取和审议《关于全市重大工业项目推进情况的报告》。会议审议并表决通过《建德市人民代表大会常务委员会关于实施民生实事项目人大代表票决制工作的决定》。会议通过有关人事任免事项，童定干代表市人大常委会向新任命干部颁发任命书。

11月27日，市人大常委会召开第八次会议。会议听取和审议建德市2017年财政预算调整方案的相关议案、报告等。会议决定，批准建德市2017年财政预算调整方案。会议对市农办、住建局、交通运输局、水利水产局、城管局的“美丽建德”建设工作进行评议。经过投票，5个部门的“美丽建德”建设工作满意度测评均为满意。

12月22日上午，市人大常委会召开第九次会议。会议听取和审议市政府《关于建德市2017年地方政府债务限额的议案》。会议审议并通过《关于召开建德市第十六届人民代表大会第二次会议的决定》，决定建德市第十六届人民代表大会第二次会议于2018年1月17日召开。会上，王征、方燕、潘余明、白俊玲等部分在建杭州市人大代表向市人大常委会述职，并接受常委会组成人员评议和满意度测评，测评结果均为满意。会议听取和审议市政府关于市十六届人大一次会议代表建议和意见办理情况的报告，听取10件重点议案承办单位关于办理落实情况的报告，听取市人大常委会代表工委关于市政府办理建议意见情况的相关调查报告。市人大常委会组成人员、人大代表和乡镇（街道）人大相关负责人作评议发言。会议对办理情况进行满意度测评，测评结果为满意。（李文涛）

编辑：喻春明

建德市人民政府

Jiande City People's Government

综　述

【概况】2017年，建德市人民政府牢牢把握“开放融入、跨越赶超”工作主基调，以打造“全省大花园建设排头兵、杭州新的经济增长极、杭州西部门户城市”为目标，抓改革、促发展、惠民生、保稳定，全市经济发展继续保持向好的奋进态势。

全年实现生产总值390.29亿元，比上年增长8.5%，其中：第三产业增加值166.13亿元，增长13.3%，规上工业增加值92.47亿元，增长6.7%，农业增加值35.29亿元，增长2.7%。社会消费品零售总额127.95亿元，增长11.0%。地方财政收入24.40亿元，增长7.7%。全社会固定资产投资229.35，增长15.1%。金融机构各项存款余额404.92亿元，各项贷款余额313.17亿元。城镇居民和农村居民人均可支配收入分别为45061元和23998元，分别增长8.5%和9.6%；低收入农户人均收入11946元，五年倍增计划目标圆满完成。

【平台项目建设】举办三批重大项目集中开工仪式，103个重点项目全部开工，60个重大产业项目开工率90%。320国道和杨梅公路精品示范道路、浙西数据中心等项目完成建设，新安化工白南山基地搬迁、农夫山泉四期等重大产业项目竣工投产，杭黄高铁、金建铁路、临金高速等项目加快推进。引进项目334个，实到内资93.2亿元、外资1.5亿美元。开发区（航空小镇）被列为全国第二批特色小镇，获评省级军民融合示范区，小镇客厅、通航总部大楼建成使用，恒大温泉小镇及虹湾航空配件等项目落地，举办通航产业国际论坛，国家AAAA级景区启动创建。高铁新区（高新园）与北控集团进行全面战略合作，新安江综保工程、高铁场站站前广场及连接线项目有序推进，东方雨虹总部基地、军民融合高端装备制造产业化项目落地，超细粉末国家工程中心浙江分中心、杭师大新安硅谷国家级技术研发中心入驻建德。

【改革创新突破】“最多跑一次”改革实现率居全省第6位、杭州市第1位。“千人来冲‘刺’”活动群众点赞率98.1%，重大项目服务代办社会评价满意率98%，政务环境满意率居全省第25位、杭州市第5位。率先开展投资项目承诺制改革试点，为460家企业提供“零上门”办事服务。淘汰落后产能项目22个，整治“四无”和低小散企业（作坊）635家，完成“零地技改”16亿元、低效用地再开发2410亩。全年减轻企业负担4.8亿元。年度新增试点“坡地村镇”项目7个，垦造耕地3927亩，完成征地1.06万亩、搬迁4374户。农村综合产权交易平台上线运行，推行农村土地流转抵押贷款。列入省扶持村集体发展试点市，化解村级债务5308万元。新增杭州市级以上高新技术企业20家、省科技型中小企业63家。“小升规”52家、“个转企”227家。逸龙文创园认定为省级科技孵化器，新增入孵企业15家。发布浙江制造标准4个，新增国家和行业标准8个。引进海内外高层次人才55人，其中柔性引进“国家千人计划”青年项目1人。

【产业结构优化】信息经济增加值比上年增长14%，获省级“两化融合”示范区称号。浙西跨境电商园上线企业87家，实现跨境电商出口1.1亿美元，占全市电商出口额的62.9%。开展省级全域旅游示范市创建，“旅游+”产品体系加快建设，江南秘境国际旅游度假区江南渔村项目顺利推进，开元芳草地酒店建成营业，驼峰跳伞、低空旅游等通航休闲旅游项目及新安江水上旅游线路投入运营，以建德果蔬乐园为引领的四季采摘休闲游主题活动广受市场好评；民宿业快速规范发展，有民宿企业114家。接待游客量和旅游收入分别增长14.8%和20.3%。草莓小镇、稻香小镇列为杭州市级特色小镇培育名单，新安江田园综合体列入省级试点，建成8万亩粮食生产功能区；粮食高产攻关亩产突破1000千克，水稻绿色高产创建示范方单产创杭州市纪录；“建德草莓”“建德苞茶”区域公共品牌启动打造，制定“建德草莓”系列标准。

【城乡面貌变化】剿灭劣V类水目标全面实现，成为全省首批上报县市，交界断面考核全年均为优秀，空气优良率居杭州市第1位。首批小城镇环境综合整治工作高标准完成。创建为省第二批“基本无违建市”，杭州市“无违建乡镇”6个。桥东城市客厅、洋安新城城市综合体项目全面推进，“两馆两中心”开工建设。麻岭巷、塘坞、铁路货场等区块棚改项目完成征迁；新增地下空间16万平方米，新增停车位3300个。首批整治的5个乡镇85个小城镇整治项目全部完工。乾潭小城镇整治工作省级考核验收成绩名列前茅，街长制、路长制做法在全省推广，全省“车乱开”治理现场会在建德召开。首批3个示范村、15个特色村和49个达标村建设启动实施，莲花镇戴家村和大慈岩镇新叶村“杭派民居”项目加快建设，大同“稻香田园”、大洋“红色印象”等精品示范线和乾潭胥江村风情小镇形象初显。完成拆违41.4万平方米、“三改”62.7万平方米。“美丽河道”建设深入推进，沟渠（池塘）长制全面推行。5个整镇推进试点乡镇、20个试点村生活垃圾实行分类收集处理。

【社会民生改善】新安江职业学校迁建、梅城初中迁建等项目加快建设。开展以“市管校聘、适岗竞聘”为核心的教育综合改革试点。市中西医结合医院迁建工程投入使用，大同医院迁建工程完成建设，浙西国际心脏中心项目主体结顶，杭州市第七人民医院浙西院区项目启动实施。完成公立医院药品“两票制”改革，“双下沉、两提升”工作深入推进，分级诊疗制度和家庭医生签约服务全面推行。创建1个国家卫生镇、2个省级卫生镇。严州古城新一轮保护规划启动编制，14个中国传统村落保护利用工作持续推进。红色婺剧《大洋埠》作为杭州市唯一代表剧目参加省迎接党的十九大优秀作品展演。举办夏日冬泳挑战赛、全省自行车总决赛。荣获全国群众体育工作先进市称号，省级体育强市通过验收。4335户农村D级危房完成整治。城镇新增就业人数6476人，引导和帮助2793名失业人员实现再就业。举办第七届老年人运动会，城乡居民基本医疗保险参保率99%。社会福利中心工程启动实施，养老服务机构医养融合实现全覆盖。圆满完成中共十九大等重大活动维稳安保工作。（余益忠）

◎ 3月6日，杭州市代市长徐立毅在寿昌镇山峰村蹲点调研

重要会议

【市政府全体成员（扩大）会议】3月1日召开。部署落实2017年政府主要目标任务和重点工作。市委常委、常务副市长吕平主持会议，市委副书记、市长朱欢作重要讲话。会议指出，“开放融入、跨越赶超，实现新崛起”，是市委定下的工作主基调，政府部门站在经济建设的前沿，就要秉持四种态度，尽其责、拼其力，大干快上热起来。要奋发自强有“心动”，党员干部不忘初心，就是时刻秉持对建德这片土地的热爱，切实发挥“在其位、谋其政”的担当，有吃大苦、耐大劳、受大屈的胸襟，有勇当建德铁军的豪气，把创业激情、干事热情的“心动”最终转化为现实行动。要振奋精神有作为，始终坚定对建德科学发展的自信，担当作为、积极有为，以扎扎实实的工作、实实在在的成效取信于民、回馈于民，让群众真真切切感受到全市经济社会的变化和发展，共享改革发展成就。要身先士卒有表率，党员干部要把个人的理想与党的事业、建德的发展、百姓的幸福融为一体，身先士卒攻难关、争先恐后干事业，在致力建德新崛起中实现人生价值。要心底无私有公正，全心全意为人民服务，严于律己、以身作则带好头；敢于喊响“从我做起，向我看齐”的口号，在工作中多讲公心，少讲私心，力争做到公正、公平、公开、公示，把做好服务摆在工作首位。我们正面临前所未有的干事创业良机，要紧抓机遇，珍惜当下，齐心协力，干出一番大事业、干出一片新天地，为建德大地、为建德崛起、为建德美好明天贡献力量。

【市政府常务会议】2017年召开市政府常务会议10次。

1月13日，召开市政府第十五届六十七次常务会议。市长朱欢主持会议。会议审议并原则通过《建德市域总体规划（2007—2020）修改》《2017年政府投资项目建设计划》《建德市小城镇环境综合整治示范乡镇整治项目计划》和2017年《政府工作报告》。会议研究并通过2016年预算执行情况和2017年预算编制情况、2016年国民经济和社会发展执行情况与2017年国民经济和社会发展计划安排的汇报。

3月8日，召开市政府第十六届一次常务会议。市长朱欢主持会议。会议审议并原则通过《关于进一步深化“简政放权、放管结合、优化服务”开展“最多跑一次”改革的实施意见》。

3月21日，召开市政府第十六届二次常务会议。市长朱欢主持会议。会议审议并原则通过《杭黄高铁建德站站前广场优化设计方案》。会议研究并原则通过新安江综合保护工程采用EPC模式招标及合同相关事宜的汇报。

4月19日，召开市政府第十六届三次常务会议。市长朱欢主持会议。会议审议并原则通过《新安江综合保护工程暨独流入海钱塘江治理建德市新安江、兰江治理二期工程集体土地征收、流转及房屋征收补偿实施方案》《浙江省建德市矿产资源规划（2016—2020年）》《三都镇江南渔村区块集体所有土地房屋征收补助奖励办法》。会议研究并同意关于新安江综合保护工程征收、流转范围事宜的汇报。

5月26日，召开市政府第十六届四次常务会议。市长朱欢主持会议。会议传达省委书记车俊在杭州调研时的重要讲话精神。会议审议并原则通过《建德市第二、三批乡镇（街道）小城镇环境综合整治项目》《新安江影剧院区块棚户区改造项目征收决定》及《新安江影剧院区块棚户区改造项目国有土地上房屋征收补偿方案》。会议研究并原则同意杭州东方雨虹建筑材料有限公司按照相关规定直接配置小客车指标。

6月19日，召开市政府第十六届五次常务会议。市长朱欢主持会议。会议审议并原则通过《建德市人民政府工作规则》《建德市农村宅基地使用权及房屋所有权统一登记发证办法（试行）》。

10月18日，召开市政府第十六届六次常务会议。市长朱欢主持会议。会议审议并原则通过《建德市生态保护红线划定方案》《关于推进义务教育优质均衡发展的实施意见》《建德市义务教育优质均衡发展规划（2017-—2020年）》《建德市义务教育学校布局专项规划（2018—2022年）》《建德市特殊教育提升计划（2016—2020年）》《关于进一步加强乡镇（街道）成人教育工作的实施意见》《建德市农村村民建房审批程序及批后监管实施办法（试行）》《建德市美丽乡村规划建设管理负面清单》《关于进一步加强我市乡村规划管理工作的指导意见》《建德市农房建设相关技术控制的实施意见》。会议研究并原则同意杭州立杨生态农业开发有限公司、建德明德基础设施投资有限公司按照相关规定直接配置小客车指标。

10月30日，召开市政府第十六届七次常务会议。市长朱欢主持会议。会议审议并原则通过《建德市重大公路建设项目规划方案》《建德市美丽乡村建设项目管理暂行规定》。

11月22日，召开市政府第十六届八次常务会议。会议审议并原则同意《关于在市场体系建设中建立公平竞争审查制度的实施意见》《建德市推行企业投资项目“一趟不用跑，有事我来跑”改革的实施意见》《2018年城乡基本医保政策调整方案》。会议研究并同意关于解决农村社会养老保险相关问题的汇报。

12月21日，召开市政府第十六届九次常务会议。会议审议并原则同意《关于进一步推进企业利用资本市场加快发展的若干意见》和《建德市推进企业挂牌上市和并购重组五年行动计划（2017—2021）》《建德市矿山安全生产发展规划（2016—2020）》《关于加快建德市通用航空产业发展的若干扶持意见》《关于发展壮大村级集体经济消除相对薄弱村三年（2017—2019）行动计划的实施意见》《建德市小型水利工程产权制度改革实施办法（试行）》《建德市涉矿工程项目资源处置管理办法》《关于进一步加强土地整治项目管理的通知》《建德市学前教育专项布局规划》《关于开展调整城镇土地使用税政策促进土地集约节约利用工作的实施方案》《关于调整全市最低工资标准的通知》。会议研究并同意关于拟在洋安新城建设综合写字楼事宜的请示和关于2018年建德市政府投资项目建设计划的汇报。

【17次市长办公会】2017年，召开市长办公会17次。

1月23日召开。市长朱欢主持会议。会议审议并原则通过《化工企业搬迁入园补助方案》《建德市水利发展“十三五”规划》《2017年全市农村工作会议方案》《谷谷文化产业投资管理有限公司合作协议》《建德市全域旅游发展实施细则》。会议研究并原则同意2016年度招商引资等专项考核情况、与东方汇富合作相关事宜、关于莲花谷生态健康小镇建设招商项目事宜、关于2017年规划编制计划的汇报。

2月15日召开。市长朱欢主持会议。会议审议并原则通过2017年度建德市深化转型升级组合拳主要工作任务分解和2017年《政府工作报告》任务分解的汇报。

2月20日召开。市长朱欢主持会议。会议研究并原则通过关于市十六届人大一次会议期间人大代表、人大老领导、社会各界意见建议办理工作的汇报。

3月8日召开。市长朱欢主持会议。会议审议并原则通过《关于加强电梯安全工作的实施意见》《关于唐冬英（揭永康）户房屋拆后处置意见的请示》《关于整合合作开发建设经营浙江省杭州市建德市新安江科技产业小镇的合作备忘录》《关于整合合作开发建设经营浙江省杭州市建德市下涯文创产业小镇的合作备忘录》《关于整合合作开发建设经营浙江省杭州市建德市黄饶运动康养产业小镇的合作备忘录》《关于整合合作开发建设经营浙江省杭州市建德市果蔬乐园产业小镇的合作备忘录》《建德市小城镇环境综合整治工程建设管理若干规定》《建德市深化医药卫生体制综合改革实施方案》。

3月21日召开。市长朱欢主持会议。会议研究并原则通过《浙西互联网品牌运营中心项目合作框架协议》《2017年度建德市各单位招商引资和吸引浙商创业工作目标任务分解表》《关于进一步促进民办教育健康发展的实施意见》《建德市“美丽建德”建设实施意见》和《关于成立“美丽建德”建设工作领导小组的通知》。

5月3日召开。市长朱欢主持会议。会议审

◎市长朱欢就“最多跑一次”工作答记者问

议并原则通过《建德市政府投资项目工程变更管理实施意见》《建德市村级工程项目实施管理规定（试行）》《梅城镇老城区国有土地上房屋征收补偿实施方案》《梅城镇老城区集体所有土地房屋征收补偿实施方案》《军民融合高端装备制造产业化项目投资协议书》《军民融合高端装备制造产业化项目补充协议》《与上海华明高技术（集团）有限公司战略合作协议》《华明新材料产业园项目投资协议》《新型负压桶装饮用水项目协议书》《建德科品创业园区投资协议》。会议研究并原则通过关于收购南山福邸项目（在建）及有关情况的报告。会议明确部分副市长工作分工调整事项。

5 月 26 日召开。市长朱欢主持会议。会议审议并原则通过《建德市有机产业发展规划（2016—2025）》《建德市畜禽养殖发展规划（2016—2020）》《建德市 2017 年度国有土地上住宅房屋征收临时安置费和搬迁费补助标准》《建德市梅城镇古城保护开发建设工业企业搬迁的若干政策》《建德市 2017 年度节能降耗目标责任评价考核办法》《与浙江国大雷迪森酒店管理有限公司就南山福邸项目合作协议以及与浙江国大集团有限公司战略框架合作协议》《关于高铁新区投融资平台公司运作管理建设方案》《杭州维基股权投资合伙企业（有限合伙）入驻建德合作协议与杭州海达必成创业投资管理合伙企业（有限合伙）入驻建德合作协议》。会议研究并原则同意关于调整建德市车贴标准事宜的汇报。

6 月 19 日召开。市长朱欢主持会议。会议审议并原则通过《关于进一步完善地质灾害防治工作的实施意见》《建德市地质灾害治理（搬迁）项目及资金管理办法》《建德市创建省教育基本现代化市预评估反馈意见整改方案》《5 万吨沥青改性粉及 2 万吨塑料包装材料生产基地项目投资协议和补充协议》《建德市梅城镇古城保护开发建设工业企业搬迁补偿方案》《国有公房征收、搬迁的补充规定》《浙江省建德经济开发区征收集体所有土地房屋拆迁补偿安置实施细则的补充规定》《2017 中国 · 建德通航产业示范区及低空旅游经济发展高峰论坛策划案》。

7 月 12 日召开。市长朱欢主持会议。会议审议并原则通过《建德市空间规划试点方案》《关于加快推进新型建筑工业化的实施意见》《建德市 2017 年大气污染防治实施计划》《2017 年城乡区域统筹发展（社会主义新农村建设）工作要点》《关于加快推进林业股份制改革的实施意见》《2017 中国 · 17 度建德新安江“夏日冬泳”挑战赛活动方案》《第五届建德 7017 新安江啤酒节方案》《关于 2017 年在职村主要干部固定报酬补助标准调整方案》。会议研究并原则同意关于落实残疾人就业保障金征缴政策的意见建议、关于贯彻落实省人力社保厅、省财政厅、省地税局等部门联合下发的《关于实施新一轮企业职工基本养老保险省级调剂办法的通知》（浙人社发〔2017〕50 号）和《关于完善被征地农民衔接转入企业职工基本养老保险政策的通知》（浙人社发〔2017〕59 号）两个文件的意见建议、关于东方雨虹总部基地项目补充协议及备忘录、关于 2017 年政府投资重点项目计划调整事宜的汇报。

8 月 10 日召开。市长朱欢主持会议。会议审议并原则通过《建德市“美丽城区”三年行动实施方案》《建德市工业企业发展绩效评价管理办法》《建德市传统产业改造提升三年（2017—2019）实施方案》《建德市 2017 年教职工“适岗竞聘”试点学校实施方案》《建德市 2017 年教职工适岗工作试点学校奖励性绩效工资分配指导意见》《浙西技师学院（航空职业技术学院）建设可行性方案》《建德市人民政府与海航通航投资管理股份有限公司间的航空小镇项目战略合作协议》《建德市人民政府与中国航空器材集团公司战略合作框架协议》《洋溪街道老街区块棚户区改造项目国有土地上房屋征收补偿方案》《洋溪街道老街区块棚户区改造项目集体所有土地房屋征收补偿方案》。会议研究并同意关于建德市地方政府性债务管控和下一步工作建议、关于 2017 年医疗保险费统一减征事项的汇报。

8 月 25 日召开。市长朱欢主持会议。会议审议并原则通过《建德市水污染防治行动计划暨 2017 年实施方案》《新能源汽车分时租赁项目方案》《建德市温泉养生特色小镇项目投资协议》《建德市温泉养生特色小镇项目投资协议补充协议》。

9 月 4 日召开。市长朱欢主持会议。会议审议并原则通过《高铁门户片区 2017 年新增实施项目工作方案》《建德市土壤污染防治工作方案》《关于进一步巩固深化“两治一整”工作的通知》《建德市农村公路建设和养护管理实施办法》《建德市“美丽公路”建设三年行动方案（2017—2019）》《建德市“美丽园（厂）区”建设实施方案（2017—2019）》《建德市“美丽河道”建设三年行动方案（2017—2019）》《建德市“美德家园”建设三年行动方案（2017—2019）》《建德市“美丽乡村”建设三年行动方案（2017—2019）》《关于加快推进建德市美丽经济发展的实施意见》《关于促进建德市美丽经济发展的扶持细则（试行）》和《建德市美丽经济发展基金及运行平台合作框架协议》。

9 月 27 日召开。市长朱欢主持会议。会议审议并原则通过《中国水利水电第十二工程局职工家属区物业分离移交管理协议》《建德市本地企业出口奖励办法》《中禹智慧供应链物流项目合作协议》。会议研究并原则同意规范企业职工基本养老保险补缴政策、机关事业单位养老保险制度改革后市管及以上领导干部退休待遇核定有关问题、建德市 2017 年预算平衡情况和 2018 年预算编制情况、2017 年政府投资重点项目计划调整事宜、非居民用水价格改革和降低非居民用户天然气销售价格相关事宜的汇报。

10 月 18 日召开。市长朱欢主持会议。会议研究并同意关于解决建德市国有林场原职工住房补贴问题的汇报。

10 月 30 日召开。市长朱欢主持会议。会议审核并原则同意《建德市高铁新区产城整体开发建设运营项目战略合作协议》《东方雨虹总部基地项目投资协议》《关于解决盛德国际广场土地出让金清欠有关问题的意见》。

11 月 22 日召开。市长朱欢主持会议。会议审核并原则同意《建德市 2017 年本级预算调整方案》。会议研究并原则同意关于落实“最多跑一次”改革人大专题询问审议意见任务分解的汇报。

12 月 21 日召开。市长朱欢主持会议。会议审核并原则同意《关于“三江”砂石拍卖及落实采砂船只、清淤等工作方案》《关于罗村水库相关问题处置的建议方案》《建德市“溪西畈主题度假酒店”投资协议》。会议研究并原则同意关于新安江经合社开发性留用地 2-18 地块出让金返还事宜的汇报。（徐孝鹏）

应急管理

【概况】2017年，建德市发生自然灾害3起，未出现人员伤亡；发生各类安全生产亡人事故36起，死亡36人；发生公共卫生事件3起，未出现人员死亡；发生2起社会安全事件，死亡2人。

全年发生 1 次较大自然灾害（6 月 25 日的大洋镇洪涝灾害）全市受灾人口 4.5 万人，转移人口 3600 多人（其中地质灾害转移 162 人），无人员伤亡，房屋倒塌 22 户 32 间，农房严重损坏 17 户 37 间，一般损坏 401 户 992 间，农作物受灾 4.7 万亩，损坏堤防 169 处 8000 多米、护岸 78 处、机电泵站 5 座。据统计，其中农业损失5876.2万元，工矿企业损失4230万元，基础设施损失2950万元，公益设施损失1376.5万元，家庭财产损失83万元，直接经济损失1.45亿元。

全年发生森林火灾2起，过火面积184亩，受害面积94公顷。具体是：4月3日因过路人吸烟引起（肇事者未查明）大同镇劳村村火灾，过火面积166公顷，受害面积85亩；5月30日因村民焚烧旧衣物引起三都镇春江源村下钱自然村火灾，过火面积18亩，受害面积9公顷。

2017年，建德市农作物主要病虫害中等至偏重发生。其中水稻种植面积约8.9万亩，水稻病虫类发生面积67.25万亩（次），防治面积61.4万亩（次），来年发生面积预测73.6万亩（次）。

全年发生各类安全生产事故36起，死亡36人。水上交通和消防领域未发生人员伤亡事故。未发生较大及较大以上安全事故。其中工矿商贸企业发生安全生产事故10起、死亡10人；道路交通运输事故26起，死亡26人；火灾事故38起，直接财产损失75.22万元，过火面积853平方米，未发生人员伤亡事故；建德航区安全形势总体平稳，未发生人员伤亡事故。全年实施行政处罚129起，处罚金额18.93万元。

全年发生突发公共卫生事件3起，均为学校水痘暴发疫情，分别为三都镇初级中学、新安江第二初级中学和大同镇上马小学。1—12月，卫计部门接到疑似传染病突发应急事件报告25起，派出突发事件应急处置人员143人次，采集标本116件，消杀面积16.58平方米，实施应急接种1001人。

2017年，全市社会面整体平稳，未发生重大涉稳事件。处置涉及重点工程项目的案事件400多起，刑事拘留16人，行政拘留28人，行政罚款26人，传唤教育200多人。成功处置“二固”涉稳事件、海螺村企矛盾涉稳事件。接有效报警2.57万起，比2016年下降12%；立刑事案件1238起，下降4.2%；其中命案发案2起，致2人死亡，破案率100%；受理治安案件2674起，下降9.7%；刑事拘留755人，上升4.5%；移送起诉827人，上升16.2%；行政处罚2882人，上升0.6%。实现全市“有效报警数下降、刑事案件立案数下降、治安案件受理数下降”“刑事拘留数上升、移送起诉数上升、行政处罚数上升”“三降三升”的社会效果。

【应急预案体系建设】组织修订并完善《建德市突发地质灾害应急预案》《建德市水上重特大交通事故应急预案》《建德市城市照明突发事件应急预案》《建德市重特大群体性事件处置预案》等27个市级专项预案。至年末，建德市本级已有总体应急预案1个，专项应急预案42个，部门应急预案47个，应急预案已覆盖到企业、学校、乡村和社区。

6月20日，市林业局组织山林“引水灭火”应急演练；7月27日，市人社局组织的拖欠农民工工资问题的应急演练；7月31日，市应急办、市国土局组织的突发地质灾害大型应急演练；10月25日，举行建德市航区水上应急演练等。11月23日，举行杭州市森林消防地空联合实战演练。全年举行应急演练20多次。

【应急救援队伍建设】加强建德市综合应急救援大队（建德消防大队）、建德市危化品道路运输事故应急救援大队、建德市防汛抗旱应急分队、建德市矿山应急救援大队、建德市森林防火救援大队以及地质灾害、卫计、动物防疫和农作物灾害等专业应急救援队的建设和管理。成立由民间救援力量自发组织的建德市水上应急救援中心、建德市民安公益救援大队、建德市扬帆救援中心、建德市山地救援大队等社会救援队伍。

【“6·25”洪涝灾害应急处置】6月25日，受前期强降雨影响，大洋镇发生较重洪涝灾害，无直接伤亡和失踪人员情况发生。集镇最深水位1.8米，三河村最深水位2.1米，全镇直接受灾群众960户近3000多人，损毁堤坝3000米、便桥1座，塌方10多处，农田被淹近万亩。直接经济损失达1.01亿元，其中农业损失1458万元，工矿企业损失4165万元，基础设施损失949万元，公益设施损失469万元，家庭财产损失3147万元。三河方向交通在鲁塘村等多处路段因进水过深遭阻断，沿江8家企业进水。

灾情发生后，市委、市政府高度重视，市主要领导迅速研究部署，立即采取措施，层层落实责任，全力抗洪救灾，严防死守，确保人民生命财产安全。一是紧急部署。迅速启动应急预案，进入临战状态，市委、市政府主要领导亲赴大洋坐镇指挥，开展全方位安排部署，所有市级领导和部门主要负责人深入联系乡镇（街道）检查指导防汛工作。25日下午14时，紧急召开常委（扩大）会议，再次研究部署落实当前防汛抗洪工作。二是及时预警。密切监测天气的变化动态和雨情水情，组织专家进行分析会商，通过短信平台及时将水雨情信息向防指成员单位，各乡镇（街道）主要领导，分管领导，水利员，水库巡查员，小流域预警员发布，通过电视游走字幕提醒社会公众做好强降雨安全防范常识。三是全力抢险。切实做好江边低洼地带、泥房、危旧房和易发生地质灾害点等危险区域人员的安全转移工作，所有水库实施24小时巡查。全面落实小流域山洪和地质灾害监控，任务到人、责任到人。对在建水利工程抓好安全度汛管理，逐一督促兰江沿岸所有船只停靠和加固，防止洪水暴涨出现漂移险情。民安救援、扬帆救援等4支民间救援队奋战在抗洪抢险一线，帮助转移人员、物资。四是强化督查。市委、市政府发出《关于落实24小时防汛值班工作的通知》和抢险紧急通知，部门单位和乡镇、村干部全部到班到岗，根据各自职责切实做好防汛工作。市防指办、督查考评办多次对乡镇、村进行防汛值班电话督查，组织技术人员到山塘水库检查高水位运行情况下水库安全情况，对水毁修复工程采取临时应急措施，保障安全。（张俊）

外事工作

【概况】2017年，建德市办理因公出国（境）报批24批49人次，其中自行组团出国（境）4批24人次，主要为参团形式出访交流、招商引资等；审查企业邀请外国人来华发邀请函电申报10批20人次。

【主要出访】8月28日至9月4日，市委常委尤荣福带队赴美国、加拿大开展通航产业招商对接和项目洽谈，与美国飞士德、太平洋和加拿大万丰钻石、路得等航空产业公司以及美国杭州商会、加拿大通航产业协会进行深入对接洽谈。

9月6日至14日，市长朱欢带队赴坦桑尼亚、南非进行以特色小镇建设开发交流、友城结好洽谈及旅游招商推介为主要内容的外事访问。代表团实地调研南非法国小镇和特色民俗小镇规划建设、招商管理等情况，接受当地新闻媒体采访，重点宣传杭州和建德特色经济和旅游文化产品。

11月22日至29日，市委副书记周友红带队赴法国、瑞士进行公务访问，学习交流社会治理、养老养生、农业农村、旅游发展等工作。代表团拜访法国塞纳萨姆瓦市政府和瑞士蒙塔纳市政府，与当地政府负责人座谈交流以及现场参观。

【主要来访】6月15日，由国家林业局和美国林务局联合举办的中美森林健康经营合作研讨培训会在建德市举行，共同研究推进新形势下中美森林健康经营合作工作。该项合作成为两国林业双边合作的典范。

10月31日，建德市钦堂乡举办杭州建德国际田园农耕体验活动暨第二届“稻舞田间”稻香节，印度、厄瓜多尔等国驻沪总领馆的嘉宾、美

◎ 7月11日，华盛顿海外创新创业团队在建德考察交流（朱永标　摄）

国留学生应邀参加活动。

【民间交流】5月16日，巴基斯坦总理谢里夫在阿里巴巴集团总部西溪园区，通过视频连线农村淘宝新安江旗舰店的方式，直观了解建德农村淘宝的良好发展势头，为两国在发展农村经济上增加了更多的合作机会。

11月22日至12月4日，建德市婺剧团一行28人前往法国、西班牙，开展为期13天5站9场文艺演出活动，其中7场美猴王专场演出，2场文化交流活动，观众近万名。（宋莹）

侨务及港澳工作

【概况】2017年，建德市人民政府侨务办公室服务海外华侨华人、留学人员、港澳同胞及其家属，挖掘海外人才资源，助力建德经济社会转型升级。开展建德在外乡亲大走访活动。组织华侨、留学生代表、港澳创业青年开展“我是建德人”建功立德宣传。加强与香港建德同乡会的联系联谊，引导侨界捐资助学。开展引资引智引税工作。

【侨务助力工程】8—9月，开展全市建德籍在外人才调查摸底工作，建立乡情和侨情数据，1380人。开展建德在外乡亲大走访活动，向全市在外110多名乡亲寄发“两会”工作报告，征求意见建议。对外宣传建德人才新政，联系留学海外博士20多人，邀请留学美国博士姜兵回乡洽谈项目。联系招商项目6个，完成引资1500万元，引税165万元。

【香港联络联谊】1月6日至7日，组团赴港参加香港建德同乡会新春团拜会。3月3日至7日，组团赴港联谊团参加香港建德同乡会周年庆典活动。在港期间，走访会员，开展交流联谊。香港建德同乡会会长程啸涛分别向寿昌中学教育基金、严州中学教育基金捐赠100万元、50万元，捐助17.7万元帮助12个困难家庭，向漠河县贫困地区黑山村捐资10.1万元。香港建德同乡会副会长顾进跃向寿昌中学育基金捐赠50万元。

【参政议政工作】侨界政协委员在“两会”期间提交提案5件，社情民意6件。香港建德同乡会会长程啸涛提出《建议推动内地知名高校在香港建立附属学校(“国教”一条龙)》等3件提案和社情民意。香港建德同乡会副秘书长管荫椿撰写《打造绿色梅城古镇的建议》，助力家乡发展。

（练月珍）

行政审批服务管理

【概况】2017年，建德市行政服务中心受理各类办件58.18万件，办结58.16万件，办结率99.9%。其中，乾潭分中心受理各类办件24.46万件，办结24.45万件，办结率99.9%。

【推进互联网+政务服务模式】依托互联网大数据，探索办事窗口搬到网络端、移动端，将更多功能集成到“网上”“掌上”。城管窗口实现100%审批服务事项网上办理；国税窗口依托杭州电子税务局、ARM机自助办税区、微信、杭州税务APP等多个互联网平台，提供24小时自助办理发票验旧领用、申报纳税、智能取号、税务咨询等涉税服务，纳税人网上综合办税率92.5%；市场监管窗口涉及企业注册登记的设立、变更、注销及相关备案等事项43个母项（95个子项）全部实现即办，资料齐全当场办结；民政窗口通过“互联网+快递送达”模式实现老年优待证批量办件不见面；农业、气象窗口充分运用省政务服务网在线申报办理功能，实现进驻市行政服务中心所有事项100%“零上门”办理。

【服务水平创“五星”】践行五星级服务标准，推行“2211”标准化窗口服务，即“两次礼貌用语、两次站立、一个微笑和一次评价提醒”。打造五星级办事环境，增设茶水自助区、午休区、母婴室、宠物临时寄养处，在卫生间配备洗手液、润肤露、棉签，提供免费复印服务等举措。开通五星级办事专车，解决市行政服务中心由主城区搬迁至洋安后群众办事交通不便问题。

【提升项目协调代办服务】围绕投资项目审批，强化属地市镇联办，拓展服务覆盖范围，加快项目审批进度。细化分解全市40多个重点代办项目，强化动态管理，按季跟踪项目进度，按月倒排时间计划，以市本级代办员重点领办—乡镇（街道）、园区代办员全程代办—部门代办员过程代办的全方位立体代办审批服务有序推进项目建设。承接爱士多厨房设备和众新新型建材2个承诺制试点项目的具体推进，专人对接，提出审改建议，试点项目提速超过30%。推动杭州洁加沥青改性材料项目列入新增用地企业投资项目模拟审批试点，在江南秘境项目中推出“中心领导总代办、分管领导领衔代办、中心和乡镇人员专门代办”的立体化代办队伍建设格局。延伸联审联办扩面，全年完成餐饮联审149件，矿山选址和治砂迁建项目现场踏勘3件，工业项目招拍挂前期会审39件，公募踏勘和选址15件。完善投资项目中介机构交办制度，对地勘、设计、图审、环评、能评等中介机构发出限期交办单20份。（邓艳芳）

住房制度改革

【概况】2017年，市住建局围绕“完善住房保障体系，推进和谐社会建设”的目标，认真履行住房保障工作职能，完成60户全市剩余经济适用住房再销售工作。完成第六批廉租住房实物配租选房，新增廉租住房租金补贴5户。审批使用房改房维修资金95批1356户，金额93.43万元。核批住房补贴424户，面积2.51万平方米，金额902.5万元。完成安置房调拨审核428套，面积4.3万平米，非住宅类2064平方米。完成320户公有住房出售审批，受理房改档案查询工作，出具房改档案查询证明736份。

【廉租住房配租】完成第六批廉租住房实物配租选房工作。截至12月，全市廉租住房租金补贴新增5户。保障家庭436户，在保114户，其中实物配租60户、租金补贴24户、租金核减30户。

【经济适用房住房申购】完成全市剩余经济适用住房318套再销售工作。根据《关于我市剩余经济适用房再次销售事宜协调会议纪要》（建府纪要〔2016〕12号）文件精神，将经济适用房申购对象范围扩大到全市符合条件的城镇住房困难居民家庭，3月底，完成60户全市剩余经济适用住房再销售工作，申请家庭合同签订完毕交付入住。

【住房资金管理】落实国务院和浙江省、杭州市关于住房资金管理的有关文件规定，严格各项审批制度，加强住房资金管理。至年末，审批使用维修基金申请95个单位1356户，维修面积3.93万平方米、支付维修基金利息93.43万元。

【职工住房补贴审核】加快行政事业单位职工住房补贴的审批和发放，落实《建德市行政事业单位住房分配货币化实施细则》的规定。2017年，核批住房补贴424户，补贴面积2.51万平方米，金额902.5万元。

【安置房建设管理】2017年，全市在建安置房444套，建成安置房1.38万套，面积176.3万平方米。其中，安置1.28万套、待安置1025套，待安置面积7.68万平方米（市级层面建成安置房8385套，面积106.2万平方米，其中安置8068套、待安置317套，待安置面积2.5万平方米。乡镇在建安置房444套，建成置房5500套，面积85.3万平方米。其中，安置4792套、待安置708套，待安置面积7.9万平方米）。完成新安江街道影剧院区块棚改项目和洋溪街道综保工程项目的安置房源调拨，完成市级层面住宅类预调拨房源428套，面积43075平方米，非住宅类2064平方米。

【公有住房出售】完成320户公有住房出售审批工作。配合影剧院区块征收指挥部做好征收户房改工作，完成影剧院区块征收户房改5户；配合梅城棚改指挥部做好征收户房改工作，受理审核675户，审批梅城棚改征收户房改294户。

（陈卫东）

机关事务管理

【概况】2017年，市机关事务管理局开展安全环境专项整治，组织安保人员反恐防暴、防灾防火、突发事件处置等业务技能培训11次，安全大检查180次，接待来人来访7856人次，疏导会务车辆交通300次，实行24小时安保巡逻智能监督，实现机关安全“零事故”。全年保障落实会议1059场，提供文印服务9.07万份，安排各类公务用车11898趟次。

【党政机关房产管理】完成机关大院部分设施维修改造（包括排污管改造、食堂屋面维修、党员服务中心维修、会议中心会议室及办公室维修等）、园林管理处办公用房维修改造、“美丽办”办公场所装修、市委巡察机构办公场所改造、市工商联办公场所改造等5项工程，改造面积约7500平方米，概算总投资640多万元。完成四站合一搬迁改造工程、G20及政法委装修工程、审批中心中介场所工程、党校室外围墙工程等5项工程结算审计，审定造价278.9万元。严把办公用房配备标准审核关，开展党政机关办公用房使用情况普查，完成市旅商局、市审计局、市科技局、市供销总社、市工商联、市新闻传媒中心、市卫生监督所、市美丽办等19家单位的办公用房调配工作，调配面积约9200平方米。建立机关资产管理“公物仓”，对部分机关单位闲置资产实施集中管理，接收管理、调剂使用各类闲置资产160件。

【政务接待】全年接待253批次8348人次，其中：厅局级以上领导96批，代表团38批，大型会议活动27场次。承担“联百乡结千村访万户”活动、江南秘境渔村项目专家评审活动、江南秘境国际旅游度假区项目开工仪式、建德市第十六届人民代表大会、浙江省政协“送科技下乡”、建德（上海）产业投资推介会、全省高校书记校（院）长暑期读书会、西湖公共关系论坛等大型会议活动的后勤接待保障工作。

【公共机构节能】推广节能新技术、新产品，做好空调、照明和食堂等重点用能系统及部位的节能改造，市、镇两级政府行政中心LED照明改造实现全覆盖，公共机构室内LED照明改造率80%以上。健全节能联络员管理网络，利用能耗统计监控平台，实时督促和指导一级、二级公共机构的能耗统计。2017年,全市列入能耗统计的公共机构305家，覆盖率90%，单位面积耗电量27.69千瓦·时/平方米，比上年下降9.4%；人均用水量25.96吨/人，下降7.1%。创建节水型单位7家，市政府机关大院创建2017—2018年省级节约型公共机构示范单位。开展节能宣传周、世界低碳日等宣传活动，发放节能减排宣传手册500多册、节能标签3000多张，发送节能短信9万条次。

【第二轮公车改革】组建公务用车服务平台，出台公务用车服务平台运行管理办法及驾驶员管理考核办法，完成驾驶员招聘、车辆过户手续及公务用车统一标识喷涂、定点维修企业招标等工作，实行车辆定点“停放、加油、保险、维修”及“一人一车一档”管理，推进公务用车服务平台信息化管理建设进程，实现公务用车新旧机制的无缝衔接。(方梅)

编辑：喻春明

政协建德市委员会

Jiande City Committee of the Chinese People's Politica Consultative Conference

综　述

【概况】2017年，建德市政协常委会围绕水产业、智慧农业、信息经济、科技孵化器、投资项目承诺制、污水处理设施建设，开展调查研究，提出意见建议。《借鉴农夫山泉的成功实践，加快推动建德水产业发展》的调研，推动农夫山泉五期、六期项目的进程。结合“组团包干”，开展“大走访大调研”活动,专题调研报告在市委务虚会上交流。开展行政审批制度改革专题协商，助推“最多跑一次”改革。关注“国家森林城市”的创建。开展视察议政，推动“两化融合”“创新活市”战略。组织委员对农业特色小镇建设视察监督。开展“五水共治”长效运行、“四边三化”“两路两侧”整治情况专题视察。开展小城镇环境综合整治民主监督。民主评议“扩大有效投资”工作，走访企业150多家、项目226个，形成评议调研报告7篇，提出意见15条。

启动《建德文献辑成》编撰,完成第一辑《严州府志》《严州图经 · 景定严州续志》地方文献点校整理，完成“三亲”史料《建德戏曲丛谈》的征集。

召开重点提案督办协商会议 15 次。收到提案 275 件，立案 255 件。至年末，提案全部办结，满意率 100%。收到社情民意信息 129 条，向市政府编报 41 期,报送杭州市政协 10 篇,转至《市长信箱》办理 63 条。

【6次协商建言】7月21日，市政协召开十四届11次主席会议，协商讨论市委十四届二次全会工作报告（征求意见稿）。市委常委、常务副市长吕平到会听取意见。吴铁民主席建议，一要以加快发展为统领，推进平台项目建设。二要以赶超发展为目标，推进新老产业同步崛起。三要以科学发展为指导，推进各项工作统筹开展。

8 月 9 日,市政协召开十四届 12 次主席会议，就“最多跑一次”改革议政协商。市委常委、常务副市长吕平应邀参加。吴铁民要求，改革站位上要再提高，形成共识；目标上要更明确，深化改革,加快落实高效管理机制,争取群众办事“零跑次”，延伸推进“就近跑一次”，重点做好投资项目承诺制改革试点；机制上要再完善，强化部门协调，强化督查考核，落实容错机制，强化改革延伸。

9 月 13 日，市政协召开十四届 15 次主席会议，就垃圾处置协商议政。副市长钱晓华应邀参加。吴铁民指出，要把握关键环节，切实推进垃圾处置工作，围绕无害化、减量化、资源化处置目标，在源头环节推进分类投放，在回收环节推进资源利用，在终端环节推进科学处置，建立起以焚烧为主、填埋和堆肥为辅的生活垃圾处置体系。

10 月 11 日，市政协召开十四届 17 次主席会议，就洋安新城开发建设管理协商议政。市委常委、常务副市长吕平应邀参加。吴铁民指出，要在基础配套上再强化，全面提升新城品位。要在产业打造上再加快，科学推进新城发展。要在管理方式上再突破，逐步提升管理水平。

12 月 14 日，市政协召开十四届 22 次主席会议，就 2018 年政府投资重点项目协商建言。市委常委、副市长孟关良应邀参加。吴铁民指出，2018 年政府投资项目安排，要更多地围绕乡村

◎ 5月9日，省政协委员“走进基层、走进群众”活动月——送科技下乡活动启动仪式在梅城滨江公园举行（朱永标 摄）

振兴战略，体现方向性，着力在产业兴旺、生态宜居等方面做好文章；要更多地围绕加快发展，突出影响区域发展的关键性项目、主平台的基础设施项目和产业转型的配套项目；要更多地围绕旅游城市建设，打造好城市景区，突出加大交通拥堵治理，推进城市有机更新，加快污水管网改造；要围绕民生保障，实现人民群众对美好生活的向往。

12月26日，市政协召开十四届23次主席会议，就市委十四届三次全会工作报告（征求意见稿）协商建言，讨论审议市政协十四届二次会议有关事项。市委常委、常务副市长吕平到会听取意见和建议。吴铁民建议，要以产业优化为导向，推进平台、产业、项目三者相统筹，产业转型要更多从实体项目中谋划，平台建设要更多围绕产业发展进行，基础项目要更好为平台建设服务；要以乡村振兴为目标，推进产业兴旺和生态宜居相统筹，重视农村产业的发展，在农村生态建设中充分结合产业发展；要以社会治理为根本，统筹做好各项基础性和保障性工作，重点谋划好以交通为首的重要基础性工作和以医疗、养老、教育、就业为主的民生保障工作。

【民主评议】6月1日，市政协召开十四届二次常委（扩大）会议，部署民主评议扩大有效投资工作。市政协主席吴铁民作动员讲话，市委副书记周友红，市委常委、常务副市长吕平分别讲话。市政协副主席程旭、吕勇、叶志高、徐亚娟和秘书长蒋华及其他常委出席。市政协副主席严凌云主持会议并布置相关工作。评议内容为市旅商局牵头实施的一、二、三产招商引资和市经信局牵头实施的工业投资工作。招商引资工作的评议内容为招商基础性工作、项目实施建设和项目后期保障服务及项目绩效等。工业投资工作的评议内容包括新建工业项目投资和存量工业企业（包括迁建企业）技改等。成立5个评议小组，围绕2014—2016年期间，概算投资5000万元以上重大项目，分乡镇开展调查研究，重点关注项目签约、招商和技改项目的落地建设、要素保障和管理服务，在5个调查报告的基础上，整合成综合性监督评议报告。评议工作从3月到12月，分准备、调查、评议和整改四个阶段进行。吴铁民要求，各监督评议小组和被评议部门要把握客观公正原则，正确评价成绩、指出问题、提出对策；坚持目标导向和效果导向，确保评议工作突出重点、取得成效；抓住调查、评议、整改三个重点环节，做到调查要深、评议要准、整改要实。

10月20日，市政协召开十四届四次常委会议，就扩大有效投资工作进行民主评议。市委常委、常务副市长吕平应邀参加。市政协副主席程旭、严凌云、叶志高、徐亚娟，秘书长蒋华及其他常委出席。与会人员听取市旅商局、市经信局扩大有效投资工作情况汇报，听取市政协评议办扩大有效投资调查情况汇报，听取5个监督评议组发言，对扩大有效投资工作进行测评。吴铁民指出，建德当前要推进经济发展、实现新崛起，最重要的抓手就是投资、就是项目。要强化招商及工业项目投资的有效性。突出“工业强市”战略的重要地位，认识上要更加提高，定位上要更加清晰，举措上要更加有效，保障上要更加有力，营造自上而下狠抓工业经济和招商引资的良好氛围，实现有效投资的量质并举，为经济发展提供长期支撑。

【专题议政】3月29日，市政协召开十四届4次主席会议，就食品安全工作开展专项视察。市政协主席吴铁民，副主席程旭、严凌云、吕勇、叶志高、徐亚娟，秘书长蒋华参加。副市长胡晓立应邀参加视察。吴铁民一行实地视察汪家桥头豆制品加工作坊、建德浙农农副产品批发市场和市食品药品检验检测中心。随后召开议政会，听取市食安办（市场监管局）及市农业局关于建德市食品安全工作情况汇报，对食品安全工作进行议政建言。吴铁民指出，食品安全工作关系群众切身利益，关系政府对外形象，关系社会和谐稳定。要强化认识，增强做好食品安全工作的责任感和使命感；要突出重点，着眼于源头的严防、过程的严管和风险的严控，提高食品安全监管防控能力；要加强领导落实责任，加强舆论宣传引导，提升社会共治水平，打好“创建”品牌，多管齐下，切实形成食品安全工作的有效保障。

4月26日上午，市政协召开十四届5次主席会议，就科技孵化器建设开展视察议政。市政协主席吴铁民，副主席程旭、严凌云、吕勇、叶志高、徐亚娟和秘书长蒋华出席。副市长夏喜生应邀参加活动。视察组一行先后实地查看市环保科创中心运行情况、洋溪街道联合金属区块整理和基础设施建设情况。随后召开议政会，与会人员听取市创新办、市高新园、市科技局关于科技孵化器建设情况汇报，对推进科技孵化器建设议政发言。吴铁民指出，孵化器作为出产企业的“工场”、培育企业的“摇篮”，有着十分重要意义。相关部门务必提高认识，以扶持企业发展、加快实体经济发展为己任，进一步优化服务，全力支持，努力把科技企业孵化器打造成为科技型企业的创业园和产业转型升级的助推器。创新办要切实发挥组织作用、牵头作用和领导作用。

5月16日，市政协召开十四届6次主席会议，就小城镇环境综合整治工作进行专题议政。市政协主席吴铁民，副主席程旭、严凌云、吕勇、叶志高、徐亚娟出席。市委常委、常务副市长吕平应邀参加。与会人员实地视察寿昌镇溪边路环境整治以及乾潭镇子胥路、建北路沿线环境整治，随后召开议政会，听取市小城镇办和梅城、寿昌、乾潭、下涯、大慈岩五个乡镇关于小城镇环境综合整治工作汇报。吴铁民指出，建德市小城镇环境综合整治项目抓得早、抓得实，抓出了成效。吴铁民强调，要完善基础设施，着力做好规划引领、项目推进、长效管理三篇文章。在规划引领上，要彰显特色，强化配套，强化产业布局，关注文化传承，注重“三化”和谐；在项目推进上，要保障进度，确保质量和安全；在长效管理上，要避免基础设施建设一窝蜂上马带来的教训。

6月21日，市政协召开十四届8次主席会议，就创建国家森林城市工作进行专题议政。市政协主席吴铁民，副主席严凌云、吕勇、叶志高、徐亚娟和秘书长蒋华出席。副市长张早林应邀参加。会议听取市林业局、市农办和市住建局有关国家级森林城市创建工作的情况汇报，与会人员就推进创建工作提出意见和建议。吴铁民指出，建德市继2016年成为省级森林城市后，2017年开展森林生态网络、休闲绿地、镇村森林生态建设工作。对照国家森林城市标准，建德市创森工作依然存在不少困难和问题。吴铁民强调，要统一思想、提高认识，坚定创建国家森林城市的决心。要制订科学方案、强化规划引领、分解细化任务；要坚持项目带动、加快建设进度、打好创建基础；要坚持产业引领、优化林业结构。要加强领导、落实责任，强化创建工作的各项保障。

6月29日，市政协召开十四届9次主席会议，就提高学前教育普惠率进行专题议政。市政协主席吴铁民，副主席程旭、吕勇、叶志高、徐亚娟和秘书长蒋华出席。副市长何亦星应邀参加。吴铁民一行实地参观洋安幼儿园建设工地和福尔优幼儿园园区。随后召开议政会，市教育局汇报建德市近年来学前教育发展情况，与会人员就学前教育工作建言献策。吴铁民强调，要优化布局、加快建设，扩大建德市学前教育的资源总量。要立足普惠、兼顾高端，提升建德市学前教育的整体质量。要抓住重点、强化管理，集中解决制约建德市学前教育发展的瓶颈问题。

7月11日，市政协举行十四届10次主席会议，就高铁新区建设情况进行视察议政。市政协主席吴铁民主持会议并讲话，副主席程旭、严凌云、吕勇、叶志高、徐亚娟和秘书长蒋华出席。市委常委、市高铁新区党工委书记胡海龙应邀参加。与会人员视察杭黄铁路场站连接线及站前广场项目施工现场，详细了解杭黄铁路场站连接线及站前广场项目进展情况，听取高铁新区招商引资及项目推进、高铁新区规划、新安江综保工程推进和杭黄铁路场站连接线及站前广场建设等情况汇报。吴铁民要求，开拓新思路，科学编制高铁新区各项规划；立足新要求，加快推进各项工程建设进度；体现新作为，努力形成推进建设强大合力；以项目为核心，加快项目和基础设施建设，有效推进高铁新区建设。

8月22日，市政协召开十四届13次主席会议，就重大交通基础设施建设进行专题议政。市政协主席吴铁民，副主席程旭、严凌云、吕勇、叶志高、徐亚娟和秘书长蒋华出席。副市长钱晓华应邀参加。吴铁民一行实地视察杭州港建德港区十里埠综合作业区、23省道砚岭隧道和久山湖段等重大交通基础设施建设情况，听取项目负责人有关情况介绍。随后召开议政会，听取市交通运输局、市交投公司2017年度重大交通基础设施建设情况汇报。吴铁民指出：围绕推进经济发展、完善城市功能、城乡统筹发展、提升互联互通谋划交通项目，着力构建综合交通体系。要抓进度，抓质量，抓安全，狠抓项目落地，科学推进重大交通基础设施建设。要加大管理力度，强化安全管理、工地管理和养护管理，全面打造优质优美的交通环境。

9月7日，市政协主席吴铁民主持召开市政协十四届14次主席会议，就农业特色小镇建设工作进行视察议政。副主席程旭、严凌云、吕勇、叶志高、徐亚娟和秘书长蒋华出席。副市长张早林应邀参加。与会人员实地视察大同“稻香小镇”、杨村桥“草莓小镇”建设情况。随后召开议政会，听取市农办、市农业局、大同镇、杨村桥镇有关情况介绍。吴铁民指出，推进农业特色小镇建设，是建德农业发展、统筹城乡发展的现实需要，是农民增收的有效途径。要突出规划引领，突出产业融合，突出“人才”建设，突出投入和扶持，推进农业特色小镇的科学发展。要强化品牌管理、标准管理、经营管理，增强农业特色小镇的发展保障。要以民为本，保护农民利益，引导示范先行，发挥“基地”作用，集中展示特色小镇富民增收功能。

9月22日上午，市政协主席吴铁民主持召开市政协十四届16次主席会议，就全域旅游发展工作专题议政。副主席程旭、严凌云、吕勇、叶志高、徐亚娟和秘书长蒋华出席。副市长俞朝辉应邀参加。与会人员实地视察大慈岩民宿、江南大冰洞等项目。随后召开议政会，听取建德市全域旅游发展、乡村旅游发展以及旅游项目建设情况的汇报。吴铁民要求，突出项目规划建设，以全域景区化的理念引导各类规划，按照精品工程的要求推进项目建设，打造景色优美、宜居宜游的市域大景区；突出基础设施配套，完善服务设施，畅通道路交通，发展智

◎ 市政协主席会议专题议政

慧旅游，提升建德市旅游接待能力；突出旅游改革创新，强化全域旅游管理机制，优化旅游投入，完善考核机制，拓展旅游营销新模式。

10月17日，市政协召开十四届18次主席会议，就基层医疗机构服务能力提升进行专题议政。市政协主席吴铁民主持会议，副主席程旭、严凌云、吕勇、叶志高、徐亚娟及秘书长蒋华出席会。副市长何亦星应邀参加。议政团视察乾潭镇中心卫生院、王岩村卫生室；钦堂乡卫生院、葛塘村卫生室。随后召开议政会，听取市卫计局、编委办、财政局、人力社保局关于基层医疗机构服务能力提升工作情况的汇报。吴铁民指出，推进基层医疗能力建设是整体卫生事业的重要基础，是深化医疗体制改革的重要内容，是增进民生福祉的重要保障。吴铁民强调，要突出重点，推进基层医疗机构标准化建设。要以人为本，提高基层医疗服务水平。要加强领导，营造基层卫生事业发展良好氛围。

11月7日，市政协召开十四届19次主席会议，就新安江综保工程建设进行专题视察议政。市政协主席吴铁民，副主席程旭、严凌云、吕勇、叶志高、徐亚娟和秘书长蒋华出席。市委常委、建德高铁新区党工委书记胡海龙应邀参加。吴铁民一行实地察看320国道至北滨江路连接线、下涯镇之江村黄饶自然村（彩绘田园）、山边自然村绿道，了解新安江综保工程规划情况及建设进度。随后召开议政会，听取新安江综保工程指挥部、市水利水产局、下涯镇关于新安江综保工程建设工作情况汇报。吴铁民指出，要提高站位，努力将新安江综保工程建设成为“城乡发展工程”；要坚持生态优先，努力将新安江综保工程建设成为“特色景观工程”；要突出发展，努力将新安江综保工程建设成为“产业转型升级工程”；要立足长远，努力将新安江综保工程建设成为“精品示范工程”。

11月14日，市政协召开十四届20次主席会议，就信息经济推进情况进行视察议政。市政协主席吴铁民，副主席程旭、严凌云、吕勇、叶志高、徐亚娟和秘书长蒋华出席。副市长夏喜生应邀参加。吴铁民一行现场视察高铁新区（高新园）智慧园区展示中心、杭州奥立达电梯有限公司工厂物联网，重点了解信息经济产业平台建设、企业“两化融合”推进情况。随后召开议政会，与会人员听取信息经济推进工作情况汇报。吴铁民指出，建德要实现跨越赶超新崛起，发展信息经济尤为重要。要把握战略机遇，加快大项目引进。要依托平台优势，提高发展针对性。要立足产业基础，推进“两化融合”。要立足试点优势，大力发展移动电子商务。

重要会议

【市政协十四届委员会第一次会议】2月5日至9日，中国人民政治协商会议建德市第十四届委员会第一次会议在市文化中心举行。应到委员226名，出席委员221名；应到列席人员120，实到列席人员112。会议听取并讨论代市长朱欢所作的《政府工作报告》及其他报告。会议审议通过吴铁民代表政协建德市第十三届委员会常务委员会所作的工作报告和程旭受政协建德市第十三届委员会常务委员委托所作的提案工作情况报告。审议通过《关于创建国家森林城市的建议案》。会议号召，十四届政协常委会要紧紧围绕市第十四次党代会确定的目标任务，团结和带领全体政协委员，牢牢把握两大主题，认真履行三项职能，充分发挥六大功能，为建德全面建成小康社会，提前实现“四翻番”、力争跨入百强县作出积极贡献。

【市政协常委会会议】1月12日，市政协召开十三届三十一次常委会议，决定市政协十四届一次会议于2017年2月5日至9日在新安江召开。市政协主席吴铁民主持会议，副主席严凌云、吕勇、程旭、洪国根、叶志高，秘书长蒋华及其他常委出席。市委副书记、常务副市长周友红，副市长胡晓立应邀参加。会议听取周友红通报2016年政府工作情况，听取市政府关于市政协十三届五次会议建议案、市政协十三届五次会议以来提案及市政协十三届二十八次常委会议建议案的办理落实情况通报，协商讨论《政府工作报告》（征求意见稿）。会议还审议通过市政协十四届委员人选安排；审议通过关于召开市政协十四届一次会议的决定；审议通过市政协十四届一次会议的议程（草案）和日程（草案）；审议通过市政协十四届一次会议主席台就座人员、邀请人员、列席人员名单；审议通过市政协十三届常委会工作报告和提案工作情况报告报告人名单；审议并原则通过市政协十三届常委会工作报告（审议稿）和提案工作情况报告（审议稿）。

2月9日，在市政协十四届一次会议胜利闭幕后，市政协召开十四届一次常委会议。市政协主席吴铁民主持会议，副主席严凌云、吕勇、程旭、叶志高、徐亚娟和秘书长蒋华及其他常委出席会议。会议审议通过关于市政协机关机构设置及人事任命的决定，决定政协建德市第十四届委员会机构设置为“一办六委”，任命“一办六委”负责人和政协建德市第十四届委员会副秘书长。就如何抓好本届政协常委会工作，吴铁民提出四点希望。一要提高认识，切实增强政协工作的荣誉感和责任感。二要加强学习，进一步提升履职能力和水平。三要勇担使命，全力服务建德经济社会发展。四要争当模范，充分发挥政协常委的表率作用。

8月3日，市政协主席吴铁民主持召开市政协十四届三次常委会议，交流市政协2017年重点调研课题。市委书记童定干，市委常委、常务副市长吕平应邀参加。副主席严凌云、吕勇、叶志高、徐亚娟，秘书长蒋华及其他常委出席。会上，6个课题调研组代表分别就水产业发展的农夫山泉实践、投资项目承诺制改革、智慧农业发展、科技孵化器建设、信息经济发展、城镇污水处理设施建设等课题作交流发言。童定干书记在听取交流发言、给予高度评价后。对政协工作提出三点要求和希望：一要发挥政协优势，在服务大局上作出更大贡献。二要深化调查研究，在建言献策上扮演重要角色。三要强化工作合力，在履职环境上创造更好条件。吴铁民指出，要结合市政协年度工作计划安排，以及刚刚闭幕的市委十四届二次全体（扩大）会议精神，更好地发挥建言献策、服务大局的重要作用。要认真学习、深刻领会，全面贯彻市委全会精神；要立足本职、主动作为，努力服务全市发展大局；要发挥优势、接好地气，大力营造良好社会氛围。会议还审议通过市政协十四届三次常委会议建议案。

12月1日，市政协召开十四届五次常委会议暨读书会，学习中共十九大精神，总结回顾2017年工作，谋划2018年工作思路。市政协主席吴铁民，副主席程旭、严凌云、吕勇、叶志高，秘书长蒋华及其他常委出席。会上，市委党校副校长钟德智以“学习贯彻十九大精神，忠诚拥护党的核心”为主题，宣讲中共十九大精神；市政协“一办六委”负责人汇报2017年工作完成情况，交流2018年工作思路。会议肯定2017年市政协常委会各项工作。会议认为，2017年，市政协常委会紧紧围绕重点改革、项目推进、环境治理、民生保障等工作，充分调动广大政协委员的积极性，通过有效组织视察调研、监督建言等履职活动。吴铁民指出，对2018年工作任务的谋划，一要着眼大局，提高政协工作的时代性。突出“乡村振兴”战略主题。二要着手实际，提升议政建言的针对性。坚持“回头看”，确保履职的持续性。三要立足自身，加强履职工作的系统性。科学细化履职方案，切实做到上下协同。在谋划2018年工作重点的同时，要按照年初计划安排，确保2017年工作任务圆满完成，认真抓好市政协十四届二次全会筹备工作，精心组织好大会发言和提案征集。（方韦　徐燕飞）

编辑：喻春明

民主党派

Democratic Parties

民革建德市委员会

【概况】2017年，民革建德市委会履行参政党职能，助推建德新崛起。全年发展民革党员6人，其中研究生1名。至年末，下辖支部7个，党员107人。民革建德市委会获评杭州民革2016年度参政议政先进集体和2017年度信息工作先进集体一等奖，1人获评杭州民革参政议政先进个人，全年选送民革党员16人次参加省、杭州市级各类培训班学习培训。

全年上报信息报道 41 篇，录用 29 篇，其中,《团结报》录用 3 篇,《浙江民族与宗教》《杭州统战》录用 2 篇。上报社情民意 30 多篇，省、杭州市委统战部录用 8 篇，省、杭州民革录用 11 篇。

【学习贯彻中共十九大精神】组织民革建德市七届、八届市委委员和支部主委赴北京进行为期4天的考察交流。组织民革市委委员、各支部班子、新党员及入党积极分子，听取市委讲师团《新时代、新思想、新征程——中共十九大和未来三十年》报告。

【主题教育活动】开展“观故居，走多党合作之路”活动，赴上海朱学范故居学习参观。参观建德市警示教育基地。组织民革党员开展“迎七一感党恩”为主题剪纸活动。组织参加杭州民革成立60周年论坛。推进“不忘合作初心，继续携手前进”主题教育活动。组织参加杭州民革举办的“我读.初心”朗诵活动和“纪念民革成立70周年”知识竞赛，获杭州市二等奖。组织4名市委委员赴井冈山参加建德市党外骨干培训班。

【议政建言】组织党员参加谈心谈话会、专题建言会、双月座谈会等各类会议20多场次。“两会”期间，民革党员提交议案26件，其中集体提案4件。市委会就《关于统筹配置资源加速建德发展的建议》作大会口头发言。市委会提交的《关于统筹配置区县创新资源加速杭州城市国际化的建议》被列为杭州政协重点集体提案。提案《关于统筹配置资源加速建德发展的建议》被确定为建德政协的重点集体提案。有3篇提案获评2016年度政协优秀提案。主委徐拥军当选建德市第十六届人大常委会副主任，严凌云当选政协建德市第十四届委员会副主席，叶桂昌等3人当选政协建德市第十四届委员会常务委员，杨晓华当选杭州市第十三届人大代表，吴霞被推荐为杭州市政协委员。市委会调研报告《加快建德智慧农业发展的几点思考》被杭州市政府《调查研究》刊录。

【民主评议监督】开展剿劣治水、小城镇环境综合整治和纪委行风效能监督工作，助推“最多跑一次”改革，明察暗访5次。通过体验“直通车”，督查窗口2211服务等，提出建议14条。组织对新安江街道在内的17个单位正风肃纪情况明察暗访，提出建议14条。组织民革党员80多人次参加各类监督建言活动50多次。

【结对联系工作】结对团结村，开展调研、座谈及送医药下乡活动。与5个对口部门开展对口联系工作，邀请对口部门赴淳安等地考察。

◎市委书记童定干领办民革重点提案

【同心牵手社会服务】联合省民革直属文艺支部来建德帮扶助困。联合省民革教育支部到大慈岩中心小学结对调研。联合省、杭州市民革医疗专家团队赴洋溪街道团结村开展送医送药活动。夏季高温慰问新安江街道及大洋镇环卫工人。在新叶村慰问文化老人，开设文化讲堂3次，义务承办新叶假日学校5天。组织免费快乐合唱班和剪纸创意班。

【联谊活动】中秋前夕，举行召开有台侨关系的民革党员茶话会，接待在台湾定居党员陈菊英夫妇回乡省亲，围绕促进两岸关系和平发展进行座谈。

【党员之家建设】开展党员之家的修缮改造，提升党员之家的内涵和文化。开展为社区及学校孩子指导剪纸和合唱等活动。（胡文静）

民盟建德市委会

【概况】2017年，民盟建德市委会有131人次获各类先进，盟市委获民盟杭州市委会2017年度先进地方组织、2016年度宣传工作先进集体、反映社情民意信息工作先进集体。实施“入盟介绍人导师制”，新发展盟员7人，至年末，全市有盟员173人。

组织盟员参加纪念民盟杭州地方组织成立七十周年征文、演出、书画展等系列活动。配合民盟杭州市委会，开展优秀新盟员大走访活动。组织盟员参与省、市、县三级民盟组织联动剿灭劣V类水活动。盟员中的人大代表、政协委员参与所在工委（委组）组织的剿灭劣V类水调研、视察、监督活动70多人次。

开通建德民盟微信公众号，全年推送信息106篇，报送活动信息127条，其中被民盟中央网站录用5篇，被民盟省委会网站和微信公众号录用、推送21篇。报送社情民意信息130条，其中《对“十三五”期间工业节能降耗的几点建议》等18条信息被民盟省委会录用，录用数量比上年提高38.5%。

【“两会”建言和政治协商】2017年，建德民盟有22位盟员参加杭州和建德“两会”，提交议案、提案41件。盟市委集体提案《关于加快实施新安江老城区有机更新的建议》《关于加快城南产业新区开发的几点建议》被确定为市政协十四届一次会议重点提案。其中，《关于加快实施新安江老城区有机更新的建议》推动相关部门编制完成老城区控制性详细规划，将老城区有机更新工作纳入“美丽城区”建设三年行动方案中；《关于加快城南产业新区开发的几点建议》促使有关单位着手编制《城南新区产业发展规划》《城南片区概念规划及控制性规划》，加快区块内重大项目建设。

2017年，盟市委组织盟员参与中共建德市委、市政府、市政协及有关部门举行的交心谈心会、政情通报会、双月座谈会、征求意见会和专项视察议政活动80多人次，就“两会”人事安排、政府工作报告、市第十四次党代会和十四届二次、三次全会工作报告，以及市纪委、市法院、市检察院等部门工作进行协商建言。

【开展课题调研】2017年，盟市委主委班子成立4个课题组，分别聚焦建德市一区一园产业平台提升、高铁经济发展、小城镇环境综合整治和“大职教”格局建设。各课题组形成的调研报告均转化成民盟集体提案，向政协建德市第十四届委员会第二次会议提交。关于发展高铁经济和小城镇环境综合整治两项课题被民盟杭州市委会立项，其中《关于迎接高铁时代进一步加快杭州西部县市发展的建议》由民盟杭州市委会转化为集体提案，在政协杭州市十一届二次会议上，由钱晓华主委代表民盟杭州市委会作大会发言。

【“盟员之家”建设】推进盟市委“盟员之家”选址搬迁工作，为新中支部、新一中支部、严新支部“盟员之家”配备电脑、打印机、空调、电视等设备，推进“两个日”（专题学习日、专题议政日）活动。10月15日，民盟“盟员之家”建设经验交流会在杭州举行，民盟中央副主席张平在会上作重要讲话，点名表扬新安江中学支部“盟员之家”为特色“盟员之家”。2017年，民盟云南省委，民盟浙江树人大学支部、民盟省直联一总支一支部、杭州市第29期各民主党派中青年骨干培训班学员等先后到建德“盟员之家”参观考察。

【“党派+”工作】2017年，盟市委与大同镇胡村源村开展结对帮扶，两次组织交通、财政、国土以及医疗、金融等行业的盟员骨干，与该村两委班子进行对接，重阳节组织20多人的专家团队，到胡村源村开展送科技、送医疗、送文化活动。联合民盟省直联第四总支省肿瘤医院支部，组织该院医疗专家到市二院开展送医下乡义诊。10月27日，争取民盟杭州市委会支持，组织杭州市一医院的医疗专家到“同心”基地——梅城宝华洲社区为老人开展健康义诊活动。春节前夕组织盟员书法家为社区居民写春联、送福字。

【“烛光行动”】10月23日，民盟浙江省委会“农村教育烛光行动”示范学校总结推进会在新安江中学召开。民盟中央社会服务部教育处处长王强、民盟省委会副秘书长俞逸敏出席会议，市委副书记周友红，副市长、民盟建德市委会主委钱晓华，市政协副主席、民盟建德市委会副主委徐亚娟参加会议。组织杭州、宁波、金华特级教师到新安江中学开展示范教学，邀请省教育厅教研室主任张丰到校作《促进学生有意义的学习》专题讲座，邀请民盟省委会讲师团成员、浙大城市学院副院长朱永平作《大学生涯规划》和高考志愿填报专题讲座。组织学校教师到浙师大特级教师工作站进修，促成民盟新中支部与民盟杭二中支部开展结对共建。

【对口联系】年初，民盟各小组与5个对口联系部门一一对接，商定年度对口联系的工作重点。2017年盟市委与市教育局、市人力社保局就构建建德市“大职教”格局联合开展课题调研，调研报告被转化为盟市委集体提案，由胡晓华盟员代表盟市委在政协十四届二次全会上做大会发言；组织盟员就人力社保工作开展交流座谈，进行协商建言；组织盟员赴市民政局就“最多跑一次”工作开展专项监督；与市文广新局开展座谈交流，为建德市文化事业发展建言；组织盟员对全市城市管理、环卫工作建言献策。（徐新平）

中国民主建国会建德市委员会

【概况】2017年，民建建德市委会发展新会员8人，平均年龄35岁，其中硕士1人、本科6人、大专1人，企业家会员5人。至年末，有会员121人，其中杭州市政协委员1人、建德市人大代表9人、建德市政协委员16人。

全年召开民建市委全委会议5次。实施“市委委员1+2联系参加基层支部制度”，开展会员“大走访”活动。开展与金华、江干、萧山、临安等地民建组织的学习交流，梅城支部与民建江干二支部结为友好支部。

邀请浙江省政协副主席、民建浙江省委会主委陈小平在建德民建八届二次会员大会上，作全国“两会”精神专题学习辅导。组织民建市委委员、支部主委和骨干会员参加民建杭州市委会中心组学习会，听取中央党校孙建杭教授主讲《国际环境的新变化与中国的“一带一路”倡议》。组织2016年、2017年入会的新会员，新安江二支部会员赴民建中央爱国主义教育基地、民建先贤施复亮故居参观学习。组织会员参加民建杭州市委会新会员读书班、中共建德市委统战部井冈山党外骨干培训班、建德市政协委员培训班等各类学习培训41人次。

【主题教育活动】2017年，民建市委会开展“不忘合作初心，继续携手前进”专题教育活动和“凝心聚力建名城”“党派+”“结对帮扶少数民族村”“民建工作进社区”（“暨民建送健康、送光明、送法律、送温暖、送技术进社区）”等主题活动。洪素萍会员征文《跨越时空追寻合作初心继往开来与您同心前进》被评为民建浙江省“不忘合作初心继续携手前进”主题征文优秀作品。在“凝心聚力建名城”“党派+”和“民建工作进社区”活动中，“建德民建光明行动”为基层符合条件的居民（村民）免费开展眼科诊疗、白内障手术。民建市委会、梅城支部联合民建杭州市委会，组织部分杭州骨干会员专题视察梅城小城镇环境综合整治和梅城古城保护与开发利用工作。在少数民族村结对帮扶工作中，民建市委会开展送光明、送健康、送技术服务和就业服务。对接联系市农办、市移民局、市住建局等单位，帮助大同镇高桥村对接村级路灯工程、美丽宜居新农村建设等活动6次。组织各支部参加民建杭州市“不忘初心携手前进”主题朗读会，民建市委会获最佳组织奖。

【“两会”建言】2017年，有25位会员参加杭州和建德“两会”，提交议案、提案28件，民建市委会提交集体提案5件，其中，民建市委会2件集体提案《关于我市创建国家森林城市的几点建议》《关于以“小城镇环境综合整治”为抓手，全面提升全域生态化水平的建议》，被确定为2017年市政协重点提案；王拥军代表议案《关于打造“中华养生美食名城”，打响“吃在建德”城市品牌的建议》被确定为2017年市人大重点议案；叶鹃委员提案《关于坚持“创新活市”战略，积极打造创新型城市的建议》、陈茜委员提案《关于规划建设以杨村桥为核心的旅游集散中心的建议》被确定为2017年市政协重点提案。

【重点课题调研】2017年，民建市委会围绕中心工作，成立4个课题调研小组，开展“垃圾分类工作”“美丽建德建设”“推进我市军民融合产业发展”“加快发展致中和产业”的调研并形成报告。

全年有6篇调研成果获杭州市年度优秀参政议政成果二等奖。市委会报送的统战专报《关于在学校开设家长教育公益课程的建议》得到市委书记、市人大常委会主任童定干批示肯定。《关于稳定蔬菜价格与供给保障的建议》《关于在公共交通工具上设置儿童座椅的建议》《关于加强秸秆焚烧等野外管理的建议》等20多篇信息被民建浙江省委会、杭州市委会和杭州市政协录用。

【民主监督】组织各支部对新安江、寿昌、梅城、杨村桥等乡镇（街道）的剿灭劣V类水、小城镇环境综合整治工作开展民主监督，提交建议70多条。刘学松、丁华等会员参加全市各民主党派、工商联和无党派人士联合开展的“最多跑一次”专项监督和建德市“最多跑一次，千人来冲刺”大型监督问政活动。组织政协委员参加市政协2017年度“扩大有效投资”专项民主评议工作。陈茜会员作为市纪委特邀监察员第一组组长，带队开展对建德市“最多跑一次”改革、2017年全市满意科室（站所）创建、基层站所“正风肃纪专项检查”和部门单位日常行风效能监督工作。

【专委会工作】参政议政工作委员会通过召开参政议政工作会议、专题培训会、年轻会员担任调研组组长、会员参加课题小组讨论等形式，做好参政议政骨干队伍的培养。8月，召开民建企业家联谊会班子换届工作会议，选举产生新一届企业家联谊会班子。建德民建企业家联谊会被评为“2017年度杭州市民建企业家联谊会组织贡献奖”。妇委会组织在职女会员赴杭州开展“三八节”专题学习活动，学习浙江省“三八”红旗手称号的林小香会员先进事迹，听取杭州礼仪专家“关于职业女性形象礼仪”的专题授课。

【光明行动】2017年，民建建德市委会到少数民族村大同镇高桥村、梅城镇宝华洲社区、乾潭镇罗村村、寿昌镇望江社区等地开展“送光明、送健康”活动4次，为村民开展眼科免费检查，对符合条件的白内障患者、困难群众免费施行白内障手术。

【助力贵州黔西县化屋村精准脱贫捐款活动】11月，民建建德市委会召开支部主委会议，组织6个支部开展对贵州黔西县化屋村精准脱贫捐款活动，捐款7.69万元。洪宇锋会员获“民建杭州市助力贵州黔西县脱贫攻坚特别贡献奖”。

【爱心助学】2017年，民建建德市委会、梅城支部、寿昌支部做好民建社会服务基地市培智学校、童家小学的爱心助学活动，为培智学校的学生送上儿童食品、书籍等礼物；“六一”儿童节期间向童家小学赠送书法学习用品；开展“我与环保书写台”书法比赛；做好市图书馆“民建少儿书架”“六一”赠书活动。新安江三支部赴大洋初中开展爱心助学活动，慰问家庭困难学生。

【中共十九大维稳安保】组织新安江的四个支部和企业家联谊会开展“喜迎十九大，民建助力维稳安保”社会服务系列活动3次，慰问建德市交警大队新安江中队和新安江派出所协警、民警220多人，赠送防暑用品、慰问品。2017年，民建建德市委会、各支部组织开展各类社会服务活动23次，会员利用各种渠道参加捐资助学、扶贫帮困、“春风行动”等社会服务活动，捐款37.5万元。（陈茜）

民进建德市委会

【概况】2017年，民进建德市委员会发展新会员6名，组织关系转外地3名。至年末，有会员157名。会员潘秋梅被推选为浙江省政协委员。民进建德市委会获民进杭州市委会2017年度先进集体和参政议政先进集体，新安江支部、严州中学新安江校区支部获民进杭州市委会2017年度先进支部。

2017年，民进中央录用信息和会员风采12篇；省民进网站录用信息36篇，会员动态5篇，会员风采8篇；在杭州民进网站和杭州民进微信公众号上录用9篇，《会员风采》报道53篇。组织市委委员、各支部主委及会员参加统战部、省民进、杭州民进组织的各类培训班学习62人次。

【创办会刊】成立《建德民进》会刊编委会，会刊设有:卷首语、会务信息、参政议政、社会服务、会员风采、我与民进、双岗建功、人生百味、大事记等栏目，每季1期，全年发刊4期。

【主题教育】开展“不忘合作初心、继续携手前进”“以党为师，从严治会，努力建设高素质参政党”主题教育活动，邀请市委统战部、市党史办领导为民进建德市委委员、各支部主委及会员授课，9个支部均开展“学会章、交会费、做民进人”主题活动，举办中共十九大精神培训学习会。

【会员之家】建设建德民进“会员之家”，设有中国民主促进会会史长廊、建德民进会史展厅、民情恳谈室、会议室、活动室、档案资料室等，成为民进会史教育、会议培训、交流联谊、收集民意、社会服务的综合平台。

【教学点经验推广】2017年，新安江支部教学点先后接待省社院现场教学点骨干培训班、杭州民进支部主委培训班、萧山区民进、临安区民进、滨江区民进、临安统战部、杭州市委统战部等8个批次的现场教学。12月20日，杭州市委常委、统战部部长佟桂莉到新安江教学点考察，对支部与社区共建工作给予充分肯定。省民进推荐支部主任董光海为全省代表，参加民进中央举办的全国先进基层组织经验交流大会并作典型发言。

【协商建言】参加谈心谈话会、专题建言会、双月座谈会等各类会议20多场次。向政协建德市第十四届一次大会提交5件集体提案，其中《充分发挥高铁经济效应做足顺藤结瓜文章》《关于打造优秀传统文化之城的建议》2件列入市政协重点提案。在省、杭州和建德的“两会”上提交议案7件，提案23件，社情民意7件。其中4条社情民意信息被民进中央录用和采纳。另有37条被省、市有关部门录用，有17条被民进杭州市委会录用，在杭州民进信息工作考核中得分433分，位列第一。

【开展社会服务】全年为基层乡镇新农村建设，机关、社区文化建设服务创作书画作品5次，开展“春联万家”走进基层活动5次。联系民进杭州青联和西湖区基层委员会到三都中心小学，设立同心服务基地。联系民进杭州教工委在航头镇设立同心服务基地，开展名师带徒，送优质课，出资建设学校根雕馆等活动。帮助当地学校筹集教育资助资金20万元。聘请专家和花艺师指导莲蓬艺术加工。开展送教送图书、送医送药、技术培训等社会服务活动。

【双岗建功】会员陈建珍主编的校本教材被评为杭州市精品课程。谢建美被聘为小学《道德与法治》教科书培训专家。徐小娟的幼儿园资源教室被评为建德市首家杭州市示范资源教室。蒋云龙作品《天羽》入选中国北京国际美术双年展并被收藏。潘秋梅走进中央电视台财经频道《领航》栏目，接受著名主持人阿丘的访谈。张效南被市安全生产委员会聘请为安全生产专家。董光海走进农村文化大礼堂宣讲“德文化”30场，纯公益演讲63场，赴东南亚5国、欧洲5国宣传中国传统优秀文化。（徐月芳）

编辑：喻春明

社会团体

People's Organization

综　述

【概况】2017年，建德市工会新建基层工会40家，新发展会员1.01万人。

组织61家企业参与“建功立德”大讨论，收集企业生产、经营建议、意见51条，征集“工匠精神”阐释33条。参加组团包干八大行动，走访生活困难户、党员户、村民代表户130户，收集问题建议30多个，当场解决问题11个。

开展“万名职工大行动、剿劣攻坚当先锋”集中专项行动。拓展建德市旅游市场职能，组合推介助推全市全域旅游。利用互联网打造“智慧工会”。

开展首届“建德工匠”评定活动，推荐产生浙江省工匠1人，杭州市级工匠1人。实施蓝领成才工程，举办市级职业技能大赛15项，参加杭州市级以上技能大赛7项，授予技术能手称号36人。开展经济技术创新活动，创建工人先锋号17个，推广本级职工先进操作法5项，开展“五小五技”建功立业活动，获得杭州市职工“五小”活动创新成果5例。资助优秀职工、农民工上大学，招录专科生72人，本科生62人，资助金额16.63万元。开展“送书进企业”活动，赠送书籍8万余元、3000多册。

唱响春送岗位、夏送清凉、秋送学费、冬送温暖“四季歌”，全年帮扶慰问困难职工307户，发放金额148.99万元。金秋助学高中段47人，春风行动助学大专以上120人，补助困难劳模（先进）11人，金额4万余元，办理工会会员意外伤害及家财损失保障事项33起，支付保障金19.9万元。全面启动职工医疗互助保障工作，参保职工4.9万人次，补助1348人次，金额217万元。

开展外来务工者“平安返乡”“同吃年夜饭”、关爱“小候鸟”活动。举办“情定江城、幸福牵手”青年职工交友联谊活动、第四届‘五一杯’职工气排球比赛、首届职工工间操比赛、“绿水青山、醉美杭州”治水故事征文大赛。申报工会重点特色项目11个，组建大货车司机工会9个重点项目；创建省级“职工书屋”2家，杭州市“职工书屋”3家；推进职工技能培训基地建设，2017国网浙江培训中心浙西分中心被评为全国职工教育培训基地。建成2家标识醒目、配套齐全的为户外工作者服务的“爱心驿家”；建成3家为哺乳期女职工服务的“妈咪暖心小屋”。

◎ 4月5日，“万名职工大行动，剿劣攻坚当先锋”——建德工会集中巡查活动启动

◎ 12 月，全市首家农贸市场联合工会成立

举办劳动法律知识讲座 16 场，与工会和劳动法律相关的知识讲座 10 场，涉及职工切身利益的普法讲座 6 场，为 5 家企业定制发放“法律服务包”，举办全市行业性职代会观摩会。

【“万名职工大行动、剿劣攻坚当先锋”专项行动】组建职工治水志愿服务队71支，查找治水问题40个，发放治水宣传资料4.5万份，开展治水活动29次，参与职工8000多人次。开展“我为治水献一策”活动，征集建议65条。

【“智慧工会”建设】推进智慧工会管理平台和会员实名制数据库建设及杭工E家APP推广。全市开通智慧工会管理平台930个（目标任务720个），完成率129%，工会会员实名制录入7.89万人（目标任务7.6万人），完成率103.8%，杭工E家APP推广6100人（目标任务6000人），完成率101.6%。

【蓝领成才工程】通过技能比武、技能培训、技能帮带，实现技能等级晋级 40 人次，其中高级工以上 40 人次。

【企业社会责任建设】有121家企业参与企业社会责任建设申报，有108家企业进行网上注册，最后有93家自评650分以上的企业通过市总工会的审核。

【“两新”工会组建】2017 年，相继成立下涯镇东润运输有限公司工会和钦堂祥达运输有限公司工会，有 552 名货车司机入会。7 月，成立建德市首家农产品批发市场联合工会——建德浙农农副产品批发市场联合工会，12 月 18 日，建德农贸市场联合工会成立。

【推进工资集体协商】构建和谐劳动关系，推进工资集体协商，全年创建示范单位103家，其中行业性2个、区域性7个、单建工会94家，比2016年增加23个。规上及中小企业签订工资专项集体合同969家，其中单建工会企业701家，签订率98%以上。

【企事业单位民主管理】8月，以乾潭镇五金工具行业联合工会为样板，举办全市行业性职代会观摩会，全市各乡镇街道120多名企业工会干部现场观摩。至年底，建立职代会制度的企事业单位1138家，建制率98.9%，建立区域性、行业性职代会制度9个，覆盖小微企业486家。（曾小琴）

共青团

【概况】2017年，共青团建德市委在助力“美丽建德”建设、实现建德新崛起中发挥生力军作用，团的工作取得新进展。至年末，全市有团员2.08万人。

围绕“一学一做”主题教育、“大脚掌走基层主题实践”，开展“1+100 团干部直接联系青年”活动。联合市纪委开展“我的家风家教”主题征文，收集征文 180 多篇。

制定下发《关于做好 2017 年建德市发展团员调控工作的通知》，控制团员发展名额，规范团员出入流程、组织生活及日常管理。

探索选拔各类有为青年担任团干部，加强团

干部协管力度，坚持任用、培养和激励并重，为党输送优秀青年后备人才。在智慧团建、新社会组织的整合工作中加强团干部的专业培训，开展讲座、培训8期。

【市青年联合会第五届委员会第一次全体会议】9月8日在新安江召开，共青团杭州市委副书记、党组副书记吴洁静和市领导王江、吕建月、张早林、严凌云以及125名青年代表出席大会。大会审议通过题为《紧跟时代砥砺前行担当有为奋发进取为“谋求跨越赶超实现建德新崛起”贡献青春力量》的工作报告，选举产生新的一届青年联合会领导班子。

【学习中共十九大精神】10月18日上午9时，团市委组织全体机关干部和部分青年代表集中收看中共十九大开幕式实况直播。通过集中宣讲、知识竞赛开展学习中共十九大精神活动15场，参与学习讨论1000多人次。

【朱林森调研建德共青团工作】11月7日，团省委书记、党组书记朱林森带领团省委相关部门负责人赴建德，围绕贯彻中共十九大精神和落实共青团改革工作进行调研考察。市领导童定干、朱欢、尤荣福、孟关良、张早林陪同实地调研。朱林森一行调研走访建德浙西跨境电子商务产业园，新安江水电厂和建德航空小镇，指导2017建德青年人才创业创新大赛决赛的筹备情况。

【共青团改革】完成全市229个行政村，27个社区的团组织换届选举工作。开展村级团干部培训暨乡镇“一把手”与青年面对面主题活动。开展“双百双提升”五年攻坚行动计划，筛选出钦堂乡、建德新世纪实验学校作为首批改革提升团组织，强化基层团建的试验田。改革团市委机关机构设置，新增“青年交友”“河小二治水”“美德家园”等重点工作项目组，形成“机关常设部门+重点工作项目组”的工作架构。完成市青联换届工作，为杭州地区首个在《全国青联改革方案》出台后换届的县（市、区），各项指标均达到改革要求。出台《建德市少先队改革实施方案》，12月15日，召开全市少先队改革动员部署会。

【青少年综合服务】推进“网上共青团+网下实体店”建设，丰富青少年社会实践。依托“新安青年”团，推送服务资讯500多条，收集意见建议300多条。建立培育网络文明志愿者队伍。先后建成青少年综合服务平台22家，开展创业培训主题活动100多场次。成立新社会组织团工委7家。成立农村电商服务站网上团支部13家。

【开展社会活动】围绕“提标剿劣”，开展“团青争做河小二剿灭劣水护源头”，组建“河小二”志愿护水服务队伍50多支，开展“新安小禹”志愿服务队寻访莲花溪活动70多场次。开展“美丽建德”党员志愿服务大行动7场，发放宣传倡议书1300多份，推送专题治水微信3期。围绕“平安巡防”，开展“喜迎十九大全力保平安”，依托志愿汇、“新安青年”微信公众平台，招募平安巡防志愿者1.99万人。围绕“弘扬德文化”，开展广场便民志愿服务活动18场，交通文明劝导420多次，江边洗衣劝导600多次，慰问生活困难户群众70多人次。

【推进“创业创新”】全年开展各类培训18场，覆盖创业创新人群1000多人，其中15场为小班化专业教学，挖掘培养创业创新精英127人。全年新建大学生就业创业基地6家，提供见习岗位72多个，发放青年创业小额贷款430多笔，金额5900多万元。开展“17° 青春发现建德”2017建德青年人才创业创新大赛，收到参赛项目150个，其中具有海外背景创业项目9个。组织团员青年赴萧山、滨江开展专题考察学习活动。实施青年文明号、青工技能比武、“五小”科技创新等“青字号”工程10多场。

【关爱“弱势群体”】开展全市弱势青少年实地走访摸底行动，全年走访1000多人次，为1500多名弱势青少年登记入库。全年发放爱心助学款

207万元，为518名家庭经济困难学子解决就学困难；争取大同上马小学等5所希望学校项目，落实希望工程建校基金190万元。强化爱心助医。依托“向阳花基金”和“亲青筹”众筹平台，帮助4名青少年争取医疗善款20多万元。关爱留守儿童，为留守儿童开辟“开心农场”“快乐莓园”等培养实践基地。挖掘校外阵地，开展流动少年宫、四点钟学校等阵地活动，组织根雕社团、器乐俱乐部、阅读俱乐部等留守儿童个性化俱乐部活动。整合资源，组建四型“代理家长”队伍，开展留守儿童寄家书、暑期“彩虹课堂”等活动130多场，征集并实现微心愿1700多个。

（陈骏）

妇女联合会

【概况】2017年，建德市妇联下辖乡镇（街道）妇联16个、机关单位妇委会29个，行政村（社区）妇联256个，“两新”组织妇联2827个，“两新”“妇女之家”537个。被中共杭州市委“平安杭州”领导小组授予“平安示范单位”荣誉称号。

【妇联组织改革】5月8日，建德市妇联基层组织改革工作现场会在杨村桥镇召开。6月底，全市229个行政村妇代会升级为村妇联，27个社区完成换届工作，产生村（社区）妇联执委1946名。推进乡镇（街道）妇联区域化改革，16个乡镇（街道）妇联完成组织设置，配备主席16人，专、兼职副主席56人，执委250人，吸纳镇村妇女干部、巾帼法律志愿者、新媒体领域等优秀女性进入乡镇（街道）妇联班子。

【农村妇女参与基层民主管理】5月底，完成村级组织换届妇女参与基层政权建设工作，229个行政村选出妇女代表4242人。村民委员会中有女性成员249人。村级组织换届选举407名女性村“两委”干部，比上届提高5%；村党组织中女性成员158人,提高0.4%；担任村党组织、村民委员会正职的妇女28人，提高28%。

【美丽庭院大比武活动】出台《建德市“美丽庭院”大比武活动实施方案》，组织16个乡镇（街道）开展“一季一比拼”竞赛活动。开展庭院集中整治580多次，整治庭院1.8万户；新增“美丽庭院”示范户2.4万户、“五美庭院”示范户8200多户；打造美丽庭院示范带40个、“美丽庭院”示范村32个。

【“岗村结对，共建美丽建德”】4月27日，市妇联启动“岗村结对，共建美丽建德”暨“美丽庭院”、剿灭劣Ⅴ类水巾帼集中行动。全市各级巾帼文明岗结对57个行政村。至年末，16个乡镇（街道）的5000多名巾帼志愿者，清理垃圾188吨以上，清洁庭院1600多户，清理劣Ⅴ类河道230多条。

【“最美家庭”系列评选】2017年，经推荐上报、组织评定、公示确定，评选出建德市“十佳最美家庭”“十佳贤妻”“十佳好婆媳”。选树省级“最美家庭”2户、“绿色家庭”2户；杭州市级“最美家庭”6户、杭州市级“廉洁好家庭”4户；评选表彰建德市级“廉洁好家庭”20户。

【“母亲”节活动】1月17日，市妇联举办“同心促廉·幸福永远”“廉内助”培训班，99名新任市管副职家属参加培训。5月14日，举办“感恩母亲，载爱同行”百名母亲共度佳节活动，通过旗袍秀展示、木兰扇、茶艺、排舞、瑜伽表演共度母亲节。组织60多户100多名家庭志愿者，在10个主要交通路口开展交通文明劝导。

【发展来料加工业】2月12—13日，市妇联举办建德市第四届来料加工展示展销暨业务对接会，销售总额15.05万元，达成来料加工对接意向60个，现场对接8个订单，发放加工费300多万元。2017年，组织来料加工从业人员培训16期，技能比赛3期。培育来料加工经纪人596人，从业人员

3.83万人，发放加工费3.8亿元。

【妇女创业就业服务】2月13日，市妇联举行2017年妇女就业专场招聘会，42家企业参加，提供就业岗位959个，接待求职者1000多人次，达成就业意向267人。8月，成立“伊栖创”女性创业孵化基地，7家女性创业企业入驻基地。全年开展来料加工、家政服务、民宿餐饮等女性职业技能培训43期，培训妇女2578人。

【城乡互助养老民宿试点】市妇联在寿昌镇桂花村、钦堂乡葛塘村开展城乡互助养老工作。通过指导房屋改装、建立养老民宿服务中心、举办养老民宿经营者技能培训班、开展点对点营销推介。至年末，两村吸引近30对城市老年人来建德养老。

【妇女维权】组织专家对建德市2017年出台的142份市级文件开展性别平等评估。会同市法院组建市级家事调解员队伍，参与家事法庭案件的诉前调解和委托调解，2017年，市家事法庭成功调解离婚纠纷27件、抚养费纠纷2件。市镇两级妇联全年接待来信来访179件，其中，市妇联接待信访50件、提供法律援助12例。

【妇儿民生实事】启动“姐妹帮扶”，组织女企业家、女致富带头人、巾帼文明岗等结对670多名困难妇女儿童，带动160多名妇女就业，落实帮扶款32.7万元。开展“珍爱生命·妇女卫生健康知识送医下乡”活动，为140多名农村妇女提供免费筛查体检服务。6月，将市妇联下属福尔优幼儿园转为公办幼儿园。（王思群）

工商联(总商会)

【概况】2017年，建德市工商联围绕“两个健康”(非公有制经济健康发展和非公有制经济人士健康成长)，以“名家培育”“商会招商”和基层商会组织建设为重点，做好各项工作，获2017年度杭州市工商联服务发展特色单位称号。

开展民营企业建立现代企业制度调查研究，获杭州市工商联系统2017年调研成果一等奖。“两会”期间，市工商联界政协委员、人大代表提交议提案31件。组织8名企业家参加“品质杭商班”北大班培训。组织56名企业家参加“非公经济人士厦大素质提升班”主题培训，举办2期企业家论坛。以建峰、商道、阿米巴为载体，举办企业家培训班4期。

加强商会制度建设，健全执常委工作规程，开展商会财经纪律执行指导和检查。坚持基层商会会长活动制度化，鼓励基层商会之间多活动、多交流，通过互看、互比、互学，共谋发展。加强异地商会工作的指导，3次赴福建省厦门市指导厦门商会筹建工作。重视新生代队伍建设，支持新生代企业家参加红色教育、新老企业对话交流、捐资助学社会活动，将新生代联谊会每年的慈善公益活动以制度化的形式加以确定。调优会员结构，充实调整会员数据库，实现动态管理，全年清理会员单位300多家，新增会员单位36家。

【新生代企业家红色教育】9月17日至21日，建德市新生代企业家红色教育专题培训班在福建古田举办，全市各行业33名新生代、创二代企业家参加为期5天的培训。培训期间学员们赴福建永定、古田、才溪、长汀和江西瑞金参观革命旧址，通过观看史料文物、听取讲解，重温共产党在土地革命时期开辟革命根据地，建设红军队伍的光辉历程，重新学习古田会议“思想建党、政治建军”的理论精髓。

【企业家素质提升】10月15日至20日，杭州市工商联、建德市工商联共同举办“厦门大学——民营企业家综合素养提升培训班”，有52名企业家参加培训。培训安排8堂课和半天考察，主要有以下四个方面的内容：一是国内国际宏观经济形势分析；二是国际及我国周边安全形势分析；三是《周易》及王阳明心学等国学；四是企业家财富传承及企业财务管理等方面。考察厦门古龙酱文化园，感受古法酿造、传统文化与现代制造的有机结合。

【阿米巴经营理念培训】举办“阿米巴”经营理念培训班，全市120多名非公有制经济人士参加培训。本期培训邀请阿米巴经营理念团队的张琪授课，主要涉及企业的经营人才管理、工作目标管理、生产精细化管理等方面，帮助企业变革。

【开展“百企助村”活动】2017年，全市非公有制企业通过项目帮扶、就业帮扶、资金帮扶等方式，投身建德市“百企助村行”活动，实施帮扶项目32个。其中资金帮扶项目7个，帮扶资金23万元；基础设施帮扶项目19个，累计投入资金278万元；就业帮扶项目6个，提供就业岗位116个。

【建言献策】市“两会”期间，工商联界别两代表一委员提交提议案43件，其中《关于加强我市非公有制经济代表人士队伍建设的建议》被列为重点提案。该提案由市委常委、统战部部长叶万生领衔督办，工商联、组织部、经信局、市场监管局联合办理，于6月30日就办理结果与提案人面商，得到满意答复。（林志强）

文学艺术界联合会

【概况】2017年，市文联所属协会（院）15个，会员1531人，其中国家级会员49人，浙江省级会员170人。全年有3名会员加入国家级文艺家协会、9名会员加入省级文艺家协会，135件作品在国际、全国及省市出版、发表、展演、获奖。市戏协与约旦大学师生同台献艺，到法国和西班牙进行“婺剧美猴王系列”折子戏专场巡演，到南非三国参加“欢乐春节·婺韵飘香”晚会。红色婺剧《大洋埠》获得2017年杭州市文化精品工程扶持项目。

开展“组团包干”“新安夜学”“三会一课”“两学一做”和“争当铁军排头兵”活动。12月14日，在“走进新时代弘扬德文化”十九大精神巡演暨第16届建德文艺奖颁奖晚会上，采取微信现场直播，点击率近4万，点赞率5000+。

6月17日，启动杭州市第四届“小故事大王”大赛暨《杭州故事集》首发仪式，评选出金奖1名，银奖27名，6位小朋友被授予“小故事大王”称号。

开展“喜迎十九大，奏响美德家园”专场音乐会、“喜迎十九大，美德家园，你写我画”书画交流活动。“建德新安诗社2017中秋诗歌晚会”“建德书协三十年作品展”“丹青颂伟业，彩墨绘新篇”书画展、“喜迎十九大”淳安、建德两地摄影作品展。

◎“走进新时代 弘扬德文化”晚会

【“剿灭劣V类水”主题活动】举办“剿灭劣V类水·建设美丽建德”采风创作、“剿灭劣V类水及小城镇综合整治文艺巡演”“我们在行动——杭州市文联第八采风团走进建德”“西泠印社剿灭劣V类水建德采风行”“浙水千秋·最美杭州—市美术家协会走进大同镇”“小城镇环境综合整治”书画摄影展、“治水剿劣·翰墨飘香——何恃伟、唐国兴书画展”等文艺赛事7次，在剿灭劣V类水文艺活动中，开展采风创作8次，文艺巡演32场，创作诗歌15首，散文2篇，美术作品20幅，摄影作品100幅。

【“建功立德”主题活动】组织机关和协会党员干部30多人次参与评论童书记给市民的一封信。下发《市文联关于在全市文艺工作者中开展“建功立德”活动的倡议》。举办“美德家园，舞动建德”纳凉晚会、“上善若水—德文化‘嘉德威’之夜”音乐会和“诗礼传家，大美建德”德文化晚会。

【文艺奖评审】4月18日，发布《关于申报第十六届建德文艺奖的通知》，截至5月31日，收到申报作品85件，经过专家评审，有63件作品获奖。其中特等奖1件、一等奖4件、二等奖25件、三等奖21件。

【文艺志愿服务】春节前夕，在下涯镇丰和村、寿昌镇十八桥写春联200多幅。开展“进万家、温暖全家福”免费拍照和小城镇综合整治摄影活动，拍摄照片500张。组织书协深入16个乡镇（街道）文化大礼堂开展书写第十四次党代会活动，创作书法作品200多幅。开展志愿服务活动11次，送书画作品1000幅。送戏下基层、进校园200场。组织文艺家赴歙县、淳安、开化、东阳等地文艺采风、观摩8次。邀请“浙水千秋·最美杭州”文艺志愿服务团到杨村桥镇上山村慰问演出。开展为期两天封闭培训，连续举办三届。邀请浙江音乐学院副教授吴涤和浙江省著名摄影师叶文龙来建德授课。通过100多师徒结对和新老党员带动，种植100棵2-3米浙江楠，完成美术作品5幅，摄影作品200幅。开展“创森暨森林公园杯”全省摄影大展，10幅作品为收藏奖，20幅作品优秀奖和70幅作品入围奖。（房顺利）

残疾人联合会

【概况】2017年，市残联推进市残疾人托养中心（楼）项目建设，9月，土建工程完成结顶，12月，完成外墙装饰工作。征收残疾人就业保障金（含机关事业单位）1988万元。

实施困难残疾人生活补贴和重度护理补贴政策，在残疾人享受低保（残保）政策待遇的基础上，为残疾人发放“两项补贴”。享受困难残疾人生活补贴的有6200多人，享受重度残疾人护理补贴的有6300多人。为万名60周岁以下残疾人开展意外伤害保险，每人每年交20元保险费。联合民政局接轨老年人意外伤害保险，全市近1.7万名持证残疾人全部享受意外伤害保险。发放残疾学生和困难残疾人家庭子女教育补助28.3万元。

推进残疾人城乡统筹工作，杭州江干区、萧山区、杭州经济技术开发区残联对口帮扶建德市残联，签订残疾人帮扶项目协议书3个，到位帮扶资金100万元。

开展残疾人动态更新调查工作，对全市持证残疾人在调查时间点内的调查对象开展普查。7月，提供人财物全力做好后勤保障，配合省残联开展267户残疾人的家庭收入状况监测工作。

推荐残疾人参选“省最美残疾人家庭”。建德市推荐的残疾人陈志祥家庭，进入省20个候选家庭之一，被评为“省最美残疾人家庭”提名奖，参加省“最美浙江人·最美残疾人家庭”发布会，浙江电视台进行宣传报道。3月，新安江街道府东社区残疾人工作者斯雅莉荣获省政府残工委授予的“十二五”浙江省残疾人工作先进个人称号。

2017年，建德市残联公开招聘1名残疾人公务员。通过公开报名、初审、复审、笔试、面试等环节，基本确定拟录用对象。

参加杭州市残疾人文艺会演，建德市选送的舞蹈类节目《账房先生》，荣获杭州市残联、文广新局、教育局、民政局颁发的二等奖。

【全国助残日系列活动】在“建德新闻网”首页开办“残疾人事业”专栏，在建德广播电视台开设手语节目、残疾人工作、活动宣传专题节目，开通“建德残联”微信公众号。5月18日，联合杭州市残疾人康复职业培训中心，组织盲人观看无障碍盲人电影《谁的青春不迷茫》。5月16日，建德市东和日昇工疗站组织残疾员工开展“行绿道、赏风景”助残活动。6月1日，副市长张早林带领市残联负责人，慰问市培智学校和市残疾人康复中心的残疾儿童，送上慰问金和礼物。新安江街道健安社区邀请市消防大队教官为辖区内70多位残疾人家庭培训消防安全知识。钦堂乡党委政府联合钦堂乡卫生院，在钦堂村村委为100多名残疾人免费义诊体检活动。寿昌镇残联组织残疾人参加宋城一日游活动。

【残疾人民生实事】落实176名“困难残疾人无障碍进家庭”项目。为176名肢体残疾人免费提供卫生间、门前坡道无障碍改造，发放补助81.9万元。其中，中央财政补助指标52户，户均补助3000元；省级财政补助指标104户，户均补助6000元；建德市财政补助指标20户，户均补助2000元。为72名残疾人免费验配助听器、助视器、安装假肢、实施髋关节置换术。为200多名肢体残疾人赠送轮椅、拐杖、盲杖等辅助器具。为15名盲人进行定向行走培训。为78名贫困住院精神病人给予经济补助。开展0~6周岁残疾儿童抢救性康复训练30人，赠送儿童辅助器具2人，完成年度抢救性康复任务。开展疑似残疾儿童的筛查鉴定工作，确定26名疑似残疾儿童，经组织专家鉴定，确认残疾儿童12名。配合杭州市残联开展在训残疾儿童康复评估工作，全年评估残疾儿童33人。

【残疾人创业就业】2月15日，举办残疾人就业招聘会，有21家企业进场设台，招聘岗位470多个。全市41家福利企业和4家企业工疗站集中安置残疾职工1249人，260多家非福利企业分散安置残疾人514人，合计安置残疾人1763人。组织各种培训班7期，有332名残疾人参加电商培训、工疗站消防安全培训、计算机培训、南方梨种植培训、水产养殖培训、西红花种植技术等职业技能培训。扶持残疾人种养加大户、一般经营户等47户（个），发放创业补助资金54.2万元；扶持残疾人贷款贴息19户，贴息总额14.5万元。组织参加全省残疾人工匠大赛。

【乡镇残联换届】11月，市委办转发《建德市残疾人联合会关于市、乡镇（街道）两级残疾人联合会换届工作的报告》。11月下旬至12月中旬，全市16个乡镇（街道）分别召开乡镇（街道）残疾人联合会第六次代表大会，总结过去五年残疾人工作和提出今后五年残疾人工作目标任务。会议选举乡镇（街道）新一届残联主席团主席、副主席、委员，推举新一届残联执行理事会理事长、副理事长、理事，选举出席市残疾人联合会第六次代表大会的代表、主席团委员候选人。筹备市残疾人联合会第六次代表大会。

【举办市第四届残运会】6月，市政府成立市第四届残疾人体育运动会组委会，召开动员布置会议。9月21—22日举办四年一届的建德市第四届残疾人体育运动会。231名残疾人运动员分为肢体残疾类、听力和言语类、视力类等三个组别，参加田径、游泳、乒乓球、羽毛球、射击等五个项目的比赛。残运会产生83枚金牌、69枚银牌、55枚铜牌。乾潭镇、寿昌镇、大洋镇、新安江街道、下涯镇、更楼街道分列团体总分前六名。

【残疾人机动轮椅车管理】开展载客三轮车专项整治，下肢残疾人代步车——载客三轮车整治工作。根据《杭州市残疾人机动轮椅车管理办法》（市长令第281号）文件精神，开展下肢残疾人机动轮椅车需求调查，联合市交警大队到杭州市残联，学习考察残疾人机动轮椅车管理经验。提高残疾人机动轮椅车燃油补贴的标准，为残疾人机动轮椅车首次上了牌照、开展残疾人机动轮椅车第三者责任保险。2017年，有49名符合条件的下肢残疾人购买了机动轮椅车，并且上了牌照。

（翁朝晖）

红十字会

【概况】2017年,市红十字会以为民惠民为根本，以“三救”（救灾、救助、救护）、“三献”（遗体器官捐献、造血干细胞捐献、无偿献血）和学校青少年红十字工作为重心，推动社会文明进步。

全年开展持证救护员培训 1264 人，占全市人口的 0.2%。普及培训 1.63 万人，占 3.2%。募集救助款 58.01 万元，发放各类救助慰问款 55.99 万元，救助困难群众 2000 多人次。新增 122 列造血干细胞采样入库，21 人填写捐献志愿书。其中志愿者张华成为建德市第四例、第五人次造血干细胞成功捐献者。实现眼角膜捐献 3 例，遗体捐献 2 例。全年有 4626 人次参加无偿献血，献血量 1626.1 毫升。组织百名红十字会优秀医务人员赴偏远乡镇开展健康义诊服务活动，赠送 2.3 万元药品，服务 2100 多人。

2017 年，3 所学校新创建成为建德市红十字示范校，全市有省级红十字示范校 2 所、杭州市级红十字示范校 9 所、建德市红十字示范校 25 所。全市 18 所初中学校红十字救护培训课程开课率 100%。携手江干区红十字会组织优秀师资到建德市开展爱心支教活动。牵手教育部门举办第 7 届红十字青少年夏令营。

全年有 3800 多人次志愿者参与 260 多次志愿服务活动，服务群众 9300 多人次。梅汛期间，红十字水上救援队、扬帆救援队、社区服务队，开展前线救援、后勤保障、灾后重建等工作，获得市委、市政府的肯定和社会各界的好评。

【服务中心工作】打造“红十字”铁军，发挥桥梁纽带作用，落实党建带群建。开展“两学一做”学习教育活动，推进党风廉政建设工作。开展“建功立德”“组团包干八大行动”蹲点调研主题活动。联合敬老助残协会党支部抓好“情暖建德·守护夕阳”党员志愿服务项目建设，为城区50户困难空巢老人家庭开展“三个一”服务（每月至少上门一次，每年至少回访一次，每户完成微心愿一个），全年服务550多人次。利用各渠道选树典型，真实还原捐献者、捐赠者、救护员、志愿者等典型事迹，讲红十字好故事。

【人道救助】春节前夕，市红十字会整合社会爱心资源，向全市300户因病、因灾、因伤、失独返贫的家庭、483名一线环卫工人、56名癌症患者特困家庭等开展慰问、发放慰问款31.34万元，839户困难家庭受益。按照突发灾害救助制度，对3户因意外失火造成重大损失的家庭，给予解困资金和物资的救助。开展助力美丽乡村扶贫帮困等活动。加强与爱心人士的交流互动，架设爱心桥梁，为边远地区小学、乡村及特殊群体募集捐款24.32万元。将爱心市民捐赠的800多双新鞋发放到困难群众手中。

【救护培训】开展救护培训进农村、进社区、进学校、进机关、进企业“五进”系列活动，持证培训率和普及培训率分别超过省要求指标，2次接受省红十字会督导调研。采用“自学+现场集中培训”的方式灵活办班，816名护林员、森林消防员通过考核。将机关党员干部列入救护员培训主要对象，采用“分项结业培训”的方式，于3月至8月每周二与周五2天定时在救护培训演练馆办班，125人参加培训并通过考核。举办机关党员干部救在身边趣味运动会。结合救护培训进初中项目，组织学校教师和基层医务人员举办救护师资培训班，采用信息化管理系统平台进行管理，完成全员学习考核和在线考勤，49人通过考核。（陈东升）

编辑：喻春明

法 治

Rule by law

政法委及综治

【概况】2017年，建德市委政法委以“平安护航十九大”、创建“平安建德”“法治建德”为主线，做好中共十九大、第四届世界互联网大会期间的维稳安保工作。完善治安防控体系建设，为全市提供良好的社会组织协调环境。全年协调案件12件。救助案件30起，救助资金49.3万元。受理涉法涉诉信访案件40件，办结40件。在杭州市平安综治（维稳）综合考核中名列第三名，被评为杭州市综治维稳工作优秀达标地区；市委政法委获浙江省社会治安综合治理工作先进集体、杭州市平安综治工作先进集体荣誉称号。

【深化“平安建德”创建】根据《浙江省平安县（市、区）考核评审办法》，落实平安综治维稳目标管理责任制，层层签定目标管理责任书1076份。将100项考核内容细化，落实到46个职能部门，开展每月自评汇报制度，全年召开平安、维稳、反邪教分析会、整改专题会议30多次。制定下发《平安建设责任追究管理办法》《十九大维稳安保督办监察考核工作方案》。完成“平安建德”创建，全市平安综治维稳考核总分984.63分，位列杭州市第三名。

【平安护航中共十九大】围绕“四个不发生”的总目标，制定下发《建德市党的十九大维稳安保工作方案》《关于做好党的十九大期间涉稳重点人员管控工作的通知》，明确“平安护航十九大”工作的具体要求。每日组织视频迁线、会商研判。中共十九大期间，下达指令230多条，编撰十九大维稳安保专报35期。对八大重点场所开展暗访督查，确保管控责任落地。对372名重点人员落实属地镇街建立稳控工作责任专班，做到“六个一”（一名重点人、一套档案、一名责任领导、一个责任单位、一个帮教小组、一个工作方案）、“五包”（包情况掌握、困难解决、教育转化、管理稳控、依法处理）的责任落实。加大对无理访、恶意信访对象的打打击处理。中共十九大以来行政拘留2名信访重点人，法制学习培训信访重点人7人。完成“平安护航十九大”工作任务，实现“建德本地不出事、建德人不进京赴省惹事”的目标。

【推进“四个平台”建设】组织全市开展“四个平台”建设工作。推动市镇两级成立“四个平台”工作领导小组，明确方案制定、机构配置、派驻人员、全科网格建设和平台建设的具体指导工作任务。协调镇级“四个平台”硬件提升改造，确保中心大厅6个显示屏以上、面积30平方米以上，全市16个乡镇街道综合信息指挥中心均按要求完成升级改造。统一开发使用“智慧建德综合信息指挥平台”，组织信息收集、分析研判、流转处理。推动市组织部、市人社局、相关部门出台人员下沉考核奖惩办法。全市287个职能部门派驻人员纳入乡镇管理，实行派出部门与属地“双重管理、双向考核”机制。

【落实全科网格建设】指导乡镇（街道）对网格进行科学划分，全市由原先的938个网格优化为828个网格。设立网格支部912个，在全市落实网格划分、资源整合、报酬筹措、考评实施等十个方面的统一。将网格员的聘用与村两委换届同步，对年龄、任职条件、工作职责、考核考评进行规范。全市选配专、兼职网格员1744名，将各条线上涉及基层社会治理的事务，统一纳入网格管理。

【开展“四制七项”工作】根据省平安考核的要求，重点围绕基础不扎实，暗访扣分多的问题，实施打造“平安建德”升级版，全面推行平安建德“四机制七专项”工作（四机制：信息排查汇总、情报会商研判、责任落实、督查问责。七专项：开展平安创建薄弱环节整改、基本解决执行难问题、青少年犯罪预防及法制教育机制建设、服务保障中心工作、治安防控体系建设、矛盾纠纷多元化解中心功能提升、进京越级访整治）。采取突发事件即时研判、日常工作半月研判、领导小组每月研判的方式，全面落实“工作项目化、项目清单化、清单责任化、责任常态化”，推进平安创建各项工作的落实。全年开展专项性综合暗访检查6次，检查单位1290家（次），发现隐患2272处，整改隐患2251处。市平安领导小组下发的平安创建专项整改书24份，中共十九大安保统筹协调办下发十九大维稳安保督办单18份。

【开展书记讲平安活动】在市级层面，由市委书记童定干利用“新安大讲堂”，向全市领导干部宣讲平安创建，动员部署迎接中共十九大具体工作。乡镇（街道）和机关单位层面，由乡镇（街道）和机关单位书记主讲，结合干部夜学、党员固定活动日上好一堂平安党课。村（社区）层面，由村（社区）书记向全体党员、村民组长宣传平安创建。由市平安办统一组织，分乡镇（街道）为各村（社区）书记拍摄制作3分钟的平安宣讲视频。各村（社区）将“村书记方言讲平安”的播放时间向村民公布，实现点对点播放、微信投票参与、市级赛场比拼，提高群众知晓率和参与率。2017年省平安三率测评各项指标均高于省平均数，实现三率零扣分。

【开展风险评估项目化监管】及时掌握杭黄、配水、二固等重大敏感工程项目建设过程的不稳定因素，发现涉稳苗头，及时介入处置，防止小事拖大。完成全市62个重大项目、重大决策进行社会稳定风险评估工作，完成率100%。分两批次对45个不稳定问题进行立项，落实项目化监管工作，成功化解43件，化解率95.5%。

【开展防范邪教专项行动】组织乡镇（街道）、机关党组织开展“五个一”警示教育活动。市反邪警示教育基地接待党政机关、乡镇（街道）、基层党组织及社区（村）群众代表82批，1.3万人次。组织反邪教宣传50多场，发放《农村反邪教党员读本》2300本。运用全省“反邪教微电影微视频作品创作大赛”优秀作品，在镇机关、农村文化礼堂、社区讲堂等反邪教阵（基）地进行播放，全年乡镇（街道）机关组织播放76场，社区（村）播放128场。部署各乡镇（街道）以辖区内学校，宗教活动场所为重点，创建一处警示教育阵（基）地。开展反邪教进农村文化礼堂，

◎护航中共十九大动员大会

◎ 2月15日，平安建德暨政法信访工作会议召开

完成反邪教农村文化礼堂建设130多个。创建"省级无邪教社区（村）"（新安江街道白沙社区）；创建杭州市"无邪教乡镇（街道）"创建工作先进单位5家（新安江街道、洋溪街道、寿昌镇、乾潭镇、航头镇）。（沈梦飞）

法治政府建设

【概况】2017年，建德市政府出台《关于开展行政规范性文件专项清理和定期清理工作的通知》（建政办函〔2017〕88号），开展审计、"放、管、服""最多跑一次"专项清理和定期清理。其中：审计专项清理出问题文件4件；梳理出不适应"最多跑一次"改革要求的法律法规规章意见20条，梳理出不适应"最多跑一次"改革要求的规范性文件意见1条。废止《关于印发〈建德市餐饮业和住宿业联合踏勘操作办法〉的通知》（建审改办〔2014〕12号）文件，完成清理情况上报。以行政规范性文件是否与法律法规规章的"立、改、废"同步、是否与经济社会发展进程相适应为清理标准，开展行政规范性文件定期清理工作。清理232件市政府行政规范性文件，其中：继续有效的市政府行政规范性文件161件、应予废止的14件、已经失效的41件、需要修改的16件。

【政府信息公开】出台《关于印发2017年建德市政务公开工作要点的通知》（建政办函〔2017〕122号）。2017年，41件市政府行政规范性文件及配套政策解读均在市政府门户网站公开。收到信息公开申请34件，其中：通过网上平台提交28件，书面提交6件，办结34件，均在法定期限内向申请人作出答复，申请人主动撤回4件。未发生申请人提起信息公开行政复议或行政诉讼案件，信息公开申请答复合法率100%。

【落实政府法律顾问制度】推行政府法律顾问制度，把法律服务、法律保障和法律宣传覆盖到全市16个乡镇（街道）和市政府各工作部门，实现行政机关法律顾问制度覆盖率100%。发挥法律顾问制度作用，行政机关为法律顾问履职提供保障，实现法律顾问事先参与行政机关重大行政决策和重大行政案件的比率100%。将法律顾问制度建设、实施情况作为依法行政的重要内容，纳入目标管理综合考评，抓好督查落实。

【健全行政执法制度】出台《关于印发报送市政府审批的行政执法决定事项目录的通知》《关于印发报送市政府审批的行政执法决定法制审核规程（试行）的通知》，审核规程规定，凡属于《报送市政府审批的行政执法决定事项目录》的行政执法决定，报送单位应按照有关法律、法规、规章和本规程的规定报请市政府审批前，报送市法制办进行法制审核。2017年，梳理出93项需要报送市政府审批行政执法决定事项。

【开展行政执法主体确认】出台《关于开展行政执法主体资格确认公告工作的通知》（建府法办〔2017〕5号），对行政执法主体进行确认并公告。经过审核、确认，全市第一批法定行政执法

主体有49家，授权行政执法主体有12家，受委托行政执法主体有13家。第一批行政执法主体信息在市政府门户网站公开发布。

【推进行政复议体制改革】开展全市行政复议工作调查摸底，对法定承担行政复议职能的市政府工作部门，行政复议案件办理数、办案质量、复议决定作出后起诉等情况进行调查、汇总。参照借鉴周边区县改革成果、改革方案和复议局挂牌运行情况，优化建德市的改革工作方案。在调研和广泛征求意见的基础上，制定建德市行政复议体制改革工作方案，报请杭州市人民政府批复。

【履行行政复议职责】2017年，市政府收到复议案件50件，比上年下降3.8%。其中：立案47件，依法不予受理3件；驳回复议申请6件，确认违法3件，依法撤销9件，责令履行1件，终止12件。认真履行行政复议审理职责，未发生超期决定的情况。行政复议决定书均按省、杭州市要求在市政府门户网站公开发布。（马聿浩）

公 安

【概况】2017年，建德市公安局有综合管理机构2个、执法勤务机构14个，派出机构10个，监管场所1个；民警466人，协警451人。对中共的十九大维稳安保任务和标准，以“4211”工程为基石，确保十九大安保和社会平稳有序。全年接刑事治安类警情3813起，比上年下降9.7%。立刑事案件1320起，下降15.2%，破案776起，破案率58.8%，增长3%。受理治安案件2853起，下降11.5%。移送起诉858人，增长14.8%，实现全市“刑事治安类警情下降、刑事治安案件受理数下降”“破案率上升、移送起诉数上升”“两降两升”的社会效果。5项工作得到杭州市以上领导指示肯定，15项工作得到市主要领导批示肯定，获评市级机关单位综合考评“（优胜）满意”单位。命案连续9年全破。启动十九大安保“3344”作战体系，投入6万余人次警力，打赢十九大维稳安保攻坚战。成功处置“二固”涉稳事件、综保工程三标段村民阻拦施工、海螺村企矛盾涉稳事件、“9·4”省内涉军群体赴建声援李建红事件。推进“最多跑一次”改革，实现100项“最多跑一次”改革事项。以“五网建设”规划升级治安防控体系，以“小城镇整治”升级基层基础设施，创新“双频监控”系统建设，突破重点场所行业监管瓶颈，推进基础顶格管控。强化执法管控，连续8年获全省执法质量优胜单位称号。严管厚爱，锻造建德铁军“排头兵”。全局有3个集体荣立三等功，1名民警荣立个人二等功，18名民警荣立个人三等功，9个集体和46名民警获嘉奖。

2017 年，建德市发生命案 4 起，死亡 4 人，4 起命案均破获，实现命案连续 9 年全破。全局有 3 个集体荣立三等功，1 名民警荣立个人二等功，18 名民警荣立个人三等功，9 个集体和 46 名民警获嘉奖。

【提升反恐处突应急能力】按照“能同时打两场仗”的要求，强化“135”快速反应圈的力量配备，建立全市反恐单位的联席会议制度。推进反恐基础设施建设，强化对涉恐关注人群管控。加大对寄递业、散装汽油、涉恐敏感物资的安全监管力度。处置各类突发涉稳事件40多起，未发生重大群体性事件。

【情报工作再推进】紧盯全市重点工程领域以及欠薪、非正常死亡等引发的不稳定因素，收集各类情报信息8215条，杭州录用814条，省厅录用134条。在“9·4”省内涉军群体赴建德市声援李建红事件的处置中，及时将非建德市涉军人员劝离，成立案件侦办工作组，确保该事件的持续可控。

【开展中共十九大安保】以十九大安保为“圆心”，建立“3344”安保作战体系，实体化运作安保指挥部。建立“局领导督导所队领导、重点办督导重点工作进度、业务大队督导业务工作开展情况、督察大队督导全面”四个层级督导机制。局领导前往分管派出所检查指导安保工作43次。重点办、督察大队、业务警种全面督导安保管控措施落实情况，发布各类通报整改93次。在“迎接十九大·忠诚保平安”及“扬旗”系列行动中，取得杭州16个县市分局排名第三的成绩。

【“八大举措”护航重点工程建设】推出“局领导分片领衔、项目警官分片包干、项目审批简化提速、重点对象预经营打击、服务保障关口前移、定期预警提醒、定期联席会议会商、全域旅游警务保障”八项举措，将全市59个重点项目、95个重点工程按照“局领导领衔、所领导联系，项目警官负责”的要求予以分片包干，多角度、全方位当好全市社会经济发展的警卫员、服务员。处置涉及重点工程项目的案事件400多起，刑事拘留16人，行政拘留28人，行政罚款26人，传唤教育200多人。

【保障村级组织换届选举】在全市256个村级组织换届选举中，投入安保警力4600多人次，排摸化解不稳定因素苗头87起，妥善处置各类案事件20多起，查处涉及选举的案件6起，采取刑事强制措施7人，治安处罚6人，会同乡镇（街道）教育告诫和组织谈话700多人次。

◎“最多跑一次”改革

【推进“最多跑一次”改革】确定“最多跑一次”事项88主项107子项改革清单，实现100项“最多跑一次”改革。在建德公安公众微信号、“建德交警”微信办事大厅推出“最多跑一次”在线咨询、“网上预审”服务，接受在线咨询600多条，网上预审730多条。

【依托合成打击增效】开展“打黄赌、除毒害”“打毒瘤、净土壤”“扬旗”等严打整治系列专项行动，以“6210”合成打击模式为支撑，提升全局侦查破案能力水平。立刑事案件1320起，破案776起，破案率58.7%；受理治安案件2853起，查处2331起，查处率81.7%。

【“五网建设”升级治安防控体系】加强“社会面巡逻防控网、城乡社区安全防控网、治安阵地防控网、社会智能防控网、信息安全防控网”五网建设，打造社会治安防控体系建设升级版。建立专职巡逻队22支215人，整合全市419家部门单位的4600多只公共区域监控，实现城乡重点公共区域、行业的监控全覆盖。2017年，全市建成“零发案小区”44个。

【“小城镇整治”升级基层基础设施】与建德市小城镇整治办和“美丽城区”建设专项组、市住建局沟通协调，争取建设资金预算1752万元。制定《小城镇环境综合整治公安基层基础设施建设实施方案》，下发《公安基层基础设施建设项目计划表》，推进智能门禁、视频监控、双频监控、人脸识别系统、智慧安防小区建设等智能化设施和电动车充电桩、微型消防站等消防设施建设。

【“四方参与”深化警调衔接机制】构建“四方参与、

警民联调”的“大调解”工作格局。整合乡镇（街道）综治、司法调解力量，实行村警驻调解室值班制度。争取“以奖代补”奖励资金10万余元。通过警调衔接机制化解矛盾纠纷1976起，其中：非正常死亡、交通事故赔偿等重大矛盾纠纷59起。

【交通安全管理】交警部门以“两客一危”、重型货车、电动车等车辆为管理重点，结合“一创一治”“两治一整”等系列交通专项行动，推进“两站两员”建设，采取“三联三动”勤务。查处各类交通违法行为46.99万起，其中：现场查处11.13万起，非现场查处35.87万起，酒后驾驶508起，醉酒142起，货车超载3166起，电动车违法2.52万起。发生死亡交通事故39起，死亡39人，死亡人数比上年减少2起3人，下降7.1%。

【消防安全监管】开展2017年夏季消防检查、全市厂房仓库消防安全集中“清患”行动和出租房大排查大整治行动。推进微型消防站建设，建成全市100个村（社区）微型消防站。检查单位3551家（次），发现隐患5453处，整改隐患5412处，下发责令改正通知书2618份，下发行政处罚决定书265份，责令“三停”单位110家，临时查封102家，拘留49人，罚款109.14万元。

【监所安全管理】2017年，建德市看守所秉承“教育、感化、挽救”的人性化管理目标，坚持“管教并举，教育为先”的工作原则，通过完善硬件设施、网上预约、专业押解、矛盾调处等措施排除隐患、连续12年创无安全事故监所。开展在押人员情报信息研判，为合成作战室提供案件线索22条，协破案件6起。

【获省执法质量优胜单位称号】2017年，投入100多万元，完成市局执法管理中心和物证管理中心的建设。开展“行家互勘”“高手会诊”“金点子评选”等举措；坚持“以考促学”，“每日一练”、送教上岗，点单式教学培训方式。实施应急服务运行机制和重大案事件同步出警制度，定期组织召开刑事、行政“小三长”联席会议。执法质量列杭州地区第三名，连续八年获全省执法质量优胜单位称号。

【从优待警和从严治警】围绕“学习部署、自查自纠、集中整治、总结提高”四个阶段，建立“每周任务派单、每周督导通报、专班定期会商”三项机制，筑牢队伍纪律作风防火墙。签订《全面从严治警责任保证书》《民警严守警纪警规保证书》，开展“算好一本账，不做糊涂人”主题民警沙龙。全局对504人（次）按《局规》予以记分583.5分。

出台《从优待警十项举措》，用足用好关爱警察基金会、见义勇为基金会和工会慰问等爱警惠警制度，慰问困难辅警 30 人、执法受伤害民警辅警 52 人，发放慰问金 31.5 万元，奖励金 21.4 万元。推进人民警察职务序列改革试点，让民警享受改革红利。坚持表彰奖励向基层一线倾斜原则，通过集中授奖、上门颁奖以及邀请家属参加授奖仪式等，强化荣誉激励，激发公安队伍的活力。（徐珊）

【市消防大队】2017年，市消防大队官兵42人，干部11人，战士31人，共产党员17名，共青团员25名，35周岁以下青年占总人数的93%。被建德市人民政府评为2017年建德市综合考评满意单位，综合成绩位列14个驻建单位第二名。火警出动63次，抢险救援57起。

开展“支部帮建、干部帮带、骨干帮抓”活动。组织党团员入党入团宣誓，参观红色教育基地 7 次。每月 25 日开展交叉检查，出台中队士兵量化考评办法、大队干部“八小时外”管理制度、文职人员管理措施。推行“周末育才”计划，邀请乐器老师来队授课。获得支队“改革强警，实干强消”黑板报展评活动三等奖、全市消防部队警营文化阵地“一厅两室一场所”设计展评大赛三等奖。完成建德中队 3D 红门影院、星级客房、阳光房（晒衣场）建设和百兆光纤进警营、营区监控点位增加、视频会议系统升级任务。

开展社会服务活动。为群众摘除马蜂窝 158

次、拿钥匙 2 次、剪戒指 2 次。建成“六有教育基地”6 家，免费为居民搭建消防安全宣传教育、消防安全培训、消防模拟体验、消防器具展示、便民服务等活动平台。推进消防安全宣传“十进”活动，每周对外开放消防站参观。全年开放 40 多次，受教育群众 2000 多人次；深入社会宣传 200 多次，受教育群众 2 万余人。

组织演练和培训。组织实地熟悉演练 300 多次，制作重点单位作战信息卡 180 多份。下发临时查封决定书 102 份，责令“三停”110 家。在全市春季体能运动会上，建德消防中队获得现役组第六名，章钱利获得新兵组个人全能第二名。办理行政处罚案件 265 起，对 6 支乡镇专职消防队的培训指导，每季度组织乡镇专职队赴队轮岗轮训和交流学习，对各支消防队开展实地督查检查、业务培训指导 60 次，完成全市 223 家微型消防站的集中培训指导，拉动微型消防站 593 次，组织与 4 支建德民间救援队伍交流学习 3 次。2017 年，检查单位 3550 家次，发现火灾隐患 5453 处，督促整改火灾隐患 5411 处。

落实“最多跑一次”改革。开展“创满意大走访”，向市委、政府、人大作专题汇报 5 次。走访 180 家消防安全重点单位，发放 115 份征求意见表，回收 103 份反馈意见；以“三放、三清、三转”（即放掉权力、放宽范围、放大服务，清洁审批环境、清理有偿服务、清除以罚代管，转形式、转标准、转作风）为目标，确保“最多跑一次”改革措施落实落地；推行说理式柔性执法，开展电话回访、上门服务等常态化走访，利用好廉政监督员座谈会、公开述职述廉、执法回访等平台，实现群众投诉为零、官兵违法违纪为零、行政责任事故为零的“三零”目标。（汪航）

检 察

【概况】2017年，市检察院受理提请批准逮捕各类刑事案255件387人，批准逮捕236件355人。受理移送审查起诉各类刑事案521件862人，提起公诉401件653人。其中：故意杀人、故意伤害、强奸等严重暴力犯罪，批准逮捕48人，提起公诉65人。“两抢一盗”等多发性侵财犯罪，批准逮捕155人，提起公诉228人。“黄、赌、毒”等扰乱社会秩序犯罪，批准逮捕79人，提起公诉112人。落实宽严相济刑事政策，对涉嫌犯罪但无逮捕必要的，依法批准不逮捕11人；对已构成犯罪但情节轻微的，依法不起诉101人。

推进“两学一做”“新安夜学”“周一夜学”“建功立德”“三提一争”专题活动。落实检察长、纪检组长、支部书记上党课制度。贯彻中央“八项规定”精神，履行“一岗双责”，推行“三重一大”“全程纪实”制度。2017 年，集体获省级荣誉 1 次，杭州市级荣誉 2 次；干警个人获得国家荣誉 2 人、省级荣誉 9 人、杭州市级荣誉 6 人。

【诉讼制度改革】联合法院、公安、司法局出台《关于办理认罪认罚从宽案件实施细则（试行）》，办理案件 220 件 245 人，适用比例 46%。在认罪认罚案件办理中突出速裁程序的运用，适用速裁程序办理案件 84 件 106 人，息诉服判率 100%。开展证人、鉴定人、侦查人员、专家证人四类人员出庭试点工作，邀请出庭作证 6 人次。

【强化法律监督】加强立案监督和侦查活动监督，全年监督立案5件5人，其中：重点开展破坏环境资源和危害食品药品安全犯罪两个专项立案监督活动。证据不足不捕11人，追诉漏罪漏犯3人，建议侦查机关撤回12人。开展量刑建议工作，发出书面量刑建议308份。开展劣Ⅴ类水剿灭战专项行动，发出书面检察建议3份。开展监管场所检察监督，向看守所发出书面检察建议4份。开展社区矫正执法检察活动，重点对入矫、建档、请假等方面实施监督，发出书面检察建议3份。开展财产刑执行专项检察活动。开展民事行政审判活动检察监督，办理生效裁判监督、虚假诉讼监督、支持起诉案件20件，办理的唐某某等人劳动合同纠纷支持起诉案，被省检察院评为民行监督优秀案件。出台刑检“办案手记”制度，规范刑事证据采证审证，提升刑事案件办理质量，该做法被浙江省检察院转发。发挥驻看守所检察室法律援助工作站作用，全年为5名家庭生活确有困难的在押人员申请法律援助。办理的狄树太等人羁押必要性审查案件被评为全国检察机关优秀案件、浙江省检察机关“践行绿色司法”十大精品案例。

◎ 5月31日，“法治进校 臻情护航”的检察开放日活动

【启动杭州市首例行政公益诉讼诉前督促程序】率先在杭州地区出台《关于加强检察机关开展公益诉讼工作的实施意见》。通过责令违法行为人限期补种林木等方式，践行环境补偿修复式公益诉讼模式，全年提起行政公益诉讼诉前程序案件3件，其中：相关案例被评为杭州市公益诉讼精品案例。

【未成年人司法保护】推行未成年人刑事案件捕诉监防一体化，开展合适成年人参与诉讼、犯罪记录封存、法律援助等工作，全年受理提请批准逮捕13件16人，不批准逮捕2件3人；受理审查起诉25件35人，不起诉5件7人。围绕未成年人司法保护，举办“法治进校，臻情护航”检察开放日活动，开展“法治进校园”系列活动，针对当前校园欺凌、虐童等社会热点，在幼儿园、中小学校举办专题法治讲座10多场，受众2000多人次，成功创建省级“青少年维权岗”。

【司法体制改革】实行检察人员分类管理和检察官员额制，遴选产生2名专业化程度较高的员额检察官，至年末，有21名员额检察官。入额院领导带头办理重大、复杂、疑难、新类型案件90多件。落实“谁办案谁负责、谁决定谁负责”，检察官在权力清单内依法独立办案，严格执行错案责任追究，全面实行办案责任终身制。建立检察官司法档案，加强司法办案监督，实现对所有检察官办案过程的全程留痕、全程监督，确保检察权规范运行。

【监察体制改革】落实《关于在北京市、山西省、浙江省开展国家监察体制改革试点方案》，全面推进市检察院监察体制改革进程，5月27日，正式办理13名转隶人员的出编手续（工资、编制实名制系统彻底分开）。

【保障中心工作】聚焦工业园区建设、“小城镇综合整治”等重点工作，出台《服务保障全市重要平台、重大项目、重点工程的实施意见》，严厉打击阻挠项目施工等犯罪行为，批准逮捕4人，提起公诉6人。突出打击非法集资、金融诈骗等破坏市场经济秩序犯罪，批准逮捕52人，提起公诉93人。梅城检察室围绕棚户区改造、村级换届选举等镇村重点工作，提供法律咨询300多人次，参与调解60多次。

【促进阳光检务】出台“最多跑一次”实施方案，制定信息查询、律师阅卷等事项的服务清单，改造完成集案件受理、查询、接访、律师接待等功能于一体的检察服务中心，推行一站式办理，全年接待律师阅卷109人次，提供行贿犯罪档案查询3267件次。推进“互联网+检察”，运用案件信息公开网、官方微信平台，开展案件程序性信息查询、控告申诉受理，全年公开程序性信息667条、法律文书330份。邀请代表委员参与“检察开放日”、庭审观摩等活动。通过走访、座谈、寄送宣传册等方式，向代表委员、民主党派和无党派人士通报检察工作。充分发挥新媒体作用，摄制推送检察微电影。

【化解社会矛盾】实行检察长接待日制度，以案释法，引导群众理性表达诉求，维护合法权益，接待群众来访144批205人次，受理举报控告申诉线索46件。做好中共十九大、互联网大会等期间的涉检信访维稳工作，实现去省进京零信访。积极拓展矛盾纠纷化解途径，妥善处置“淘宝代运营”案件集体访30多人次。与市司法局联合出台《关于律师参与化解和代理涉法涉诉信访案件的规定》。（傅凡轩）

法　院

【概况】2017年，建德市人民法院受理各类案件1.27万件，比上年提高4.8%，办结1.26万件，提高4%，一线法官人均结案242件。所结案件一审服判息诉率95%，提高3%；上诉案件维持率96.8%，提高4%。

建立“以员额法官为中心、以服务审判为重心”的人员分类管理制度，遴选产生48名员额法官，组建新型审判团队28个，招录司法雇员39名。建成1000多平方米的诉讼服务中心，整合导诉立案、查询咨询、材料收转等32项诉讼服务功能，除庭审、执行实施之外的全部事务可在大厅一站式办理。构建人民调解、委托调解、专职法官调解的三网过滤“大调解”格局，调解撤诉率大幅提升，80%的案件在诉讼服务中心解决。

推进大立案、大服务机制建设，提供优质高效的司法服务。执行立案登记制，推广网上立案、跨域立案便民机制，在立案环节基本实现“100%最多跑一次，50%最好不用跑”。坚持“有案必立、有诉必理”，登记立案1.07万件，当场登记立案率98.9%。网上立案3692件，占民商事案件的51%。市法院机关和人民法庭相互立案1077件，省内跨区域立案62件。建成以诉讼服务大厅为主，诉讼服务网、“12368”司法服务热线为辅的新型诉讼服务中心。

【认罪认罚从宽制度试点】开展认罪认罚从宽制度试点，对认罪认罚的被告人，特别是轻罪、初犯、偶犯被告人，依法从宽、从简、从快处理。审结认罪认罚案件129件，占同期刑事案件的55%，速裁案件平均结案时间8.2天，被告人服判率100%。全年审结刑事案件377件，判处被告人533人。对严重侵犯生命健康、危害财产安全、影响社会治安的犯罪行为，坚持依法严打，判处三年以上有期徒刑68人。依法从宽，对181名罪行较轻、社会危害较小的被告人宣告缓刑，对12名犯罪情节轻微的被告人单处罚金或免予刑事处罚。

【化解民事纠纷】坚持以人为本，审结民商事纠纷案件6444件。构建“诉前化解—立案调解—繁简分流”的办案模式，促进矛盾纠纷分层递进化解。联合市司法局、市妇联、市住建局，建立和完善交通事故、婚姻家庭、物业管理等7项专业调解机制。在诉讼服务中心设立专职调解法官，指导诉前化解纠纷1355件，提高12.6%，立案后、开庭前调解、撤诉率40.7%。深化繁简分流办案机制，促进“简案快办、难案精办”，适用小额诉讼程序审结案件753件，适用简易程序办结案件4609件，平均审理时间39天。

【依法行政】实施新行政诉讼法，审结行政诉讼案件114件，审查非诉行政案件206件。审结的案件中，驳回行政相对人起诉和诉讼请求37件，撤销行政行为或确认行政行为违法19件，判决行政机关赔偿或履行法定职责4件。协调和解，化解行政纠纷43件。规范和促进行政应诉工作，行政机关负责人出庭应诉率97%。召开行政复议、诉讼联席会议，开展“弘扬法治精神、促进依法行政”专题开放日，邀请百名行政机关负责人旁听“民告官”案件庭审。

【基本解决执行难题】2017年，市委办、市府办联合印发《支持基本解决执行难工作实施意见》，执结案件4714件，到位金额4.3亿元，实际执行率65%，提高14%。实行24小时备勤，通过“执行110”联动机制，在夜间和节假日控制被执行人185人。构建“一处失信、处处受限”的高压态势。将2683条信息导入最高法院失信名单库和人民银行金融基础数据库，发出限制高消费令2459人次，通过报纸、电视、微信曝光失信被执行人1478人次，参与“两代表一委员”、村（社区）干部等候选人资格审查5115人次。依法打击规避执行、抗拒执行行为，组织集中搜查240处，强制腾退房屋11处，对拒不申报财产、拒不履行义务的183人处以司法拘留，对4名有履行能力而拒不履行的被执行人追究刑事责任。坚持以穷尽财产调查、穷尽执行措施为前提，严格把握无财产可供执行案件认定标准，规范终结本次执行程序。出台《恢复执行案件管理办法》，畅通终本案件重新进入执行程序的通道。执行案件全程回告制度，对现场执行活动全程录音录像。

【服务保障中心工作】出台《关于为全面剿灭劣Ⅴ类水行动提供有力司法保障的意见》，加强环境资源专业化审判，审理、执行涉环保行政案件15件，支持环保部门依法履行职责。保障城市化发展，妥善审理府前路、影剧院等区块拆迁房屋租赁纠纷45件，依法审理梅城古城开发建设涉及的房屋产权纠纷17件，调解、和解结案52件。保障小城镇环境综合整治，推行“裁执分离”工作机制，审结行政机关申请强制搬迁、拆除违法建筑案件165件，准予执行率100%。

【保障转型升级】市法院坚持新发展理念，分类施策妥善处理困难企业涉案纠纷，助推供给侧结构性改革。通过动态查封、债转股等灵活司法手段，帮助具有市场前景、符合产业政策的困难企业化解纠纷、维持生产、渡过难关。加强企业破产审判，通过破产重整、破产清算，促进无力再起的“僵尸企业”转型重生或有序退出。执行转破产工作机制，依法将符合破产条件的“执行不能”企业转入破产程序。2017年，受理建德市梅城宾馆投资有限公司、建德市星晨金属制品有限公司等9家企业破产案件，涉及债务金额1.9亿元。综合运用破产、执行程序，完成27家企业的债权债务纠纷处置，盘活存量资产3.7亿元，释放土地资源530亩、厂房等房屋面积25万平方米。

【涉案民生服务】2017年，市法院审结教育、医疗、社会保障等与民生密切相关的案件875件。加强刑事案件受害方的权益保护，促进赔偿、补偿，被害人及其家属获得赔偿、补偿款1900万元。畅通劳动者维权绿色通道，执结拖欠职工工资案件433件，帮助劳动者实现工资债权651万元。加大司法救助力度，对因遭受犯罪侵害或民事侵权而导致生活困难的13名当事人，给予司法救助16万元，为经济确有困难的144名当事人缓、减、免收诉讼费38万元。实行零佣金网络司法拍卖，通过淘宝网拍卖涉诉资产270件，成交金额3.7亿元，溢价率52%，为当事人节省拍卖佣金1860万元。

【司法公开】市法院接受市人大、市政协监督。加强与代表、委员的联系联络，每季度编印一期《法院资讯》，加大微博和微信公众号的维护和发布力度，发布动态信息55期。向民主党派、工商联、无党派人士通报法院工作，听取意见建议。与检察机关对接，支持、配合检察机关履行法律监督职责。组织召开法官与律师工作座谈会。加强司法公开，在互联网公布裁判文书9760份，举办“三大机制”“国家宪法日”等专题开放日活动7次，邀请代表、委员、行风监督员、在校学生、村（社区）干部等300多人走进法

院。（陈晓波）

司法行政

【概况】2017年，全市各类人民调解组织调解纠纷1万件，调解成功1万件，涉案金额3.51亿元，化解涉及死亡人员矛盾纠纷113件；开展排查364次，预防纠纷253件。

组织律师参与"三八节""重阳节""五水共治"等公益活动202人次，每周三参与人力社保局法律援助工作站值班50多人次。执行新修订的《杭州市法律援助条例》，市法律援助中心接待群众来电来访5246人次，其中：来电1528件，来访3718件；受理审核指派法律援助案件326件，其中：刑事130件，民事195件，行政1件，避免和挽回经济损失1049.5万元。

市公证处办理各类公证案件2566件，其中：国内公证2039件（含涉港澳台公证20件），涉外公证527件，涉及标的约42亿元，解答公证法律咨询约3300人次。根据司法部"五不准"要求，认真开展公证质量检查，未发现1例错证、假证，未接到当事人投诉。

全年接收社区服刑人员263名、期满解矫232名、撤销缓刑收监执行2人、治安处罚7人、警告处罚29人次、居住地变更25人（22人迁出，3人迁入），实现全年无脱管、无漏管。完成审前调查240件。接收监狱刑满释放人员100人，均落实帮教措施，完成"必接必送"工作，接回人员9人。7月4日，与新安江街道共同依托新安江成人教育学校成立建德市首个"学院式"社区矫正深化教育基地。全年开展教育讲课5批次，参与听课的社区服刑人员515人次。

市妇联法律援助工作站被评为杭州市"十佳法律援助工作站"。浙江杭星律师事务所被杭州市局、杭州市律协评为"杭州市规范化律师所务所"。基层法律工作者协会党支部首推"四共一进"党员教育模式，被杭州市司法局党委评定为"杭州市司法行政系统党建示范点"。

【人民调解员队伍建设】结合村级组织"换届选举"，做好人民调解组织换届指导工作，配齐配强人民调解员。16个乡镇（街道）调委会、229个村调委会、32个居调委会推选出委员1149人，其中连任委员654人，改选委员495人。开展人民调解员业务培训，做好新老人民调解员的衔接。以人民调解员"等级评定"为抓手，加强人民调解员队伍专业化、职业化、规范化建设。根据《浙江省人民调解员等级评定办法（试行）》（浙司〔2016〕121号）有关规定，开展人民调解员等级评定，评出一级人民调解员16人、二级人民调解员19人、三级人民调解员8人。

◎ 8月25日，市司法局举办2017年度普法骨干培训班

【普法骨干培训班】8月25日，举办2017年度普法骨干培训班，全市各机关单位、乡镇（街道）分管领导、普法联络员及司法局全体干部职工、全市律师、法律服务工作者200多名普法骨干参加了培训班。培训班邀请九三学社杭州市委会副主委、浙江

五联律师事务所何黎明律师举办以“《民法总则》解读”为主题的法治讲座。

【调解工作“最多跑一次”改革】对申请人不服法律援助机构作出的不符合法律援助条件的通知的异议审查等2项服务事项全部纳入“最多跑一次”事项 。健全申请材料、权利义务风险一次性告知制度，实现90%以上的法律援助案件当天受理、当天审核、当天指派，并推出容缺受理和快递送达服务。10月，完成浙江政务服务网信息更新，开通在线申报渠道；完善法律援助工作站代办机制，建立童志康人大代表法律援助工作站，11月正式入驻市审批中心，推进同城多点办理。

【认罪认罚试点】做好刑事案件认罪认罚从宽制度试点工作，建立认罪认罚法律帮助律师资源库，制定《建德市认罪认罚从宽制度试点值班律师工作制度》，从7月1日至年末，提供认罪认罚法律帮助553件，公安阶段444件，检察院阶段109件。

【法律服务“惠企”工作】8月7日，按照省厅“惠企便民二十条”要求，制定实施《关于开展司法行政惠企便民法律服务的实施方案》。组织律师、公证员成立“法律服务团”走访企业，开展免费法律体检、法律讲座和法律咨询等“送法进企业”活动。全年走访202家企业，出具法律意见书、风险提示函27份，解决法律问题数116个。组织普法进商会活动6场，开设电商园区流动法律讲堂3场，参与处置僵尸企业1家，涉及标的额1.2亿元。

【社区矫正中心挂牌成立】12月25日，揭牌成立建德市社区矫正中心。该中心为两层，设有三区十室。三区即综合办公区、执法监管区和教育帮扶区；十室即综合办公区设置执法大队（矫正科）办公室、社区矫正指挥中心、公检法联络室、档案室等，执法监管区设置报到登记室、宣告室、训诫室等，教育帮扶区设置个别谈话室、集中教育室、心理咨询室等。

【开展“传递正能量”活动】推广由全国模范司法所杨村桥司法所首创的社区服刑人员“传递正能量”活动，安排社区服刑员参与村社区组织的公益活动，如中共十九大期间安排社区服刑人员参与村社区的平安巡逻。全年组织社区服务3298人次。

【开展“以案释法”】汇编“七五”普法读本《以案说法》，市委书记童定干作序。发放《以案说法》5.2万册。运用网络、手机、报刊、电视等媒体开展以案释法活动。在《今日建德》报纸开辟普法专栏，每周用以案说法的形式普及身边的法律，刊登49期专栏和1期专版。（章琦）

案例

【破获18年杀人积案】1月21日，通过先期杭州市局刑侦支队在“1999·12·28”案发现场检材的技术攻坚取得突破，建德市公安局在新安江街道某商店将犯罪嫌疑人陈某抓获，一举破获18年杀人积案。

【破获建德系列农村夜盗案】3月以来，建德白章线公路沿线的马目、大洋、梅城等地农村连续发生夜盗案件26起，被盗衣物、金器、手机等物品，价值人民币10万余元。案发后，民警通过现场走访、视频追踪、阵地控制、蹲点守候、重点人员前科排查等工作，于5月4日锁定犯罪嫌疑人，5月11日，在云南成功抓获犯罪嫌疑人徐某某。

【成功破获“7·13”电信诈骗专案】8月14日，成立刑侦、网警牵头的工作组参与公安部督办“7·13”专案侦查，分赴云南、宁夏、辽宁三省（区），通过一个多月的艰苦侦查， 9月20日下午4时，在公安部指挥下，在云南、四川、辽宁等5省9地的抓捕组同时开展行动，一举抓获全部涉案嫌疑人12名，缴获用于作案的电脑15台、手机16部、SIM卡58张、银行卡48张，骗取而未转走的银行卡“四件套”37份。

【开展“9·22”网络贩枪建德分案集中收网行动】通过对“9·22”网络贩枪线索梳理甄别，在杭州市局统一部署下，9月29日6时30分，对“9·22”网络贩枪建德分案开展集中收网行动，抓获嫌疑人盛某明、方某文为主的18名涉枪嫌疑人，查获铅弹制作窝点一个，收缴猎枪1把、气枪5把、弓弩2把、火药子弹40发、铅弹1060发及铅弹制作工具1套。此案被列为公安部督办案件。

【破获“4·27”特大网络诈骗团伙案】4月，有群众被以推荐优质股票需要交纳“年费”和“提现费”为由，被骗人民币4万元。经2个多月的线索排摸、调查取证，在全面查清犯罪团伙组织结构、运营模式、团伙成员、落脚点及主要犯罪事实的基础上，杭州市局于6月7日组织刑侦支队、技侦支队、网警分局、预审支队及建德市局256名警力，在海口、长沙两地同步开展集中抓捕行动，抓获违法犯罪团伙成员90人，其中刑拘并长途押回62人。初步查明该案涉及600多名群众被骗，涉案金额高达1000多万元。（徐珊）

编辑：喻春明

◎“4·27”专案凯旋

军 事

Military

人民武装

【概况】2017年,建德市人武部以习近平强军思想为统领，以省军区和警备区两个“一号文件”精神为指引，牢记“四种意识”、紧盯强军目标，强化党管武装，新体制运行良好，作风建设正气足，安全稳定形势好。2017年度被省军区评为“先进团单位”。

【全市武装工作暨国动委第十四次会议】3月20日，召开全市武装工作暨国动委第十四次会议。表彰2016年度先进单位和个人，总结2016年工作，部署2017年工作任务。会议由常务副市长吕平主持，市长朱欢宣读2016年度先进单位和先进个人。梅城镇、开发区寿昌镇、三都镇、下涯镇党委书记作武装工作述职。市人武部部长包亚斌作“投身国防动员系统改革，强力推进职能转型向纵深发展”的工作报告。报告指出，2017年市人武部工作紧贴省军区系统“5+2”（5就是国防动员、兵员征集、国防教育、国防设施保护和双拥工作，2就是拓展军民融合以及离退休干部服务保障）职能定位，以省军区、警备区各项工作指示为依据，抓好国防教育、兵员征集、基层武装部规范化建设和专武干部培养工作。

◎ 5月31日，民兵开训动员大会（汪洋 摄）

【民兵整组】3月至5月，市人武部完成民兵整组工作任务。3月3日，召开全市民兵整组任务部署会，调整市民兵整组工作领导小组，各乡镇（街道）成立民兵整组工作领导小组，下发民兵整组工作考核细则方案，明确民兵整组工作的具体内容及合格标准。4月至5月，市人武部深入全市16个基层武装部，听取汇报、分析形势、研究对策、帮带指导。编实建强基干民兵2384人，组织点验35批次，到点率100%，物资装备齐全，“七率”达到规定要求。

【2017年度民兵应急分队开训动员大会】5月31日，召开建德市民兵应急分队开训动员大会，表彰先进、部署工作。市委副书记、市长、市国动委主任朱欢，市委常委、常务副市长吕平出席动员大会，市人武部部长包亚斌主持会议。会上部署2017年度民兵军事训练任务及表彰2016年度民兵军事训练先进单位和个人。（方美君）

◎ 7月27日，举办“八一”晚会（汪洋　摄）

【建军90周年军民联欢晚会】7月28日晚，市人武部、市“双拥”办、团市委与73812部队官兵举办“军民融合强军路，建功立德新崛起”的军民联欢晚会。市领导吴铁民、包亚斌、吴岳炎、柯汉根出席活动。市政协主席吴铁民代表市委、市政府和51万建德人民，向驻建德部队官兵、现役军人、复转军人及军、烈属致以节日的问候。市青少年活动中心、市青年艺术团演员和73812部队官兵登台表演军体格斗操、激情拉丁舞、小品、合唱、消防服装秀、队列展示等节目。

【抢险救灾】6月25日凌晨，兰江水位暴涨，大洋镇集镇进水，受灾严重。接到险情任务后，市人武部部长包亚斌率领全体机关干部及民兵应急连水上分队125人，携带2艘冲锋舟、3艘橡皮艇，第一时间赶赴大洋镇，划着橡皮艇，冒着大雨，跳入水中抢险救灾，转移灾民150多人，运送转移物资100多趟。26日凌晨4时，市民兵应急连水上分队组成尖刀班30多人，驾冲锋舟携带人员设备，率先登陆受洪水围困最严重的三河集镇抢险救灾。

【庆祝建军90周年征文比赛】开展庆祝建军90周年活动，市人武部联合市史志办共同举办“情系国防共筑军魂”征文比赛，收到散文、随笔、纪实文学、回忆录等多种体裁的征文117篇。评出一等奖2名，二等奖5名，三等奖10名，优秀奖若干名。

【征兵工作】2017年，建德市圆满完成征兵任务，其中大学生人数比例提高到70%。市人武部利用寒假大学生返乡机会集中进行登记工作，做到适龄大学生人人见面、家家宣传。7月27日，召开全市征兵工作会议，7月中下旬各乡镇（街道）组织目测初检。8月上旬，组织上站体检，政治考核“双合格”大学生203名，比例达到79%。全市批准入伍女兵3人，直招士官1人。9月8日，在新安江广场隆重举行新兵入伍欢送仪式。

【退役士兵返乡欢迎仪式】10月31日，建德市举行2017年退役士兵返乡欢迎仪式暨专场招聘会。市委常委、副市长孟关良及市人大常委会副主任赵志荣、政协副主席程旭出席活动，100多名2017年退役士兵参加仪式。市人武部部长包亚斌主持，孟关良代表市委市政府发言。会上，退役军人代表和创业典型代表发言。欢迎仪式后进行退役安置政策现场讲解咨询，发放相关资料300多份。招聘会吸引30多家企业参加，提供就业岗位700多个，达成初步意向50多人次，当场签订合同16人。（方美君）

人民防空

【概况】2017年，建德市人防办新装2台警报器。5月12日，对全市警报进行试鸣，警报鸣响率和完好率均达100%；建德市主城区及寿昌、梅城两个重点镇征收人防易地建设费674万元。结建人民防空地下室工程全年竣工验收面积1.53万平方米，结建人民防空地下室工程审批面积1.25万平方米。

【人防宣传月活动】结合“5·12”防灾减灾

日，组织防空防灾警报试鸣及疏散演习；广场宣传咨询活动；人防知识竞赛等。5月12日，在新安江街道、洋溪街道、更楼街道以及梅城镇和寿昌镇五个乡镇（街道），进行防空应急疏散演练，有居民、企业职工1000多名人员参加。在全市学校开展师生疏散演习，在中小学中开展人防征文比赛，经专家评比，选出获奖作品98篇。

【建德市中小学生防空防灾体验馆落成】 结合新一小综合楼项目的建设，在综合楼内建成一个面积300平方米，投资100万元的中小学生防空防灾体验馆。项目于2017年4月21日进行招投标，杭州智构智能工程有限公司99.68万元中标。9月底完工，10月底竣工验收。

【整组民防志愿者新安山地救援队】 对新安山地救援队进行常态化训练，组织培训。新安山地救援队2017年参与大同4名青年走失搜救、寿昌镇山峰村老人走失、大洋镇抗洪抢险、“5.12”防灾减灾宣传等行动。（蒋文荟）

编辑：喻春明

◎ 5月12日，寿昌镇望江社区开展人员疏散演习（徐冯铭 摄）

人力资源　社会保障

Human Resources and Social Security

人力资源

【概况】2017年，市人社局制定《建德市大学生创业园认定管理办法（试行）》，举办“智汇新安”活动，签约项目23个，金额7000多万元。建立局班子每位成员联系2名企业高层次人才机制。新入选杭州市“钱江特聘专家”2人、“钱江友谊奖”1人、115引智立项24项，入选省“海外工程师”3人。入选省151三层次2人、杭州市131人选40人。为47名高学历人才兑现生活补贴95万元。新认定杭州市技能大师工作室3家，建德市技能大师工作室6家，培养高技能人才946人。

主动融入“航空小镇”建设，开设全省首个通用机场运行管理、无人机操控及维修等航空类专业，培养紧缺的通航实用型技术人才。深化校校合作，中国民航管理干部学院建德航空小镇培训基地正式授牌。成立以浙江传媒学院华策电影学院为主体的“浙江传媒学院航空学院”。

2017年，公开招考录用公务员163人，公开招聘事业人员422人，国企招聘32人，军转干部安置10人。组织53名新任中层干部进行干部管理培训，241名新录用公务员、事业人员开启暗访、接访、走访“三访”培训新模式，启动公务员“学法用法三年轮训行动”。

【推动“最多跑一次”改革】梳理依申请办理事项38项，实现最多跑一次事项35项，其中权力事项21项，公共服务事项14项，实现率92.1%。在市审管办人社窗口及市社会保障服务中心设置综合服务窗口9个，落实“前台综合受理、后台分类办理、统一窗口出件”的一窗受理集成服务模式。7月，在市行政服务中心增设“人社、地税联办窗口”，将多部门跑多次转变成一窗受理、内部流转、集成服务的跨部门“最多跑一次”。自9月2日起，市社会保障服务中心社保窗口、就业窗口、人才窗口涉及的个人办事事项在周末均可以办理。通过浙江政务服务网将社保信息传递给相关部门，实现社保缴费清单的部门端直接查询。

【应届高学历毕业生生活补贴发放】落实杭州市人社局、财政局联合印发《杭州市新引进应届高学历毕业生生活补贴发放实施办法》，对新引进到建德市行政事业单位及税收缴入建德市国库的企业工作的应届硕士、博士研究生分别一次性给予2万元、3万元生活补贴，至年末，受理38名硕士、1名博士高学历人才生活补贴申请，补贴79万元。

【汪家企业人才专项住房配售】自2016年5月20日起，经宣传动员、单位申报、资格审核、会议讨论、现场抽签等程序后，截至2017年12月底审核通过并办理购房手续的房源108套（其中企业购房46套、个人购房62套）。

【人才新购商品房购房补贴】根据《关于印发建德市促进房地产市场健康稳定发展实施细则（试行）的通知》（建政办函〔2015〕113号）文件精神，启动2017年建德市企业人才新购商品房补贴申报工作，受理申请85人次，补贴资金近400万元。

【公开招录公务员】2017年，全市计划招考录用公务员167名，其中市级机关109名、乡镇机关58名，面向村干部招录2名，大学生村干部招录9人。通过省公务员录用考试平台报名的考生有5061名，4924名考试通过网上资格初审，4275名考生参加公务员笔试考试，447名考生入围面试，综合笔试面试成绩163人获体检资格，163名考生进入考察程序，另有4名考生因怀孕暂缓录用。经报杭州审批，163名考生被批准录用为建德市公务员（含人武院校生1人），整个招录过程零投诉。

【公开招聘事业人员】上半年，公开招聘中小学和幼儿园教师127名，报名733人，最终聘用事业人员116人，4名考生因怀孕暂缓聘用。卫生系统招聘事业人员154名，报名478人，核减取消职位45名，3名考生因怀孕暂缓聘用，最终聘用事业人员106人。其他事业单位公开招聘事业人员80名，报名2284人，报名后核减2名，最终聘用事业人员78人。委培生定向培养分配工作正常进行，其中教育系统拟分配学前教育专业委培生18人，卫计系统拟分配临床专业委培生30人，合计拟分配委培生48人。

【国有企业公开招聘】首次组织赴武汉高校举办专场招聘会，通过面谈选拔，招聘15名高校应届生来建德市国有企业任职；组织2次国有企业面向社会公开招聘19名工作人员，经过发布公告、现场报名、集中考试、考核体检，聘用17名工作人员进入国企岗位。

【转业士官招聘】2017年，接收转业士官10名，根据《建德市人民政府关于符合人民政府安排工作条件退役士兵的安置规定的通知》规定，确定3个事业人员安置名额。坚持“公开、公正、公平”原则，做到“阳光安置”，经过落实安置单位、统一笔试、档案分考核、自主选岗等程序，3名转业士官被安置到事业单位岗位工作。

【收入分配制度改革】6月，完成法官、检察官和司法辅助人员工资制度改革。8月，完成公安机关执法警务警员(警务技术)职务序列工资改革试点工作。10月，完成公立医院薪酬制度改革。完成市公安局人民警察执法勤务警员职务和警务技术职务的套改和晋升，市公安局人民警察执法勤务警员职务和警务技术职务套改430人，晋升264人。

【技能大师工作室】发挥高技能领军人才和能工巧匠在传授技艺、技术创新、技术交流、技能攻关和实现绝技绝活代际传承等方面的带动和辐射作用，2017年认定建德市级技能大师工作室6家，推荐3家参与杭州市级技能大师工作室评选。年末，有建德市级技能大师工作室9家，杭州市级技能大师工作室4家，省级技能大师工作室2家。

【大学生村干部管理】完成2016年度大学生村干部考核工作（5人优秀、23人称职）。上报

◎市社会保障服务中心

2014—2017年服务期满大学生村干部身份统计报表。办理2017年度选聘到村工作高校毕业生商业保险事宜。大学生村干部六年到期终止劳动合同1人、三年到期续签合同4人、新录用公务员、事业单位大学生村干部离职手续办理10人。

劳动保障

【概况】2017年，出台《促进就业创业补助和社保补贴办法》等9项“就创新政”配套文件。发放就业创业补贴2000多万元，惠及就业困难人员8000多人；发放创业担保贷款615万元。举办50场综合性招聘会，提供就业岗位2.2万个；城镇新增就业人数6476人，引导和帮助2793名失业人员实现再就业，帮助977名就业困难人员实现再就业。城镇登记失业率控制在2.4%。积极落实建德市对岑巩县的对口支援（帮扶）工作，与岑巩县签订《劳动协作工作机制》《劳务协作联系会议制度》，提供就业岗位327个，至年末，黔东南籍在建德市务工人员438人。

2017年建德市养老保险参保率87.4%，医疗保险参保率99.4%，职工基本养老、医疗、工伤、生育、失业保险新增参保人数分别为1.48万人、8055人、4835人、4945人和4652人。城乡居民医疗保险银行代扣代缴签约率超90%。完成6.98万名退休人员基本养老金调整工作；城乡居民基本养老保险基础养老金标准由每人每月130元调整为150元；出台城乡医保门诊按人头付费政策，9月初在三都镇开始试点；出台并实施医保个人账户家庭共济政策，全年备案1245人次，金额203.57万元；全市乡镇卫生院纳入总额预算，实现定点医疗机构总额预算全覆盖；稳妥推进机关事业养老保险制度改革。工伤认定710件，工伤职工劳动能力鉴定319人次，因病劳动能力鉴定57人次。

推行建筑工地实名制按月工资支付试点，有效防范拖欠工资问题。开展农民工工资支付情况执法活动（春雨行动）等7次专查行动，受理日常投诉举报欠薪案件368件，涉及人数2500多人，追回工资等待遇2280万元。仲裁庭“搬到”矛盾发生地，改变以往“坐等群众上门”的情况，实现劳动争议案件在一线开庭审理。2017年立案125件，结案121件，结案率96.8%，其中调解等方式结案105件，调解率86.7%，无裁决案件被撤销。

【出台就业创业帮扶政策】相继出台《促进就业创业补助和社保补贴办法》《城镇就业困难人员和高校毕业生灵活就业补助和社保补贴办法》《职业培训补贴（资助）实施办法》等9项配套文件。出台涉及价格补贴、降费率、职业技能补贴、稳岗补贴和城乡一体化五个方面的失业保险政策。

【城镇新增就业人数管理】2017年，城镇新增就业人数6476人，引导和帮助2793名失业人员实现再就业，帮助977名就业困难人员实现再就业，城镇登记失业率控制在2.4%以内；召开招聘会50场，杭州就业网有效会员1395家，发布用工信息单位4132家次，发布用工岗位数6.51万个，求职登记3179人次，职业介绍2893次。

【创业就业补贴】全年兑现各项创业就业补贴2024.21万元，惠及人员8830人次。其中844人次享受城乡公益性岗位用工补助和社保补贴350.42万元，5079人享受灵活就业社保补贴1086.81万元。

【失业保险】全市失业保险参保单位4811家，参保人数8.14万人。为1020名失业人员办理失业登记，为9390人次发放失业保险金、医疗补助费及农合工一次性生活补助金1724万元。

【重点人群创业】采集人才市场5年内档案接收大学生数据及失业人员数据，梳理出基本符合条件人员名册，逐一制定《创业政策精准化服务方案》；采取短信、电话、现场讲解的方式，进行点对点创业指导，为其提供个性化、精细化、高效化的创业服务，惠及400多人。

【企业个性化服务方案】建德市农夫山泉四厂面临用工短缺难题，就业处积极奔走联系，制定个性化招聘方案，举办专场招聘会，完成招聘200多人。为企业提供企业吸纳就业、职业培训补贴等各项政策宣传服务。全年为6家企业定制个性化服务方案。

◎ 10月31日，退役干兵欢迎仪式暨专场招聘会

【全民参保登记数据动态管理】以公安户籍数据为基础，通过全民参保登记数据比对，夯实建德市户籍人员本地及异地参保情况，生成户籍人员养老、医保未参保人员名单，通过全民参保登记入户调查登记系统下发各个村（社区），基层代办员通过上门调查、电话调查等方式核查，摸清建德市至今未参保人员具体情况。至年末，全民参保调查登记率97.3%。

【城乡医保银行代扣代缴】推行城乡医保费银行代扣代缴，对全市30多万城乡居民医保参保人员，通过市农商银行实行保费代扣代缴。至年末，城乡医保签约人数30.03万人，加上免缴人员6687人,全市总签约率92.7%。扣款人数27.77万人，扣款率88.5%。

【退休人员人养老金管理】2017年，符合退休人员调整待遇的人数为6.99万人，其中企业退休人员6.24万人、机关事业退休人员7542人（其中根据杭州市口径预发的18人），人均每月增加养老金153.45元。发放15.64万人，金额24.29亿元。

【社保基金监管】开展多领社保待遇人员的核查及违规基金的追缴工作，核查违规多领费用53人，应追回违规基金51.99万元，追回违规基金12.14万元（17人）。毛岸河案涉及14人，违规金额273.99万元，全部追回。推进内部业务审计工作，抽查业务1034笔，要求整改问题10个。开展退休人员养老金发放数据的稽核，稽核168人。按照人社部发〔2016〕132号文件要求，对职工基本养老保险中断补缴政策进行规范，发短信告知存在中断的2万人政策将变化，通过微信、通告等方式宣传，5067人办理补缴，征收8250万元职工养老保险费。

【医保全国联网】9月，完成跨省与省内异地就医系统的升级改造和接入测试，实现与国家跨省异地就医平台的对接。12月6日，建德市医保参保人员凌××在复旦大学附属中山医院使用社保卡办理医保刷卡结算手续，成为建德市接入全国跨省异地就医结算系统的首位受益人。

【老农保清零衔接】11月，根据人社部及省厅文件精神，对建德市原农村社会养老保险即老农保实施清理衔接工作。制定老农保清零工作实施方案，召开乡镇座谈会，积极与财政协调，解决老农保退保资金保证和经费问题。通过多种渠道对老农保人员信息进行补录维护，将数据按乡镇下发平台系统，方便乡镇查询核对。至年末,清理2.04万人，其中转保职工养老1400多人，目前还存余人数9500人，清理进度68.2%。彩印老农保相关宣传资料5万份。

【征地政策调整前转保补缴】根据浙人社发〔2017〕59号文件精神，7月1号后被征地农民养老保障衔接转入职工养老保险政策有所调整，中心及时发动各乡镇、社区及通过媒体做好宣传解释工作，确定自6月19日起到6月30日为征地转保服务月，中心日均接待量达1500人次。至年末，被征地农民一次性转保补缴职工养老保险2.96万人,其中到龄人员补缴转保2.21万人。

【特殊工种提前退休集体讨论机制】建立集体讨论机制，每月对新申请特殊工种提前退休问题进行研判，同时严格执行国家和省规定的特殊工种提前退休范围对象和特殊工种目录，建立特殊工种管理档案报备制度，主要对特殊工种范围、从事人员登记、改制转制、国有股份等进行备案，统一规范经办流程。

【工伤认定及劳动能力鉴定】2017年受理工伤认定申请758件，经审核、调查，完成工伤认定710件，结案率93.7%，比上年增长26.1%。劳动鉴定工作平稳开展，受理工伤职工劳动能力鉴定319人次，其中有级的310人次，无级的6人次，有3人待复查；受理因病劳动能力鉴定57人次，其中51人符合完全丧失劳动能力，6人未达到完全丧失劳动能力条件。

【劳动纠纷案件监管】劳动监察大队处置劳动纠纷案件325件（其中“12345”市长公开热线和“110”联动228件，占70.2%），涉及人数2300多人，涉及经济标的2206.7万元，为劳动者挽回损失2110万元。开展日常巡查2873户次，书面审查4538家，作出行政处理2件，行政处罚7件，处罚金9.8万元，向公安机关移交涉嫌欠薪罪案件3起，立案侦查2起，未发生因欠薪引起的重大恶性突发性事件。

【劳动仲裁】受理劳动争议案件113件，与上年基本持平，但劳动者人数与经济标的上升明显，涉及劳动者700人，增长82.2%，经济标的1597.93万元，增长57.8%。结案106件，结案率93.8%，其中裁决16件，调解等方式结案90件，调解率84.9%，10人以上集体案件7件，均得到妥善处置，未引发群体性事件。

【建德市工业技校】申办高级技工学校，通过省高级技校评审专家组的现场评审，为创建技师学院（航空职业技术学院）创造前提条件；7月13日《创建技师学院可行性报告》通过建德市论证。

与杭钢集团签订战略合作框架协议，为培养航空产业技能人才开展合作。与中国民航管理干部学院签订合作协议，学校成为“中国民航管理干部学院建德航空小镇培训基地”。与浙江传媒学院华策电影学院（浙江传策影视科技有限责任公司）、建德开发区（航空小镇）管委会签订三方合作协议，就推进开展民用航空领域职业教育及培训、无人机研发、制造等相关产业项目建设，建制浙江传媒学院航空学院（浙西航空技师学院）筹建等方面达成共识。与浙江省模型无线电运动协会签约，共建共管浙江省航空模型、无人驾驶航空器运动后备人才基地（以下简称基地），并加入浙江省模型无线电运动协会（团体会员），成为“浙江省遥控航空模型飞行员执照考核培训授权单位”。

新开设“通用机场运行管理”专业，完成招生 40 人，扩大航空类专业的办学规模；完成省编教材《无人机操控与维修》的牵头编写统稿校对工作。12 月 6 日，承办浙江省中职化工专业教研大组年会，来自全省各地的 19 所中职、技工学校 37 名代表参加本届年会。开启校企合作新模式，与新安化工合作，联合开办“新安雏鹰新型学徒制订单班”，实现校企资源共享，为新安化工培养急需的专业技能人才。

毕业生“双证”率 100%。毕业生 404 名（其中高级工班毕业生 77 名）“双证书”取得率100%，有 136 名学生升入高级工班学习。（赖冬碟）

编辑：喻春明

教 育

Education

综 述

【概况】2017年，全市教育投入10.61亿元，其中预算内教育经费拨款（含预算内其他经费拨款）9.69亿元、教育费附加1550万元、各项事业收入3700万元。人员经费支出6.2亿元，公用经费支出2.13 亿元。全市中小学校电脑拥有量1.24万台；多媒体教室装备1773套，其中多媒体进普通教室1086套；中小学建有图书馆（室）的学校62所（含11个教学点），拥有率100%，在课外活动期间开放图书馆（室）的学校数49所，新增图书量4.75万册，图书藏书总量187.92万册，生均48.6册。

2017 年，教育段学生享受营养餐 3725 人。普通高中免学费 332 人，享受国家助学金 1717 人，在园幼儿教育补助 264 人，职业高中免学费 4901 人，享受国家助学金 835 人。资助学生 1.68 万人次，金额 1036.47 万元。

【校园安全保障】围绕民生实事校园安全“个十百千万”工程项目，针对10多项安全项目，完成110个安全项目点创建，提升4597名教职工安全教育水平，提高全市4.85万名中小学生幼儿的校园安全保障水平。暑期完成教育系统295名保安培训，完成70所中小学幼儿园校园警务室建设，完成10所中小学幼儿园访客机、校园门禁系统建设。

【首届“市长杯”青少年校园足球联赛】5月–12月，举办建德市首届“市长杯”青少年校园足球联赛。有41只队伍800多名运动员参加，其中，18所初中学校有16支足球队参赛，参赛率88.9%；28所小学有25支足球队参赛，参赛率89.2%。联赛经初赛和决赛，总场次221场，参与学生、教师4.5万人次。开展校内班级间、年级间的足球比赛1000多场次，校际交流130多场次。

【教育项目建设】在建续建教育重大项目8个，总投资5.13亿元，其中当年计划投资2.32亿元。目前，新安江职业学校迁建工程、梅城初中迁建工程、城东实验学校、叶家幼儿园、洋安幼儿园、叶家小学、洋安小学等项目建设如期推进；严州中学新安江校区教学楼、宿舍楼扩建工程投入使用；完成暑期维修和零星工程项目72个，投入资金2329万元。

【教育综合改革】8月，市教育局在7所学校开展县管校聘试点，467名教职工参加适岗竞聘，占全市中小学教职工15%，其中在校内竞聘中（一级竞聘）得到聘任457人，在市内竞聘（二级竞聘）中得到聘任9人，被解聘1人。

学前教育

【概况】2017年，全市有注册幼儿园39所。其中，教育部门、其他部门和集体主办幼儿园20所，社会力量举办幼儿园19所。在园幼儿总数1.30万人，其中公办幼儿园在园幼儿人数8990人，占全市在园幼儿总数的68.9%。省一级幼儿

◎ 5 月 27 日，市委副书记、市长朱欢走访慰问少年儿童

园（分园）5个、省二级幼儿园（园区）35个、省三级幼儿园6所，准办园1所，杭州市农村示范幼儿园12所，全市3周岁～5周岁幼儿入园率96.8%。29所幼儿园（分园）创建为杭州市标准化建设达标幼儿园（其中21所是公办园），杭州市标准化建设达标幼儿园比例74.3%。全市普惠性幼儿园在园幼儿1.16万人，普惠率为89.6%。全市新评省二级幼儿园1所，有特色幼儿园8所，占20.5 %。

全市非编有证教师补助标准为人均5.3万元 / 年，达到在编教师平均工资的 80%。民办园补助资金 560 万元。全市幼儿园教师持有资格证比率 98.4%，园长持有上岗证比率 100%；全市幼儿园教师学历合格率 100%，其中大专及以上学历 95.7 %；全市省等级幼儿园覆盖率 99.4 %，其中省一、省二在园幼儿 1.01 万人，优质资源覆盖率为 78.6%。名园集团化覆盖率 45% 以上，城乡幼儿园互助共同体覆盖率 100%。

【提升幼儿教师素质】建立学前教育公办、民办师资培训一体制，举办全市保安、保育员技能等级培训，新增教师资格证持证人数87人，持证率98.4%，比上年增长1.3%。建立公办、民办幼儿园结对帮扶制和优质学前教育资源共享制，建立“下城 · 建德”幼儿园城乡互助共同体，开展幼儿园各项活动41次。

义务教育

【概况】2017年，全市初中学校18所（含民办1所、九年一贯制学校2所），在校学生9979人，比上年减少125人。小学学校28所，在校学生2072人，增加3人。全市初中、小学适龄儿童入学率及巩固率100%，初升高比例99.7%。全市义务教育阶段省标准化学校达97.8%。

落实《中小学教学管理十项要求》《关于进一步确保校（园）长抓好主责主业工作的若干意见》等文件。2017 年，建德市初中教育教学研讨会暨三年行动计划实施动员会在衢州市江山市召开，全市 18 所初中校长、教务主任等 130 人参加会议。建立新安江第一初级中学、新安江第二初级中学、新安江第三初级中学教学共同体，培训初中语文、数学、英语、科学、思想品德与社会、班主任等骨干教师 145 人。

开展第四届经典诵读大赛、“美丽建德建功立德”征文、演讲比赛、“浙江好家风”演讲比赛、“弘扬孝敬文化”主题征文、“宪法走近你我”主题征文、感恩行动等主题实践活动。

【义务教育阶段课程改革】继续推进义务教育阶段课程改革，结合学校特色开设拓展选修课程。初中学段深入开展“基础性课程”分层走班教学改革，大洋初中、大慈岩初中、新二中、新三中列入省级试点学校。

【举办中小学生科技节】3月至11月，举办建德市2016年中小学生艺术节，全市53所中小学3000多人参加12个项目的比赛，最终200多名学生获奖。建德市参加杭州市科技节比赛18项，其中科普项目9项，专项科技竞赛9项，获杭州市一、二、三等奖100多人次。全市中小学生3.60万人参加杭州市科普知识网络竞赛，建德市教育局获竞赛优秀组织奖。

【特色学校建设】 推进“德文化”进校园，建设首批德文化示范校3所。开展美丽学校建设，评选出建德市第二批美丽学校（文明校园）17所。创建杭州市绿色学校4所、全国青少年校园足球特色学校2所、省青少年校园足球特色学校9所、建德市婺剧进校园试点学校9所。

【第四十四届中小学生田径运动会】 11月7—10日，建德市第四十四届中小学生田径运动会在严州中学新安江校区举行。54支代表队、900多名运动员，在5个组别19个田径项目上展开角逐。

【获评中小学“十佳德育精品课程”“十佳德育活动品牌”】 经申报和评审，10所中小学的10门课程被评为市首届“十佳德育精品课程”。经申报和评审，10所中小学的10个德育活动被评为市第一批“十佳德育活动品牌”。

【首个特殊教育卫星班】 11月7日，来自建德市培智学校的4名同学，首次跨进城东实验学校的建德市特殊教育卫星班。卫星班是特殊教育学校在普通学校附设的班级。

高中段教育

【概况】 2017年，全市初升高学生3464人，比例99.7%，其中升入普通高中的人数2040人、升入职高人数1424人。普通高中在校学生7873人，比上年减少304人；职业高中在校学生1307人，减少430人。

2017 年，高考建德市一段线上线 643 人。其中严州中学新安江校区吴玥同学以总分 693 分位列全省第 122 名，许齐枫以总分 690 分位列全省第 183 名被清华大学录取。严州中学新安江校区被 C9 联盟大学录取 45 人，被 985 大学录取 86 人，被 211 大学录取 166 人。

【发展现代职业教育】 1月11日，建德市人民政府出台《关于加快发展现代职业教育的实施意见》（建政函〔2017〕5号），明确到2020年，职业学校均达到省二级以上标准；形成1~2个具有省市示范作用的校企合作建设项目；建成1~2个在省、杭州市均具有影响力和竞争力的优质品牌专业，每年为建德市输送中级以上技能人才不少于500人。

【现代学徒制试点】 建德市学前教育、旅游服务与管理2大类专业4个方向与18家企业、行业协会展开联合试点培养工作，参与试点的学生占2015级学生总人数的37.7%，聘请企业师傅38名，校外企业实训基地22个。开展乾潭职高学前教育专业2017级学生师徒结对活动,新安江职业学校烹饪专业2017级学生与企业师傅签订师徒结对协议活动。开展三方论坛、现场教学、企业课堂、天我上岗等多形式的教学合作活动。全市2017级有162名学生进行师徒结对，占新生总数的36.7%。

【中职教育选择性课改】 全市中职学校开设选修

◎“婺剧进校园”研讨会

课30多门，开发校本教材26门，课改学生覆盖率100%。在2017年杭州市中职学校课改校本教材评比中，新安江职业学校的校本教材获2个一等奖、2个三等奖。在2017年杭州市中职学校课程方案评比中，获2个二等奖、1个三等奖。

【中职质量提升工程】市教育局印发《建德市中等职业教育质量提升建设项目实施方案》（建教职成〔2017〕3号）。4月,召开2017年建德市职业教育重点工作推进会，明确3年建设任务，确立品牌专业、现代学徒制试点、实训基地建设、名教育教学团队和职普融通等5个建设（试点）项目。9月，召开建德市中职教育质量提升工作推进会，将乾潭职高学前教育专业现代学徒制确定为建德市2017年中职质量提升工程试点项目，并赴临平职高开展考察学习、导师结对活动。

【新安江职业学校迁建】2月，新安江职业学校迁建工程开工，总投资2.0亿元（含城东实验学校迁建费用）。做好两校合并后的专业部局和调整的规划，邀请专家对建德市中职专业进行问诊把脉，开设专业进行梳理和取舍，重点发展切合建德市经济发展和产业转型的专业。加快实训大楼建设和改造工程进度。

【职业教育活动周】5月8—14日，举办以“推进产教融合打造大国工匠”为主题的职业教育活动周。活动期间，开展中职现代学徒制“双师共导”课堂现场推进会、第六届中职师生技能大赛、中职学生志愿者技能助力服务社会、全市初中学生人生规划教育和招生宣传、职业教育成果图片展等全市层面的活动。由市教育局监制的《匠心·筑梦——走进职业教育》（2017）纪录片走进全市19所乡镇初中学校。

【职业技能大赛】各职业学校（技校）以中职师生技能大赛为载体，进行20个项目的竞赛，其中教师教学能力类2项、学生职业素养类2项、学生职业技能类16项，比赛内容涉及教学设计、微课制作、主题演讲，普通车削加工，中餐摆台等。

成人（社区）教育

【概况】2017年，全市有省标准化乡镇成人文化技术学校16所，社区学院1所、社区教育中心5所、社区学校11所。杨村桥成校被评为浙江省现代化成校。新增设大同、乾潭2所独立法人成人文化技术学校。

建德市人民政府出台《关于进一步加强乡镇（街道）成人教育工作的实施意见》（建政办函〔2017〕141 号）。16 所乡镇（街道）成校开展厨艺比拼、消防安全知识讲座、农村电商人才培训、插花培训、美丽庭院创建、民宿管理与服务培训、母婴护理、库区移民培训、剿灭劣 V 类水培训等社会培训 2.36 万人，4.52 万人次，培训人数占当地常住人口总数（43.07 万人）的 5.5%。其中家政服务、养老护理培训量为本区域常住人口 0.2% 以上，扫除文盲 1060 人，全年培训实用技术人才 6327 人次。

【社区教育】新安江成校与新安江12个社区共同培育“新安旗袍社”“艺苑婺剧社”2个精品社团，组建18个学习共同体，组织部分优秀学共体进校园、企业展演。杨村桥成校与杨村桥镇政府举办开展“打造国学传承工程 致力孝德文化建设”传统文化教育促进基地授牌暨好家风颁奖活动。梅城成校在实践中不断探索“游古府、学茶艺、品小吃、赏古韵”综合培训学习体系建设。11月17日，在市老年大学举办建德市2017年全民终身学习活动周活动启动仪式和表彰活动，全市中小学针对学校实际开展社区教育开放日活动，进行“2016百姓学习之星”展、终身学习品牌展、成教培训品牌展示。活动周期间，在梅城社区教育中心举行梅花旗袍社团体验、严州大讲堂、插花茶艺培训等活动。11月24日至30日，进行2017百姓学习之星终身学习品牌评选。

【民办教育发展政策扶持】4月13日，建德市人民政府印发《关于促进民办教育健康发展的实施意见》，建立以生均教育经费为基本依据的民办中小学、幼儿园公共财政资助政策，完善对民办教育的公共财政扶持奖励政策。出台《建德市民办学校生均经费补助核评细则》《建德市民办教育发展专项资金管理暂行办法》，全年拨付民办教育发展专项资金1035.8万元。

师资队伍

【概况】2017年，全市有专任教师3624人（其中幼儿园326人、小学1323人、初中1137人、高中794人、培智学校及成人教育44人），幼儿园、小学、初中、普通高中专任教师的学历合格率分别为100%、100%、100%、99.8%；小学专任教师专科及以上学历和初中专任教师本科及以上学历的比例分别达到96.6%和92.6%。面向普通高校本科及以上应届毕业师范生公开招聘和面向社会公开招聘，录用教师145人，其中高中17人、初中15人、小学64人、幼儿园30人、培智学校1人、定向培养幼儿园教师18人。全市中小学、幼儿园心理健康教育持证教师达3189人（其中国家级心理咨询师110人），占全体教师比例88%，位居全省县市区前列。完成3661名教职工的考核工作，其中优秀489人、占教职工比例13.3%，合格3172人、占86.6%。

【义务教育学校教师交流】实施《建德市义务教育学校教师交流实施意见》，2017年教师交流125人，其中义务学校教师交流 91人，初中教师到小学交流18人。骨干教师交流17人，占符合交流条件骨干教师总数的25.5%（省要求比例为15%），普通教师参与交流74人（小学39人、初中35人），义务学校校长（含副校长）交流18人，推广城区学校的骨干中层直接交流到农村学校任校级干部。

【教师专业技术职务评审和资格认定注册】2017年，全市教育系统晋升或确认各类专业技术职务教师377名。其中晋升正高职务2人，高级教师职务42人（其中中学教师32人、小学教师8人、幼儿园教师2人）。一级教师职务58人（其中中学教师20人、小学教师34人、幼儿园教师4人）。5人从一级教师职务转为助理研究员职务。173人被认定为二级教师职务（其中中学教师61人、小学教师48人、幼儿园教师64人）。97人晋升三级教师职务（其中小学教师7人、幼儿园教师89人、特殊教育教师1人）。受理教师资格认定申请181人，经过体检、笔试、面试等，有176人通过认定取得教师资格证书，其中幼儿园68人、小学76人、初中32人。全市中小学有3831名教师完成网上注册。

【师德师风主题教育】2017年，开展“建功教育，立德树人，争做四有好老师”师德师风主题教育活动，开展师德建设先进教师及师德楷模评选推荐活动，表彰宣传高尚师德典型，开展第四届十佳美丽教师评选工作，组织布置评选杭州市优秀教师和优秀教育工作者15名，杭州市育人工作先进个人6人。寿昌第一小学教师陈永祥被评为第五届最美杭州人感动杭城十佳教师。评选出“第四届教师读书征文活动”获奖作品121篇。严格落实师德师风“七严禁”，持续治理有偿家教，年初中小学校签订治理有偿家教责任书，全市中小学3254位教师签订拒绝有偿补课承诺书，把师德师风建设纳入学校工作目标管理考核体系，并与岗位竞聘、评优评先、职级晋升、绩效工资等紧密挂钩。

【培育培养骨干教师】2017年，选派10名优秀教师参加出国研修培训。5月，教育系统成立6个特级教师暨名师工作室，举行成立仪式，至年末，有10个特级教师和名师工作室，招收学徒78名。采取师徒结对等形式，指导培养学科骨干教师。全市有55位教师参加杭州市“新锐教师”培养工程。

【初中教师业务能力比武】12月10日，市教育局开展2017学年初中教师业务能力比武，全市18所初中九年级语文、数学、英语、科学、思品社会等学科的男55周岁以下、女50周岁以下教师以及工作五年（含五年）以内担任七、八年级的语文、数学、英语、科学和思品与社会的青年教师327人参加比武活动。

【岗位设置】8月，重新修订《建德市教育系统事业单位岗位设置管理实施办法》，教育系统学校（单位）3672人岗位重新聘任，聘任高级职务640人，其中，正高4级1人；副高，五级116人，六级239人，七级285人。中级职务2100人，其中八级582人、九级753人、十级765人。初级职务850人，其中十一级298人、十二级298人、十三级254人。聘任技工、普工170人。（舒新华）

大中专院校

【杭州科技职业技术学院严州校区】2017年，杭科院严州校区(严州师范学院)在编教工14人、非编人员33人，教育学院派驻严州校区教学和管理人员8人,下设综合办公室、后勤科等科室。校区承担教育学院学前教育专业一年级学生的教育培养工作，上半年有2016级学生384人，下半年有2017级学生357人。

加强网络舆情监测和舆论引导，开展意识形态专题分析研判，做好师生思想政治工作。强化党风廉政主体责任，开展廉政风险排查防控，落实“一岗双责”，推进作风建设。

开展应急演练。与学校及所属各科室签订校园安全责任书，层层落实安全责任。加大投入提升监控、报警系统。举办防电信、网络诈骗和消防安全知识讲座。完善学生突发事件应急预案，建立值班应急机制，组织开展学生疏散逃生演练。建立微型消防站，配备消防器材、防护装备，开展消防拉练活动。建立学生应急巡逻小分队，以“信息灵通、出击迅速、预防可靠、救助有效”为目标，加强校园重点区域巡查。

开展文艺活动。开展“班级文化建设”“寝室文化建设”活动，举办校园“十佳歌手”大赛、“一二 · 九”合唱比赛，组织学生参加校第八届唯才杯辩论赛并获得特等奖，参加校第七届大学生职业生涯规划大赛和2017年“阳光 · 成长”心理文化节宣传设计大赛。

百年校庆。以举办建校百年纪念活动为契机，推进校史研究和校友联系工作。走访各地校友会和老校友、知名校友，获取新的校史资料和校友信息。挑选80多幅书画作品，编辑、出版《严州师范校友书画展作品集》，印刷500册。做好校史陈列室的日常管理和参观接待工作，全年接待校友和社会各界人员700多人次。

受建德市教育局委托，配合有关单位开展“浙江省第二批汉方言（九姓渔民方言）调查”工作，安排专人落实布置场地，协助拍摄影像资料。

（廖望）

【国网浙江省电力有限公司培训中心浙西分中心】浙西分中心位于杭州建德市新安路241号，由东、西两个校区组成，总占地面积115.65亩，其中：东校区占地22.76亩，西校区占地92.89亩。有教职工129人。

2017年，浙西分中心被中华全国总工会命名为“全国职工教育培训示范点”。在2017年全国电力行业职业技能鉴定站评估检查再获最高分。培训师吕红峰获得“国网优秀共产党员”称号，任志强在首届全国电力行业青年培训师教学技能竞赛中，获个人二等奖和 “电力行业技术能手”称号。

全年完成培训班310期，1.54万人，12.06万人天，鉴定60批次、2126人，出版教材4本，发明专利3项。完成国家电网公司2017年特高压输电线路专项培训。承担省公司应急救援基干分队的培训，实施4项省公司竞赛调考项目。

2017年，浙西分中心校园综合楼，培训公寓改造完工并投入使用，困扰西校区30多年的水电问题圆满解决。浙西分中心广泛开展校园文化建设，建成企业安全文化长廊、劳模工作室、职工之家、党员活动室。（胡婷婷）

编辑: 喻春明

科技 信息

Scientific Technology & Information

科学技术

【概况】 2017年，建德市科技局紧紧围绕省委、省政府提出的“八倍增、两提高”目标和市委、市政府中心工作，紧紧围绕创新活市战略，积极融入自主创新示范区，以创新平台建设工作为重点，初步构建了企业为主体、市场为导向、产学研紧密结合的技术创新体系，区域创新能力进一步提升，为经济结构转型升级提供科技支撑。

【设立完善科技创新考评体系】 2017年，根据国家、省、杭州市关于全面创新改革的决策部署，制定《建德市全面创新改革试验实施方案》。联合各部门赴周边县市学习创新发展考评经验，结合建德实际，设立完善部门、乡镇（街道）创新发展考评体系。针对部门设置科技创新工作专项考评，针对乡镇出台《创新发展工作和信息经济考核办法》。召开全市科技创新发展工作会议，同时组织开展科技活动周、知识产权培训、高新技术企业培训等，提振全市科技创新总体氛围。全市R&D研究与试验发展经费6.7亿元，比2016年增长10.3%。R&D经费占GDP比重达1.96%，位列杭州市第五位，同比增长2.6%。

【科技创新平台建设】 以新安江科技城为核心，重点推进科技大市场、科技展厅建设及孵化园建设，打造、引进各类创业创新服务机构。开展科技孵化器建设，制定建德市众创空间认定和管理办法，对心安创客等创业创新平台开展服务和指导，邀请专业服务机构开展对接，1月成功认定“心安创客”和“17度创咖”等2家市级众创空间，逸龙文创园共获省级孵化器补助152万元。全年新增省级企业研究院1家、杭州市级以上高新技术企业研发中心10家，其中农业研发中心2家。特色小镇建设成效显著，航空小镇被认定为国家级特色小镇，三江口渔家小镇被认定为杭州市特色小镇，另有草莓小镇、稻香小镇列入杭州市特色小镇培育名单。

【科技创新主体培育】 实施科技型企业培育工程，制定培育服务计划，全年新增杭州市级以上高新技术企业20家，其中国家级8家（浙江华电智能电站设备股份有限公司、杭州澳赛诺生物科技有限公司、建德市横山钨业有限公司、杭州宏

◎ 5月19日，“杭州市科技活动周建德站暨建德市科技人才服务周”启动

鑫钙业有限公司、杭州科龙电器工具股份有限公司、杭州安伴汽车安全急救技术股份有限公司、浙江普林艾尔电器工业有限公司、浙江冰峰科技有限公司）、省科技型中小企业63家，杭州市级农业科技企业3家。至年末，全市拥有高新技术企业123家，其中国家级37家；省级科技型中小企业309家。

市科技局加强企业调研和项目申报指导，帮助企业争取上级科技经费支持，全年共计落实科技创新奖励 789.8 万元，争取上级资金 1540.47 余万元。研发经费加计扣除、高新技术企业所得税减免 6303 万元，比 2016 年增长 22%，创历年新高。制定并实施研发费用后补助政策，对开展研发费用加计扣除的小微企业进行补助，共计补助 354.72 万元。

开展科技成果登记服务，完成滚花式螺旋波纹管高效同轴换热器等创新成果登记 5 项。浙江建业化工股份有限公司承担的低碳脂肪胺用催化剂和产品生产技术的研究与开发项目获得 2017 年科技进步奖二等奖，并获省科技厅补助 70 万元；建德市莲花汉威山核桃专业合作社等承担的薄壳山核桃高效生态复合栽培技术研究项目获得 2017 年科技进步奖三等奖。

【政产学研合作】引入外部优质院校资源，成功引进超细粉末国家工程中心浙江分中心落地建德，成为建德市引进的首个国家级工程中心，落实浙江工业大学与建德共建技术转移中心办公场地。与杭师大有机硅重点实验室合作共建新安硅谷技术研发中心，平台搭建取得良好成效。完成2016年度产学研项目补助，审核补助项目11个，完成补助金额62.75万元。市科技局组织有关领导和科技人员赴无锡市惠山区科技局、东北大学无锡研究院对接学习“一镇一校一产业”先进做法。赴浙江大学、浙江工业大学、省科技信息研究院对接酶产业园建设开展可行性调研。开展我市科技创新思路及实践路径研究，协助高铁新区（高新园）做好省级高新技术产业园创建工作。

【知识产权工作】深入推进企业专利战略实施，组织杭州廉政专利事务所、杭州杭诚专利事务所深入专利企业服务，组织专利代理机构赴各乡镇企业开展专利申请服务。至年底，全年专利申请1346件，其中发明专利申请125件。专利授权量达635件，其中发明专利授权量50件。举办杭州“市长杯”工业设计大赛、17° 青年创业创新大赛等活动，营造创新创业及科技成果转化氛围。新增省专利试点示范企业1家（浙江隆源环境科技股份有限公司）、中国专利奖1项（浙江新安化工集团股份有限公司）。至年末，有国家知识产权优势企业3家、贯标企业3家，各级专利试点示范企业55家。

◎ 7月29日，超细粉末国家工程研究中心浙江分中心挂牌（徐关昌　摄）

【深化科技支农】市科技局全年组织申报杭州市以上农业科技项目120项，其中浙江省重点农业企业研究院1家。制订《杭州市因素分配资金管理办法》《建德市农业科技成果转化资金管理办法》等，落实杭州市农业与社会发展科研攻关立项项目补助420万元。实施科技特派员制度，以服务农民、服务一线为方向，为农村科技特派员搭建服务平台，完成第七批科技特派员选派工作，实施农村科技特派员项目8个，争取2017年杭州市科技特派员项目补助经费43万元。组织12名浙江大学研究生到杭州华东医药寿昌中药材种植有限公司等5家单位、企业开展暑期社会实践活动，为上述单位、农业企业提供现场技术指导，帮助企业完善创新体制建设。

【开展科技金融合作】积极开展杭州地区科技金融工作试点市建设，针对科技型企业成长性好、融资难的状况，加强与杭州市高科技担保公司、杭州银行科技支行沟通协调，确保科技风险池基金工作顺利开展，新增科技贷款4680万元。与杭州市高科技担保公司、浦发银行建德支行洽谈，新增500万元设立“建德市高新技术产业风险池”，发挥财政资金撬动作用，解决高新技术企业融资难题。

【科技宣传服务】5月19日，在新安江文化广场启动“2017年杭州市科技活动周建德站暨建德市科技人才服务周”，此为建德科技活动周第二次与科技人才服务周结合，以“人才引领·科技强国·创新圆梦”为主题，市委组织部（人才办）、市科技局等28家单位负责人和工作人员以及科技（科普）志愿者出席启动仪式。活动当天就建德人才政策、城市建设、应急避险、低碳节能、健康生活、五水共治、农产品安全、健康养生、环境保护、科技知识、防震减灾等内容开展了科普图片展及科技知识咨询宣传等活动。科技（科普）青年志愿者、社区志愿者开展了理发、家电修理等惠民便民志愿服务活动。积极开展“科技下乡”活动。组织参加春季科普下乡活动、“六五”世界环境日便民活动、“五下乡”活动，2017年全国科普日暨建德市第30届科普宣传周广场活动。开展科技政策宣传，发放各类科技小册子约1500册。

【举办地震应急预案桌面推演】11月14日，建德市首次举办地震应急预案桌面推演。建德市副市长夏喜生担任演练总指挥，省、杭州市地震局相关负责人现场观摩指导演练。此次桌面推演模拟情况为：建德市李家镇发生4.9级地震，震源深度10千米，数百人受伤，多人被困，数十间老旧房屋倒塌。按照《建德市地震应急预案》，建德市政府启动地震应急市级Ⅲ级响应。整个演练进程分为地震发生、初期处置，抢险救灾、突发事件处置，恢复重建部署三个阶段。通过桌面推演，提高了全市各部门及乡镇（街道）的地震灾害应急响应能力，检验对地震灾害的快速反应和紧急处置能力，达到“以练为战”的目的，并规范地震应急工作流程，促使各部门、各乡镇街道对地震灾害应急预案不断完善。2017年，市政府出台制订《建德市2017年度地震应急准备工作方案》及《建德市中共十九大期间地震安全保障服务工作方案》，及时处理突发事件1起。

（朱晓卿）

科普活动

【概况】2017年，建德市科协切实履行“四服务一加强”职责，推进全民科学素质工作，科技工作者和科普受众者的获得感和满意度得到增强。王国平、相鹏等6人获杭州市级优秀科技工作者荣誉称号。

全年实施本级科普工作项目23个。申报的《建德航空小镇“产学研”平台创新驿站》列入省科协服务科技创新项目。创建杭州市农村科普示范基地4个（建德蚕桑科普示范基地、建德有机茶科普示范基地、建德“瑞德”设施农业科普示范基地、建德市红姬草莓科普服务站），为杭州市各县市区最多者。实施杭州市协同创新服务项目3个（杭州市食品营养协会《油茶产业精深加工技术服务》、杭州市林学会《铁皮石斛生态化栽培技术示范》、杭州市水生植物学会《莲花新品种新技术示范推广》）。引进杭州新广能源有限公司落户李家镇的天然气分布式集中供热项目，预投资1.2亿元，实际投资1000多万元；对接苏州诺门力斯新能源有限公司在建德出资组建建德市力辉电子科技有限公司，注册资本4000万元；对接杭州聚鑫牡丹科技有限公司在大同引进三产服务项目，投资500万元。全年农函大举办莲子、草莓、水产等培训班70期，培训4097人次，进一步提升全市农业产业从业者的科技素质。

【科普宣传活动】2017年春季，先后组织或承担各类科普宣传活动：在寿昌镇和大慈岩镇新叶村举办科普服务送下乡活动（3月）；完成省政协“送科技下乡”流动科技馆体验、科普大篷车进校园和专家义诊活动，惠及群众3000多人次（5月）；开展杭州市科技活动周建德站暨建德市科技人才服务周活动（5月）；启动中小学生科技节，开展全市中小学生“剿灭劣V类水、我爱绿色生活”科普征文活动（5月）；开展“环保公众开放日”活动（6月），组织社区居民代表走进三都镇三江口村，实地考察农村生活污水处理工程；开展“筑牢反邪防线，打造美德家园，圆梦美丽建德”—建德市反邪教宣传月（7月）；举办2017年全国科普日暨建德市第三十一届科普宣传周活动（9月）；参与各部门组织的“五下乡”活动、“美丽建德”党员志愿服务大行动、“6·5世界环境日”纪念活动、“12·4国家宪法日”系列宣传活动等。

【学术交流活动】积极搭建多层次、多形式的学术交流平台，积极开展学术交流，组织新安化工、东方雨虹、环保科创中心等企业和园区参加“全省院士专家工作站建设推进会暨院士高端智力集中服务启动仪式”“第十二届海外英才杭州项目对接会”“第三届中国国际复合材料科技大会”等活动。至年底，市老科协撰写调研报告7篇：农业组《“村级片长制”——农村环境治理的创新之举》、工交组《两化融合开拓建德工业升级版新思考》、综合组《关于“物业管理条例”贯彻落实情况的调查》等，其中郭昌友撰写的《关于组建建德市严州文博馆的建议》获市委书记童定干批示。建德市老科技工作者协会荣获浙江省老科技工作者协会优秀“建言献策”奖。

【海智基地实现“零”突破】建德市创新创业平台——市环保科创中心是浙江省有特色的科技创新创业中心，自2014年成立后，建成人才集聚、科技研发、产业孵化三个平台，创立和引进一批科技型环保与绿色制造企业，形成具有自主知识产权的环保与绿色制造技术及相关产品。陆续引进杭州市“521”人才、浙江省“151”人才、浙江省“钱江计划”人才、杭州市“131”青年人才、杭州市“115”人才、国家“青年千人计划”人才、浙江省“千人计划”人才，以及美国和荷兰华人华裔科学家，加盟建德市企业。上述各类人才组成9支技术研发团队，在新材料、新能源、水处理技术、生物制剂、环保树脂等领域开展产业化研究。9月21日，建德市环保科创中心授牌“中国科学技术协会海外智力为国服务行动计划浙江杭州基地工作站”，此为全市第一家“海智”基地。（周婉萍）

电信通信

【概况】2017年，中国电信股份有限公司建德分公司（以下简称建德分公司）有员工124人，下设3部、1室，及新安江、梅城、寿昌、乾潭、大同、建德经济开发区6个支局。至年底，净增宽带用户4655户，比2016年增长151.21%，宽带用户总数达7.76万户；净增iTV用户1.7万户，增长185.16%，iTV出账用户总数达7.11万户；净增移动用户16314户，增长486.5%，移动电话用户总数达10.91万户；固定电话用户总数达5.3万户；

全年完成营业收入1.156亿元，比2016年增长7.9%。其中移动业务收入5543万元，占总收入的47.87%，增长24%。移动、宽带、ITV收入9581万元，增长7.62%，占总收入的82.74%。新兴业务收入5539万元，增长61%；其中流量收入3245万元，占比58.58%。

【通信网络基础建设】结合小城镇整治，推进用户迁移改造，完成各专业退网任务，完成

ADSL(包括传统DSLAM与FTTN)的端口退网27616个；完成本地网内老旧低效SDH设备退网105个；完成交换退网工作，包括AG改挂24个、FTTX改挂206个。各专业协同做好机房整治工作，共完成机房整治26处。开展光网质量检查、隐患排查、整治等闭环工作，共发出隐患问题清单217处，完成光纤交换整治92个、光缆杆路整治198处。开展增收节资活动，完成赔补费176.68万元，退铜198.73吨，保险理赔12.63万元。

【推出“不限流量”套餐】7月，根据国家有关部委“提速降费”的要求，中国电信推出不限流量套餐，分为全国流量不限量、全省流量不限量2种。新用户办理不限量套餐，可免费获赠送1条百兆家庭宽带和1部固定电话。对老用户实行免费更改不限量套餐，并免费提升电信宽带速率至100兆。惠民让利约1000万元。

【共建“美丽建德”】2017年，建德电信响应市政府加快产业转型、推进小城镇改造、建设美丽乡村等工作要求。建立浙西数据中心，平均每月贡献GDP约300万元，帮助解决就业80余人，能为建德市大型企业服务器托管、云服务等网络服务。加快沿街道杆线整治。目前东入城口行经江滨路、岭后皇冠大酒店沿路、寿昌航空小镇杆线整治都已完成。接下来将按照建德市政府要求，继续开展杆线整治。参与高铁新区、杭衢铁路、杭黄铁路等工程光缆规划，提高网络质量。2016年至2017年，光纤网络投资3060万元，具备206451线光网接入能力；4G站点规划61个，都已完成前期勘察，建设，光缆布放等工作。实现建德市城区4G网络覆盖率96.29%，农村4G网络覆盖率92.58%。（席世超）

移动通信

【概况】2017年，中国移动通信集团浙江有限公司建德分公司（以下简称建德移动）设有新安江、梅城、寿昌、乾潭4个区域营销部。全年完成主营业务收入2.7亿元，增长15.8%，增幅排名位居全市三大通信商第一；通话用户总数达到32.89万户，增加1.22万户，通话份额占全市通话份额76.6%，全年经营业绩全市排名第三。

年内，建德移动获第十一届杭州市消费者信得过单位、浙江省明星县公司等荣誉称号。

【网络建设】全年TD-LTE网络站点累计建设并开通688个，其中宏站621个，投资850万元；室内分布67个，投资150万元；完成传输光缆建设517.8千米，管道建设18千米，总投资686万元。完成主城区、各乡镇（街道）、杭新景高速公路等交通要道全覆盖，建制村覆盖率达到100%。家宽及政企项目累计开通532个，覆盖用户5.3万户，总投资3089万元。其中污水监控153个，投资316.4万千米；公安监控68个，投资69.2万元。积极落实网络保障工作，在春节期间完成基站扩容35个，有效保障了春节回家人员对流量的需求。关注网络抗灾应急保障工作，全力落实各项保障措施，制定应急保障预案并组织应急演练，提高应急响应能力。在“6·26”大洋洪灾期间，建德分公司第一时间启动三级应急方案，对大洋通信基站24小时不间断发电，确保基站正常运行，为人民群众的正常生产、生活，提供可靠的保障。

【市场巩固与发展】全年新增移动用户份额61.6%。精细化运营存量市场，利用终端超值购、话费合约等惠民政策回馈存量用户。持续加大服务网点建设力度，乡镇渠道覆盖率达到100%，农村充值网点覆盖率达33%，比2016年提高5%。开展村村通宽带工作，助力农村信息话建设，宽带用户年度比2016年增长9.8%，宽带电视用户增长146.9%。严格实行实名制管理要求，从重考核入网证件采集不规范和互联网销售入网不规范等行为，增加拍照设备核查。同时，继续落实信息安全教育，强化信息安全意识，全面保障客户信息安全。

【助力“智慧建德”发展】分公司不断深化信息化业务在市政工程及重点工程上的应用，助力建德信息化产业发展。全年信息化总收入1945万元。校讯通、集团彩云、信息机、综合接入、互联网专线等信息化产品在客户中认可度高，形成稳定的用户规模。此外，以信息化应用合作为平台，推进智慧建德建设：协作实施建德市环保局农村生活污水视频监控项目，完成200余个村点的污水治理监控安装，助力建德美丽乡村建设；协助各乡镇完成批量治安监控增补，解决乡镇监控覆盖盲区；深化政府合作，利用督查督办平台、手机OA、集团彩云、信息机等产品，助力市政府智能办公，全面提升政府办公效率；助力乡镇、街道、园区智慧发展，利用4G网络、手机用户、大数据、物联网等优势，提供全面解决方案，促进智慧园区、智慧街道发展。

此外还与市教育局签署战略合作协议，致力打造智慧教育，助力教育均衡化发展。

【主办“步步为善、乐跑建德”活动】11月11日，建德移动分公司在新安江主办“步步为善、乐跑建德”教育公益活动，该次活动吸引了社会各界广泛关注，中共建德团市委、市教育局领导亲自莅临。参与活动的善跑爱心人士，每跑一公里，建德移动与合作单位即捐出50元善款，帮助贫困学子完成学业。社会各界爱心人士和跑步爱好者现场为建德市贫困学生筹得善款15.1万元。善款通过市慈善总会，全部用于支付贫困学生学习费用。（叶敏）

联通通信

【概况】2017年，中国联合网络通信有限公司建德市分公司（以下简称建德联通）在提高服务品质、重视基础建设、促进联通通信事业发展方面，强化执行力，全面落实各项工作措施，全年累计新增3G、4G用户数9880户，增幅与2016年度基本持平。至年末，2G用户保有量2.88万户，减少0.1万户；3G、4G用户2.18万户，增加0.3万户；全市共有新安江、梅城、寿昌、乾潭、大同5个自营厅，合作代理点35个，实现主营业务收入3650万元，比2016年增长1.4%。

【重点项目】全年建德联通以平台型业务及大项目的拓展为重点，带动固移网业务收入的增长。除中标建德市政府“四个平台”建设项目、发展移网手机用户102户外，还中标建德市环境监测项目，该项目为2017年度第一个“十百千万级”项目，合同金额101.6万元。中标建德市教育局校园项目，合计校园ICT收入近100万元。同时，为企业发展创新型业务提供物联网项目服务，其中主要有奥立达电梯云存储业务、市运管所车载定位、同创物流车载项目。

【信息化建设】年初，建德联通初步完成建德市政府“四个平台”项目的搭建工作。“四个平台”建设是浙江省一项重大改革举措，是为响应省政府推进基层治理现代化、全面提升基层社会治理的服务群众水平，统筹整合综治工作、市场监管、综合执法、便民服务四个平台基层治理体系。公司组建“四个平台”专项支撑团队，对全市16个乡镇（街道）1800多名网格人员进行现场培训和点对点指导，网格人员技术过关率100%。网格人员通过APP及时发现、上报问题，实现镇、村、个人全方位联动，多部门条块无缝隙融合，大数据信息无障碍互通，使基层治理模式智慧化、信息化、现代化，真正实现服务群众“零距离”。同时以“四个平台”推进为契机，拓展政府类项目客情基础，至年底，与大同镇签约手机入网102户，并铺开与各乡镇（街道）的沟通洽谈。

【网络建设】在接入网建设方面，完成省重点乡镇项目2个，光纤改造项目1个，商务楼宇项目8个，大客户零星工程4个。其中省重点乡镇梅城镇光纤覆盖区域完成端口接入852个，覆盖用户超过5000户；寿昌镇完成主要商铺及小区的覆盖工程，总计端口接入1336个，覆盖用户约7500

户。同时，完成新安江主城区沿街所有楼宇的光纤接入工作，覆盖用户数超过2万户。在移动网建设方面，共计建设大网11个点、小区室分出头3个点、室内分布2个点、营业厅覆盖1个点、微型消防站项目1个点（在建），以及高铁隧道工程、引水工程设备延伸工程。（高妮）

电子政务

【概况】2017年，全市通过政府网站政府主动公开政府信息15363条，通过建德发布微博发布政务信息3700条，通过建德发布微信息发布信息1300条。《建德市人民政府公报》全年发行2000余份，内容包括市委市政府文件、政务动态、人事任免和大事记等。在政府网站发布电子版供读者查阅，进一步推行新华书店、报刊零售点以及各村（社区）服务室提供政府公报免费查阅服务。

【数据共享建设】实施部分程序简化，各单位对梳理的事项办理材料与省、杭州市下发的数据共享接口清单一一比对，与杭州市各部门已梳理的简化清单进行对比，对可以通过杭州市数据工作共享平台者，不再另行要求申请人提供内容相同的证明文件。全年全市有25家单位和15家外围单位共40项数据提出共享需求申请。市电子政务办公室统一召集相关各相关单位、各乡镇（街道）、15家外围部门集中培训6次，同时将各单位在使用过程中反馈的问题集中收集，统一对接受理，帮助其解决；对部分信息力量薄弱单位开展点对点培训。其中，对数据需求量较大的不动产登记信息、人社离退休信息等，进行数据接口打通，实现在杭州市数据工作共享平台上线。

【基层治理综合信息平台】完成建德市4个平台（16个乡镇街道网格员及指挥中心人员、各条线行政执法人员和智慧建德综合信息指挥平台）系统的部署实施，并根据省委对平台“十统一”的相关要求，率先打通和省电子政务云平台的通道，支持省政务网统一登陆。收集上述4个平台相关人员的基础信息，并导入系统平台，进一步完善基础数据。10月，经对相关人员进行培训后,该4个平台进入正常运行。（万里）

编辑：黄建生

文化 体育

Culture & Sports

文化事业

【概况】2017年，建德市出台《送戏下乡暂定管理办法》《推进基层综合性文化服务中心建设实施方案》《2017年乡镇综合文化站免费开放实施细则》《建德市群众文化星级团队评选办法》《建德市农村公益电影放映考核办法》。送戏下乡200多场次，“送图书下乡”3.8万册，“送电影下乡”3432场次。与岱山、萧山、余杭、富阳、温州开展“文化走亲”活动10场次。

开展公共文化服务活动近600场。市文化馆开展文艺演出70多场、辅导培训500多场次、展览6场、文化走亲8场，各项赛事10多场，受益人数十万人。承办“建功立德”报告会、农村文艺会演、农村文化节排舞大赛、文化礼堂精品展演系列活动；开展剿劣V类水及小城镇综合整治采风和巡演32场；举办“小城镇综合整治书画摄影展”和喜迎十九大书画展、摄影基础及后期制作培训班等其他培训辅导活动；组织参加浙江省第十九届公共文化论坛、浙江省第十一届新故事征文比赛、杭州市第二十二届群文论文比赛，分别获二等奖3名三等奖1名。

全年受理文化类行政审批事项52件，其中新设立31件，变更21件，办结52件。文化市场行政执法大队出动检查472次1315人次，检查场所2152家次，开展联合执法20多次，立案查处案件41件，办结44件、停业整顿2家次，查处无证经营场所2家次，没收违法物品3889件。开展“扫黄打非”、网吧、娱乐场所、印刷复制企业、出版物市场、校园周边、农村集市庙会、文化市场安全生产等各类专项整治行动20多次。举办文化市场从业人员培训10多期，参训900多人次，发放宣传资料3200多份。

完成2016年8处历史建筑保护工程项目，10处历史建筑保护工程通过验收。建立2010—2015年历史建筑保护工程施工档案。

减免9907户低保户收视费和580户低保户初装费，金额110.3万元。全年开展广播电视安全播出演练3次，技术预演5次，组织全市广播电视安全播出36人参加喜迎十九大广播电视安全播出网络在线培训，计610小时。

完成乡镇文化站站长业务培训4期70学时，组织村级宣传文化员业务培训3期、村文化礼堂管理员培训3期。市文化馆、图书馆分别举办摄影文艺骨干培训班。组织参加6期省级农村文化礼堂业务知识培训班，1期杭州市级基层文化干部业务培训班。全市群众文化业余文艺骨干培训近100期，1.5万人次参加各类培训。

8位传承人列入省级第五批非遗代表性传承人公布名单；三都镇三江口村列入第四批省级非遗旅游景区公布名单。组织严东关致中和酿酒技艺传承人参加第九届浙江－中国“非遗”博览会；组织新叶昆曲座唱班和新安江第三小学参加“浙江好腔调 · 风雅钱塘——2017杭州传统戏剧展演”活动；组织大同一小的畲歌参加省“非遗薪传”——浙江传统音乐展演，《黄泥昵崽》获优秀入选奖；组织畲歌《敬酒歌》和《我是山哈人》参加第三届杭州市畲族民歌邀请赛，分别获得优秀奖和优秀表演奖；《建德非遗概览》获浙江省非遗“十佳百优”图书名单；《新叶三月三》正式出版。围绕“文化遗产与一带一路”的主题，举办文化遗产日系列活动——

传统手工技艺展活动。

市文化中心剧院完善免费开放服务模式和常态化管理，全年对外提供免费服务112场次。RFID图书馆自助借还系统建设项目向读者开放运行；莲花镇开展综合文化站改造提升工程，完善镇图书分馆、文化展示厅和多功能教室等配套设施；开展文化礼堂特色展陈馆建设，打造三都镇新和村水文化展陈馆和大同高桥村畲族文化展陈馆；寿昌镇红路村、乾潭镇大畈村、三都镇镇头村、大洋镇里黄村完成农村电影室内放映点建设；完成1家多厅数字影院建设，新增座位1300个。新增68家公共文化场地宽带建设点，实现WIFi覆盖。乾潭镇幸福村文化礼堂被评为“杭州市四星级文化礼堂”，梅城镇龙泉村严州虾灯表演队、三都镇三江口村九姓渔民表演队获评杭州市农村文化礼堂“十佳特色文化团队”，大慈岩镇李村民俗展陈馆获杭州市农村文化礼堂“十佳特色文化展陈馆”，大同镇富塘村获浙江省“书香之村”。

市图书馆购书经费103万元，新增图书3.22万册，总藏量达69.14万册。订阅各种报刊585种，606份，征集地方文献236种，356册。市图书馆接待到馆读者55.17万人。全市各级图书馆（室）外借图书41.5万册次，“一证通”系统外借图书24.5万册，农家书屋外借图书17万册。接待重点读者咨询230人次，提供资料730册次，提供数码照片1400张，数字图书馆访问量7000人次，开展新书推荐12期。围绕“书香建德”，组织开展猜谜、讲座、培训、展览、书展、宣传栏图片展、阅读推广读者活动74场，参与5.4万人。市图书馆荣获杭州市第十一届“西湖读书节”先进单位称号。通过第六次全国公共图书馆国家一级馆评估定级。启动桥东区块图书馆新馆建设。

至年末，市文广新局下辖文化市场行政执法大队、市图书馆、市文化馆、市文物保护管理所（建德市非物质文化遗产保护中心）、大慈岩文物保护管理所和严州文化研究院5个事业单位。全市有文化经营单位384家，其中网吧40家、娱乐场所41家、娱乐游艺场所2家、印刷企业104家、出版物82家、电影10家、文艺表演团体14家、打字复印44家、美术品5家、网络文化10家、地面卫星接收设施1家、其他31家。文物保护单位91家。

【“两馆”建设】调整“两馆两中心”功能布局；市博物馆筹备工作有序推进，拟定《建德市图书馆新馆建设规划意见书》，完成市图书馆新馆建设基础设计，正式启动整体土建工程。

【乡镇文化员定向培养招生】根据省文化厅开展定向培养乡镇文化员试点工作，建德市被列为试点之一。发布《乡镇文化员定向培养招生(招聘)公告》，定向培养招生乡镇文化员名额2名，实际招录1名。

【第四届农村文化节】8月6日，第四届农村文化节启幕。先后举办以小城镇综合治理主题的开幕式、群众文化艺术展示周、以“关注人口结构，构建幸福家庭”和“书香大同·稻香小镇——德文化”为主题宣传的文艺晚会，第四届戏曲周、文化走亲文艺晚会、排舞大赛、文化礼堂精品展演、婺剧大家唱、文艺会演系列活动。9月24日，各乡镇（街道）的17支队伍在航头中心小学参加文化礼堂精品展演。9月25日，19支队伍参加排舞大赛，航头镇大店口村、航头村、洋溪街道团结村、大同镇劳村排舞队、更楼社区等14支队伍分别荣获文化礼堂展演和排舞大赛金奖。第五届“戏曲周”活动有越剧、婺剧和粤剧三大剧种11台优秀剧目上演。

【文艺展演】1月，婺剧团作为唯一的县级文化演出团体赴约旦，执行“欢乐春节”暨中约建交40周年纪念活动展演，约旦使馆专门写了感谢信，得到副省长成岳冲批示，被省文化厅评为2017年度省海外“欢乐春节”活动先进单位。11月赴法国、西班牙商业演出。荣膺中宣部、文化部、国家新闻出版广电总局颁发的第七届全国服务农民、服务基层文化建设先进集体称号。

【传统婺剧经典】与杭州市艺术创作中心联合出

品婺剧作品《畲女凤凰》获评杭州市第十三届精神文明建设“五个一”工程奖，是迄今为止全国首部反映畲汉民族故事的婺剧大戏，填补本土民族融合和特有地域文化展示的空白。

【钱塘觅珍——杭州市第一次全国文物普查成果展】5月，配送20多件（套）最具本土历史、文化、艺术价值或是具有重要文物考古发掘意义的藏品用于参加“钱塘觅珍——杭州市第一次全国文物普查成果展”，并将文物的价值及照片收录《杭州第一次全国可移动文物普查成果展图录》。

【新叶乡土建筑消防管理】7月，完成新叶乡土建筑消防工程招投标工作，由浙江泰和消防工程有限公司实施，工程于9月进场实施。至年末，完成工程量70%。新叶消防工程获得国家文物局986万元的专项补助。

【乡土建筑四有档案】开展第六批省级文保单位李村乡土建筑和上吴方村乡土建筑四有档案的编制工作，对两处乡土建筑群中的每处省保点进行档案编制，完成包括文字卷、图纸卷、照片卷、考古发掘卷等各70多卷的资料收集。

【“扫黄打非”活动】编印《建德市“扫黄打非”进基层网格工作手册》4000多册，展出宣传画报、张贴海报、绿书签390多份，分发倡议书2500多份，参与2000多人，新安江街道明珠社区被评为2017年度全省“扫黄打非”进基层示范点。市文化市场行政执法大队被评为杭州市执法评估先进单位。（雷婕）

【建德市新华书店有限公司】2017年，公司销售收入4358万元，比上年增收717万元，增长19.7%，利润350万元。荣获市直机关工委颁发的“基层党建工作先进单位”。2017省店集团“外研社杯”中小学生英语大赛优秀组织奖。2017省店集团“百日教科文营销创意大赛”销售业绩增长奖。

2017年，新安书城组织营销活动127场。其中：新春书市、寒假第一战、精品汇、聚畅销、阅读伴我成长、“十九大系列政治读物”专题展成效显著。开展“外研杯”英语大赛活动，建德市1663名学生参与活动。

开展“名家进校园”阅读推广和签名售书活动，邀请著名儿童文学作家汤素兰老师，两所学校签名售书1976册。配合建德市教育部门组织教师读书活动，“第四届教育系统教师读书活动”征订书籍1.31万册。

开展第十二届“暑假读好书活动”，59所学校实现零售额24.16万元。配合市委宣传部、组织部、纪委等部门做好政治读物的发行，《党员读本》《三读丛书》《中国共产党党章》、十九大系列读物共发行5.7万册。

推广微信平台和手机端网购平台的运用，探索传统书业与电子商务相结合的经营模式。参与社会公益活动，对大洋镇中学饮用水项目捐赠2万元。（王伟民）

文化创意产业

【概况】2017年，建德市文创办发展创意产业，加快经济发展、推进产业转型升级。实现文化创意产业增加值23.8亿元，比上年增长12.7%。

下发《建德市文化创意产业“十三五”发展规划实施意见》。制定乡镇走访服务表、招商引资工作登记表，做到工作项目化、项目目标化。修订《文创产业扶持办法》。对2016年度30项重点文创项目扶持，拨付资金600万元，争取杭州文创资金262.07万元。征集2017年度文创项目58项，选拔重点项目18项进行考察跟踪，按完成进度予以扶持。招引中影公司、好点电子商务、博瑞装饰、威姿影视、威姿贸易公司入驻建德，完成1100万元投资。

【玺匠文创品牌】集中资源培育玺匠文创、雨歌动漫、建德婺剧团等一批领军型、骨干型、成长型文创企业。协助铜师傅举办首届“铜粉英雄大会”，引导玺匠文创打造“文创+旅游”示范基地，和六小龄童、故宫博物院、国家博物馆达成合作项目，玺匠文创2017年实现产值3亿元。雨歌动漫原创动漫作品《屹塔—黑暗之光》在UC、爱奇艺、腾讯动漫平台航线，点击量突破7000万。帮助婺剧团争取中央文化专项资金30万元。建德市婺剧团赴约旦、法国、北非开展文化交流活动。

◎ 9月24日，“匠心之城，智汇洋溪”建德展馆参加第十一届杭州文博会（徐艺 摄）

【文创园建设】集聚逸龙创意谷、铜师傅文创中心、跨境电商园、科创中心、兰花文化园等区块。谋划建设铜师傅文创中心，新建60亩兰花文化园，逸龙创意谷二期工程投入4000万元，新增建筑面积9000平方米。洋溪文创园全年产值6亿元，有文创企业100多家，开展主题活动20多次。

【杭州市文创小镇】对九姓渔民村的设计成果进行转化运用，推进九姓渔民婚礼表演以及提线木偶表演常态化，全年演出110多场，吸引游客10万人次。获得全省非遗旅游文化景区称号。对村内文化礼堂予以文化充实及特色展陈改造，建成200平方米的文创客厅；建设文化小镇智慧景区，新建鲤鱼跃龙门景观小品。引进投资20亿元的江南秘境项目；策划“100场婚礼修炼的爱情”的宣传。结合开元开业策划举办101场婚礼，有央媒省媒20多家媒体报道，点击量300万人次。积极谋划渔村爱情小镇建设。

【“创智家”交流平台】创智家交流平台，全年举办11场文创沙龙、20多次线上风暴，惠及600多人次。联合农办、旅商、科技、人社部门，内选人才，外聘专家，打造文创智囊团，组织培训10多次。下沉企业，做好一对一项目指导30多次。

【乡村“文创客厅”】建设集文创体验、文化休闲、创业创新、产品展销、旅游综合服务功能于一体的乡村创意会客厅。建成胥岭初见书房、大同管村桥酒文化、大洋徐店村稻草文化、李家石鼓村山茶油文化等一批具有文化特色的示范点。

【文创主题活动】举办“建功立德·德文化”公益广告设计大赛。收到全国各地参赛作品200多幅，评选出26幅获奖作品。其中70%作品落地。举办第十三届中国国际动漫节暨“国际动漫·美丽建德”建德专场活动，集中展示来自82个国家的500多幅经典漫画作品，汇聚本土文创企业的机器人表演、VR体验、古风展示、Cosplay等互动体验。以“匠心之城，智汇洋溪”为主题，参加第十一届杭州文博会，设计布展风格以手工艺人起居格局，将洋溪的手工艺、美食、民俗、传统文化元素渗透在建筑布局的各个细节中，有9家企业参加展览，5日接待观众超15万人；现场销售32万元，比上年增长100%；达成意向成交额4000多万元，增长200%。（徐艺）

严州文化研究会

【概况】2017年，严州文化研究会积极践行“文化自信”理念，以理论研究和实地调研勘察等形式，开展严州古文化发掘、普及，为建德市经济、文化事业发展，特别是为严州古城修复保护出谋划策，提供文化咨询服务和智力支持，取得新的成绩。

【服务严州古城保护与修复工作】配合上海同济大学专家及严州古城修复保护规划团队，对严州古城修复保护设计方案进行历史文化要素补充，提供一批重要的参考文献和意见建议；参与严州古城修复保护的论证30多次，提出意见建议20多份。接待国内外专家学者70多人次，为严州古城修复保护工作提供智力支持。

组织有关专家，对东湖、西湖和贯穿两湖之间的玉带河两岸60多户居民进行走访调查，取得第一手资料。对太平桥、字民桥、后伦桥进行勘察，发掘和积累历史文化资料，为玉带河修复保护工程提供历史依据。

积极开展严州文化研究成果普及，会长陈利群先后为市级机关和梅城镇、寿昌镇等部门单位，宣讲“严州文化及严州人文精神”，1200多受众听课。

【编纂“严州古今文丛”（第二辑）】编纂完成《严州古今文丛》第二辑，共4卷6本，302万字。分别为：《清虚严陵——当代作家笔下的建德》1卷1册；《严州诗统鉴（上、中、下）》1卷3册；《九姓渔民方言》1卷1册；《遂安人文辑要》1卷1册。（吴时力）

体　育

【概况】2017年，建德市创建为浙江省体育强市,建德市体育局荣获“全国群众体育先进集体”称号，建德市体育总会被评为“浙江省先进体育总会”，2017年环浙自行车公开赛总决赛（建德站）获得“2017年环浙江省自行车公开赛最佳赛区”称号。

建德市国民体质监测与健身指导中心在国家电网公司职业病防治院成立并挂牌，完成国民体质监测2400人，国民体质监测合格率92%以上。12月6—7日，举办建德市三级社会体育指导员培训班，127名体育服务者完成充电，晋级为三级社会体育指导员。全市有社会体育指导员近1800名。

2017年，开展189场赛事与活动；举办各类培训124次；参加杭州市级以上比赛98次，收获金牌224枚、银牌158枚、铜牌186枚；建德市木兰代表队在浙江省第三届体育大会木兰拳比赛上喜获木兰拳和木兰剑集体项目的两枚金牌，朱有妹获个人项目一金一银。建德市木兰拳协会代表队荣获“浙江省第三届体育大会突出贡献运动队”，市体育局荣获“浙江省第三届体育大会突出贡献奖”。举办建德市第四届残疾人运动会，承办2017第四届长三角运动休闲体验季浙江建德站活动；举办2017中国·17度建德新安江“夏日冬泳”挑战赛、“一带一路”中非羽毛球邀请赛、环浙江自行车公开赛总决赛、中美限高篮球挑战赛。

2017年,创建省级体育强镇（街道）4个（大同镇、大慈岩镇、更楼街道、洋溪街道）；创建朱池社区等5个省级社区俱乐部、大同村等10个省级村俱乐部、洋安社区等6个省先进社区、大同镇中心幼儿园等4个省示范幼儿园。

完成农村体育健身工程。新建梅城镇、大慈岩镇、乾潭镇施家村、杨村桥镇上山村、更楼街道骆村村和李家镇三溪村体育公园（广场）6处，新建门球场14片。全市有体育公园16个，体育健身广场12个，体育健身中心3个，新安江运动健身长廊1处，门球场29片，健身点（苑）651个，篮球场308个，乒乓球室488个（以上体育设施不包括学校、机关、企事业单位拥有的体育设施）。社区、行政村健身点（苑）普及率100%。

建德市利用高速桥下空间建设体育场地设施10个（其中体育健身中心3个，体育健身广场6个，体育健身公园1个）占地面积约8万平方米，总投资约2000多万元。全市体育场地面积110.67万平方米,全市人均体育场地面积达到2.17

平方米，基本构建城乡“10分钟健身圈”。

2017年，市体育馆承接各类活动和比赛62次，有规模的（千人以上的运动员或观众或省级以上的比赛）比赛和活动8次，全年对外开放361天，开馆率98%以上（除春节放假4天），每周对外开放时间平均84小时。体育馆室内接待健身爱好者2.9万人次以上，室外健身场所接待健身爱好者6.5万人次以上。建德市中小学校体育场地设施向社会开放100%。全市有34所中小学实现体育场地设施免费向社会开放，全年进校健身锻炼人数40多万人次。

制定《建德市体育产业发展规划（2017—2021）》。2017年，向上争取补助资金超1000万元。航空小镇优越的区位条件和独特的资源优势，先后引进开发汽车主题公园、高空跳伞、飞机操作模拟体验等项目。杭州胜奇纺塑有限公司胜奇椅业，注册资金3580万元。杭州劲男体育用品有限公司年产值7000万元。杭州富林山汽车文化传播有限公司投资5000万元在航空小镇区块建设汽车漂移项目。浙江勇峰山地自行车公司在下包村投资1000万元建设山地自行车速降基地。梅城三江口水上帆船运动基地、乾潭风生水起划骑跑运动基地、爱丽丝玫瑰园、大悦农庄、康庆农庄等，都在着力推动体育健身与文化休闲旅游等行业的深度融合，走出“体育＋旅游”新路子。45个体育彩票销售点完成体育彩票销售4500多万元。

建德市依托中小学校，采用联合办学的形式，不断加大“体教结合”的力度，持续向上输送优秀苗子。全市现有全国学校体育工作示范校1所（市实验小学），浙江省阳光体育后备人才基地2所（市实验小学、市明珠小学）。

特色项目比赛成绩显著。钱振彦夺得十三届全运会武术散打男子团体铜牌，包健、窦甲夙获十三届全运会沙排比赛第四、第七名。市明珠小学组队参加浙江省第四届青少年阳光运动会跆拳道比赛夺得11金9银7铜，乙组获得五连冠。市实验小学组队参加浙江省第四届青少年学生阳光运动会排球比赛，获女子第三、男子第四。建德市跆拳道队在2017年杭州市中小学生阳光体育跆拳道锦标赛中以8金5银4铜，总分144分收获团体总分和金牌榜2个第一。承办浙江省第四届青少年阳光运动会传统武术套路比赛。

承办2017年浙江省体育宣传工作会议，利用《建德体育》《体坛报》、浙江省体育局网站等多渠道宣传建德市体育活动，全年撰写体育信息报道950多篇，体育外宣列全省第一。

【创建体育强市】4月，省体育局局长孙光明对建德市体育创强进行调研。5月18日召开创建省体育强市工作动员大会。举办2次创建省体育强市业务培训班，聘请专家授课。利用各类媒体、网络、宣传片等形式宣传创建省体育强市活动。10月始，为确保台账资料全面、真实、准确，做到台账资料和范围“不重、不漏”，对三个层面的台账资料进行交叉式查漏补缺。市体育局编撰体育创强简报（10期）；完成创省体育强市宣传片、画册、展板制作；创强台账完整；12月2日通过省局检查组验收。

【第七届老年人运动会】建德市第七届老年人运动会在为期五个多月的时间里，来自全市16

◎ 5月18日，建德市创建浙江省体育强市动员大会召开

◎ 8月24日，2017年浙江省科研类航空航天模型锦标赛在建德举办

个乡镇街道、机关企事业单位42个代表团，323支队伍，3727人次参加17个大项38个小项的比赛活动，80岁以上的运动员有20多人，最大年龄88岁，加上参与闭幕式表演等活动项目6000多人次共享本次盛会，创下参赛人数和表演人数的历史新高。

【夏日冬泳挑战赛】 8月5日，建德市举办2017中国·17度建德新安江"夏日冬泳"挑战赛，来自全国18个省市和地区96支参赛队伍，计2656名参赛选手，央视、省市级媒体23家进行专题报道。

【参加杭州市19届运动会】 3月至7月，建德市组队参加杭州市第十九届运动会。参加乒乓球、篮球、摔跤、排球、击剑、武术、举重、跆拳道、柔道、射箭、射击、皮划艇、赛艇等比赛，获28金，金牌总数列10位、奖牌总数列11位，团体总分列12位，荣获体育道德风尚奖。

【第四十四届中小学生田径运动会】 11月7日至9日，建德市在严州中学新安江校区田径场举办第四十四届中小学生田径运动会。比赛分5个组别（小学A组、小学B组、初中A组、初中B组和高中组），来自全市54个代表队740多名运动员在18个田径项目上激烈比拼。有3人次打破3项市田径纪录，初中女子组200米寿昌初中胡筠煊以27秒佳绩破了保持40年的27秒3市记录（77年范敏创造）；小学女子标枪实验小学吴丹靖以31.21米打破30.92米市记录；小学男子垒球杨村桥小学王磊以53.12米打破49.55米市记录。

【足球进校园活动】 5月至11月，建德市首届"市长杯"青少年校园足球联赛，有25支小学队伍、16支初中队伍共41支参赛队，800多名足球运动健儿参加221场次的比赛。寿昌二小、航头中心小学创建全国青少年校园足球特色学校，另有9所小学校被评为浙江省青少年校园足球特色学校。

【组团包干】 市体育局与莲花村探讨休闲运动村的发展思路，撰写《推行"莲花岩山生态系"开发"拓展基地+氧吧路径+民宿+农家乐（美食）"模式的调查报告》。蹲点走访93户，帮扶16户，慰问学校2家，收集群众的心声问题26个，至12月3日全部解决，成为民情丈量中的扩音器。参与万人治水活动，发现有23处沟渠池塘有淤积现象，完成2.65万米沟渠水的整治。组织上党课、讲座、宣讲、座谈会等13次。完成招商引资任务。（陈启浩）

编辑：喻春明

传 媒

Media

广播电视

【概况】2017年，建德广播电视台电视新闻节目《建德新闻》播出新闻2418条，播出电视专题节目《真诚面对面》121期、《新安先锋》52期、《重点关注》43期、《新安警界》51期、对农电视专题节目《三江两岸》141期、《我是建德人》36期、《健康建德》6期。广播新闻节目《建广新闻》播出365期，广播对农栏目《农家春秋》播出260期，《小周看乡村》播出52期。调频广播每天播出16个小时，对农有线广播每天播出7个小时。

2017年，广播电视节目在央视播出新闻13条。央视《朝闻天下》用时两分多钟对新安江奇雾作直播报道；央视《晚间新闻》播出寿昌镇派出所副所长勇斗歹徒的事迹。

完成非编网的非编设备以及服务器的升级改造工程。完成中央广播电视节目无线数字化覆盖乡镇补点工程。

【开展主题宣传】年初，开设《贯彻市委全委会精神》栏目，播出稿件20多篇。“两会”期间播发“两会”新闻55条。1月下旬，推出《贯彻市党代会精神实现建德新崛起——一把手访谈》专栏。23个部门一把手和16个乡镇街道主要负责人接受电视访谈，播出39期节目。开设《深化五水共治剿灭劣五类水》及《记者走现场看治水》两个专栏，播出40多篇稿件。8月，开设《美丽环境百日攻坚》专栏，对市信访局、市美丽办、市交通局、市环保局、市建设局等16个部门一把手进行专访。推出《记者蹲点最多跑一次改革》专栏，播出稿件30多篇。在真诚面对面节目中推出《最多跑一次，千人来冲刺》系列报道。《确保双过半、实现新崛起》专栏从6月中旬开始采访播出。9月，推出《奋战四季度冲刺全年目标》的主题报道，播出稿件40多篇。

【发挥新闻监督助推作用】《重点关注》栏目播出43期节目。开设“小城镇环境综合整治曝光台”，对整治工作不到位、不积极、面貌变化不大的乡镇（街道）进行曝光。开设“美丽乡村建设曝光台”，对河道、农村生活污水、两路两

◎ 8月5日，采访2017中国17度建德新安江“夏日冬泳”挑战赛

侧、“四边三化”整治不到位的情况予以曝光。开设《两治一整百日攻坚》专栏，对两治一整的检查情况进行跟踪报道。

【服务“三农”宣传】广播对农栏目《农家春秋》推出《记者走乡村》和《乡村点赞榜》子栏目，在全省对农节目评比中获得二等奖。电视对农栏目《三江两岸》宣传市委、市政府三农工作重点以及建德市农业农村新面貌、农民勤劳致富成功经验、农村民众生活的新变化。

【新媒体联动宣传】建德网与腾讯大浙网达成战略合作，整合传统电视媒体优势与新媒体传播资源，利用本地直播输出、腾讯平台播出走出新媒体时代大传播的宣传新路。6月下旬抗洪救灾、建德航空小镇高空跳伞、“夏日冬泳”挑战赛的报道和直播，在建德网、微信公众号发布，点击量突破50万次。2017年四次大型直播实时在线观看人数超过150万人次。通过腾讯网首页推送、弹窗播放，今日头条、新浪网等新媒体浏览点击的客户总量超过3400万人次。

【中共十九大专题报道】推出“创造新业绩喜迎十九大”专题报道，报道中共十八以来建德发生的巨大变化。开设“学习贯彻十九大精神实现建德新崛起”和“学习贯彻十九大精神新时代新征程”专栏,与浙江卫视、杭州电视台对接，播出新闻10多条。

◎记者采访4000米高空跳伞表演者

【开设《我是建德人》栏目】4月下旬，在《建德新闻》推出《我是建德人》栏目，制作历史篇《“建德人”——浙江文明的曙光》《建德候孙绍》《浙西唐诗之路——宿建德江》节目。市委书记童定干《致市民朋友的一封公开信》发表后，栏目组制作播出《建功立德——你我同参与》《三查四问我承诺为建功立德注动力》《诚信经营长久之道》《微笑面对患者真心服务病人诚心守护医德》《和谐双泉清廉立德》《民间救援一道亮丽的彩虹》等节目。7月，推出“说说我们的好家风”系列节目，对全市乡镇11个村落的好传统好家风进行挖掘报道。9月，推出“建功立德——弘扬企业家精神”系列报道。

（吴素萍）

新闻传媒

【概况】2017年，市新闻传媒中心深化“美丽江城、幸福建德”城市品牌宣传，鼓励采编人员向外投稿，在中央、省、杭州市级以上各类媒体刊发图片和文章。在《人民日报》刊用9篇，在《光明日报》刊用8篇，在《农民日报》刊用15篇，在《浙江日报》刊用35篇，在《杭州日报》刊用60多篇。建德发布平台全年被上级录用信息108条。

围绕美丽建德建设、关注小城镇建设、转型升级、一把手访谈、江边禁洗、五水共治、小微水体整治、村社两委换届、旧城改造、新安夜学、组团包干八大行动、德文化建设、最多跑一次、蹲点调研、十九大精神宣传等主题，开设各类专题、专栏50多个，刊发报道400多篇。

开设“气象与生活”、社会万象、民生帮帮看、百姓故事、96148法制宣传、新闻大求真、民生关注等专栏，为市民解决各种难题近百件；推出“走读三江”“乡村记忆”栏目。

10月27日，在大同镇开展2017年度新闻业务技能竞赛活动。通过招考新增3名记者。

◎ 10月27日，在大同镇开展以岗位练兵为主的新闻业务技能竞赛活动

【加强舆论监督】开设曝光台和重点关注栏目，对工作开展不力的责任单位进行曝光，公布整改时限。对违法违规行为，“不担当、不作为、不落实”的现象进行舆论监督，刊发文章近200篇。其中：两治一整专栏刊发18篇，“整治美丽环境”（小城镇专栏）刊发188篇，小城镇整治曝光台刊发31篇，“五水共治我们在行动”刊发103篇（含五水共治曝光台），“重点关注”刊发18篇，“共治小微水体”刊发22篇，“选好领头雁”刊发36篇，“新安夜学”刊发15篇，“走现场看治水”刊发8篇，零点行动刊发11篇，两学一做党建栏目刊发211篇，最多跑一次专栏刊发33篇，德文化等专栏刊发103篇，转型升级在建德等重点经济专栏刊发169篇。

【加强网络宣传】在建德市“最多跑一次，千人来冲‘刺’”启动仪式上，开通“建德云”，吸引4.01万人次在线观看，收到7772个点赞。直播建德市“喜迎十九大建功立德”报告会、“钦堂乡第二届稻舞田间稻香节，”观众分别达到9242人次和10.95万人次，点赞数分别达到5945人次和1.42万人次。建德新闻网原创栏目《私房话》《潮贝茵·街采》栏目获得较高的点击率。

（周碧辉）

市委报道工作

【概况】2017年，市委报道组在杭州市级以上媒体发表新闻稿件120多篇。其中：省级以上发表50多篇（另有图片新闻25篇），含浙江日报头版8篇，专版4个，内参1篇。有逾百篇稿件被人民网、新华网、凤凰网等国家级网站和各大新媒体客户端转载。稿件数量和质量均创近年来新高。获评全省先进报道组。

【突出主题报道】深入挖掘建德市特色性、亮点性和创新性工作，多形式、多角度，在党报党刊等上级媒体推出一批重大主题和重点工作的系列典型报道。其中，浙江日报在头版刊发《五年内将迎来三条高铁建德打造高铁沿线经济带》《我省小城镇环境综合整治出新招建德“街长”治镇有成效》《建德：干群齐发力孤岛不孤单》等稿件，以专版形式刊发《守护杭州源头清流树立浙江消劣样板建德打响小微水体整治攻坚战》《山坡上的诗画村庄——解读“坡地村镇”的建德样本》《建德绿道大自然绘就的山水画卷》等稿件；反映建德重点工作、重大项目、书记动态等核心内容的一系列稿件在杭州日报头版及专版见报，数量为历年之最。

【展示建德形象】依托浙江新闻APP、省市党报主流媒体微信号等新媒体平台，全面、及时、真实反映建德全面贯彻落实上级重大决策部署，创新思维、苦干实干，打造“全省大花园建设排头兵、杭州新的经济增长极和杭州西部门户城市"的生动实践。反映建德市实体经济发展、重点项目推进、城乡面貌改善、全面从严治党和改革创新的优秀成果。（陈迁）

【建德华数数字电视有限公司】2017年，公司实现销售收入7900万元。至年末，有新安江、梅城、大同、寿昌、乾潭5个中心站，在全市各行政村建立网格化运维管理制度，按照"八项规范"开展业务受理、安装、维护。"96371"服务热线24小时开通，为用户提供报修、资费查询以及华数产品业务受理流程等。

2017年，全市建制村有线电视覆盖率100%。公司拥有光纤总长2400多公里，中心机房和乡镇以及小区骨干机房52个，有线电视注册用户14.8万户，其中互动电视用户1.5万户，华数宽带用户4万户。至年末，公司固定资产原值9000万元。

全市有线广播电视"村村通""村村响"的维护；建德市域范围内有线广播电视一、二、三级网络的日常维护，确保网络传输安全和有线广播电视节目播出安全；履行广电惠民工程职责，城乡低保家庭免收有线数字电视初装费和视听维护费，对全市重点优抚对象实施有线数字电视视听费减半收费政策；为政府、教育、医疗、学校、金融等系统提供信息化网络应用平台和技术服务；推进华数电视信息化综合平台深化应用，实施乡村智慧网络项目，及时发布预警信息、"三务"公开等信息，提供政策法规、就业招聘、市场供求等信息查询；助力平安建设，推进智慧家庭、智慧社区、智慧安防等业务发展，完善农村应急广播体系，开发智能化数据监控平台。

助力农村文化和信息的畅通，为"三农"提供专业的信息服务，投资100多万元完成乡村智慧网络总平台建设。完成乾潭、梅城、钦堂、大慈岩等集镇的杆线迁移和上改下工程。参与平安建德建设，实现全市公安监控平台联网，建立网络群防群治机制，拍摄《村书记方言话平安》专题并在信息化平台轮播。加快智能网络建设和大数据应用，助力"最多跑一次"改革。（翁文忠）

编辑：喻春明

卫 生

Public Health

综 述

【概况】2017年，全市医疗卫生机构386所，其中三级乙等综合性医院1所、二级甲等医院1所、二级乙等医院5所、疾病控制中心1所、乡镇卫生院（街道社区卫生服务中心）15所、社区卫生服务站25家，一体化管理村卫生室191家；民营医院、门诊部和个体诊所145家。床位6.5张／千人，执业（助理）医师2.74人／千人，注册护士3.12人／千人。全年卫生事业费投入2.26亿元，比上年增长6.6%，卫生支出占财政支出比5.02%。医疗机构门诊384.36万人次，住院7.13万人次，手术2.1万人次；医疗机构总收入17.18亿元，总支出16.44亿元。

全市医疗机构校验 334 家，新注册 15 家，注销 16 家。注册执业医师（含助理）1647 人，其中新注册 87 人、变更注册 294 人；注册护士 1700 人，其中新注册 63 人、变更注册 240 人、延续注册 93 人。

2017 年，全市卫生计生系统计划招聘 154 人，报名 478 人，经考核入编 107 人，另有 3 人因故暂缓入编。卫计局公务员招聘 1 人，局下属参公单位公务员招聘 5 人。完成人才引进 9 人。

承担全国学生运动会（杭州）、西湖公共关系论坛、建德市残运会、旅游节、长三角运动休闲体验季建德站活动、省政协科技下乡等活动的医疗保障。完成征兵体检、高考体检任务。选派医务人员 236 人次，出动救护车 85 车次，完成市委市政府举办的重要会议、大型活动的医疗保障任务。组建包保助拆工作组，“一对一”对接被拆迁户，在全市率先完成 4 批 20 户的包保助拆任务，荣获“2017 年度建德市包保助拆工作先进单位”荣誉称号。

【综合医改试点】启动药品价格集中谈判机制，在现有药品使用基础上采取按全省最低价与专家评审相结合方式进行药品谈判，腾出降价空间800万元。探索人事薪酬制度改革，制订《关于开展公立医院薪酬制度改革试点工作的实施意见》《建德市公立医院工资总额核定办法》，规定乡镇医疗机构提取当年收支结余的80%作为奖励基金。建成连接市级公立医院和乡镇卫生院的影像中心、心电中心，实现“数据代跑”。全年临床影像中心接收乡镇卫生院上传图片800多例。2017年，市一院成为全国唯一一家通过HIMSS（医疗卫生信息与管理系统协会）6级评审的县级医院，全省首家通过国家电子病历应用能力五级以上高级别认证的医疗机构。

【“双下沉两提升”机制建设】全市15家乡镇卫生院与3家市级医院签订协作协议，通过市级医院定期选派骨干到基层医疗机构坐诊带教、发展特色专科、规范慢病治疗，缓解基层群众“看病难、看病贵”问题。据统计，乡镇卫生院门诊人次比上年增长7.35%，住院人次稳定增长。创建“建设群众满意的乡镇卫生院”，开展优质医疗资源下沉，通过特色科室建设、骨干人员培养、配齐医疗设备等方式，提升群众就医满意度。三都镇中心卫生院被国家卫计委评为“2016—2017年度群众满意的乡镇卫生院”，乾潭镇中心卫生院获得“2017年浙江省十佳乡镇卫生院”荣誉，系杭州地区唯一。

【卫生基础设施建设】6月21日，市中西医结合医院完成搬迁并正式启用；8月23日，建德中医院门诊楼正式投入运行。至年末，浙西心脏中心主楼完成结顶；市二院修缮工程进入扫尾阶段，杭州七院浙西院区项目立项并形成项目设计初步方案，三都中心卫生院新建院区完成选址，基层基础设施不断改善。

【卫生“最多跑一次”改革】按照省卫计委办事目录，在政务信息网站公布17个“最多跑一次”大项，其中16项入驻行政审批中心卫计窗口办理。对所有的审批事项流程进行精简优化，推行网上预受理、预审查。推进生育登记服务制度改革，由“管理”向“服务”转变;通过自主研发生育登记服务软件，实现生育服务登记卡信息办证地和管理地网上在线传输，实现“群众动嘴、干部跑腿、全程免费服务”。全年办理生育服务登记4555对，其中一孩2233对、二孩2322对。市卫生监督所在新安江影剧院棚户区改造中，主动上门对接该片区公共场所经营户。在市一院内试点推行“最多跑一次”“一次不用跑”，实现放射、超声、内镜、检验等项目“当天出报告”、在线动态查询结果等便民措施。（林逸）

公共卫生

【概况】2017年, 完成大同镇中心卫生院迁建工程，乾潭镇中心卫生院门诊楼、住院楼改造工程。新安江社区卫生服务站移交新安江社区卫生服务中心。三都镇中心卫生院创建全国满意乡镇卫生院，乾潭镇中心卫生院被评选为2017年浙江省十佳乡镇卫生院。210家村卫生室（服务站）实施乡村卫生服务一体化管理，一体化村卫生室（服务站）从业人员232名，基本型一体化率100%、紧密型一体化率96.6%。

居民电子健康档案建档率90.6%，动态使用率61.1%；新生儿访视率94.2%，0~6岁儿童健康管理率95.0%，0~6岁儿童系统管理率93.6%；早孕建册率95.2%，孕产妇系统管理率93.1%。老年人健康管理率61.0%，老年人电子健康档案建档率94.7%；高血压患者管理率60.0%，2型糖尿病患者管理率59.7%，重性精神疾病患者管理率65.6%，重性精神疾病患者稳定率89.0%；传染病疫情报告率100%，卫生监督协管信息报告率100%。

推进家庭医生签约服务工作，全年常住人口签约15.72万人，签约覆盖率35.1%，其中10类重点人群规范签约12.12万人，覆盖率67.3%，其中65岁以上老年人签约4.64万人，覆盖率68.0%。

2017全市报告死亡3623例,粗死亡率7.1‰。前五位死因依次为循环系统疾病（2.34‰）、恶性肿瘤（1.82‰）、呼吸系统疾病（1.2‰）、损伤与中毒(0.75‰)和消化系统疾病(0.23‰)。是年，居民平均期望寿命为81.63岁,其中男性79.55岁、女性83.94岁。

完成农民健康体检32.06万人，检出高血压1.35万人、糖尿病3247人、高脂血症者4404人、肝功能异常3539人、肾功能异常1649人、恶性肿瘤及良性肿瘤606人、胆囊炎(胆石症)3494人、泌尿生殖系统疾病3215人、慢性阻塞性肺疾病305人、精神疾病581人、肺结核73人、其他疾病704人。

开展医疗机构专项检查，检查医疗机构390家。开展校园卫生健康行动,监督中小学校62家、幼托机构21家；开展环境卫生、饮用水监督监测，监督生活饮用水单位53家次，监测50件。开展沧滩、明珠、溪头3个社区生活饮用水卫生监测示范项目。

【“6·25”卫生保障】6月25日，市卫计局紧急派遣卫生应急小分队调运储备消杀物资奔赴大洋镇开展饮用水监测、救灾防疫宣讲和消杀操作培训，指导群众进行灾后卫生清理并对室内进行消毒。期间设置临时医疗点1个，派出1支医疗队、4支防疫小分队和1支医疗卫生志愿者队130

多人次，发放药品价值0.05万元，环境消杀32万平方米，检测水样12份，发放防病宣传资料4000多份。

【中共十九大维稳保障】与综治、公安协同开展重性精神障碍患者滚动排查，逐户上门走访、逐人见面筛查，排查重性精神障碍病人2557人，稳控（在管）2485人，拒管66人，失访6人，危险性评估3级及以上13人。安保期间，病情不稳定的、有肇事肇祸倾向的、危险性评估3级及以上的予以入院治疗5人，其余8人责令家属签署监管责任书，由家属、镇村综治办、精防医师协同联合监管。2017年，开展食品安全风险监测230批次，任务完成95.8%。发现问题样品28件，全部通报至市食安办，问题上报100%。

【涉卫民情整改】制定下发《关于落实杭州市“百千万”走访大洋镇涉卫民情整改措施的实施方案》（建卫〔2017〕66号）。实施县级医院资源下沉工作，建德二院每周三派1名中级以上职称医生到大洋镇卫生院坐诊带教。与杭州市莱达信息技术公司签订合同，接入区域影像中心，上传疑难病例信息至建德一院影像中心进行会诊并回传结果。全面摸排大洋镇14家村卫生室需要更换或添置的设备及数量，新添置14台电脑、5台打印机和14台空调。完成装修并启用徐店村卫生室。

【免疫规划】2017年，基础接种率分别为：卡介苗99.66%、脊灰99.75%、麻苗99.9%、百白破99.8%、乙肝疫苗99.77%，乙肝首针及时率99.17%，流脑99.67%、乙脑99.7%、甲肝99.78%。全市各接种点上报疑似接种不良反应102例，及时调查处置100%，无接种差错事故发生。

【疾病预防控制】2017年，全市无甲类传染病报告，乙类传染病13种946例，报告发病率215.0/10万，比上年增长2.37%。报告因传染病死亡1例（肺结核）。丙类传染病报告4种1080例，报告发病率245.5/10万，增长19.5%。接到疑似传染病突发应急事件报告21起，派出突发事件应急小分队和流调人员32次，应急处置人员109人次，采集标本65件，消杀面积7.02万平方米，医学观察535人，应急事件调查100%，及时处置100%。上报三起突发公共卫生事件，均为水痘暴发疫情，涉及三都镇初级中学、新安江第二初级中学、大同镇上马小学3家学校。

【传染病防治】登革热防治：8月以来，市政府多次召开政府与部门联席会议，落实环境卫生综合整治，清除蚊媒孳生地为主的登革热防控措施，BI指数从100左右迅速控制到安全标准。3起输入性登革热疫情得到及时、规范处置，全年未发生本地病例和二代病例。艾滋病防治：本市筛查HIV抗体8.01万人次数，新发现报告艾滋病病毒感染者和病人16例。至年末，建德市登记在册管理的艾滋病感染者和病人123例，接受艾滋病抗病毒免费治疗患者110例，治疗覆盖率89.4%。全年重点人群监测5105人，超额完成80人。结核病防治：5月17日通过国家中盖项目办验收，5月18日项目正式运行。登记筛查106例病例，使用GeneXpert试剂64份，其中26例病例纳入项目进行管理。全年报告肺结核病例275例，肺结核病人系统管理率99.2%(273/275)，新涂阳病人治愈率75.3%(52/69)，肺结核病人转诊率100%（509/509），病人追踪到位率94.2%（311/330）。全市犬伤门诊接诊人数6592人。

【地方病及慢性病防治】“三热病人”血检1192人，发现4例输入性疟疾病例。开展人体土源性线虫现状调查，完成粪便和土壤检验1035份。完成血吸虫病血清学查病1075人，未发现血清学阳性。查螺总面积82.99万平方米，未发现有螺地区。

【卫生监测】“四害”常规监测：成蚊密度为4.31只/小时，蝇平均密度为1.25只/笼，鼠平均密度为0.56只/夹·夜，蟑螂平均密度为指数0.51只/张。消毒隔离监测：对全市6家市级医疗机构及15家街道乡镇社区卫生服务中心开展消毒监测，采样311件，合格300件，合格率96.4%。建德为浙江省登革热监测点，按照监测方案，4—11月份，设2个固定点、2个流动点，每月监测2次，每次监测200户，按时上报监测数据，为登革热防控提供科学数据。生活饮用水卫生监测100件，其中城市生活饮用水合格率100%，农村生活饮用水合格率52.2%。完成十三大类18种食品120件样品的450个污染物项次的化学污染物和有害因素进行检测，样品中污染物检出率84.1%，污染物项次检出率51.1%，样品超标率11.6%。开展八大类13种食品120件样品微生物及其致病因子监测，检出问题样品19件，其中12件样品无相应国家标准，不做判定，7件样品为超标样品。特定病原体食源性疾病病例监测：报告病例210例，采样检测210例，检出阳性6例，阳性率2.8%，可疑食物暴露信息填报210例，填报率100%。

【健康教育】为学生、社区居民开展健康素养讲座253场，受益人数1.51万人次；利用报纸、广播、电视开设健康专栏传播健康知识，《今日建德》报全年刊登健康文章192篇，继续与多家广告公司合作开展文化广场电子屏、长运车站电子屏、公交车视频、开展健康知识宣传，全年更换公交等视频24次；自制折页9种，6.31万份。开展健康教育活动12次，活动发放资料8700多份，设立展板38块，横幅13条，受益2800人次。对16所申报健康促进学校开展培训与工作指导。

【学生口腔窝沟封闭】建德市口腔窝沟封闭医疗队对全市55所学校（包括2所九年一贯制学校）4387名二年级、八年级学生开展口腔检查，筛查出符合适应征并给予封闭学生2893人，封闭牙齿8604颗，平均封闭牙数3.0颗/人。实际封闭人数2893人，应封人数2915人，封闭率99.2%。学校覆盖率100%。

【公共卫生监督】2017年，全市持证公共场所821家，集中式供水单位6家，二次供水单位10家，学校62家，持证各类医疗机构390家，持证放射诊疗机构28家，持证消毒产品生产企业7家，持证餐饮具集中消毒单位2家。受理处理各类事项审批办件1080件、各类卫生监督投诉举报11起；行政处罚案件148件，金额21.99万元，没收非法所得4700元。全年无突发公共卫生事件发生。

【精神卫生】2017年，建德市严重精神障碍患者（精神分裂症、情感性精神障碍、偏执性精神病、分裂情感性精神障碍、癫痫所致精神障碍、精神发育迟滞）在册2540人，在管2466人，管理率97.5%。加大精神障碍患者救治救助力度，将严重精神障碍纳入基本医疗保险门诊特殊病种保障范围，新增54人，有850人纳入保障范围。困难严重精神障碍患者住院补助87人，费用14.5万元。收治森林防火18人，补助费用44. 7万元。“三无”人员在院35人，补助费用53.83万元。召开全市精神文明卫生工作会议，建立“分片包干”的严重精神障碍患者救济管理责任制。将促进精神卫生工作纳入各村卫生室综合目标考核内容，明确建德市16个乡镇卫生院作为执行机构，全面加强村、镇、市三级精神卫生服务网络管理，对乡镇开展每月1次的技术服务指导；乡镇因地制宜建立镇、村两级督查制度和评估制度。

（叶莉锋）

中医中药

【概况】2017年，建德市中医药工作以“全国基层中医药工作先进单位复评”为契机，以“医疗质量安全大排查大整治”为抓手，以“贯彻宣传中医药法”为路径。8月，通过全国基层中医药工作先进单位杭州市级复评。市中西医结合医院开展中医单病种29个，

【强化医疗质量管理】开展教育培训，对全市所有建制乡镇卫生院（社区服务中心）和民营医疗机构相关医务人员进行医疗质量检查标准解读。

对市中西医结合医院、中医院就《医院中药房基本标准》《医院中药饮片管理规范》《医疗机构中药煎药室管理规范》的执行情况进行督查，要求严格落实18项医疗质量安全核心制度。

【市中西医结合医院启用】5月28日，市中西医结合医院完成整体搬迁并试运行，6月21日新中医院正式启动。依靠杭州市中医院协作帮扶，市中西医结合医院实现转型升级，全年实现业务总收入1.28亿元，比上年增长32.1%；门急诊人次为15.1万人，增长13.3%；中药饮片业务增长27.3%。市中西医结合医院作为“杭州市基层中医适宜技术推广基地”，实现30多项的中医特色治疗。

【基层中医药服务能力提升】市中西医结合医院与6家乡镇卫生院签订协作协议，强化专家坐诊、带教等帮扶形式。2017年，全市建制乡镇卫生院设置中医科和中药房，其中9家建制卫生院达到基层中医馆建设要求；推广应用30多种中医适宜技术。

【中医药养生知识宣传】组织19批次的医务人员下农村、到社区、进家庭，开展中医饮食养生宣讲、教授中医养生经络操、疾病愈后的中医调理讲座等活动。发放健康教育处方及宣传册2658份，服务人次2082人。开展“杏林文化进校园”中医药特色文化宣传活动。

【中医药人才引进和培养】2017年，市中西医结合医院招录和引进医务人员 47人，其中副高职称1人，硕士研究生4人，护理人员17人；选派3名医生、7名护理人员外出进修。建德中医院1人入选杭州市“131”第三层次人才培养。在杭州市针推医学会的帮助下，组织全市180名医务人员参加“穴位贴敷”“拔罐疗法”“耳压疗法”三项适宜技术培训，157人通过适宜技术考核。第十三期“西学中”学习教育班的67人结业，有71人报名参加第十四期“西学中”学习教育班。

【落实民营资本办医政策】建德中医院与弘和仁爱医疗集团牵手成立“建德市大家中医药科技有限公司”，投资1.5亿元的门诊综合楼于8月正式投入使用。（郑娟　林逸）

妇幼保健

【概况】2017年，全市孕产妇系统管理率93.6%，住院分娩率100%，高危孕产妇住院分娩率100%，产后访视率96.3%，孕产妇死亡率0。0–7岁儿童保健覆盖率95.0%，0~3岁儿童当年系统管理率94.7%，新生儿疾病筛查率100.2%，新生儿出生缺陷发生率7.4‰，婴儿死亡率2.0‰，5岁以下儿童死亡率2.5‰。新生儿破伤风发生率为0。婚登婚检实行“一站式”服务，婚检率68.1%。全市3308名农业户口孕妇享受住院分娩补助165.4万元。全年发出婴儿出生医学证明5426份，办理补证135份。

【孕产妇管理】设置5个高危孕产妇筛查点，定时定点开展筛查工作。全年县级水平筛查率96.3%，全市本地户籍5420名产妇参加产前筛查4924人，筛查率90.8%；311名流动人口产妇自愿接受产前筛查257名，筛查率82.6%。建立危重孕产妇抢救视频系统，实现与省、杭州市专家的现场视频实时对接。全年未发生建德籍孕产妇死亡事件。

【托幼机构管理】全市托幼机构保教人员体检1567人，体检率100%，合格率100%，11名保健教师取得杭州市妇幼保健院颁发的上岗资格证，98位保育员取得上岗证。4家甲级幼儿园卫生监测合格率100 %；45家乙级幼儿园合格率 96 %，其他5家幼儿园合格率 85%。

【计划生育管理】全市16个乡镇400多名村计生服务员经国免与药具业务培训，取得避孕药具管理岗位合格证。全年新增避孕药具自助发放机2台，全市9台自助发放机发放计生药具2285人次。孕前优生检查6896例，确诊高危人群500例，孕前优生检查率83.8%，追踪随访指导1300多次，随访率100%。发送新婚读本2490本，发放免费避孕药具3.28万人次。

【“艾梅乙”母婴阻断管理】形成艾滋病、梅毒和乙肝母婴传播阻断实施方案及预防艾滋病、梅毒和乙肝母婴传播阻断给付方案，建立户籍属地管理台账，9025名服务对象艾滋病检测，阳性0例；4858名梅毒检测对象，检出阳性33例；4858名乙肝检测对象，检出阳性300例，全部接受免费乙肝免疫球蛋白针注射，乙肝母婴阻断率100%。

【“两癌”筛查】重新制订“两癌”（宫颈癌、乳腺癌）筛查方案，增加阴道B超项目，提升筛查精准率。全市李家、三都、杨村桥、大同和钦堂5个乡镇1.20万名育龄妇女免费接受“两癌”筛查（其中国家级6257例、省级HPV筛查5819例），疑似前期高度病变42例，确诊宫颈癌109人、子宫内膜癌1人、乳腺癌10人。

（陈利民）

爱国卫生

【概况】2017年，围绕卫生乡镇创建、病媒生物控制水平C级达标等重点工作，落实杭州市下达的各项目标任务，巩固深化国家卫生城市创建成果，开展各类卫生单位创建，提升病媒生物防制水平，推进全民健康促进行动。

【卫生乡镇创建】2017年，全国爱卫办正式命名乾潭镇为国家卫生镇。梅城等5个申报国家卫生乡镇的乡镇完成建德市级评估，接受杭州爱卫办的督查调研，大慈岩镇通过杭州市考核评估。杨村桥镇、下涯镇通过省级卫生镇考核并正式命名并通过各项复评。组织乡镇（街道）对辖区内的省级卫生村达标的村进行初审和上报，8个乡镇（街道）的22个村通过浙江省卫生村命名。

【改水改厕】深化农村改水改厕工作，超额完成杭州市下达的改厕任务，新增无害化户厕1110座，其中预制式500座，无害化卫生厕所普及率98.6%。

【病媒生物控制】2017年是5年一轮的病媒生物控制水平C级评估认可复评，作为国卫复评工作中一票否决的指标，及早安排部署，全面做好病媒生物预防控制，8月，通过省级病媒生物控制水平C级达标。开展病媒生物防制专项培训，对新安江街道内的宾馆饭店、学校、医院、车站等160多家单位相关人员进行授课。推进病媒生物防制技防设施建设，委托专业消杀公司在新安江街道重点单位及场所周边设置3800座毒饵站、1012个诱蝇笼。在江滨公园等水体丰富的区域设置7座大型灭蚊灯，实现重点单位和行业的防制设施合格率95%以上。开展全市统一灭蚊大行动，重点清理辖区内“四害”孳生地，做好蚊、苍蝇、蟑螂、老鼠等“四害”的消杀控制工作。组织6家专业消杀公司，根据各乡镇（街道）的实际情况制定技术方案，配备必需的防蚊灭蚊药品器械，落实病媒应急处置队伍，开展各自作业合同区域内的蚊媒控制工作。

【健康促进】以“健康建德”建设为载体，积极培育健康单位建设，全面推进健康促进行动，组织航头中心小学、实验小学、新一小等中小学开展健康促进金（银）牌学校创建。开展公共场所控烟执法活动40多次；灵栖洞景区、杨村桥镇卫生院创建为浙江省无烟单位，推荐更楼街道、乾潭镇、大慈岩镇中心幼儿园参加杭州市无烟单位创建评选。（廖爱军、林逸）

【国家电网公司职业病防治院】国家电网公司职业病防治院（以下简称职防院）是一所集职业病防治、工伤康复、健康管理、健康体检为一体的专科医院，参照二级甲等综合性医院管理。

2017年，职防院秉承“服务主业，兼顾社会”的原则，以职业性呼吸系统疾病防治为特色，形成尘肺病诊治、工伤康复及综合门诊、职业健康体检与健康管理为一体的医疗服务体系。全年实现收入7546.11万元，其中医疗业务收入5961.06万元，比上年增长6.78%，药品占医疗业务收入比值29.8%。

制定职业健康检查套餐及签署协议 64 家，完成体检 3.53 万人次，其中公司系统员工 8607 人次。对体检中发现的恶性肿瘤密切跟踪随访，为 30 多家公司 320 人次提供健康咨询服务。首次参与建德市高考学生的部分体检工作，发现 4 例疑似肺结核。完成余杭、温州等公司员工健身效果检测评估 7915 人次。2017 年 7 月，“建德市国民体质监测与健身指导中心”在职防院挂牌。

完成《职业健康监护技术规范》(GBZ188—2014)第二次修订，《广东电网员工职业健康防护管理》咨询项目课题通过广东电网有限责任公司验收审查。参与国家电网公司技术发明奖评审、职业卫生应急预案专题会审，组织修订《电力行业紧急救护技术规范》(DL/T692—2008)，完成报批稿。承办《全国电力职工技术成果奖（职业卫生类）》初评会、复评会及全国职业性肺病专题第一次病例读片和筛选讨论会。2017 年，签署职业体检协议 160 多家。全年收治工伤患者 118 人次（其中省工伤 90 人次、杭州市工伤 28 人次），地方患者 40 人次，增长 55%

加强耳鼻咽喉科、疼痛门诊、针灸理疗科、外妇科等学科建设。执行各项核心医疗制度及诊疗技术规范，不断完善门诊电子病历。严控输液与抗生素使用，坚持药占比指标考核，督促“合理用药、合理检查、合理收费”。与卫生行政部门沟通，做好实施“两票制”的准备工作。2017 年，门诊接诊患者 8.5 万人次。(鲍传勇)

编辑: 喻春明

社会生活

Civil Life

民政工作

【概况】2017年，全市民政工作坚持“民政为民、民政爱民”的服务理念，发布实施《建德市“十三五”社会人才发展规划》《建德市节地生态安葬设施建设布点规划》，制订出台《建德市养老服务业综合改革方案》《加强城乡社区协商实施意见》《社会救助城乡一体化实施细则》《加强城乡社区协商的实施意见》《社区社会组织备案管理暂行办法》《全面推行节地生态安葬“1+X”政策》等规范性政策文件。

2017年，全市在册享受低（残）保1.01万户，1.37万人，占全市总人数2.7%。比上年增加1398户，1747人，退出951户，1762人。发放保障金7185多万元(含散居孤儿和困境儿童生活费)，增加1953万元。发放困难家庭临时救助金2963户，金额382.5万元。认定低保边缘家庭4159户，9440人。开展农村留守儿童“合力监护、相伴成长”关爱保护专项行动，5名无监护人和45名无户口留守儿童得到落实。

市救助站建设投入使用，市福利中心项目实现一期“公建民营”签约。第十七次“春风行动”筹资780多万元。向困难群众和困难学生发放救助款1041多万元。全市福利彩票销售额达8123万元，其中“中福在线”建德销售厅销售额4815万元，筹集福利彩票公益金316.57万元。与邮政公司合作，在钦堂乡谢田村开展“邮善邮乐”网上慈善超市建设试点。完成53处避灾安置场所建设任务，全市建有市镇村三级避灾场所186处，市镇级覆盖率100%，村社区级覆盖率66%。

全年办理结婚登记3934对、离婚登记1622对、补办登记1631对，婚姻登记合格率100%。错时上下班制度办理婚姻登记280多对，婚姻家庭纠纷调解工作室劝导离婚920多对。落实“110”社会应急联动机制，“指南针”专项行动救助各类流浪乞讨人员79人，安全护送返乡26人，行程逾8万千米，在杭州市流浪乞讨救助管理工作会议上作典型发言。第二次全国地名普查通过省级验收，全市491千米的市域界线未发生一起边界纠纷案件。梅城镇和下涯镇、李村村、大慈岩镇、乌石村、孙家村入围浙江省首批地名文化遗产保护名录。社区社会组织备案1022家，培育2家街道级13家社区级枢纽型、支持型社会组织。全市35家福利企业完成工业总产值17.85亿，比上年增长30%，安置残疾职工1173人，占在册职工总数43%。市社会福利院开展护理业务技能培训12次，144人次，在院老人112人，儿童9人。

巩固“省级双拥模范城”成果，走访慰问驻建部队、困难优抚对象、下岗失业退伍军人等，金额48.4万元。举办军人优待金奖状颁发仪式，举行烈士公祭日活动和建军90周年联欢晚会。在建德电视台、《今日建德》报刊发“八一”慰问信和光荣榜。开展社会力量参与双拥优抚服务35次，参与服务社工31人，服务440多名困境优抚对象。全面落实抚恤优待政策，城乡一体式社会化发放抚恤补助金5141人次，金额2078万元。生活困难退伍军人定补737人次，金额61万元。农村籍60周岁以上退伍军人生活补助3440人次，金额511万元。发放2016年度退役士兵自主就业经济补助金265人，金额1023万元。大学生入伍一次性奖励金74人，金额148

万元。发放重点优抚对象医疗补助424人次，金额86万元。门诊补助1240人次，金额115万元。发放义务兵家庭优待金615户，金额1234万元。立功奖励金59人次，金额109万元。发放“浙江省三属优待证”“浙江省抚恤优待证”39本。

创建杭州市级田园社区23个，乾潭镇幸福村被评为杭州市2017年度十大最美田园社区。15家社区（村）被命名全国综合减灾示范社区，5家社区（村）被命名浙江省综合减灾示范社区。梅城镇宝华洲社区张慧荣获“2017年度杭州市最美社工”，2名持证社工案例被评为杭州市优秀社会工作个案。

【民政工作“最多跑一次”改革】梳理公布事项清单64项，其中62项实现“最多跑一次”。推出老年优待证受理“三个零”便民服务，即镇村统办集中受理“零距离”，快递送达批量办理“零见面”，亲属代办散件办理“零次跑”。

【村社组织换届】全市256个村社党组织、村（居）委会、村（居）监会和239个村股份经合社采用“两推一选”“自荐直选”“有候选人的直接选举”方式，100%按期换届。换届涉及全市229个村27个社区，3月26日，完成村社党组织换届，产生新一届村党组织班子成员958人，其中书记250人、副书记68人、委员640人。4月26日，完成村（居）委会换届，产生村（居）委会成员797人，其中主任253人。5月5日，完成村股份经合社、村监会换届。李家镇试点村民代表“六项规定”，得到省委常委、杭州市委书记赵一德批示肯定。

【退役安置】接收去冬今春退役士兵288人。做好符合安排工作条件退役士兵“一人一岗”安置工作，组织自谋职业转业士官就业帮扶选岗会，96人签订就业合同。召开退役士兵专场就业招聘会，有160多人达成就业意向，开展自主就业退役士兵免费职业技能教育培训，有163人参加。

【节地生态安葬】全力发展殡葬事业，开展节地生态安葬设施建设布点规划，下发2017—2019年“青山白化”专项整治行动方案，完成7处杭州市“四边三化”点位98座坟墓整治和22处乡村节地生态公墓建设。殡葬惠民约3600例，减免费用210万元，4例骨灰参加杭州市第24次骨灰撒江活动。

【“6·25”抗洪救灾】6月23日8时至26日8时，建德市普降暴雨，平均雨量137.6毫米，其中大同黄金坞测站最大203.9毫米。受兰江水位上涨影响，造成建德市不同程度受灾，大洋镇受灾最为严重，大洋、三河、麻车集镇进水，部分村庄受淹，造成一些村庄交通遭阻断，断水断电。截至6月26日上午9时，受灾人口4.59万人，转移安置3616人，因灾倒房10户21间，农作物受灾4.94万亩，直接经济损失1.19亿元。市民政局迅速行动全力投入防汛救灾工作，及时启动市级自然灾害救助预警响应、Ⅳ级应急响应，开放避灾安置场所35个，集中安置230人，调拨救灾物资和社会化发放受灾人员生活救助金62.39万元。及时做好灾情统计上报，组织发动专业救援社会组织

◎ 9月30日，烈士纪念日活动

参与救援，调配11艘橡皮艇开展紧急救援，建德市扬帆救援服务中心、建德市民安救援队、建德市红十字会水上救援队、建德市新安山地救援队等专业救援队投入200多人，奋战在抗洪抢险第一线，救助被困群众、转移物资等。市减灾委召开“6·25”洪涝灾害社会组织参与大洋镇救灾救援表彰大会，对建德市民安公益救援队等6家社会组织进行表彰奖励。

【成立建德市社会工作者协会】完善社会工作人才队伍建设政策体系，组织开展社工人才培训，举办第七届社工节，发展会员107人，全市持证社会工作者117人。

【社会团体清理】完成25家行业协会商会脱钩，完成率62.5%。开展社会团体清理规范工作，清理不符合兼职规定107人。

【“12345”工作体系创新“党建+”】召开民政系统党建工作和社会组织党建工作推进会，深入开展“建功立德”大讨论、“党建引领惠民生、实干为民铸铁军”“三提一争、组团包干”主题活动，打造“厚德、大爱、民本、多元、和谐”民政德文化。建立驻大同镇丰畈村服务工作站，开展党员干部组团服务结对帮扶走亲活动，走访慰问28户结对困难户。22名干部联系走访大同镇黄山头、枫树岭、黄垅、管村桥四个村283户农户，收集问题建议71件，解决民生问题15件。先后组织参加文明交通劝导15人次、平安夜巡71人次、应急值班86人次，评选出季度之星15人。

（郑胜）

◎ 5月25日，建德市第七届老年人运动会在新安江体育馆开幕

老龄工作

【概况】2017年，全市60周岁及以上老年人口11.89万人，占户籍总人口23.2%。其中60~69周岁6.88万人，占老年人口的57.8%；70~79周岁3.25万人，占27.3%；80周岁及以上1.75万人，占14.7%；百岁老人32人，老龄化程度高于全国、全省和杭州市平均水平。各乡镇（街道）的老年人口均超过辖区总人口的20%，新安江街道、大同镇、梅城镇、寿昌镇、乾潭镇的老年人口超过万人，分别为1.59万人、1.24万人、1.05万人、1.05万人、1.00万人。梅城镇老龄化程度最高，占户籍总人口25.4%。

全年办理老年优待证5532本，发放80周岁以上高龄老人生活津贴1.71万人，金额1118.9万元。为全市12.1万名老年人支付保险费242.53万元，保险理赔赔付1766件，金额339.22万元。老年电大注册学员9700多人。

推进公办养老机构改革，寿昌镇、大慈岩镇农村五保供养服务中心实现“公建民营”模式，全市所有养老机构均与医疗单位签约，实现“医养融合”。至年末，22家养老机构有20家获得设立许可，22家机构总床位3190张，百位老人床位率2.6张。

推进农村老年食堂建设，三都镇新建老年食堂12家，基本实现农村老年食堂全覆盖。全市各乡镇（街道）通过配送餐实现老年人助餐服务有效覆盖。

完成新安江、更楼、寿昌、梅城、下涯、乾潭、大同、杨村桥等8家乡镇级综合性居家养老服务照料中心改造提升。27个村（社区）的照料中心实现社会化运营。政府购买居家养老服务人数4928人、金额295.68万元。开展7批次养老护理培训，396人拿到养老护理初级证，84人拿到老年人护理证。更楼街道石岭村等4家照料中心被评定为“建德市三星级居家养老服务照料中心”。

2017年，特困人员集中供养补助标准调整为农村674元/人•月、城镇774元/人•月。全市有特困人员442人（农村418人、城镇24人），集中供养率96%，其中在院供养425人、户院挂钩17人。至年末，建德市社会福利院在院老人105人。

组织开展重阳节、“五下乡”雷锋角等慰问老年人志愿服务活动30多场（次），服务老年人5万人次。为老年人提供法律援助案件46件，法律咨询312人次，调解各类矛盾纠纷1217人次。按市、镇、村三级开展走访慰问老年人，发放慰问金（慰问品）5万人，金额300万元。开展“弘扬孝敬文化•推进道德建设”主题征文评选活动。开展广场为老服务活动服务老年人700多人次，发放宣传册2000多册。

表19　**2017年年末建德市百岁老人名单表**

序号	乡镇（街道）	村（社区）	姓 名	性别	出生年月	年龄
1	新安江街道	沧滩社区	陈彩英	女	191805	99
2	新安江街道	沧滩社区	许秀珍	女	191809	98
3	新安江街道	府西社区	王彩珠	女	191806	99
4	新安江街道	罗桐社区	王德莲	女	191708	99
5	新安江街道	新蓬村	陈春妹	女	191804	99
6	新安江街道	叶家社区	金卸妹	女	191310	103
7	新安江街道	罗桐社区	沈雪芹	女	191512	101
8	洋溪街道	友谊村	许子如	女	191809	98
9	大同镇	枫树岭村	俞金水	男	191706	100
10	大同镇	黄垅村	梅柏富	男	191804	99
11	大同镇	徐韩村	徐云生	男	191805	99
12	大同镇	竹源村	孙德高	男	191611	100
13	大同镇	禹甸村	王国斌	男	191607	101
14	寿昌镇	西湖社区	顾秀英	女	191811	98
15	寿昌镇	东门村	黄兰英	女	191610	100
16	寿昌镇	望江社区	叶满林	男	191805	99
17	寿昌镇	望江社区	曾彩兰	女	191810	98
18	梅城镇	宝华洲社区	卢秀林	女	191511	101
19	梅城镇	严陵社区	张美岭	女	191611	100
20	梅城镇	洋程村	罗招弟	女	191810	98
21	梅城镇	总府社区	羊田凤	女	191803	99
22	乾潭镇	下包村	张光宝	女	191508	101
23	乾潭镇	安仁村	徐金花	女	191810	98
24	乾潭镇	方家村	章耕夫	男	191705	100
25	杨村桥镇	杨村桥村	郑根英	女	191807	99
26	下涯镇	金洲村	方樟寿	男	191810	98
27	下涯镇	联和村	徐小比	女	191803	99
28	三都镇	下钱村	汪秋菊	女	191506	102
29	大洋镇	高垣村	吴大妹	女	191809	98
30	李家镇	曙光村	黄爱玉	女	191510	101
31	莲花镇	齐平村	许海标	男	191608	100
32	钦堂乡	庙前村	杨小娜	女	191611	100

（朱福平）

【医养融合改革】市中西医结合医院开展医院和养老机构合作试点，分别在3个乡镇的敬老院设立医务室，定期上门服务，在医院住院部专门设立病房。结合试点情况，由市卫计局牵头起草下发建德市医养融合发展实施意见，实现医疗机构与养老服务机构医养融合发展全覆盖。家庭医生责任签约常住人口15.04万人，覆盖率33.6%，其中65岁以上老年人4.36万人，占老年人口的36.1%。

【养老产业集聚区建设】建德市依托市福利中心项目、浙西国际心脏中心项目和市残疾人康复医院二期项目，开展洋溪健康产业集聚区建设。

（朱福平）

人口与计划生育

【概况】2017年，全年出生人口5848人，计划生育率98.7%，出生性别比105.6，免费孕前优生健康检测目标人群覆盖率84.9%。全市开展各类关心关爱主题服务活动160多次、举办流动人口健康讲座等各类宣传咨询服务50多场。

【融合卫生计生管理服务】推进卫生和计生工作融合创新，将计划生育工作纳入全市卫生计生系统目标责任制，将公共卫生工作纳入乡镇（街道）计生目标责任制考核中，从考核机制上实现卫生和计生工作互促互进。全市16家乡镇（街道）卫生计生办都成立卫生计生志愿者服务队，联合医疗卫生机构共同开展计生家庭扶助、“两癌”筛查、家庭医生签约及登革热疫情防控等工作。通过融合发展，实现卫生计生队伍、资源、服务三融合。

【推进国标母婴设施建设】维护妇女儿童权益，提高对妇女儿童的公共服务供给能力，推进公共场所母婴设施建设，11月，建德市第一家国家标准化母婴室在新安江客运中心建成并通过省、市验收。11月23日，市政府专题召开全市母婴设施建设工作推进会，印发《关于加强母婴设施建设的实施方案》（建人口计生领〔2017〕2号），明确了相关部门的职责及未来三年的建设目标。

【生育服务登记“零跑路”】落实卫生计生领域“最多跑一次”改革，通过精减办理流程，实行婚育情况承诺制，采取网上办理、委托代办等措施，提升生育服务水平。通过编写“一纸清”贴心便条，让服务对象全面了解业务流程，不再多跑冤枉路；利用自主研发的软件系统实现生育登记在本市内“异地通办”，变“最多跑一次”为“就近跑一次”；通过上门、QQ、微信等方式为部分特殊困难人群办理生育登记，“就近跑一次”升级为“零跑路”。2017年，为全市4555对夫妇办理生育服务登记，其中就近办理600多对。

【全力做好计生家庭扶助关怀】落实计生奖励扶助政策，全市发放特扶金578.59万元，金额389.64万元，计生社保补贴385.30万元，计生手术并发症补助金153.11万元，计生公益金36.34万元，生育辅助补助6.26万元。为每户计生特殊家庭建立电子信息档案，落实镇、村关爱联系人制度。借助市四院专家力量，成立建德市特殊家庭心理援助团队，全年为计生特殊家庭提供心理疏导服务60多次。开展计生家庭致富发展项目，解决育龄群众就业232人，扶持计生困难户39户。

【青春健康教育】依托全市中小学的心理辅导室建立和培育集信息、宣传、教育、服务等为一体的青春健康教育基地，形成覆盖全市的青春健康服务网络平台，至年末，全市建成青春健康教育护航站56个，其中杭州市级青春健康教育示范基地4个。建立杭州市级青春健康教育师资队伍，按照不同年级分层次在学校内深入开展青春健康教育讲堂16场。（陈建芬 叶昕 林逸）

移民工作

【概况】2017年，市移民局围绕“补规章、强调控、重新建、抓考核”的总体思路，推进水库移民创业致富，提升移民项目资金的管理水平和使用绩效，促进库区和移民安置区经济社会发展。全年争取移民资金8334万元。

安排促进移民创业致富项目 52 个，投入移民资金 4621 万元，其中新增百万元投资的产业基地 5 个，投入资金 1267 万元。组织移民项目验收个数 91 个，涉及移民专项补助资金 7196 万元。

投入 650 多万元，精心打造“镇头、姚村、滨江、里黄、白沙”5 个村的美丽家园建设。

【移民直补人口复核和直补资金发放】完成2017年度大中型水库（在册）直补移民人口复核工作。2016年直补移民核减217人（死亡147人，财政供养70人），刑满恢复1人，2017年在册直补移民2.41万人。

【移民资金管理办法】出台《建德市水库移民专项资金乡镇报账制细则》《建德市水库移民专项资金生产开发项目扶持管理暂行办法》，实施移民资金项目规范化管理。

【实施移民素质培训】开展库区移民劳动力素质培训，举办培训43期4135人次，主要内容为民宿、养老护理、农业实用技术、电子商务等技能培训。(毛贤龙)

民族与宗教

【概况】2017年，全市有少数民族行政村5个，自然村19个；少数民族33个6924人，其中畲族人口最多。全年争取中央、省级、市级各类资金190万元。开展送医、送药、送书画、送温暖、扶持项目、金融帮扶活动20多次。

3 月，完成全市 97% 的宗教场所视频监控联网建设。4 月，转发省民宗委、杭州市局《关于在全省佛道教活动场所和民间信仰场所全面推行文明敬香工作的通知》。5 月，完成全市基督教各堂点换届改选工作，9 日，启动开展以整合资源，项目带动、资金帮扶、人才支撑等多种形式的结对帮扶行动。7 月 17 日，在玉泉寺举办佛教场所消防安全知识培训演练活动，有 50 多人参加。

完成佛教场所铜牌制作张挂工作；指导佛教协会购置办公用房 1 处，制定僧人请销假制度。佛教协会 1 名副会长因长期不能正常履职被免去副会长职务；指导佛教场所万福寺做好规划，启动新安江基督教主恩堂危房迁建工作。

9 月 19 日，基督教两会班子学习新修订《宗教事务条例》；26 日，组织基督教 76 个场所负责人集中学习。27 日，组织 5 个少数民族村书记、主任和部分少数民族政协委员赴桐庐龙峰、新丰村和淳安富泽村考察学习少数民族特色村寨建设。

10 月 10 日，召开宗教界平安护航中共十九大维稳安保工作会议。12 月，双泉村获评第二批“中国少数民族特色村寨”称号。年末，完成全市宗教场所信息整理核对、统一社会信用代码赋码和登记证换证工作。

【民族村特色畲寨建设】开展民族服饰、手工艺品等畲族文化抢救保护，开展团结村“三月三”畲族民俗文化节，指导大同镇“打造稻香小镇、弘扬民族文化”“书香大同第七届三月三畲族文化节”，组织高桥村2017“人间重晚情、惠老欢乐行”文艺巡演，高桥村畲族民俗文化展陈馆如期开馆。举办“我唱畲歌等你来”建德市首届少数民族文艺晚会。

【“寻梦中国·正言正行”反邪宣传】开展“寻梦中国·正言正行”教育活动，组织宗教团体学习新修订《宗教事务条例》，播放反邪教微电影11场次、受众2000多人。

【宗教和民间信仰活动场所管理】完成基督教庄丰聚会点、民间信仰圣帝庙等7处C、D级危房场所除危修缮、场所置换。开展宗教场所消防安全检查56处，整改消防安全隐患问题60多个，推进

宗教活动场所安全防控网建设。(翁志晴)

关心下一代工作

【概况】2017年，市关工委组织“五老”宣讲156场次，受教育人数4.6万人次。举办暑期“假日学校”131所，创建和扶持青少年教育基地13个。

组织“五老”三团人员参与弘扬“建功立德”地域人文精神，建设美德家园和塑造美丽人文主题活动,撰写宣讲稿21篇。在全市中小学开展“好家风、好村风”和“建德英模”宣传教育50多场，受教育学生4万人次。市关工委“五老”艺术团，开展传统戏曲进校园活动12场，观看演出师生2万人次。

11月9日至10日，举办为期2天学习贯彻中共十九大精神暨业务培训会，120多名市关工委成员单位相关领导、乡镇（街道）分管领导和从事关心下一代工作的同志参加培训。11月29日，市宣讲团组织宣讲人员在钦堂乡举办中共十九大精神宣讲观摩课，而后，市宣讲团分3个组划片到全市各中小学校进行宣讲，开展“两史教育”“中国梦宣讲”“中华优秀传统文化进校园”“十九大精神宣讲”等主题教育活动86场次。

开展2017“福彩暖万家·点亮梦想”“福彩暖万家·助圆大学梦”、杭州市“奋飞助学”、建德市“奋飞助学”等专项资助活动。2017年，全市筹措助学金568万元，资助大学生993人，资助中、小学生2480人。创建和扶持青少年教育基地12个，资助经费11万元。开展“爱心眼镜·闪亮校园”眼镜捐赠活动，德通眼镜店为227名孩子捐赠价值500元的眼镜，金额11.35万元。6月6日，在城东实验学校举行2017杭州市暨建德市“福彩暖万家·点亮梦想”——困难少年儿童专项资助活动发放仪式，发放资助金20万元。

【普法宣传教育和帮教活动】以“五老”为主体，发挥“关爱工作团”作用，在全市中小学举办禁毒宣传进校园活动，受教育学生3万多人次，帮教200多名社区矫正人员，开展各类青少年法制教育活动150多场次，发放普法宣传挂图、普法宣传手册5万多份。市关工委科技服务团开展清洁乡村、剿灭劣V类水宣传教育活动20多场次，发放宣传资料5000多份。

【留守儿童管理教育】将留守少年儿童的教育管理纳入建德市义务教育均衡发展总体规划，构建“群团组织推动、党政部门联动、社会机构互动”工作格局，完善“安全保障、心理疏导、活动育人、家教培训、协同关爱、代理家长”六大留守儿童健康成长机制。创新充实四型“代理家长”队伍。以教师、机关干部、村干部等“五老”人员为主的“常驻型”代理家长；以热心社会公益事业企业家为主的“帮扶型”代理家长；以在校大学生志愿者为主的“假期型”代理家长和以城乡同龄儿童家长为主的“同龄型”代理家长，实现全市2556名留守儿童“百分百”结对。

【假日学校惠民工程】举办暑期“假日学校”131所，有3949名中小学生参加学习，其中农村留守儿童1496人，外来务工子女644人，767名志愿者（五老人员、大学生、在职教师等）参加教学工作，投入经费55.76万元。7月12日，在三都镇新和村召开关工委组织建设暨“假日学校”工作推进会。洋溪街道关工委、三都镇新和村关工委、李家镇关工委以“重登讲台真幸福”“党建带关建”“传统文化之传扬”为题作典型发言。

【“五老”三团建设】调整充实关工委班子成员和“五老”三团队伍，完善关工委组织的领导体制和工作机制。9月21日，市关工委召开市“宣讲团”“关爱工作团”“科技服务团”正副团长座谈会，对13名市“五老”三团正副团长进行聘任。2017年，全市各乡镇（街道）关工委相继调整和充实市“五老”三团成员，吸收一批刚刚退休，年龄相对较轻，身体力行，经验丰富的同志加入“五老”三团队伍中来。至年末，有1465名

“五老”成员登记在册。（张小平）

人民生活

【城镇居民人均生活水平】2017年城镇居民人均可支配收入45061元，比上年增长8.5%。其中：工资性收入18828元，增长6.9%，在城镇居民人均可支配收入所占比重为41.9%；经营净收入2531元，增长8.7%；财产净收入5235元，增长9.2%；转移净收入占18467元，增长10.0%。城镇居民人均消费支出为34996元，增长8.1%。其中，食品消费人均支出10078元，增长4.9%。恩格尔系数为28.8%；衣着人均支出2345元，增长5.4%；居住人均支出8454元，增长5.2%；生活用品及服务人均支出2048元，下降6.6%；医疗保健人均支出3799元，增长34.9%；交通通信人均支出2996元，增长5.3%；教育文化娱乐服务人均支出4047元，增长8.8%；其他用品和服务人均支出1230元，增长34.1%。

【农村居民人均生活水平】2017年农村居民人均可支配收入23998元，比上年增长9.6%。其中：从各类企业、集体组织和其他单位得到的劳动报酬人均收入为14730元，增长8.6%，占农村居民人均可支配收入比重为61.4%；家庭经营净收入为6135元，增长8.1%；财产净收入为184元，增长8.1%；转移净收入为2949元，增长18.3%。农村居民人均生活消费支出为14789元，增长8.5%。其中，食品消费人均支出5002元，增长14.8%，恩格尔系数为33.8%；衣着消费人均支出662元，下降19.7%；居住人均支出3798元，增长7.3%；生活用品及服务人均支出753元，下降16.9%；医疗保健人均支出1054元，增长37.5%；交通通信人均支出1763元，增长4.7%；教育文化娱乐服务消费人均支出1612元，增长14.0%;其他用品和服务消费人均支出143元，增长10.2%。（陈丽云）

编辑：喻春明

乡镇（街道）

Towns and Community

新安江街道

【概况】新安江街道是建德市政治、经济、文化中心。2017年，该街道行政区域面积101平方千米，辖11个社区、4个村，年末户籍总人口80455人。全年出生1028人，死亡423人，人口自然增长率7.4‰，当年计划生育率99.76%。全年实现社会消费品零售总额68.3亿元，比2016年增长10.8%。财政总收入9.15亿元，增长2.0%；其中地方财政收入2.89亿元，减少5.7%。城镇居民人均可支配收入41531元，增长9.0%；农村居民人均可支配收入30213元，增长10.1%。（编者注：根据市统计局公布资料，从2017年开始不再统计地区生产总值及第三产业增加值；部分统计项目的增幅因统计口径发生变化，其数值不完全等同与上年度年鉴采用值的比较结果，均按市统计局提供的数据收录年鉴。下同）

有工业企业148家，工业总产值63.9亿元，工业销售产值60.4亿元，分别比2016年增长6.9%、2.6%。年度新增规模以上企业3家——新增杭州好用电器工具有限公司、农夫山泉（建德）新安江饮用水有限公司、杭州泉江新型建材有限公司，规模以上企业总数达25家，其销售产值54.0亿元（增长15.1%），占该街道总值的79.79%；实现规模以上工业增加值15.3亿元，增长8.5%。全年自营出口2257万美元，增长61.7%。全社会固定资产投资20.48亿元，减少12.1%；其中工业生产性投资6.98亿元，增长25.8%。工业项目盘活存量厂房1.88万平方米，工业功能区平整土地5.33公顷，盘活存量土地2.82公顷。

招商引资引进中南漫悦湾、碧桂园等房地产项目及云胜物流、憧憬物流等优质企业，年末实到内资12.3亿元人民币、外资2200万美元，分别增长30.5%和3.1倍。上市公司弘和仁爱医疗以4.83亿元收购建德和煦企业管理有限公司全部股权，到位外资7000万美金。新安江街道获招商引资和浙商回归工作专项考核综合先进一等奖。

有耕地473.3公顷，林地5200公顷。（上年度耕地、林地面积分别为188公顷、52.14公顷，有误；经核对2015年版《建德市地名志》，予以纠正采用新数据）。农业总产值1.81亿元，比2016年增长5.2%。农作物播种总面积820.4公顷（增11.65%），其中粮食作物172.07公顷、总产量832.91吨，与上年基本持平；油菜籽等油料作物播种面积46.8公顷、总产量135.3吨，面积减7.32%，产量增20.48%。特色经济作物甘蔗面积3.6公顷、总产量276.25吨，均剧减68%。蔬菜（含菜用瓜）面积436.33公顷、总产量2.14万吨，均增长21.02%，增21.6%。果用瓜面积96.8公顷、总产量2497.88吨，均增长15%。花卉园艺34.8公顷，出售盆栽32万盆。庭院绿化及村庄美化等零星植树3.07万株，造林面积19.8公顷，森林抚育面积199.1公顷，封山育林面积3149.07公顷。实施并完成新蓬村洪家庄山塘除险加固工程，总投资1360万元。

全面完成危旧房排查鉴定整治工作，158幢D级危房腾空77幢、拆除52幢、修缮29幢，全部处置到位，确保居民生产生活安全。全年新增低保家庭57户，发放困难家庭和低保家庭医疗救助金83万余元。提供就业岗位3051个。城乡基本养老保险率达94%，城乡居民医疗保险参保率达96%。至年末，有街道所属学校8所，其中小学3所，专任教师173人；初中2所，专任教师202人。职业教育机构1所，专任教师9人，幼儿学前教育机构13所（其中民办12所、公办中心幼儿园1所），专任教师22人。街道所属社区卫生服务中心1个，有卫生技术人员90人。

【旧城改造】主城区旧城改造从原来的府前路区块扩大到13个区块。府前路麻岭巷区块、叶家工艺美术厂区块、铁路货场区块、丰产村横路区块、塘坞等区块完成征迁清零，实现征一块、清一块，并加快土地出让。城中心地带的影剧院区块246户私人住宅户征收签约工作在一日之内完成，签约率100%，创造了旧城改造征收新速度。

【重点项目建设】总投资超过10亿元的农夫山泉四期项目一期厂房完工并投入生产，五期项目基本完成征迁。绿城·玉兰花园项目竣工并完成备案。绿城·香樟园项目主体全部结顶，进入内外装饰阶段。8月，省内唯一一家县域国际影城——中影影院开张营业，影城总建筑面积3842平方米，共设7个豪华影厅，引进中国巨幕、杜比全景声、DTS-X等尖端设备，可同时容纳近1400名观众。同月，建德中医院综合大楼建成启用，该大楼建设项目总投资1.5亿元，占地面积3700平方米、建筑面积1.8万平方米，共12层；按“二级甲等”中医医院标准，新增210张病床，购置64排128层螺旋CT等大型高尖端设备；该院血透室配备血透床90张，为浙西地区规模最大的血透中心。该中心大楼投入使用后，有效缓解了困扰多年的“门诊楼破旧”“设备不足”和“住院难”等问题，为周边居民和危急重症提供更强有力的就医诊疗保障。

【主城区烟花爆竹“双禁”】加大涉农社区（村）“双禁”（禁止销售、禁止燃放烟花爆竹）工作力度，明确职责，街道办事处与各村（社区）签订责任状。街道办联合公安、安监、城管等部门多次召开协调会解决实际问题。共计投入140余万元，在原有533个视频监控的基础上新增30个视频监控，达到重点区域全覆盖，并新增133个音频监控，重点部署在公墓、林区进行音频控听，第一时间掌握一线情况，实行24小时联网监控。全年出动网格化配置值守各社区（村）工作人员2000余人次。居民“双禁”意识普遍提升，春节期间家庭存放烟花爆竹现象大幅减少，2017年春节共回收烟花300多只、爆竹400多筒、小串鞭炮700多串。全年整个新安江街道辖区未发生违反“双禁”案例。

【丰产村高山居民安置房交付分配】2月18日，在丰产村文化大礼堂进行猴坞高山居民下山脱贫聚居安置房选房，共49户按程序完成选房。该安置房项目占地面积17659平方米，总投资2799万元。

【全市首家消防科普教育基地投入使用】6月，新安江街道府西社区消防科普基地启用，该基地占地122.83平方米并配备专兼职讲解员，包括消防安全学习区、体验区、培训室三大区块和消防知识宣传、火警110互动体验、家庭模拟灭火、火灾预防学习等18个功能区。至年底，共接待机关工作人员、在校师生、党员等21批370余人次开展消防科普教育活动，共计发放消防科普宣传手册450余份，有效提高了市民尤其是青少年的消防安全意识和实际操作能力。

【开拓城区党建新模式】新安江街道党委树立城市大党建理念，整合红色资源，搭建红色新安“1+X”党建联盟平台，激活城市党建“微细胞”，统筹推进街道村（社区）、两新组织、新兴领域的党建工作。8月14日，与建德农商银行联合举办党建联盟启动仪式，与部门单位、非公企业等签订党建共建协议。与建德农商银行打造党员信用体系建设，推出“党员创业贷”产品；联合泰隆银行推出党员“先锋卡”“先锋贷”，创新“党建+金融”载体。在街道和各村、社区便民服务中心安装党建网、服务网、民生网“三网融合”智慧党建平台。社区党建以重结合、解难题为中心，开展各具特色的党建工作，以溪头社区“党员楼道亮身份”、府西社区“贴心小棉袄”居家养老服务、白沙社区“党建+美丽庭院”等形式，实现党建工作全覆盖。

【举办来料加工技能大赛】近年来，新安江街道妇联把来料加工作为再就业家庭增加收入的重要渠道来抓，通过政策引导、搭建平台、信息对接、优化服务等措施，不断拓宽加工来源，增加加工量，帮助低收入家庭实现增收。为了提高从业人员的整体水平和技能素质，9月14日，新安江街道妇联、街道总工会在罗桐社区联合举办来料加工技能大赛，来自各社区（村）的50多名女性从业人员参加了圆珠笔装配、围巾编织比赛，柯明丽、付亚莉分别夺得冠军。

【避灾安置场所全覆盖】新安江街道整合现有4个村（涉农社区）文化礼堂、8个居家养老服务中心、2家宾馆等资源，从规划选址、配套设施、物质供应、健全管理制度等方面入手，开展避灾安置场所标准化建设。至年底，总投资500余万元，建成避灾安置场所14处，共计6500平方米，其中，新增避灾安置场所5处，提升改造9处，可容纳避灾人员达2600余人。同时，配备大型救灾帐篷10个、棉被500床等应急救援物资。

（施瑜）

更楼街道

【概况】2017年，更楼街道行政区域面积81.6平方千米，辖14个村、2个社区(更楼、更化社区)，年末户籍总人口23075人，全年出生279人，死亡168人，人口自然增长率4.7‰，当年计划生育率97.5%。全年实现社会消费品零售总额2.48亿元，比2016年增长41.8%。财政总收入1.24亿元，比2016年增长14.9%；其中地方财政收入4113万元，增长23.8%。农村居民人均可支配收入25179元，增长9.2%。

有工业企业（含个体）232家，工业销售产值18亿元，其中规模以上企业13家、销售产值10.98亿元，比2016年增长14.5%；规模以上工业增加值3.73亿元，增长3.9%。全年实现自营出口385万美元，增长60.8%。完成全社会固定资产投资9.05亿元，与上年持平；其中工业生产性投资4.17亿元，增长2.2%。招商引资年末实到内资6.68亿元，增长41.8%；其中杭州市外资金4.07亿元、省外资金2.43亿元。实到外资500万美元，与上年持平。年内新增建德市名府大酒店有限公司、建德市远翔交通工程试验有限公司2家限上服务业企业。

耕地面积649.86公顷，林地面积5173.33公顷。农业总产值2.07亿元，增长4.5%。全年农作物播种面积2362.9公顷，其中粮食作物播种面积856.13公顷，粮食总产量5213.2吨；油菜种植面积297.8公顷，油菜籽产量668.45吨。高山西瓜134.2公顷，产量4475.8吨；甘蔗5.06公顷，产量309吨。年末生猪存栏676头、家禽1.41万羽。全年完成土地旱改水面积8公顷，土地整理项目0.67公顷（10亩），标准农田提升约86.7公顷，总投资680万元。

年末有街道所属初中、小学各1所，在校学生1032人，教职工108人；幼儿园2所，在园幼儿575人，教职工73人。有卫生院1所，卫生技术人员37人。参加城乡居民新型医疗保险15253人，参保率91.1%。全年对“低保”对象、低边群体、残疾人家庭等各类困难家庭开展医疗救助80余人次，发放临时救助款8万余元，大病救助6户，办理“春风助学”26人。9月，更楼成校在洪宅村开展公益扫盲班，为农村妇女授课。

【重点项目建设】至年末，建德市振元实业有限公司年产5万套钢制木门项目，二期项目总投资4800万元，进入试生产；浙江爱士多厨房设备有限公司新建商用型厨房设备用品项目基本完成，总投资4800万元。国大阳光星辰DK6DK7高档排屋和商品房项目，总投资1.4亿元，一期项目全面完成并对外销售，二期项目开工建设，年内完成投资5000万元。浙江新楚峰科技有限公司“摇一摇”制罐饮料生产销售项目（总投资6.5亿元）、杭州赛文饮用水有限公司新型负压式桶装水生产销售项目（总投资1.6亿元）完成投资协议签订。

◎ 11月，更楼街道机关党员赴嘉兴南湖瞻仰中共一大会址

【水利基础设施建设】完成中央财政第七批重点县小农水项目（桥岭叶坞水库、淤堨新街新塘除险加固工程）和第九批小农水项目（石岭村清水塘、后塘冷莫塘坝除险加工程）。完成千亩桃花基地节水灌溉工程及工农团结、红旗水库标准化建设工程，总投资约800万元。全面完成2014年立项的石岭溪农业综合开发项目，总投资1200万元，其中本年度建设项目涉及张家、淤堨、骆村、石岭村4个村，投资380万元。完成后塘村小松皇自来水延伸工程、桥岭村农村饮用水村标准化建设工程，总投入160万元。

【城乡道路交通与住房建设】全年实施并完成城乡交通与住房建设项目10个，总投资1.20亿元。其中道路建设项目3个：后塘至骆村道路建设工程，投资约960万元；邓更公路大中修项目，修复道路全长约5.5千米，投资约430万元；更楼中小学学区的东、北面新建设学区道路约1.0千米，投资230万元。商贸街道改造提升项目，投资完成约1200万元。集镇雨污管网项目，投资约1200万元。农村住房改造三期项目，216套安置房建设（建筑面积29799平方米），投资4800万元。11号地块拆迁安置房建设项目（建筑面积约5000平方米），投资960万元；该地块临时停车场建设，新增城区停车位430个，投资约220万元。更化铁路口平改立工程，投资约1200万元。街道办事处大院整治提升项目，投资约160万元。

【环境综合整治】全年共拆除违法建筑522处，面积5.53万平方米，拆后利用率达93.95%。“四边三化”“两路两侧”整治共完成省市交办及街道自查整治点位143个，并通过验收检查。开展国家卫生城市创建工作，对环境卫生、交通占道、“僵尸”车等开展专项整治，并落实“街长制”，聘请街道干部和居民，担任4条街主次干道的“街长”。全面完成476户危旧房整治工作，整治完成率100%。开展环境整治百日攻坚工作，共完成环境整治点位3475处，累计清理各类垃圾450余吨，清除“牛皮癣”200余处。

继续开展“五水共治”，投资1560万元，实施集镇雨污分流建设项目；投资170余万元，实施淤堨、湖岑畈、后塘、岩源、黄岙5个村生活污水截污提升工程。对畜禽养殖户超范围养殖进行“退养”“拆违”整顿。新增水库、山塘河长19名，有效开展街村两级河长巡河工作，每月巡河率均达100%。

重点开展剿灭劣V类水、小微水体治理专项行动，集中进行“通沟渠、净河道、清池塘”行动8次，参与人数达5200余人次。专项行动共清理整治沟渠131条，长度88.0千米，池塘整治94座，清淤3.5万立方米，其中小微水体整治销号55座，水质提升13处沟渠池塘，通过引水循环1处、示范池塘1座。

◎ 5月，更楼街道承办杭州市垃圾分类现场会

【承办杭州市垃圾分类现场会】 5月10日，杭州市垃圾分类现场会在更楼街道垃圾处理站举行，临安市、萧山区、余杭区、富阳区、桐庐县、淳安县以及建德市相关乡镇（街道）领导干部共计120余人与会，观摩学习垃圾资源化处理一体化机械设备作业。

【美丽乡村建设】 2017年，更楼街道后塘村、石岭村、许乐村、甘溪村4个村成功创建建德市A级景区村落。全域旅游项目——花果沟（投资3200万元）完成招标。年内完成张家、邓家、石岭、骆村、后塘等5个村庄生态修复建设项目和淤堨村、骆村村、许乐村（2个）、湖岑畈村（2个）、洪宅村、甘溪村、更化社区、石岭村等共计10个移民建设项目；至年末，建德市2017年美丽乡村创建特色村后塘村完成年度投资270万元，完成项目进度的70%，达标村石岭村、许乐村的建设有序推进。

【开展残疾人、老年人免费体检】 11月28日，更楼街道卫计科和卫生院联合开展为辖区内残疾人和老年人免费体检服务，此次服务主要包括血压、血糖、血脂、血常规、肝肾功能、B超、心电图等慢性病项目的免费体检，并对检查结果记录建档，实行动态管理。

【国有资产调查工作】 年末，更楼街道国有资产调查工作完成，调查内容包括土地、房产、林地、转制企业4大类57个子项目。调查显示，辖区内可利用的闲置土地或待出让土地25.8公顷，可销售房产近1.2万平方米，林地面积120公顷（原在册数据58.7公顷）。同时查清学校（包括已外迁的校产）、更化转制企业、垃圾中转站、污水泵站等13处房地产底细，其中房产面积2.73万平方米，土地面积5.78万平方米，资产原值达6700余万元。据市场行情分析，上述除林地外的资产初步估值达2.9亿余元。

【黄岙村居家养老中心老年食堂开张】 10月27日，正值重阳佳节，更楼街道首家居家养老中心老年食堂——黄岙村居家养老中心老年食堂开张。当日下午，村两委干部协同家属、党员志愿者一起参与，为200多名60周岁以上老人准备了一顿丰盛的晚餐。该食堂收费标准为：60周岁以上老人每人每餐5元，70周岁以，每人每餐3元。

（纪苏雯）

洋溪街道

【概况】 2017年，洋溪街道行政区域面积76.62平方千米，辖4个居民区、2个村，年末户籍总人口14829人。全年出生人口221人，死亡94人，人口自然增长率8.6‰，当年计划生育率98.5%。全年实现社会消费品零售总额3.36亿元。财政总收入3.12亿元，增长3.2%，其中地方财政收入1.03亿元，增长14.3%，地方财政收入首次突破亿元大关。农村居民可支配收入24879元，增长9.5%。

有规模以上工业企业 14 家，销售产值 20.65 亿元，增长 16.2%；实现规模以上工业增加值

3.75 亿元，增长 8.8%。全年自营出口 6176 万美元，增长 17.7%。全社会固定资产投资 14.29 亿元，增长 6.9%；其中工业性投资 1.56 亿元，增长 55.7%。招商引资年末实到内资 7.95 亿元，增长 62.8%；实到外资 1065 万美元，增长 213%。年度新增国家知识产权优势企业 1 家（浙江新化化工股份有限公司）、浙江省科技型中小企业 28 家、杭州市专利示范企业 1 家、杭州市高新技术企业 2 家，杭州三耐环保科技股份有限公司、浙江新化化工股份有限公司、杭州新马电梯有限公司 3 家企业的 7 个新产品研发被评为省级新产品。

有耕地 168.53 公顷，林地 5924 公顷。农业总产值 8198 万元，增长 5.02%。粮食播种面积 124.6 公顷、总产量 594.1 吨；其中水稻播种面积 6 公顷（单季稻 6 公顷）、总产量 42 吨；玉米 16.67 公顷、总产量 90.4 吨。油菜播种面积 55.1 公顷，油菜籽总产量 113.5 吨。蔬菜种植面积 77 公顷、总产量 1835.3 吨。特色经济作物铁皮石斛种植面积 1.33 公顷，产值 80 万元。开展畜禽养殖污水治理专项行动，全年关停拆除养殖场 2 家、面积 1620 平方米。全年生猪出栏 2983 头、家禽出栏 7.4 万羽，年末生猪存栏 1211 头、家禽存栏 3.2 万羽，畜禽养殖业产值 2347 万元。全年造林抚育面积 15.3 公顷、森林抚育面积 80 公顷。完成珍贵树种造林 15.3 公顷，完成林区道路 5.5 千米。

全年实水利工程项目 7 个，投入资金 2020 万元。至年底，农村安全饮水工程 2 个（团结村、友谊村）、河道综合整治工程 2 个（新宅溪、莲花溪合坑段）、青龙头社区松坞山塘综合整治主体工程、一江春水公园项目完工；新安江、兰江治理一期工程（全长 3.96 千米）范围内 7.8 公顷土地及 24 户农户、单位的房屋及附属物的征收任务。

年末有街道所属小学 1 所（洋溪小学），在校学生 842 人、专任教师 44 人；幼儿园 2 所，在园幼儿 370 人、专任教师 24 人。共有低残保户 196 户、享受人数 271 人。全年发放各类临时救助、困难救助、医疗救助 107 万元，累计救助人次 103 人次；新型农村合作医疗保险（城乡居民医疗保险）参保人数 14144 人，参保率 96%；建成友谊村、团结村、洋溪社区等 3 个村（社区）避灾安置场所，实现全街道避灾安置场所全覆盖。9 月，浙西国际心脏中心——浙医二院浙西心血管病医院建设工程（一期用地 6.93 公顷，建筑总面积 7.6 万平方米）项目主体建筑全部封顶。7 月，团结村“村规民约遵循礼”入选杭州市农村文化礼堂“十佳礼仪”。12 月，被评为浙江省体育强街。

【浙西数据中心启用并入驻客户】该中心位于洋溪街道科技工业园沿口区块，为建德市首个数据中心项目，由建德市政府与中国电信杭州分公司合作共建。项目占地面积2公顷，规划建设2.2万平方米机房，用以部署新一代互联网数据中心、云计算中心及容灾备份中心，基础设施投资约5亿元。至年末一期建成投入运营，包含1幢9800平方米机房和1090平方米动力中心，机柜数量1100个，可满足2.2万余个服务器上架。

【玺匠文化实现物联网融资1.1亿元】玺匠文化依托“互联网+传统创新”，与顺为资本、小米科技、锦元翰飞等5家投资机构达成融资合作协议，完成1.1亿余元的A轮战略融资，为旗下“铜师傅”和“铜木主义”两大品牌发展提供资金保障，成为建德企业发展史上最大额的文创企业战略融资。

【团结村举行第二届“三月三”畲族民俗文化节】3月26日，洋溪街道团结村举办第二届“三月三”畲族民俗文化节，活动内容有：畲族特色迎宾礼、百人共品乌饭宴、畲族婚礼民俗展演、“村规民约”遵循礼、民族民间手工艺展示、民族文艺演出等，展示了深厚优美的畲族文化。

【建成建德市首个国标母婴室】9月，针对“全面二孩”实施后哺乳女性增多，公共场所母婴室缺乏、环境差的问题，洋溪街道联合市卫计局在人流密集的长途客运中心建立建德市首个国标母婴室。该母婴室总投资约3万元，占地面积16平方米，设置有婴儿床、带扣护理台、洗手台、烘干机、热水、桌椅等设施，符合国家标准，并有值班人员负责卫生、母婴咨询等有关工作。12月，该母婴室正式投入使用，旅客哺乳喂养等亲子需求得到改善。

【举办首届农民运动会】8月28日，洋溪街道首届农民运动会在洋溪小学举行，来自各村（社区）的6支队伍参加跳长绳、共同前进、运水抗旱、踢毽子等6项趣味竞技项目。洋安社区、朱池社区、洋溪社区位列总分前三名。

【乡道昴石线友谊段路面大中修工程竣工通车】11月，洋溪街道昴石线（友谊村高岭自然村——莲花镇昴畈村）路面大中修工程竣工通车。其中友谊村段（总长1.53千米）是洋溪街道境内的唯一条乡道，路面宽度不足5米，属等级未达标的乡道。因年久失修，沿线村民种植作物导致蚕食路面，造成路况较差，影响了道路的通行质量。工程内容包括路基、路面拓宽至6米和沥青化改造（铺设沥青路面7500余平方米）、建设安全护栏（总长598米），共投资80万元。该工程完工后，道路等级实现达标，道路边界得到明确保护，并为开发高岭生态旅游打下基础。

（张瑞华）

莲花镇

【概况】2017年，莲花镇行政区域总面积86.13平方千米，下辖6个村、1个居民区，年末户籍总人口10669人。全年出生140人、死亡72人，人口自然增长率6.4‰。当年计划生育率100%。全年实现社会消费品零售总额5600万元。财政总收入1948万元，比2016年减少10%；其中，地方财政收入709万元，减少40%。农村居民人均可支配收入28780元，增长9.3%。

有工业企业38家，主要涉及家纺、母料、农产品加工等行业，4家规模以上企业工业销售产值1.8亿元，减少6.2%。规模以上工业增加值4448万元，增长0.7%。全年实现自营出口1116万美元，增长2.7%。完成全社会固定资产投资1.97亿元，增长19.2%，其中工业性投资0.87亿元，增长16%。招商引资新增签约项目2个、在谈项目9个，其中亿元以上项目4个；年末实到内资2.02亿元，增长102%；实到外资300万美元。浙江拓新高分子材料股份有限公司4幢主体厂房完成建设，重组工作进展总体顺利，全年共计盘活5处存量厂房，面积9400平方米。7月，位于齐平村东坞地块的碳酸钙产业重组提升集聚区暨年产10万吨塑料填充母料及1万吨塑料制品项目开工，该项目计划用地3.47公顷（其中一期存量用地2公顷），计划总投资7800万元（其中一期投资4500万元）。

全镇有耕地367.7公顷，林积7443公顷。农业总产值2.74亿元。全年粮食播种面积113.7公顷、总产量1199.4吨。蔬菜种植面积115.7公顷。特色经济作物铁皮石斛种植面积16.7公顷，产值2000余万元。全年人工更新造林26公顷，森林抚育467公顷。年末无商品生猪存栏，家禽存栏49.92万羽。

全年参加城乡居民新型医疗保险人数10385人，参保率99.56%；落实各项优抚救助政策，全年新增低保65户79人，办理残疾证82人，发放残疾人创业补助金4万余元；救助各类困难家庭63.5万元，发放临时救助款7.8万元；对76对生育对象免费孕前优生健康检查，对参加医疗保险农民实施免费健康体检5220人；开展家庭医生签约服务，签约总人数3258人。保障困难建房48户，市镇两级补助资金约80万元，完成农房改造40户。

年末有镇属学校2所，其中小学1所，在校学生256人、专任教师24人；有幼儿园1所，在园幼儿203人、专任教师19人。有卫生院1所、卫生技术人员18人；有规范化卫生室5个、乡村医生6人。

2月，杭州莲花谷生态健康小镇项目签约，该项目属于第三产业招商引资重大项目，选址于莲花镇戴家村里芳山岭尖地块，估算总投资3亿元，占地面积约280公顷。

【小城镇环境综合整治】完成小城镇环境综合整治规划方案规划报批，计划总投资3600万元，涉及14个项目，至年末，省道沿线精品路线（投资700余万元）、莲花村文化长廊（投资300余万元）、莲花岩山森林公园游步道（投资400余万元）、2处停车场（新增停车位80余个）、镇垃圾中转站提升改造5个项目完工，集镇中心公园基本建成。推行“街长制”，招聘城管协管员5名、交通协管员4名，针对乱停车、乱堆物、乱摆摊、乱开挖、乱建筑、乱竖牌等“六乱”现象开展专项整治，实现城镇环境卫生、秩序管理常态化、制度化。

结合“三改一拆”工作，全年拆除各类违建167处、面积2万平方米，拆后腾出土地9536平方米，利用土地7199平方米，利用率75.5%；179户D级危房全部处置到位，其中腾空65户，修缮61户，拆除53户，成功创建为“基本无违建镇”。

继续开展美丽乡村建设，完成齐平村美丽宜居示范村、徐家村美丽乡村达标村和莲花村、林茶村等4个村村庄生态修复工程，同时有序推进戴家村美丽乡村示范村和杭派民居示范村、昴畈村德文化示范村项目。12月，莲花镇被评为浙江省美丽乡村示范乡镇，戴家村、齐平村、昴畈村被评为浙江省美丽乡村特色精品村。

【水环境治理工作】全面完成剿灭劣V类水和小微水体整治工作，整治沟渠67条、池塘9个。落实“河长制”工程，莲花溪水质常年保持在三类以上。完成里芳溪、江珠溪、徐家溪综合整治工程，莲花溪沿线驿站、公厕、绿化、标识标牌等景观提升工程正在建设中。开展以家庭生猪养殖污染治理为重点的专项行动，整改80余个点位，农村生活污水运维工作考核名列全市前茅。接待山东、广东、陕西等外省领导参观考察“五水共治”和“河长制”工作共计18批次。

【乡村旅游建设】2017年，莲花镇成立全域旅游工作领导小组和办公室，制定莲花镇全域旅游发展规划，绘制莲花镇全域旅游地图，对“十三五”期间旅游项目库和布局图进行完善。戴家村成功创建为杭州市首批省级AAA级景区村庄，徐家村成功创建为建德市首批省级A级景区村庄。戴家民宿从15家100余张床位发展到31家近300张床位；飞猪网、旅行网等线上销售力度加大，营业额达80万元。莲花水乡农庄获“建德味道·2017建德市第三届农家乐特色菜大赛”金勺奖、展台布置金奖。莲花岩山游步道、沿溪游步道，戴家岩山露营基地、月季花海、向日葵基地、旅游公厕等一批旅游项目和基础设施建成并投入使用，全年累计接待游客量6万多人次。

【“最美莲花人”评选表彰】通过提名推荐、镇评委会初选、综合评选等程序，最终确定“最美儿女”“最美婆媳”“最美邻居”“最美乡贤”等12名“最美莲花人”（昴畈村许志良、章莉芳，莲花村廖慧英、宋小刚，林茶村刘秀英、胡金生，齐平村许彩云、陈玉珍，徐家村邵斐、汪志娟，戴家村戴金来、宋美琴）。同时，联合浙江建德农村商业银行股份有限公司莲花支行推出“好传统好家风信用贷”，对“德文化”示范（培育）村、市级最美家庭（文明家庭）户等，提供享受最高额10万元～30万元信用贷款且贷款利率按同期目标利率下减15%～20%的优惠。12月，在杭州市“文化惠民、情满礼堂”暨莲花镇“最美莲花人”颁奖晚会上为其表彰授信。

【举办“生态莲花·健康小镇”毅行活动】5月6日，莲花镇举办“生态莲花·健康小镇”毅行活动，吸引周边乡镇和莲花本地群众及市体育局、市场监管局、国税税源管理一科、城南派出所等单位，“缘聚60—70”户外运动队、“聚意堂”休闲徒步群等社团代表，共计2000多名运动员参与。

【电影《拾忆荒野》拍摄】8月27日至9月4日，由浙江万峰影业有限公司和东阳市横店紫叶星火影视工作室联合出品的悬疑、惊悚电影《拾忆荒野》，在莲花镇戴家村取景拍摄，莲花地方特色明显的戴家民宿、大坞山仙姑洞、后坞竹林、九仙铁皮石斛高山基地等，成为该影片取景点。

【举办农产品电子商务培训班】9月1日，莲花镇邀请杭州市农业科技教育总站、建德市电子商务公共服务中心讲师张林超到莲花举办农产品电子商务培训班，镇内从事农村电商创业、有创业意向或计划的40余人参加此次培训。培训课结合莲花特产铁皮石斛、玉米粿举例，为学员传授农产品销售平台加盟与建立等电子商务相关知识，帮助其拓展营销思路，开阔视野，提升农产品销售能力。

【九仙公司齐平铁皮石斛新基地建成】8月，九仙公司与齐平村集体签订租赁合同，建设铁皮石斛新基地。通过充分挖掘和利用农业生产、生活、生态和文化功能，推出铁皮石斛文化养生健康游路线，成为集休闲观光、养生餐饮、展示展销、亲子采摘为一体的一、二、三产融合发展的铁皮石斛精品园。至年底，接待游客3.5万人次，基地销售收入3000万元，为周边旅游点输送游客10万人次，带动旅游消费2000万元。

【率先实现全市村级微型消防站全覆盖】9月26日，莲花镇在莲花公园举行村级微型消防站运行仪式，率先在全市实现村级微型消防站全覆盖。仪式上，市消防中队对消防器材的使用进行现场培训，内容包括灭火器的使用、防毒面具的佩戴、水枪水带的使用、6米拉梯以及消防泵等消防设备的操作。（何梦婕）

梅城镇

【概况】2017年，梅城镇行政区域面积154.9平方千米，辖13个村、5个社区，年末户籍总人口41476人。全年出生466人，死亡320人，人口自然增长率3.5‰；当年计划生育率98.5%。全年实现社会消费品零售总额10.49亿元，比2016年增长10.6%。财政总收入3.07亿元，增长25.8%；其中地方财政收入9908万元，增长28.9%。农村居民人均可支配收入27020元，增长9.9%。

工业企业562家，工业销售产值101.01亿元；其中规模以上企业45家（新增6家、退出3家；亿元以上企业16家），规模以上企业销售产值54.29亿元，增长10.8%，占全镇工业销售产值的53.7%。规模以上工业增加值10.4亿元，增长7.5%。完成外贸自营出口1.71亿美元，增长19.6%。全社会固定资产投资19.2亿元，增长18.7%；其中工业生产性投资10.65亿元，增长10.2%。全年共有招商引资项目19个（二产项目14个、三产项目5个），总协议投资额27.737亿元，年末实到内资9.28亿元，增长35.9%；外资925万美元，增长32%。持续推进高铁新区（梅城区块）平台扩容，全年完成征地35.9公顷，完成房屋征迁343户；加快传统产业转型升级，开展主城区“低小散”企业综合整治，推进中小企业创业园规划建设。强化人福医药等重大项目保障，杭州龙驹合成材料项目（投资2.69亿元）、高能新德搬迁入园项目（投资3.3亿元）及浙江铁凝汽车用品项目（投资1.5亿元）建成投产。

耕地面积1660公顷，林地面积9300公顷。农业总产值4.18亿元，增长5.2%。农作物播种面积2078公顷，其中粮食作物1054公顷，粮食总产量5350吨；油菜种植面积270.8公顷，油菜籽产量591吨。高山蔬菜27公顷，茶叶222公顷。渔业养殖面积260公顷。年末生猪存栏4209头、家禽19.1万羽。全年落实帮扶资金967万元。

全年拆除违法建筑906处共5.95万平方米、违建钢棚1.15万平方米；完成D级危房整治247处；完成“两路两侧”“四边三化”点位整治124处。推进农村“厕所革命”，累计拆除露天棚厕398处，新建旅游厕所4个；开展农村建筑立面改造，整治赤膊墙2.85万平方米；累计投入资金1420万元建设美丽乡村特色村2个、达标村6个。完成南峰溪孙家坞段、工农溪仓坞段河道加固工程及滨江村鲁塘山塘、利群村金坞山塘除险加固工程；完成城西村黄栗坪自然村、顾家村杨家自然村截污纳管工程；基本完成南峰桐溪自然村、玉泉寺饮用水管网延伸2个饮用水工程。10月，开工建设位于新城B区块的农村住房改造农户住宅安置项目，规划用地3.53公顷，概算投资2.01亿元。

辖区有杭州市属大专院校1所，在校学生240名（学前教育专业），教职工20名；市属高中1所，在校学生1487人，教师143人；镇属初中1所（含3个校区），在校学生834名，教师81名；小学1所（含4个校区），在校学生2030名，教师119名；幼儿园2所，在园幼儿1367名；入园率、入学率均达到100%。10月，开工建设梅城初中迁建等项目，规划用地4.13公顷，概算投资0.8亿元。

◎ 5月20日，严州古城（梅城）地域文化挖掘（巨型地图）公众参与活动启动（朱永标 摄）

全镇城乡居民医疗保险参保率98.2%。全年新增低保户36户，审批困难家庭133户，临时救助111人次，救助金额共计9.06万元。为全镇1223户残疾人家庭建立档案；审核办理残疾人护理补贴497人、生活补贴387人，为6名困难残疾人家庭申请助学金。

【现代服务产业发展提速】2017年，梅城镇政府专门设立旅游服务业办公室，推动现代服务产业培育和发展的提速。至年末，“伴梅居”民宿、开元芳草地乡村酒店（投资2亿元）建成营业，中视影视文化基地（投资2.5亿元）获批省第三批坡地村镇项目，天忆养老养生重大服务业项目前期工作顺利开展。建成3个A级村落型景区，新建停车场4个，签约7个旅游招商项目。全年辖区内各景区接待旅游人数84.7万人次，实现旅游直接收入57.2万元。

【小城镇环境综合整治】2017年，梅城镇制定小城镇环境综合整治三年（2018—2020）行动计划，成功获得全省小城镇整治融资第一单，建成全市首家小城镇环境综合整治展示厅。共实施年度整治项目25个，概算总投资7.13亿元。至年末完成主街1800米道路改造和综合管线上改下工程、西湖污水系统、城区停车场、城西主题公园和城区公交系统等13个项目，投入资金4亿余元。大力推进“街长制”，持续开展主城区环境专项整治，交通秩序、环境卫生、镇容镇貌明显改善。

【古城综合保护和开发建设】建立全市层面的古城保护开发建设领导小组，统筹推进严州古城综合保护开发建设各项工作。立足“全国知名活态府城和杭州拥江发展示范区”的总体定位，围绕“环三江口区域”整体发展，坚持“山水城一体规划、产城人融合发展”的理念，推进乌龙山、三江口和严州古城的全域谋划；邀请清华大学、同济大学、日本早稻田大学等6家国内外高端设计团队参与规划，完成首轮规划融合稿编制，着手设计论证。加快推进“以城招商”文章，与金螳螂、百悦集团、杭州运河集团等10余家上市公司开展古城综合保护开发合作洽谈。

【棚户区改造】5月，召开棚户区改造房屋征收工作动员会，6月正式启动签约，至年底累计征收1827户（老城区签约1526户、新胜区块301户），占全市年度棚改征收数的50%；完成企业征收26家，拆除老城区重点区块和节点部位破旧房屋4万余平方米，为古城综保工程拓展空间打下基础。9月，首批选择在新城A区块安置的棚改征收户完成抽签分房，当日共计抽取安置房20套。

【九龙湾垃圾焚烧厂建成运行】4月28日，九龙湾垃圾焚烧厂点火试运行。该项目总投资约700万元，3月开工建设，整个厂区占地面积6亩，建筑面积约1600平方米，包括管理用房、焚烧厂房、地磅房、配电房等，日处理生活垃圾可达15吨，主要承担洋尾片区4个村约1万人日产约4吨的生活垃圾焚烧任务。同日，杭州市垃圾分类现场会在点火现场举办定位考察。

【全市首个乡镇级体育广场建成】7月，位于梅城大坝内的城南路体育广场建成投入使用。该广场投资580万元，2016年11月开工建设，占地面积约6000平方米，包括600平方米五人制足球场1个，300平方米标准门球场、610平方米标准篮球场各2个，250平方米儿童游乐平台1处，600平方米绿化景观平台1处，体育广场内配设停车场，可容纳30余辆车。

【央视纪录片《中国影像方志》在梅城拍摄】8月，中央电视台新闻频道重点栏目《中国影像方志》至梅城取景拍摄。该栏目摄制组在梅城共拍摄8天，重点以严州古城“梅开二度”为主题，通过深入梅城的角角落落拍摄大街小巷、民风民俗、传统工艺、“非遗”文化等，从而解读严州文化的源远流长和古城的时代变迁。（徐惠珠）

杨村桥镇

【概况】2017年，杨村桥镇行政区域面积134.16平方千米，辖13个村、1个居民区，年末户籍总人口20963人，全年出生289人、死亡179人，人口自然增长率5.3‰；当年计划生育率99.2%。全年实现社会消费品零售总额2.46亿元。财政总收入5533万元，增长18.0%；其中地方财政收入2221万元，增长10.5%。农村居民人均可支配收入29158元，增长10%。

经产业调整提升，工业生产单位（企业）从上年度的198家大幅减至66家，其中规模以上企业13家。规模以上企业销售产值15.1亿元（占全镇工业销售产值的61%），增长11.7%；实现规模以上工业增加值1.37亿元，增长6.1%。全年完成自营出口643万美元，减少11.1%。全社会固定资产投资9.8亿元，增长7.1%；其中工业投资3.99亿元，减少11.4%。招商引资年末实到内资3.96亿元，增长19.8%；实到外资860万美元，增长72%。全年共盘活工业闲置土地1.3公顷、闲置厂房1.2万平方米。至年底，浙江致中和实业有限公司异地搬迁技改项目莲子酒车间正式投产，沿街商铺建设完工并对外招商，联合包装车间及办公楼已完成主体工程。奥立达电梯总销售量突破8000台，销售收入4.1亿元，比2016年增长5%。

耕地面积1255.1公顷，林地面积1.13万公顷。农业总产值4.63亿元，增长5.0%。农作物播种面积2490.6公顷，其中粮食作物播种面积1191.8公顷、总产量6851.6吨，分别增长37.2%、34.9%。油料作物油菜籽播种面积321.7公顷、总产量548.2吨，分别增长53.7%、36.0%。完成种粮直补发放，计5389户、资金79.54万元，涉及补贴面积1051公顷。主要大田经济作物大棚草莓种植面积333.3公顷，产值1.25亿元，均与上年基本持平；异地种植草莓农户1355户、面积931.1公顷，均略有减少；当地和异地草莓育苗面积133.33公顷。蜜梨种植面积80公顷、产值420万元，分别减少20%、60%。茶园面积166.6公顷、茶叶总产量50吨，其中白茶种植面积100公顷，产量37.5吨、产值450万元，白茶产量和产值均减少37.5%。年度流转土地22公顷。完成高标准农田建设68.13公顷，造林133.3公顷。

实施路村边饮水工程、路边村渠道工程、徐坑村渠道工程、草莓小镇河道生态化改造工程和岭源村外源坞山塘综合整治工程等水利项目5个，总投资约666万元。完成杨村桥集镇污水管网建设工程，污水处理厂进入试运营阶段，总投资 380 万元。12 月，杨村桥镇被命名为浙江省卫生乡镇。

农村居民参加城乡居民基本医疗保险 15010 人，参保率 98%。全年发放各类困难补助、临时救济、医疗救助等救助资金 270 人、总金额 155.91 万元。全年共争取移民、“一事一议”、城乡统筹、联乡结村等项目 17 个，争取资金 980 万元。至年末辖区有小学、初中、成人学校各 1 所，其中义务教育阶段在校学生 780 人、教师 79 名；幼儿园 1 所（含 1 所分园），在园幼儿 395 人、教师 37 人。有卫生院 1 所、卫生技术人员 35 人；有村（社区）卫生室 12 个、卫生技术人员 12 人。

【“美丽建德”环境整治百日攻坚行动】8月25日至12月2日，开展以“八美联动，全域整治”为主题的“美丽建德”环境整治百日攻坚行动，推进“三改一拆”和治危拆违，全年拆除违法建筑2.2万平方米，拆除附房80余处、彩钢棚18处、厂房6处。拆除危旧房40余处，344户D级危房全部处置到位。整治“两路两侧”点位35处、“四边三化”点位108处、“美丽建德”点位87处。清理废品收购点44个，打造上山村和杨村桥村高速公路桥下空间利用亮点。投入2800余万元，完成集镇污水处理厂建设、道路白改黑、农贸市场改造等工作。联合派出所、交警队、城管中队、市场监督所等部门开展小城镇环境综合整治集中行动10余次，集镇秩序得到规范，违章行为得到有效整改。

【草莓小镇特色发展】经过两年建设，至 2017 年年底，完成草莓产业示范园区高标准连栋大棚草莓基地、5000 平方米玻璃温室、园区内 3.5 千米道路及园区绿化、草莓广场、停车场和“小镇客厅”等项目建设，多功能小镇核心区基本成型。草莓园区全面应用节水滴灌技术，实现肥水同灌。推广草莓—甜玉米（小香薯）农作制度新模式。建德草莓研究院落户杨村桥镇，并与中科院半导体研究所联合筹建院士工作站，进行产学研合作。2016—2017 年度，草莓小镇草莓均价比周边地区高出 20%。建德草莓小镇被列为省农业厅首批特色农业强镇创建对象、省级田园综合体试点项目、杭州市第二批市级特色小镇培育名单，同时成为杭州市 2017 年度最具品质体验点。2018 年 1 月，在草莓园区承办了第十届建德新安江 · 中国草莓节。

【全域旅游框架初步建立】除以草莓为“媒”集聚各类资源优势，精心打造草莓小镇吸引游客外，积极推进德扬旅游文化杨村桥镇休闲度假项目、十里埠岱头坡地村镇项目以及长宁溪旅游项目建设，打造产村融合的示范典型。结合草莓小镇、田园综合体、“美丽乡村”精品线路建设，推进乡村旅游和特色民宿发展。加快建设“美丽乡村”，绪塘村（特色村）、黄盛村和路边村（达标村）、岭源村（新村建设示范）按计划开展建设并完成阶段目标。岭源—路亚特色小镇建设正在完善中。全域旅游框架基本形成，全年接待旅游人数4.5万人，实现旅游收入480万元，增长60%。

【大项目征收“清零”】全年征收土地240.2公顷、房屋145户，实现新安江综保工程、临金高

◎ 建德草莓小镇

◎ 10月31日，第四届金秋文化节文艺晚会暨第二届“最美杨村桥人”颁奖典礼

速、高铁客厅、清溪村地质灾害点整体搬迁等项目征收“清零”。妥善处理杭黄高铁主线、站前广场及连接线、十里埠综合作业码头、杭千配水工程等大项目建设过程中涉及的600余户8大类1000余个问题。

【清溪安置房建设】该项目位于杨村桥镇里塘下地块，用于安置龙溪桥村清溪地质灾害点村民和其他重大项目的被征收户。占地面积22360平方米，建筑面积40448.7平方米，概算总投资4500万元，建设住宅13幢6层共计220套及文化礼堂、停车库、小区配套室外工程等。至2017年年底，完成投资2550万元，各住宅楼已建设至第四层。

【第二届“最美杨村桥人”评选活动】根据“崇德扬善、开放包容”的杨村桥人文精神，开展“最美杨村桥人”“美德人物”评选活动。经群众推荐、村镇两级审核，评选出范罗星、潘伟松、应亚敏、方志元、孙秋芬、陈金土、宋春发、邵鸿生等8名“美德人物”暨第二届“最美杨村桥人”，在10月31日第四届金秋文化节上，镇党委、政府对上述人员进行表彰。

【吴东良获全国农业劳动模范荣誉称号】12月29日，杨村桥镇绪塘村草莓种植专家吴东良被人力资源社会保障部、农业部联合授予全国农业劳动模范称号。此次全国共表彰全国农业劳动模范380名，其中浙江省11名，吴东良为杭州地区唯一的荣誉获得者。（万云）

下涯镇

【概况】2017年，下涯镇行政面积161.78平方千米,辖11个村、1个居民区。年末户籍总人口27444人，全年出生422人，死亡212人，人口自然增长率7.7‰。当年计划生育率99.2%。全年实现社会消费品零售总额3.96亿元。财政总收入1.82亿元，其中地方财政收入5986万元，分别比2016年减少13.2%、2.5%。农村居民人均可支配收入21160元，增长9.8%。

工业企业102家，其中规模以上19家（年度新增2家：崇耀科技、交建养护），规模以上工业销售产值76.7亿元，增长5.1%；实现规模以上工业增加值14.72亿元，增长4.7%。实现外贸自营出口4987万美元，减少46.1%。全社会固定资产投资19.97亿元，其中工业性投资16.84亿元，分别增长18.6%、16.4%。招商引资项目12个，至年末到位内资9.14亿元人民币，增长29.6%,到位外资1205万美元。4月,中策橡胶(建德）有限公司二期年产180万套高性能全钢子午线轮胎项目开工建设，该项目总投资1.45亿元，计划2018年3月基本完工；9月，德爱威（中国）有限公司杭州新型建材生产建设基地项目开工建设，该项目总投资20亿元人民币，项目总占地33.3公顷，分两期建设，一期项目用地12公顷，总投资为5.6亿元。

有耕地992.6公顷，林地12432公顷，园地645.2公顷。农业总产值5.94亿元，增长5.1%。全年农作物播种面积2078.3公顷，其中粮食播种面积855.3公顷、总产量4795.4吨。年末生猪存栏2381头，蛋鸡存栏18.8万羽。全年造林面积80公顷，幼林抚育250公顷，审批林木蓄积采伐量6500立方米。本地草莓种植面积287.8公顷，产值1.08亿元；异地种植1439公顷，产值6.47亿元。

年内完成联横至里和道路提升、和睦村庄环境整治等工程；投入2600万元，完成大洲、金洲、春秋、丰和四峰农民饮用水工程；投入600万元，完成岩塘等4个山塘综合整治；投入280万元，完成大洲溪金洲段堤防、施家溪丰和段河道整治及各类小型农田水利设施维修工程。利用“联乡结村”“城乡统筹”平台，投入200万元，做好低收入农户增收、联和村光伏发电、大洲村村级增收等项目；推进农村危旧房整治，191户危旧房拆除32户、修缮94户、腾空65户。投入1500万元，重点完成大洲溪沿岸游步道、森林氧吧、景观整治等工程；投入500万元，完成集镇旅游集散中心建设，做好为农服务及休闲旅游的融合文章，新增推出普惠型民宿12家。全年办理低保家庭94户110人，困难家庭96户，医疗救助150人次；投入200余万元用于校舍维修、学生接送车、校园保安等。至年末，有小学（含初中）2所，在校学生647人；教师74人；有卫生医疗机构1处，新型农村合作医疗参保率99%。

【小微水体整治试点】2017年，下涯镇被列为全市小微水体整治整村推进试点镇。3月，按照“渠清、塘净、景美、长抓”整治标准在乌驹市、施家、联和3个村先行试点，并在全镇范围推广。至年底，全镇83条沟渠总计85千米、205座池塘完成整治，水质、水环境得以明显改善，成为全市“剿劣”排头兵，“五水共治”工作连续7个月在全市排名第一，提前实现“年底前剿灭劣V类水”总目标。

【完成小城镇综合整治工作】2017年，下涯镇被列入建德市小城镇环境综合整治5个示范乡镇之一，按照“北田、中镇、南闲”理念，围绕“三线六点一区”全域整治思路，在北至草莓乐园、南至下涯湿地、东西各至下涯入城口约1.2平方千米的区域内，实施并完成8个项目：之江路沿线环境综合整治、邮电路沿线环境综合整治、府前路沿线环境综合整治、大洲路—下山线沿线环境综合整治、环城路沿线环境综合整治、大洲溪两侧景观河道整治及绿化提升工程、背街小巷整治、镇区环境提升整治，概算投资1.65亿元。为有效实现“融入主城先行区”的定位和融入高铁经济时代打下基础。

【成功创建浙江省卫生镇】2017年，根据创建省级卫生镇标准，制定《下涯镇创建浙江省卫生镇实施方案》，将创建工作9项45条重点工作任务分解落实到相关领导、责任单位和各村，明确完成时限，实行目标管理，严格考核奖惩；组织市场监管、卫生、城管等单位，开展20余次集中整治，全面落实“门前三包”的环卫责任制，确保清扫保洁时间主干道不低于12小时，次干道8小时，垃圾日产日清，密闭储存运输，垃圾中

◎ 下涯镇小城镇整治

转站设施完备、规范运行，垃圾无害化处理率达100%。通过一系列扎实工作，成功创建为省级卫生镇。

【成功创建“基本无违建”镇】大力开展治危拆违工作，全年共拆除存量违建541处共计6.78万平方米，拆后土地利用面积1.6万平方米；打造高速桥底体育健身广场、西入城口公园、洋桥头休闲平台等拆后利用亮点。拆除企业彩钢棚3455平方米、违建厂房18处4148平方米、违建附房214处1万平方米，整治空中违建28处2257平方米。对于新增违建，实行即查即拆，全年共拆除新违建5处150平方米,成功创建成“基本无违建镇”。

【成立浙西农产品旅游电商产业园】8月，位于下涯镇乌驹市村的浙西农产品旅游电商产业园正式成立运营，该产业园由浙江富鸿市场营销策划有限公司投资建设、运营与管理。园区建设计划总投资1.02亿元，占地1.44公顷。该产业园以“农业+旅游+电商+物流”电子信息商务产业网络平台为核心，打造浙西农产品上行标准示范中心、浙西农产品物流仓储中心、浙西农旅电商O2O体验中心、浙西电商培训孵化中心“四个中心”，并实现“互联网+旅游+农业+农村+农户”的发展目标。至年末，秋梅食品、严州府、农家宝等公司已入驻，上海余慧、浙江三德、香港亚太等企业达成入园意向。

【农民安全饮用水工程实现100%全覆盖】农民饮水安全工程建设是下涯镇政府十项重点民生工程之一，2017年，投入1400万元（2014—2017年累计投资5400万元），建设大洲村、金洲村安全饮用水工程。其中，金洲村总投资850万元，可解决850余户2700人饮用水问题；大洲村总投资650万元，可解决近1000户3000余人饮用水问题。至年末，全镇11个村2.6万人实现安全饮用水100%全覆盖。（郑益华）

大洋镇

【概况】2017年，大洋镇行政区域面积223.936平方千米，辖19个村、3个居民区。年末户籍总人口34074人，全年出生452人，死亡264人，人口自然增长率5.5‰，当年计划生育率98.0%。全年实现社会消费品零售总额2.17亿元。财政总收入7503.3万元，比2016年减少5.8%，其中地方财政收入2610万元，增长3.5%。农村居民人均可支配收入20874元，增长9.6%。

有工业企业 39 家，其中规模以上企业 7 家（比 2016 年减少 1 家），规模以上企业销售产值 18.5 亿元，增长 2.5%。规模以上工业增加值 3.67 亿元，增长 4.3%。全年实现自营出口 6578.03 万美元,增长 40%。全社会固定资产投资 9.24 亿元，与上年基本持平；其中工业性投资 4.44 亿元（技改投入 3.9 亿元，占 87.8%），增长 10.7%。科研经费投入 6622 万元，专利申报 17 件。招商引资年末实到内资 2.7 亿元，增长 22.7%；到位外资 500 万美元，与上年持平。

积极对接杭州市建德高新技术产业园扩容修编事宜，完成工业平台土地征迁 1.3 公顷；盘活青源化工存量土地 0.67 公顷（10 亩）、存量厂房 2000 余平方米。投资 300 万元启动眉毛坞区块 4 公顷土地平整工作；投资 600 万元启动大小线沿江道路改建，年内完成路基工程；完成上塘坞区块、鲁塘区块杆线迁移工作。开展砂石料行业提升整治，关停 3 家、新建 1 家。新化化工、大洋生物科技实现“新三板”挂牌。新化化工成为全市首家通过两化融合管理体系评定企业，大洋生物获评省级企业技术中心。奥立达电梯投资 1000 余万元打造数字化车间项目成功申报工厂物联网项目。新增 1 家信息经济企业（通宇电器）、3 家浙江省科技型中小企业（新兰复合材料）等。

全镇有耕地面积 1400.2 公顷，林地面积 18464.2 公顷，非林地 3926.4 公顷（根据林业二类调查面积，年度林地面价剧减，减少原因为改地）。农业总产值5.05亿元，增长5.2%。全年农作物播种面积3296公顷，增长4.3%，其中粮食作物播种面积1653.3公顷，总产量9466.5吨，增长20.8%；以油菜籽为主导的油料作物529.7公顷，产量1119.2吨，增长34.2%。花卉苗木种植面积251.3公顷，增长88.8%；新发展珍贵树种3公顷，累计发展珍贵树种6公顷。油茶抚育26公顷，薄壳山核桃抚育13公顷，新增香榧8公顷，累计发展香榧20公顷。茶园424.9公顷，茶叶产量327.8吨，产值9834万元；橘园599.1公顷（年度减少64公顷），柑橘产量8039.8吨（下降67%，减幅较大原因为受霜冻等气候灾害影响），产值2414.2万元；枇杷园435.6公顷，产量2321.5吨（增长1.04倍），产值5197.92万元；杨梅园521.1公顷，产量1732.3吨（增长66%），产值4170.97万元。年末生猪存栏1209头，家禽存栏52.2万羽，其中蛋禽9863.1吨。渔种春放总放养面积达到170公顷，河蟹放养面积54公顷，放养种苗185.5万尾。新增1处开发石蛙养殖，总面积1亩，设施建设4000平方米。杭州立杨生态农业开发有限公司在大洋镇鲁塘村实施枸杞南移项目——柒龙山生态工业综合开发建设项目，成功培育枸杞苗10万株，签订一期土地流转协议，完成投资额3600万元。

实施独流入海钱塘江一期工程（大洋段、麻车段、鲁塘段），工程总投资9000万元，至年末完成投资5300万元。投资1420万元，实施山塘水库除险加固工程5处：西湾坑水库980万元、杨梅山水库180万元、朝阳塘坝80万元、冷水塘塘坝70万元、长湾塘坝110万元。完成农村河道综合整治南山溪上源段工程2.0千米，投资170万元；江东村田间渠系配套2.0千米，投资45.0万元。投资545万元，实施农民饮用水工程5处，包括：高垣村管网延伸工程（110万元），里黄、突沙村管网延伸工程（150万元），刘坞水厂、金钱坞、贺宅、河源饮用水标准化创建工程（220万元），刘坞水厂自动化改造工程（65万元）。水利工程标准化创建及维修工程共11处，总投资615万元。下田、许家小流域综合治理工程，总投资255万元。其中，在全市首次采用地下牵引技术，完成大洋镇污水管网鲁塘段工程（投资435万元）。

全年实施移民11个项目，总投资1840万元，包括倪家道路拓宽硬化、里黄美丽家园建设工程、麻车道路硬化、胡店便民服务中心建设附属工程、上源中心村整治工程、高垣村村古道建设工程、庆丰路面硬化、徐店文化公园、青源道路建设、杨桥村村口公园景观工程等10个村级项目，1个政府项目移民安置房——兰苑四期建设。实施并完成里黄村、高坦村、新源村道路交通基础建设项目，投资180万元（市财政局补助资金110万元）。

年末，全镇有初中1所，在校学生442人，在编教师57人。有小学3所，在校学生910人，在编教师62人。有幼儿园1所，在园幼儿506人，在编教师16人。全年对各类困难户1591人发放各类困难救助、临时救济737万元。城乡居民2017年基本养老保险参保24166人，职工医保参保7033人，参保率99.17%。

【招商引资项目】浙江亿倡垣盛农业科技有限公司星空绿谷小镇项目，一期投资2亿元，在完成坡地村镇项目申报后，启动林区道路水库建设方案设计，基本完成3600平方米高科技温室大棚以及临时码头建设，完成年度投资5000万元。高垣村富春牧场建设项目，由浦江县客商投资6300万元，规划在3～5年内，一期在高垣村打造千亩玫瑰园，二期开发狩猎场所、精油提炼等综合发展的产业项目。

【创新实施“最多反映一次”】5月，麻车村率先推出“最多反映一次”服务群众模式，至12月底，该村接待反映问题群众333人次，受理问题169件，解决138件，正在解决31件（其中10件向上级部门申请帮助），解决率达81.7%，其中长达3年以上的信访积案7件得以有效化解。从9月开始，“最多反映一次”在全镇19个村全面推行，至12月底，共接访村民967人次，收到问题736件，已解决614件，问题解决率89.1%，有效化解10件信访积案，群众满意率85.5%。

【首个光伏发电扶贫项目正式投入使用】4月，大洋镇首个光伏发电扶贫项目通过建德市发改局、农办、国土局、环保局等8个部门联合验收并正式投入使用。该项目总占地面积3亩，由合大太阳能有限公司投资100余万元，在青源村建设安装2000平方米光伏电板，装机容量120千瓦。该项目为青源村年增11.8万元集体收入，实现该村集体收入“破零”。

【率先推行“田长制”】6月初，大洋镇以全省村级土地利用规划编制试点村高垣村为试点，利用给村现有网格划分，在全市率先推行永久基本农田保护“田长制”，将高垣村205.06公顷永久基本农田划分为8个区块，由镇分管领导、村书记、村民组长作为各级田长，负责各区块耕地和基本农田保护任务，实现耕地保护责任全覆盖。至年末，共开展耕地保护巡查1100余次，发现并制止侵占土地、建房、建坟、采石、乱倒渣土和污染物等破坏耕地行为12起，集中宣讲耕地保护政策4次，受众达1万余人。

【大洋首家建德果蔬乐园】6月10日，建德果蔬乐园品牌旗下第20家果蔬采摘基地——老鹰岩果林园开园。该园位于大洋镇麻车村，海拔200米，可俯瞰兰江，整个基地规模6.7公顷，基地内以杨梅、枇杷、桃子、猕猴桃为主，间种有西瓜、桑葚、樱桃等，为游客们提供享受亲子娱乐、自然科普、创意农业、农作体验、地方美食、休闲养生、风景观光等乡村乐园游玩体验服务。

【遭遇“6·25”特大洪涝灾害】6月25日，大洋镇遭遇1955年以来最大洪涝灾害，当日12时后，兰江大洋集镇段水位最高达27.11米，三河段水位最高达29.04米。两地受淹严重，道路交通、供电供水被迫停止。至6月26日凌晨3时30分，水位开始消退。本次洪灾大洋镇受灾人口10000余人，由于市、镇、村三级应对有序，未发生人员伤亡。农作物受灾面积366.8公顷，绝收面积182.7公顷，房屋倒塌22户32间、严重损坏17户37间、一般损坏401户992间，直接经济损失达10188万元。

【红色婺剧《大洋埠》】9月28日晚，市文广新局、大洋镇党委政府、建德市婺剧团联合出品的大型婺剧——《大洋埠》在杭州剧院公演，观众强烈反响。该剧以大洋镇“双童”烈士（童润蕉、童祖恺姐弟）革命事迹为题材，反映建德早期革命斗争历史，讴歌建德地方党组织、党员，在国民党反动派白色恐怖下，坚持党的信念，为了党的目标，不惜牺牲自己的生命，进行不懈的努力斗争的光荣事迹。该剧被列为2017年度杭州文化精品扶持项目。

【全市最大单体垦造水田项目竣工】10月，高垣村百江坞垦造水田项目，通过市国土、水利、农业等部门及杭州市专家联合组织的竣工验收。该项目施工面积达51.2公顷，其中新增水田面积46.7公顷，项目造价6000万元，采用兰江直接提水的供水模式，解决了“山地改水田”供水不足的最大难题，并有较高的观赏价值。（陈琪）

寿昌镇

【概况】2017年，寿昌镇行政区域面积155.09平方千米，辖23个村、4个社区，年末户籍人口45781人。全年出生544人、死亡389人，人口自然增长率3.4‰；当年计划生育率98.6%。全年实现社会消费品零售总额11.15亿元。财政总收入1.92亿元，增长1.05%；其中地方财政收入7547万元，减少2.5%。农村居民人均可支配收入23915元，增长9.0%。

经过整治提升，工业企业（单位）数量年度锐减 317 家，至年末有工业企业（单位）168 家，其中 22 家规模以上企业总产值 28.52 亿元、销售产值 27.79 亿元，分别增长 12.3%、9.9%；规模以上工业增加值 4.81 亿元，增长 5.0%。实现

◎ 寿昌西湖夜景

自营出口1206万美元，减少4.6%。完成固定资产投资22.2亿元，增长8.5%，其中工业生产性投资9.4亿元，增长24.4%。招商引资年末实到内资14.49亿元、增长28.2%；实到外资3000万美元。低小散企业整治完成企业（个体）关停59家，整治提升211家，淘汰落后产能企业3家，完成6家示范企业创建，完成技改投入4.62亿元。12月，年产120万吨水泥粉磨站迁建项目建成投入使用，该项目总投资1.5亿元，新建厂房4500平方米，采用HFCG180–160辊压机+HF静态气流分级机与直径3.2米×13米水泥磨机系统技术或工艺，设计产能为年产水泥120万吨。年产30万吨矿渣微粉生产线迁建项目（计划总投资8000万元、2018年5月建成投产），规划产能为年产30万吨矿渣微粉，至年底仍在建设中。

有耕地1240公顷，林地9413.4公顷。农业总产值3.83亿元，增长5.1%。粮食播种面积1506.2公顷、总产量9599.3吨。油菜播种面积575.2公顷、总产量1314.6吨，分别减少36.1%、6.1%。西瓜种植面积33.4公顷、总产量759.6吨。蔬菜种植面积552.7公顷、总产量1.03万吨。全年出栏生猪4258头、家禽6.34万羽、肉兔5.33万只，年末存栏生猪744头、家禽10.98万羽、肉兔0.42万只。至年末，基本完成山峰村等10个村的经济薄弱村扶持项目，建德市重大农业产业项目——华东医药温光控智能大棚等4个农业项目和大塘边村、红路村的高标准农田建设正在实施中。完成“旱改水”2.4公顷，投资216万元；山改田2.1公顷，投资480万元；山改地4.3公顷（当年验收），投资227.5万元。新建农村污水管网3.5千米，完成岩塘水库等5个山塘水库标准化建设、南浦溪乌石段堤坝3.7千米砌筑、翠坑口至石泉村等3条村道改造提升，实施滴喷灌工程42.9公顷。

年末，有镇属中小学校4所，中心幼儿园1所及其分园5所，民办幼儿园1所，在校学生3586人，教师319人（含幼儿园学生及教师）。全年参加城乡居民基本医疗保险人数28684人，参保率为99.37%。开工建设寿昌二小等12个文化教育基础设施项目，及红路村、大塘边村文化礼堂建设项目，童家村文化礼堂建成并投入使用。

2017年，寿昌镇被列为国家级第二批特色小镇创建名单，创建成为杭州市“无违建乡镇”、建德市级美丽农业示范乡镇，顺利通过省级卫生镇复评、浙江省体育强镇复评验收。《寿昌小城镇综合整治规划》被评为浙江省小城镇环境整治优秀规划方案。

【区镇分设】5月19日，根据市委、市政府“区镇分离”体制改革方案，寿昌镇与浙江省建德经济开发区管委会正式分离，重新恢复中心镇机构设置。寿昌镇对外行文，不再以“寿昌镇（浙江省建德经济开发区）”署名。

【基础设施建设】2017年，完成横昌路、十八桥路、希望路延伸道路、工业平台二期路网、西昌路“白改黑”等10条道路共11千米建设；投入资金完善园区基础配套设施和环境改善，新（改）建工业功能区污水管网9.9千米。完成16个道路交通安全隐患点整治、镇入城口改造工程，实施寿童公路精品示范线路建设。

【新农村建设】2017年，实施十八桥村便民服务中心、大塘边村蔬菜交易中心修建、桂花村民宿产业发展、童家村龙井茶师培训基地建设等新一轮联乡结村帮扶项目16个，总投资462万元。宅基地整理4.53公顷，投资816万元。完成桂花村（美丽乡村特色村）和陈家、大塘边、十八桥、余洪村（美丽乡村达标村），及余洪、周村、大塘边、永嘉桥、城北、城中、童家、卜家蓬、陈家等9个村（杭州市生态修复村）建设任务。乌石村被列为2017年度杭州市历史文化村落保护利用重点村，河南里村（美丽宜居示范村、文明村）通过省级项目验收，桂花村、河南里村入选全国第一批绿色村庄名单；初步建成童家村茗香馆、大塘边村蔬菜乐园、红路村钢铁记忆馆等“村庄会客厅”项目。

【小城镇全面整治】2017年，结合中共杭州市委副书记、市长徐立毅领衔解决的重点调研课题，围绕“建设有山有水有人文，宜居宜游宜创业的城镇空间”目标，以“千年古镇、航空小镇”为核心特色，体现“寿昌记忆”，全面实施小城镇综合整治项目，重点打造西湖水街。全年共实施整治项目34个（概算总投资5.8亿元，计划2018年3月完工），清查并整治沿街阳光棚（彩钢棚）551处，拆除附房612处约1.33万平方米，拆除危旧房及违建面积3万余平方米，完成120间沿街老旧商铺改造及1298间店招店牌改造，改造房屋外立面795幢，改造老式卷闸门342处，完成保笼拆除与整治3173处。同时，加强管理，采取“一整二管三联动”（景区化形象整治，节点化和长效化管理，道乱占、车乱开、线乱拉联动）措施，实现“查、整、建、管”同步发力，破解集镇秩序难题。该项工作得到徐立毅等杭州市领导的肯定和批示。

◎ 9月，小城镇综合整治寿昌西湖水街

【清洁乡村】实施庭院环境整治和“清洁乡村”百日攻坚行动，完成庭院环境整治点位3000多个，推进垃圾分类工作，发放入户垃圾桶1.2万只，设立60处垃圾分类投放点，建成2处垃圾资源化处理站，桂花村的“村民自治”保洁制度，山峰村的“鸡毛换糖”垃圾分类兑换等典型经验得到推广，东门村、西门村、城北村等8个村创建成为浙江省卫生村，陈家村、周村村、大塘边村创建成为杭州市卫生村。

【创建成为杭州市“无违建乡镇”】2017年，继续开展“无违建乡镇”工作，共拆除各类违法建筑面积9.77万平方米，腾出土地6.75万平方米，完成拆后土地利用6.17万平方米，拆后土地利用率达91.4%。同时注重做好“改”的文章，以“三改一拆”推进航空小镇、小城镇整治和美丽乡村建设；完善路段长制，建立巡查网格，完成建德市“四边三化”134个点位整治。12月，成功创建为杭州市“无违建乡镇”。

【市中西医结合医院（市三院）迁建工程竣工投入使用】6月21日，建德市中西医结合医院（建德市第三人民医院）举行新院启用典礼。该项目位于十八桥村，2014年10月10日开工建设，新院区按照二级甲等中医医院标准进行建设，占地面积2.8公顷，总建筑面积达2.4万平方米，核定床位250张，总投资1.48亿元。

【杭州市第七人民医院浙西分院落户寿昌】该项目为三级甲等精神专科医院，占地面积13.3公顷，总投资1.8亿元。分两期建设，设计建筑面积分别为6.3万平方米、3.3万平方米，开设床位分别为500张、300张。该项目落户寿昌，既可缓解建德市相关专业人才短缺压力，也可在推进建德市特色专科医疗建设的同时，促进与大城市医院在医疗管理制度、服务流程、信息资源等方面的接轨。（卜旖旎）

大慈岩镇

【概况】2017年，大慈岩镇行政区域面积86.59平方千米，辖12个村、1个居民区。户籍总人口21066人。全年出生250人，死亡197人，人口自然增长率2.5‰，当年计划生育率98.8%。全年实现社会消费品零售总额0.83亿元。财政总收入4554万元，比2016年增长23%；其中地方财政收入1678万元，增长8.1%。农村居民人均可支配收入18385元，增长9.9%。

全镇有规模以上工业企业19家，销售产值20.48亿元，比2016年增加16.2%，占全部工业销售产值21.26亿元的96.3%。实现自营出口370万美元，减少1.5%。固定资产投资8.69亿元，增长7.2%；其中工业投资5.08亿元，增长0.6%。招商引资年末实到内资3.1亿元，减少14.63%；实到外资500万美元。至年末，全市工业重点项目中，总投资8000万元、年产1.3万吨松紧带、织带和花边带项目完工投产；金添高分子材料项目、新能源粒子项目、晨斌拉链项目等一批当年新引进项目建成投产；盘活建德市博大彩印有限公司引进的依玲织带项目，盘活建德市毅建饰品有限公司引进的金硕包装袋项目等存量厂房盘活项目仍在建设中，进展顺利。全年进行项目洽谈50余次，组织招商推介会2次；落实招商项目28个，年内开工建设11个，其中6个项目建成投产，3个项目在建；完成招商引税646万元。建德市易通金属粉材有限公司产值2.5亿元、入库税收1500万元，两项指标较去年实现翻番；建德市环城建材有限公司、建德岩峰建材有限公司全年产值、入库税收均实现历史性突破。

有耕地面积1040公顷，林地面积6333公顷。农业总产值2.29亿元，增长5.0%。全年粮食作物播种面积1156.2公顷，粮食总产量8274.63吨；其中水稻播种面积645.2公顷，总产量5430.07吨。油料作物（油菜籽为主）播种面积328.7公顷，总产量756.8吨。主要经济作物有白莲、西瓜、香瓜、柑橘、茶叶、蚕桑等，其中白莲种植455.06公顷，莲子产量409.56吨，产值2730.4万元。将农业产业发展与全域旅游发展思路相结合发展特色农业，继续扶持和培育葆元、飞凤、十里荷生态农庄等一批农业龙头企业。

年末，有中小学、幼儿园、卫生院各1所。全年参加城乡居民基本医疗保险19464人，参保率92.7%。

【城乡建设】2017年，以“村庄生态修复”项目为平台，开展“美丽乡村建设”，完成檀村村、里叶村、狮山村、李村村、三元村、上吴方村的村级精品线路打造，实施总投资500万元大慈岩村特色村，完成以整治为主的檀村村、吴山村的达标村建设。

投资8000余万元，实施全市第一批小城镇试点乡镇项目，进行道路硬化、环境美化、立面改造、绿化提升、庭院整治、基础设施提升等小城镇环境综合整治工作（“四边三化”点位整治58处，完成“一点一线”国道边绿化面积1.5万平方米），并通过“一加强、三整治”、成立城管、交警分队，强化日常管理，打造美丽集镇。

在集镇开展卫生整治“百日攻坚”，投入1300万元对农贸市场、卫生院、背街小巷进行改造提升，推动创建国家卫生乡镇顺利通过杭州市初验。同时，继续推进“三改一拆”工作，全年拆违面积达1.56万平方米，为市级任务数的155.72%，严格落实新建房屋挂牌施工制度，及时制止违建行为，确保杭州市“无违建乡镇”创建成功。

“印象新城”项目通过各部门联合验收，整个项目建筑面积8万平方米，共有商品住宅464套，店面157套。至年底，新城销售情况良好，其中住宅销售完成90%，店面房销售完成85%。

【民生保障】至年末，全镇在册享受低（残）保709户、897人，新增63户、83人；实施医疗救助385人次，兑现救助资金189.7万元；结对帮扶173户，扶持资金27万元，申报困难家庭59户，发放临时救助61户，救济资金11.1万元，助学困难学生32人次，发放各类助学金8.4万元；开展最低保障边缘家庭申报认定工作，2017年度申报认定240户、780人。落实申报办理残疾人生活补贴393人，护理补贴330人，残疾人两项补贴覆盖率达90%。对接杭州市“联乡结村”第十二帮扶集团，落实帮扶项目10个，帮扶资金300余万元，继续帮助大慈岩镇12个村扶持480户低收入农户。镇五保供养中心签订公办民营协议；投资10万元，建成里叶村老年食堂并筹备正式投入使用；完成自来水厂标准化建设，落实取水口、备用水源及泵站建设，加快各村自来水管网敷设。

【建成全镇首个大型“果蔬乐园”】杭州盛阳农业公司“果蔬乐园”项目为建德市十大农业发展重点项目，面积13.3公顷，总投资1000余万元，主营蓝莓、无花果、猕猴桃、桑葚、橘子、桃子等水果种植，5月进行试营业采摘，效益良好。

【农田水力基础设施建设】完成三元、檀村垦造耕地项目，新增耕地（水田）面积26.7公顷，为全市单个项目最大面积，争取补助资金约1亿元。完成赤溪、道峰溪整治；实施并完成狮山小流域治理工程（里叶村、双泉村、陈店村、狮山村、吴山村），投资900余万元；完成石柱源水库、狮山水库标准化建设并通过杭州市验收。全面落实“河长制”工程，投入100余万元开展剿灭劣Ⅴ类水体及小微水系整治，整治52条沟渠、114个池塘、36个山塘和10个小㈠、小㈡型水库。完成上吴方、三元、李村渠道衬砌各1000米。

【全域旅游建设】2017年，大慈岩镇镇域接待游客60.5万人次，实现旅游总收入4000余万元，其中，乡村旅游接待游客33万人次，实现乡村旅游收入2300余万元。旅游固定资产投入1.1亿元；实施“旅游厕所革命”和“万村景区化”工程，打造3座AAA级旅游厕所，创建新叶村AA级景区村、上吴方村A景区村、大慈岩村A景区村；打造新大陆蓝莓基地、飞凤心灵农场、十里荷莲子采摘基地三大果蔬乐园基地。西山人家、稻丰人家获评浙江4星级农家乐。

【民宿示范村（点）建设】继续实施并完成2016年建德市农业重点项目——大慈岩民宿示范村项目（大慈岩村、双泉村2个杭州市民宿示范村，睦慈1个杭州市民宿示范点），总投入3000万元，镇政府投入2000万元配套外围环境基础设施，民宿业主投入1000万元对12幢民宿进行改造，共计引进3家业主，其中前2家已正式投入运营；培育“爱浙里”民宿、旅投民宿2个杭州市民宿示范点。新叶本源民宿（禾莜居、华萼居、双美居）获评杭州市特色民宿，新叶明香园获评杭州市标准民宿；在2017浙西旅游合作峰会上，大慈岩镇获十佳旅游风情乡镇、二十佳民宿等奖项。

12月，由镇政府邀请浙江省酒店管理专业培训师马国萍等专家学者，举办为期5天的全镇民宿（农家乐）提升培训班。来自全镇各村的民宿（农家乐）经营者共50余人参加培训。培训课程包括《民宿接待礼仪与服务意识》《个性化民宿经营理念分享》《如何处理宾客投诉》《民宿美丽庭院创建和意境设计布置》等内容。

【文化体育事业建设】全镇12个村均实现农家书屋全覆盖。上吴方村文化礼堂建设完成，文化礼堂覆盖率达83.3%；李村文化礼堂创建成为2017年农村文化礼堂“十佳特色文化展陈”，并被评为杭州市四星级文化礼堂。双泉村被评为2017年浙江省文明村。

11月，举办大慈岩镇首届农民运动会。加强村级体育设施建设，集镇体育健身公园建成，创建成为浙江省体育强镇。

◎ 12月26日，建德首家家风馆在大慈岩镇上吴方村开馆（朱永标 摄）

【新叶古村获得多项荣誉】2017年，新叶村被评为“华东十大油菜花观赏地”“十大江南传统村落”“中国最美古村落”“国家第一批绿色村庄”“长三角休闲农业和乡村旅游推荐景点”“浙江省AAA级景区村”“美丽宜居浙江样板”双百村。举办新叶“三月三”民俗文化节、“担货节”“千人旗袍秀”“晒秋节”，配合中央电视台完成《中国影像方志·建德篇》的拍摄。

【中国传统村落相关工作】2017年，大慈岩镇完成第三批中国传统村落上吴方村绩效考评，落实李村村总投入300万元项目实施工作；对第四批中国传统村落前期工作做好指导，完成5个村规划评审以及项目预排，向上争取1500万元中央资金，将里叶、双泉、大坞3个村列入2017年资金支持范围，麻车岗、樟宅坞预列入2018年资金支持范围；陈店、赤姑坪、下金刘、湖塘等4个村成功申报浙江省首批省级传统村落，并积极申报第五批中国传统村落。积极推进历史文化村落建设工作：做好李村村总投入1500万元进行省级历史文化村落重点推进项目，做好陈店村、大慈岩村、汪山村、新叶村、三元村、檀村村省级历史文化村落一般推进建设。

【建德家风馆开馆】12月26日，建德市首家家风馆——上吴方村建德家风馆开馆。该馆投资500万元，建有乐至堂、永成茶馆、永丰酒坊等景点，以廉政文化为主线，以传统家风家训文化为切入点，结合现有古民居宗族家谱，提炼上吴方村独特的家训文化，并以仪式互动的形式植入。自开馆以来，开展礼心塘水幕灯光秀、上梁仪式抛糖果抢馒头、龙狮巡游等游客互动体验活动，打造清风之旅，与新叶耕读之旅、李村红色之旅相呼应。该馆还被杭州市纪委纳入杭州市家风地图，成为党员干部接受廉政教育的新基地。

（沈恒阳）

航头镇

【概况】2017年，航头镇行政区域面积157.79平方千米，辖18个村、1个居民区，年末户籍总人口35126人，全年出生426人，死亡245人，人口自然增长率5.2‰，当年计划生育率99%。实现社会消费品零售总额1.8亿元。财政总收入5249万元，增长39.7%；其中地方财政收入2232万元，增长51.8%；农村居民人均可支配收入22738元，增长9.7%。

有工业企业43家（比2016年增加7家），其中13家规模以上企业销售产值8.82亿元，增长 10.7%。规模以上工业增加值 2.41 亿元，增长 6.2%。实现外贸自营出口 1419 万美元，增长 41.9%。完成全社会固定资产投资 6.2 亿元，其中工业性投资 3.58 亿元，分别增长 17.7%、23.6%。招商引资年末实到内资 2.42 亿元人民币，增长 36.2%，实到外资 300 万美元。其中盘活虎鼎机械 3.5 万平方米厂房引进杭州刚信精密制造有限公司，盘活江航实业 3.13 公顷土地引进杭州建航新能源有限公司电动汽车充电设施项目（总投资 1.5 亿元），引进建德市建伟矿业有限公司以 1.26 亿元中标紫坞岭石矿采矿权。继续开展碳酸钙行业专项整治，关停小散乱企业 26 家。云峰、宏兴、大健等保留提升和重组的碳酸钙企业投入 7000 余万元用于转型升级和技术改造，同时开展制砂、制砖、竹制品产业整治，全镇工业企业环境得以优化，产业转型升级加快。

有耕地面积 1577.9 公顷，林地面积 1.15 万公顷。农业总产值 3.72 亿元，增长 43.1%。全年粮食播种面积 1876.6 公顷，粮食总产量 12708.3 吨，其中，水稻种植面积 897.3 公顷，总产量 7455.5 吨；粮食功能区最高亩产达到 950 千克。油菜种植面积 751 公顷，总产量 1639 吨。甘蔗种植面积 51 公顷，总产量 3776 吨。茶园面积 77.3 公顷，总产量 88.5 吨。油茶、果园种植面积 227.9 公顷，总产量 9136.9 吨，其中桃园 115.7 公顷，总产量 1002 吨。继续扩大草莓种植面积，达 33.3 公顷，面积为历年最多；同时引进阳田科技公司，在全市率先实施草莓高架无土栽培技术。全年共营造防护林 169 公顷。

完成航景、大店口等近 40 公顷山改田项目；实施溪沿、东村、千源等“山改田”项目，面积 33 公顷。其中，航景村茅草坞垦造水田项目立项面积 16.8 公顷，验收面积 15.47%，出地率 92%，为省内领先。完成宅基地、园地、工矿用地等各类土地复垦项目 30 余个，新增农用地近百亩。全面完成涉及全镇 18 个村的 1533.3 公顷高标准农田建设提升项目。

年末有初中 1 所、小学 3 所、幼儿园 3 所（航头初中教职工 69 人，在校生 453 人；航头小学本部教职工数 54 人，在校生 779 人；大店口校区教职工 9 人，在校生 78 人；石屏校区教职工 12 人，在校生 74 人；航头镇中心幼儿园教职工 41 人，学生 321 人；石屏园区教职工 7 人，学生 64 人；大店口园区教职工 16 人，在校生 121 人）。概算投资 900 万元的航头初中体艺楼完成主体建设；投资 200 余万元对航头初中中、航头小学、航头幼儿园进行暑期维修提升，新增一批硬件设施。全年新增、续办低（残）保 255 人；困难家庭 72 户、185 人；实施医疗救助 376 人次，临时救助 209 人次；办理大病救助 14 人次、各类助学 62 人次；全年共计发放各类救助金 275.74 万元。农村居民参加城乡居民基本医疗保险 24758 人，参保率 99.19%。

【重点企业科技创新加快】沈氏、普林艾尔、纤蓓康、明扬农牧等企业积极与大专院校、科研院所合作或引进科技人才，加快科技创新步伐和成品更新换代。沈氏节能投资4000多万元，完成生产线自动化改造，产值增加50%以上，新研发的微化工系统应用于上海爱默金沙药业，单套系统售价近1000万元。普林艾尔成功研发农用烘干机、干衣柜、除湿鞋柜，并批量投放市场。纤蓓康与江南大学食品学院研发的高端保健品生产线建成投产。明扬农牧与浙江省农科院共同研发的生猪污水处理系统，投入应用并初见成效。云峰碳酸钙与国家超细粉末工程研究中心签订战略合作协议。其中，浙江普林艾尔电器工业有限公司成为浙江省2017年第一批（共3595家）被国家科技局认定为高新技术企业，获得国家级扶持政策。

【全域旅游建设】2017年，全镇有4个村（珏塘村、乌龙村、灵栖村、石屏村）创建A级景区村，新增民宿点3个，瑞德农业有限公司投资提升瑞德果蔬乐园、农家乐，客商祝昌成投资小镇民宿，清源谷旅游开发有限公司投资清源谷等硬件设施，其中瑞德农业公司创建为全市最高级别的四星级果蔬乐园。全年全镇休闲、采摘、农家乐、亲子游等综合收入达300余万元。投资4000余万元新开发的旅游项目——江南大冰洞（狮子岩景区）入选浙西休闲度假旅游目的地、最具品质体验地、杭州婚恋基地，成为建德旅游的新名片，备受游客青睐。在沿江北路至320国道交叉口建成以波斯菊为主要花种的“十里花海”项目，成为本市游客新的旅游点。11月，首次举办“江南秋意浓，养生到航头”旅游节庆活动。将文艺与旅游结合，在石屏村江南大冰洞景区举行了广场舞比赛，包括观众及游客共计600余人次参加，18个村均派队伍参加，既丰富了群众的文化生活，又起到了宣传航头旅游的效果。

【特色产业基地建设】瑞德农业公司推广水果用玉米种植，面积10公顷，销售额130万元。其品质得到市场认可，仅微信销售额即达到100万元。园旺生态农业开发有限公司的“园旺”黄桃，种植面积25.3公顷，产量500吨；8月，“园旺”牌黄桃在杭州市水果展销会上获得金奖，进一步打响“航头黄桃”品牌。隆昇西红花专业合作社注重发挥产品附加值，将单纯的西红花种植发展为集旅游、休闲、养生为一体的综合性产业。乌龙村因地制宜，利用水资源优势，对接杭州西湖莼菜产地转移，至年末，有莼菜生产基地10公顷，成为浙江省西湖莼菜种苗保护基地。

【集镇综合开发改造】全面完成23省道、寿昌江整治等重点项目征迁扫尾，完成黄木岗航空小镇一期征迁；完成航头大桥建设和23省道—320国道交叉口节点改造；完成溪沿新街“上改下”和道路改造，总长约1500米，其中强电线路300米，弱电包括电信、移动、华数、联通等线路约1200米，移除各类杆线35处、变压器1处、交换箱1个；10月，完成集镇污水处理提升工程，总投资350万元。11月，镇域内寿昌江段两岸安装太阳能路灯69盏，平配套种植小叶紫薇、红花檵木、红叶石楠等园林绿化植物。至年末，溪沿灵栖路口商住地块、23省道溪沿安置房、溪沿村便民服务中心、溪沿农贸市场及配套设施建设进展顺利，航头集镇面貌得以改善和提升。

【“美丽乡村”建设】全面完成石木岭、彭家等9个村生态修复项目；实施清洁庭院“清零”行动，7770个农户庭院通过验收；开展垃圾分类试点工作，建设垃圾资源处理站3处，垃圾分类公共投放点110处，发放分类户投垃圾桶1万余只；“建、拆、整”三管齐下，启动灵栖、乌龙等8个村共70余个“美丽乡村”建设项目；拆除违章、危旧房566处、3.6万余平方米；实施“四边三化”点位动态管理，整治各类点位300余个（次）。同时，以“五水共治”进一步推进“美丽乡村”建设工作，整治“三无”养殖企业、限养区内养殖户退养生猪120头，蛋鸡1.0万羽，新增异位发酵床6000平方米，实现生猪养殖场环保排污监控全覆盖。进一步深化“河长制”长效管理，加快推进河道清淤工作，投资380万元，完成河湖库塘清淤18.2万立方米。强化截污纳管和源头管理，新增城镇截污纳管1740米。完成农村河道和小微水体整治42千米，新增高效节水灌溉面积33.3公顷。通过综合治理与建设，全镇村庄环境洁化、序化、绿化、美化，人居环境得到明显改善。（*唐潇 朱文婷*）

大同镇

【概况】2017年，大同镇行政区域面积162平方千米，辖34个村、3个居民区，年末户籍总人口56230人，全年出生676人，死亡399人，人口自然增长率4.9‰；当年计划生育率97.7%。实现社会消费品零售总额5.94亿元。全年财政总收入8172万元，增长9.9%；其中地方财政收入3185万元，增长14.8%。农村居民可支配收入19654元，增长9.4%。

有规模以上工业企业16家，工业总产值21.0亿元，占全镇工业总产值的65.6%；销售产值20.25亿元（占全镇销售产值的65.4%），增长18.3%。规模以上工业增加值3.9亿元，增长3.1%。实现外贸自营出口108万美元，减少56.8%。招商引资年末实到内资5.01亿元，增长33.6%；实到外资500万美元。完成固定资产投资12.2亿元，增长13.1%；其中工业性投资6.4亿元，增长5.6%。开展碳酸钙生产企业整顿，80家桃酸钙企业中，关停3家，主要设备全部拆除30家，其中19家完成设备清除及违建厂房拆除，完成补助资助金拨付1566.7万元。9月，开工建设重点招商项目——建德市正发药业药钙项目，至年末完成投资7000万元（占计划投资的51.9%）。至年末，镇工业功能区共有企业34家，其中销售产值超过1亿元的企业共3家。11月，占地面积1.2万平方米的大同工业功能区天然气分布式能源站——新奥清洁能源项目一期工程竣工，开始向企业供气，该项目完成总投资9112万元。

有耕地3370公顷，林地9667公顷。农业总产值4.12亿元，比2016年增长5.1%。全镇粮食播种面积2201公顷，粮食总产量1.43万吨；其中水稻播种面积1291公顷，总产量1.06万吨。永盛粮食高产示范方亩产1007.4千克，刷新杭州地区水稻单产历史记录，接近亩产1024.13千克的浙江省记录。主要油料作物油菜籽播种面积821.27公顷，总产量1814.1吨。年度新增油茶基地13公顷，全镇油茶基地总面积达到2334公顷，生产商品油茶350吨，产值2750万元。毛竹笋竹两用基地2510公顷，竹材、竹笋产值3102万元；茶园年度新增3.33公顷，总面积204.67公顷，茶叶总产量230.4吨。年末家禽存栏42万羽，生猪存栏3014头，畜禽业产值2275万元。

2017年，完成三村、淞溪、上马大畈（儒博）粮食功能区水稻产业提升项目，总投资189.75万元；完成黄垄、三村粮食烘干中心建设，总投资102.10万元。9月，杭州聚鑫牡丹科技有限公司牡丹园签约落户徐韩区块，该项目计划投资3000万元，流转土地20公顷，用于种植炼油用牡丹和观赏牡丹，并建设牡丹籽油提炼厂房1座。12月，成功创建省级平安农机乡镇。

完成黄金坞水库、石塘水库除险加固工程，黄垄溪田畈段、大同溪管村桥段河道整治，及345条标准农田沟渠整治、240座池塘清淤等农田基本水利建设项目。市重点产业项目——大同镇鸿业家庭农场建设项目完成投资1000万元，完成年度计划。完成创建标准化养殖场建设2家（大同千牧家庭农场和大同宇燕养殖场）。

全年参加城乡居民医疗保险38854人，参保率88.76%。完成国家免费孕前检查411例，发放高龄津贴共2042人166.44万元。通过“春风助学”等方式资助各类学生96人次，救助资金25.6万元。12月，完成盘山村、溪口村、富塘村3个村浙江省传统古村落申报工作，并上报申请中国传统古村落。

至年末，有镇属学校5所，其中中学1所，在校学生674人，在编教师94人；小学3所，在校学生1547人，教师101人；幼儿园4所（含分园），入园幼儿835人，教师23人。有卫生院1所，乡村卫生室等医疗卫生机构个数42个，床位数65张，执业（助理）医师数35人。

【大同集镇建设】开展卫生死角和镇郊河道沟渠清理，改善卫生环境。开展“道乱占”百日攻坚行动，整治“乱堆放”“乱竖牌”“乱摆摊”“乱建筑”现象，处置马路市场10处，清理户外非法广告，拆除老农贸市场、河南车队区块共18间1700平方米老旧房屋。实施并完成入城口区块50户11928平方米民房拆除安置工程、古城山区块50户3000平方米危旧房改造工程。改建停车场，满足砚西路、柳城路的停车需求。

完成杨柳畈区块路网建设工程，总投资650余万元；完成卫生院西侧道路、北侧排水工程建设，总投资200余万元。完成高速路口挡土墙、土方工程和绿化提升工程。绿化提升总长度939米，绿化面积3.13万平方米，总投资约900万元。完成集镇污水管网三期工程，中标价750万元，管网埋设共计4.6千米，涉及大同村古城山自然村片约1200人。完成黄家2条道路、上马2条道路共4条公路改造提升。完成万兴祝家桥、潘村周家桥危桥改造。集镇及周边村给水、交通道路等基础设施条件得以改善，环境面貌得以提升。

【第二届“蓝领文化周”活动】4月，由大同镇政府主办，镇综合文化站承办第二届蓝领文化周。本届蓝领文化周活动内容涵盖“五个一”，即一场文艺会演、一场电影、一场安全知识讲座、一场“五水共治手抄报”展、一场趣味运动会活动。该活动丰富了企业工人业余生活，加强了大同企业的外来务工员工对大同的归属感及主人翁意识，助力企业挖掘人才，留住人才，共建和谐、幸福大同。

◎稻香小镇开镰节（陈沁斯 摄）

【稻香小镇建设】按照按“一轴三区”的建设规划（“以溪为脉，打造传统农耕文化轴”；以镇为魂，打造宜居宜业生活区；以田为基，打造精品农业产业区；以农为韵，打造清新闲适度假区），2017年继续开展稻香小镇建设，主要项目包括：开工建设大同镇“稻香公寓”商品房项目，总投资2700余万元。实施并完成为1733公顷精品农业产业区配套的高标准农田高效节水供水管道项目，以雅坑水库、石郭源水库和山楂坞水库作为水源，在郑塘、山楂坞等9个区域铺设供水管道110.11千米，总投资2000万元。实施并完成稻香小镇溪流生态治理工程，该项目贯穿稻香小镇核心区块，全长3.56千米，路基宽度10米，并在路线两侧配套沿河1米宽和沿田边3米宽的生态绿化带，总投资1200万元。实施大同镇现代农业科技服务中心土建工程，该项目占地1474平方米，计划总投资850万元，建设农业公共服务和社会服务的一体化平台，提供展示、科研、培训、检测等服务。

10月，举办“稻香小镇”首届开镰节。该活动以“稻香小镇 · 多彩大同”为主题，以美食、文艺表演、万人行走、摄影大赛等方式，展示大同镇悠久的农耕文化、秀美的自然生态、丰富的农业资源。活动共接待游客2.7万余人次，受到人民网、杭州综合频道、《杭州日报》等20余家媒体的转发报道，在微信客户端、浙江新闻客户端等手机平台相关阅读量达20万次。

【书香大同建设】10月，大同镇富塘村入选由省新闻出版广电局和浙江日报社推选的浙江省首届“书香城镇 · 书香之村”名单，为建德市唯一。同时，黄垄村文化员颜小梅、郎家村文化员夏益莲、溪口村文化员杨慧娟获省首届“书香城镇 · 优秀农家书屋管理员”称号。12月，大同书院留守儿童读书俱乐部获2017年杭州市“示范儿童之家”荣誉称号，为建德市首家。

【大同镇鸿业家庭农场美丽牧场项目建设完成】10月，建德市重点农业产业项目——大同镇鸿业家庭农场美丽牧场项目建设完成。该项目位于大同镇明丝坞，占地面积6.3公顷，主要包括养殖用房建设及养殖配套自动化设备安装等内容。农场采取智能高温好氧发酵技术处理禽粪便，采用自动喂料、捡蛋、清粪、智能温控等先进设备和清污分离、雨污分流等生产工艺，达到智化、洁化、序化、美化的美丽生态牧场标准。该项目建成，为全市畜牧业转型提升、绿色发展，实现农场科学管理、标准生产提供样板。

【“千里岗”牌黄金芽茶获省农博会金奖】12

月，杭州千里岗农产品开发公司生产的“千里岗”牌黄金芽茶获2017年浙江农业博览会金奖。该企业位于大同镇上马村，2009年创办，至2017年有茶园113.3公顷（其中绿色认证茶园面积45.3公顷）。有独立的茶叶加工厂2座、标准化生产线3条、展销展示厅2个。为杭州市农业龙头企业、杭州现代农业科技型龙头企业、浙江省农业科技企业，2017年成为杭州市首批信用管理示范企业。“千里岗”商标是杭州市著名商标，“千里岗”系列绿茶为杭州市名牌产品。所产黄金芽属珍稀白化茶树种质资源品种，是国内培育成功的首个黄色变异茶种。根据测定，黄金芽氨基酸含量可高达9%，超过白茶4%。其特点是“三黄”：干茶亮黄、汤色明黄、叶底纯黄。外形自然伸展，鲜黄油润，冲泡后，芽尖直立，悬空竖立，继而徐徐下沉，如群笋出土；汤色清澈嫩黄，香气高远，入口茶香鲜美满盈。

【大同助农合作社入选全国农机合作社示范社名单】12月，由农业部组织开展的2017年度农机合作社示范社名单公示，大同镇助农农机服务专业合作社成功入选，为杭州地区唯一，浙江省仅7家单位获此殊荣。近年来，大同助农合作社先后获得杭州市农机化示范基地、杭州市水稻育秧中心、省首批省级农机专业合作社示范社、省工商信用AA级守合同重信用单位等荣誉称号。

【大同医院整体搬迁工程项目一期基本完工】12月，市政府重点投资计划建设项目——大同医院整体搬迁工程项目一期完工。该项目按照二级乙等综合性医院标准建造，工程总用地面积2公顷，总建筑面积1.35万平方米，设置病床160张，总投资5900万元。工程分两期建设，一期工程建筑面积8830平方米，设病床80张，投资概算约4400万元。二期为预留医院发展空间，建筑面积4700平方米，可设病床80张，投资1500万元。根据计划，该医院在2018年春节前完成整体搬迁并投入使用，惠及大同及周边区域近8万人口。

（傅庆玲）

李家镇

【概况】2017年，李家镇行政区域面积104.99平方千米，辖10个村、1个居民区，年末户籍总人口20419人。全年出生241人，死亡154人，人口自然增长率4.3‰，当年计划生育率98.5%；全年实现社会消费品零售总额1.01亿元。财政总收入1.1亿元，增长12.5%，地方财政收入3821万元，增长1.1%。农村居民人均可支配收入23608元，增长9.9%。

有规模以上工业企业 11 家，销售产值 18.75 亿元，增长 14.7%。规模以上工业增加值 5.53 亿元，增长 3.0%。完成自营出口 112 万美元，增长 44.8%。完成全社会固定资产投资 4.22 亿元，增长 27.5%；其中工业生产性投资 3.34 亿元，增长 32.9%。年末招商引资到位内资 2.1 亿元，增长 40.0%；到位外资 300 万美元。全镇来料加工从业人员 115 人，全年发放来料加工费 1445 万元；年末，镇政府向从事来料加工的低收入农户兑现奖励资金 21.5 万元。

宁波环洋健丰钙业、海拓钙业、海螺水泥粉磨搬迁项目顺利推进，宏鑫钙业、国丰钙业、鑫帝钙业等技改项目全面完成。继续推进碳酸钙产业整治提升，46 家个体灰钙企业拆除生产设备和厂房，4 家氧化钙、氢氧化钙企业重组挂牌，6 家保留企业经提升改造后通过验收。新广能源热电联产、集中供热项目（投资 1.2 亿元）、华宇纳米二期年产 6 万吨纳米钙项目、健丰钙业年产 20 万吨氧化钙项目（投资 1.4 亿元）落地工作进展顺利。11 月，经国家经济信息产业部公布确认，宏鑫钙业成为国家高新技术企业。

有耕地面积 683.8 公顷，林地面积 817.47 公顷。农业总产值 2.09 亿元，比 2016 年增长 5.0%。粮食播种面积 1039.6 公顷，粮食总产量 6587.74 吨；其中水稻播种面积 455.26 公顷，总产量 2858 吨。以油菜籽为主的油料作物播种面积 323.75 公顷，总产量 764.94 吨，其中油菜籽产量

700.9 吨。全年完成抛荒田流转 333 公顷用于水稻种植，其他土地流转 122.7 公顷；完成县级粮食功能区诸家粮食功能区、新联村等 5 个村标准农田质量提升工程和石鼓村等 3 个粮食烘干中心建设（总投资 130 万元）。完成油茶良种推广和技术推广 140 公顷，新增“雨花源”品牌，年末全镇油茶面积达 1266 公顷。珍贵树种造林 32.7 公顷，生态公益林抚育 180 公顷。发放各类涉农补贴 170.6 万元，组织各类涉农培训 860 人。11 月，长林村旱改水项目完成通过验收，总投资 100 万元，新增水田面积 2.21 公顷。李家村土地整理项目（4.35 公顷）通过验收，总投资 170 万元，新增水田面积 4.05 公顷。

年末有学校 5 所，其中初中 1 所，在校生 252 人，教师 47 人；小学 2 所，在校学生共 485 人，教师 39 人；幼儿园 2 所，在园幼儿 366 人，教师 48 人。有卫生院 1 所，副主任医师 1 名，主治医师 7 名，床位 19 张，基本用于骨伤科。全年新增低保人员 83 户 116 人，实施各类救助 156 人，发放救助金 30.9 万元。城乡居民参加新型城乡医疗保险参保登记率 100%。10 月，投资 88 万元的石鼓村文化礼堂建设项目，通过杭州市级验收。

【城乡统筹建设项目】镇街协作项目——集镇邮政东路道路建设工程完工，道路全长376米，概算总投资277.43万元。实施并完成三溪、龙桥、新桥3个村庄生态修复工程，其中，三溪村道路（130米，由1米拓宽至3米）拓宽工程总投资30万元；龙桥村道路工程（包括上桐桥自然村道路硬化200米、安装路灯90盏）总投资30万元；新桥村健身广场工程（包括村健身广场建设及绿化，人行道水泥砖铺设及健身器材安装）总投资35万元。7月，开工建设小源里供水工程，概算总投资4400余万元，惠及石鼓、长林、白马、三溪、龙桥、沙墩头、李家等7个村和工业功能区人口1.3万人。

【集镇综合整治】全年在集镇组织整治行动10多次，共拆除破旧门店招牌及违规招牌15块、户外广告牌面积210平方米，清理流动摊点89处、乱堆乱放32处，规范出店经营14户，清扫道路10万多平方米。全年共拆除违章建筑70处计1.93万平方米，拆后利用土地面积1.30万平方米，拆后利用率90%。5户D级危房全部拆除安置完毕。完成杭州市和建德市“四边三化”点位105处。制定邮政东路建设等项目13个，概算总投资3000万元。年末，完成李家镇小城镇环境综合规划、入城口景观和新城路白改黑设计方案。

继续推进“五水共治”，劳村溪等 2 条县级河道水质由原Ⅲ类提升至Ⅰ类和Ⅱ类；9 条镇级河道中，原Ⅰ类水质河道由 2 条提升至 5 条，Ⅱ类水质河道 2 条，Ⅲ类水质河道 2 条，全面实现剿灭劣Ⅴ类水目标。在完善河长制的基础上推行沟渠（池塘）长制。完成 76 个池塘和 128 条小沟渠等小微水体整治，累计清淤 8.2 万立方米；做好全部 10 个村农村生活污水治理工程长效运作维持，并全面推进生活垃圾分类收集处理，农村环境得以继续改善。

【完成第三次全国农业普查】5月，李家镇第三次全国农业普查工作结束。普查结果显示：截至于2016年12月，全镇农户普查登记对象5749户，规模户40户，农业经营单位55家；共有确权耕地618.13公顷，自留地55.29公顷，实际耕种面积660.87公顷；农作物播种面积1328.3公顷，其中粮食播种面积567.31公顷，包括麦类37.20公顷，谷类386.69公顷，豆类38.85公顷，薯类42.10公顷，玉米60.86公顷，其他谷物1.61公顷；确权林地5489.0公顷，实际经营的林地面积5242.86公顷；年内家禽出栏3.55万羽、生猪出栏2931头，年末家禽存栏79.65万羽、生猪存栏1828头。

（周有仙）

乾潭镇

【概况】2017年，乾潭镇行政区域面积368.463平方千米，辖24个村、1个社区，年末户籍总人口

45055人。全年出生469人，死亡351人，人口自然增长率2.6‰；当年计划生育率99%。全年实现社会消费品零售总额11.38亿元。财政总收入1.95亿元，比2016年增长11.7%；其中地方财政收入7467万元，增长40.8%。农村居民人均可支配收入30734元，增长8.9%。

有工业生产企业781家，工业销售产值109.5亿元，比2016年增长1.1%；其中100家规模以上企业（比2016年增加8家）销售产值57.03亿元，增长7.5%。规模以上工业增加值8.94亿元，增长5.2%。实现自营出口1.71亿美元,增长10.1%。全社会固定资产投资20.51亿元，其中工业生产性投资10.5亿元，分别增长22.6%和13.0%。招商引资年末实到内资8.5亿元，实到外资600万美元。工业功能区入园企业达171家。园区完成土地征用3.73公顷，土地平整3.33公顷。盘活浙江天赐生态有限公司、杭州超俊工艺品有限公司、美通家居（建德）有限公司、布莉丝家居（建德）有限公司、建德市港华纺织有限公司等企业土地总面积9.45公顷、厂房总建筑面积3.41万平方米。

有耕地1479公顷，林地面积26133公顷，其中公益林12778.93公顷。农业总产值4.99亿元，增长6%；全年粮食播种面积2140公顷（增加193公顷），粮食总产量12405吨。种植油料作物414公顷，其中油菜籽410公顷、产量818吨。草莓种植15公顷。完成下包、王岩、邵家、骑龙4个水稻省级示范方及前陵、施家2个建德市级水稻高产示范方建设，面积200公顷。完成涉及安仁、后山、施家、幸福等村179.3公顷高标准农田建设。全镇共有65个农民专业合作社，全年流转土地776.6公顷。继续开展“五水共治”等环境综合整治，对规模畜禽养殖进行规范化管理，鑫欣养殖生猪无害化改造项目完成，年末生猪存栏1.53万头，家禽存栏9.4万羽。全年完成森林抚育666.7公顷，新建山地抗旱水池6座，建设林区道路11条、总里程18.4千米。完成十里长垄河道整治工程、姚村沉塘坞山塘除险加固等工程，总投资980万元。完成姚村农民饮水工程，受益人口800人。

年末共有学校8所（含3所等级幼儿园），在职教师268名，其中中高级以上职称教师229名，具有中高级职称教师占比为85.4%。有乡镇甲等卫生院1所、卫生室（站）23个，有在职卫技人员98名、乡村医生24名，其中中高级职称以上23人。有民投公助养老机构1个，床位645张，共有在册老年人口11216人，每千名老人养老机构床位数57.5张。

年末，华东地区最大的山地车主题公园——勇峰自行车公园，乾潭首个四星级酒店——胥乐大酒店等7个三产服务项目集中开业，总投资近5000万元。

◎乾潭镇小城镇环境综合综治后的入城口

【小城镇环境综合整治省级样板】乾潭镇以立足打造“现代山水小城市”为总目标，并结合“杭州都市圈生态健康城”的总体定位，全面落实“一加强三整治”工作任务，结合地域特色和人文历史，把握规划先行、高标设计、依规实施、依程报批，坚持集中整治与长效管理相结合，集镇环境秩序、镇容镇貌得到明显改善。

1月，在全市率先推出“街长制”管理制度——成立以书记为组长的小城镇环境综合整治工作领导小组，建立以班子成员为负责人的“街长制”挂牌整治工作方案，每位班子成员领办一条街道的整治工作，将集镇主次干道整治工作责任到人、包干到底，切实抓实责任管理，有效推进小城镇环境综合整治工作。在街长的牵头下，镇政府联合城管、交警、市场监管等部门，对集镇商铺进行煤改气整治，整顿、规范电动三轮车，设立临时农贸市场，引导流动菜贩、水果摊集中经营，集中排查危旧、违建房屋，为下步整治做好铺垫。

9月，小城镇综合整治通过省级考核验收，名列全省第三、杭州第一，成为2017年度浙江省小城镇环境综合整治省级样板。11月，杭州市委书记赵一德、市长徐立毅等领导到乾潭考察，对乾潭镇小城镇环境综合整治工作予以充分肯定。

【乾潭第二小学荣获首批杭州市“美丽学校”】1月，经杭州市教育局“美丽学校”建设领导小组审定，乾潭第二小学成为杭州市首批49所“美丽学校”之一。该项目建设自2014年年底开始，以“把最美童年记忆留给学生，把最好教育形象留给家长，把最佳成长平台留给教师，把最优人文积淀留给学校，把最大发展成果留给社会”为核心，缔造“以和为美、内外兼美、各美其美、成人之美、美美与共”人文风景，学校办学品质得以提升。先后被评为浙江省青少年校园足球特色试点学校、浙江省美丽校园提名学校、浙江省中小学心理辅导一级站、杭州市示范教科室、建德市第一批“美丽学校”、建德市示范家长学校、建德市婺剧进校园定点学校、建德市学校目标管理考核一类学校。

【乾潭镇信访接待中心成立】2月，在镇政府大楼辅西一楼成立乾潭镇信访接待中心，正式将信访工作与镇纪委工作分开进行。该中心设置候访区、接访区、调解室、镇领导信访接待日接待室等功能区，建成与市信访局、省信访局联通的信访工作网络化操作平台，集接待受理、直接调处、协调指导、监督查处为一体，实现信息化办公。

【成立“幸福家园”志愿者卫计服务队】3月，乾潭镇成立“幸福家园”志愿者卫计服务队，以“健康超市”服务队为基础，增加卫计办、妇联、团委、村主要负责人、村计生管理员、党员干部等人员。根据“健康超市”每月固定下乡时间，在开展医疗服务的基础上，结合各村工作实际，以走访慰问、健康讲座、医疗服务、政策宣传、清洁环境等方式，开展内容丰富的志愿者活动。

【乾潭镇首个乡旅文创园正式开工】4月，杭州远境·乡旅产业园投资管理公司完成注册登记及组建，远境·乡旅产业园A区“DEEPQIAN1919—乡旅文创”产业集聚区开始施工，至10月31日整体开园。该文创园由江苏远见控股集团旗下“行旅”旅行社、“玖树”亚洲主题度假品牌、“初见书房”旅行概念书店、“远见乡村美学研究中心”等5个自有文旅品牌进行示范性领投，代表乾潭镇三产服务业（全域旅游为主）发展的方向。

【成功创建国家卫生乡镇】9月，全国爱国卫生运动委员会下文，授予乾潭镇“国家卫生乡镇”荣誉称号。在“创国卫”的行动中，乾潭镇共投入专项创建经费400万元。结合“五水共治”，完成乾潭、安仁2个污水处理厂建设，城区污水管网覆盖率达90%；全面完成24个村农村生活污水治理工程，铺设管网233千米，累计投入资金9000余万元。实施“厕所革命”，完善公厕设施，规范公厕管理；实施并完成胶合板企业转型26家，小型五金工具企业迁址“孵化园”20余家。全镇城乡环境明显改善，吸引浙西唐诗小镇、金谷特色商业街、华龄智能养老、慢栖溪等7个投资超亿元项目落户，进一步优化了全镇产业结构。

【乾潭镇代表团在残疾人运动会上获总分第一】9月21—22日，乾潭镇代表团在建德市第四届残疾人体育运动会上，获得总分第一，共获13金6银2铜。

【建德（乾潭）科创园开园】11月3日，由杭州巧鹿企业管理有限公司代为运营的建德（乾潭）科创园正式开园，正式入驻商会大厦12层。科创园集知识产权、网络技术、电商运营、企业管理咨询、工商财税服务等为一体。至年末，该电商服务平台引进注册企业359家，销售额突破5000万元。

【“乾潭金谷”正式落户】该项目为大蜂控股有限公司投资、乾潭镇政府协作实施，在乾潭镇旅游码头区块核心创建金融机构集聚园区，包括：私募投资基金发展集聚区、科技金融服务创新区、众创社区核心引领区。根据规划，2018—2020年，大蜂控股将为“乾潭金谷”引进企业（基金为主）10家以上，注册资本达5亿元以上。建德市委市政府将“乾潭金谷”列入建德市重大项目的第一梯队。

【沛市经验在全市推广】2017年，沛市村积极响应市委、市政府“八美联动”号召，在横塘坞党建示范带建设中实施党建引领、因地制宜、群众参与、共建共享的新时期美丽乡村建设。从村道脏乱、家禽散养、杂物乱堆的无序景象，到村容整洁、干净有序、充满乡村味道的美丽样板，在3个月时间内，充分发挥党员、妇女、村民的主动性，仅花费7万元左右就完成村庄面貌的大变样，该村“投入少、效果好、能复制、可持续”的美丽乡村建设经验，得到建德市委市政府的肯定，并以“沛市经验”的提法，号召在全市推广学习。

【乾潭镇卫生院获省十佳乡镇卫生院】12月21日，在浙江省第二十五届基层卫生改革与发展大会暨年度学术议会上，乾潭镇卫生院获2017年浙江省十佳乡镇卫生院荣誉，为全省首批、杭州市唯一。近几年，乾潭卫生院扎根基层、服务基层，并联合镇民政办和卫生院，主推“医养结合”，重点完善镇福利中心和村级居家养老照料中心建设。2015—2017年，该卫生院门诊从10万人次增至24万人次，开放床位从15张增加到55张，住院人数增加6倍，医疗收入从530万元增至4000万元。获得浙江省甲等卫生院创建第一名，高分通过国家满意卫生乡镇卫生院考核。

（辛佳威）

三都镇

【概况】2017年，三都镇行政区域面积186.036平方千米，下辖19个村、1个居民区，年末户籍总人口25338人；全年出生268人、死亡216人，人口自然生长率2.1‰，当年计划生育率98.5%。全年实现社会消费品零售总额1.54亿元。财政总收入4400万元，其中地方财政收入1690万元，分别增长4.1%、13.3%。农村居民人均可支配收入19901元，增长9.6%。

经过企业整顿清理和产业提升，工业生产单位从上年的320家减至80家，主要涉及伞业、家纺、造纸、铸造、五金、农产品加工等行业，工业销售产值18.3亿元，比2016年减少1.5%；15家规模以上企业销售产值9.56亿元，增长12.2%；规模以上工业增加值1.80亿元，增长4.0%。实现自营出口4498万美元,减少1.67%。完成全社会固定资产投资6.9亿元，增长11.5%；其中工业性投资3.74亿元，增长14.5%。6月，建德中电建能源20兆瓦漂浮式光伏电站示范项目并网发电，总投资1.9亿元。全年招商引资新引进项目3个：特斯林网业年产1500万米防渗膜项目（计划投资8000万元，至年末完成投资3400万元）、农户屋顶光伏发电项目（计划投资4000万元，到位注册资金2000万元）、企业屋顶光伏发电项目（计划投资5000万元）。年末实到内资4.06亿元，增长125.0%；实到外资500万美元。

耕地面积1198公顷，林地面积1.75万公顷。农业总产值5.65亿元，比2016年增长5%。粮食播种面积2505公顷、总产量7496.4吨，其中水稻播种面积309公顷、总产量2542.7吨，小麦播种面积3.9公顷、总产量12.6吨。油菜籽等油料作物种植面积282.9公顷、总产量687.4吨。蔬菜种植面积411.5公顷、总产量1.30万吨。柑橘总产量6.9万吨、产值2.3亿元，分别增长60.8%、7.0%；“松蜜”获评浙江省十大柑橘品牌。特色珍稀干果香榧产量149吨、产值3251万元，产量和产值均增长4.4倍，单价达到218元/千克。西红花产量1460千克（干花丝）、产值4380万元。年末生猪存栏1500头，家禽存栏30万羽。水产养殖面积112.6公顷、网箱养鱼1134箱，产量201.5吨；鱼塘养殖面积104公顷、产量721吨；渔业总产值0.72亿元，减少10%。

全年共实施后源溪河道综合整治等农业项目77个，总投入8355万元（上级扶持6015万元）。实施镇头道路拓宽建设工程等移民项目10个，总投入1541万元（补助资金1215万元）；实施八亩丘等3个山塘除险加固工程等水利项目10个，总投入（补助资金）910万元。完成苔溪防洪堤坝、护岸建设3.1千米，保护农田67公顷，修建1万立方米以上山塘3座，灌溉农田113.3公顷。实施镇头、苔溪河口等河道整治工程，松口、和塘环境综合整治工程。三都林区道路建设等林业补助项目15个，总投资约350万元（补助110万元）。环保项目2个，总投资1080万元（补助资金630万元）。在松口、梓里、乌祥等9个村实施水田垦造项目，面积50公顷。完成绿源、凤凰等6个村高标准农田建设项目，面积273公顷。

投入60万余元，实施并完成三都敬老院二期工程改造提升。全年新增低（残）保91户、困难家庭71户，办理临时救助109户，发放救助资金16.62万余元。

年末，有镇属初中1所、中心小学1所、幼儿园2所，分别有学生315名、581名、330名和156名；有教师148人。有卫生院2所及村卫生室17家，有卫生技术人员57人。农村居民新型医疗保险参保率92.2%。

【三都镇新和村创建成为“全国文明村”】 11月17日，三都镇新和村在全国精神文明建设表彰大会上，获得第五届“全国文明村”荣誉称号。

近年来，三都镇新和村在大力调整产业结构，促进农村经济发展的同时，以基层党建为突破口，大力开展各项文明创建活动，使新和村成为远近闻名的村美人和的文明村。创造了“新和做法”：一岗一牌一承诺，一人一册一考评；一月一日一活动，一户一卡一村规；一老一少一关切，一金一助一关怀；一墙一窗一微信，一心一意一团队。通过这一系列相互联系的行动，力求做到“三有”，即“村务管理有规矩，服务群众有感情，干事创业有思路。”

建设文明新和，关键在于发动村民广泛参与，只有村民参与进来了，创建才能取得实效，才能取得成功。新和村通过学雷锋日、每月的党员活动日开展为老人洗头、理发，清洁乡村、“两学一做”学习等活动，密切了党群、干群关系，美化了村容村貌。印发“有事找我们”便民服务卡，方便村民求助求救。如老人在家电器坏了不会修，现在只要一个电话，就有人来处理。举办居家养老老年食堂，真正做到村民老有所养，也解决了外出工作村民的后顾之忧。关心留守少年儿童，安排责任心强的党员干部当留守少年儿童的代理家长。假期安排大学生志愿者来村里支教，使留守少年儿童假期也学有所得。村民共同参与制定村规民约，“一纸村规如同一部小宪法”，村规民约引导村民通过依法自治来解决农村建设和管理的疑难问题，给村民提供了一个更好的权益表达平台，增强了村民主人翁意识和责任感。注重以传统创新乡村风俗，新和村文化大礼堂的每一堵墙、每一个橱窗都“会说话”，成为宣传传统创新文化的阵地。新和村还开设了微信平台，及时报导党建活动、村情村史，及时向村民发布、转发各种提升正能量的信息。

村务管理有规矩，服务群众有感情，干事创业有思路，近几年新和村面貌大变，经济发展，环境整洁，河道清澈，村民和睦相处，各项事业蒸蒸日上。新和村吸引国内不少镇村前来考察学

◎三都镇20兆瓦漂浮式光伏电站示范项目

习，全国多个省市区都有考察团前来学习取经。

【交通设施建设】年内新建农村联网公路2条（新村—蜈蚣钳、高丘—兵曹），危桥改造1处（凤凰村团结桥）。11月，绿道二期项目——“桔香映柳”示范线工程竣工投入使用，绿道二期全长2.5千米，是集休闲、骑行、观光旅游、体验自然等为一体的旅游精品线路。两侧绿化宽7米，总工程量2.0万平方米。配备有旅游车停靠站、橘子驿站、骑行道、景观平台等配套设施，此外另设极具三都特色的橘子灯、渔船等小景观作为点缀；该项目总投资2000万元。年末，启动三期项目建设。

【乡村旅游建设】全年新增农家乐3家、民宿5家。完成三江口渔村AAA级景区及镇头、圣江、春江源等村A级景区创建。三江口村成功创建省非遗旅游景区，渔家小镇入选杭州市特色小镇创建名单。全年共接待游客人数30.2万余人次，实现乡村旅游综合收入3000余万元。

12月31日，在三都渔村三江口村举办真实版“九姓渔民水上婚礼”场景，腾讯直播、新华社现场云、新浪微博、人民日报《人民直播》等11个网络视频直播平台予以现场直播，累计收看人数超过44万人次，被《人民日报》、人民网、《浙江日报》等37家媒体转载和报道，点击量超过300万，扩大了三都渔村的知名度。

【美丽乡村建设】1月，三江口村率先以“特色渔家风情”跻身于第四批全国美丽宜居示范村行列。之后至年末，完成镇头村美丽乡村特色村，三都、羊峨、乌祥、圣江4个达标村，寿峰美丽宜居示范村，樟村畈、大唐等7个村生态修复项目建设，累计投入3500余万元。12月，成立三都镇环卫所，负责19个村、集镇、工业功能区、旅游景区等全部垃圾的清扫和清运；抓好清洁乡村长效管理，全面推进垃圾分类工作，推广积分兑换、鸡毛换糖等做法，清洁乡村考核位列全市第四。年末，三都镇被命名为浙江省美丽乡村示范乡镇，松口被命名为浙江省美丽乡村特色精品村，三江口村被命名为浙江省生态文化基地、浙江省美丽乡村特色精品村。

【寻找“醉美主人”活动】7月，三都镇联合《都市快报》头版导读栏目，整版发布《4个高山村落，8处高山民居，10年免费找主人！你愿不愿意来三都做个山里人》，开展寻找“醉美三都人”活动，最终成功引进前源自然学校、大库顾里工作坊、凤凰浪彩等精品旅游开发项目，总投资预计4000万元。

【新建三都柑橘交易市场】10月，位于松口村的三都镇柑橘交易市场建成并投入使用，橘农集中进驻市场售卖柑橘。该交易市场总投资180万元，面积1650平方米，有摊位80个。

【建德西红花】三都镇是全国最大的西红花生产基地之一，被誉为“中国西红花(藏红花)之乡”。业内有“全国西红花在浙江、浙江西红花在建德”之说。1974年建德引进西红花球茎试种成功，1981年三都黄泥山引进西红花球茎试种面积20平方米左右。次年，该村8户农民引进5.5万个球茎，种植面积约4.05亩，1984年扩大到1公顷。因效益好，此后种植面积不断扩大。建德西红花种植采用“田间繁殖球茎，室内培育采花”两段栽培法，产量得到较大提高。1998年，全镇西红花种植户达1140户，种植面积70.10公顷，年产球茎649吨，花丝735千克，总产值1198万元，占该镇农业总产值的20.90%，每公顷产值16.90万元，成为“一优两高”农业的范例。经过多年的发展，西红花成为该镇的特色产业，近年种植面积稳定在166.7公顷，年产干花丝2000多千克，年产值5000万元～6000万元，主要分布在圣江、和村、新和、梓里、樟村畈等村。建德市三都西红花专业合作社是全国最早成立的西红花专业合作社，拥有全国最大的西红花种植基地——建德市根发西红花基地，基地内西红花种植户大多具有熟练的西红花生产管理技术，重点户或主要人员均取得绿色证书；基地内统一实行标准化生产,花丝统一红干加工，其质量均长期保持优于国家、省级标准，该基地成为浙江省效益农业集聚区、先进科技示范区和安全农产品生产区。2002年，建德西红花花丝获得全国品质认证一等奖。产品在杭州、广州、西藏、香港等国内市场及日本等国际市场有稳定的份额。

【杭州思味王食品有限公司】该公司始创于1931年，是浙江老字号企业、浙江金牌老字号企业、杭州老字号企业、浙江省农业科技企业、杭州市农业龙头企业、中国烘烤食品糖制品工业协会常务理事单位、浙江老字号企业协会副会长单位、浙江省食品工业协会副会长单位，杭州市烘烤食品工业协会副会长单位。

公司前身为严州王记酥饼点，1995年8月注册为“建德市王记食品有限公司”，2007年更名为“杭州思味王食品有限公司”。是一家集糕点、月饼、馅料生产加工、销售、科研为一体的现代化民营企业。公司注册资金1077万元。公司注册地建德市三都镇郑家垅村（工业功能区内）。公司占地面积25亩，公司拥有20000平米的现代化中央工厂，其中有8000平方米的十万级空气净化车间，公司引进当前最先进的糕点全自动生产设备、月饼生产线20条，实现从投料到包装全自动生产，为食品安全奠定了良好的基础。

公司致力于农产品深加工及烘焙食品的研发、更具特色的烘焙食品以及更具地域特色的旅游文化食品，常年聘请邵金麟等多名台湾及国外烘焙大师掌舵公司技术，并先后于浙江省工业大学、浙江省农科院、江南大学食品学院进行科研合作。主要产品有三大系列100多个品种。一是传统食品系列：中秋月饼、绿豆冰糕、端午粽子、麻薯、严州酥饼、年礼伴手礼等；二是休闲食品系列：网红雪花酥、切片蛋糕、牛轧饼、软曲奇饼干、曲奇饼等；三是文化旅游食品系列：以杭州著名景点命名而开发的“雷峰塔白蛇传文化系列食品”“灵隐寺素食文化食品”“三潭印月系

◎中华老字号博览会

列糕点”等，以杭州特产地区命名的“杭八件”，以建德特产命名的“严州特产”四大金刚食品系列（草莓酥、橘子酥、蓝莓酥、莲子酥），九姓渔民伴手礼。公司先后通过与取得“国家级诚信管理体系证书”“安全生产标准化三级企业”“食品安全管理体系认证”“质量管理体系认证”“测量管理体系认证”和“标准化良好行为认证”。

团结、拼搏、务实、创新是“思味王”的企业精神，创一流食品企业，树百年品牌是“思味王”人一直的追求，精诚、笃信是公司合作的宗旨，不忘初心、坚持匠心，打造安全、健康、营养、美味的产品是“思味王”几代人的己任与坚守。2017 年底，公司资产总值 8312 万元，有正式员工 118 人，其中各类中、高级技术人员 28 人。全年实现销售产值 10487.92 万元，利税 801.85 万元。

公司先后被政府部门、行业协会授予 “浙江省优秀民营企业” “浙江省科技型中小企业” “浙江省守合同重信用 AAA 级单位”“浙江省优秀品牌单位” “浙江省食品行业十佳优秀企业” “ 杭州市机器换人示范应用企业” “杭州市智慧企业”“杭州市科技型中小企业”“中国焙烤食品糖制品产业特出贡献企业”“中华休闲食品协会常务副会长单位”等荣誉称号。

“思味王”月饼连续十年获中国月饼文化节“中国名饼”荣誉称号，2017 年“思味王”原味薄酥饼荣获中国名点荣誉称号，绿豆冰糕荣获全国特色糕点荣誉称号，五谷杂粮产品获评中国农产品品牌大会组织委员会“金奖”绿豆糕产品荣获“中国农产品品牌博览会金奖”并获“成功焙烤杯全国月饼技术团体赛银奖”“中国最具消费者喜爱品牌”“浙商新锐品牌”“浙江省消费者信得过最佳绿色食品”“浙江农业博览会优质奖”“五谷杂粮”浙江省十佳礼品、杭州市食品安全委员会颁发的“食品安全信用优秀单位”等荣誉称号。

“思味王”商标 2016 年获浙江省著名商标，2017 年获浙江省知名商号，董事长王建清被浙江省老字号企业协会授予“2017 年度优秀掌门人”荣誉称号。（黄静）

钦堂乡

【概况】2017年，钦堂乡行政区域面积57.38平方千米，辖7个村、1个居民区，年末户籍总人口8833人；全年出生91人、死亡72人，人口自然增长率2.1‰，当年计划生育率98.8%。全年实现社会消费品零售总额5400万元。财政总收入7867万元，比2016年增长3.43%，其中地方财政收入3036万元，增长4.6%。农村居民人均可支配收入27386元，增长9.7%。

境内碳酸钙近期储量 1.5 亿吨以上，矿石含钙量普遍高于 98%，白度超过 90 度，年开采量 100 余万吨，为华东地区规模最大的优质重质碳酸钙基地，形成工业主导产业主要有碳酸钙系列产品母料、织带、橡胶制品、塑料、家纺、铸造、五金工具等，其中重质碳酸钙为该乡支柱产业。全年 16 家规模企业实现工业销售产值 14.1 亿元，与上年持平；规模以上工业增加值 2.59 亿元，增长 3.5%。实现自营出口 1431 万美元，减少 26.3%。固定资产投资 2.34 亿元，其中工业性投资 1.63 亿元，分别增长 11.5% 和 52.2%；招商引资年末实到内资 2.06 亿元人民币，增长 58%，其中杭州市外资金 9279 万元人民币、省外资金 4433 万元人民币，实到外资 300 万美元。

精细钙业、石祥建材、迪旺工具、新裕塑胶等企业技改项目竣工投产，其中 1000 万元以上固定资产投资项目 3 个。乡政府、钦堂村集体屋顶光伏发电项目建成后并网发电。祥达运输新增投入 720 万元用于购买新运输车辆。隆源环境科技成为全乡首家国家高新技术企业，建坤农业成为杭州市引智示范基地。钦堂钙业“钦堂”牌、隆源环境科技“隆源”牌被获评杭州市著名商标。盘活新田科技和海峡服饰存量土地 7.6 公顷、存量厂房 5.12 万平方米，新增入园企业 2 家。完成“零地技改”投入 1.2 亿元、低效用地开发 2.7 公顷。

有耕地 467.4 公顷，林地 4555.93 公顷，其中年度垦造耕地 2.7 公顷、“旱改水”1.7 公顷。

全年农业总产值1.1亿元，比2016年增长10.0%。全乡粮食种植面积379.3公顷，总产量3129吨；其中水稻播种246.27公顷、总产量2043吨。油菜籽播种面积88.7公顷、总产量200吨。完成珍贵树种造林19.3公顷、彩色健康林植造8公顷。精心打造现代特色农业，提升新增千岛银针、钦堂生态米等特色农产品品牌影响力。对园野家庭农场，维好多果蔬乐园进行相关提升。

全年依法拆除各类违章建筑681处12.79万平方米，拆后腾出土地10.15万平方米，利用8.43万平方米，拆后利用率83%，收缴土地有偿使用金199.19万元。结合“两路两侧”“四边三化”“五水共治”专项整治，完成彩钢房（棚）整治27万平方米，取缔徐七线沿线石材加工点23个，关停水泥制砖企业4家，拆除畜禽养殖1.1万平方米。年末，钦堂成功创建为杭州市“无违建乡镇”。

年末有学校3所（小学1所，在校学生123人、教师16人；幼儿园2所，其中钦堂中心幼儿园在校学生152人、专职教师18人，谢田分园在校学生45人、专职教师4人）。全年发放各类困难救助、临时救济等资金210万元。新增失地农民养老参保44人，新型农村合作医疗参保率达98%。农村新建房屋52户，困难群众住房救助9户。

【获评浙江省“小城镇综治整治达标乡镇”】2017年上半年，由中国联合工程公司完成《钦堂乡小城镇环境综合整治总体规划》，划定“一线（徐七线集镇段沿线）一廊（清渚溪沿岸）”重点整治区域，制定三年（2017—2019）行动计划，将整治分为环境卫生整治工程、城镇秩序整治工程、乡容镇貌整治工程3大块9大类24个项目，总投资额1.043亿元。其中2017年项目21个，投资额7413万元。依法拆除各类违建7万余平方米，开展背街小巷、村庄道路沿线大清理，共发动2000余人次，清理卫生死角350余处，清运垃圾200多吨，新增复垦绿地2万平方米，新粉刷墙体2万平方米；持续推进美丽庭院建设，共整治105处，打造美丽庭院25户，建成井弄里新村等联片杭派民居，成为美丽庭院建设样板。垃圾中转站设施完备、运行规范，新投入垃圾桶2000余只，7个村全面落实保洁经费、制度、人员“三到位”。推行“路长制”，对责任路段的公路、附属设施、路容路貌、交通秩序、绿化和环境卫生等实施全面综合管理，开展常态化监督“门前三包”责任制落实。组织省、杭州市、建德市、钦堂乡四级人大代表专题视察小城镇环境综合整治活动。2018年1月，顺利通过浙江省“小城镇综治整治达标乡镇”验收考核，获得命名。

【举办第二届“稻香节”】10月31日，杭州·建德国际田园农耕体验活动暨第二届“稻舞田间”稻香节在钦堂乡农耕文化园开幕。本地市民和印度、厄瓜多尔等国驻上海总领事馆领事、美国留学生和中央、省内多家主流媒体新闻工作者等近5000人观看开幕式，开幕式上表演项目有：200佳丽田园旗袍秀、越剧折子戏《十八相送》、魔术《五彩缤纷》、小品《找女婿》、男声独唱《咱老百姓》《阳光路上》等节目，7名国家一级演员表演了精彩节目。中央电视台、中央人民广播电台、浙江电视台、杭州电视台、《杭州日》报等近30家市内外媒体进行了专题报道，腾讯直播“千人割稻秀”点击量13万余次，建德云直播获网友点赞1.39万次。开幕式上，钦堂乡发布了该乡全域旅游规划，重点推介农旅结合招商项目，并与杭州衡峰实业、建德金秋园公司等企业代表签订招商引资合作协议，市建坤农业开发有限公司接受“杭州市国（境）外引智示范推广基地”授牌。

【碳酸钙行业整治提质升级】2017年，根据市委、市政府统一部署，钦堂乡对碳酸钙产业相关企业进行整治提升，全乡44家碳酸钙企业，除保留提升4家、重组8家外，共计关停32家，同时关停水泥制砖厂4家，淘汰落后产能企业2家，改造升级企业1家。拆除19家涉及违建的关停碳酸钙企业厂房，总计建筑面积6.3万平方米。12月7日，承办杭州市“低小散”治理现场会。乡政府对企业设备更新、技术改造、工艺再造、产品升级给予积极政策扶持，钦堂钙业、精细钙业等优势企业技改投入4635万元，企业品牌价值和“华东重钙基地”的整体形象得以提升。

【美丽乡村建设】启动实施葛塘村美丽乡村示范村及庙前村、大溪边村美丽乡村达标村建设，大溪边村被列入国家首批绿色村庄，葛塘村成为浙江省秀美宜居示范村。以美丽庭院和村庄房屋整治工作为平台，打造钦堂—庙前—葛塘精品示范线路。通过垃圾分类推广，洁化、序化、绿化、美化、亮化等系统工程，谢田、蒲田、庙前、庄丰等一批村庄面貌明显改观。继续开展五水共治，完善“河长制”，推行沟渠（池塘）长制，完成清渚溪综合整治、三条岭水库、葛塘溪(下坞垄溪)等一批项目建设。完成154条沟渠、38座池塘集中清理整治，完成国茂生态养殖污水处理项目，剿灭劣V类水工作达到预期目标。

【葛塘村文化礼堂获评省四星级文化礼堂】葛塘村依山傍水、茂林修竹，自然环境得天独厚。全村有275户874人。该村文化礼堂位于村庄核心区块，有“两堂（大礼堂、文化讲堂）五廊三厅”，总占地3100多平方米，其中房屋建筑面积2100多平方米、文化广场1000平方米。大礼堂占地500平方米，配有舞台40多平方米，灯光音响设备齐全，具备召开村民代表大会、举办节庆典礼和娱乐活动等功能。文化讲堂120多平方米，设座位80个，具备政策宣讲、主题教育、交流恳谈等功能。“五廊”总长80余米，集中展示村史村情、乡风民俗、崇德尚贤、耕读传家、发展愿景。“三厅”为农家书屋、雏鹰乐园、农耕文化展陈馆，总面积160余平方米，收藏古物30多件。该礼堂制定各项规章制度，确定专人负责管理，成为村民们节日聚集庆祝、日常相互交流、开展娱乐活动的固定场所。12月，顺利通过省有关单位考评验收，获得“四星级文化礼堂”命名。（胡迪）

编辑：黄建生

人 物

People

市领导简历

孟关良 男，汉族，1977年1月生，浙江绍兴人，2001年7月加入中国共产党，1993年12月参加工作，在职研究生学历。现任浙江省水上运动管理中心主任，中共建德市委常委、市政府党组成员、副市长（省下派挂职干部）。

曾任：浙江体育职业技术学院竞技体育六系副主任、主任等职。

朴永戈 男，朝鲜族，1971年8月生，吉林通化人，1996年6月加入中国共产党，1992年9月参加工作，大学学历。现任建德市政府党组成员、副市长（中央三部委挂职干部）。

曾任：吉林省珲春市人才工作领导小组办公室主任，市政府办公室副主任，英安镇党委副书记、镇长，敬信镇党委书记，市政府副市长，中国图们江区域（珲春）国际合作示范区中俄互市贸易区管委会副主任等职。

包亚斌 男，汉族，1974年9月生，陕西西安人，1995年1月加入中国共产党，1992年12月参加工作，在职大学学历。现任中共建德市委常委、人武部部长。

曾任：龙泉市人民武装部军事科正连职参谋、副营职参谋，驻杭州铁路分局军事代表办事处副营职参谋，驻萧甬公司军事代表办事处副主任、主任，南京军区联勤部军事交通运输部正团职助理员等职。

新闻人物

黄文斌，男，1981年9月出生，建德市公安局寿昌派出所副所长。

2017年8月19日21时左右，寿昌派出所接到报警称航头镇航川村有人醉酒闹事并将人打伤，副所长黄文斌、辅警郑利生立即出警。到达报警地点，经了解村民吴某醉酒后欲参与村小店内打牌，因他人不同意遂以抢扑克牌、拍桌子、撕桌布、推翻他人电瓶车等方式闹事，并把村民唐某等人打了。还拿着一把菜刀和一把水果刀，在唐某家中把他8岁的孩子吓得狂哭不止。故循线追到持刀的吴某后，黄文斌大声表明自己身份，警告吴某站住，要求吴某立刻把刀放下。吴某态度猖狂将刀藏于身后，边走边喊“你是谁啊？管老子的事……”便朝黄文斌跑去，完全无视黄文斌的警告。为阻止吴某继续持刀危害群众，确保周边群众人身安全，黄文斌与郑利生一起上前夺取吴某手中的刀，在搏斗过程中，黄文斌多处被刺伤，脸上被划出巨大的口子，嘴部几乎贯穿，伤口长达9厘米，更惊险的是脖子处的2处刀伤就在颈动脉上，一旦触及颈动脉，后果不堪设想。黄文斌仍坚持继续与吴某抗衡，最终制服吴某。之后黄文斌不顾鲜血直流的伤口，凭借坚强的意志力，上前向吴某宣布传唤权利义务并用手铐将吴某拷住。

黄文斌获评“杭州市最美公务员”“第五届最美杭州人提名奖”“2017年度杭州市公安系统优秀共产党员”“建德市优秀共产党员”，省公安厅授予黄文斌二等功。（市委组织部）

编辑：杨忠平

名　录

Lists

（组织机构分类及排序请你办以年鉴惯例为准，乡镇街道排序以市政府通讯录为准）

2017年建德市组织机构及负责人名录

【市委和市委工作部门、直属单位】

中共建德市委员会

书　记：童定干

副书记：朱　欢　周友红

常　委：吕　平　叶万生　尤荣福　王　江

柴国庆　胡海龙　周萍英（女）

孟关良（挂职，7月任）

包亚斌（11月任）

中共建德市纪律检查委员会（监察局）

书　记：柴国庆

副书记：章健梅（女）　徐建新

常　委：乐照明（9月免）　邵永明　樊江平

黄园凤（女）　吴建军（12月任）

监察委主任：柴国庆（2月任）

监察委副主任：章健梅（女，2月任）

徐建新（2月任）

监察委委员：乐照明（2—10月）

邵永明（2月任）

樊江平（2月任）

监察局局长：张启成（1月免）

监察局副局长：乐照明（4月免）

邵永明（4月免）

吴　霞（女，4月免）

办公室主任：黄园凤（女，3月免）

钱海山（9月任）

案件审理室主任：曾向阳（1月免）

王光辉（4月任）

宣传教育室主任：章菊芳（女）

信访室主任：李　炜（9月免）

案件监督管理室主任：吕　坚

纪检监察一室主任：吴建军

纪检监察二室主任：章红兵（9月免）

纪检监察三室主任：黄　翔（9月任）

市纪委、监委派驻第一纪检监察组组长：

乐照明（9月任）

市纪委派驻第一纪检组组长：徐　强（1月免）

市纪委派驻第一纪检组副组长：王志强

市纪委派驻第二纪检组组长：

周爱花（女，1月免）

朱春福（4月任）

市纪委派驻第二纪检组副组长：徐建明

市纪委派驻第三纪检组组长：陈小龙（1月免）

市纪委派驻第三纪检组副组长：孙宁春（女）

市纪委派驻第四纪检组组长：范秋华

市纪委派驻第四纪检组副组长：陈永平

市纪委派驻第五纪检组组长：孙施伟

市纪委派驻第六纪检组组长：季建平

市纪委派驻第七纪检组组长：胡志斌

市纪委派驻第八纪检组组长：林坤荣

市直机关纪工委书记：巫伟农（1月免）

范红杰（4月任）

市纪委派驻市教育局纪检组组长：罗志光

市纪委派驻市财政局纪检组组长：刘金文

市纪委派驻市卫生和计生局纪检组组长：雷庆红

市纪委派驻市法院纪检组组长：饶冬良

市纪委派驻市检察院纪检组组长：钱保卫

市纪委派驻市公安局纪检组组长：娄卫星

巡察办主任：陈小龙（1月任）

市委第一巡察组组长：徐　强（1月任）
市委第一巡察组副组长：张建楠（9月任）
市委第一巡察组副局级巡察专员：
朱　军（1月任）
市委第二巡察组组长：周爱花（女，1月任）
市委第二巡察组副组长：何其卫（9月任）
市委第二巡察组副局级巡察专员：
钱海山（1—9月）
市委第三巡察组组长：谢伟东（4月任）
市委第三巡察组副组长：巫伟农（1月任）
市委第三巡察组副局级巡察专员：
曾向阳（1月任）
市委第四巡察组组长：李海芳（12月任）
市委第四巡察组副组长：韩铁峰（1月任）
市委第四巡察组副局级巡察专员：
赖江平（1月任）
副局级纪检员：王柏洪　王毅生
阎洪伟（5月免）

市委办公室（政策研究室、保密局、台办、综合考评办）

主　任（保密局局长）：尤荣福（4月免）
杨福泉（4月任）
副主任：倪国芳（4月免）　叶孝富（4月任）
黄　炜（4月免）　倪浩群　傅　欣
办公会议成员：徐　强（1月免）　张　蕾
乐照明（9月任）
台办主任：倪国芳（4月免）叶孝富（4—9月）
杨福泉（9月任）
综合考评办专职副主任：倪浩群
机要局局长：张　蕾
保密局副局长：张　蕾

组织部

部　长：王　江
常务副部长：吴岳炎（9月免）
副部长：陈建芳（兼，9月免）　何来信（兼）
钱一军（兼）　余小途
叶宏清（12月任）
部务会议成员：童志云（女，兼，1月免）
陈小龙（1月免）
赖艳芬（女）　郑芳华
叶宏清（—9月）　黄晓庭
人才办主任：吴岳炎（9月免）
余小途（9月任）
人才办副主任：郑芳华
两新工委书记：余小途（9月免）
两新工委副书记：赖艳芬（女）
副局长级市管领导干部：叶宏清（9—12月）
党建办专职副主任：黄晓庭（9月任）

宣传部

部　长：吕　平（1月免）
周萍英（女，1月任）
常务副部长：鲁　斌（4月任）
副部长：严卫华（12月免）　刘自强
朱　言（12月任）
部务会议成员：方永章（兼）
谢伟东（兼，4月免）
范秋华（12月任）
吴元标（兼，4月任）
严卫华（12月任）
朱　言（—12月）　王　波
文创办主任：鲁　斌（4月任）
文创办副主任：王献萍（女）
文明办主任：王　波
网信办主任：朱　言
社会科学界联合会
主席：严卫华（兼，11月任）
专职副主席：蒋秀英（女，11月任）

统战部

部　长：吕　勇（1月免）　叶万生（1月任）
常务副部长：陈友明
副部长：邵国金（4月任）　王建辉（4月免）
钟利平（兼）
部务会议成员：戚秀娟（女）　龚志坚
民族宗教事务局局长：邵国金（4月任）
王建辉（4月免）
民族宗教事务局副局长：龚志坚
侨办主任（侨联主席）：陈友明
侨办副主任（侨联专职副主席）：戚秀娟（女）

老干部局

局　长：钱一军
副局长：何其卫（9月免）　傅卫红
吴　琴（女，9月任）

政法委（综治办、维稳办、防范和处理邪教问题领导小组办）

书　记：周友红（兼，1月任）
副书记：周友红（兼，—1月）
　　　　吕　平（兼，3月任）
　　　　尤荣福（兼，4月免）　包亚斌（兼）
　　　　娄樟锡（4月免）　洪树华（4月任）
　　　　高旭芳
委　员：柯汉根（兼，1月任）　毛志军（兼）
　　　　高　翔（兼，1月任）
　　　　杨福泉（兼，4月任）　王建雄（兼）
　　　　饶建平（12月任）　许柏生（9月任）
　　　　沈　龙　何武军　邵永忠（9月免）
综治办（维稳办）主任：娄樟锡（4月免）
　　　　洪树华（4月任）
综治办副主任：饶建平（12月任）　沈　龙
　　　　何武军
维稳办专职副主任：邵永忠（9月免）
　　　　许柏生（9月任）
防范和处理邪教问题领导小组办主任：高旭芳
防范和处理邪教问题领导小组办副主任：
　　　　饶建平（12月任）
　　　　沈　龙

市委农业和农村工作办公室

主　任：杨福泉（4月免）　高建军（9月任）
副主任：蔡剑毅（9月免）　沈光炎
　　　　陈春芬（女）　邹宗根
　　　　吴飞跃（挂职，5月免）
　　　　章光亮（挂职，9月任）
办公会议成员：孙施伟　余　明

市编委办

主　任：陈建芳（4月免）　章　明（4月任）
副主任：赖裕生　甘雁智（女，4月免）

市直机关工委

书　记：童志云（女，1月免）
　　　　林　立（1月任）
副书记：诸葛益龙　卢　萍（女）
委员：巫伟农（1月免）　范红杰（4月任）
纪工委书记：巫伟农（1月免）
　　　　范红杰（4月任）
纪工委副局级纪检员：阎洪伟（5月任）
副局级组织员：李　佳（9月任）

信访局

局　长：赖红芳（4月免）　黄　炜（4月任）
副局长：许柏生（9月免）　刘建成　朱文献
　　　　陈　钢（9月任）
副局级信访督察专员：徐伟民（9—12月）

党史研究室（地方志办公室）

主　任（党组书记）：吴康福
副主任（党组成员）：方建黎（9月免）
　　　　张永祥
　　　　李寿根（9月任）

市委党校

校　长：周友红（兼，1月任）
常务副校长（党委书记兼社会主义学院副院长）：仇康君
副校长（党委委员）：王　平　钟德智
社会主义学院院长：钱晓华（3月任）

新闻传媒中心

总编辑（党组书记）：谢伟东（4月免）
　　　　吴元标（4月任）
副总编辑（党组成员）：蒋秀英（女，9月免）
　　　　吴　鹏　吴时力
　　　　余　锋（12月任）

广播电视台

台　长（党委书记）：方永章
副台长（党委委员）：沈友君（女）　钟清鸿

【市人大和人大机关】

市人大常委会

主　任：童定干（2月任）
副主任：童文扬　朱启鸿（2月免）
　　　　张锡根（2月免）　饶秋林（2月免）
　　　　徐建华（2月任）　赵志荣
　　　　吕建月（女）　吴岳炎（2月任）
　　　　徐拥军（2月任）

市人大常委会办公室

主　任：赵银松（1月任）
副主任：周　明　李寿根（10月免）
　　　　吴　霞（女，4月任）

法制和内务司法工作委员会

主　任：王　煦

副主任：赵礼义

财政经济工作委员会

主　任：黄福明

副主任：傅殿红（10月免）　何国良（10月任）

教科文卫和民族宗教工作委员会

主　任：林大宏（5月免）　刘新奎（5月任）

城建环保工作委员会

主　任：黄宣人

代表工作委员会

主　任：何根华

副主任：汪建勋

农业和农村工作委员会

主　任：刘新奎（5月免）　林大宏（5月任）

【市政府和政府工作部门、直属单位】

市人民政府：

市　长：朱　欢

副市长：周友红（2月免）　吕　平（2月任）
叶万生（2月免）
孟关良（挂职，7月任）
徐建华（2月免）　张早林
胡晓立（挂职，7月免）
俞朝辉（挂职）　何亦星　柯汉根
夏喜生（2月任）
钱晓华（女，2月任）
朴永戈（挂职，5月任）

市政府办公室

主　任（党组书记、外事办主任、人防办主任、民防局局长）：夏喜生（4月免）
郑志华（4月任）

副主任：胡卫明（11月免）　蔡新春
陈　新（女）　郎　栋（11月免）
骆旭华　王路达（6月任）　吴勇富
徐　诤（6月免）　杨志瑜（11月任）

党组成员：周爱花（女，1月免）
吴元标（4月免）　胡卫明（9月免）
黄卫平　蔡新春　陈　新（女）
郎　栋（9月免）　徐　诤（5月免）
骆旭华　王路达（5月任）
周　治　吴勇富　杨志瑜（9月任）
徐晓路（12月任）

应急办主任：黄卫平（4月免）
郑志华（4月任）

法制办主任：吴元标（4月免）
郑志华（4月任）

法制办副主任：周　治

行政审批服务管理办公室

党组书记：王　田（9月免）
吕　平（兼，9月任）

主　任（公共资源交管办主任）：王　田

党组副书记：张成仁（9月免）
王　田（9月任）

副主任：张成仁（11月免）　刘水泉
张建楠（11月免）　金鹏飞（11月任）
方红月（女，11月任）

党组成员：张建楠（9月免）　张胜良
金鹏飞（9月任）
方红月（女，9月任）

公共资源交管办副主任：张成仁（11月免）
刘水泉（11月任）

公共资源交易中心主任：张胜良

发展和改革局

局　长（党委书记兼粮食局局长、物价局局长、金融办主任）：徐　俊

党委副书记（副局长）：程建军

副局长：程　霄　杨　强　胡　敏

党委委员：程　霄　杨　强　季建平　胡　敏

副局级组织员：洪连坤

经济和信息化局

局　长（党委书记）：郑希平（4月免）
姜建生（4月任）

党委副书记（副局长）：骆志春

副局长：叶　鹃（女）　许文权　吴　勇

党委委员：许文权　吴　勇

教育局

局　长（党委书记）：郑志华（4月免）
包海洋（4月任）

党委副书记（副局长）：李　萍（女）

副局长：陈向阳　赖忠林　李林山

党委委员：罗志光　陈向阳　赖忠林　李林山

科学技术局

局　长（兼知识产权办主任、地震局局长）：

徐拥军（4月免）
叶 强（4月任）
党组书记：王奕鑫
党组成员：韩建强（9月免）
鲍雅珍（女，9月免）
金建桥（9月任） 蒋富华
副局长：韩建强（11月免）
鲍雅珍（女，11月免）
金建桥（11月任） 蒋富华

公安局

党委书记、局 长（督察长）：柯汉根
政 委（党委副书记）：翁磊松
党委副书记：蒋文忠（4月免）
汪永刚（4月任）
常务副局长：蒋文忠（5月免）
汪永刚（5月任）
副局长：冯慧超 叶志平 赵 斌
党委委员：冯慧超 汪永刚（—4月） 叶志平
赵 斌 娄卫星 陆 勇
市纪委派驻市公安局纪检组组长：娄卫星
副政委：汪永刚（4月免）
政治处主任：陆 勇
交警大队大队长：汪永刚（5月免）
赵 斌（11月任）
交警大队教导员：吴 竣
刑侦大队大队长：吴中华
刑侦大队教导员：饶应忠
巡（特）警大队大队长：钭志强
巡（特）警大队教导员：陈明芳
经侦大队大队长：胡秋法
经侦大队教导员：夏卫诚（9月免）
治安大队大队长：吕 晶
治安大队教导员：颜 宾
国保大队大队长：方惠明（11月免）
翁益明（11月任）
国保大队教导员：夏卫诚（9月任）
禁毒大队大队长：方建标
指挥中心教导员：周 伟
森林警察大队大队长：陈建平
森林警察大队教导员：潘 弘
正局级组织员：蒋文忠（4月任）
副局级组织员：马有生

民政局

局 长（党委书记）：包海洋（4月免）
娄樟锡（4月任）
副局长（党委委员）：胡建明 徐志强
舒小青（女）
副局长：俞利海（11月任）
副局级组织员：朱月琴（女）

司法局

局 长：王建雄（4月免） 巫海武（4月任）
党组书记：王建雄
党组副书记：胡俊成（9月免）
张成仁（9月任）
副局长：巫海武（—4月） 胡俊成（11月免）
张成仁（11月任）

财政（地税）局

局 长：高建军（10月免）
金 革（女，10月任）
党委书记：高建军（9月免）
金 革（女，9月任）
党委副书记：封纪祥
副局长：金 革（女，—10月）
何国良（11月免） 孟 洁（女）
党委委员：金 革（女） 何国良（9月免）
刘金文 孟 洁（女） 陈 刚
郭少伟
地税局局长：高建军
地税局副局长：陈 刚 郭少伟
预算局局长：陈 善
预算监督局局长：方明明
预算执行局局长：方丽强

人力资源和社会保障局

局 长（党委书记）：何来信
党委副书记：王志洪
副局长：王志洪 夏献军 徐 斌 蓝建荣
党委委员：夏献军 徐 斌 蓝建荣

住房和城乡建设局

局 长（党委书记兼规划局局长）：周献锦
党委副书记：吴元福
副局长：黄 伟 倪宪红 周向阳
党委委员：黄 伟 倪宪红 胡志斌 周向阳

总规划师：余志军（6月免） 邵 炯（6月任）

交通运输局

局 长（党委书记）：黄朝光（4月免）
唐晓良（4月任）

副局长：潘向阳 刘金坤（11月免） 何建松
吴红忠 王晓静（女）

党委委员：潘向阳 刘金坤（9月免） 何建松
汪建平（9月任） 吴红忠
王晓静（女） 吕建清
徐 强（兼）

总工程师：唐建锋

道路运输管理处处长：吕建清

公路段段长：吴红忠（11月免）
汪建平（11月任）

农业局

局 长（党委书记，农业技术推广中心主任）：
唐晓良（4月免） 邱剑娟（女，4月任）

副局长：金建桥（11月免） 潜建军 谢林伟
卢梅富（11月任）

党委委员：金建桥（9月免） 潜建军 谢林伟
卢梅富（9月任） 王毅锋

总农艺师：何建红

畜牧兽医局局长：王毅锋

正局级组织员：郎 栋（9月任）

林业局

局 长（党委书记）：蒋智鸿

副局长：王志平 卢梅富（11月免） 唐良忠
宣永培（11月任）

党委委员：王志平（12月免）
卢梅富（9月免） 陈建平 唐良忠

总工程师：夏根清

森林公安局局长：陈建平

森林公安局教导员：潘 弘

水利水产局

局 长（党委书记）：金 斌

副局长：汪建平（11月免） 钱向军 李 成
曹红蕾（挂职，5月任）

党委委员：汪建平（9月免） 钱向军 李 成

总工程师：赖建军

旅游商务局

局长（党委书记兼招商局局长、经合办主任、风景名胜管理局局长）：章 明（4月免）
龚 鑫（4月任）

党委委员：方红月（女，9月免） 刘光星
孙 巍 孙 健 蒋华平

副局长：方红月（女，11月免） 刘光星
孙 巍 孙 健 蒋华平

文化广电新闻出版局

局 长（党委书记）：邱剑娟（女，4月免）
陈建芳（4月任）

副局长（党委委员）：李友彬 许宏斌 李 俊

党委委员：邵永忠（9月任）

文化市场执法大队大队长：许宏斌（11月免）
邵永忠（11月任）

卫生和计划生育局

局 长：徐亚娟（女，2月免）
郑泽挥（4月任）

党委书记：王雪霖（4月免） 郑泽挥（4月任）

党委副书记：范红杰（4月免）
王雪霖（4月任）

副局长：徐军潮 王 珏（女） 俞早荣

党委委员：徐军潮 雷庆红 张 鲲

审计局

局 长（党组书记）：吴水星

副局长（党组成员）：刘晓鸿 宁卫珍（女）

总审计师：余银良

经济责任审计工作联席会议办公室主任：
黄国英（女）

统计局

局 长（党组书记）：童国方（4月免）
倪国芳（4月任）

副局长：徐晓路 严 俊 赖文武

党组成员：徐晓路（12月免） 严 俊 赖文武

总统计师：郑建霞（女）

社会经济调查队队长：徐晓路

环境保护局

局 长：洪国根（兼，4月免）
黄朝光（4月任）

党组书记：洪国根（兼，3月免）
黄朝光（4月任）

党组副书记：洪介明

副局长：洪介明 王永宏 陈 宁

党组成员：王永宏　陈　宁
总工程师：琚志华
市场监督管理局
局　长（党委书记兼食品药品监督管理局局长、工商局局长、质监局局长、食安办主任）：占志忠
副局长：楼凤琴（女）　胡早明　江　涛
　　　　郑子清
党委委员：胡早明　江　涛　郑子清　邵亦宏
　　　　　林坤荣
食品安全委员办公室副主任：邵亦宏
城市管理局
局　长（党委书记兼综合行政执法局局长）：
　　　　楼春棋（4月免）
　　　　赖红芳（4月任）
党委副书记：李海芳（12月免）
　　　　胡俊成（9月任）
副局长：楼春棋（11月任）　李海芳
　　　　胡俊成（11月任）　陈根良
　　　　宣永培（11月免）　罗清武
党委委员：楼春棋（9月任）　陈根良　罗清武
安全生产监督管理局
局　长（党组书记兼安全生产办主任）：吕一华
党组副书记（副局长）：夏金庚
副局长（党组成员）：余志林　张成刚
体育局
局　长（党组书记）：邵国金（4月免）
　　　　姜自力（4月任）
副局长：陶国强（6月免）　郎忠魁
　　　　唐晓东（11月任）
党组成员：陶国强（5月免）　郎忠魁
　　　　唐晓东（9月任）
机关事务管理局
党组书记：郑泽挥（4月免）　胡卫明（9月任）
局　长：郑泽挥（4月免）　胡卫明（11月任）
党组成员：杨志瑜（9月免）　刘爱莲（女）
　　　　黎　源（9月任）
副局长：杨志瑜（11月免）　刘爱莲（女）
　　　　黎　源（11月任）
档案局（馆）
局（馆）长（党组书记）：曹剑波
副局（馆）长（党组成员）：
　　　　王满香（女，9月免）
　　　　徐　健（女）
　　　　方建黎（9月任）
杭州市住房公积金管理中心建德分中心
主　任：陈淦涛
移民局
局　长（党组书记）：钟樟军
副局长（党组成员）：廖文平　蒋建强
经济开发区（航空小镇）（5月组建）
党工委书记：尤荣福（兼，5月任）
党工委副书记：程星火（5月任）
　　　　孙　斌（5月任）
主任：程星火（6月任）
副主任：孙　斌（6月任）　陶国强（6月任）
　　　　吴瑞华（6月任）　郎贤平（6月任）
　　　　徐锡平（6月任）
党工委委员：陶国强（5月任）
　　　　李　炜（9月任）
纪工委书记：李　炜（9月任）
高铁新区（高新园）
党工委书记：胡海龙（兼，5月任）
党工委副书记：张国潮（5月任）
主任：张国潮（6月任）
党工委委员：金富炎（5月任）
　　　　饶　斌（5月任）
　　　　方　向（5月任）
　　　　吴宽宏（5—9月）
　　　　陈　赟（女，5月任）
　　　　严　华（5月任）
　　　　徐　净（5月任）
　　　　余志军（5月任）
副主任：金富炎（6月免）　饶　斌（6月任）
　　　　方　向（6月任）　吴宽宏（6—11月）
　　　　陈　赟（女，6月任）　严　华（6月任）
　　　　徐　净（6月任）　余志军（6月任）
纪工委书记：金富炎（5月任）

【市政协和政协机关】
市政协
主　席：吴铁民

副主席：程　旭　严凌云　吕　勇
洪国根（2月免）　叶志高
徐亚娟（女，2月任）
秘书长：蒋　华
副秘书长：胡文静（女）　徐新平
陈　茜（女）　王利民（2月免）
陈春芬（女，2月免）
徐月芳（女）　周伟清（2月任）
林志强（2月任）

市政协办公室

主　任：蒋　华（兼）
副主任：陈立刚

政治协商工作委员会

主　任：厉红寿

民主监督工作委员会

主　任：胡伟钰
副主任：林　宏（4月免）

参政议政工作委员会

主　任：邵益文

提案工作委员会

主　任：许维元
副主任：穆亚琴（女，6月任）

文史工作委员会

主　任：方　韦

委员工作委员会

主　任：金伟媛（女）

【人民武装】

人武部

部　长：包亚斌

【检察、审判机关】

检察院

检察长：高　翔（2月任）
副检察长、代检察长：高　翔（—2月）
党组书记：高　翔
常务副检察长（党组副书记）：许　勇
副检察长：张碧林　胡　明　周伟清
党组成员：张碧林　钱保卫　胡　明　范艳春
夏育宏
政治处主任：范艳春
纪检组组长：钱保卫
反贪局局长：夏育宏（2月免）
反渎局局长：王光辉
检察委员会专职委员：叶建强　徐红春

法院

院长：毛志军
党组书记：毛志军
常务副院长（党组副书记）：胡建强
副院长：刘国平　洪锦平
党组成员：邹向东　刘国平　洪锦平　饶冬良
仇　盛　张　振
政治处主任：邹向东
纪检组组长：饶冬良
执行局局长：仇　盛
寿昌法庭庭长：刘展宏
乾潭法庭庭长：胡永红
梅城法庭庭长：黄曙光
大同法庭庭长：吴建辉
审判委员会专职委员：张　振　沈小明　章荣生

【群众团体】

总工会

主　席：赵银松（5月免）
徐建华（兼，5月任）
常务副主席：傅定辉（5月任）
党组书记：赵银松（1月免）　傅定辉（1月任）
党组副书记（副主席）：胡造林（9月免）
副主席（党组成员）：蔡剑毅（9月任）
汪为骏

团市委

书　记（党组书记）：何洪宇（4月任）
副书记（党组成员）：何洪宇（—4月）
吴　琴（女，9月免）
郑　雄（女）

妇联

主　席（党组书记）：章健梅（女，1月免）
童志云（女，1月任）
副主席（党组成员）：褚建英（女）
叶　晔（女）

科协

主　席：姜自力（7月免）　童国方（7月任）

党组书记：姜自力（4月免）　童国方（4月任）
副主席（党组成员）：丁江桥　姚士军

文联

主　席（党组书记）：丁能权
副主席：周建兵　余子龙（兼）

残联

理事长：钱志明
党组书记：钱志明
党组成员：唐晓东（9月免）　刘金坤（9月任）
　　王培森
副理事长：唐晓东　王培森

工商联

主　席：潘余明
党组书记：钟利平
副主席：钟利平　王利民　李永祥
　　包江峰（兼）　吴康孟（兼）
　　胡益飞（兼）　项建平（兼）
　　徐竹清（兼）　吴利钢（兼）
　　张　毅（兼）　傅水芳（兼）
党组成员：王利民　李永祥

供销总社

主　任：鲁　斌（5月免）　郑希平（5月任）
党委书记：鲁　斌（4月免）　郑希平（4月任）
副主任：徐伟民（11月免）　孙博伟
　　韩建强（11月任）
党委委员：徐伟民（9月免）　孙博伟
　　韩建强（9月任）

红十字会

会　长：郑　冰（女，兼，7月免）
　　俞朝辉（兼，7月任）
常务副会长：方撮富
党组副书记：方撮富
副会长：黄　炜（兼，7月免）
　　胡卫明（兼，7月免）
　　赖艳芬（女，兼）
　　叶孝富（兼，7月任）
　　郎　栋（兼，7月任）

计划生育协会

会　长：严凌云（兼，9月免）
　　徐亚娟（女，兼，9月任）
常务副会长：徐亚娟（女，兼，9月免）
　　郑泽挥（兼，9月任）
专职副会长：张　鲲

【企业单位】

城市建设发展投资有限公司

董事长：吴小龙
党委书记：吴小龙
总经理：徐旭飞
副总经理：徐京山
党委委员：徐旭飞　徐京山　吴　峰

新安旅游投资有限公司

董事长：项智东
党委书记：项智东
总经理：朱红霞（女）
副总经理：蒋祖云
党委委员：朱红霞（女）　欧阳晓仙（女）

资产经营投资有限公司

董事长：王建廷
党委书记：王建廷
总经理：李寿良
副总经理：王建强
党委委员：李寿良　王建强　滕益芳

交通发展投资有限公司

董事长：汪德文
党委书记：汪德文
总经理：黄志良
副总经理：夏炳华
党委委员：黄志良　夏炳华　许有平

浙江新安化工集团股份有限公司

董事长：吴建华
名誉董事长：王　伟
总　裁：吴严明
党委书记：潘秋友
党委副书记：季诚建（1月免）
　　林加善（1月免）
　　吴严明（1月任）
副总裁：任不凡　姜永平　周卫星　魏　涛
　　周曙光
党委委员：姜永平　吴严明（—1月）　周卫星
　　陆冬云（女）　魏　涛　周曙光
纪委书记：潘秋友

【双重和垂直管理单位】

建德市国税局
局　长（党组书记）：朱　烈（3月免）
杨尚燚（4月任）
建德市国土资源局
局　长：钱晓华（女，4月免）
韩　勇（4月任）
党委书记：朱春福（4月免）　韩　勇（4月任）
杭州出入境检验检疫局建德办事处
主　任：刘　强
建德市邮政局
局　长：焦　冰
建德市烟草专卖局
局　长：朱土夏
建德市气象局
局　长：丁卫华
建德市供电公司
执行董事：操吴兵
中国人民银行建德市支行
行　长：楼　华
浙江银监局建德监管办事处
主　任：童小芳
中国工商银行建德市支行
行　长：何　静（女）
中国银行建德支行
行　长：唐小健
中国农业银行建德市支行
行　长：汪维明（4月免）　罗正进（5月任）
中国建设银行建德市支行
行　长：丁卫阳（5月免）　陈文贵（5月任）
交通银行杭州分行建德支行
行　长：宋家强
建德市农村商业银行股份有限公司
董事长：丁松茂（7月免）　李云峰（11月任）
行长：王锦芳（女）
中国农业发展银行建德市支行
行　长：金可为
中国邮政储蓄银行建德市支行
行　长：吴永超
杭州银行建德支行
行　长：宁建萍（女，10月免）
陈　骏（10月任）
浙江建德湖商村镇银行
行　长：王丽英（女，12月免）
张　立（12月任）
浙江民泰商业银行杭州建德支行
行　长：李功林
中国民生银行杭州建德支行
行　长：程世云（1月免）　刘　扬（1月任）
泰隆商业银行建德支行
行　长：徐　葳
上海浦发银行建德支行
副行长（主持工作）：叶欢庆
中信银行杭州分行建德支行
行长：汪建康
台州银行建德支行
行长：朱凌霄（2月任）
中国人民财产保险公司建德支公司
总经理：陈　烈
中国人寿保险公司建德支公司
总经理：张锡良（1月免）　汪中智（5月任）
中国电信股份有限公司建德分公司
总经理：陈吉祥
中国移动建德分公司
总经理：林　海
中国联通建德分公司
总经理：方　伟
建德华数数字电视有限公司
常务副总经理（主持工作）：马湘诚（9月免）
副总经理（主持工作）：苏　卫（9月任）

【乡镇（街道）】

新安江街道
党工委书记：徐恒辉（1月免）
刘国金（4月任）
党工委副书记：刘国金（—4月）
程　斌（4月免）
陈　健（4月任）
党工委委员：雷国军　韩铁峰（1月免）
汤志文　蒋一新　徐国平　宋国平
邱伟军　汪丽君（女）
章红兵（9月任）

纪工委书记：韩铁峰（1月免）
章红兵（9月任）
人大工委主任：陈 刚
人大工委副主任：余新荣 何 凯
办事处主任：刘国金（5月免）
陈 健（5月任）
办事处副主任：雷国军 叶 强（4月免）
汤志文 傅胜英（女）

更楼街道

党工委书记：陈观宝
党工委副书记：游国平 郑朝红
党工委委员：邵卫明 徐进荣 黄松霖 李献忠
宋良宏 吴海华 阮镇江
邵丽娟（女）
纪工委书记：邵丽娟（女）
人大工委主任：鲁连忠
人大工委副主任：余小群 江 徽
办事处主任：游国平
办事处副主任：邵卫明 徐进荣 谢双明
傅 宇（女）

洋溪街道

党工委书记：林益平
党工委副书记：王一叶 程 璐（女）
党工委委员：严 华（5月免）
张建平（9月任） 徐序红（女）
徐爱芳 朱 军（1月免）
陈伟强 张 宏 钱航军
王 新（4月任）
纪工委书记：徐爱芳
人大工委主任：姜炳水
人大工委副主任：周国林 邵仪鹏
办事处主任：王一叶
办事处副主任：严 华（6月免）
张建平（11月任）
徐序红（女） 范铁锋
吴燕婷（女）

梅城镇

党委书记：傅定辉（1月免） 何瑞洪（1月任）
党委副书记：叶孝富（4月免） 方 华（4月任）
沈小来（12月免） 叶晓敏（女）
党委委员：钱海山（1月免） 夏育宏（9月任）
邱锦平 张建明 张晓勇 李建军
詹铁凡 何海斌（9月免）
唐 辉（4月任）
纪委书记：李建军
人大主席：施树康
人大副主席：章秋松 胡建芳
镇 长：叶孝富（7月免） 方 华（7月任）
副镇长：钱海山（7月免） 彭思远（女）
何海斌 吴 杰
副镇级组织员：于书印（12月任）

开发区（寿昌镇）（5月撤销）

党委书记：姜建生（4月免）
党委副书记：吕鹏云（5月免）
邹 泉（5月免）
孙 斌（5月免）
党委委员：张建平（5月免） 章晓行（5月免）
王金郎（5月免） 陈 飞（5月免）
黄玉琴（女，5月免）
夏成毅（5月免）
王英姿（女，5月免）
纪委书记：夏成毅（5月免）
管委会第一副主任：吕鹏云（6月免）
管委会副主任：章晓行（6月免）
孙 斌（6月免）
王金郎（6月免）
吴瑞华（6月免）
郎贤平（6月免）
徐锡平（6月免）

寿昌镇

党委书记：吕鹏云（5月任）
党委副书记：邹 泉（5月任）
苏晓明（12月任） 李可大（9月任）
党委委员：张建平（5月免） 章晓行（5月任）
王金郎（5月任） 陈 飞（5月任）
黄玉琴（女，5月任）
夏成毅（5月任） 江海波（5月任）
程晓晖（9月任）
纪委书记：夏成毅（5月任）
人大主席：洪树华（7月免）
人大副主席：徐国友 叶筱寅
镇 长：吕鹏云（7月免） 邹 泉（7月任）

副镇长：张建平　章晓行（7月任）　王金郎
　　程晓晖　方　鸣

大同镇

党委书记：蔡爱珍（女）
党委副书记：蒋建成　应永江　杨成军
党委委员：吴建新　罗建忠（9月免）
　　赖江平（1月免）　董　风
　　傅　佳（女）　方　聪（9月任）
　　何　明（12月任）　黄光辉
　　饶　军（4月任）
纪委书记：赖江平（1月免）
　　何　明（12月任）
人大主席：翁祝青
人大副主席：苏雪平　方荣良
镇　长：蒋建成
副镇长：吴建新　董　风　程小波　钟小娟（女）

乾潭镇

党委书记：王百金
党委副书记：唐正彪　苏晓明（12月免）
　　黄伟斌（12月任）　徐利平
党委委员：章万林　方　聪（9月免）　徐卫军
　　吴建军（9月任）余　岩
　　沈　灵（女）　唐明杰
　　封菊珍（女）
纪委书记：唐明杰
人大主席：吴晓峰
人大副主席：傅建明　程志红
镇　长：唐正彪
副镇长：章万林　徐卫军　沈晓东
　　包　韩（女）

三都镇

党委书记：胡国正
党委副书记：方　华（4月免）　官建强
　　叶　莲（女，9月任）
党委委员：郭顺洪　游佩芝（女，9月免）
　　黄丽芳（女）　胡正洪　张仲建
　　钱　媛（女）
　　汪　栋（女，4月任）
纪委书记：张仲建
人大主席：程新炉
人大副主席：李晓清
镇　长：方　华（7月免）　官建强（7月任）
副镇长：游佩芝（女）　郭顺洪　谢跃红
　　张　勇

杨村桥镇

党委书记：方新卫
党委副书记：陈　健（4月免）
　　程　斌（4月任）　肖　虎
党委委员：吴建军（9月免）　兰胜平　方国东
　　华爱民　徐玲莉（女）
　　朱旭敏（女）　乐军飞（4月任）
　　曹　健（9月任）
纪委书记：华爱民
人大主席：吴学东
人大副主席：许来友
镇　长：陈　健（7月免）　程　斌（7月任）
副镇长：兰胜平　方国东　余卫刚　麻建强

下涯镇

党委书记：韩　勇（4月免）　叶胜平（12月任）
党委副书记：叶胜平（—12月）　吴　雯（女）
　　吴　峰（12月任）
党委委员：刘正中　江远新　王晓慧
　　蒋羽剑（女）　诸葛林　舒志强
纪委书记：王晓慧
人大主席：王　坚
人大副主席：吴建卫
镇　长：叶胜平
副镇长：刘正中　江远新　陈为新　姜勇军

大慈岩镇

党委书记：程星火
党委副书记：谢黎琴（女）　赖如平
党委委员：盛　夏（女）　邓建江
　　练　超（12月免）　郑勇军　吴　炜
　　姚　飞（女）
纪委书记：郑勇军
人大主席：李　刚
人大副主席：徐射宏
镇　长：谢黎琴（女）
副镇长：盛　夏（女）　邓建江　胡卫勤
　　方　玮

航头镇

党委书记：李　俊（女）

党委副书记：蒋哲远　黄伟斌（12月免）
方　睿（12月任）
党委委员：刘复文　诸葛杰成　毛晨婴　郑广明
何　明（12月免）
陈黄琴（女）　蒋小伟（12月任）
纪委书记：何　明（12月免）
蒋小伟（12月任）
人大主席：周继发
人大副主席：林黎明
镇　长：蒋哲远
副镇长：刘复文　诸葛杰成　俞利海　周小堂

李家镇

党委书记：马永红
党委副书记：章晓腾　李可大（9月免）
游佩芝（女，9月任）
党委委员：吴志兵　方建卫　刘晓鹏　王建辉
李建伟　吴成梁
纪委书记：李建伟
人大主席：翁炳昌
人大副主席：翁仙红（女）
镇　长：章晓腾
副镇长：吴志兵　方建卫　王素平（女）
方　睿

大洋镇

党委书记：龚　鑫（4月免）
陈正清（12月任）
党委副书记：陈正清（—12月）
沈小来（12月任）　吕建忠
党委委员：谢作华（9月任）　鲁益祥
王路达（5月免）　王剑飞　李锡斌
翁益明（9月免）　叶　萌（女）
袁　红（女）　张建辉（9月任）
纪委书记：李锡斌
人大主席：蒋　华
人大副主席：姚根伟
镇　长：陈正清
副镇长：王路达（7月免）　鲁益祥　许明净
徐晓刚

莲花镇

党委书记：谢照昌
党委副书记：叶　姣（女）　宋有军（12月免）
党委委员：李伟锋　谢作华（9月免）
吴宽宏（9月任）　唐晓晖
叶月玲（女）　童孝廉　胡益标
纪委书记：胡益标
人大主席：金鹏飞
镇　长：叶　姣（女）
副镇长：李伟锋　谢作华　滕新春

钦堂乡

党委书记：何瑞洪（1月免）
王　鑫（12月任）
党委副书记：王　鑫（—12月）
王志平（12月任）
吴　峰（12月免）
练　超（12月任）
党委委员：王卫华　叶　莲（女，9月免）
杨红军　许来富　朱　锐　杨建红
朱志成（9月任）
纪委书记：杨建红
人大主席：许珍红（女）
乡　长:王　鑫
副乡长：王卫华　杨红军　朱志成

说明：1.该“名录”收录2017年各单位在任市管领导干部（未包括挂牌机构）。

2.任免职时间（月份）已经注明，凡未标明时间的，均系职务未变动。如有差错，以任免文件为准。

（邱利成 黄程佳）

表20

建德市十六届人大代表名单表

姓　名	工作单位及职务
黄先平	新安江街道岭后社区居委会主任
王一中	建德市新桥宾馆总经理
黄宣人	建德市人大常委会城建环保工委主任
刘国金	新安江街道办事处主任
李建华	新安江电厂厂长
章建龙	农夫山泉党支部书记、办公室主任
梁　怡（女）	杭州千岛湖皇冠假日酒店市场营销总监
吴严明	浙江新安化工集团股份有限公司总裁
吴金花（女）	新星幼儿园 园长
宋志平	建德市华新建筑有限公司总经理
吴慧珠（女）	新安江第一初级中学教师
张锡根	建德市人大常委会副主任
王拥军	浙江严州府餐饮有限公司董事长
童志康	建德市大自然人工环境工程有限公司
邵爱秀（女）	浙江华泽律师事务所主任
周 群（女）	浙江贤哲律师事务所合伙人
仇美聪（女）	中国人民财产保险股份有限公司建德支公司三农保险业务部经理
吕根来	建德市新安江长运有限公司党委书记、董事长、总经理
丁松茂	浙江建德农村商业银行有限公司董事长
许杏芳（女）	建德市明珠小学校长/书记
钟　泽	建德市第一人民医院院长/党委书记
胡益飞	白沙社区党委书记\主任
邹耀东	叶家社区党委书记
黄福明	建德市人大常委会财经工委主任
陈　刚	新安江街道人大工委主任
童静（女）	建德德生眼科医院　院长
谢建美（女）	建德市教育局科研室教研员
黄慧玲（女）	建德市新安江中学教师
方年顺	黄泥墩村支委
陈慧珍（女）	丰产村党总支书记
杨晓波（女）	浙江远力健药业有限责任公司药厂经理
黄　锋	杭州新万利电子有限公司 董事长
鲁连忠	建德市更楼街道人大工委主任
叶裕红	更楼街道岩源村　党委书记
王　江	建德市委常委、组织部部长
李忠发	更楼街道于合村 党委书记
黄裕富	更楼街道许乐村党支部书记
张长江	建德南方水泥有限公司总经理
严爱春（女）	更楼初级中学
叶丹妮（女）	更楼街道黄岙村
叶　涛	更楼街道石岭村
刘乐光	更楼街道更楼社区主任
姜炳水	洋溪街道人大工委主任
许仁昌	中策橡胶（建德）有限公司党委书记、总经理
柴国庆	建德市委常委、纪委书记
吕益民	浙江宏都寝具有限公司董事长
许红仙（女）	建德市洋溪街道居民
张晓斌	浙江嘉品农业有限公司董事长
刘建忠	建德市洋溪街道洋安社区个体户
施树康	建德市梅城镇人大主席
徐小珍（女）	建德市延升电器有限公司董事长
童定干	建德市委书记
朱启鸿	建德市人大常委会副主任
高　翔	建德市人民检察院党组书记代检察长
卢红星	梅城镇洋程村党委书记
吴志成	梅城镇滨江村党委书记
唐培新	梅城镇城西村党委书记
胡伟清	浙江沙王建材有限公司总经理

续表20

姓 名	工作单位及职务
余志贤	梅城镇望山村党委书记
祝 俭（女）	建德市和通客运有限公司财务主管
章春芳（女）	梅城镇宝华洲社区居民
傅定辉	建德市梅城镇党委书记
蔡爱芳（女）	建德市严州中学梅城校区教师
刘华仙（女）	建德二院外科护士长
严利明	建德市万家电器电缆有限公司董事长
冯 烈	浙江建业化工股份有限公司董事长
朱加勇	建德市勇华电器有限公司董事长
夏志娟（女）	寿昌镇绿荷塘村党委委员
徐月贞（女）	建德旭恒金属制品有限公司总经理
张剑书	寿昌镇余洪村党总支书记
蒋益民	寿昌镇桂花村党总支书记
汪建良	寿昌镇西门村党总支书记
陈海山	寿昌镇东门村党总支书记
胡志龙	寿昌镇大塘边村书记
吴建民	寿昌镇永嘉桥村党支部书记
洪树华	建德市寿昌镇人大主席
吴莉红（女）	原供销社职工
饶秋林	建德市人大常委会副主任
吴萍（女）	寿昌镇横山社区就业援助员
赵银松	建德市总工会党组书记、主席
邱慧琴（女）	寿昌初中教师
王美蓉（女）	杭州双马生物工程有限公司常务副总经理
吴谊红（女）	建德红狮水泥有限公司财务处处长
毕国财	建德市国才房地产开发有限公司董事长
姜建生	建德经济开发区（寿昌镇）党委书记
朱 欢	建德市委副书记、代市长

姓 名	工作单位及职务
杨建红	浙江省建德市寿昌中学教师
翁祝青	大同镇人大主席
雷玲瑛（女）	大同镇大同村村民
陈 越	大同镇徐韩村党总支书记
李银顺	建德市宏顺建筑工程有限公司总经理
刘新奎	建德市人大常委会农工委主任
胡晋飞	大同镇溪口村党总支书记
吴伟君（女）	慧芝源茶坊总经理
徐 俊	建德市发展和改革局党委书记、局长
邹建红	大同镇富塘村党总支书记
吴铁民	建德市政协党组书记、主席
鲍土福	大同镇潘村村村委会主任
傅水英（女）	大同镇丰畈村村民
吕玉平	大同镇枫树岭村党总支书记
蔡胜军	浙江通用木业有限公司总经理
章秀琴（女）	大同镇黄家村村民
王远光	建德市鼎力建设有限公司总经理
黎晓云（女）	大同镇禹甸村村民
邱韵芬（女）	建德市人大常委会办公室正局级干部
蔡爱珍（女）	大同镇党委书记
张水清	江头村村委会主任
项建平	杭州稳健钙业有限公司总经理
温小耕	同欣建筑工程有限公司总经理
许燕华（女）	大同医院妇产科主任
周慧晓（女）	大同初级中学办公室主任
汪建强	乾潭镇乾潭村党委书记
廖兴平	乾潭镇新程村书记
毛志军	建德市人民法院党组书记、院长
徐益民	乾潭镇幸福村书记
王百金	乾潭镇党委书记

表20

姓 名	工作单位及职务
钱爱英（女）	富源地产销售员
胡永军	乾潭镇仇村村主任、双剑工具有限公司总经理
赵建平	乾潭镇胥江村书记
周友红	建德市委常委、常务副市长
夏明亮	乾潭镇前陵村主任
朱生辉	乾潭镇梓洲村主任
林大宏	建德市人大常委会教科文卫和民族宗教华侨工委主任
吴晓峰	乾潭镇人大主席
应慧霞（女）	乾潭镇安仁卫生院医生
兰 斐（女）	乾潭中心幼儿园副园长
李云珍（女）	圣玛特羊绒有限公司董事长
唐建章	斐凌工具有限公司总经理
程新炉	建德市三都镇人大主席
杨星明	建德市星明特种铸造有限责任公司总经理
余小途	建德市委组织部副部长、两新工委书记
钟利平	建德市委统战部副部长、工商联党组书记、副主席
于爱香（女）	三都镇前源村党总支书记
余永荣	三都镇镇头村党总支书记
周国旺	三都凤凰村党总支书记
金余丰	三都镇圣江村主任
赖卫强	三都镇三都村村委、村监会主任
郭群杰（女）	建德市海迪家纺有限公司业务经理
于勇红（女）	建德市三都初级中学老师
陈红梅（女）	三都镇寿峰村妇（女）主任
吴学东	建德市杨村桥镇人大主席
李劲常	建德市杨村桥镇岭源村书记
吕 平	建德市委常委、宣传部部长
赵志荣	建德市人大常委会副主任
程 峰	建德市杨村桥镇绪塘村党委书记
张棠珍（女）	建德万鹏铝型材有限公司法人代表
周晓斌	建德市杨村桥镇杨村桥村主任
洪 明	建德市杨村桥镇卫生院院长
林焰伟	建德市朝美日化有限公司销售部员工
方春仙（女）	建德市杨村桥镇徐坑村主任
王 坚	下涯镇人大主席
张美芳（女）	下涯镇丰和村党委书记
高建军	建德市财政局党委书记、财政（地税）局局长
王 煦	建德市人大常委会法制内司工委主任
方建伦	下涯镇金洲村主任
兰连君（女）	下涯镇联和村村委委员
杨月华	建德市华奕建材有限公司总经理
王有龙	贵尚资本投资有限公司董事
唐德芳	建德市九洲电器有限公司总经理
何佳帅	建德市红利建材有限公司副总经理
黄少华	下涯镇下涯村主任
孙凤君（女）	下涯镇马目村文化员
叶小玲（女）	大慈岩镇新叶村文化员
胡建宏	大慈岩镇檀村村党委委员
王秀涛	建德三狮松涛水泥有限公司总经理
叶 麒	大慈岩镇里叶村党委书记
钱志明	建德市残疾人联合会党组书记、理事长
李 刚	大慈岩镇人大主席
李孝良	大慈岩镇李村村党委书记
吴士庆	大慈岩镇吴山村党总支书记
徐拥军	建德市科技局局长
雷 勤（女）	大慈岩镇初级中学教师
周继发	建德市航头镇人大主席
王利民	建德市航头镇航头村村主任

续表20

姓　名	工作单位及职务
何洪宇	共青团建德市委党组成员、副书记
童志云（女）	建德市市直机关党工委书记兼市委组织部部务会议成员
王　军	建德市航头镇大店口村党委书记
陈俊平	建德市云峰碳酸钙有限公司董事长
徐光华	建德市航头镇溪沿村村主任
翁火根	建德市航头镇黄木岗村党总支书记
廖红兵	建德市航头镇珏塘村村主任
刘舒舒（女）	建德市航头镇曹源村便民服务员
李进	建德市航头镇乌龙村党总支书记
李英姿（女）	浙江瑞德农业科技有限公司总经理
邱朝阳	建德市航头镇灵栖村村主任
胡玉娟（女）	建德市航头中心幼儿园一级教师
董金燕（女）	新安江三套车家纺专卖主管
翁炳昌	李家镇镇人大主席
章仕清	李家镇新联村党总支书记(建德市李家竹类专业合作社社长)
吕建月（女）	建德市人大常委会副主任
黄胜明	李家镇李家村党委书记（建德市华宇纳米科技有限公司副总、建德市明辉运输有限公司总经理）
夏国军	李家镇诸家村党总支书记
洪宇锋	李家镇商会会长（建德市双超钙业有限公司总经理）
邵浙平	李家镇长林村村委会主任（建德市杉翔建材有限公司销售）
储红珍（女）	来料加工经纪人（建德市天宏置业有限公司销售员）
叶　妍（女）	李家中心小学体育老师
蒋　华	大洋镇人大主席
吴志平	大洋镇杨桥村书记
徐建华	建德市人民政府副市长
何根华	建德市人大常委会委员代表工委主任
陈阳贵	浙江大洋生物科技集团股份有限公司董事长
沈子恒	杭州奥立达电梯有限公司董事长
应思斌	浙江新化化工股份有限公司营销副总
阮建成	建德市耀欣针纺有限公司总经理
蒋昊中	建德市大洋实业有限公司营销经理
刘土财	大洋镇高垣村书记
黄永忠	大洋镇江东村 书记
许建昌	大洋镇麻车村主任
钱丽艳（女）	大洋镇三河幼儿园 负责人
潘洪珠（女）	大洋镇上源村村民
汪雪芳（女）	大洋镇里黄村 村民
金鹏飞	建德市莲花镇人大主席
谢鸿清	莲花镇莲花村委员会　党委书记
陶红兵	杭州三意农业开发有限公司中级经济师
吴岳炎	中共建德市委组织部常务副部长、人才办主任
宋　庆	建德市莲花镇商会会长（建德市胜利塑胶化工有限公司董事长）
林小香（女）	杭州小香生态农业科技有限公司高级农艺师
许珍红（女）	钦堂乡人大主席
任金松	建德市迪旺家纺有限公司总经理
童文扬	市人大常委会党组副书记、副主任
何瑞洪	中共钦堂乡委员会书记
罗红军	浙江军祥矿业有限公司总经理
陈正平	钦堂乡谢田村党委书记
黄向阳	钦堂乡葛塘村党总支书记
包亚斌	中共建德市委常委、市人民武装部部长
张银刚	73812部队一分库副主任

表21

建德市十四届政协委员基本信息表

姓　名	单位及职务
吴铁民	政协建德市委员会主席、党组书记
吕　勇	政协建德市委员会副主席、党组成员
程　旭	政协建德市委员会副主席、党组副书记
叶志高	政协建德市委员会副主席、党组成员
蒋　华	政协建德市委员会党组成员、秘书长、办公室主任
赖艳芬	市委组织部部务会议成员、“两新”工委副书记
陈友明	市委统战部常务副部长、侨联主席、侨办主任
许维元	市政协提案委主任
方　韦	市政协文史委主任
严凌云	市政协副主席
胡文静	民革建德市委会副主委兼秘书长
彭思远	民革市委委员、梅城镇副镇长
黄晓红	民革市委委员、农村商业银行新安江支行行长
黄胜根	民革支部委员、市林业局政策法规科
吕建军	民革市委委员、市住建局规划科科长
饶卫玲	民革支部副主委、市教育局职教科
徐亚娟	政协建德市委员会副主席、民盟副主委
徐新平	民盟建德市委会副主委兼秘书长
邵琳萍	民盟支部主委、严州中学新安江校区
过承祁	民盟市委委员、市文联秘书长
叶永生	民盟盟员、市财政局项目投资预算审核中心主任
洪国武	民盟支部主委、国家电网公司新安江职业病防治院健康管理部主任
赖旭辉	民盟市委委员、严州中学新安江校区
陈　茜	民建建德市委会副主委兼秘书长、市政协副秘书长
王　珏	民建建德市委委员、市卫计局副局长
洪素萍	民建建德市委委员、市经信局创新办干部
蒋　维	民建支部副主委、市山水家纺有限公司总经理
吴朝阳	民建会员、杭州博瑞加电子公司总经理
雷建祥	民建支部主委、中华联合财产保险股份有限公司建德支公司总经理
董根土	民建支部主委、新安江水力发电厂实业总公司工会主席
叶　强	民进建德市委主委、科技局局长
徐月芳	民进建德市委专职副主委兼秘书长
徐庆华	民进支部主委、市艺术幼儿园园长、大地培训学校校长
龚建欣	民进市委委员、市教育局教研室高中物理教研员
吴　君	民进市委委员、新安江街道办事处科长
蓝志平	民进市委委员、市一院皮肤科主任
张效南	民进支部主委、市工业技校总务主任
潘余明	市工商联主席、市五星车业有限公司董事长
林志强	市工商联秘书长
黄国朝	工商联执委、杭州振兴铜业有限公司总经理
黄国华	工商联执委、建德喜洋洋置业有限公司董事长
陈伟霞	工商联常委、浙江铭园建设有限公司副总经理
柳建靓	新生代企业家联谊会理事、建德机械链条有限公司总经理
陈德余	工商联执委、浙江万新餐饮管理有限公司董事长
沈卫立	工商联常委、杭州沈氏节能科技有限公司、知联会副会长
施竹生	工商联执委、市医药药材有限公司总经理

姓　名	单位及职务
罗仕进	工商联执委、杭州晶顺饰品有限公司总经理
陈学良	工商联执委、杭州韵博化纤有限公司董事长
包　韩	知联会理事、乾潭镇副镇长
俞利海	知联会理事、航头镇副镇长
杨吉元	知联会副会长、市教育局教研室教研员
沈永进	知联会副会长、市中西医结合医院健复科主任
方宁江	知联会副秘书长、市光大旅行社副总经理
范建芳	知联会副组长、市资产经营投资有限公司财务
汪为骏	市总工会党组成员、副主席
卢　萍	市直机关工委副书记、工会负责人
许　剑	中策橡胶有限公司党委副书记、纪委书记、工会主席
侍光磊	建德海螺水泥有限责任公司党委委员、工会主席
许　建	农夫山泉饮料公司工会主席
谢莉花	杭州江南春堂生物科技有限公司工会主席
陈维河	杭州凯特电器有限公司工会主席
方永红	建德市劳模、更楼幼儿园园长
郑　雄	共青团建德市委副书记
麻　凯	青联委员、市颐品科技发展有限公司总经理
杨晓霏	青联委员、市正发实业公司总经理、新生代副会长
张　毅	青联委员、杭州圣德义塑化机电有限公司总经理、工商联副主席、新生代会长
张　杰	青联委员、建德千岛银珍农业开发公司总经理、青联委员、新生代秘书长
吴泽鹏	青联委员、建德新安江电力电容器公司副总经理、新生代理事
褚建英	市妇联党组成员、副主席
楼凤琴	女知联理事、民进副主委、市场监管局副局长

姓　名	单位及职务
王钦钦	女知联理事、杭州胜奇塑纺有限公司总经理
陈益君	女知联理事、杭州益群家纺有限公司董事长
陈　瑛	女知联理事、杭州爱佳玻璃饰品有限公司总经理
叶慧华	洋溪街道妇联主席
骆志春	市经信局副书记、副局长
邵益文	市政协参政议政委主任
吴瑞华	开发区副主任兼招商局局长、民进副主委
唐建峰	市交通局总工程师、民盟市委委员
洪益琴	浙江新化化工财务总监
胡向卫	杭州美亚液化石油有限公司总经理
范宇鹏	浙江格林生物股份有限公司董事、海归博士、省千人才
程建军	市发改局党委副书记、副局长
郑海宾	人民银行建德支行业务管理部主任
叶　卫	市国税局副局长
方红月	市旅游商务局党委委员、副局长
陈丽云	市统计局综合核算科科员
李占霞	市城乡规划管理处审批科科长
邵笑燕	市环境监察大队副大队长、五水共治办组长
金　革	财政局党委委员、副局长
叶　鹃	民建副主委、市经信局副局长
张继宏	三都镇经发办主任
傅水芳	市广鑫塑业有限公司总经理
严国民	杭州科龙电器工具董事长
金建宇	市环城建材有限公司总经理

姓 名	单位及职务
杜明华	市钜元建设执业经理
邱志辉	市风迪贸易有限公司总经理，铭人汇餐饮有限公司总经理
邵跃忠	杭州晨逸休闲用品公司总经理
包松海	市新海锦家纺公司总经理
蒋富华	市科技局党组成员、副局长
胡伟钰	政协民主监督委主任
操吴兵	国家电网浙江建德供电公司党委副书记、总经理
崔东柱	市农业局粮油站副站长
孔建平	市一院妇产科主任
吴宪宏	市环保科创中心副主任
叶海林	浙江普林艾尔总经理
胡建良	浙江格林科技生物公司总经理
洪作鹏	市维丰饲料有限公司董事长（国家科技进步二等级）
徐旭辉	浙江大洋化工有限公司研发中心副主任
姚士军	市科协党组成员、副主席
王国年	市安监局企管科科长
李泽恩	杭州卡洛实业有限公司总经理
徐君晓	浙江乾鑫帆纸业有限公司总经理
石文堂	杭州三耐环保科技股份有限公司技术副总（国家高企）
钟凯	市亿佳纺织品有限公司总经理
童永强	市龙源电力有限公司董事长兼总经理
周伟清	市检察院副检察长、知联会副会长
巫海武	民建市委会主委、市司法局局长
汪永刚	市公安局党委委员、副政委、交警大队长

姓 名	单位及职务
盛颢明	市审计局政府投资项目审计中心主任
王 平	市委党校党委委员、副校长
刘国平	市法院党组成员、副院长
沈 龙	市政法委副书记、综治办副主任、610办副主任
朱红泉	浙江宪梓律师事务所主任
刘自强	市委宣传部副部长
黄 倩	市新闻传媒中心记者
熊 青	浙江逸龙文化创意发展有限公司运营总监杭州我爱周末信息技术有限公司策划总监，建德生活汇、建德微生活创办人
李 俊	市文广新局党委委员、副局长
周建兵	市文联副主席
陈志昌	市文广新局文物保护站、民间文艺研究会事理
钱建华	五加皮酒非遗传承人、五加皮协会会长浙江致中和实业有限公司副总经理、
王生良	市书协主席
叶 杰	市文化馆馆长、省作协会员
徐惠东	下涯根缘雕艺工作室、民协理事
李根土	李氏园林古建筑工程公司董事长、许乐村主任
李 萍	市教育局党委副书记、副局长
郎忠魁	市体育局党组成员、副局长
胡晓华	新安江职业中学副校长、民盟副主委
汪小明	新安江中学教师
叶桂昌	寿昌中学教师、民革市委委员
钱志翔	杭州科技职业技术学院严州学院副教授、民盟市委委员
李新运	小新星英语培训学校 负责人

姓 名	单位及职务
邓林林	烟草专卖局办证中心主任，市东武太极研修院院长
沈灵兵	浙江省电力公司培训中心浙西分中心主任
李刚成	严州中学新安江校区、民进支部主委
范红杰	市机关党工委副书记
黄 昕	寿昌卫生院院长
林 俊	市二院肿瘤科主任、知联会副会长
朱 峰	市一院内风湿科主任
范锦新	市中西医结合医院骨科主任
邵秀萍	市疾病预防控制中心副主任、知联会理事
王雪红	市妇保院院感科科长、知联会理事
黄燕君	市一医院护理部副主任
方昱翔	市四院院长
鲍 焕	市中医院宣教科
蔡剑毅	市农办副主任
钱幸福	浙江省生物科技有限公司总经理、新安江铁皮石斛专业合作社总经理
汪 佳	市国土资源局三都国土资源所所长
钟万余	市农村水利管理站站长
李 静	市农业局妇委会主任
刘学松	市林业局营林科科长
王 运	市建坤农业开发公司副总经理、钦堂乡蒲田村妇女主任
王红颜	市红腾生物工程有限公司董事长
张向杰	浙江久晟油茶科技公司总经理
唐胜军	杨村桥镇路边村村主任、草莓小镇休闲产业领衔带头人
蒋建强	市移民局党组成员、副局长
张 萍	新安江新叶古村旅游开发有限公司总经理
朱建盛	浙江省国茂饲料有限公司副总经理
欧阳立明	市天羽茶业有限公司总经理
释演通	乌龙山玉泉寺方丈、市佛教协会会长
释果通	圣岩寺管委会主任、市佛教协会副会长
徐有成	新安江主恩堂主任牧师、市三自爱国运动委员会主席
吴潮来	梅城教堂主任、市基督教协会会长
蓝 燕	市团市委常委、青少年宫主任
苏 菲	市电视台新闻主播、团支部书记
钟炳有	市大同第一小学出纳
张瑞平	市市场监管局食药检测中心副主任、民革市委委员
陈音飞	留学生家属、杭州恒昌置业有限公司董事长、工商联常委、知联会副会长
吴礼庆	留联会理事、市新裕塑胶材料有限公司董事长
金富强	海归博士、省千人才、杭州奥赛诺化工有限公司 董事长、技术总监
郑 聪	海归硕士、市新马电梯公司总经理助理
周 毅	海归硕士、市宏兴钙业有限公司总经理、新生代协会副会长
汪 茜	台联会常务理事、寿昌镇政府干部
胡 青	市台联会常务理事、市老年大学教务主任
许宏平	市台联会常务理事、太平洋保险公司建德分公司副总经理
陈 诚	台属、市飞龙电器有限公司总经理助理
李忠平	台属、浙江建德赛伯乐航空小镇管理有限公司副总经理
黄卫平	市政府办公室党组成员、市应急办主任
徐建新	市纪委副书记
金伟媛	市政协委工委主任

姓 名	单位及职务
宣永培	市城市管综合管理局副局长
刘水泉	市审管办副主任
程 斌	杨村桥镇镇长、党委副书记
郑朝红	更楼街道党工委副书记
程 璐	洋溪街道党工委副书记
叶晓敏	梅城镇党委副书记
邹 泉	寿昌镇镇长、党委副书记
应永江	大同镇党委副书记
苏晓明	乾潭镇党委副书记
王素平	李家镇副镇长、民建市委委员
徐红春	市检察院检察委员会专职委员
张红平	市社会保险管理中心副主任
仇 峰	市城建开发公司总经理
吕美娟	市林业局办公室干部
孟凡武	青岛啤酒（杭州）有限公司总经理
詹根松	市兴隆钙粉有限公司总经理
林加善	新安小额贷款公司董事长
仇锡洪	建德广东商会会长、美加科技（中山）有限公司总经理
陈秋林	建德上海商会副会长、上海双秋集团有限公司董事长

姓 名	单位及职务
孙卫权	市美协副主席
叶秀英	市信访局接访科科长、工会主席
唐晓东	市残联党组成员、副主席
张文城	市民政局社会事务综合服务中心副主任
杨圣桂	浙江省眼镜协会副会长、市毛源昌眼镜店总经理
宣逸群	国家电网公司新安江职业病防治院院长、党委副书记
余金芳	新安江水力发电厂副厂长
何 静	工行建德支行行长
陈建红	农行公司业务部经理
唐小健	中行建德支行行长
丁卫阳	建行建德支行行长
陈坚强	交行建德支行副行长
王锦芳	浙江建德农商行行长
黄志良	市交通发展投资有限公司党委委员、总经理
程文冲	杭州新建白蚁防治有限公司董事长、杭州欣兴建设工程招标代理有限公司总经理
林 海	中国移动建德分公司总经理
朱江山	杭州和谐置业有限公司副总经理

编辑：杨忠平

重要文件选录

Documents Selection

重要文件目录

【中共建德市委文件】

市委〔2017〕1号 中国共产党建德市委员会工作规则

市委〔2017〕3号 关于印发《中国共产党建德市委员会巡察工作实施办法》的通知

市委发〔2017〕13号 关于印发《中共建德市委关于从严加强干部队伍建设打造能征善战、实干担当建德铁军的意见》的通知

【市委办公室文件】

市委办发〔2017〕34号 关于印发建德市全面深化河长制工作方案（2017—2020年）的通知

市委办发〔2017〕43号 关于印发《支持市人民法院基本解决执行难工作实施意见》的通知

市委办发〔2017〕50号 印发《关于加强检察机关开展公益诉讼工作的实施意见》的通知

市委办发〔2017〕54号 印发《关于深入整治不担当不作为不落实问题推动跨越赶超实现建德新崛起的意见》的通知

市委办发〔2017〕86号 关于实施发展壮大村级集体经济消除相对薄弱村三年行动计划（2017—2019年）的意见

【市政府文件】

建政函〔2017〕20号关于下达2017年度建德市重大产业项目建设计划的通知

建政函〔2017〕23号关于下达建德市2017年度固定资产投资计划的通知

建政函〔2017〕24号关于下达2017年建德市重点项目年度计划的通知

建政函〔2017〕25号关于下达2017年度建德市一般性政府投资项目建设计划的通知

建政函〔2017〕32号关于十六届政府市长、副市长工作分工的通知

建政函〔2017〕36号关于印发建德市深化医药卫生体制综合改革实施方案的通知

建政函〔2017〕50号关于进一步深化“简政放权、放管结合、优化服务”开展“最多跑一次”改革的实施意见

建政函〔2017〕184号关于进一步加强我市乡村规划管理工作的指导意见

【市政府办公室文件】

建政办函〔2017〕3号关于印发建德市社会救助城乡一体化实施细则的通知

建政办函〔2017〕12号关于印发建德市级财政专项资金管理办法的通知

建政办函〔2017〕42号关于印发建德市全域水质清源提标暨劣V类水剿灭提升行动方案的通知

建政办函〔2017〕50号关于加强电梯安全工作的实施意见

建政办函〔2017〕63号关于印发建德市地质灾害综合治理专项行动方案的通知

建政办函〔2017〕75号关于进一步规范农村集体资产管理工作的意见

建政办函〔2017〕76号关于印发建德市推行企业投资项目承诺制改革试点实施方案的通知

建政办函〔2017〕77号关于印发建德市村级工程项目实施管理规定的通知

建政办函〔2017〕106号关于印发建德市政府投资项目工程变更管理办法的通知

建政办函〔2017〕116号关于印发建德市传统产业改造提升三年实施方案（2017—2019）的通知

建政办函〔2017〕122号关于印发建德市工业企业发展绩效评价管理办法的通知

建政办函〔2017〕123号关于印发建德市农村生活污水处理设施运行维护管理暂行办法的通知

建政办函〔2017〕127号关于印发建德市推进城乡交通治堵“三个全覆盖”工作实施方案的通知

建政办函〔2017〕128号关于印发建德市全省一体化投资项目在线审批监管平台工作实施方案的通知

建政办函〔2017〕147号关于推进义务教育优质均衡发展的实施意见

建政办函〔2017〕151号关于印发“美丽城区”等七个美丽专项建设三年行动实施方案的通知

建政办函〔2017〕153号建德市推行企业投资项目“一趟不用跑，有事我来跑”改革的实施意见

建政办函〔2017〕154号关于印发建德市城镇棚户区改造实施方案（2018—2020）的通知

建政办函〔2017〕158号关于印发建德市2018年度城乡居民基本医疗保险组织实施方案的通知

建政办函〔2017〕166号关于印发《建德市突发地质灾害应急预案》等25个专项应急预案的通知

重要文件辑录

中国共产党建德市委员会工作规则

（2017年1月6日中国共产党建德市第十四届委员会第二次全体会议通过）

市委〔2017〕1号

第一章　总　则

第一条　为落实全面从严治党要求，加强和改进中国共产党建德市委员会（以下简称市委）工作，提高党的执政能力和领导水平，根据《中国共产党章程》《中国共产党地方委员会工作条例》和《中国共产党浙江省委员会工作规则》等精神，结合建德实际，特制定本规则。

第二条　市委在全市发挥总揽全局、协调各方的领导核心作用，围绕统筹推进“五位一体”总体布局和协调推进“四个全面”战略布局，落实创新、协调、绿色、开放、共享的发展理念，按照加快发展、赶超发展、科学发展的新要求，对全市经济建设、政治建设、文化建设、社会建设、生态文明建设实行全面领导，对全市党的建设全面负责。

第三条　市委工作应遵循以下原则：

（一）坚持高举中国特色社会主义伟大旗帜，牢固树立政治意识、大局意识、核心意识、看齐意识，坚决贯彻党的理论路线方针政策，坚决维护以习近平同志为核心的党中央权威，确保中央政令畅通。

（二）坚持立党为公、执政为民，认真践行党的宗旨和群众路线。

（三）坚持解放思想、实事求是、与时俱进、求真务实，结合建德实际创造性开展工作。

（四）坚持民主集中制原则，增强市委领导集体活力和党的团结统一。

（五）坚持党要管党、从严治党，始终保持党的先进性和纯洁性。

（六）坚持在宪法和法律范围内活动，依据党章和其他党内法规履职尽责。

第四条　市委的领导主要是：

（一）对全市的重大问题作出决策。

（二）通过法定程序使市委的主张成为全市的规范性文件或政令。

（三）加强对全市宣传思想文化工作的领导，牢牢掌握意识形态工作领导权、话语权。

（四）按照干部管理权限和规定的原则、程序，推荐和任免领导干部。

（五）在本市国家机关、人民团体、经济组织、文化组织和其他非党组织的领导机关中建立党的组织。

（六）组织、协调市人大常委会、政府、政协、人武部、司法机关、人民团体、经济组织、文化组织和其他非党组织依法依章程独立负责、协调一致地开展工作。

（七）动员、组织全市各级党组织和广大党员，团结带领群众实现党的目标任务。

第二章 工作职责

第五条 市委全会职责

市委在市党代表大会闭会期间，执行上级党组织的指示和市党代表大会的决议、决定，领导全市的工作。

市委应当通过召开全体会议的方式履行以下职责：

（一）制定贯彻执行上级党组织决策部署以及市党代表大会决议、决定的重大措施。

（二）讨论和决定全市经济社会发展战略、重大改革事项、重大民生保障以及党的建设方面的重大问题。

（三）决定召开市党代表大会或者党代表会议，并对提议事项先行审议、提出意见。

（四）听取和审议市委常委会工作报告或者专项工作报告，对常委会及其委员的工作进行监督和评议。

（五）选举市委书记、副书记和常委会其他委员；通过市纪律检查委员会全体会议选举产生的书记、副书记和常委会其他委员，并报杭州市委批准。

（六）决定递补市委委员；批准辞去或者决定免去市委委员、候补委员；决定改组或者解散下一级党组织；决定或者追认给予市委委员、候补委员撤销党内职务以上党纪处分。

（七）酝酿市委、市人大常委会、市政府、市政协换届的重要人事安排；向有关方面推荐重要干部。

（八）对常委会提请决定的事项或者应当由全会决定的其他重要事项作出决策。

第六条 市委常委会职责

常委会在全会闭会期间行使市委职权，主持日常工作。其主要职责是：

（一）召集全会，确定全会的议题和议程，向全会报告工作并接受监督；对拟提交全会讨论和决定的事项先行审议、提出意见。

（二）组织实施上级党组织决策部署和市委全会决议、决定，

组织对贯彻落实情况进行督促检查。

（三）对全市经济社会发展和宣传思想文化工作、组织工作、纪律检查工作、群众工作、统一战线工作、政法工作等方面经常性工作中的重要问题作出决定。

（四）对本市国家机关、人民团体、经济组织、文化组织、下级党组织和其他非党组织的领导机关中的党组请示的问题作出决定。

（五）审议以市委名义上报上级党组织的请示、报告，向所属党组织发布指示、通知、通报，制定以市委名义发出的其他重要文件。指导和监督基层党组织工作。

（六）研究决定副科（局）级以上机构设置和领导职位、数量设置等重要问题。

（七）按照干部管理权限和规定要求，负责推荐、提名、任免干部，必要时对重要干部的任免可以征求市委委员意见；负责教育、管理、监督干部；研究决定市管领导干部违纪的纪律处分。

（八）听取市纪律检查委员会、市人大常委会党组、市政府党组、市政协党组、市法院党组、市检察院党组，以及组织、宣传、统战、政法、人武等部门和工、青、妇等群团组织的工作汇报并就重要问题作出决定。视情听取有关乡镇（街道）党（工）委和市直单位党委（党组）的重大专项工作汇报。

（九）听取重大突发性事件和紧急情况的汇报并就重要问题作出决定。

（十）对应当由常委会决定的其他重要事项作出决定。

第七条 市委必须认真履行全面从严治党主体责任，市委书记必须履行抓党建第一责任人职责，常委会其他委员履行分管领域从严治党责任。常委会应当定期研究党建工作，每年至少向市委全会和上一级党组织专题报告1次抓党建工作情

况。充分发挥市委党的建设工作领导小组职能作用，加强对全市党的建设工作的系统谋划、统筹协调、整体推进和督促落实。加强基层党组织建设，实行各级党组织书记抓基层党建工作联述联评联考制度，完善党建工作责任清单体系，确保党建各项部署落到实处。

市委应当认真履行党风廉政建设主体责任，加强对市纪委和全市纪律检查工作的领导，支持纪律检查机关履行监督责任。坚持纪在法前、纪严于法，把握运用监督执纪“四种形态”，严格执行和维护党的纪律，推动形成不敢腐、不能腐、不想腐的廉洁从政环境，着力构建风清气正的政治生态。

市委应当落实意识形态工作责任制，定期听取意识形态领域有关情况汇报，每半年向上一级党委专题汇报 1 次意识形态工作。

市委应当加强对市人大、市政府、市政协等的领导，建立健全沟通协调机制，及时通报重要情况。注重通过国家机关、政协组织、民主党派、人民团体、基层单位等渠道，就经济社会发展重大问题和涉及群众切身利益实际问题，广泛协商、广集民智、增进共识、增强合力。完善“四套班子”办公室主任会议制度，加强统筹协调和工作落实。

第三章　组织原则

第八条　市委及其成员应当自觉加强思想政治建设，坚持用马克思列宁主义、毛泽东思想、中国特色社会主义理论体系武装头脑，深入学习贯彻习近平总书记系列重要讲话精神，坚定理想信念，严守政治纪律和政治规矩。牢固树立政治意识、大局意识、核心意识、看齐意识，坚决维护党中央权威和党中央集中统一领导，坚决维护习近平总书记的核心地位，自觉向党中央看齐，向党的理论和路线方针政策看齐，向党中央决策部署看齐，始终在思想上政治上行动上同以习近平同志为核心的党中央保持高度一致。市委常委会要示范带头，坚持和健全每月一次的市委理论中心组学习制度。

市委每年必须向杭州市委作全面工作情况报告，执行上级党组织某项重要决定的情况应当专题报告。遇有重大突发事件、重大问题应当及时请示报告。

第九条　市委支持和保证下级党组织依法依规正常履职。凡属下级党组织职责范围内的事项，如无特殊情况，应当由下级党组织处理。市委作出同下级党组织有关的重要决定，一般应当事前征求下级党组织意见。需要市党代表大会代表、下级党组织和党员了解的重要情况和重大问题，应当及时通报。

第十条　市委坚持民主集中制，实行集体领导和个人分工负责相结合的制度。市委及其成员应当坚持讲原则、讲规矩，共同维护坚持党性原则基础上的团结。在集体讨论和决定问题时，个人应当充分发表意见，市委书记应当最后表态。个人对集体作出的决定必须坚决执行，有不同意见的可以保留，也可以通过正常渠道向上级党组织报告。不得违背集体决定自作主张、自行其是。坚决反对和纠正当面不说、背后乱说，会上不说、会后乱说，当面一套、背后一套等错误言行。

市委常委会委员要有明确的分工。每个委员对分管的工作要敢于负责，切实履行职责；对于不属于自己分管的工作也要关心，主动提出意见和建议。

第十一条　市委决定重要问题，应充分酝酿讨论，然后进行表决。对于少数人的不同意见，应当认真考虑。如对重要问题发生争论，双方人数接近，除在紧急情况下必须按多数意见执行外，应当暂缓作出决定，进一步调查研究、交换意见，下次再表决；在特殊情况下，也可将争论情况向上级组织报告，请求裁决。

第十二条　市委书记负责组织常委会活动，协调常委会委员的工作。市委书记应当带头执行民主集中制，充分发扬党内民主，善于集中正确意见，自觉接受常委会其他委员监督。

常委会其他委员应当支持书记开展工作，自觉接受书记对其工作的督促检查，保证市委决策的贯彻落实。

常委会委员应当在党性原则基础上维护团结，互相信任、互相谅解、互相支持、互相监督。

第十三条　常委会委员代表市委的讲话和报

告，开展调查研究、检查指导工作或者参加其他公务活动时发表的个人意见，应当符合市委集体决定精神。

市委每位成员对应该保密的会议内容和讨论情况，必须严守秘密，不得泄露。

第十四条　市委及其成员应当严肃党内政治生活。常委会每年至少召开 1 次民主生活会。会前应当认真学习有关文件，采取多种形式广泛征求意见，深入谈心交心；会上要开展批评和自我批评，认真查摆问题，深刻剖析根源，明确整改方向；会后要逐一整改落实，及时向上级纪委机关和组织部门报送民主生活会情况报告，并将民主生活会情况和整改措施，在一定范围内通报。

市委应当加强对下级领导班子民主生活会的指导和监督，提高民主生活会质量。

常委会委员应当严格执行双重组织生活制度，以普通党员身份参加所在支部的组织生活，带头为党员干部讲党课。

第四章　议事和决策

第十五条　市委全会

（一）全会由常委会召集并主持，每年至少召开 2 次，遇有重要情况可以随时召开。议题一般由常委会征询市委委员、候补委员意见后确定。委员如对会议议题有异议，应当在会议召开前向会议主持人提出。除特殊情况外，一般不临时增加议题。全会召开的时间、议题等一般应当提前通知市委委员、候补委员。

（二）全会应当有三分之二以上市委委员到会方可召开。市委委员、候补委员因故不能参加会议的应当在会前请假，经书记或主持工作的副书记同意后才能准假。其意见可以用书面形式表达。

根据工作需要，常委会可确定有关人员列席全会。

（三）向全委会报告工作和提交全委会通过的事项，会前应深入调查研究，广泛征求意见，集中各方面智慧，反复推敲修改，形成比较完整的文件稿和材料，并经常委会事先讨论。

（四）全委会决定事项，应先进行充分讨论。全委会要安排足够的讨论时间，各委员、候补委员要畅所欲言，充分发表意见。

（五）表决可根据讨论和决定事项的不同，采用举手、无记名投票或者记名投票等方式进行表决，赞成票超过应到会市委委员半数为通过。未到会市委委员的意见不得计入票数。市委候补委员没有表决权。

对市委委员、候补委员作出撤销党内职务、留党察看或者开除党籍的党纪处分决定，必须由全会三分之二以上多数决定。在特殊情况下，可以先由常委会作出处理决定，待召开全会时予以追认。对市委委员、候补委员的上述处分，必须经市委批准。

会议讨论和决定多个事项，应当逐项表决。表决结果当场宣布。

（六）对重大突发事情和紧急情况，来不及召开全委会的，书记或副书记或常委会委员可临机处置，事后应及时向全委会报告。

（七）全委会通过的决议宜于公布的，应经会议批准后公布。

第十六条　市委常委会会议

（一）常委会会议一般每月召开 2 次，遇有重要情况可以随时召开。会议由市委书记召集并主持。书记不能参加会议的，可以委托副书记召集并主持。会议议题由书记提出，或者由常委会其他委员提出建议、书记综合考虑后确定。除特殊情况外，一般不在会上临时动议。

向常委会汇报工作，应突出重点，简明扼要，事先形成书面材料。

（二）常委会会议应当有半数以上常委会委员到会方可召开。讨论和决定干部任免事项必须有三分之二以上常委会委员到会。常委会委员因故不能参加会议的应当在会前请假，其意见可以用书面形式表达。

（三）常委会会议决定事项的一般程序是：对议题作简要说明；常委会委员发表意见；会议主持人表明自己的意见；会议主持人归纳讨论情况，提出综合意见。

（四）常委会表决根据讨论和决定事项的不同，采用口头、举手、无记名投票或者记名投票等方式进行表决，赞成票超过应到会常委会委员半数为通过。未到会常委会委员的意见不得计入票数。会议讨论和决定多个事项，应当逐项表决。

（五）常委会会议推荐、提名干部和决定干部任免、奖惩事项，应逐个表决，其中涉及市管领导干部提拔或转任重要岗位的，采取无记名投票表决。常委会会议讨论酝酿拟任免人选时，如涉及常委会委员本人或者其利害关系人，常委会委员本人应当回避。

（六）常委会会议应由专人如实记录，记录员要对会议议题、出列席人员、发言、表决等作如实记录，并对会议内容、讨论情况严格保密。

决定事项应当编发会议纪要。会议纪要由书记或者书记委托副书记审核签发。经常委会会议讨论通过、以市委名义上报或者下发的文件，由书记签发。

（七）遇重大突发事件、抢险救灾等紧急情况，不能及时召开常委会会议决策的，书记、副书记或者常委会其他委员可以临机处置，事后应及时向常委会报告。

第十七条　需要提交常委会会议审议的重要事项，可以先召开市委书记专题会议进行酝酿。书记专题会议由书记主持，副书记和其他有关常委会委员等参加，其中酝酿干部人事任免事项和听取市委巡察情况汇报，由副书记和分管组织、纪检工作的常委会委员参加。书记专题会议不得代替常委会会议作出决策。

书记专题会议酝酿的事项和形成的意见，做好记录，形成会议备忘，不编发会议纪要。

第十八条　健全决策咨询机制，对重大问题的决策，一般应经过下列程序：（一）在调查研究的基础上提出方案，有的问题应提出两个以上可供比较的方案；（二）方案提出后，一般应征求下级党组织的意见，进行风险评估和合法合规性审查，有的应听取市人大、市政协、市人民团体的意见，有的应组织专家、学者进行分析论证，作出评估；（三）召开全会或者常委会会议充分讨论，进行表决。

第十九条　以市委名义上报的请示、报告和下发的涉及全局工作的政策、意见及其他重要文件，由市委书记或书记委托副书记审核签发。

以市委办公室名义上报、下发的重要文件，经市委书记审核同意，由市委办公室主任签发。

常委会会议讨论决定的干部任免和提名推荐干部文件，经分管常委会委员审阅后，由市委书记审核签发。

第五章　督查落实和监督追责

第二十条　市委要组织、领导和保证党的路线方针政策和中央决策部署在建德落地生根。对习近平总书记系列重要讲话精神、中央和省市委重要会议、重要文件，市委应当及时进行传达学习和贯彻落实，并由常委会分工负责抓好落实。

对上级领导批示交办事项，市委书记及副书记作出批示要求后，有关常委会委员应及时牵头研究，督促有关部门认真办理，并按程序及时反馈落实情况。

第二十一条　市委通过全会作出的决策，由常委会负责组织实施。常委会作出的决策，由常委会委员分工负责组织实施，落实情况及时向市委书记汇报，重大事项应当向常委会汇报。

决策执行过程中需作重大调整或变更的，应当按照谁决策、谁调整的原则通过召开全会或者常委会会议决定。

第二十二条　市委建立有效的督查、评估和反馈机制。围绕市委全会、常委会会议议定事项贯彻落实，建立健全分解立项、情况报告、回访复核、情况通报等督促检查工作制度；建立健全市委重大决策部署落实评估机制；建立有效的督促检查反馈和结果运用机制。

督查、评估形成的相关意见建议，要转交相关乡镇（街道）党（工）委、市级机关单位党委（党组）研究落实，在一定范围内通报。落实不力的，对相关乡镇（街道）、市级机关单位党委（党组）主要负责人进行约谈、问责。

第二十三条　市委向市党代表大会负责并报告工作，自觉接受上级党委领导和工作监督，并接受上级纪律检查机关和市纪律检查机关监督，接受下级党组织和党员群众的监督，接受各民主党派和无党派人士的民主监督。

市委应当有计划地邀请市党代表大会代表列席全会或者常委会会议等重要会议，适当增加列席人员数量和频次。定期组织市党代表大会代表进行专题调研、视察巡查，组织市党代表大会代表开展提案提议，充分听取意见建议。

第二十四 条市委应当认真履行党内监督主体责任，领导全市党内监督工作，对常委会委员、市委委员、候补委员，市纪委、市委工作部门和直接领导的党组织领导班子及其成员进行监督。坚持党内谈话制度，认真开展提醒谈话、诫勉谈话。担任党政领导干部的市委委员、候补委员应当每年按要求述责述廉，按规定如实报告个人有关事项。

市委及其成员严守政治纪律和政治规矩。带头尊崇党章、遵守党规，模范遵守《关于新形势下党内政治生活的若干准则》《中国共产党廉洁自律准则》《中国共产党纪律处分条例》《中国共产党党内监督条例》等党内法规，严格执行党的政治纪律、组织纪律、廉洁纪律、群众纪律、工作纪律和生活纪律，自觉以身作则。严格落实中央八项规定和省、市委关于改进工作作风、密切联系群众的各项规定，坚决反对形式主义、官僚主义、享乐主义和奢靡之风。常委会委员应深入基层一线开展调查研究，认真落实基层工作联系点制度。

第二十五 条市委定期对下一级党委及其成员履行职责情况进行考核，建立健全奖惩机制，推动干部能上能下。考核具体工作由市委办牵头，市纪委、市委有关部门参与。

建立健全容错免责机制，鼓励下级党委及其成员敢于担当、锐意进取。

第二十六条　违反本规则有关规定的，根据情节轻重，给予批评教育、责令作出检查、诫勉谈话、通报批评或者调离岗位、责令辞职、免职、降职等处理；应当追究党纪政纪责任的，依照《中国共产党问责条例》《中国共产党纪律处分条例》《行政机关公务员处分条例》等有关规定给予相应处分；涉嫌违法犯罪的，按照国家有关法律规定处理。

第六章　附　则

第二十七条　本规则由中共建德市委负责解释，具体工作由市委办公室商市委有关部门承担。

第二十八条　本规则自发布之日起施行。2012 年 3 月 26 日市委印发的《中国共产党建德市委员会工作规则》同时废止。

关于印发《中国共产党建德市委员会巡察工作实施办法》的通知

市委〔2017〕3号

各乡镇（街道）党（工）委，市级机关各单位党组织：

现将《中国共产党建德市委员会巡察工作实施办法》印发给你们，请遵照执行。

中共建德市委

2017年4月14日

（此件公开发布）

中国共产党建德市委员会巡察工作实施办法

第一章　总　则

第一条　为落实全面从严治党要求，加强党内监督，规范市委巡察工作，根据《中共浙江省委办公厅关于开展市、县（市、区）党委巡察工作的意见》《中共杭州市委办公厅印发〈关于区、县(市)党委开展巡察工作的意见〉的通知》和《中共建德市委关于开展巡察工作的实施意见》等文件，参照《中国共产党杭州市委员会巡视工作实施办法》，结合我市实际，制定本实施办法。

第二条　市委实行巡察制度，建立专职巡察机构，对所管理的乡镇（街道）、机关部门、企事业单位党组织进行巡察监督，实现巡察常态化、全覆盖，确保一届任期内对所有对象至少巡察一次。

第三条　巡察工作以马克思列宁主义、毛泽东思想、邓小平理论、“三个代表”重要思想、科学发展观为指导，深入贯彻习近平总书记系列重要讲话精神，坚持从严治党、依规治党，落实中央巡视工作方针和省委、杭州市委关于巡视巡察工作的决策部署，聚焦党的领导、党的建设、全面从严治党、党风廉政建设和反腐败斗争，发现问题，形成震慑，推动党的先进性和纯洁性建设。

第四条　巡察工作坚持上级统一领导，市委负责；坚持依法依规、实事求是；坚持群众路线、发扬民主。

第五条　巡察工作在上级巡视工作领导小组和市委的领导下开展，纳入全市党的建设总体布局，坚持和完善市委负主体责任、市委巡察机构具体组织实施、纪检监察机关和组织部门等支持配合的领导体制和工作机制，构建职责明确、责任清晰、标准具体、追责有据的巡察工作责任体系。

市委常委会定期研究巡察工作，研究决定巡察工作的重要事项。

第二章　机构和人员

第六条　市委成立巡察工作领导小组，向市委负责并报告工作。

市委巡察工作领导小组组长由市纪委书记担任，副组长由市委组织部部长担任，成员包括市纪委、市委组织部有关负责同志和市委巡察工作领导小组办公室主任。巡察工作领导小组组长为组织实施巡察工作的主要责任人。

第七条　市委巡察工作领导小组的职责是：

（一）贯彻中央、省、杭州市和市委有关决议、决定；

（二）研究提出巡察工作规划、年度计划和阶段任务安排；

（三）听取巡察工作汇报；

（四）研究巡察成果的运用，分类处置，提出相关意见和建议；

（五）向市委报告巡察工作情况；

（六）对市委巡察组进行管理和监督；

（七）研究处理巡察工作中的其他重要事项。

第八条　市委巡察工作领导小组下设办公室，为其日常办事机构和联络机构。市委巡察工作领导小组办公室为市委工作部门。市委巡察工作领导小组办公室设主任、副主任和股级巡察专员职位。

第九条　市委巡察工作领导小组办公室的职责是：

（一）向上级巡视办和市委巡察工作领导小组报告巡察工作情况，传达贯彻中央、省、杭州市委巡视工作领导小组和市委巡察工作领导小组的决策和部署；

（二）负责与上级巡视办、巡视组的日常和对我市巡视期间有关联络、协调工作，办理上级巡视办、巡视组交办的事宜；

（三）统筹、协调、指导巡察组开展工作；

（四）承担巡察政策研究、制度建设、服务保障等工作；

（五）对市委、市委巡察工作领导小组决定的事项进行督办；

（六）对被巡察党组织的整改落实情况进行督办；

（七）配合有关部门对巡察工作人员进行培训、考核、监督和管理；

（八）办理市委巡察工作领导小组交办的其他事项。

第十条　组建市委巡察组，承担具体巡察任务。市委巡察组向市委巡察工作领导小组负责并报告工作。

第十一条　市委巡察组设组长（正科级）、副组长（副科级）、副科级巡察专员、正股级巡察专员、副股级巡察专员职位。

市委巡察组实行组长负责制，副组长协助组长开展工作。市委巡察组组长是落实巡察监督责任的第一责任人，负责巡察组全面工作，向市委巡察工作领导小组报告巡察工作情况，对巡察工作人员进行监督和管理。

第十二条　巡察工作人员采取组织抽调或单位推荐等方式选配。选优配强巡察机构力量，优化巡察干部的业务知识结构，杜绝照顾性安排。

建立巡察人才库，选配原则性强、素质过硬、善于发现和分析问题，熟悉纪检监察、组织人事、财务、审计、法律、农经、工程建设等业务的优秀干部入库。可抽调一定数量的后备干部到巡察机构挂职锻炼，也可借用57岁左右市管干部力量，发挥这些干部经历经验丰富的优势。

抽调人员在巡察期间向市委巡察组组长负责，由市委巡察组和市委巡察工作领导小组办公室共同管理，并签订保密协议。

第十三条　巡察工作人员应当具备下列条件：

（一）理想信念坚定，在思想上政治上行动上同党中央保持高度一致；

（二）坚持原则，敢于担当，依法办事，公道正派，清正廉洁；

（三）遵守党的纪律，严守党的秘密；

（四）熟悉党务工作和相关政策法规，具有较强的发现问题、沟通协调、文字综合等能力；

（五）身体健康，能胜任工作要求。

第十四条　选配巡察工作人员应当严格按照本实施办法第十三条所列条件。选调到市委巡察机构帮助工作人员在试用期满后，符合选拔任用条件拟提任的，按中层干部选拔任用有关规定执行。选调干部在巡察机构帮助工作一般为3年，期满后表现优秀的经审批可再留用1–2年，对不适合从事巡察工作或因身体原因不能正常履职的人员，应当及时予以调整。

第十五条　市管干部考核按市委有关考核意见进行，其他在巡察机构工作1年（含）以上的干部的年度考评统一在巡察机构进行，并将考核结果及时通报人员编制所在单位，优秀名额根据当年列入考核的干部数量比例确定。

巡察工作人员应当按照规定进行轮岗交流，交流的渠道适当拓宽。

巡察工作人员实行任职回避、地域回避、公务回避。

第十六条　市委巡察组实行组务会制度，按照民主集中制原则研究决定组内重要事项。

市委巡察组建立联络员制度，确定一名巡察专员担任联络员，负责与市委巡察工作领导小组办公室及相关部门单位的日常联系，沟通协调相关事宜，配合组长、副组长做好日常工作。

第十七条　市委巡察机构建立机关党支部，隶属市直机关工委，巡察工作领导小组办公室和各巡察组建立党小组。严格组织生活制度，做好党员教育、管理、服务、监督、评优评先和思想政治工作。

第十八条　市委巡察机构应当有计划地组织开展政治理论学习、业务培训和工作研讨，不断提高巡察工作人员履行职责的能力水平。

市纪委、市委组织部应当将巡察工作人员学习培训纳入委、部机关总体计划，统筹安排。

第十九条　设立巡察工作专项经费，在市纪委部门预算中单列，因巡察工作需要而发生的支出在巡察工作专项经费中列支。

在巡察机构工作期间，选配干部、抽调干部的编制及相应的工资、车改补贴、福利待遇等仍然保留在原单位，职数实行单列管理，不列入所在单位，不占用原单位相应职级的领导职数。工作期满后回原单位，由原单位在核定职数内安排相应的领导职务并占用相应的领导职数。

第三章　巡察范围和内容

第二十条　市委巡察组的巡察对象和范围是：

（一）市委工作部门领导班子及其成员，政府部门、人民团体党组（党委、党工委）领导班子及其成员；

（二）人大常委会机关、政协机关领导班子及其成员，人民法院、人民检察院党组领导班子及其成员；

（三）国有企业、事业单位党委（党组）领导班子及其成员；

（四）乡镇（街道）党（工）委领导班子及其成员；

（五）村（社区）党组织班子及其成员；

（六）市委要求巡察的其他单位的党组织领导班子及其成员。

第二十一条　市委巡察组要紧密联系巡察单位所管辖范围内党的领导、党的建设、全面从严治党综合情况，对巡察对象执行党章和其他党内法规，遵守党的纪律，落实全面从严治党责任的情况进行监督，着力发现以下问题：

（一）违反政治纪律和政治规矩，存在违背党的路线方针政策的言行，有令不行、有禁不止，执行上级党委重大决策部署不力、搞上有政策下有对策等问题；

（二）违反廉洁纪律，以权谋私、贪污贿赂、腐化堕落等问题；

（三）违反组织纪律，违规用人、拉票贿选、买官卖官、“带病提拔”等不正之风，违反民主集中制原则、拉帮结派、独断专行，以及班子软弱涣散、严重不团结等问题；

（四）违反群众纪律、工作纪律和生活纪律，搞形式主义、官僚主义、享乐主义和奢靡之风等问题；

（五）对上级巡视组反馈意见整改和移交事项办理中存在的问题；

（六）市委要求了解的其他问题。

巡察工作还要把发现侵害群众利益的不正之风和腐败等问题作为主要任务。

第二十二条　市委可以根据工作需要，针对所辖乡镇（街道）、机关部门、企事业单位的重点人、重点事、重点问题或者巡察整改情况，开展机动灵活的专项巡察。

重点人主要是指党的十八大以后不收敛、不收手，问题线索反映集中、群众反映强烈，担任重要岗位职务且可能还要提拔使用的领导干部；重点事主要是指资金管理、资产处置、资源配置、资本运作和工程项目等方面反映突出的具体事项；重点问题主要是指利用行政审批权、执法权、人事权以权谋私，以及“三重一大”等方面的权力腐败问题。

专项巡察可以按照同类同步安排、分批集中汇报的原则，一次安排巡察多个单位，突出监督重点，创新方式方法，适当简化程序，增强工作实效。

第四章　工作方式和权限

第二十三条　市委巡察组可以采取以下方式开展工作：

（一）听取被巡察党组织的工作汇报和有关部门的专题汇报；

（二）与被巡察党组织领导班子成员和其他干部群众进行个别谈话；

（三）受理反映被巡察党组织领导班子及其成员和下一级党组织领导班子主要负责人问题的来信、来电、来访等；

（四）抽查核实领导干部报告个人有关事项的情况；

（五）向有关知情人询问情况；

（六）调阅、复制有关文件、档案、会议记录等资料；

（七）召开座谈会；

（八）列席被巡察单位的有关会议；

（九）进行民主测评、问卷调查；

（十）以适当方式到被巡察单位的下属单位、部门以及其他相关单位了解情况；

（十一）开展专项检查；

（十二）提请有关单位予以协助；

（十三）市委批准的其他方式。

市委巡察组采取本条第（四）、（十二）项所列方式开展工作，应当由市委巡察组提出书面申请，市委巡察工作领导小组办公室按有关规定报批后，商请相关部门按程序办理。

第二十四　条市委巡察组依靠被巡察党组织开展工作，不干预被巡察单位的正常工作，不履行执纪审查的职责。

第二十五　条市委巡察组应当严格执行请示报告制度，对巡察工作中的重要情况和重大问题及时向市委巡察工作领导小组请示报告。

特殊情况下，市委巡察组可以直接向市委书记报告。

第二十六条　巡察期间，经市委巡察工作领导小组批准，市委巡察组可以将被巡察党组织管理的干部涉嫌违纪违法的具体问题线索，移交有关纪检监察机关或政法机关处理；对群众反映强烈、明显违反规定并且能够及时解决的问题，向被巡察党组织提出处理建议。

第五章　工作程序

第二十七条　市委确定巡察对象后，市委巡

察工作领导小组办公室提前书面通知被巡察党组织。

第二十八　条市委巡察组开展巡察前，市委巡察工作领导小组办公室协调市纪检监察机关、审计机关、政法机关和组织、财政、编委办、信访等部门和单位，采取当面通报和提供书面材料等形式，向市委巡察组介绍被巡察党组织领导班子及其成员和市委管理的其他干部的有关情况。有关部门和单位应当全面、客观地提供情况，特别重要敏感的问题可以向市委巡察组组长单独通报。

对市属企业巡察时，市国资办等部门和单位应当向市委巡察组提供有关情况。

第二十九条　市委巡察组根据批准的巡察工作计划、方案，结合被巡察单位的情况，制定具体实施方案，并报市委巡察工作领导小组办公室备案。

第三十条　市委巡察组进驻被巡察单位后，通过召开巡察工作动员会等方式，向被巡察党组织通报巡察任务，并向社会公布巡察工作的主要任务、时间安排、联系方式等信息，为党员、干部、群众反映情况和问题提供便利条件。

巡察组应当按照规定的工作方式和权限，开展巡察了解工作。对反映被巡察党组织领导班子及其成员的重要问题和线索，应当进行深入了解。

常规巡察的集中了解时间一般为 1 个月左右，乡镇（街道）巡察因需要延伸巡察其所属村（社区），集中了解时间可适当延长，一般不超过 1 个半月；专项巡察的集中了解时间视情确定。

第三十一条　巡察了解工作结束后，5 个工作日内市委巡察组形成巡察报告，如实报告了解的重要情况和问题，并提出处理建议。

对党风廉政建设等方面存在的普遍性、倾向性问题和其他重大问题，应当形成专题报告，分析原因，提出建议。

第三十二条　市委巡察工作领导小组一般自收到巡察报告之日起 10 个工作日内听取市委巡察组的巡察情况汇报，研究提出处理意见，报市委决定。

第三十三条　市委及时听取巡察综合情况汇报，研究并决定巡察成果的运用。会议材料及时报杭州市委巡视工作领导小组备案。

第三十四条　经市委同意后，市委巡察组应当在 5 个工作日内向市委巡察工作领导小组提交反馈工作方案，经批准后，向被巡察党组织领导班子及其主要负责人分别反馈相关巡察情况，指出问题，有针对性地提出整改意见。

根据市委巡察工作领导小组的要求，市委巡察组将巡察的有关情况通报市委和市政府有关领导及其职能部门。

第三十五条　被巡察党组织收到市委巡察组反馈意见后，应当在党委（党组）会议上进行专题研究，查找存在问题的原因，制定整改方案，明确责任单位、责任人、整改时限，认真进行整改，于 10 个工作日内将整改方案、2 个月内将整改情况报告，报送市委巡察工作领导小组办公室。整改情况报告由主要负责人签发后以党委（党组）文件形式上报。

被巡察党组织对整改落实负主体责任，应当做好巡察前的即知即改、巡察中的立行立改、巡察后的全面整改工作；纪委（纪工委、纪检组）负监督责任。被巡察党组织主要负责人为落实整改工作的第一责任人。

第三十六条　对巡察发现的问题和线索，市委作出分类处置的决定后，依据干部管理权限和职责分工，按照以下途径进行移交：

（一）对领导干部涉嫌违纪的线索和作风方面的突出问题，移交有关纪检监察机关；

（二）对执行民主集中制、干部选拔任用等方面存在的问题，移交有关组织部门；

（三）其他问题移交相关单位。

上述问题和线索的移交手续由市委巡察工作领导小组办公室、市委巡察组会同接收机关（单位）办理，并制作移交清单。

第三十七条　有关纪检监察机关、组织部门和相关单位收到巡察移交的问题或者线索后，应当及时研究提出谈话函询、初核、立案或者组织处理等意见，于 3 个月内将办理情况反馈市委巡察工作领导小组办公室。

第三十八条　各级党委和组织部门应当把巡

察结果作为干部考核评价、选拔任用的重要依据。

在巡察期间，被巡察对象是拟提拔人选的，市委组织部或有关干部考察组应当听取相关巡察组的意见。

第三十九条　市委巡察机构要对整改落实情况、移交事项办理情况进行跟踪了解和督办，建立巡察成果运用台账管理制度。

市委巡察工作领导小组办公室应当会同巡察组采取函询、电话了解、实地查看、巡察回访等方式，了解和督促被巡察单位整改落实工作并向市委巡察工作领导小组报告。

对落实巡察整改不到位的单位，由市委巡察工作领导小组成员或委托市委巡察工作领导小组办公室负责人约谈其主要负责人，责成限期整改；经约谈后仍整改不到位的，依据有关规定追究相关责任人员的责任。

市委巡察工作领导小组可以直接听取被巡察党组织有关整改情况的汇报。

被巡察单位的整改落实情况纳入党风廉政建设责任制考核。

第四十条　加强巡察公开、宣传工作。巡察进驻、反馈、整改等情况，除涉及党和国家秘密以及其他不宜公开的情形经批准不予公开外，均应当通过召开会议、印发文件等形式向党内通报，通过网络、报纸、电视等主要新闻媒体向社会公开，接受党员、干部和人民群众监督。

第六章　纪律与责任

第四十一条　建立巡察机构与纪检监察机关、审计机关、政法机关和组织、财政、编委办、信访等部门及其他有关单位的工作协调机制。纪检监察机关、审计机关、政法机关和组织、财政、编委办、信访等部门及其他有关单位，应当支持配合巡察工作，提供信息、人员、专业等支持。对违反规定不支持配合巡察工作，造成严重后果的，依据有关规定追究相关责任人员的责任。

第四十二条　巡察工作人员应当严格遵守巡察工作纪律。巡察工作人员有下列情形之一的，视情节轻重，给予批评教育、组织处理或者纪律处分；涉嫌犯罪的，移送司法机关依法处理：

（一）对应当发现的重要问题没有发现的；

（二）不如实报告巡察情况，隐瞒、歪曲、捏造事实的；

（三）泄露巡察工作秘密的；

（四）工作中超越权限，造成不良后果的；

（五）利用巡察工作的便利谋取私利或者为他人谋取不正当利益的；

（六）违反中央八项规定精神以及省、杭州市和市委有关要求的；

（七）有违反巡察工作纪律的其他行为的。

第四十三条　被巡察党组织领导班子及其成员应当自觉接受巡察监督，积极配合巡察组开展工作，认真整改巡察反馈的问题，对巡察移交的问题线索及时进行查核处置。

党员有义务向巡察组如实反映情况。

第四十四条　被巡察单位及其工作人员有下列情形之一的，视情节轻重，对该单位领导班子主要负责人或者其他有关责任人员，给予批评教育、组织处理或者纪律处分；涉嫌犯罪的，移送司法机关依法处理：

（一）隐瞒不报或者故意向巡察组提供虚假情况的；

（二）拒绝或者不按照要求向巡察组提供相关文件材料的；

（三）指使、强令有关单位或者人员干扰、阻挠巡察工作，或者诬告、陷害他人的；

（四）无正当理由拒不纠正存在的问题或者不按照要求整改的；

（五）对反映问题的干部群众进行打击、报复、陷害的；

（六）其他干扰巡察工作的情形。

第四十五条　任何组织、个人不得违规插手、干预和影响巡察工作。有下列行为之一的，市委巡察组应当全面、如实记录，并报告市委巡察工作领导小组或者其办公室：

（一）超越职权要求巡察工作回避特定问题、干扰调查核实、对具体问题线索提出倾向性处理意见的；

（二）为特定对象请托说情的；

（三）要求巡察工作人员私下会见相关人员

的；

（四）违反规定打探巡察信息、通风报信的；

（五）其他插手、干预和影响巡察工作，妨碍实事求是、客观公正开展巡察的行为。

第四十六条　被巡察单位的干部群众发现巡察工作人员有本实施办法第四十二条所列行为的，可以向市委巡察工作领导小组或者其办公室反映，也可以依照规定直接向有关部门、组织反映。对反映的问题，由市委巡察工作领导小组办公室和市纪委、市委组织部进行处理。

第七章　附　则

第四十七条　本实施办法由中共建德市委负责解释，具体工作由市委办商市纪委、市委组织部、市委巡察工作领导小组办公室等承担。

第四十八条　本实施办法自颁布之日起施行。

中共建德市委办公室　建德市人民政府办公室印发《关于深入整治不担当不作为不落实问题　推动跨越赶超实现建德新崛起的意见》的通知

市委办发〔2017〕54号

各乡镇（街道）党（工）委、政府（办事处），市级机关各单位、市级国有公司：

《关于深入整治不担当不作为不落实问题推动跨越赶超实现建德新崛起的意见》已经市委、市政府研究同意，现印发给你们，请结合实际认真贯彻执行。

中共建德市委办公室
建德市人民政府办公室
2017年9月25日

关于深入整治不担当不作为不落实问题推动跨越赶超实现建德新崛起的意见

为全面从严加强干部队伍建设，推动全市党员干部牢固树立“四个意识”，落实以人民为中心的发展思想，践行实干至上、行动至上，打造能征善战、实干担当的建德铁军，真正做到以一流状态建设西部门户城市，现就深入整治市级机关单位、乡镇（街道）和干部队伍中存在的不担当不作为不落实问题（以下简称“三不”问题），推动跨越赶超实现建德新崛起，提出如下意见。

一、总体要求

深入学习贯彻习近平总书记系列重要讲话精神和治国理政新理念新思想新战略，按照中央《关于加强新形势下党的督促检查工作的意见》要求，围绕全面落实市第十四次党代会决策部署，持续推进全面从严治党，全面深化作风建设，以最铁的纪律深入整治“三不”问题，全力推动跨越赶超实现建德新崛起。聚焦重点领域，围绕推进“最多跑一次”改革、小城镇综合治理、劣Ⅴ类水治理等市委、市政府重点任务，扎实开展重点任务推进、行政审批制度改革、民生服务保障等工作中的“三不”问题专项整治。聚焦突出问题，紧盯部门职责不清、体制机制不畅、政策规定不适应、正向激励不足、监督执纪问责宽松软，以及党员干部自身存在的“三不”问题，对症下药、精准施策。对标“四个最铁”要求，大力弘扬拆违治水精神，进一步转变作风、实干担当，为建德新崛起提供坚强保障。

二、主要任务

（一）改革创新推进权责到位

1. 进一步厘清职责边界。针对当前我市在治水拆违、小城镇综合治理等重点任务推进和“放管服”“最多跑一次”改革、民生服务保障等工作中存在的相互推诿、进展迟缓等突出问题，督促市级各部门主动倒查责任权限，进一步厘清职责边界。按照职能科学、权责法定等法治政府建设要求，加强权力清单动态调整，健全职责边界争议动态管理机制，及时妥善处理部门职责模糊、交叉、脱节等问题。

2. 进一步完善责任体系。需要多部门多乡镇（街道）协作履职的，完善牵头单位承担主办责任、配合单位承担协同责任的责任体系。有明确牵头单位的任务事项，由牵头单位承担组织协调、监督管理、请示报告等职责，既要及时协调督促相关配合单位履职尽责，也要对特殊、紧急、责任不明等事项及时请示报告。没有明确牵头单位的任务事项，按照“法定优先、指定主办、源头监管、首问负责”等原则，确定主办单位，落实主办责任。单位间难以协调的，由首问责任单位及时提交上级主管部门或市政府协调处置。对少数涉及多个审批部门且审批条件互为前置的和行政管理过程中涉及多头执法的，由市政府明确一个牵头部门，建立常态化协调机制。

3. 进一步优化内部流程。各部门乡镇（街道）要认真开展规范性文件清理，及时废除、修订与“放管服”“最多跑一次”改革要求不相适应的文件规定，建立健全规章制度。着力破解“中梗阻”问题，健全部门内部流程反馈、评估、督查、整改机制，不断优化工作流程，推动部门内部权责清晰、衔接紧密、留痕可控，确保内部流转规范透明、高效有序。修订完善议事规则，落实责任分工、分级授权等工作机制，严格执行请示报告、答复反馈制度，探索建立“不能办”报告机制。完善 AB 岗、一次告知、全程代办、联审联办等制度，提高机关工作效能。

4. 进一步提升信息化水平。推广“互联网 +”政府服务模式，依托浙江政务网平台、政务服务 APP、微信公众号等，加快推进政府服务统一平台建设，进一步完善网上办事流程，加大政务管理和政务服务事项网上公开力度，推动网上网下政务服务体系创新融合。全面开展公共数据资源归集整合共享工作，优化数据交互和系统融合，推进各部门信息网络互联互通、数据共享，让数据“多跑路”、群众和企业“少跑路”。大力推进便民事项多端服务，提高乡镇（街道）便民服务平台信息化水平，实现同城通办、多点可办，为群众和企业提供更便捷服务。依托电子行政监察系统，强化红黄预警，实时监控和处置网上流程运行中出现的问题。

（二）监督检查推动问题整改

1. 日常监管更有效。各部门、乡镇（街道）要切实加强对党员干部、村（社区）干部的日常教育管理和监督，及时发现和处置本部门、乡镇（街道）、村（社区）存在的“三不”问题。编委办、法制办、审管办等部门要强化职能监管，针对部门之间各自为政、以权代法、重审批轻监管等问题，加大监管力度，及时纠偏纠错。行业主管部门要依法规范涉审中介从业行为，完善竞争淘汰机制，着力解决中介服务环节多、耗时长、质量差、收费乱等问题。强化人大依法监督和政协民主监督，加强舆论监督和群众监督，进一步形成全社会共同推动“三不”问题整治的浓厚氛围。

2. 重点督查更有力。统筹整合督查力量，进一步完善市委、市政府大督查工作机制，建立健全任务分解、回访调研、批示件办理、联合督查、调研督查、决策落实情况报告、核查复核、督促整改等制度，充分发挥市督查考评办的牵头抓总作用。围绕市委、市政府重大决策部署、重点工作任务，综合运用联合督查、实地督查、抽样督查、跟踪督查、暗访督查、调研督查、回访督查、催报督查和专家督查等各种方式，深入一线、真查实督，既督任务、督进度、督成效，又查认识、查责任、查作风，及时发现和处置工作推进中存在的“三不”问题。发挥重点任务牵头部门的职能监管作用，加强对工作推进的动态督查。把“三不”问题纳入巡察范围，切实加大对重大决策部署、重点任务落实中“三不”问题的巡察力度。

3. 整改落实更到位。对督查检查中发现的问题，要责成并督促有关单位认真纠正整改、汲取教训。根据《建德市领导班子和领导干部作风状况评价细则（试行）》规定，纳入单位领导班子和干部个人实绩档案，作为业绩评定、奖惩、使用的重要依据。建立健全“三不”问题线索移交、交办督办、挂账销号等工作机制，对日常管理、监督检查、巡察发现的问题线索，及时移交、督办、反馈，推动责任单位制定整改措施，落实责任人员，明确整改期限，确保整改落地。定期开展“三不”问题整改情况“回头看”，对整改措施不落实、效果不明显的，严肃追责，推动问题解决。

4. 问责通报更严格。严格落实《中国共产党问责条例》、省委实施办法、杭州市作风效能问责办法，运用监督执纪“四种形态”，根据“三不”

问题的情节轻重和后果影响，分别给予通报、诫勉、组织调整或者组织处理。应当给予纪律处分的，依规依纪追究纪律责任。对涉嫌失渎职违法犯罪的，移送司法机关依法处理。对“三不”问题多发频发、造成恶劣影响的单位，实行“一案双查”。对监督检查中该发现问题没有发现，该及时处置没有处置，该传递问题线索没有传递的，严格追究监管单位责任。公开曝光典型问题，释放失责必问、问责必严的强烈信号。

（三）正面引导激励干事创业

1. 注重实干导向。用好“互看互学互比”“大比武大督查大考核”等有效载体，建立健全“赛场赛马”工作机制和推行“两个捆绑”考核机制。把干部绩效考核、公务员年度考核与工作目标考核、党风廉政责任制考核等结合起来，把整治“三不”问题和推进领导干部能上能下结合起来，实施有效管理和科学考评；加大跨部门跨科室干部轮岗交流力度，对问题严重、影响恶劣，或者经教育提醒、诫勉处理没有改正或改正不明显的，及时予以组织处理。发挥考核指挥棒作用，强化考核成果运用，把考核评价结果作为干部选拔任用、单位评先评优的重要依据。

2. 注重能力素质。结合“组团包干”“三提一争”活动，推动各级党员干部增强“四个意识”、提高政治觉悟，自觉做到忠诚干净担当。广泛开展岗位大练兵，有针对性地加强业务和综合素质培训。继续选派干部到重点项目、重大工程、基层一线挂职任职，到信访维稳、“三改一拆”“五水共治”等艰苦岗位锻炼，提高服务群众、推动发展的能力。加强编外人员队伍专业化建设和规范化管理，制定完善管理办法，进一步增强编外人员服务意识。

3. 用好容错免责。认真落实《关于建立党员干部改革创新容错免责机制的实施办法》，把干部在推进改革中因缺乏经验、先行先试出现的失误和错误，同明知故犯的违纪违法行为区分开来；把上级尚无明确限制的探索性试验中的失误和错误，同上级明令禁止后依然我行我素的违纪违法行为区分开来；把为推动发展的无意过失，同为谋取私利的违纪违法行为区分开来，将容错免责理念贯穿于监督管理全过程。坚持实事求是、宽严相济，对符合免责条件的单位和个人，要给予客观公正的评价。经研究予以免责后，不影响评先评优、提拔使用，政绩考核时不作为负面评价的依据。做到为担当者担当，为干事者撑腰，推动形成敢抓敢管、实干担当的良好氛围。

三、组织实施

（一）强化组织领导。为确保“三不”问题整治有力有效，市委建立专门工作领导小组，全面抓好贯彻落实，统筹推进全市“三不”问题整治工作。各乡镇（街道）、部门单位党组织要切实扛起主体责任，把“三不”问题整治工作纳入重要议事日程，确保《意见》落实到位。

（二）落实重点任务。在全面抓好贯彻落实的基础上，要着重围绕十二项重点任务，根据责任分工和完成时限的要求，一项项抓好落实。牵头领导要坚持主抓直管，亲自协调、亲自检查、亲自督办、亲自落实。牵头单位要认真履行第一责任，主动组织协调，制定具体方案，细化整治举措，狠抓工作落实。配合单位要各司其职，各负其责，自觉担当，协同协作，形成工作合力。

（三）完善机制制度。要建立健全贯彻落实情况报告、监督检查、问题通报和整改反馈机制。市委、市政府将对各牵头单位工作情况开展监督检查，定期听取进展情况汇报。各级党组织、纪检监察组织也要定期听取报告，动态监督检查，严肃问责通报，及时整改反馈，确保深入整治“三不”问题工作取得实效。

附件：1. 建德市深入整治“三不”问题工作领导小组主要职责及人员名单

2. 深入整治“三不”问题重点任务分工

附件1

建德市深入整治“三不”问题工作领导小组主要职责及人员名单

为进一步加强对“三不”问题整治工作的组织领导，市委、市政府决定，建立建德市深入整治“三不”问题工作领导小组。领导小组主要工作职责是：指导、协调、推进全市“三不”问题整治，研究解决工作中的重大问题，确保各项举措落实到位。

组　长：周友红

副组长：吕　平　王　江　柴国庆

成　员：杨福泉（市委办）

郑志华（市府办）

章健梅（市纪委、市监委）

余小途（市委组织部）

鲁　斌（市委宣传部）

洪树华（市委政法委）

章　明（市编委办）

陈小龙（市委巡察办）

林　立（市直机关工委）

黄　炜（市信访局）

倪浩群（市督查考评办）

徐　俊（市发改局）

姜建生（市经信局）

高建军（市财政局）

何来信（市人力社保局）

韩　勇（市国土资源局）

周献锦（市住建局）

唐晓良（市交通运输局）

黄朝光（市环保局）

占志忠（市市场监管局）

周　治（市法制办）

王　田（市审管办）

领导小组下设办公室（设在市委办公室），杨福泉同志兼任办公室主任，郑志华、章健梅同志兼任办公室副主任。

附件 2

深入整治“三不”问题重点任务分工

一、进一步厘清职责边界

针对当前我市在治水拆违、小城镇综合治理等重点任务推进和“放管服”“最多跑一次”改革、民生服务保障等工作中存在的相互推诿、进展迟缓等突出问题，以优质高效推进工作、提供服务为目标，督促市级各部门主动倒查责任权限，进一步厘清职责边界。健全职责边界争议动态管理机制，及时妥善处理部门职责模糊、交叉、脱节等问题。

牵头市领导：吕　平

牵头单位：市政府办公室

配合单位：市编委办、市审管办、市法制办

年度任务完成时限：2017 年 12 月

二、健全完善牵头主办责任体系

健全完善牵头单位承担主办责任、配合单位承担协同责任的责任体系，发挥牵头单位组织协调、监督管理、请示报告等作用，督促相关配合单位履职尽责。没有明确牵头单位的任务事项，建立主办责任协商机制和请示报告机制，及时确定牵头单位、配合单位。对少数涉及多个审批部门且审批条件互为前置的和行政管理过程中涉及多头执法的，由市政府明确一个牵头部门，建立常态化协调机制。

牵头市领导：吕　平

牵头单位：市政府办公室

配合单位：市编委办、市审管办、市法制办

年度任务完成时限：2017 年 12 月

三、开展规范性文件清理

认真开展规范性文件清理，各制定主体要及时废除、修订与“放管服”“最多跑一次”改革要求不相适应的规范性文件。

牵头市领导：吕　平

牵头单位：市法制办

配合单位：市编委办、市发改局、市审管办

年度任务完成时限：2017 年 12 月

四、优化内部工作流程

着力破解“中梗阻”问题，健全部门内部流程反馈、评估、督查、整改机制，推动建立权责清晰、衔接紧密、留痕可控的工作流程。修订完善议事规则，落实责任分工、分级授权等工作机制，探索建立“不能办”报告机制。

牵头市领导：吕　平

牵头单位：市审管办

配合单位：市府办（电子政务办公室）、市编委办、市法制办

年度任务完成时限：2017 年 12 月

五、健全网上便民服务体系

依托浙江政务网等平台，进一步完善网上办事流程，加大政务管理和政务服务事项网上公开力度，推动网上网下政务服务体系创新融合。全面开展公共数据资源归集整合共享工作，推进各部门信息网络互联互通、数据共享。大力推进便民事项多端服务，提高乡镇（街道）便民服务平台信息化水平，实现同城通办、多点可办，为群众和企业提供更便捷服务。依托电子行政监察系统，强化红黄预警，实时监控和处置网上流程运行中出现的问题。

牵头市领导：吕　平

牵头单位：市审管办

配合单位：市府办（电子政务办公室）

年度任务完成时限：2017 年 12 月

六、健全市委市政府大督查机制

统筹整合督查力量，进一步完善市委、市政府大督查工作机制，建立健全任务分解、回访调研、批示件办理、联合督查、调研督查、决策落实情况报告、核查复核、督促整改等制度，充分发挥市督查考评办的牵头抓总作用。围绕市委、市政府重大决策部署、重点工作任务，综合运用联合督查、实地督查、抽样督查、跟踪督查、暗访督查、调研督查、回访督查、催报督查和专家督查等各种方式，深入一线、真查实督，既督任务、督进度、督成效，又查认识、查责任、查作风，及时发现和处置工作推进中存在的“三不”问题。发挥重点任务牵头部门的职能监管作用，加强对工作推进的动态督查。

牵头市领导：周友红

牵头单位：市委办公室、市政府办公室

配合单位：市督查考评办

年度任务完成时限：2017 年 12 月

七、加大“三不”问题巡察力度

把“三不”问题纳入巡察范围，加大对重大决策部署、重点任务落实中“三不”问题的巡察力度，发现问题，督促整改。

牵头市领导：柴国庆

牵头单位：市委巡察办

年度任务完成时限：2017 年 12 月

八、强化涉审中介服务行业监管

依法规范涉审中介从业行为，完善竞争淘汰机制，着力解决中介服务环节多、耗时长、质量差、收费乱等问题。

牵头市领导：吕　平

牵头单位：市审管办

配合单位：市编委办、市发改局、市经信局、市财政局、市国土资源局、市住建局、市交通运输局、市环保局、市市场监管局等涉企审批相关主管部门

九、加强“三不”问题责任追究和通报曝光

严格落实杭州市作风效能问责办法，运用监督执纪“四种形态”，分类处置存在“三不”问题的党员干部。对“三不”问题多发频发、造成恶劣影响的单位和地区，实行“一案双查”。加大典型问题公开曝光力度。

牵头市领导：柴国庆

牵头单位：市纪委、市监委

十、健全考核激励机制

把整治“三不”问题和推进领导干部能上能下结合起来，加大跨部门跨科室干部轮岗交流力度。用好“互看互学互比”“大比武大督查大考核”等有效载体，建立健全“赛场赛马”工作机制和“两个捆绑”考核机制。完善考核评价体系，把考核评价结果作为干部选拔任用、单位评先评优的重要依据。

牵头市领导：王　江

牵头单位：市委组织部

配合单位：市督查考评办、市人力社保局

十一、提高服务群众、推动发展能力

结合“组团包干”“三提一争”活动，推动各级党员干部增强“四个意识”、提高政治觉悟。选派干部到重点项目、重大工程、基层一线挂职任职，到信访维稳、“三改一拆”“五水共治”等艰苦岗位锻炼，提高服务群众、推动发展的能力。加强编外人员队伍专业化建设和规范化管理，制定完善管理办法，进一步增强编外人员服务意识。

牵头市领导：王　江

牵头单位：市委组织部

配合单位：市编委办、市直机关工委、市财政局、市人力社保局

十二、落实容错免责

认真落实《关于建立党员干部改革创新容错免责机制的实施办法》，按照“三个区分”要求，将容错免责理念贯穿于监督管理全过程，推动形成敢抓敢管、实干担当的良好氛围。

牵头市领导：王　江、柴国庆

牵头单位：市纪委、市监委，市委组织部

配合单位：市委政法委、市信访局、市督查考评办、市人力社保局

（王哲迁）

建德市人民政府关于印发《建德市人民政府工作规则》的通知

建政〔2017〕1号

各镇、乡人民政府，各街道办事处，市政府各部门、单位：

《建德市人民政府工作规则》经市政府第5次常务会议通过，现印发给你们，请结合实际，认真遵照执行。

建德市人民政府

2017年7月4日

建德市人民政府工作规则

（2017年6月19日市政府第5次常务会议通过）

第一章　总　则

第一条　建德市第十六届人民代表大会第一次会议产生新一届建德市人民政府，根据《中华人民共和国宪法》《中华人民共和国地方各级人民代表大会和地方各级人民政府组织法》，国务院及浙江省、杭州市政府工作规则，结合本市实际，制定本规则。

第二条　市政府工作的指导思想是，高举中国特色社会主义伟大旗帜，深入学习贯彻习近平总书记系列重要讲话精神和治国理政新理念新思想新战略，认真执行党的路线方针政策，全面正确履行政府职能，坚持依法行政，实行科学民主决策，加强行政监督，加强政务公开，形成行为规范、运转协调、公正透明、廉洁高效的行政管理体制，确保市政府各项工作部署落到实处。

第三条　市政府在市委“总揽全局、协调各方”的领导格局中开展工作。市政府工作的准则是，执政为民，依法行政，实事求是，民主公开，务实清廉。

第二章　组成人员职责

第四条　市政府由市长、副市长、市政府工作部门的主要负责人组成。

市政府组成人员要模范遵守宪法和法律，认真履行职责，为民务实，严守纪律，勤勉廉洁。

第五条　市政府实行市长负责制，市长领导市政府的工作。副市长协助市长工作。

第六条　副市长按分工负责分管工作。受市长委托，负责其他方面的工作或专项任务，并可代表市政府进行外事活动。重要事项要及时向市长报告。有关事项涉及其他副市长分管工作的，要与相关副市长商量决定。

第七条　市政府工作部门实行主任、局长负责制，由其领导本部门的工作。

市政府各部门要各司其职，各尽其责，顾全大局，协调配合，维护政令畅通，切实贯彻落实市委、市政府各项工作部署。

第三章　全面履行政府职能

第八条　市政府要全面正确履行经济调节、市场监管、社会管理和公共服务职能，形成权界清晰、分工合理、权责一致、运转高效、法治保障的机构职能体系，创造良好发展环境，提供基本均等公共服务，维护社会公平正义。

第九条　贯彻落实国家宏观调控政策措施，主要运用经济、法律手段并辅之以必要的行政手段引导和调控经济运行，促进全市国民经济持续健康发展。

第十条　依法严格市场监管，推进公平准入，完善行政执法、行业自律、舆论监督、群众参与相结合的市场监管体系，实行信用监督和失信惩戒制度，整顿和规范市场经济秩序，建设统一开放、公平诚信、竞争有序的市场体系。

第十一条　认真履行社会管理职能，落实和完善社会管理的政策法规，依法管理和规范社会组织、社会事务，妥善处理社会矛盾，维护社会秩序和社会稳定。加强城乡基层群众性自治组织和社会建设。培育并引导各类社会组织的健康发展，充分发挥其作用。依法建立健全各类突发公共事件应急体系，提高政府应对公共危机的能力。

第十二条　强化公共服务职能，完善公共政策，健全政府主导、社会参与、覆盖城乡、可持续的基本公共服务体系，努力提供公共产品和服务，推进部门公共产品和服务的市场化进程，鼓励公共服务社会化，加大政府向社会组织购买公共服务力度，建立健全公共产品和服务的监管和绩效评估制度，简化程序，降低成本，讲求质量，提高效益。

第四章　坚持依法行政

第十三条　市政府及各部门要坚决维护宪法和法律权威，建设法治政府。按照合法行政、合理行政、程序正当、高效便民、诚实守信、权责统一的要求，行使权力，履行职责，承担责任。

第十四条　市政府根据经济社会发展需要，适时制定行政规范性文件及有关措施，及时修改或废止与经济社会发展不相适应的行政规范性文件。拟订和制定与群众利益密切相关的政府行政规范性文件，原则上都要向社会公开征求意见。

第十五条　市政府制定的规范性文件应当及时报送上级政府和市人大常委会备案。

市政府及各部门制定的行政规范性文件及有关措施，必须符合宪法、法律、法规、规章和国家、省、杭州市的方针政策。涉及部门职权范围内的事项，原则上由部门自行制定。两个及以上部门职权范围内的事项，原则上应由有关部门联合制定。特别重要的，部门经科学民主决策程序后，报请市政府制定。

第十六条　市政府及各部门制定的行政规范性文件前应当由制定机关的法制机构进行合法性审查。行政规范性文件不得设定行政许可、行政处罚、行政强制等事项，不得违法增加公民、法人和其他组织的义务。

第十七条　市政府在行政管理和对外经济活动中，所形成的合同、协议、意向书、备忘录、纪要、承诺书等文书，必要时需经政府法制机构合法性审查。

第十八条　建立政府法律顾问制度，每届政府及部门应当聘请若干法律顾问，在进行重大决策、解决重点热点难点问题时，应主动征求法律顾问意见建议。法律顾问日常工作，由市政府法制办及部门法制机构组织落实。

第十九　条实行行政执法责任制、行政执法过错责任追究制、行政首长出庭应诉制度和行政复议制度。市政府各部门要严格执法，健全规则，规范程序，落实责任，强化监督，做到有法必依、执法必严、违法必究，公正执法、文明执法，维护公共利益、人民权益和社会秩序。

第五章　实行科学民主决策

第二十条　市政府及各部门要完善公众参与、专家咨询、风险评估、合法性审查和集体讨论决定相结合的决策机制。

第二十一条　全市国民经济和社会发展规划、计划及财政预算，经济调节和改革开放的重大政策措施，社会管理重要事务、重大建设项目以及其他需要由市政府决策的重大事项，由市政府全体会议或市政府常务会议讨论和决定，或经市政府常务会议、市政府党组会议讨论通过后报请市委决定。

第二十二条　市政府各部门提请市政府研究决定的重大事项，都必须经过深入调查研究，进行合法性、必要性、科学性、可行性和可控性评估论证；涉及相关部门的，应当充分协商；涉及各镇乡人民政府(街道办)的,应当事先听取意见。

第二十三条　市政府在做出涉及重大公共利益和群众切身利益等重大决策之前，应通过专家论证咨询、社会公示代表、政协委员、专家学者、民主党派、群众团体和人民群众等各方面的意见和建议，并采取座谈会、听证会等形式，广泛听取人大。涉及重大公共利益和公众权益、容易引发社会稳定问题的，要进行社会稳定风险评估。

第二十四条　市政府各部门必须坚决贯彻落实市政府的决定，建立反应灵敏、协调有效、覆盖全市的决策信息反馈机制和决策后评估机制，及时跟踪和反馈执行情况。市政府办公室要加强督促检查，确保政令畅通。

第六章　推进政务公开

第二十五条　市政府及各部门要把公开透明作为政府工作的基本制度。深化政务公开，完善各类办事公开制度，健全政府信息发布制度，推进行政权力行使依据、过程、结果公开。

第二十六条　市政府全体会议和常务会议讨论决定的事项、市政府及各部门制定的政策，除依法不得公开或公开后不利于决策实施和社会稳定外，应及时公布。

第二十七条　凡涉及公共利益、公众权益、需要广泛知晓的事项和社会关切的事项以及法律和市政府规定需要公开的事项，均应通过政府网站、政府公报、新闻发布会以及报刊、广播、电视、网络等方式，依法、及时、全面、准确、具体地向社会公开。

加强政府信息依申请公开工作，畅通申请渠道，依法及时答复。

第七章　健全监督制度

第二十八条　市政府要自觉接受市人大及其常委会的监督，认真负责地报告工作，接受询问和质询；自觉接受市政协的民主监督，开展重大问题的政治协商，虚心听取意见和建议。

市政府每年向市人大代表、政协委员通报工作情况。对市人大代表、政协委员提出的建议、意见和提案，要高度重视，认真办理，不断提高按时办结率和办理满意率。

市政府各部门要依照有关法律的规定接受司法机关的监督，同时要自觉接受监察委员会、审计部门等的监督。对监督中发现的问题，要认真查处和整改并向市政府报告。

第二十九条　加强行政系统内部监督，强化政府层级监督。市政府及各部门要严格执行行政复议法，纠正违法或不当的行政行为；要严格执行行政规范性文件备案制度，及时发现并纠正与法律、法规和规章不相适应的行政规范性文件。

第三十条　市政府及各部门要接受社会公众和新闻舆论的监督。对新闻媒体报道和各方面反映的重要问题，各有关部门要认真调查核实有关情况，及时依法处理和整改并向市政府报告。要加强政府网站建设，重视群众和其他组织通过多种方式对行政行为实施监督。

第三十一条　市政府及各部门要高度重视人民群众来信来访和市长公开电话与效能监督电话工作，进一步完善信访制度，畅通信访渠道，认真解决群众的合理诉求，着力解决信访突出问题。市政府领导及各部门负责人要亲自阅批重要的群众来信，每年安排时间下基层接访。

第三十二条　市政府及各部门要推行绩效管理制度和行政问责制度，加强对重大决策部署落实、部门职责履行、重点工作推进以及自身建设等方面的考核评估，健全纠错制度，严格责任追究，提高政府公信力和执行力。

第八章　会议制度

第三十三条　市政府实行市政府全体会议、市政府常务会议、市长办公会议、市政府专题会议制度。

第三十四条　市政府全体会议由市长、副市长、市政府工作部门的主任和局长组成，根据需要可安排有关部门、单位负责人或邀请有关人员列席会议。由市长召集和主持，一般每半年召开一次。市政府全体会议的主要任务是：

（一）传达和研究贯彻党中央、国务院、上级党委和政府及市委的重要决策部署和指示决定；

（二）讨论决定市政府工作中的重大事项；

（三）部署市政府重要工作；

（四）通报有关重要情况。

第三十五条　市政府常务会议由市长、副市长组成。根据需要可邀请市人大、市政协、市监察委、市人武部领导参加会议，安排其他有关部门、单位负责人列席会议。会议由市长召集和主持，一般每月召开一次，如有需要可临时召开。市政府常务会议的主要任务是：

（一）传达和研究贯彻党中央、国务院、上级党委和政府及市委的重要决策部署和指示决定；

（二）传达和贯彻市人大及其常委会的决议以及需要提请市人大及其常委会审议的政府工作报告和其他事项；

（三）研究决定市政府工作中事关经济社会发展的重要问题，包括重大改革事项、重大规划计划、重大政策措施、重大工程和重要项目安排、大额资金使用，以及重要民生问题和社会稳定事项等；

（四）讨论报请省、杭州市政府审定的重大事项；

（五）讨论报请市委决定的事项；

（六）讨论通过市政府出台的行政规范性文件、重大政策措施和重要文件；

（七）讨论决定各镇乡人民政府（街道办）、市政府各部门和各直属单位请示的重要事项；

（八）通报和讨论其他重要事项。

第三十六条　市长办公会议由市长、副市长，市政府办公室主任、副主任及市政府相关部门负责人参加。根据需要可邀请市监察委领导参加会议。会议由市长召集和主持，根据需要不定期召开。市长办公议的主要任务是：

（一）传达和研究贯彻国务院、省、杭州市工作会议精神；

（二）研究确定市政府日常工作中事关全局、需要统筹安排的事项；

（三）听取有关部门的专题汇报，研究确定市政府所要采取的政策措施；

（四）研究市政府召开的全市性重要会议的准备事项；

（五）研究提交市政府全体会议、市政府常务会议讨论的事项；

（六）研究讨论市政府日常工作中的其他重要事项。

第三十七条　市政府专题会议由市长、副市长召集和主持，也可委托市政府办公室主任、副主任召集和主持，根据需要不定期召开。市政府专题会议的主要任务是：

（一）研究处理属于市长、副市长分管职责范围、需要统筹协调的某一业务事项；

（二）研究处理属于市政府既定工作安排、需要组织实施的某一业务事项；

（三）研究突发性事件的处理意见；

（四）研究处理上级领导或市委、市政府主要领导对某一涉及面较广、影响较大的具体问题所作指示的贯彻落实意见；

（五）需要市长、副市长出面协调的部门之间分歧的事项；

（六）研究处理市政府日常工作中的其他具体业务事项。

市政府分管领导召集的专题会议按照“谁负责、谁牵头”的原则进行，凡涉及其他领导工作的，会前要做到协商一致；如协调的事项超越分管职责权限的，须经市长同意后召集。

第三十八条　市政府全体会议、市政府常务会议、市长办公会议和市政府专题会议由市政府办公室负责安排，具体程序按照《建德市人民政府会议制度》《建德市“三重一大”事项集体决策制度实施办法（试行）》等有关规定执行。

第三十九条　提请市政府全体会议、市政府常务会议、市长办公会议讨论的议题，由市长直接提议或由分管副市长协调、审核后提出，报市长确定。提请市政府专题会议讨论的议题，由市政府办公室根据市长或分管副市长意见确定。

第四十条　市政府组成人员不能出席市政府全体会议、市政府常务会议和市长办公会议，向市长请假。如对会议议题有意见或建议，可在会前提出。市政府各部门负责人不能参加会议的，会前须向市政府办公室主任请假。

第四十一条　市政府全体会议、市政府常务会议和市长办公会议所确定的事项一般通过会议纪要形式下发执行。会议纪要由办公室副主任、主任审阅后，根据会议议题内容，送相关副市长审核后，报市长签发。市政府专题会议纪要根据协调事项权限，经分管副主任、主任审核后，由相关副市长或报市长签发。

上述会议讨论决定的事项，宜于公开的，应及时报道，新闻稿须经市政府办公室主任或有关副主任审定，如有需要报市长或副市长审定。

第四十二条　尽量减少以市政府名义召开的全市性会议。凡市政府召开的由乡镇人民政府（街道办）、市政府工作部门主要负责人参加的全市性工作会议，由市长办公会议或市政府常务会议决定；如临时决定，应报市长同意后召开；其他人员参加的全市性会议，由分管副市长核定，必要时报市长批准。

第九章　公文审批

第四十三条　市政府各部门、各镇乡人民政府（街道办）报送市政府的公文，应当严格执行《党政机关公文处理工作条例》及市政府办公室公文处理等有关规定，符合语言文字规范要求，遵守行文规则，注重公文效用。

各部门、各镇乡人民政府（街道办）报送市政府的请示、报告，市人大、政协机关的审议意见、建议案，上级有关部门、兄弟县（市）商请市政府解决有关问题的来函等，均应经市政府办公室公文处理的有关规定呈送市政府领导阅批。除市政府领导交办的事项和必须报送市政府领导的绝密事项外，一般不得向市政府领导个人报送公文。

第四十四条　各部门、各镇乡人民政府（街道办）报送市政府的请示性公文，应由主要负责人签发。

请示应一事一报，不得多头主送。报送市政府的请示性公文，凡涉及其他部门职权的，必须主动与相关部门充分协商，由主办部门主要负责人与相关部门负责人会签或联合报市政府审批。部门间如有分歧意见，主办部门主要负责人要主动协商；协商后仍不能取得一致意见的，主办部门应列明各方理据，提出办理建议。必须一并提交关联部门的意见建议，部门间如有不同意见，主办部门的主要负责人要主动与协办部门协商，未经认真研究、协商的矛盾和问题不得提交市政府。

第四十五条　各部门、各镇乡人民政府（街道办）报送市政府审批的公文，以及以市政府和市政府办公室名义印发的公文，统一由市政府办公室按规定程序办理，并按市政府领导分工呈批。

第四十六条　市政府发布的决定、命令、人事任命和重要的政策性文件，向市人大或其常委会提出的议案，向市政协提出的建议案，向上级提交的请示件，由市长签署。

第四十七条　以市政府名义发布的公文，由市长或市长授权分管副市长签发；涉及其它副市长分管工作的，经有关副市长审阅后签发；凡涉及财政性资金使用、人事调整、优惠政策享受、土地审批出让、国有资产处置、重大项目规划设计等重要事项的公文呈市长审阅后签发。

以市政府办公室名义发文，属按市政府领导同意批示办理的，由市政府办公室主任视情审核签发；如有需要，呈相关副市长审阅后签发。涉及重要内容及重大事项的，按照市政府发文的程序操作。

第四十八条　市政府文件除不宜公布的外，应向社会公布，公布前应经市政府办公室主任审核。

第四十九条　市政府及各部门要注重行文规则，切实精简文件，改进文风，从严控制以市政府及市政府办公室名义发文。属部门职权范围内事务、应由部门自行发文或联合发文的，不得要求市政府批转或市政府办公室转发、印发。

第十章　工作纪律

第五十条　市政府组成人员要坚决贯彻执行党和国家的路线方针政策以及工作部署，严格遵守纪律，有令必行，有禁必止。

第五十一条　市政府组成人员必须坚决执行市政府的决定，如有不同意见可在市政府内部提出，在没有重新做出决定前，不得有任何与市政府决定相违背的言论和行为；代表市政府发表讲话或文章，个人发表涉及未经市政府研究决定的重大问题及事项的讲话或文章，事先须经市政府同意。

第五十二条　市政府及各部门要加强工作的计划性、系统性和预见性，安排年度工作安排布局，并根据形势和任务的变化及时做出调整。

市政府提出年度重点工作目标，通过召开全市性会议和制发重要公文等，形成市政府年度工作安排布局。

各部门、各镇乡人民政府（街道办）必须坚决贯彻落实市政府的重大决策，认真落实市政府年度工作安排布局，市政府办公室适时进行督办并作出通报。

第五十三条　市政府各部门、各镇乡人民政府（街道办）要及时向市政府报告重要情况、重大事件和重大活动。各部门、各镇乡（街道办）的会议和事务性活动确需市政府领导出席的，应事先报告市政府办公室，由市政府办公室根据有关规定和领导分工统筹安排。

第五十四条　市政府及市政府工作部门要严格执行请示报告制度，遵守各项政务纪律。

市政府及各部门、各直属单位及各镇乡人民政府（街道办）的负责人出国（境），要按照外事管理的有关规定和干部管理权限办理手续，并遵守有关外事规定。

副市长离建出访、出差和休假，应事前向市长报告，由市政府办公室通报市政府其他领导。市政府各部门、各镇乡人民政府（街道办）主要负责人离建外出，应事前报告市政府办公室，由市政府办公室报请市领导审批。

第五十五条　市政府组成人员要严格遵守保密纪律和外事纪律，严禁泄露国家秘密、工作秘密或因履行职责掌握的商业秘密等，坚决维护国家的安全、荣誉和利益。

第十一章　廉政和作风建设

第五十六条　市政府及各部门要严格执行改进工作作风、密切联系群众和廉洁从政的各项规定，切实加强廉政建设和作风建设。

第五十七条　市政府及各部门要从严治政。对职权范围内的事项要按程序和时限积极负责地办理，对不符合规定的事项要坚持原则不得办理；对因推诿、拖延等官僚作风及失职、渎职造成影响和损失的，要追究责任；对越权办事、以权谋私等违规、违纪、违法行为，要严肃查处。

第五十八条　市政府领导要深入基层，调查研究，指导工作，注重研究和解决实际问题。市政府领导每年要保证一定时间深入基层蹲点调研。到基层考察调研，要轻车简从，减少陪同，简化接待；严格控制各种名目的庆典，严禁组织无实质性内容、无明确考察目的的学习考察活动。

市政府领导活动的宣传报道要从严掌握，需要作新闻报道的，由市政府办公室统一联系安排。

第五十九条　市政府及各部门要严格执行财经纪律，艰苦奋斗、勤俭节约，坚决制止奢侈浪费，严格执行办公用房等规定，严格控制差旅、会议经费等一般性支出，切实降低行政成本，建设节约型机关。

第六十条　市政府组成人员要廉洁从政，严格执行领导干部重大事项报告制度，不得利用职权和职务影响为本人或特定关系人谋取不正当利益；不得违反规定干预或插手市场经济活动；加强对亲属和身边工作人员的教育和约束，决不允许搞特权。

第六十一条市政府组成人员要做学习的表率，市政府及各部门要建设学习型机关。市政府定期举办学习会、每年召开一次务虚会，市政府领导及各部门负责人参加，根据需要可扩大参加人员。

第十二章　附　则

第六十二条　本规则自通过之日起施行。

原发《建德市人民政府关于印发〈建德市人民政府工作规则〉的通知》（建政〔2012〕1号）同时废止。

编辑：杨忠平

索 引

Index

说明：
一、本索引设主题索引和图表索引2 个分目。
二、主题索引采用分析索引法，按索引条目第一字汉语拼音（同音字按声调）顺序排，首字相同按第二字音序排，依次类推。类目、分目分别用绿色、深绿色黑体字标注。标引词后的阿拉伯数字表示内容所在的页码。
三、本年鉴的“特载”“大事记”“重要文件选录”均未作索引。
四、图表按序号排列，所在位置标注方法同上。

主题索引

阿拉伯数字

101水上渔民婚礼 169
11个项目通过节能审查 88
“12345”工作体系创新“党建+” 276
17次市长办公会 193
17度新安江品牌影响力增强 108
2017年度民兵应急分队开训动员大会 235
2017年建德市组织机构及负责人名录 321
23省道航头至界头改建工程 110
320国道至杭黄高铁连接线工程 111
3个品牌获得国际森林产品博览会金奖 70
5家单位列入浙江省第一批现代农业科技示范基地 66
“6·25”洪涝灾害应急处置 196
“6·25”抗洪救灾 275
“6·25”卫生保障 268
6次协商建言 201
8次视察检查 186

A

阿米巴经营理念培训 218
“艾梅乙”母婴阻断管理 272
爱国卫生 272
爱心助学 211
安全管理建设 101
安全生产 122
安全生产“15日工作法” 155
安全生产“最多跑一次”改革 156
安全生产基础建设 156
安全生产监督管理 155

安全生产宣传教育　156
安全生产应急救援　156
安委会“1+X”责任体系　155
安置房建设管理　199
案例　233

B

“八大举措”护航重点工程建设　226
“百千万”督查活动　182
保　险　140
保密工作　175
保障村级组织换届选举　226
保障中心工作　229
保障转型升级　231
避灾安置场所全覆盖　284
编纂“严州古今文丛”（第二辑）　260
便民事项双休日开放　27
病媒生物控制　272
不动产登记“最多跑一次”改革　132
不动产登记集成改革　28

C

财　政　142
财政　税务　142
财政“最多跑一次”改革　142
财政收入42.72亿元　48
参加杭州市19届运动会　262
参与重要政策意见制定　164
参政议政工作　198
残疾人创业就业　220
残疾人机动轮椅车管理　220
残疾人联合会　219
残疾人民生实事　220
草莓小镇特色发展　293
草莓种植技术产研合作　63
产业结构优化　190
产业融合　107
超细粉末国家工程研究中心浙江分中心落户高铁新区　97
成功创建“基本无违建”镇　296
成功创建国家卫生乡镇　311
成功创建浙江省卫生镇　295
成功破获“7·13”电信诈骗专案　233
成立“幸福家园”志愿者卫计服务队　311
成立建德市社会工作者协会　276
成立浙西农产品旅游电商产业园　296
成品石油营销　101
成品油市场拓展与管理　101
成人（社区）教育　246
“成长型工业企业”评选　87
承办杭州市垃圾分类现场会　286
承办中美森林健康经营合作研讨培训会　69
城市管理　124
城市管理“最多跑一次”改革　125
城乡道路交通与住房建设　285
城乡规划　118
城乡互助养老民宿试点　217
城乡建设　119
城乡建设　301
城乡建设与管理　118
城乡面貌变化　191
城乡面貌明显改善　157
城乡统筹建设项目　309
城乡医保银行代扣代缴　241
城镇居民人均生活水平　281
城镇新增就业人数管理　240
出入境检验检疫　104

出台就业创业帮扶政策 240
初中教师业务能力比武 247
储备粮油轮换 102
畜牧生产 64
畜牧业转型升级 64
畜禽产品安全监管 64
传 媒 263
传染病防治 269
传统村落保护 119
传统婺剧经典 257
创办会刊 211
创建“‘17℃’新安江”外宣品牌 169
创建“信用县” 134
创建成为杭州市“无违建乡镇” 300
创建国家有机食品基地示范县（试点） 127
创建杭州市“巾帼文明岗” 184
创建体育强市 261
创新实施“最多反映一次” 297
创新智慧监管手段 114
创业就业补贴 240
“创智家”交流平台 259
从优待警和从严治警 227
促进阳光检务 229
村、社区、居民区 46
村级集体经济发展 59
村级组织换届选举纪律监督 167
村社组织换届 172
村社组织换届 275

D

打好治水治气治废治土治理战役 128
打造两个党建联系点 145
大慈岩镇 301
大调研促进工作大提升 164
大同集镇建设 306
大同医院整体搬迁工程项目一期基本完工 308
大同镇 305
大同镇鸿业家庭农场美丽牧场项目建设完成 307
大同助农合作社入选全国农机合作社示范社名单 308
大项目征收“清零” 293
大学生村干部管理 239
大洋首家建德果蔬乐园 298
大洋镇 296
大中专院校 248
档案“最多跑一次”改革 183
档案法》颁布30周年活动 183《
档案管理 183
党的建设持续加强 158
党工委建设试点 181
党和国家领导人视察建德照片展 183
“党建+金融”共建共享 139
“党建+民生档案”共享 183
“党派+”工作 209
党群共建 179
党校教育 178
党员之家建设 208
党政机关房产管理 200
党组织巡察 165
道路运输管理 113
稻香小镇建设 307
地方病及慢性病防治 269
地方税务 143
地理位置 42
地区生产总值358.50亿元 48
地质灾害综合治理 132
第二届“蓝领文化周”活动 306

第二届“智汇新安”活动 173
第二届“最美杨村桥人”评选活动 294
第二轮公车改革 200
第二批浙江省农民田间学校 66
第二十一个环卫工人节表彰大会 126
第七届老年人运动会 261
第四届农村文化节 257
第四十四届中小学生田径运动会 245
第四十四届中小学生田径运动会 262
电商平台建设 98
电商企业发展 99
电商企业招商引资 99
电网建设 122
电信通信 252
电影《拾忆荒野》拍摄 289
电子电器行业 82
电子商务 98
电子商务公共服务体系建设 98
电子商务主题活动 99
电子政务 255
对口联系 209
对台工作 174
对外贸易下降20.8% 48

E

“二四六”农村文化礼堂新模式 169

F

发挥新闻监督助推作用 263
发展规划 147
发展来料加工业 216
发展历程 23
发展现代职业教育 245
法 院 230
法 治 222
法律服务“惠企”工作 233
法治政府建设 224
反腐倡廉建设 180
反恐安保提升 114
范仲淹与《严先生祠堂记》 46
方建平被评为“全国优秀行业管理者” 126
防范遏制重特大事故试点 156
防雷减灾安全管理 80
防汛防旱 76
防汛准备工作 76
房地产业及物业管理 121
房屋征收管理 122
纺织服装行业 82
丰产村高山居民安置房交付分配 283
风情小镇创建 57
服务“三农”宣传 264
服务保障中心 231
服务民生 117
服务水平创“五星” 198
服务严州古城保护与修复工作 260
“服务与活力”机关党建 180
服务中心工作 178
服务中心工作 221
妇儿民生实事 217
妇联组织改革 216
妇女创业就业服务 217
妇女联合会 216
妇女维权 217
妇幼保健 271

G

概 貌 42

干学融合实践历练 172

“岗村结对，共建美丽建德” 216

岗位设置 248

港口码头转型升级 115

高端装备制造项目落户高新园区 96

高铁客厅基础设施工程开工 97

高效经济林基地建设 70

高中段教育 245

葛塘村文化礼堂获评省四星级文化礼堂 318

更楼街道 284

工 业 81

工行建德支行 134

工伤认定及劳动能力鉴定 242

工商联（总商会） 217

公 安 225

公安警员职务套改晋升 172

公共机构节能 200

公共气象服务 79

公共卫生 268

公共卫生监督 270

公共资源交易 150

公积金存贷比创新高 126

公积金管理 126

公积金管理“最多跑一次”改革 126

公开招录公务员 239

公开招聘事业人员 239

公路安全隐患点整治 112

公路养护试行机械化作业 112

公路养护与管理 111

公司管理 123

公益林建设 69

公有住房出售 200

宫川获“2017浙江省十佳柑橘”称号 63

共建“美丽建德” 253

共青团 214

共青团改革 215

供 电 122

供排水 123

供销合作事业 103

构建大调研工作格局 163

古城综合保护和开发建设 291

古树名木资源普查和保护 73

关爱“弱势群体” 215

关心下一代工作 280

光明行动 211

光绪《严州府志》点校出版 184

广播电视 263

规范机构编制 117

规范项目管理 151

规划（测绘）管理 121

规划编制 147

规划局调和农转用 131

规模以上工业增加值92.47亿元 48

国家安监总局到建德督查 155

国家电网公司职业病防治院 272

国家林业重点龙头企业格林生物公司 71

国家税务 144

国民经济和社会发展概况 48

国省道路面大中修 112

国土资源管理 131

国网浙江省电力有限公司培训中心浙西分中心 248

国有企业公开招聘 239

国有企业审计 152

国有资产调查工作 286

H

海智基地实现“零”突破　252

行业管理与服务　121

行业监管水平提升　109

行政区划与人口　46

行政审批服务管理　198

行政执法　73

“杭派民居”示范村　57

杭州“百千万”蹲点调研　172

杭州奥立达电梯有限公司　91

杭州科技职业技术学院严州校区　248

杭州沈氏节能科技股份有限公司　93

杭州市第七人民医院浙西分院落户寿昌　301

杭州市文创小镇　259

杭州思味王食品有限公司　315

杭州银行建德支行　138

航空小镇建设过程　24

航空小镇建设取得的主要成效　25

航空小镇重要项目简介　26

航头镇　303

好传统好家风信用贷　169

河湖岸线保护　78

河长制管理　129

核定教育卫生系统编制　176

红色婺剧《大洋埠》　298

红十字会　221

护航“十九大”安保　155

划定生态红线规划　127

华浙优1号获浙江好稻米优质奖　66

化解民事纠纷　230

化解社会矛盾　230

环保　国土　127

环境保护　129

环境保障与监测　131

环境法制建设　130

环境管理体系国际标准认证　130

环境基础设施建设　129

环境监督管理　130

环境质量状况　130

环境综合整治　285

黄岙村居家养老中心老年食堂开张　286

会员之家　211

货币发行与管理　134

获3亿元两山（二类）建设财政专项激励资金　142

获批浙江省农业综合开发田园综合体试点项目　143

获评浙江省“小城镇综治整治达标乡镇”　317

获评中小学“十佳德育精品课程”“十佳德育活动　品牌”　245

获省执法质量优胜单位称号　227

J

机构编制工作　175

机关党务工作　178

机关事务管理　200

机械制造行业　82

基本地情　42

基本解决执行难题　231

基本农田有偿保护　131

基层治理综合信息平台　255

基层中医药服务能力提升　271

基础设施建设　299

疾病预防控制　269

集镇综合开发改造　305

集镇综合整治 309
计划生育管理 271
纪律检查与监察 164
技能大师工作室 239
加强能源监察工作 87
加强网络宣传 265
加强舆论监督 265
假日学校惠民工程 280
价格改革 149
价格管理 149
价格认证服务 150
监察体制改革 165
监察体制改革 229
监所安全管理 227
检 察 228
检察、审判机关 328
建材水泥行业 82
建成建德市首个国标母婴室 287
建成全镇首个大型“果蔬乐园” 302
建德（乾潭）科创园开园 312
建德“两会”组织工作 171
建德苞茶文化系统入选全国农业生产系统 63
建德地方党史三卷纲目完成编写 177
建德海螺水泥有限责任公司 92
建德航空小镇建设 23
建德湖商村镇银行 139
建德华数数字电视有限公司 266
建德家风馆开馆 303
建德抗日自卫队纪念馆建成开馆 177
建德林场 74
建德林业总场 74
建德农商银行 137
建德市城市建设发展投资有限公司 121
建德市第十六届人民代表大会第一次会议 187
建德市高铁新区 95
建德市高铁新区管委会正式揭牌成立 96
建德市工业技校 242
建德市环境能源项目建设 126
建德市交通发展投资有限公司 110
建德市人民代表大会 185
建德市人民政府 190
建德市万家电器电缆有限公司 94
建德市新安旅游投资有限公司 108
建德市新华书店有限公司 258
建德市中小学生防空防灾体验馆落成 237
建德市资产经营投资有限公司 143
建德市综合行政执法局成立 125
建德西红花 314
“建功立德”主题活动 219
建行建德支行 136
建军90周年军民联欢晚会 236
建立“新安夜学”理论学习平台 168
建立农机智慧监管平台 68
建设项目环境管理 130
建设智慧畜牧业云平台 66
建言献策 218
建置沿革 42
建筑业管理 121
健康促进 272
健康教育 270
健全行政执法制度 224
降低水费 150
降水量和雨日偏多 51
交行杭州建德支行 136
交通安全管理 227
交通行政审批改革 114
交通设施建设 314
交通运输 邮政 109
交通治堵 113
交通治堵 120

"剿灭劣V类水"主题活动 218
教 育 243
教师专业技术职务评审和资格认定注册 247
教学点经验推广 211
教育培训 178
教育事业 48
教育项目建设 243
教育综合改革 243
节地生态安葬 275
节能降耗 87
节水型社会创建 78
结对帮扶 179
结对联系工作 207
金 融 133
金融"最多跑一次"改革 134
金融风险防控 148
金融扶持重点 133
金融管理 133
金融环境建设 133
金融消费权益保护 134
金属加工行业 82
进出境生物安全管理 104
经济管理 147
经济适用房住房申购 199
经济体制改革 148
经济运行分析 147
经济责任审计 152
经济作物 63
精神卫生 270
九龙湾垃圾焚烧厂建成运行 292
九仙公司齐平铁皮石斛新基地建成 290
旧城改造 283
救护培训 221
局长坐班制度 27
举办"生态莲花·健康小镇"毅行活动 289
举办地震应急预案桌面推演 251
举办第二届"稻香节" 317
举办来料加工技能大赛 284
举办农产品电子商务培训班 290
举办市第四届残运会 220
举办首届"家族贤人"故事演讲会 177
举办首届农民运动会 288
举办中小学生科技节 244
"聚焦项目促发展"主题活动 181
军 事 235

K

开设《我是建德人》栏目 264
开拓城区党建新模式 283
开展"9·22"网络贩枪建德分案集中收网行动 234
开展"百企助村"活动 218
开展"传递正能量"活动 233
开展"美丽建德"建设专项评议 186
开展"三大竞赛" 85
开展"四制七项"工作 223
开展"同级审" 151
开展"一创一治"联合执法行动 68
开展"以案释法" 233
开展便民办税春风行动 146
开展残疾人、老年人免费体检 286
开展防范邪教专项行动 223
开展风险评估项目化监管 223
开展行政执法主体确认 224
开展环境保护大排查、大整治专项行动 88
开展科技金融合作 251
开展课题调研 209
开展连续化多批次养蚕模式示范 63

开展免费实地检验工作　68
开展社会服务　212
开展社会活动　215
开展书记讲平安活动　223
开展五类专项审计调查　152
开展有害生物监测　67
开展中共十九大安保　225
开展主题宣传　263
抗洪抢险救灾工作　77
科技　信息　249
科技创新平台建设　249
科技创新主体培育　249
科技事业　48
科技宣传服务　251
科普活动　251
科普宣传活动　252
科学技术　249
科研资政　178
可再生能源示范乡镇建设　70
客运惠民工作　113
“空中违建”专项整治　125
矿政管理　132

L

蓝领成才工程　214
劳动保障　240
劳动纠纷案件监管　242
劳动仲裁　242
老干部工作　180
老龄工作　276
老农保清零衔接　241
雷击灾害　52
李家镇　308
历史建筑普查及图则编制　119
历史人文　44
连阴雨　51
莲花镇　288
联通通信　254
联谊活动　208
廉政文化教育　167
廉租住房配租　199
粮食购销及储备　101
粮食收购　102
粮油生产　60
“两癌”筛查　272
两岸交流交往　175
“两馆”建设　257
“两化融合”活动　83
“两会”建言　210
“两会”建言和政治协商　208
“两新”工会组建　214
“两学一做”学习教育常态化制度化　171
“两治一整”“一创一治”　113
林地年度变更调查工作　72
林木采伐管理　71
林区道路建设　70
林权管理　74
林业产业　70
林业生态建设和农村新能源建设　69
林业有害生物监测防治　73
林政资源管理　71
临金高速（建德段）工程　111
领导干部到市委党校讲课　178
领导领衔坐班接访　182
留守儿童管理教育　280
流动党课　178
陆游与严州刻书业　46
路政“最多跑一次”改革　112

路政执法与管理　112
落实党委（党组）主体责任　165
落实工业“最多跑一次”改革　82
落实减费降税优惠政策　143
落实民营资本办医政策　271
落实全科网格建设　222
落实税收优惠政策　145
落实政策性农房保险　148
落实政府法律顾问制度　224
旅　游　107
旅游环境优化　108
履行行政复议职责　225

M

茅山红芯桃获浙江精品果蔬展销会金奖　63
梅城镇　290
梅城中心粮站竣工　102
梅汛期暴雨　52
美丽公路建设　110
“美丽建德，代表在行动”主题活动　186
“美丽建德”党员志愿服务　180
“美丽建德”环境整治百日攻坚行动　293
美丽建德建设　127
美丽庭院大比武活动　216
“美丽乡村”建设　305
美丽乡村建设　286
美丽乡村建设　314
美丽乡村建设　318
美丽乡村建设　57
“美丽园（厂）区”建设　81
“盟员之家”建设　209
免疫规划　269
民办教育发展政策扶持　246
民兵整组　235
民革建德市委员会　207
民间交流　198
民进建德市委会　211
民盟建德市委会　208
民生保障　302
民生资金和项目审计　152
民宿示范村（点）建设　302
民政工作　274
民政工作“最多跑一次”改革　275
民主党派　207
民主监督　210
民主评议　202
民主评议监督　207
民族村特色畲寨建设　174
民族村特色畲寨建设　279
民族与宗教　279
名　录　321
“母亲”节活动　216
木材经营加工行业管理　72
内资招商　100

N

年龄分布　46
“农安建德”智慧监管项目建设　67
农产品流通渠道拓展　103
农产品质量安全检测　67
农村党风廉政建设　166
农村电子商务　100
农村妇女参与基层民主管理　216
农村公路改造提升　109
农村环境综合整治　128
农村集体资产管理　57

农村金融服务优化　103

农村经营管理　57

农村居民人均生活水平　281

农村困难群众救助　118

农村土地综合整治项目入选省农业发展投资基金　143

农村综合改革　57

农发行建德市支行　138

农房确权登记发证　132

农行建德市支行　135

农机购置补助　68

农居规划建设管理　118

农林牧渔业总产值55.10亿元　48

农民安全饮用水工程实现100%全覆盖　296

农田水力基础设施建设　302

农田水利建设　77

农业　农村　53

农业行政执法　67

农业机械　68

农业科技及政策　66

农业品牌建设　55

农业气象服务　79

农业招商引资　55

农资服务工作　103

P

派驻（出）机构执纪监督　166

培育培养骨干教师　247

沛市经验在全市推广　312

配合市委督查有关人大工作文件贯彻落实情况　186

棚户区改造　291

品牌建设　86

品质包裹　117

“品质驾培”服务　114

平安产险建德支公司　141

平安护航中共十九大　222

平台项目建设　190

平原绿化　69

“坡地村镇”试点建设　118

坡地村镇试点　132

破获“4・27”特大网络诈骗团伙案　234

破获18年杀人积案　233

破获建德系列农村夜盗案　233

普法骨干培训班　232

普法宣传教育和帮教活动　280

普惠金融　116

Q

企事业单位民主管理　214

企业单位　329

企业个性化服务方案　241

企业家素质提升　217

企业经营管理人才培训　85

企业培育和管理　84

企业社会责任建设　214

企业信用信息公示　155

企业做强做优　123

启动传统制造业改造提升工程　81

启动杭州市首例行政公益诉讼诉前督促程序　229

气　象　51

气候　44

气温比常年偏高　51

气象防灾标准化建设工作　80

气象服务　79

气象行政审批制度改革　79

气象科普宣传　80
气象现代化建设　80
千岛湖配水工程　78
千岛银珍茶入选中欧互认地理标志农产品　63
“千里岗”牌黄金芽茶获省农博会金奖　307
钱塘觅珍——杭州市第一次全国文物普查成果展　258
乾潭第二小学荣获首批杭州市“美丽学校”311
“乾潭金谷”正式落户　312
乾潭镇　309
乾潭镇代表团在残疾人运动会上获总分第一　311
乾潭镇首个乡旅文创园正式开工　311
乾潭镇卫生院获省十佳乡镇卫生院　312
乾潭镇信访接待中心成立　311
强化法律监督　228
强化法治税务建设　146
强化供销组织建设　103
强化市场监管　114
强化医疗质量管理　270
抢险救灾　236
侨务及港澳工作　198
侨务助力工程　174
侨务助力工程　198
桥梁巡更工作　112
钦堂乡　316
青春健康教育　278
青少年综合服务　215
清洁乡村　300
“清洁乡村”长效治理　57
清溪安置房建设　294
清淤工程　78
情报工作再推进　225
晴热高温　52
庆祝建军90周年征文比赛　236
区市协作　58
区域能评改革　88
“区镇分离”　175
区镇分设　299
取水许可制度　78
全国助残日系列活动　220
全力做好计生家庭扶助关怀　278
全民参保登记数据动态管理　241
全省耕地质量建设与肥料管理工作座谈会在建德召开　60
全省首创“两证同发”林业审批模式　28
全市半年度经济形势分析会暨“六个领衔”工作推进会　163
全市党建工作会议　163
全市工业经济大会　162
全市扩大有效投资暨“三招三引”大会　163
全市农业农村工作会议　162
全市人口　46
全市深化作风建设大会　162
全市首个乡镇级体育广场建成　292
全市首家消防科普教育基地投入使用　283
全市武装工作暨国动委第十四次会议　235
全市宣传思想文化工作创新项目评选　170
全市最大单体垦造水田项目竣工　298
全域旅游氛围凸显　107
全域旅游建设　302
全域旅游建设　304
全域旅游框架初步建立　293
群众团体　328
群众信访举报渠道整合　182

R

人　物　319

人才新购商品房购房补贴 238
人大政协议提案、环保信访案办理 129
人道救助 221
人防宣传月活动 236
人工影响天气工作 80
人口分布 48
人口结构 46
人口迁移 48
人口与计划生育 278
人力资源 238
人力资源 社会保障 238
人民防空 236
人民生活 281
人民调解员队伍建设 232
人民武装 235
人民武装 328
认罪认罚从宽制度试点 230
认罪认罚试点 233
日用轻工行业 82
日照偏少 51
融合卫生计生管理服务 278
入选小学教材的《宿建德江》 45

S

三都镇 312
三都镇新和村创建成为“全国文明村” 313
三都支线并网通水 124
“三废”及主要污染物排放 130
“三改一拆”暨无违建创建 120
“三个厅”建设 181
“三块地”盘活 131
“三品一标”基地监管 67
“三强一推”专项行动 179
“三提一争”主题活动 171
“三位一体”农合联改革 103
“三型”干部大调研 171
“三支队伍”培训教育 171
“扫黄打非”活动 258
森林抚育和彩色健康森林建设 69
森林消防 73
森林资源动态监测工作 72
森林资源二类调查工作 72
商 贸 98
商事登记效率领跑杭州 28
商事登记制度改革 153
上海浦东发展银行杭州建德支行 138
设立地税、社保联办专窗 144
设立督察内审科 144
设立完善科技创新考评体系 249
社保基金监管 241
社会保障 49
社会民生改善 191
社会生活 274
社会事业全面进步 158
社会团体 213
社会团体清理 276
社区矫正中心挂牌成立 233
社区教育 246
涉案民生服务 231
涉旅重大项目建设 107
涉卫民情整改 269
深化“平安建德”创建 222
深化“五水共治” 120
深化船舶防污染管理 115
深化技改审批改革 85
深化金税三期系统应用 144
深化科技支农 250
审 计 151

审计干部队伍建设 152
生态建设 127
生态文明目标责任制和生态文明宣传 127
生物科技行业 82
生育服务登记“零跑路” 278
省第一批机器换人示范乡镇与示范基地 68
失业保险 240
师德师风主题教育 247
师资队伍 247
湿地保护与管理 72
十大工业行业 82
十大亩均绩效企业 86
十大税收贡献企业 86
十里埠综合作业区 111
实施移民素质培训 279
实施政府投资信息化项目16个 83
实体经济提质增效 157
实现企业发债 148
食品安全监管 154
食品饮料行业 83
史志工作 176
市场巩固与发展 253
市场价格监管 150
市场监督管理 153
市国税局党建示范点建设 180
市级四套班子领导联系离休干部制度 181
市纪委十四届二次全体（扩大）会议 165
市领导简历 319
市名由来 43
市青年联合会第五届委员会第一次全体会议 215
市人大常委会会议 188
市人大和人大机关 323
市十五届人大常委会第四十次会议 187
市委报道工作 265
市委常委会（扩大）会议 162
市委常委会议 158
市委和市委工作部门、直属单位 321
市委十四届二次全体（扩大）会议 158
市委重要会议 158
市消防大队 227
市政府常务会议 192
市政府和政府工作部门、直属单位市政协和政协机关 327
市政府全体成员（扩大）会议 192
市政府与北控置业集团签订战略合作协议 97
市政设施维修管理 122
市政协常委会会议 205
市政协十四届委员会第一次会议 205
市中西医结合医院（市三院）迁建工程竣工投入使用 300
市中西医结合医院启用 271
收费公路管理 113
收入分配制度改革 239
首个光伏发电扶贫项目正式投入使用 298
首个特殊教育卫星班 245
首届“市长杯”青少年校园足球联赛 243
首轮“小微企业三年成长计划” 154
寿昌垃圾填埋场（三期）工程完工 125
寿昌林场 75
寿昌镇 298
率先实现全市村级微型消防站全覆盖 290
率先推行“田长制” 298
书香大同建设 307
树木移植管理和严禁移植天然大树进城督查工作 72
数据共享建设 255
“数字城管” 125
双岗建功 212
“双清”工作 131
“双随机”监管 176

"双下沉两提升"机制建设　267
双重和垂直管理单位　330
水产业　75
水稻高产攻关田亩产突破1000千克　60
水环境治理工作　289
水利标准化工作　78
水利基础设施建设　285
水利水电建设　77
水路运输"最多跑一次"改革　115
水路运输管理　114
水田垦造　131
水质剿劣提标攻坚　129
水资源管理　78
税收风险管理　144
税务"最多跑一次"改革　145
司法公开　231
司法行政　232
司法体制改革　229
"四方参与"深化警调衔接机制　226
"四个平台"建设　176
松材线虫病防控　73
诉讼制度改革　228

T

台湾水产专家考察建德渔光互补项目　76
太阳能利用　70
碳酸钙行业整治提质升级　317
唐末诗人李频　45
淘汰落后产能项目　88
特色产业基地建设　305
特色产业提升　53
特色学校建设　245
特殊工种提前退休集体讨论机制　242
特种设备安全监管　154
提前一年建成粮食功能区5333公顷　60
提升反恐处突应急能力　225
提升纳税人满意度　144
提升项目协调代办服务　199
提升幼儿教师素质　244
体　育　260
调查研究与政策制定　163
调解工作"最多跑一次"改革　233
铁路运输　115
通信网络基础建设　252
"同行"国税文化建设　146
同心牵手社会服务　208
"铜师傅"建德文创"新势力"　169
统　计　152
统计数据质量　153
统计调查　153
统一战线工作　173
投资项目承诺制改革试点　27
突出主题报道　265
土地执法　132
团结村举行第二届"三月三"畲族民俗文化节　287
推出"不限流量"套餐　253
推动"最多跑一次"改革　238
推动企业对接资本市场　148
推进"创业创新"　215
推进"互联网+"　84
推进"四个平台"建设　222
推进"四换三名"工程　85
推进"最多跑一次"改革　176
推进"最多跑一次"改革　226
推进对台工作　175
推进非公有制经济"两个健康"　174

推进工资集体协商　214
推进公车改革　148
推进国标母婴设施建设　278
推进国家级低压电器示范区建设　104
推进行业系统党建　172
推进行政复议体制改革　225
推进互联网+政务服务模式　198
推进交易平台整合　151
推进节水改造工程和水平衡测试　82
推进平台项目　84
推进小城市培育　148
退休人员人养老金管理　241
退役安置　275
退役士兵返乡欢迎仪式　236
托幼机构管理　271

W

外汇管理与服务　134
外事工作　197
完成第三次全国农业普查　309
完成天地图·浙江建设　118
完成小城镇综合整治工作　295
完善安全管理长效机制　115
完善信息基础设施　84
“万名职工大行动、剿劣攻坚当先锋”专项行动　214
汪家企业人才专项住房配售　238
网络建设　253
网络建设　254
网络青年讲师团　169
危货停车场管理新模式　113
卫　生　267
卫生“最多跑一次”改革　268
卫生基础设施建设　268
卫生监测　269
卫生乡镇创建　272
未成年人司法保护　229
文创园建设　259
文创主题活动　259
文化　体育　256
文化创意产业　258
文化事业　256
文化体育事业　48
文化体育事业建设　302
文学艺术界联合会　218
文艺奖评审　219
文艺展演　257
文艺志愿服务　219
“我是建德人”系列宣传　169
吴东良获全国农业劳动模范荣誉称号　294
吴东良荣获全国农业劳动模范称号　67
“五老”三团建设　280
“五网建设”升级治安防控体系　226
物价管理　149

X

玺匠文创品牌　258
玺匠文化实现物联网融资1.1亿元　287
“喜迎十九大·建功立德”报告会　169
下涯镇　294
夏日冬泳挑战赛　262
县道边坡整治　112
县道路面大中修　112
现代服务产业发展提速　291
现代国库建设　134
现代学徒制试点　245

乡村“文创客厅” 259
乡村旅游建设 289
乡村旅游建设 314
乡村旅游迅速发展 107
乡道昴石线友谊段路面大中修工程竣工通车 288
乡土建筑四有档案 258
乡镇（街道） 330
乡镇（街道） 282
乡镇残联换届 220
乡镇文化员定向培养招生 257
乡镇五小工程建设 172
香榧产业推广 70
香港联络联谊 198
项目安全监督管控 10
项目建设加快推进 157
消防安全监管 227
小城镇环境综合整治 112
小城镇环境综合整治 120
小城镇环境综合整治 289
小城镇环境综合整治 291
小城镇环境综合整治省级样板 310
小城镇全面整治 300
“小城镇整治”升级基层基础设施 226
小城镇综合整治专项监督 186
小水电建设 78
小微水体整治试点 295
校区建设 178
校园安全保障 243
协商建言 212
“新安硅谷研究院”落户高铁新区 96
新安江街道 282
新安江林场 74
新安江水力发电厂 88
新安江职业学校迁建 246
“新安夕阳”银色人才志愿行动 181
新材料行业 83
新建三都柑橘交易市场 314
新媒体联动宣传 264
新能源行业 83
新农村建设 57
新农村建设 300
新社会阶层人士联谊会 174
新生代企业家红色教育 217
新闻传媒 264
新闻人物 319
新叶古村获得多项荣誉 303
新叶乡土建筑消防管理 258
信访和“12345” 182
信访件办理 182
信访制度落实 182
信息和智慧经济 83
信息化建设 254
宣传思想工作 167
学前教育 243
学生口腔窝沟封闭 270
学术交流活动 252
学习贯彻中共十九大精神 207
“学习十九大、永远跟党走”赛学活动 181
学习中共十九大精神 215
“寻梦中国·正言正行”反邪宣传 279
寻找“醉美主人”活动 314
汛情、旱情、灾情 76

Y

烟草专卖 102
严州文化研究会 259
央视纪录片《中国影像方志》在梅城拍摄 292
杨村桥镇 292

洋溪街道 286
养老产业集聚区建设 278
药品、保健品和化妆品监管 154
野生动物保护 73
业务营销拓展 102
“一府两院”工作报告会 187
“一季一主题”文体活动 179
医保全国联网 241
医养融合改革 278
依法行政 230
依托合成打击增效 226
移动通信 253
移民工作 278
移民直补人口复核和直补资金发放 279
移民资金管理办法 279
义务教育 244
义务教育阶段课程改革 244
义务教育学校教师交流 247
议政建言 207
银 行 134
银河证券建德新安路营业部 141
引进国内首条最先进油茶籽色选机加工生产线 68
营销服务 123
营销网络建设 101
应急管理 195
应急救援队伍建设 196
应急抢修 112
应急预案体系建设 196
应届高学历毕业生生活补贴发放 238
优化小贷公司服务 148
邮 政 116
渔业“送科技下乡” 75
渔业转型 75
与伍子胥有关的乡土文化 45
原产地优惠政策落实 104
孕产妇管理 271

Z

遭遇“6·25”特大洪涝灾害 298
增强“三防”应急管理及隐患排查治理能力 115
“渣土新政”规范管理 125
展示建德形象 265
占用林地审批 71
章燮与《唐诗三百首》 46
招商引资 100
招商引资项目 297
沼气和沼液利用 70
浙江斐凌工具有限公司 94
浙江宏都寝具有限公司 95
浙江民泰商业银行杭州建德支行 139
浙江人类源头——建德人 44
浙江泰隆银行杭州建德支行 139
浙江天石纳米科技股份有限公司 94
浙江新安化工集团股份有限公司 90
浙西数据中心启用并入驻客户 287
珍贵树种种苗培育与基地建设 71
征兵工作 236
征地政策调整前转保补缴 242
征集民生实事项目 186
整治“三不”问题 166
整组民防志愿者新安山地救援队 237
证 券 141
政产学研合作 250
政党协商 174
政法委及综治 222
政府购买服务 176

政府投资审计　151
政府信息公开　224
政务接待　200
政协建德市委员会　201
支付结算管理　134
知识产权工作　250
执纪审查　166
职称评审管理　85
职工住房补贴审核　199
职业技能大赛　246
职业教育活动周　246
职业卫生安全监管　156
制砂行业整治　132
智慧城市服务　100
“智慧工会”建设　214
中策橡胶（建德）有限公司　93
中共建德市委员会　157
中共十九大精神专题教育　181
中共十九大维稳安保　211
中共十九大维稳保障　269
中共十九大专题报道　264
中国传统村落相关工作　303
中国民主建国会建德市委员会　209
中国人保财险建德支公司　140
中国人大制度理论研究会到建德市调研　185
中国人寿保险建德市支公司　140
中国邮政储蓄银行建德市支行　137
中行建德支行　135
中华联合财产保险股份有限公司建德支公司 141
中央环保督察和整改　129
中医药人才引进和培养　271
中医药养生知识宣传　271
中医中药　270
中职教育选择性课改　245
中职质量提升工程　246
忠公专廉主题教育　173
种质资源系统调查和抢救性收集　66
重大活动信访保障　182
重大课题调研　147
重点工程建设　110
“重点工业企业”评选　86
重点工业企业选介　88
重点课题调研　210
重点企业科技创新加快　304
重点人群创业　240
重点项目　254
重点项目建设　147
重点项目建设　283
重点项目建设　284
重点项目实施　77
重要会议　187
重要会议　192
重要会议　205
重要活动　185
朱林森调研建德共青团工作　215
“烛光行动”　209
主办“步步为善、乐跑建德”活动　254
主城区烟花爆竹“双禁”　283
主题教育　211
主题教育活动　207
主题教育活动　210
主要出访　197
主要来访　197
助老员“每周上门”制　181
助力“智慧建德”发展　254
助力贵州黔西县化屋村精准脱贫捐款活动　211
住房公积金管理　126
住房制度改革　199
住房制度改革　122
住房资金管理　199

专　记　23
专卖管理　102
专题议政　203
专委会工作　210
转业士官招聘　239
资源优势　23
资源状况　44
自然环境　43
宗教和民间信仰活动场所管理　279
宗教事务管理　174
综合医改试点　267
总量控制与减排　130
足球进校园活动　262
组团包干　262
“组团包干”八大行动　172
组团包干八大行动　185
组团包干大竞赛活动　145
组团包干活动　180
组织工作　170
“最多跑一次，千人来冲‘刺’”　27
“最多跑一次”改革　26
“最美家庭”系列评选　216
最美老干部工作室　181
“最美莲花人”评选表彰　289
作风效能建设　166

图表索引

图1 2017年建德市各月平均气温变化图 51

图2 2017年建德市各月降水量变化图 51

图3 2017年建德市各月日照时数变化图 51

图4 2017年建德市各乡镇（街道）地闪统计图 52

图5 2017年建德市各乡镇（街道）地闪空间分布图 52

表1 全市建制村、社区、居民区名单表 47

表2 2017年建德市国民经济主要指标情况表 49

表3 建德市2017年重大农业产业项目情况表 53

表4 2017年建德市农民经营主体培育情况表 54

表5 建德市2017年新培育7家杭州市级农业龙头企业情况表 54

表6 建德市2017年农业招商引资1000万元以上项目表 55

表7 2017年建德市农产品获奖情况表 56

表8 第四区市协作组2017年度市级协作项目和资金计划表 58

表9 第四区市协作组2017年度镇街结对项目和资金计划表 59

表10 2017年新认定建德市粮食生产功能区名单表 61

表11 2017年新认定建德市旱粮生产功能区明单表 62

表12 2017年建德市美丽生态牧场建设情况表 65

表13 2017年建德市外资招商总投资1000万美元及以上项目资金表 104

表14 2017年建德市内资招商投资1亿元及以上项目资金表 105

表15 2017年建德境内火车站基本情况表 116

表16 杭州建德自来水有限公司城市供水到户价格表 124

表17 2017年建德市居民消费价格指数一览表 149

表18 2017年满意科室（站所）表 179

表19 2017年年末建德市百岁老人名单表 277

表20 建德市十六届人大代表名单表 334

表21 建德市十四届政协委员基本信息表 338

图书在版编目(CIP)数据

建德年鉴. 2018 /《建德年鉴》编纂委员会编. -- 北京 : 方志出版社, 2019.1
ISBN 978-7-5144-3663-1

Ⅰ. ①建… Ⅱ. ①建… Ⅲ. ①建德－2018－年鉴 Ⅳ. ①Z525.54

中国版本图书馆 CIP 数据核字(2019)第034154号

建德年鉴(2018)

编　　者：《建德年鉴》编纂委员会
责任编辑：罗　滔

出 版 人：冀祥德
出 版 者：方志出版社
地址　北京市朝阳区潘家园东里 9 号（国家方志馆 4 层）
邮编　100021
网址　http://www.fzph.org
发　　行：方志出版社图书经销中心
电话（010）67110500
经　　销：各地新华书店
印　　刷：杭州高腾印务有限公司

开　　本：889×1194　　1/16
印　　张：28.75
字　　数：671千字
版　　次：2019年1月第1版　　2019年1月第1次印刷
印　　数：0001～1000册

ISBN 978-7-5144-3663-1　　**定价**：188.00元